Adolf Bastian

Die Welt in ihren Spiegelungen unter dem Wandel des Völkergedankens

Adolf Bastian

Die Welt in ihren Spiegelungen unter dem Wandel des Völkergedankens

ISBN/EAN: 9783743326224

Hergestellt in Europa, USA, Kanada, Australien, Japan

Cover: Foto ©ninafisch / pixelio.de

Manufactured and distributed by brebook publishing software
(www.brebook.com)

Adolf Bastian

Die Welt in ihren Spiegelungen unter dem Wandel des Völkergedankens

DIE WELT

IN IHREN SPIEGELUNGEN

UNTER DEM

WANDEL DES VÖLKERGEDANKENS

———•▸◂•———

PROLEGOMENA ZU EINER GEDANKENSTATISTIK

VON

ADOLF BASTIAN

• ▸ ▾

HIERZU EINZELN KÄUFLICH
EIN ATLAS:
ETHNOLOGISCHES BILDERBUCH XXIV TAFELN NEBST ERKLÄRUNG.

—— ·· ——— —————•▸✖◂•————— · —— ——

BERLIN 1887.
ERNST SIEGFRIED MITTLER & SOHN
KÖNIGLICHE HOFBUCHHANDLUNG
• KOCHSTRASSE 68—70.

Um die kaleidoskopischen Bilder der nachfolgenden Seiten einer deutlicheren Veranschauung näher zu bringen, hat der Verfasser gleichzeitig und in gleichem Verlage einen Atlas in 24 Tafeln unter dem Titel „Ethnologisches Bilderbuch; mit erklärendem Text" herausgegeben.

Inhalt.

a*

Berichtigungen.

S. 16 Z. 4 v. o. lies Rigabuil statt Bigabuil.
S. 17 Z. 1 „ „ „ Machens „ Mahnens.
S. 27 Z. 18 „ „ „ Hiawatha „ Hiawatho.
S. 98 Z. 3 „ „ „ Wie der „ Wer den.
S. 203 Z. 22 „ „ „ Syzygie „ Sizygie.

Einleitung.

Mit Geschichten beginnt die Erziehung des Kindes, — die des
Menschengeschlechts wäre zu schreiben in derjenigen Geschichte,
welche die Weltgeschichte im geographischen Sinne darzustellen
vermöchte, die Geschichte nämlich der Menschenwelt, eingesenkt
mit ihren Wurzeln in die Geschichte der Erde (räumlich und
zeitlich).

Noch mangelt der Einblick in die Causal-Verkettungen des
auf historischer Bühne eines Gesammt-Globus abgespielten Dramas,
um die Rollen zu erkennen, wie sie in gegenseitiger Wechselwirkung jedem einzelnen Volke zugefallen sind, in seiner Volksgeschichte.

Zunächst handelt es sich, aus einheimischer Ueberlieferung,
um solche Volksgeschichte nur, oder ihre (vom „Vater der Geschichte" bereits angedeutete) Erweiterung durch Seitenblicke auf
die Nachbarländer, soweit die dort abgelaufenen Volks-Biographien
für das Verständniss der eigenen eine Berücksichtigung erheischen.

Der enge Geschichtskreis hellenischer Weltanschauung wurde
durch die macedonischen Feldzüge durchbrochen, aufhellend bis
zum fernen Indien, (im momentanen Lichtblitz eines bald wieder
erlöschenden Meteors), der römische fand seine naturgemässen
Grenzen in denen damaliger „Orbis terrarum", da die gesammten
Geschicke desselben, bis auf unbestimmt verschwindende Horizonte
hinaus, in der Hand desjenigen lagen, der in der Siebenhügelstadt thronte.

Und von dort aus vollzog sich auch die Neugestaltung, als
die Geschichte des Orientes zwischenhineindrang in die occiden-
talische, und die Weltgeschichte ihre Wurzeln nun einschlug in

dem auf palästinensischem (oder einstens phönizischem) Boden
erwachsenen Stamm.

Hiermit war zugleich, bis auf kosmologische Anfänge hin,
eine Verknüpfung eingeleitet, der Erd-Geschichte mit der Menschen-
Geschichte, (mit der des Menschengeschlechts selbst), und dieser
der Classicität fremdartige Grundriss konnte um so ungehinderter
seinen Ausbau erhalten, als der geschichtliche Schwerpunkt nach
früher im Dunkel des Barbarenthums versteckten Nationen verlegt war, die beim Ausfall schriftlicher Aufzeichnungen in ihrem
Geschichtsboden eine bequeme „tabula rasa" boten für die in
Kathedralen verwandelten Basiliken der aus ferner Fremde zu
ihnen herüber gekommenen Architecten (des kirchlichen Ober-
herrn). Ehe aus diesen, inconsequent (und zufallsweise gewissermaassen), zusammengewürfelten Elementen, zu organischem Ausgleich eine Verwachsung hergestellt worden, erwachte die
Erinnerung an classische Vergangenheit, und mit Wiederbele-
bung derselben war für ihre Geschichtsauffassungen gleichfalls
auch, eine Vereinbarung zu suchen mit derjenigen, welche aus
semitischen Unterlagen im christlichen Lehrgebäude (während
der Zwischenzeit) ihre Pflege erhalten hatte, um einen „Modus
vivendi" zu finden, zwischen Theologie und Philosophie (oder
Philologie).

Dann, in jener Katastrophe, die das Mittelalter und das
Alterthum verschlungen, die siderisch und geographisch nachwirkend, eine neue Erde, einen neuen Himmel schuf für den
menschlichen Umblick, dann tagte die Neuzeit unserer Gegenwart, — und jetzt liegt sie vor uns, die ganze Buntheit des Völker-
lebens auf dem Erdenrund, ethnologisch gebreitet durch alle Continente hindurch.

Die dadurch der Culturgeschichte[1]) ertheilte Ausdehnung verbindet sich mit ihrer inductiven Reform nach naturwissenschaftlichen Methoden, im Anschluss der in der Psycho-Physik bereits
aufgestellten Vorposten in der Psychologie, des Menschen als
Zoon politikon, mit dem Ausgang vom Völkergedanken (auf
Grundlage des thatsächlich zu beschaffenden Materials).

Um die dem Menschengeist gestellten Probleme zu lösen,
ist der im Zeitstrom angedeuteten Culturrichtung zu folgen, in
gegenwärtiger also der inductiv-naturwissenschaftlichen, damit die
Psychologie (im nächsten Anschluss an die Physiologie) in gleiche
Bahnen übergeleitet werde, damit auch sie unter inductiver Be-

handlung zur Naturwissenschaft sich gestalte, und im Verfolg der
Gliederungen, längs der Entwickelungskette, der Linie den übrigen
eingereiht werde.

Zu solchem Zweck bedarf es objectiver Umschau der Vergleichungen, einer Materialbeschaffung zunächst in den Völkergedanken, bei dem für den Menschen typischen Charakter eines
„Zoon politikon".

In dem Ausverfolg organischer Entfaltung aus psychischen
Wachsthumsprocessen, hat der Weg von der einfachen Erschei-
nungsform in den Naturstämmen aufwärts zu führen zu den
höheren und verwickelteren Gedankenschöpfungen der Culturvölker, mit den Wurzeln eingesenkt in physikalische Agentien
der geographischen Provinz, (für deren anthropologischen Kreis,
innerhalb jedesmal ethnischen Horizontes geschichtlicher Bewegung).

Mit Anerkennung unseres Zeitalters als eines „naturwissenschaftlichen", stellt sich zu erster Grundbedingung: strenges Festhalten an demjenigen Forschungsgang, durch welchen die Naturwissenschaft gross geworden, und einen Studienzweig nach dem
anderen sich angeeignet hat, bis aufwärts zur Physiologie (an den
Grenzen der Psychologie).

Die Verhältnisswerthe, welche für ihre Gleichungen in die
Formeln logischen Rechnens gefasst werden sollen, setzen ein
„Gegebenes" als Ansatzpunkt voraus, und wenn bei der Annäherung continuirlicher Reihen jeder Vorbereitungsschritt nicht
sorgsamst geprüft sein sollte, würden bald im Spiel kabbalistischer
Zahlenmystik die Ziffern windig wieder umhertreibend sich zeigen
(und um so windig wirrer durcheinander, je massenhafter an-
gehäuft).

„Man muss nicht vergessen, dass der Materialismus ebenso
gut eine metaphysische Speculation oder Hypothese ist, wie der
Spiritualismus, und ihm deshalb nicht das Recht einräumen, in
der Naturwissenschaft über factische Verhältnisse ohne factische
Grundlage entscheiden zu wollen" (s Helmholtz). Und deshalb
eben, um dem materialistischen Torso sein denkend lenkendes
Haupt hinzuzufügen, kommt in der geschichtlich entfalteten Zeitrichtung, naturwissenschaftliche Durchbildung der Psychologie in
Frage, welche für ihre systematische Beantwortung auf die Hülfsmittel der Ethnologie sich hingewiesen finden wird, da hier allein,
beim Ausgang vom Völkergedanken, (des Zoon politikon), that-

sächlich gesichertes Material (in den Sammlungen psychischer Verkörperungen) zu Gebote steht, um die abstract-mathematische Methode (Descartes') mit Anschauungen zu sättigen (für comparativgenetische Verwendung). Dass für ein „Zoon politikon" der Gesellschafts- oder Völkergedanke den Ausgangspunkt zu bilden hat (in der Psychologie), ergiebt sich als Elementarsatz auf der Rechnungstafel des Denkens, τὸ γὰρ ὅλον πρότερον ἀναγκαῖον εἶναι τοῦ μέρους (bei Aristoteles), und innerhalb solches Ganzen hätte sich dann (aus den Bruchtheilen desselben) der Einzelne zu begreifen, als integrirender Theil (zum Bewusstsein eigenen Selbst's).

Mit Begründung auf die Gesellschaftswesenheit des Menschen, in Ueberleitung von der Psycho-Physik zur Geschichtsphilosophie, werden demgemäss seitens der Ethnologie ihre inductiven Arbeiten nach comparativ-genetischer Methode einzuleiten sein, um die wild und wirr zersplitternde Weltauffassung glätter abzurunden für das Auge derer, die von den Harmonien des Kosmos im Gleichklang getroffen, für sympathische Einstimmung Regung zu fühlen verspüren (s. Religionsphilosophische Probleme, S. 271).

Sympathischer als die Worte der Philosophie, — (aus technischer Kunstsprache nur verständlich, im Umhertasten mit metaphysischen Fühlhörnern) —, sympathischer als Abstractionen und Negationen (in „Hausse" und „Baisse" der Speculationen), klingen dem Gefühl die Worte poetischer Inspiration, und was sie sagen, hört sich gern:

„Natur hat weder Kern noch Schale,
Alles hat sie mit einem Male"
(singt unser Dichterfürst), aber:

„In's Innre der Natur dringt kein erschaffener Geist,
Zu glücklich, wenn sie ihm die äussere Schale weist'"
(der „Physiker" im „Allerdings"), und so treffen die Gedanken aufeinander, nach allen Richtungen hin, denn „liberae sunt nostrae cogitationes" (für den Rhetor), aber dennoch unter organischem Bann und Band, „ab ovo" (im psychischen Wachsthum).

Wenn die Schale zerbrochen, bildet Wainämöinen den Himmel droben und die Erde unten, als Rangi und Papa oder Uranos und Gäa, (Dhyaus und Prithivi), aber aus goldenem Ei (Hiranyagarbha's) tritt Purusha hervor (in der Bhagavata-Purana) oder ein Phanes (orphischer Epiphanien), und wenn vor dem Welten-Ei schon, (in der Vishnu-Purana), Brahma-Hiranyagarbha (Sankara-Acharya's) erscheint, ist er fertig der Streit zwischen Henne und

Huhn, in Hansa's Symbol oder dem Fahrzeug Soma's, als Wunsch-
gans ausgeheckt mit ihren goldenen Eiern, die die Curaca für
sich beanspruchen (im goldreichen Peru). Mit Goldschmuck
kommt Tumanoeronga vom Himmel zur Erde (in Bonthain) oder,
die Nährpflanze bringend, Lailai (in Hawaii), gefallen gleich
(irokesischer) Atahensic, der die Schildkröte den Rücken bietet
zur Stütze. Unter ihrer todten Schale bewegt es sich lebendig
auf kahler Wasserfläche, die den Schöpferkeim birgt (für Menabozho's Sandkörnlein), gleich dem Meeresabgrund chaldäischen
Apsu's (mit Mummu-Tuamat) oder Koccha (der Quechua), und
im Abgrund des „Juan" regt es sich mit Tao (bei Laotse), für das
„Tad" (der Veden) beim Uebergang in das Noch-Nicht oder „Kore"
(der Maori). Dann aus einer Urwurzel (auf Mangaia), oder der
(gleich gnostischem Bythos einverschlungenen) „Wurzel des Abgrunds" (Kumulipo) beginnt es zu blühen (in Narayana's Lotus) und
schöpferisch hervorzutreiben, (Pua-mai des Pule-Heiau), nach dem
Bilde dreiverzweigten Yggdrasil's (als Weltenbaum), während auf
Samoa's Urgestein Turi herabschwebt als Schnepfe, mit Speise-
resten aus dem Menu der Atua, damit der Mensch geboren werde,
über seine Schmerzen (in „Dukha") zu grübeln, mit Schreckgestalten
ringsum (wenn „deos fecit timor").

Γοήτες πάντες, aus ältester Cultur in Afrika (s. Barth), und
als Constantin's Reserven im Cod. Just. — (nullus vero crimi-
nibus implicanda sunt remedia humanis quaesita corporibus aut
in agrestibus locis innocenter adhibita suffragia) — durch das
Verurtheilungsdecret der Sorbonne (1398) beseitigt waren, ver-
fielen auch die, in Experimenten umhertastenden, Vorstadien naturwissenschaftlichen Erkenntnissdranges dem Fluchstrahl der Heterodoxie.

Damit war die Bahn freigelegt für radicale Reform, und
spöttische Zweifel über den Hexensabbath, gleich denen Agobard's
(von Lyon) oder des Erzbischof von Chartres († 1181 p. d.), rasch
gesühnt in Edelin's Verbrennung („docteur de Sorbonne et prieur
de Saint-Germain-en-Laye"), zumal er selbst gestand („de sa
bonne volonté"), dass „ne lui falloit que monter sur un balai pour
estre prestement transporté" (1453).

Wie der Seiltänzer, dem Oliver's Anrufung angerathen war
(bei Caesarius Heisterb.), — als sie in Mainz auf den Schlepp-
kleidern tanzten die Dämone [2]) (parvi ut glires, nigri sicut
Aethyopes, ore cachinnoides, manibus plaudentes), — wie solche

Tausendkünstler also, fiel XVIII. Jahrhdrt. noch der Marionetten
künstler (Aargau's) unter argwöhnischen Verdacht, und der
Bänkelsänger Lavite (1459) zahlte seine Kunst mit dem Feuerbrand, da es in zweifelhaften Fällen auf der sicheren Seite zu
bleiben galt, nach Simon de Montfort's Dictum aus den Schlacht-
festen der Waldenser-Kriege (1209 p. d.), als „innumerabiles haereticos peregrini nostri cum ingenti gaudio combusserunt" (cf.
Pierre de Vaux-Cernay).

Im Uebrigen hatte auch der obige Delinquent der Gassen-
hauer seinerseits selber es eingestanden „avoir été en vaulderie",
und Deniselle sich selbst verrathen („cui de-t-on que je sois
vaudois").

In der Angst vor den „Voults" der „Envoultments", wodurch
das Leben französischer Könige nicht nur (Louis X., Philipp VI.,
Charles VI.), sondern selbst das eines Papstes, (Johann XXII.), sich
bedroht fand, war kein Halten mehr für die Infection psychischer
Epidemie, geschürt durch eifrigen Verfolg der im „Directorium
Inquisitorum" (Catalonien's) gegebenen Anleitungen, auf Antonina
Diana's Ermahnungen („inquisitores debent proni esse ad tor-
turam").

Im Concil zu Toulouse (1229) war der Feldzugsplan entworfen, durch Innocenz' III. und Gregor's IX. Bullen beglaubigt,
und bald in Vorfeier der Bonfire, die in den Hexenprocessen
jahrhundertelang Europa zu durchleuchten hatten, entzündeten sich
die Scheiterhaufen zu Arras, zur Ausrottung der „Vaudoisie",
der schwarzen Kunst, wie auch dem Schwarzen bekannt (in
Afrika).

Statt im „Maienthau" zu baden, gleich der in Königsfelden's
stiller Kloster-Zelle fromm Verblichenen, heischt der Wütherich
auf Cumassie's Thron, der Vorfahren königlich Gebein mit
rauchendem Menschenblut zu waschen, und „à Lavaur, en 1214,
la sainte tuerie eut tout-a-fait le caractère des fêtes, que, de
nos jours, le roi de Dahomey donna de temps en temps à son
peuple" (s. Baissac).

Damals indess, da bei mangelndem Kaufangebot der Anlass
zu Menschenjagden mangelte, ermangelten diese Raubstaaten, —
der ashantische sowohl, wie der von Abomey aus beherrschte, — in
dem von altersher den, mit Zeus am Sonnentisch gespeisten,
Aethiopiern eignendem Continente, und im Geträum aus Ardrah's
goldener Vorzeit verdehnten, am Gestade der (seit Hanno's Fahrten

verödeten) Wasserwüste, die Nigritier ihr thatenlos ruhmloses Leben, bis aufgescheucht durch die Sturmvögel, die in den weissen Segeln der Entdeckungsfahrer sich zeigten, — die Segnungen der Cultur zu überbringen, im Sklavenhandel und Branntwein zunächst, und in den Ceremonien des „Vaudoux", wie in Lagos wohlbekannt, und weiterhin wiederum nach Amerika's jungfräulichem Boden verpflanzt, in Haiti's Bergthälern und New-Orlean's Vorstädten, wo, unter den Ausschweifungen der (in Whydah) von Betas gepflegten Schlangen, heutzutage noch geübt, (wenn vom Schutzmann nicht in Ordnung gehalten).

„Tempi passati" für Alles das —, im gleichgültig wohlbehäbigen Rückblick auf ihre Greuel und Scheusslichkeiten, da Gefahren nicht länger zu fürchten sind („versunken und vergessen" gleich der Dogenherrlichkeit).

Obwohl wir indess, im Sättigungsgefühl der Aufklärler, die Weisheit, die auf „der Gasse zu hören" (seit Salomo's Zeit) mit Löffeln gefressen oder, (in eleganterer Version eines Raxasab), verspeist haben mögen, bliebe jedenfalls doch das Dessert noch rückständig an naturwissenschaftlicher Tafel, die Assimilirung nämlich der Psychologie, als naturwissenschaftlicher (Nuss). Und hoffentlich wird sie munden, wenn in der Zwischenzeit der gute Geschmack nicht verloren gehen und der Appetit verdorben werden sollte, durch die den Home's und anderen Cagliostro's des XIX. Jahrhunderts von den Upper-ten-Thousand zugestandene Hoffähigkeit.

Etwas strengere Etikette wäre erwünscht, denn schlechte Gesellschaften verderben gute Sitten, auch in vornehmen Kreisen, und am wenigsten darf die Reinlichkeit fehlen, in den Privilegien derjenigen Klassen, die wie von allen Dingen der Welt, auch vom Wissen und Wissens-Werthen das Beste sich selbst vindiciren.

Denn welcher Art Speisung in den Volksküchen gegenwärtig noch gang und gäbe, das erzählen die Zeitungsberichte (Aug. 1887*), über die durch die Cholera, wie immer leicht, (und leicht erklärlich genug), bei einer „crudelissima pestilentia" (1351) angestachelte Verfolgung der Sanitätsbeamten und Aerzte (zweifelhafter Pharmakie), als Brunnenvergifter und Zauberer oder (portugiesisch) „Feiticeros" des Fetischismus (im Streit des „Endoxe" und des „Ganga").

Wie überall, durch Li gestaltet, das Khi, als (rauchartiger) Athemshauch im Jin (neben Jang) zu Grunde liegt, so bleibt im Menschen das dem Irdischen (wie Huân dem Himmlischen) zu-

gehörige Phe, durch Jing (im Denken) zur Einheit herzustellen
(für die Persönlichkeit), in Vertiefung des Blickes (Lan) zum
Schauen (Hiuan), gleich ein Kindlein nachgiebig, und im scharfen
Verständniss (Ming pe) Alles durchdringend, so dass das Land
beglückt durch des Fürsten „tiefe Tugend" (s. V. von Strauss),
und die Himmelspforten geöffnet sind (in günstigem Einfluss auf
die Fruchtbarkeit und allgemeines Wohlsein). Und so bei naturwissenschaftlicher Beherrschung psychologischer Processe würde
auf das Wohlergehen der Geselligkeit nicht nur (kraft gesunder
Ethik) zurückzuwirken sein, sondern bis auf den Makrokosmos
(für die Magik eines Tao) vielleicht, innerhalb kosmischer Harmonien (bei Einheit moralischen und physischen Gesetzes, im
Dhamma der Tri-Ratua).

„Ist nicht der Kern der Natur | Menschen im Herzen?" fragt
es im Lied, und wenn die Beantwortung hier bejahend lautet
(für den Mikrokosmos), so bedarf es naturwissenschaftlicher Durchbildung der Psychologie zunächst, für eine „naturwissenschaftliche
Weltanschauung", und indem, (und weil), zur Verwendung comparativ-genetischer Methode als unerlässlichste der Vorbedingungen
thatsächliches Material (der Bausteine[4]) vorausgesetzt werden muss,
wird es ferner also demgemäss, einer vorherigen Beschaffung dieses
bedürfen (aus den Völkergedanken, in dem dort gebotenen Material), „quod erat demonstrandum" (für die Gedankenstatistik),
s. Der Mensch in der Geschichte III. (S. 428).

Lange Jahre hindurch (seit mit Durchbruch ethno-anthropologischer Zeitrichtung die bisher abschliessenden Schleusen gebrochen waren), — Jahre auf Jahre hindurch, wälzten in unabsehbar anwachsenden Massen die Rohmaterialien sich herauf,
aus den ethnischen Volksanschauungen wildfremder Fernen, und
zusammengeballt, wie es schien, in wirres Geknäuel, jeder Lösung
spottend und der Mühe ernster Erwägung kaum lohnend, weil nur
leichte Waare, im Flitterputz (des „Indianer-Tands" und „Neger-
Plunders").

Manchem fehlte der Muth, den Meisten die Lust ohnedem,
solch' tropisch verschlungenen Urwald zu betreten, über Gestrüpp
und Moder in Dorngebüsche vorzudringen, geschreckt zugleich
durch „fauni fantasma" und andere Phantome oder (bei Mabillon)
„Fantasia", durch „spiritual beings, elves and gnomes, ghosts and
manes, demons and deities" (s. Tylor), durch „Buschgrossmutter"
(an der Saale) oder Buschmänner aller Art (aus hinteren Binnen-

ländern), doch auch die gruselig Veranlagten werden sich auf-
heitern, wenn hineingezogen in den Mummenschanz eines
Carnevals; und als nun dort beim Nähertreten unter bunter
Maskenfratze manch' tiefsinniges Problem (eines *Πατὴρ ἀγνωστός*)
verhüllt liegend erkannt war, (aus der, der Magna Mater immanenten, Wissenschaft in der „Materia extensa"), da begann es aus
trüber Mutterlauge (einer „substantia cogitans") bald zu zucken,
und die Umrisse zu klären für deutlichere Crystallbildungen, mit
welchen die „Elementargedanken" hervorzutreten hatten.

Diese erweisen sich gegentheils nun in derartig beschränkter
Einfachheit, für die gleichartig leitenden Grundzüge in der Ge-
sammtfülle der Menschheitsgedanken, dass es sich fast im Echo
hören könnte aus jener Wanderklage:

„Denn mich trieb ein mächtig Hoffen
Und ein dunkles Glaubenswort.
Wandre, rief's, der Weg ist offen,
Immer nach dem Ausgang fort."

Und als er schliesslich erreicht war, der sehnsuchtsvoll gesuchte
Strom:

„Hin zu einem weiten Meere
Trieb mich seiner Wellen Spiel;
Vor mir liegt's in öder Leere,
Näher bin ich nicht dem Ziel."

Aber allerdings näher: näher wieder der Heimath, dem
„Vaters Haus", woher der Wanderer („e praeceptorum custodia")
ausgezogen war, — näher zur Rückkehr dorthin, in eigene
Heimath: um dann aus dem objectiv, „variis peregrinationibus"
(XVIII. Jahrh.), gesammelten Arbeitszeug realer Grundstoffe, (längs
der inductiven Wege comparativ-genetischer Methode), zu dem
individuellen Element in der Psychologie zurückgeführt zu werden
(„solus in hypocausto"), für naturwissenschaftliche Umgestaltung
(aus der Ethnologie).

Wie der Mensch, so sein Gott, wenn in „neuerer Philosophie" (bei Feuerbach) „die Anthropologie, mit Einschluss der
Physiologie, zur Universalwissenschaft" erhoben wird (für geschichtlichen Umblick[5]), und stets wandeln die Dogmen nach
jedesmaligem Charakter der in umgebender Wandlungswelt
herrschenden Zeitstimmung, wofür die Belege in den Phasen
aufsteigender Stufengrade, vom Versteck in den Katakomben zum
prunkenden Thron in der Siebenhügelstadt, aus teleo-theologischer

Geschichte in jeder gewünschten Zahl zu liefern wären, wenn nicht
von selbst gesehen, — gesehen überall, wie (Calderon's) „ultima
razon", wenn zwei Schwerter getragen werden, neben dem vom
Engelfürsten gezückten gegen seinen im Orkus Gefangenen (der
Luciferianer), wenn ἀντὶ τοῦ παλαιοῦ ἀμνοῦ (des Conc. Trull.), des
siebenhörnigen und siebenäugigen, wenn an Stelle solcher Schafes-
sanftmuth, drei Schwerter zornentflammten Auges geschleudert
werden, in des Ersten unter „Domini Canes" frommer Vision, wenn
zu Ehren des Höchsten die Skopzki sein Werk verstümmeln,
wenn Pai·Maire's Christen-Secte unter Trinken von (englischem)
Menschenblut ihr Stiftungsfest feiert (bei Gabriel's Engelerschei-
nung), oder die in Brighton den Missionsprediger Bradlaugh
zum Tempel hinauswirft, weil vom Teufel besessen (1887).

Als Königin der Wissenschaften (bei Thom. Aq.), empfängt
ihre Huldigung die Theologie („haec essentia", bei Duns Scotus),
— als eine solche, im naturwissenschaftlichen Gewande, (in ihrem
„Habitus" unter den „Quaestiones in generali", bei Robert Linc.),
mag, bei ernstlicher Handlegung der Induction, die Psychologie
einstens geschmückt zu werden hoffen, da ihr am Busen in den
Gotteslehren, die Keime Desjenigen schlummern, was als Religion
entfaltet stehen wird, für ein aus den Naturwissenschaften gross-
gezogenes Zeitalter, wenn unverzerrt im Einheitsbilde die Weltanschauung sich spiegeln soll, zur Beantwortung jener Zeitfragen,
die im Menschenherzen schlagen durch alle Zeiten aller Völker
hindurch (wie aus dem Völkergedanken reflectirt). Nachdem in
der Buntheit ihrer Spiegelungen der „Entwurf einer physischen
Weltbeschreibung" (bei Alex. v. Humboldt) durch psychische
Ergänzung sich zu naturgemässem Abschluss ausgeweitet hat,
mag der „Gott in der Geschichte" (bei Bunsen) gesucht werden,
nachdem der „Mensch" (in der Geschichte) gefunden sein wird,
— der Mensch, der aus gesellschaftlicher Atmosphäre eines
„Zoon politikon" (bei Aristoteles) das Selbst zu verstehen hat
(wie in manch' altem Weisheitsspruche längst bereits gefordert).

Um die in der Natur schlummernde Wissenskraft dem Verständniss zu erwecken, um abgewendet von der Nachtseite träume-
rischer Mystik, die „am lichten Tage Geheimnissvolle des Schleiers
zu berauben", bei dem Glauben beharrend, „dass das Unbegreifliche begreiflich sei" (in Goethe's Worten), wird die Annäherung
eines „Plan zum Ganzen einer Wissenschaft, sofern sie auf Begriffen
a priori beruht", (in der Vernunftkritik), ihre rationalistische
Rechtfertigung dann erst erhalten können, nachdem die empirisch

angesammelten Thatsachen, nach statistischer Ordnung, einer Ueberschau vorliegen (auf psychischem Bereich). Im Verfolg dualistischer Scheidung (in Descartes' Zweifel) wird zur Vorbedingung (Locke's) eine Ueberschau der geistigen Vermögen verlangt, und hier stellt sich die Spiegelung derselben aus dem Gesellschaftsgedanken voran (in geschichtlicher Entwickelung). Um Ihm näher zu kommen, den Aristoteles im Gebete sucht, ἢ νοῦς ἢ ἐπικεινά τι τοῦ νοῦ (s. Simplicius), liegt der Naturforschung auf, die mechanische Weltanschauung (nach der Parole einheitlicher Methode im „Monismus") bis über die psychische Sphäre auszudehnen, um ihre Gebilde gleichfalls, „unsere Ideen, unsere Hirngespinnste" (neben „Sinneswahrnehmungen" und „Verstandsurtheilen") als „Producte eines physiologischen Processes" (s. A. Lange) zu erfassen, — gesellschaftlicher Schöpfung jedoch, denn in ihnen allen steckt bereits ein sprachliches Element, das, da die Vernachlässigung oder Nichtbeachtung seiner Aequivalente die Gleichungen fälschen müsste, festen Ziffernwerth substituirt erhalten muss (im logischen Rechnen).

---

[1]) Für die Chinesen hatte Voltaire bereits „titres authentiques" auf weltgeschichtliche Behandlung reclamirt, aber dennoch giebt es (1870) manches „Lehrbuch der Universalgeschichte, das die Geschichte jenes Drittheils der Menschheit gar nicht einmal erwähnt, obgleich es sich dabei um das älteste Cultur-Reich handelt, das mehr schriftliche Documente, als irgend ein anderes und eine lange Reihe trefflicher Geschichtschreiber hat" (s. Victor von Strauss). It is surprising that in all the world so few people outside of China have learned anything about them (s. Loomis). „Il est temps de sortir de nos étroits horizons" (s. Daryl), betreffs Ostasiens (1885). Bei den nur in ihren Trümmern redenden Culturen der westlichen Hemisphäre bemühten sich die Archäologen „de faire connaitre les nations, qu'une froide indifférence a dédaignées, de rechercher leurs origines et de les replacer, autant que possible, dans le rang qui leur appartient, suivant l'ordre de la civilisation générale, dont nous écrivous l'histoire" (s. Brasseur). Und in der Union füllt sich bereits die raschere Förderung der den autochthonen Grundlagen zugewandten Studien (seit es getagt hat in ethno-anthropologischer Weltanschauung): „The age of North American Antiquity is not all darkness, but on the contrary is rapidly growing radiant with light, while a host of patient searchers for its truths roll up the obscuring curtain" (s. Short). The remains of prehistoric man, as well as illustrations of the life and manners of living savage races, have of late years been considered the most interesting objects of exhibition in all civilized nations, and especially within the last 20 or 30 years, and the

greatest efforts are now made everywhere not only to complete the material for each country itself, but to obtain supplementary matter from elsewhere (s. Baird). Die Geschichte der Menschheit ist keine Philosophie der Culturgeschiche, sondern diese Geschichte selbst (s. Carus). „Die Geschichte der Psychologie geht parallel mit der Geschichte der Menschheit oder Cultur und insbesondere mit der Geschichte der Religion und Sprache, Moral und Physik (im Völkergedanken, naturwissenschaftlicher Psychologie).

„In Aegypten und Chaldaea entsprungen, ist die Cultur der alten Welt von den grossen Reichen der Assyrer, Meder und Perser fortgepflanzt und den Griechen mitgetheilt worden, welche ihrerseits durch Alexander's Eroberungen den Orient hellenisirt haben. Von ihren Erben, den Römern wurde auch noch die Verbindung des Ostens mit dem europäischen Westen vollzogen, und der Boden bereitet, auf welchem jene ursprüngliche Cultur Asien's ihre letzten Ausläufer bis in unsere Tage entsendet" (s. Justi). Die hervorragendsten Erzeugnisse des Geistes der Menschheit, die der Weltliteratur, sind aus einem schmalen Länderstreifen der nördlich gemässigten Zone hervorgegangen (s. Dierks). „It is to History and the observation of man in social relations that we must look for data, which may supplement those of Introspection and Physiology" (s. Lewes). „Die Geschichte der Menschheit so darzustellen, dass dieses organische Ganze der göttlichen Gedanken, die in ihr zur Offenbarung kommen, dass die göttliche Einheit dieser Gedanken erkannt werde, das ist die Aufgabe, und diese Aufgabe in ihrer Lösung ist der Begriff der Universalgeschichte" (s. Leo). Die Ahnung eines göttlich geordneten und Göttliches offenbarenden Ganzen der Weltgeschichte ist die ursprünglich göttliche Ausstattung des Menschen (s. Ch. C. J. Bunsen). Wer das Naturgesetz auch in der Geschichte kennt und anerkennt, der kann prophezeien (s. Börne). Je tiefer wir in das Wesen und den eigenthümlichen Charakter eines wissenschaftlichen Untersuchungsobjectes eindringen, sei es im Natur-, sei es im Geschichtsgebiet, desto mehr werden wir auch die zukünftig sich gestaltende Form seiner Bewegung und Erscheinung mit divinatorischem Blick oder voller Gewissheit bestimmen können (s. Oettinger). Die wahre Culturgeschichte ist schlechtweg die Geschichte der Menschheit (s. Henne Am Rhyn). Es sind die socialen Zustände der Völker, die Entwickelung der Cultur, worauf sich die Aufmerksamkeit vor Allem zu richten hat (s. Kolb). Wer die Gegenwart seiner Wissenschaft recht verstehen und ihre Zukunft beherrschen will, der muss auch ihre Vergangenheit kennen (s. Roscher). Jedes Blatt der Geschichte giebt Zeugniss von dem Walten der sittlichen Mächte, das allein das Leben lebenswerth macht (s. Droysen). „Die allgemeine Religion erscheint, nachdem sie zuerst in das Bewusstsein des menschlichen Geschlechts getreten ist, als eine grosse von Volk zu Volk fortschreitende Ueberlieferung, mitgetheilt in festen Lehrsätzen, aber die Nationen können es sich nicht nehmen lassen, die Fähigkeit und den Inhalt des ihnen ursprünglich eingepflanzten Gedankens prüfend daran zu versuchen" (s. L. v. Ranke), und so schillert der Elementargedanke in den Buntheiten ethnischer Variationen (über die Oberfläche des Globus hin), nach den Möglichkeitsweiten im Combiniren und Permutiren (wie unter Ansammlung des Materials allmälig festznstellen). „Durch das Studium der Geschichte erneuert sich in dem Einzelnen gleichsam in verjüngtem Maassstab das Gesammtleben des Geschlechts, der geistige Besitz der jedesmaligen Gegenwart ruht gleich dem materiellen auf dem Erwerbe der Vergangenheit, einen gewissen Antheil an diesem Gemeingut erlangt ein Jeder auch ohne das historische Bewusstsein, aber der Gewinn ist um so umfassender und gediegener, je mehr dieses sich erweitert und vertieft. Den wahrhaften Fortschritt zu höheren Stufen begründet nur diejenige Production, welche die aneignende Reproduction der vorangegangenen Arbeiten des Geistes zur Voraussetzung hat" (s. Ueberweg). Das Werden in der Gegenwart ist nicht wesentlich ein anderes, als das Werden, wie es vordem beschaffen gewesen war; wissenschaftlich muss diese wesentliche Homogeneität vorausgesetzt sein, wenn das, was als Gesetz der Geschichte zuletzt aufgestellt, als solches Gültigkeit haben soll (s. Doergens). „Ob die Statistik, wie sie bisher sich als die Methodik der Sociologie documentirte, auch über jene Seite, die, indem sie die bezeichnete ergänzt, transcendenten Charakter verräth, die das Gepräge zu dem ahnen lässt, was Menschengeschichte heisst, das Licht ihrer Beweisführung zu verbreiten vermag, ist noch nicht entschieden", (und erst nach genügender Beschaffung ethnologischen Materials wird der Prüfstein gewährt sein, — auf der Probe und Erprobung naturwissenschaftlicher Psychologie). Nach Lösung der Schwierigkeiten durch Analysis (im mathematischen Wahrheitsbeweis) unter sichtender Anordnung der Thatsachen, mag die Synthese dann folgen,. zum Aufbau (bis in die Idealwelten hinein). In der Trigonometrie weist Ohm die Geschichte ab, bei Aufstellung eines wissenschaftlichen Systems, während aus dem Werden erst das Sein sich erklärt, für die Gewissheit im Wissen, und da jeder Gedankengang, um ihn zu verstehen, nachgedacht werden muss, bedarf es, zum Hineindringen in die ethnischen Verschiedenheiten der Materialien zunächst des jedesmaligen Falles (für typische Auffassung). „Der Geist, das Ich der Menschheit kommt erst vollständig und im Ganzen zur Erscheinung in der Gesammtheit aller, sowohl der vergangenen, als der gegenwärtigen, sowie auch der zukünftigen Geschlechter" (s. H. Neus). „Diejenigen Völker, deren Geschichte gleichbedeutend ist mit der Entwickelungsthätigkeit der Menschheit selbst, diejenigen Völker, deren Geschichte zu erzählen der Mühe lohnt, gehören alle entweder dem kaukasischen oder mongolischen Menschenstamm an" (s. Schlosser), neben untergegangenen Culturen Amerika's und den ephemeren Polynesien's (oder, in Afrika, widerstandsfähigeren). Hat das Ergebniss noologischen Verfahrens eine principielle Bedeutung für die Philosophie, so müssen auch für die Umbildung dieser weitgehende Forderungen aufsteigen (s. Eucken). „Erst mit dem Anfang des XVIII. Jahrhunderts beginnt in Vico das Bestreben, die bis dahin, theils als eine Aufeinanderfolge zufälliger Begebenheiten, theils als ein geglaubtes aber unerkanntes Werk Gottes betrachtete Geschichte den Gedanken ursprünglicher Gesetze und Vernunft unterzulegen, der die Freiheit des Menschengeschlechts soweit entfernt ist, zu widersprechen, dass sie vielmehr den Boden ausmacht, auf dem jene sich erst hervorthun kann" (s. E. Gans). Jedes Volk lebt ein doppeltes Leben, ein allgemein menschheitliches als Glied der einen Menschheit und ein besonderes volksthümliches, die beide innig mit einander verflochten sind (s. Lasaulx). „Chaque nation est comme un grand individu historique vivant de sa vie propre fournissant sa carrière et remplissant sa mission" (s. Benloew).

b*

In all stages of savage, barbaric and civilized inquiry, every question has found an answer, every „how" has had its „thus", every „why" its „because"; the sum of the answers to the questions raised by any people constitute its philosophy (s. Powell), als Weltanschauung (je nach dem ethnischen Charakter-Typus des Völkergedankens). Die Geschichte unseres Geschlechtes hat sich in zwei grossen Zweigen diesseits und jenseits des 90. Grades östlicher Länge von Ferro ausgebreitet und entfaltet, der Belut-Tag, der Asien in zwei Theile spaltet, hielt sie auch auseinander (s. A. Jansen). Wissen des Wissens ist Wissen der Geschichte (s. Schildener). „Dass auch die Geschichte eine organische Totalität oder ein geordnetes System ihres Inhaltes und ihrer Erscheinungen sei, ist ein neuer Gedanke" (s. Conrad Hermann) 1870 (seit Hegel). Da bei der Betrachtung des Menschen seinem ganzen Wesen nach die körperliche Seite überhaupt in den Hintergrund, die geistige Sphäre desselben in den Vordergrund tritt, so scheint es unpassend und unrichtig, ihn in die Naturgeschichte der drei Reiche, wo auf körperliche Bildungsverhältnisse das meiste Gewicht gelegt wird, einzuschliessen (s. Ebel). Les différences intellectuelles, qui se rencontrent dans un même groupe ethnique, dépendent d'une part de l'organisation de la couche corticale des hémisphères et de l'autre des circonstances du milieu (s. Fauvelle). O mamferenni nyin kronkron (im Akwapim): „Ein Ansiedler wird nicht zu einem Eingeborenen" (s. Riis). Ce qui prouve que les centres datent de la distribution originelle des êtres, c'est que des contrées, dont le climat est analogue, et qui réunissent toutes les autres circonstances dont l'ensemble devrait entraîner l'identité des productions naturelles, offrent cependant des végétaux et des animaux différents (s. Serres), und so setzen sich „centres de création", wegen scheinbar allgemein gleichartiger Aehnlichkeit, wogegen das Eindringen im Detail hier eben gleichfalls nur feinere Differenzen, — unsichtbare bisher, sichtbar machen und, — aufweisen wird (für logisches Rechnen in der Lehre von den geographischen Provinzen). „To imagine barbarous man let loose upon earth (in Australia) are merely reveries of the closet (dreams of the unexperienced); the first natives, who were placed on the continent must have been instructed, how to provide for their wants, how to form weapons suited for their circumstances, how to select roots and to capture animals" (s George Grey). L'immortel auteur du „Systema Naturae" a placé son „Homo sapiens" parmi les mammifères dans la classe des primates et lui a même donné un gibbon pour congénère (pour établir sa nomenclature). Mais le langage de Linné est bien autre dans les notes mêmes relatives au genre „Homo" et plus encore dans l'espèce d'introduction, intitulé „Imperium Naturae". Là il met presque en opposition l'homme avec tous les êtres, avec les animaux en particulier, et cela dans de termes tels, que la notion d'un „règne humain" en ressort invinciblement (s. Quatrefages). Der Mensch ist nach der geistigen Seite seiner Natur als dem Haupt-Element und der Grundbedingung seines Lebens zu erfassen (s. R. Wagner). Nicht ein Theil der Zoologie, sondern .eine besondere Wissenschaft, die Ethnologie" bildet das Studium der Menschheit (s. Kriegk). „Von den Schicksalen mancher Negerstämme besitzen wir genaue Kenntniss und doch gehören sie nur der Ethnologie an" (bis etwa durch die Colonialbewegung in geschichtlichen Interessen hineingezogen, — und immer bereits einbegriffen in die psychische Geschichte des Menschengeschlechts, und seiner Völkergedanken).

Owing to the youth of Ethnologic science, hardly any efforts have been made to exhaust a single art, to represent its life-history in its entirety; the comparative anatomist hopes by means of well-dissected specimens of present animal life to reconstruct from a bone or two some extinct form. What would be the chances of success for him, however, if he had but a few fragments of the modern animal? Is not the attempt to reconstruct the society of primeval man by means of desultory collections from the modern savages quite as futile? (s. Mason), und so die Lösung: Materialbeschaffung! „Die Geschichte lässt sich, obwohl sie allgemeinen Gesetzen unterworfen ist, doch niemals auf solche reduciren oder einfach in Formeln auflösen. Sie ist nothwendig mannigfaltig, kein Abschnitt dem andern gleich. Während die Anthropologie sich beschränkt, das Gesetzmässige und Allgemeine aufzuweisen, herrscht in ihr daneben der Zufall und der freie Wille des Einzelnen" (s. Eduard Meyer), bis der mit den (chemischen) Affinitäten in den Elementargedanken der Naturstämme anhebende Forschungsgang zur Erkenntniss eines organischen Wachsthumsprocesses gelangt, in der Cultur und ihrer Entwickelung (als Weltgeschichte der Culturvölker, in internationaler Erweiterung über den Globus), s. Vorgeschichte der Ethnologie (S. 56).

²) „Nec pulices, nec pediculi omnino mordent, sed daemonum sunt punctiones, quos putamus eorum morsus", belehrte Abt Richalmus, hochseligen Andenkens, seine Novizen (zur Schulung für den Klosterberuf). Die verwünschte oder goldene Laus (1350) wurde den Wallfahrern in der „Kirche zum heiligen Kreuz" gezeigt, und für sieben Tage, als die Lebensdauer einer Laus, muss die Vertheilung des Gewandes (aus dem Nachlass eines Bonzen) ausgesetzt bleiben (in Birma), während sie sonst unter das Ungeziefer fällt und besprochen werden mag, gleich den Raupen (1519): „Du unvernünftige, unvollkommene Creatur, die Inger, deines Geschlechtes ist nicht gesein in der Arch Noah, im Namen meines gnädigen Herrn und Bischofs von Lausanne, bei Kraft der hochgelobten Dreifaltigkeit, durch das Verdienen des Herrn Jesu Christi und bei Gehorsam der heiligen Kirche gebeut sich euch, aller und jeder, in den sechs nächsten Tagen zu weichen, von allen Orten, an denen wachset und entspringet Nahrung für Mensch und Vieh." Die Raupen lud (1479) der dortige Bischof vor sein bischöfliches Gericht, wo er ihnen einen Advocaten zu ihrer Vertheidigung gab, und nach Anhörung beider Parteien den Bann aussprach. „Auch die Sache der Fliegen wurde gerichtlich verhandelt. Hinsichtlich der Heuschrecken war man (im 16. Jahrhundert) zweifelhaft, ob sie vor das weltliche oder geistliche Gericht gehörten. Als die Fledermäuse in Norwegen exorcisirt wurden, gestattete man den alten, schwachen und kranken eine Galgenfrist von 14 Tagen länger, als dem grossen Haufen. Der Kurfürst von Sachsen empfiehlt (1559) die beabsichtigte Verbannung der Sperlinge, ehe sie im Vollmond durch ihre leichtfertige Buhlwirthschaft auf öffentlichen Plätzen die Augen der Gemeinde beleidigten." Die Aegypter vertrieben (nach Aelian) die nach dem Regen hervorkommenden Mäuse mit Gebeten, und Apollo Smintheus wehrt als Apotropaios (zum Schutze der vom Mäusefrass Bedrohten, gleich Bischof Hatto). Die Mönche von Lauch belohnten die ihre Weinberge bewachenden Dämone mit Trauben (bei Caes. Heist.), und der schwarze Pater

kennt der Sprüche viel, auch „ad Vermes occidendos" (de hoc quod „Spuriholz" dicunt, primum pater noster). Wenn der Teufel in Gestalt einer Fliege (mit abgehauenem Bein) den longobardischen König Kunipert neckt, mag ein Baal-Zebub oder (bei den Littbauern) Gott Mussubirkis zur Abwehr dienen, des als Fliege fliegenden Ahriman (oder Loki, um Freia zu betrügen), und Otto von Bamberg (1128) bannt die Fliegen (aus Gutzkow) nach Rügen (in den Tempel Swantewit's). Die auch bei Hottentotten „weissagerischen" Mantis (als καλαμαια) wurden in den verwüstenden Heuschrecken (παρνοπες) durch Phidias' Bild des Apollo (als Parnopius) abgewehrt, und zur καταχηνη war in der Burg Athen's ein heuschreckenartiges Thier angebracht (von Pisistratus), während in Passau die Heuschrecken durch Gebet vertrieben wurden (von Bischof Severin), und Raupen vom heiligen Magnus, durch das Kreuzeszeichen (im „Crux usualis", wenn kein „Crux exemplata" zur Hand). Dämonisch fliegt, als Traumseele die Leipya (in Birma) im Gebild eines Schmetterlings, worin der Schöpfer steckt (bei den Pima), oder die Beziehung zu Torngarsuk (der Eskimo), als Torngarviak (in Labrador), und durch Psyche mit Amor verbunden (wogegen im „Seuchen-Prophet", als Todtenkopf oder „Acherontia Atropos"). Die Mekaschef (Zauberer) verdunkeln in den Eclipsen (s. Coccejus), und so der die Luft durchfliegende Hexenmeister (bei den Wotjäken). Im Muzzi-ne-neen (der Indianer) „a drawing or a little image is made to represent the man, the woman or the animal, on which the power of the medicine is to be tried, then the part representing the heart is punctured" (s. Tanner). So prickelte man die Wachsfiguren, oder wurden die schwarzen Künste Robert's d'Artois geübt, gegen seinen König, und „quand on l'eut convaincu, en lui montrant des „voults" baptisés de son nom et de celui de la reine, que sa vie elle-même avait été mise en danger, il n'y tint plus" (s. Baissac). Rien ne gênait plus l'Inquisition (und so konnte es beginnen in Carcassonne und Toulouse). „La vraie doctrine catholique touchant le gouvernement des sociétés humaines est donc bien celle, qu'enseignèrent, au XIII. siècle les Eymeric et les Bartole" (soll aus dem „Syllabus" das Jahr 1864 herausbuchstahirt werden, wie besserem Urtheil der Sachverständigen überlassen bleiben muss).

3) Von der Cholerarevolte in Sicilien berichtet Karl v. Roden der „Wiener Allg. Ztg., aus Palermo, 21. August, u. A. Folgendes: Wir sind in voller Revolution. Seit die ersten Spuren der Cholera in unserem Sicilien wieder aufgetreten, hatte eine beunruhigende, dumpfe Gährung in unserer Bevölkerung Platz gegriffen, und nun ist mit einem Male die Wuth der Verzweiflung zu elementarem Ausbruch gekommen, und von allüberall kommen die Nachrichten von Morden, Brandstiftungen und blutigen Kämpfen, die nur der Furcht vor dem Tode, der — Cholerafurcht ihre Entstehung verdanken. Besonders aus Licodia, Eubea und aus Leonforte kommen geradezu furchtbare Nachrichten. Dort wie überall herrscht die feste Ueberzeugung, die Regierung habe die Cholera absichtlich geschickt, und nichts ist im Stande, dem Volk diesen Wahn zu benehmen. „Die Behörden haben desinficiren lassen, sie haben Brunnen geschlossen, sie haben neue Aerzte kommen lassen. Warum? weshalb? Hier war Niemand krank, hier war Alles beim Alten. Einen Zweck müssen die Dinge doch haben? Gewiss haben sie einen Zweck: Man will uns die Cholera schicken!" In dumpfer Verzweiflung wartet man

der Dinge, die da kommen sollen. Ein Tag vergeht — nichts. Noch ein Tag vergeht — abermals nichts. Nur die Behörden fahren in ihrem unheimlichen Thun fort. Die Bewohner eines isolirten Hauses werden delogirt. Man giebt ihnen Geld dafür und eine andere, weit bessere Wohnung und in das leere Haus werden Betten getragen, eins, zwei, drei, zwölf und sie werden in den verschiedenen Zimmern vertheilt; dann kommen Tragbahren dahin, ein neuer Arzt richtet sich dort häuslich ein. Es ist das Choleraspital. Kein Zweifel, die Regierung will uns die Cholera schicken. Und wieder vergehen einige Tage und noch immer nichts. Selbst die Behörden haben nichts mehr zu thun. Sollte die Regierung zur Einsicht gekommen sein? Sollte sie uns diesmal verschonen wollen? Wer weiss. Und eines Tages hört man plötzlich Cicetta, Maso Cicetta, ihr kennt ihn doch? sei erkrankt. Er winde sich und krümme sich in seinen Schmerzen. Vom isolirten Hause eilen zwei Männer mit der Tragbahre herbei, der Arzt, der schon bei Maso drinnen ist, winkt ihnen zu, sie packen den Kranken, legen ihn auf die Bahre und tragen ihn fort, hinauf ins Choleraspital. Sie ist also doch da, die Cholera, die Regierung hat sie also doch geschickt. Und wir, wir müssen sterben, Alle, mit Weib und Kind, nur weil die Regierung es will. Und sie rotten sich zusammen und flüstern mit einander und ballen die Fäuste, sie drohend gegen das Gemeindeamt streckend. Dann gehen sie auseinander. Abends öffnen sich leise die Thüren der Häuser. Bewaffnete Männer schleichen sich hinaus auf die Gasse und suchen unbemerkt das Feld zu gewinnen. Dort harren ihrer schon Andere, Alle bis an die Zähne bewaffnet. Eine kurze Berathung wird gehalten, eine Abtheilung schwenkt nach links und schlägt die Richtung gegen das Choleraspital ein. Fünf Minuten später schlagen dort lichterloh die Flammen auf. Die Wärter stürzen entsetzt hervor: „Gesu-Maria, was ist geschehen?" Der Kranke drinnen, der sich auf seinem Lager windet, sieht entsetzt die Flammen hereinschlagen. Der Rauch, der dicke, entsetzliche Rauch droht ihn zu ersticken. Mit dem Aufgebot seiner letzten Kräfte sucht er sich vom Lager zu erheben, schwankend tastet er sich nach der Thüre hin, indess in seinem Leibe die Schmerzen und das Fieber rasen; er öffnet die Thür, Gianni Maglioni aber tritt ihm mit erhobener Axt entgegen: „Zurück, Compadre! Bist du auch von der Regierung erkauft, uns die Krankheit weiterzugeben?" Verzweifelt klammert sich Maso an Giannis Arm an. „Zurück!" Sausend fällt die Axt nieder, und mit gespaltenem Kopfe stürzt Maso zu Boden; der blutende Leichnam aber wird in die Flammen geworfen, die lichterloh gen Himmel steigen. Im Dorfe wird Sturm geläutet. „Läutet nur zu. Der thut uns nichts mehr." . . . Das sind die Einen, die Anderen haben indessen die Landstrasse eingeschlagen. Etwa sechshundert Schritt weit verfolgen sie dieselbe, dann theilen sie sich, und sechs Mann verstecken sich rechts, sechs links vom Wege, in dem dichten Gebüsch. Dort liegen sie, stumm, regungslos, die Büchse stets im Anschlag und das Messer im Gürtel gelockert. Sie wissen ganz genau, dass sie nicht umsonst warten. Sie wissen, dass der Bürgermeister in Vorahnung der Dinge, die da kommen sollen, um Succurs gebeten hat. Und sie haben wirklich nicht lange zu warten. Schritte werden laut, rasche, gleichmässige Schritte im militärischen Tempo. Immer näher und näher kommen sie. Die Flamme, die den Himmel mit feuriger Gluth überdeckt, muss ihnen solche

Eile machen. „Schnell, schnell, dass wir nicht zu spät kommen." Sie kommen nicht zu spät. Sie kommen gerade recht. Rechts und links in den Büschen blitzt es aus zwölf Büchsen auf. „Mamma mia", ruft der Brigadier und fasst nach seinem Herzen. Dann sinkt er todt zu seinen Kameraden nieder. Die zwölf Mordgesellen aber eilen, Jeder auf anderen Pfaden, dem Dorfe zu. In den Häusern aber liegen die Frauen auf den Knien und beten: „Sancta Madonna! Nimm uns gnädig in Deinen Schutz." Tags darauf rückt Militär an. Das Dorf wird umzingelt. Mit gefälltem Bajonnet marschirt eine Abtheilung in das Dorf. Jedes Haus wird durchsucht, aber da sind nur Weiber und unmündige Kinder. Die Männer haben sich in die Wälder geschlagen. Wer wird sich auch gutwillig fangen lassen? Das Militär quartiert sich in den Häusern ein. Streifzüge werden unternommen, aber nur oberflächlich. Die Männer und Burschen werden schon zurückkommen, wenn ihre Frauen und Kinder Hungers sterben; sie werden ganz gewiss kommen, denn ein Sicilianer lässt sein Weib, sein Mädchen nicht mit den Soldaten allein. Und sie kommen. Nachts. Nicht Einer allein, nein, Alle zusammen. Und sie suchen das Dorf zu stürmen und ihre Frauen zu befreien. Ein wüthender Kampf entspinnt sich. Schliesslich müssen sie unterliegen. Ein Theil ist todt, der andere gefangen. Doch auch von den Soldaten liegen Viele in ihrem Blute. So war es in Licodia, Eubea, und in Leonforte ging es kaum anders zu. Dort stürmte der bewaffnete Pöbel förmlich die Stadt. Die Carabinieri schlugen, von dem besonnenen Theile der Bevölkerung unterstützt, den Angriff zurück. Der Pöbel wurde gesprengt und musste in Unordnung fliehen. Das Gros flüchtete sich in das Kloster San Vincenzo, wo es sich verbarrikadirte und alle Anstalten traf, um eine regelrechte Belagerung auszuhalten. Die Carabinieri, die durch zwei Compagnien Infanterie verstärkt worden, sprengten die Thür und drangen in das Kloster ein. Ein Schuss fiel, der den Brigadier leicht verwundete, und als die Carabinieri eine Salve abgaben und drei der Aufständischen zu Tode getroffen niedersanken, da war es mit dem Widerstande aus, und alle vierundfünfzig Mann, die noch im Kloster verschanzt waren, ergaben sich und wurden gebunden unter grosser Escorte in die Gefängnisse abgeführt. Zur Vermeidung neuer Unruhen wurde über die Stadt der Belagerungszustand verhängt. Aehnliche Nachrichten von Rebellion langen aus Caltagirone an. In Catania wurden 78 Bauern verhaftet und in die Gefängnisse von Nicosia gesperrt." (National-Ztg., Aug. 27). Epidemics in summer and malignant diseases in general, are under the control of the „Five Emperors or rulers" (s. Doolittle) oder Ngu-Tä (in China). In Polen lässt sich das Pestmädchen huckeback durch die Dörfer tragen (s. Hanusch), und in Indien reitet die Cholera umher, in Kali's Schreckgestalt (auf einem Ochsen).

⁴) Wie nach dem Operationsplan weitaussehenden Feldzuges dementsprechend weitumfassende Magazine zu bauen wären, zum vorläufigen Aufstapeln des für die Ausrüstung bedürftigen Materials, so lehrt es die gesunde Vernunft, dass die Naturwissenschaft, ehe sie den Kampf aufnähme mit speculativer Psychologie, auf ihr Rüstzeug bedacht gewesen sei, und Material sich beschaffte, wie es in allmähligen Ansammeln aufzuhäufen war, (für Sicherung zunächst). In Kurzsichtigkeit derer jedoch, die über die eigene Nasenlänge nicht hinauszusehen pflegen, galt Alles nur labyrinthisches Wirrsal, wüstwilde Confusion

(geheimer Confusionsberathung), im Tohu-Vabohu chaotischer Vorschöpfungen, ein Graus, vor dem es grauste, und das man sich gern vom Leibe gehalten hätte, nach Klugheit des Vogels Strauss, (im Vorgefühl der dadurch herangeführten Arbeitslast). „Majori cedo", in jeder Fachwissenschaft dem Besserwissen der Fach- und Sachkundigen, — das wird, im Gefühl vom Wissen des Nichtwissens (bei Cartesius), Niemand lebhafter aussprechen, als der Ethnologe in spe, aber trotzdem doch, (und grade deshalb eben), in den ihm selber eignenden Kreisen ebenfalls sein Wörtchen mitzusprechen haben, und dieses! vorläufig heisst es noch: Materialbeschaffung (wenn es ein Ernst sein soll mit der „Psychologie als Naturwissenschaft").

⁵) Im Kreise der Wissenschaften werden die Letzten die Ersten sein, denn in jener Rangordnung, welche den „Habitus sapientalis" (als „Habitus theologicus") neben den „Habitus scientificus" stellend (bei Aureolus), die Psychologie (in der Entwickelungslinie der Naturwissenschaften) an die Spitze stellen würde, erweist sich die (weil mit dem Anorganischen anhebend) unterste, als bestbegründete, nämlich die Chemie, — so fest bereits im eigenen Sicherheitsgefühl, um sich schon wieder in speculative Wagnisse fast hineinzuwagen. Was als Erstes sich lehrt, sich lehren muss in des Nichts, (als eines Noch-Nicht-)Wissens, zwingend aufgedrängten Gefühls, ist das der Bescheidenheit, ein Wunsch nach Mitarbeit und Beihülfe (aus dem Besserwissen jedesmalig sachkundigen Urtheils), mit energischem Protest zugleich gegen jedes Infallibilitätsdogma, um (neben der im inneren Conclave durch abgelegte Proben selbst constituirten Hierarchie), für das Laienbrevier eines profanen Verständnisses, die Rangstufe nach idiosynkrasischer Theorie zu bemessen, die statt in Vervollkommnung zu ascendiren, sich selbst in ihrer Bezeichnung als eine descendirende bescheinigt. Dem Range nach (s. Werner), mag der „Habitus sapientalis" (als „Habitus theologicus") neben dem „Habitus scientificus" stehend gelten, aber das Abhängigkeitsverhältniss der „Theologia Viatorum" von der „Scientia Beatorum" gilt nicht „ex parte scibilis", sondern „ex parte scientis" (bei Durandus). Wie durch Vermittelung des Schriftwortes enthüllt (bei Baconthorp), die Gottheit „sub ratione deitatis" für Object der „Theologia Viatoris" gelten dürfte, könnte sie aus der „Theologia Philosophorum" (als „Naturaltheologie") herauszulesen sein, bei den Ergebnissen solcher Reisenden, denen ein ethnologisches Auge angewachsen (oder anerzogen) ist (zum Erkennen typischer Völkergedanken). „Scientiae humanitus adinventae habent de suis principiis clarum evidentiam vis sensus memoriae et experientiae" (s. Durandus), ohne Subalternverhältniss (zur Theologie), ausser dem Antheil einer „Scientia subalternata" zur „Scientia subalternans" (s. Aureolus). Bei dem Concept „Ens infinitum" in eine Reihe gestellt mit andern Praedicataussagen soll die „Ratio subjectiva" die „Ratio deitatis" vermitteln, — sofern einstens vielleicht das logische Rechnen die Fähigkeit erlangt, auch die Unendlichkeitsfragen anzunähern (bei naturwissenschaftlicher Durchbildung der Psychologie), um die im „Lumen fidei" aufdämmernden Glaubenswahrheiten durch ein „lumen scientiale" (bei Heur. Gh.) schärfer zu beleuchten (das „ex parte objecti" Geforderte „ex parte intellectus" dem Verständniss näher zu bringen). Als mit seinen Brüdern unter der Umfangung der Eltern-Erzeuger dunkel benachtet, Tane zwischen der Aschenhöhle seiner Mutter neugierig den Kopf vorstreckt, in den unend-

lichen Raum hinaus, leuchtet ihm das Licht der Glorie, — ein „lumen gloriae"
(des Concil zu Vienne), — mit jener Wananga, die (obwohl „lumen supra-
naturale") doch als auf den Sehnsuchtswunsch („Manako") folgendes Complement bereits in naturgemässer Entwickelungsreihe steht (vom „Kore" her),
wenn neben dem „Intellectus agens" auch der „Intellectus possibilis" in das
Wesen des Menschen eintritt, ἔξωθεν (bei Aristoteles), aber dennoch psycho-phy-
sisch(und ethno-psychisch). Oportet ergo, quod una propria sit intelligentia, quae
causa est intellectualitatis (Alb. M.). Mit der „Psychologie auf dem Grunde der
Kosmologie" (s. Werner), muss die „Anima intellectiva", weil sie ihrer Natur
nach nichts aus dem Stoff Educirtes sein kann (wie „vegetativa" und „sensitiva")
durch Creation entstanden sein (bei Joannes Baconis). Hier wird im psychischen Wachsthum die Einheit gewahrt, indem die für den Gegensatz eines
„Noeton" zum „Aistheton" (bei Plato) im Jenseits ansetzenden Früchte mit
dem θύραθεν zutretenden Nous ihre den idealen „Aromana" congenialen
„Ayatana" zur Entwickelung bringen (im „Intellectus agens" die Typen vor-
bildend, für Aufnahme der „Species impressae"). Mit dem Verschwinden
nichtig täuschender Maya kommt so im Grenzbegriff des Nirvana als
eigentlich Reales (eines Ding-an-sich), aus dem Gegensatz zum Sangkhara
(im Körperlich-Materiellen), „Asangkhara-Ayatana" zum Abschluss (vom
Pleroma erfüllt). Ehe aus dem Avyakta die Schöpfungen (in Vyakata)
hervorgetreten, standen (vom Dunkel eines Bythos verhüllt) im Geist, (und
geistig), die prototypischen Ideen fertig (des νοῦς ἑαυτὸν νοῶν), und ihre in's
Achamoth niederfallenden Schatten regten dort in täuschend fluthenden Umrissen, (einer fata morgana), jene Bilder an, wie sie im τὸ μὴ ὄν (der Kore)
potentiell vorveranlagt gewesen, aus den Universalien („post rem", als „ante
rem", und so „in re"). Mit dem Leibestod trennt sich die durch übernatür-
liche Causalität geschaffene „intellectiva" von der auf dem Wege natürlicher
Zeugung entstandenen „Sensitiva" und „Vegetativa", welch' beide mit dem
corruptibeln Leib zu Grunde gehen (bei Baconthorp). Als Aklama für den
Körper abgeschieden, lebt die, als Genius (aus dem Edro), mit des Daimonion
Stimmen redende und im Schatten begleitende, Kla noch in der Seelenheimath (Nodsie's), wohin beim Tode zurückkehrend (während Sisa am
Grabe spuckt). Auch die geschaffenen Geisteswesen müssen aus Form und
Materie zusammengesetzt sein (bei Duns Scotus), und so die Rupa, (eher
mit Excess nach der seelischen Seite, im Fehlen der Sandja und Vinyana
bei den Asandjinisattvas), wogegen die Arupa sich metaphysisch verstiegen,
in allzu loser Abhängigkeit des „Intellectus potentialis" (bei Avicenna), in
den Beziehungen zwischen „Intellectus possibilis" und „Intellectus agens"
(bei Averroes). Im wandelnden Umlauf der Zeiten, die in des Lebens Puls-
schlägen sich fühlen, innerhalb des Raumes, der mit seinem Horizont den
Blick umgrenzt, denkt es sich unter den Kategorien (von Raum und Zeit),
aber im logischen Rechnen werden Unendlichkeitsreihen angenähert, und ob
auch sie einstens durch eine Rechnungsmethode möchten zu bewältigen sein,
das bliebe vom Fortgang der Arbeiten abhängig (bei naturwissenschaftlicher
Durchbildung der Psychologie).

In den Urtheilsformen einer Vernunft-Kritik erörtern sich die physiologischen Processe des Denkens, und wie diese sich, vergleichungsweis, auf
verschiedene Systeme (die nutritiven, motorischen, sensuellen u. s. w.) beziehen,

so ordnen sich jene nach den Kategorien zusammen. Der psychische Organismus selbst dagegen baut sich erst (aus gesellschaftlicher Atmosphäre) im Völkergedanken auf, und seine Kenntniss ist bereits vorauszusetzen, um jene beim Wachsthumsprocesse eintretenden Vorgänge zu richtiger Anwendung zu bringen, aus individueller Psychologie nach den Kunstregeln der Logik (unter Controlle eines logischen Rechnens).

Indem jedes unbedingte Urtheil als einfach, jedes bedingte als zusammengesetzt bezeichnet wird (bei Kant), führt sich die Bezeichnung der „Relation" ein, und jedem Rechnen haben die Verhältnisswerthe zu Grunde zu liegen, indem es sich nicht um kategorische Urtheile (bei Wolf), sondern um „hypothetische" handelt, und unter allen „zusammengesetzten Urtheilen" besonders zu bemerken sind die „bedingten Urtheile" (bei G. F. Meier), denn nur in Gegenseitigkeiten bewegt sich zunächst das Verständniss für seine Abwägungen (zur Anbahnung der Folgerungen weiter). Die Kategorie des Verhältnisses ist „die vornehmste unter Allen" (bei Kant), aber nicht dies nur, sondern in ihr liegt überhaupt das Grundprincip, woran das Denken zunächst festzuhalten hat (um in seinen Bewegungen die Grenze der Vernünftigkeit zu wahren), mit der Modalität als „Unterscheidendes für sich" (in Vergleichungen nach comparativ-genetischer Methode). Mit Wechselwirkung (gegenseitiger Gleichungen) ergiebt sich die Grenze aus dem Gesetz, unter logischer Prüfung der Rechnungen (bis zu den Gleichungen eines Unendlichkeitscalcul aufwärts). Aus Eins die Zwei, aus der Drei dann alle Dinge (bei Laotse) und wie in dualistischer Spaltung die Schöpfung beginnt mit Ormuzd's Zweifel, so bietet der Descartes' den Angelpunkt moderner Philosophie, um (im „cogito ergo sum sive existo") die Widersprüche, zwischen dem Gottesbegriff als nothwendig gegeben, und der Willensfreiheit als nothwendig verlangt, gegenseitig abzugleichen („dei praeordinationem cum arbitrii nostri libertate") durch logisch-mathematische Methode (für die Endliches und Unendliches vermittelnde Formel). Freilich: „tempora mutantur", und einer an thatsächlichen Anschauungen verwöhnten Tafelrunde schmeckt sie fade, diese mit meditativen Ingredienzien gewürzte „Substantia cogitans" (der die inductive Sättigung noch fehlt). An die metaphysischen Grundbegriffe als Prämissen (Descartes') schliesst sich (bei Locke) neben den, prästabilirte Harmonie (wie zwischen Aromana und Ayatana) vorausspiegelnden Reflexen, die Untersuchung der Erkenntniss mittelst des Verstandes, und auch in der Kritik (Kant's) ist „die Lehre vom Wissen zur Grundlage der Philosophie geworden" (s. Kirchmann), in der Psychologie, welche, sobald das Gesellschaftswesen die ihm schuldige Anerkennung erlangt haben sollte, die dementsprechende Erweiterung ihrerseits auch wird beanspruchen dürfen (mit dem Postulat des „Völkergedankens").

Seit „der alte faule Friede zwischen Naturwissenschaft und Theologie" (s. A. *Lange*) gebrochen (1875), seit die Naturforscher das Recht verlangen, „unbekümmert um irgend welche kirchliche Traditionen die Consequenzen ihrer Weltanschauung nach allen

Seiten geltend zu machen" (1877), wird den im Materialismus ausartenden Schäden naturwissenschaftlicher Zeitrichtung ihre rationelle Heilung nur dadurch angebahnt werden können, dass in der Reihe der Naturwissenschaften auch für die Psychologie eine Stelle hinzugefügt werde, dass bei den Problemen idealer Welt ebenfalls die comparativ-genetische Methode, (der Induction), zur Verwendung komme (im logischen Rechnen) Für solchen Zweck sind seitens der Ethnologie die Bausteine zu liefern, wie aus Ueberschau der Völkergedanken hervortretend, in dem Studium ihres organischen Wachsthums nach festgeschlossenen Gesetzen, die unter der Mannigfaltigkeit ethnischer Weltanschauungen einheitlich enthüllt stehen.

Die auf diesem Gebiete fortgehenden Arbeiten erhalten mit dem gegenwärtigen Werke ihren Abschluss auf demjenigen Stadium, bis wohin die Vorbereitungen zu einer Gedankenstatistik vorläufig bereits gelangt sind (bei Auffassung des Menschen als Gesellschaftswesen). Eine allgemeinere Zusammenordnung, zur Uebersicht der bisher erschienenen Bücher (unter Einschluss des gegenwärtigen), wird baldmöglichst folgen, und möge dem jetzt lebhafter erwachendem Interesse an der Materialbeschaffung eine der kritischen Sachlage entsprechende Förderung ferner gewährt bleiben.

In „Elfter Stunde" (nach ethnologischer Chronologie), s. Vorgeschichte der Ethnologie, 1881 (S. 76).

Berlin im September 1887.

Neben der comparativen Methode hat die Induction ihre genetische zur Verwendung zu bringen, wie für die anderen Zweige am Lebensbaum des Wissens, so auch für den psychologischen. „Will man das Getriebe der psychischen Vorgänge erfassen, so muss man vor allen Dingen die ersten und einfachsten Elemente dieses Getriebes zu beobachten suchen" (s A. Lange), und zwar beim Ausgang vom Völkergedanken, (der Gesellschaftswesenheit gemäss), an diesem zunächst, (um, als erste Vorbedingung, eine Spannungsreihe ethnischer Elementargedanken zu gewinnen).

„Alle Untersuchungen auf praktischem Gebiete haben mit einem psychischen Factor zu rechnen" (s. J. Mohr), zur „freien und reich ausgebildeten Anschauung der Seelenvorgänge im Menschen" (bei Helmholtz), in der empirischen Psychologie der „Polybrotianer" (cfr. Moleschott). „Aller Psychologie letzter Endzweck kann doch kein anderer sein, als: dem Leben selbst, d. h. den Praktikern, zu dienen und zu nützen" (1868), und „zu einer solchen, gewissermaassen naturwissenschaftlichen Seelenlehre hat Herbart den Grund gelegt" (fügt Olawsky hinzu), wogegen seit Mehrung thatsächlich gesicherter Materialbeschaffung (in der Ethnologie) der Mensch in seinem Charakter als Zoon politikon entgegentritt, für Einreihung der Psychologie unter die Naturwissenschaften (bei inductiver Behandlungsweise). Die „neuere Psychologie" (Beneke's) ist „rein auf die Grundlage der unserem Selbstbewusstsein vorliegenden Thatsachen gebaut und nach der allgemein-naturwissenschaftlichen Methode ausgebildet" (s. Dressler). Aber mit festgebannter Eins rückt man nicht von der Stelle in der Naturwissenschaft (bei der ihrer comparativen Methode bedürftigen Vielheit).

„Die tiefsten Räthsel der Welt verbargen sich oft nicht deshalb, weil sie sehr verwickelt, sondern weil sie so ungemein einfach waren, so unglaublich nahe lagen, dass gerade die tüchtigsten und verdienstvollsten Gelehrten in ihrem Eifer sofort über das Ziel hinausgingen und dann natürlich vergebens suchten" (s. Czolbe). „Die Herren dieser Art blendet oft zu vieles Licht, sie seh'n den Wald vor lauter Bäumen nicht, („wie Herr Wieland spricht" bei Blumauer).

So mag der Versuch gewagt werden, zu den Kryptogamen des Menschengeschlechts hinabzusteigen, zu den ärmlich armen Naturstämmen, um in ihrem Gedankenkehricht, (wie im letzten Augenblick des Zerfalles hier und da noch zusammengefegt). umherzustöbern, nach Welträthseln und was damit zusammenhängt, beim Rübchen - schaben Rybecal's im asciburgischen Mons oder bei den Rebus krummklauiger Jungfrau im picinischen, wenn (auf jenem Sorgenstuhl vaticanischer Weihe) die Sphinx ins Geräthsel geräth, um in Orakeln lallend zu faseln, — vaticinari atque insanire (s. Cicero) — über „rerum universitas" oder (bei Vellejus) „rerum naturae corpus," unter den Athemzügen der „anima mundi," als Habicht Odhin's (in Skaldensprache).

„In dem heutigen Naturmenschen wirken die Gründe, welche im Urmenschen transcendentale Vorstellungen erweckt haben, theils noch immer in ihrer ursprünglichen Form nach, theils üben sie ihren Einfluss in der Sphäre des Unbewussten" (s. M. Nordau), gezeugt unter Pflege der Cultur zu organischer Ausgestaltung (im psychischen Wachsthumsprocess).

In seiner „Welt als Vorstellung" innerhalb all' solcher Räthselfragen, die sich stellen: über Wohin? und Woher?, das „a quo et ad quem" eines Schlangensymbols in „sacris" (s. Macrob.), — mit der Unendlichkeit zu einem endlosen Kreise umgewandelt, welche Form schon Hegel für die „wahre Vorstellung der Unendlichkeit erklärt hat" (s. J. H. von Kirchmann) —, mitten drinnen im Vexirgespiel, grübelt's in Oerindur über „diesen Zwiespalt der Natur," und: „ein Narr wartet auf Antwort," spottet der Europa-Müde, in Ausschau nach dem „noble savage" (ohne „übertünchte Höflichkeit").

Bald eng und ängstlicher verstrickt (durch phrygisches Logion) im Knotengeschlinge des Ensoph, soll von einer „Kabbala denudata" Heil und Hilfe kommen, oder, (im theosophisch modernsten Modejournal), von einer „Isis unveiled"; schleierlos und frech (in

Hochstapeleien), die „nackte Wahrheit", — „nuda si ista ponas"
(s. Horaz) —, wogegen in Oceanien's Kosmogenien der Anfang
verhüllt bleibt, unter der Decke „umkreisender Mutternächte"
(„mai ka po mai"). Aelter, als der Westerwald (auf Tisö auch)
oder (bei Villemarqué) Berzas's Wald, schweigt es (das Tad),
wenn Mutuhei, (in Nukuhiva's Philosophie), stumm um Tanaoa
sich schlingt, die Räume erfüllend (s. Lawson), in ruhender Stille,
ehe ein Honover gesprochen war (aus Gebeten des Izeshne).

Im Umschwung der Kalpen, längs der Folgereihe mexikanischer
Tonatiuh, entsteht aus dem Früheren ein Späteres, beim Emporblühen des Lotus, mit embryonalen Keimen (eines Paraclet) für
den Phaya Alaun (unter den Wanderungen der Tathagata), bei
Anbruch gegenwärtiger Periode der Weltengestaltungen, als Keau
(der Kanaka), in dortiger „mundi conceptio tota" (s. Vitruv.).

„So liegt für alle Ordnung der Ereignisse der Grund immer
in einer früheren Ordnung, und wie mannigfach diese Melodie
des Werdens bald in grösserem Reichthum anschwillt, bald in
unscheinbare Keimgestalt sich zusammenzieht, sie hat doch für
uns nicht Anfang noch Ende, und alle unsere Wissenschaft klimmt
nur auf und ab an diesem Unendlichen, den inneren Zusammenhang
einzelner Strecken nach allgemeinen Gesetzen begreifend, aber
überall unfähig, den ersten Ursprung des Ganzen oder das Ziel
zu sehen, dem seine Entwicklung zustrebt" (s. Lotze) im τὸ
σύμπαν τῶν ὄντων (τῶν πάντων κατάστασις).

Wie die Hawaiier das Urwesen Kumulipo (die „Abgrunds-
Wurzel") voranstellten in (syzygischer) Einigung mit weiblicher
Energie Po-ele's (Nachtgedunkels), — aus eigener Kraft (Sva-
yambhuva's) τῶν ἰδίων ἀρχῶν (bei Sanchuniathon) —, so die
Valentinianer (aus des Abgrund's Tiefen) den τέλειον Αἰῶνα (Βυθὸν
καλοῦσιν), dem sein Gedanke (Έννοια) sich entringt (als Σιγή oder
Ἀῤῥητος). Ex Caligine Chaos (s. Hygin.).

Wie in den Nidana (mit Avixa), geht die Finsterniss voran,
und „stumm und finster an sich, d. h. eigenschaftslos, wie sie aus
der subjectiven Zergliederung hervorgeht, ist die Welt auch für
die durch objective Betrachtung gewonnene mechanische Anschauung, welche statt Schalles und Lichtes nur Schwingung eines
eigenschaftslosen, dort zur wägbaren, hier zur unwägbaren Materie
gewordenen Urstoffes kennt" (s. Dubois-Reymond). Bei Uebergang von der Meditation zur Contemplation (in Einigung mit
Gott) wird die Seele (s. Juan de la Cruz) überschattet von der

1*

„nox sensitiva" (und dann der Nacht des Geistes). „Die unmittelbare Wirkung des beharrlich passiven Verhaltens und der
Selbstentäusserung der Seele ist der Eintritt des inneren Still-
schweigens" (s. Louvigny) in „Tenebre" (bei Molinos). „Wie die
Mystiker lehren, erscheint nur dem die Gottheit ohne Hülle, der, alle
creatürlichen Bilder und Weisen durchbrechend, in das Dunkel des
Nichtwissens eintritt" (s. Greith), im Anfang der Pratitya Samut-
pada (als Avidya). Als Alles noch dunkel und finster, (vor den
Tagen und den Jahren), als im düsteren Chaos auf der mit Wasser
bedeckten Erde Schlamm sich zu bilden begann (bei den Mixteken):
aparecieron visiblemente un Dios, que tuvo por Nombre „un Ciervo"
y por sobrenombre „culebra de Leon," y una Diosa muy linda,
y hermosa, que su nombre fue „un Ciervo" (s. Garcia), und dann
beginnt der Palastbau (auf dem Centralberg). „Eja, liebe Brüder,
wir wollen der heiligen Dreifaltigkeit einen wonniglichen Palast
in unserer Seele bauen mit dem Holz der heiligen Schrift und
mit den Steinen der edlen Tugenden. Der erste Stein des herr-
lichen Palastes, worin der ewige Gott ohne Ende die Seele, seine
minnigliche Braut, liebkosen will nach dem Wohlgeruche ihres
Sehnens, soll sein die grundlose Demuth" (zu Stift Einsiedeln). Auf
dem Berg Meru erschien die Gottheit (in Brahma, Vishnu und
Shiva), als das Welten-Ei „burst into fourteen equal parts, and
formed the seven superior and seven inferior worlds" (s. Coleman),
wogegen (bei Maori) in zehn obere Terrassenschichten (bis Rehua)
und zehn untere (bis Meto) die Welt sich trennt, im Raume
fluthend (Te Ao e teretere nao ano).

Wenn auf diejenige Schöpfungsperiode, über welche Poniaku
und Pohimai (in ihrer Syzygie) präsidiren, die nächste gefolgt ist,
an deren Spitze Pokinikini steht mit weiblicher Energie Pomano-
mano (als Genos und Genea), dann wandelt der bisherige Refrain: Po-
no („noch dunkle Nacht") sich in Ao („Licht"), und weiter: Ua-Ao,
(dauerndes Licht). So bei Vermählung der Finsterniss (Caligo) mit
dem Chaos wird der Aether gezeugt und der Tag, in Scheidung von
Erebus und der Nacht, sowie vom Todtenreich, das aufwärts
drängt im Erbeben der Erde, — weshalb dann auf den Boden
geklopft wird (in Timor), von denjenigen, die noch athmen im
rosigen Licht (von ihrem Dasein Kunde zu geben), s. Indones.
Lf. II. (S. 3). Im Dualismus des Hell und Dunkel, wird das
Reich des Lebenden abgeschieden, unter der Hut (und dem Hut)
des Flamen dialis, dem jede Berührung dessen, was dem Unter-

gang verfallen, verboten war, mit der Flaminica zur Seite (neben Flamines Majores und Flamines Minores). „Cerimoniae impositae flamini Diali multae, item castus multiplices" (s. Gellius), im steten Kampf mit den das Dasein bedrohenden Mächten unterweltlicher Finsterniss. Die Brahmanen (in Benares) vermeiden die Berührung des Maha-Brahma oder Maha-Patra, der bei den Leichenbegängnissen die Mantras liest, als verunreinigend (s. Sherring). Quand après de terribles combats, les dieux de la nuit, les Fomore, furent forcés, d'abandonner l'Irlande aux dieux du jour, ils se retirèrent dans le pays des morts (s. Dottin), unter Herrschaft Tethra's (l'ancien roi des dieux de la nuit, des Fomore, devenu roi suprême des morts), wie Milo, neben Wakea herrschend (als Todtenrichter). s. Inselgruppen in Oceanien (S. 264).

In dem (als Hiranyagarbha) goldstrahlendem Welten-Ei, aus Urlicht und Urfeuchte emporgewölbt, ruht meditirend der Welten-Vater, denn „prius a creatione creator, qui productum faciens, silens fuit" (in den Upanekhat), stumm und schweigend, ehe das Wort gesprochen, ἐκ τοῦ κολπία ἀνέμου (cfr. Sanchuniathon), schöpferisch aus der Nacht (Baavt) im Logos (des Protogonos und Aeon). Nichts war in der Friedensstille anfänglichen Ursprung's als Er nur allein, der Schöpfer und Bildner Tepeu-Gucumatz (nach dem Popul-Vuh). „Damals war Nichts Aufgerichtes noch" (s. Steinschpt. a. G. S. 4), und in den Stufengraden polynesischer Entwicklungsreihe tritt mit der auf Rawea folgenden, erst das Aufrechtstehen (Hotu-Pu) ein, im Aufrichten des Ἄνθρωπος, als Himmelsbeschauer (auf der Erde), emportauchend aus Χρόνος ἀγήραος (bei Pherekydes). In der Leere des Nicht-Sein's beginnt (bei den Pimas) der Erdprophet Chiowotmahke sein Spinn-Gewebe zu spannen, in Schmetterlingsform umherfliegend für den zur Menschenschöpfung geigneten Platz (s. J. H. Stout). Der aus dem Vogelei (der Schlange) durch den Rothpfeifenstein des Grossgeists umgebildete Mensch wurzelte im Boden, als Meda-eki (Zauberbaum), mit der weiblichen Form daneben aufwachsend, bis die Schlange durch Abnagen die Füsse befreite (für Bewegung). So erwachsen neben einander Meschia und Meschiane (wie Ask und Embla), und die Schlange Nidhöggr nagt an den Wurzeln (bei der Ur-Esche).

In Eiform geballt, entströmt das Chaos (Hun-tun oder Durcheinander) dem Urdunste oder Yuen-ki (uranfänglichen Odem's), worauf in der Bewegung Lichtes und Trübes (in Form eines Hühnerei's) sich schied, beim Freiwerden männlichen und weiblichen Princip's

(Yang und Yin), — und so im Aufsteigen jenes, im Niedersinken dieses entstand, nach Himmel und Erde, der Erste Mensch oder Pan-Gu (in chinesischer Kosmogenie), monströser Bildung (mit Menschenleib und Drachenkopf), gleich den Urwesen in chaldäischer Schöpfung (bei Berosus). Aus Himmel oder Sonne (mit „mannelijk beginsel") und Erde (de geest, of het vrouwelijk beginsel) stehen (s. Riedel) Upulero wate (weiblich) und Upulero meana (männlich) sich gegenüber (auf Babar).

Mit Himmel und Erde, als Rangi und Papa (bei Maori) oder Wakai und Papa (auf Hawaii), beginnen die populären Schöpfungsmythen Polynesiens, wie mit Uranos und Gäa (Jupiter und Tellus) in Europa's Voralter, aber „Vor dem Meer und der Erd' und dem allumschliessenden Himmel | War im ganzen Bezirk der Natur ein einziger Anfang, Chaos genannt" (s. Ovid), und so streben esoterische Lehren überall auf früheren Anfang, (des Anfangs Anfang), zurück, ἀρχὴ οὔτε ἡ κατὰ χρόνον (bei Basilius), für die Entwicklung das Noch-Nicht-Sein (Kore) zum Ausgangspunkt nehmend (bei den Maori), τὰ μὴ ὄντα (s. Philo), während im Pule Heau der dunkelumhüllte Abgrund Kumulipo's (Wurzel der Klüfte), einem gnostischen Bythos (wie bemerkt) entsprechen würde oder „Gap ginnunga" (Kluft der Klüfte) genannt, „zum Begriff des griechischen χάος stimmend" (s. J. Grimm), rudis indigestaque moles (ὕλη ἄμορφος). Nachdem die unalternde Zeit, mit Drachenwindungen in sich selber verschlungen, das unbegrenzte Chaos gezeugt, (mit feuchtem Aether und finsterm Erebus), trat aus dem dort niedergelegten Ei, als die verschleiernde Wolke zerrissen, Phanes hervor, als Erstgeborener der Götter (in orphischer Kosmogenie), und aus dem Ei des Schöpfervogels (bei den Chippeway) bildet (in finnischer Weltensage) Wäinämöinen den Himmel mit oberer, die Erde mit unterer Hälfte der Schaale (gnostischen Pfauen-Ei's). Im Anfang war das Nichts, dann kam das Wasser zu fliessen, und darauf der Geruch, mit dessen Entstehen auch Tuan Allah da war, der nach dem Wasser ging und den Menschen formte (bei den Batta). In der Umschleierung der Nebel (auf dem Nyas) entsteht Toeha Sihai (als schwebende Kugel), Indon. III. (S. 57). Müde, im Ei mit den Winden umhergetrieben zu werden, zerbricht Taaroa seine Schaale (auf Raiatea). Die Seele (s. Suso) ruht ganz und allein in dem Nichts und weiss nichts denn Wesen, welches Gott oder das Nichts ist († 1366). Darum spricht Sanct Dionysius: Gott ist Nicht, und meint damit, dass Gott so unbegreiflich sei, als das Nicht (1417). „Gott nahm das Nicht, aus dem er die Welt schuf, weder in ihm noch ausser ihm noch unter ihm noch über ihm; Nichts das ist nirgends zu nehmen, weder von innen noch von aussen" (s. Eckhart). Dieu '(bei Valentin.) après avoir longtemps vecu dans cette profonde tranquillité, dont le silence est l'image (σιγή), deploya tout-à-coup son intelligence (ἔννοία) et créa en lui-même le monde des idées (νοῦς).

Inanis et vacua (ἀόρατος καὶ ἀκατασκεύαστος) die Erde, „und Finsterniss über dem Abgrund," im Tohu-vabohu (ἐποίησε θεὸς ἐξ οὐκ ὄντων). Im göttlichen Wort stellt sich die Schöpfung (der αἰῶνες) her, „ut ex invisibilibus visibilia fierent", (εἰς τὸ μὴ ἐκ φαινομένων τὰ βλεπόμενα γεγονέναι). Gott (s. Hyppolyt) εἶπε, φησι, καὶ ἐγένετο (Basilides). In suis theophaniis incipiens apparere veluti ex nihilo in aliquid dicitur procedere (s. Erigena). Die Schöpfung fasst sich (in Polynesien) als ein Emporblühen (Pua), und aus dem Nabel des auf der Schlange Ananta schlafenden Vishnu wächst der Lotus hervor (mit Anbruch neuer Kalpe). Aelter, als Yehl (bei den Thlinkiten), existirt Kanukh seit der Zeit, „als die Leber zuerst von Unten heraufkam," (s. Holmberg), zurückreichend auf die ῥίζωμα τῶν ὅλων (s. Theodoret) für das Dauernde im Ἑστώς (der Simonier). Im Mahajuga folgen Satja (Kritajuga), Tretajuga, Draparajuga und Kalijuga einander, (ein Jahr der Menschen einem Tage der Götter gleich). Bei den Nahuatl rollen die vier Tonatiuh im Umlauf, aber hindurch dauerte Adam Kadmon (in Gnostik der Indianer als „Erster Mensch"), während die aus dem von Citlalatonac und Citlalicue herabgeworfenen Feuerstein entstandenen Götter, zur menschlichen Schöpfung, des (durch Xolotl aus Mictanteuctli's Unterwelt zurückgeraubten) Knochens bedürfen (mit ihrem Herzblut durchtränkt). Les quatre mondes d'émanations que les Cabbalistes font sortir d'Adam Cadmon et qui ont été formés d'après les types des Sephiroth sont chacun d'un dégré inférieur au précédent, selon le dégré de leur éloigément d'Adam Cadmon (s. Immler). Dem Schöpfergott, (die Mexicaner), „daban el nombre de Tloque Nahuaque, que quiere decir, criador de todas las cosas. Llamábanle tambien Ipalnemohualoni, que quiere decir, por quien vivimos y somos" (s. Veytia), in dem wir leben, weben und sind (aus dem Athem der Weltseele). Der Unterschied von Tag und Nacht, vor Schöpfung der Sonne (in der Bibel), war „métaphoriquement et pour signifier la succession avec laquelle l'intelligence supérieure exécuta les différents ouvrages" (1715), und durch den Aufenthalt in Aegypten sieht sich Telliamed (Le Maillet) auf „d'idées, que les prêtres de Memphis communiquaient à Hérodote" (s. d'Archiac) geführt (in Anaximenes', Anaximander's Schüler's Entwicklungstheorie), σπεύδει γάρ πάντα κάτωθεν άνω, άπό τῶν χειρόνων ἐπί τὰ κρείττονα (s. Basilides). „Der Baum der Gottheit blühet aus dem Grunde. An der Wurzel bricht aus der heilige Geist. Die blühende Blume oder die Lust ist der heilige Geist" (s. Eckhart). Die Schöpfung (Hawaii's) blüht hervor (Pua), und Kahupua wächst im Leibe auf (zur Verstörung).

In mittelalterlicher Kosmographie fluthet die Erde gleich einem Ei, den Dotter umschliessend (bei Beda Venerabilis), während in Mangaia das All „is to be conceived of as the hollow of a vast cocoa-nut shell" (s. Gill), und wie den Griechen zur Befestigung der Erde unendlich erstreckte Wurzelfasern dienen (bei Xenophanes), so Te-aka-ia-Roe (the root of all existence) am Stock der Cocosnussschaale, „gradually tapering to a point, which represents the very beginning of all things," in Wurmkrümmungen symbolisirt (roe, thread-worm). Dieser Ursprung der Dinge geht in das Athmende über, das Gerege des Lebendigen, (Te-tangaenga oder Te-vaerua) und dann folgt das Sein in Dauer-Existenz (Te-manava oder „The long-lived").

Damit ist der Anfang gegeben in Vari-ma-te-takere, (the very beginning), im Tiefgrunde Avaiki's, oder (bei Aristoteles) Hades (in Unsichtbarkeit), aus welchem, ihr Substrat dem Schlamm (vari, mud) entnehmend (wie in Chaldaea), die Schöpfungen jetzt hervortreten, zuerst in Vatea, als Erster Mensch, mit seiner (für die Wasserthiere) erforderlichen Doppelung im Fischbruder (wie auf Amboina), während sonst die Fischgestalt der menschlichen sich anschliesst, mit Schwanz daran (bei Oannes). Im Gegensatz zum Dunkel der Nächte (Po), in Avaiki, liegt darüber —, und durch die, mit Tu-metua (bei der Mutter verbleibend, in Te-enua-teki oder Stummland) abgeschlossenen Nachgeburten Tinirau's (in Motu-Tapu), Tango's (in Enua kura), Tumuteanaoa (in Te-parai-tea) und Raka (in Moana-Irakau oder Ocean) nach aufwärts geschoben. — Vatea's Land (Ti-papa-rairai oder Te-enua-marama-o-Vatea) am Licht, obwohl die oben Geborenen wieder mit der Unterwelt gradlinig verknüpft sind durch die von dort aufgestiegene Gattin Vatea's, als Papa, von Timatekore (Nothing-more) mit Tamaiti-ngava-ringavari (the soft-bodied) gezeugt, (in Ausentwicklung vom μή ὄν an, in der plastischen Masse einer Hyle).

Während nun der dem Vater angehörige, aber durch Zwillings-
list zurückgedrängte Tangaroa, aus Papa's Haupt (oder Armbeule)
geboren, fortwandert, um in dem durch Maui emporgeschobenen
(und durch die Pflöcke Ru's auf heiligen Hügeln gestützten) Zehn-
himmel seinen Sitz zu nehmen, wird Rongo, als der, weil jüngere
(Benjamin), dem Mutterherzen Nähere, mit dem Ackerbau betraut,
(unter Hut der Demeter), und mit seinen Enkelsöhnen (von der mit
Taka gezeugten Tochter Tavake geboren), zog Rangi (mit Hülfe
seiner beiden Brüder) die Insel Mangaia oder Aua, als Rangi motia
(the centre of heavens), herauf an's Tageslicht, — empor aus Avaiki
oder dem Schattenreich, wo die Essenz des urthümlichen Vor-
bildes in der Spiegelung verbleibt, für die grobe Verwirklichung
in äusserlicher Form („the gross outward form of an invisible
essence"), denn „there remained behind in the obscurity of nether-
world the etherial form or spirit," als Akatautika (the well
poised), im heiligen Namen des Priesters des Gottes, qui appendit
terram super nihilum (im Buch Hiob), terram autem appensam
super nihilum (s. Cicero).

Die Geister der Abgeschiedenen, nachdem von ihren Freunden
(Akoa) im Ta-i-te-Mauri (Ghost-fighting) gekämpft ist (mit den
„Mauri"), folgen (wie bei Abydos) dem Laufe des (auf Mangaia)
„Ra" (La, hawaiisch) genannten Sonnengottes, und „enter Avaiki
through the very aperture, by which the Sun-god descends in
order to lighten up for a time those dark subterranean regions"
(s. Gill), nach Westen hin (in Amenthes), wo Eneene niederstieg,
seine geliebte Gattin Kura nach der Oberwelt zurückzuholen,
(und Orpheus die Nymphe Eurydice aus dem Orkus).

Auf Homeyoca's „primera causa" in (aztekischer Kosmogenie),
als Ometeutli (ser incorporeo é invisible que esta satisfecho
con su propria gloria), folgt (in Körperform) Omeyocax (aus
dem Ruhestand hervortretend, um mit seinen Pfeilen die
Elemente der vier Weltgegenden in Bewegung zu setzen), dann
Ilhuicatl Mamaluco (Himmel des Durchbohrens), Ilhuicatl Ya-
yauhca (schwarzdunkler Himmel), Ilhuicatl Xoxouhca (grünblauer
Himmel, — aus dessen Goldkeim, beim Trennen von der Duftblume
Nanazcaya oder Teunanazcaya, der Fleischesmensch Tonacateutli
hervorgeht—, Iztapal Nanazcaya (Himmel der Morgenröthe), Teotl
Iztaca (weiss-heller Himmel), Teotl Tlalhauhca (bunter Himmel),
Teotl Coçauca (gelbaufflammender Himmel), Ilhuicatl Tonatiuh
(Himmel der Sonnenbahn), Ilhuicatl Huixtutla (Himmel des

Salzes, (mit der Xihuitl-Pflanze aus dem Haupt der Göttin im Ocean hervorsprossend), Ilhuicatl Tetlalicue (Himmel beruhigter Wogen, in der Milchstrasse), Ilhuicatl Tlalocaipaumetzli (Himmel des den Mond treibenden Windes und der Wolken), Tlaltipac (Erde); und gegenüber (in der Unterwelt) stehen (s. Mendoza): Tepetlmonanamictia (die zusammenschlagenden Berge), Itzetepetl (der kalte Wasserberg), Itzeecaya (Schneegestürm), Temininaloya (Durchspeerungen), Texoxolqualoya (Glühstein), Apamicya (Wassersenge), Imictlanapochcaloca (Todtenaufenthalt im Wasser und Rauch), Pacatlahuaya (Dunstlösung).

Die Welt besteht nach der Anschauung der Schamanisten aus einer Anzahl von Schichten (17 obere bilden den Himmel, 7—9 die Unterwelt). „Alle guten Geister, Genien und Gottheiten, die das schwache Menschenvolk schaffen, schützen und erhalten, leben in den oberen Schichten des Lichts (im Altai.) In den unteren Schichten der Finsterniss aber lauern die Unholde, die bösen Geister und Gottheiten, die dem Menschen zu schaden und ihn zu vernichten suchen" (s. Radloff). Γενέσθαι φησί χρόνον, ἐν ᾧ τὸ πᾶν σκότος καὶ ὕδωρ εἶναι (Berosus), τῶν ὅλων συνεστηκότων, bis Belus (ὃν Δία μεθερμηνεύουσι) die Finsterniss durchschnitt, zur Abtrennung von Himmel und Erde (s. Syncellus).

Bis zum dritten Himmel (ἕως τρίτου οὐρανοῦ), wo die überirdischen Wasser quellen, aufgestiegen, brachte Tawhaki dann aus dem vierten das Lebenswasser (der Jugendquelle) oder Waiora-o-Tane herab (für die Maori). In der Taufe Menander's (Schüler des Simon Magus) wurde die Unsterblichkeit mitgetheilt durch Pneuma (in der Feuertaufe). Im höchsten der sieben Himmel wohnt Gott (in der Kabbala), und im siebenten Himmel findet sich der erhabene Himmelssaal, El-Ghurfe, der den Frommen zum Versammlungsplatz dient (im Koran). Im höchsten (zehnten) Himmel (der Maori) weilt Rehua in Feuerkraft (als belebendes Weltprinzip), ein „Alter (der Tage"), im Augiasstall (bis Maui hilft), s. Inselgruppen in Oceanien (S. 157).

Iblis bewohnt einen tiefen Kerker in der siebenten Erde (s. Flügel), und die sieben Höllen (der Moslemin) folgen auf einander, als Dschehennem, Leththa, Chotama, Naïr, Dschehim, Sacar und Hawije (tiefer Abgrund), gleich (indischer) Hölle Avitchi für Hawaiiki (polynesisch). Chaisi wacht im Eisenkerker (unter den Mariannen).

Bei den Maori steigt die Unterwelt niederwärts, von Reinga durch Au-Toia, Uranga-o-te-Ra, Hiku-Toia, Pou-Turi, Meru, Toke bis Meto (im Verwesungsgestank), während die Himmel sich erheben von Kiko Rangi durch Waka-Maru, Nga-Roto, Hau-Ora, Nga-Tauira, Nga-Atua, Autoia, Aukumea, Wairua zu Tuwarea oder Naherangi, für Rehua's Sitz im Urfeuer, als πῦρ τεχνικόν (der Stoiker). Bei den Skandinaviern unterscheiden sich neun Himmel (s. Wachter), als Vindblainn (Luftbläue), Andlangr (Weitathmend), Vidblainn (Weitblau), Vidfedni (Weitbusig), Hriothr (Kalt), Hlyrni (Warm), Gynr (Gähnend), Vedmimir (Wettergeist), Ska-tyrnir (Wolkenthürmer). Auf Oluna u. s. w. (in Hawaii) folgt (jenseits der Wolken) Keaouli (das Firmament), dann Kalani uli (der blaue Himmel), und, als Pouliuliu (dunkle Erscheinung) Kalanipaa (der feste Himmel), s. Zur Kenntniss Hawaii's (S. 40). Die mexikanischen Himmel unterscheiden sich nach Farben, abwärts von Zivenavichuepaniucha (Sitz Hometeutli's), s. Culturl. d. a. Amerika, II., (S. 571). Im Buddhismus folgen auf die sieben Himmel die Rupaterrassen (und dann die Arupa), s. Buddh. i. s. Psychologie, (S. 365).

Als, aus Sutur's Funken, in dem Reiffrost Ymir entstanden, wurde aus seinem Fleisch die Erde, aus den Gebeinen die Felsen, aus den Haaren die Gewächse, aus dem Blut das Meer, aus dem Hirn die Wolken, aus den Brauen Midgard oder Menschenwalt geschaffen durch Bör und Bertla's Söhne (Odhin, Viti und Ve). Bei Pantan's Tode wurde durch seine Schwester aus Brust und Schulter Himmel und Erde, aus den Augen Sonne und Mond, aus den Brauen der Regenbogen gebildet (bei den Chamorro).

In Schöpfungsgeschichte der Arowaken (bei Brett) existirte vor den Menschen ein Wesen, das „breaking off twigs and pieces of bark from a silk-cotton tree (Eriodendron), threw them far and wide around him. Some as they fell became birds; others fell into the water and became fish; others fell on land and became beasts, reptiles, men, and women. The Warraus, on the other hand, without troubling their minds as to the first manufacture of the bodily shapes which we see, begin their story from a time when their ancestors lived in sky-land. Up there one of their number, named Okonoroté, was a famous hunter. On one occasion he followed a bird for many days without finding opportunity to shoot it. At lenght he succeeded, his arrow piercing the bird. But the game fell down into a deep pit, and was apparently lost. But Okonoroté, looking down into the pit, saw daylight below, and before long he was able to discern down below a land on which many kinds of four-footed animals were walking. With the help of his tribe he hung a long piece of bush-rope down toward the earth, and then climbed down this. After much successful hunting he climbed home again, taking with him some venison. The Warraus who had remained in sky-land, never having tasted such food before, appreciated it so highly that they determined to move to the land below. After many had descended, a woman, — who according to some was with child according to others was very fat —, stuck in the hole in sky-land, and though the other members of the tribe pushed and pulled from above and below, it was never possible to move her. So the Warraus who were already on earth had to remain there, and those who were still in sky-land remained there. The True Caribs have a story which differs from this of the Warraus only in that the former represent that their object in coming down from sky-land to earth was to clean the latter place, which was evidently very dirty" (s. Im Thurn) wie Rehua's (für Herkules-Arbeit der Reinigung). Aus den vom Grossen Geist in's Wasser geworfenen Spähnen entstehen die Fische (bei Chippeway). Volgens eene traditie stierven er in vroegeren tijd de menschen niet, maar verwisselden slechts van huid gelijk de slangen. Eene oude vrouw, die haar huid afgeledg had, werd door haar ouden man verjaagdzij legde haar nieuwe huid weder af en van dieu tyd dagteekende de teegenwoordige wijze van sterven (s. Riedel), im Babar-Archipel (1886), und so galt am Orinoko eine Verjüngung der Menschen durch Schlaugenhäutung (bis zum spottenden Zweifel einer alten Frau). Bei der Schöpfung (in Südcalifornien) wacht der Mond als Pflegemutter über die Götterkinder (s. Reid), eine „Mutter der Welt" am Nil (cfr. Plut.). Als Gleichniss der (bei Fijiern und Hottentotten bestrittenen) Verjüngung (auch unter den Eskimo) dient der Mond (schöpferisch in Ove). Als das Symbol des langen Lebens (bei den Mayas) steht dem Todtenskelett der hirschköpfige Dämon gegenüber (auf den Monumenten Cotzamalguapan's), und die Hirsche rennen auf und nieder (in den Zweigen Ygdrasil's). Cervus venenosorum serpentium est vorax (bei Cassiod), und zahlreich die Liste der Heilmittel im Curiositäten-Kabinet (s. Neickelius); „Medicamenta praeparata von Hirschen des Churfürstlichen Hof-Apothekers Johan Wichinger" (in der Sächsischen Kunstkammer). Isis (mit den Hörnern des sichelförmigen Mondes) hiess die „Alte", weil ihre alte Entstehung sich immer wiederholt (s. Diodor), neben

Osiris (als „Vieläugig"). Auf Timor sitzt im Mond die, Alte spinnend (den Lebensfaden der Parzen).

„Als die Erde noch nicht existirte, erschuf der Herr des Lebens den ersten Menschen (Numánk-Máchana). Dieser ging auf den Gewässern umher und traf einen Taucher oder eine Ente, welche abwechselnd auf und ab tauchte. Der Mensch sprach zu dem Vogel: „Du tauchst so gut, so tauche denn hinab, und bringe mir etwas Erde herauf." Der Vogel gehorchte und brachte bald etwas Erde, welche der erste Mensch nun auf dem Wasser ausstreute, wobei er Beschwörungsworte sagte, um das Land erscheinen zu machen, und es erschien. Das neue Land war nackt, kein Grashalm sprosste darauf. Er wanderte nun umher und glaubte allein auf diesem Boden zu sein, als er plötzlich eine Kröte fand. „Ich glaubte allein hier zu sein," sagte er, „aber du bist hier?" er sah die Kröte an, „und wer bist du?" Sie gab keine Antwort. „Ich kenne dich nicht, aber ich muss Dir einen Namen geben. Du bist älter als ich; denn deine Haut ist rauh und schuppicht, ich muss dich meine Grossmutter nennen, weil du so sehr alt aussiehst." Er ging nun weiter und fand ein Stück eines irdenen Topfes. „Ich dachte hier allein zu sein, allein es müssen vor mir schon Menschen hier gelebt haben," darauf nahm er die Scherbe auf und sprach: „Auch dir will ich einen Namen geben, und da du vor mir hier warst, muss ich dich ebenfalls meine Grossmutter nennen." Als er weiter ging, fand er auch eine Maus. „Es ist klar," sagte er bei sich selbst „dass ich nicht das erste Wesen bin, ich nenne auch dich meine Grossmutter." Etwas weiter fort traf er mit dem Herrn des Lebens zusammen. „Ach, da ist ein Mensch wie ich!" rief er aus und ging nahe zu ihm hin. „Wie geht es dir, mein Sohn?" sagte der Mensch zu Ohmahank-Numákschi, allein dieser antwortete: „Nicht ich bin dein Sohn, sondern du bist der meinige!" Der erste Mensch antwortete jetzt: „Ich bestreite deine Worte," aber der Herr des Lebens erwiderte: „Nein du bist mein Sohn, und ich will es dir beweisen, wenn du mir nicht glauben willst. Wir wollen uns setzen und unsere Medecine-Stöcke, die wir in den Händen tragen, in den Boden stecken; derjenige von uns, welcher zuerst aufsteht, ist der jüngste von uns und der Sohn des andern." Sie setzten sich

und sahen einander lange an, bis endlich der Herr des Lebens
blass wurde und sein Fleisch von den Knochen fiel, worauf
der erste Mensch in die Worte ausbrach: „Nun bist du doch
gewiss todt!" Auf diese Art sahen sie sich zehn Jahre lang
an, und als nach dieser Zeit die entblössten Knochen des
Herrn des Lebens in einem verwitterten Zustande waren,
stand der Mensch auf und sagte: „Ja, nun ist er gewiss
todt!" Er nahm den Stock von Ohmahank-Numäkschi und
zog ihn aus der Erde, aber in demselben Augenblick stand
der Herr des Lebens mit den Worten auf: „Siehe, hier bin
ich, dein Vater! und du bist mein Sohn!" und der erste
Mensch nannte ihn seinen Vater. Als sie nun miteinander
fortgingen, sagte der Herr des Lebens: „Dieses Land ist
nicht gut gebildet, wir wollen es besser machen." Damals
war der Bison schon auf der Erde. Der Herr des Lebens
rief den Mink herbei, liess ihn untertauchen und Gras her-
aufholen, welches geschah. Nun sandte er ihn wieder fort
und liess ihn Holz holen, welches er ebenfalls heraufbrachte.
Er theilte Gras und Holz und gab dem ersten Menschen
die Hälfte desselben. Dies geschah an der Mündung des
Nátka-Passahä (des Heart-River, Rivière du coeur). Der
Herr des Lebens trug hierauf dem ersten Menschen auf, das
nördliche Missouri-Ufer zu machen; er selbst bildete das
schön mit Hügeln, kleinen Thälern, Holz und Gebüschen
abwechselnde südwestliche Ufer. Der Mensch hingegen
machte das ganze Land eben und brachte darauf in geringer
Entfernung schon viel Wald an. Sie kamen dann wieder
zusammen, und nachdem der Herr des Lebens das Werk
des ersten Menschen gesehen hatte, sagte er kopfschüttelnd:
„Du hast dies nicht gut gebildet, alles ist eben, so dass man
weder Bisonten noch Hirsche beschleichen und sich ihnen
unbemerkt nähern kann. Die Menschen werden da nicht
leben können, sie werden sich in der Ebene in zu grosser
Entfernung sehen, einander nicht ausweichen können, sich
also untereinander aufreiben." Dann führte er Numänk-Mä-
chana an das andere Ufer des Flusses und sagte ihm: „Siehe
hier habe ich Quellen und Bäche in hinlänglicher Menge,
und Hügel und Thäler angebracht, alle Arten von Thieren
und schönes Holz hineingesetzt, hier kann sich der Mensch
von Jagd und dem Fleisch jener Thiere nähren." Von hier

gingen nun beide an die Mündung des Nátka-Passahä, um nach den Worten des Herrn Medecine-Pfeifen zu verfertigen. Er selbst machte eine solche von Eschenholz, mit Stein ausgefüttert, der Mensch hingegen die seinige von Box-Alder, einem weichen Holze. Sie setzten diese Pfeifen in einander, und der Herr sprach: „Dies soll das Herz, der Mittelpunkt der Welt sein, und dieser Fluss soll der Herzfluss (Nátka-Passahä) heissen." Ein jeder von ihnen hatte nun seine Pfeife in der Hand, und wenn ihnen irgend ein Wesen begegnete, legte der Herr des Lebens die Pfeife vor ihm nieder. Als sie dasselbe vor einem Bisonthiere thaten, sagte dieser, „dies sei nicht hinlänglich, man müsse auch etwas haben, was man in der Pfeife rauchen könne", und der Herr erwiderte: „So schaffe denn Etwas zum Rauchen!" worauf der Stier mit seinen Vorderfüssen einen Platz reinigte, ihn mit seinem Urin an verschiedenen Stellen benetzte und sagte: „Wenn die Brunstzeit der Bisonten herankommt, so geht hierher, und ihr werdet etwas zu rauchen finden." Der Herr des Lebens sandte auch wirklich zu dieser Zeit hierher, um Tabak holen zu lassen, allein dieser war noch nicht trocken und präparirt, er liess daher den Bison rufen, und dieser breitete die Blätter aus, trocknete sie, und der Herr des Lebens rauchte und fand den Tabak gut. Nun lehrte ihn der Bulle die Blüthen und die Knospen abnehmen und rauchen; denn diese sind zu diesem Behufe die besten Theile der Pflanze" (s. Neuwied).

Die von diluvischer Sinthfluth (zu Scheucher's Zeit) zeugenden Knochen führen die Indianer aus megatherischer Vorzeit auf die der Giganten Xelhua's, aus (mexicanischer) Fluth gerettet oder durch Gewitter vernichtet (in Manta), und die Gigantologia española (bei Torubia) auf fossile Elephanten und Cetaceen (bei Sloane) in der Paläontologie (England's). Michabo oder (bei den Irokesen) Tarenyawagon steckt im (weissen) Hasen, oder Phaya alaun im Elephanten (vor letzter Einkörperung), too full of the milk of human kindness (bei Shakespeare). Hasen (in Oesterreich) sind bei abnehmendem Mond ruhig, bei zunehmendem scheu (s. von Thümen), weil die zunehmende Kraft fürchtend, unter Erinnerung vielleicht des in der Hasenscharte versetzten Schlages, wie es die Hottentotten wissen (aus alter Offenbarung).

„Die wüste Inselgruppe Bygar hat ihren eigenen Gott. Der Gott ist blind, er hat zwei junge Söhne, Namens Rigabuil, und die Menschen, die Bygar besuchen, nennen einander, so lange sie da sind, Bigabuil, damit der blinde Gott sie für seine Söhne halte und ihnen Gutes thue. Anis darf auf Bygar nicht angerufen werden, der Gott würde den, der es thäte, mit schwerer Kankheit und mit Tod schlagen" (s. Kotzebue), in altbeliebter Keiferei (über Rechtgläubigkeit und ihr Recht). Ehe der Himmel und die Erde geschaffen waren, war Alles Wasser, die Erde war nicht da, und der Himmel existirte nicht, Sonne und Mond waren nicht. Da erschuf Tengere Kaira Kan, der höchste der Götter, der Anfang alles Bestehenden, der Vater und die Mutter des Menschengeschlechts, zuerst ein Wesen, das ihm gleich war, und nannte es Mensch (Kishi), im (altaischen) Schamanenthum (s. Radloff). Die Blätterpflanzen treten (nach den Zoophyten, in der ersten) mit der zweiten Schöpfungsperiode (unter Pole-ele und Pohoka) hervor (in Hawaii), wie nach silurischen Schichten (mit Fucus) und devonischen (mit Calamiten, Lycopodiaceen u. s. w.) die höheren Pflanzen folgen (in der Kohle). In dem „Étoile nébuleuse" (der Sonnen-Atmosphäre) condensiren sich die Gürtel zu Planeten (s. Laplace), oder statt der „soleil encrouté" (bei Descartes) war die Erde, als selbstleuchtender Stern, geschmolzen, (vor dem Erkalten), weshalb die Felsen „sont presque entièrement vitrifiés" (s. Leibniz). Aus dem Feuerherd, (des Erd-Innern), wurden die Wasser vorgetrieben (s. Woodward), nämlich (während des Cometenzustandes) am 18. Nov. 2365 j. E. (s. Whiston), und im Einfluss von Luft und Wasser auf die durch die innere Erdhitze aufgedrängten Felsen folgen die Wechsel der Zerstörung und Neubildung (bei Playfair), im Umschwung der Kalpen, (auch in Mexico), aus Keau (zur Wieder-Erneuerung im Choossum ajaarta), wogegen die Natur stets in gleicher Weise wie gegenwärtig gewirkt hat (nach Prevost) in der Geognosie (1830). Im Wechsel der Zeitgeschlechter (bei Hesiod), unterscheidet sich (1829) die „Période Jovienne ou actuelle" und (als diluvianische) „saturnienne" (s. Brogniart). Chacune de ces époques de paroxysme ou de révolution dans l'état de la surface de la terre, a déterminé la formation subite d'un grand nombre de chaines de montagnes (s. Elie de Beaumont). The trees grow of themselves, the sun sees all things, since he gives light to all things (bei Indianern); und für gutes Wetter wird der Himmel angerufen, die Sonne für Licht (Kizhigooke, „create the day"). Kalpe führt auf Krit, doch der Begriff des Mahnens war durch Wortbildung der Missionäre den Natursprachen zuzuiügen, denen die Schöpfung ein organisches Wachsthum ist (in Pua). Die Epochen der Erde (bis zum Erscheinen des Menschen) entsprechen ungefähr den Tagen der Genesis (bei Buffon), und so oft die Erde, im regelmässigen Gang der Katastrophen, Schlamm geworden (πῆλος γίνηται), entwickelt sich eine neue Schöpfung (s. Xenophanes) in Ungeheuerlichkeiten, bei umhertastenden Experimenten der Natur (s. Empedokles), aus Mesopotamiens Schlamm oder von Ratten (mit noch schlammigem Unterkörper) in Aegypten (s. Diodor), als ridiculus mus für organisch entwicklungsfähigen Urschleim der „Oldhamia" (s. Roemer) in den Gebirgslagern der cambrischen Formation (in Irland), bei kreisendem Berg mit Meru in der Mitte · (oder Gewichtsabgleich in Java) unter Wirbelwinden (s. Buddh. i. s. Psychologie (S. 71). Les hommes avaient été primitivement poissons, puis reptiles, puis mammifères, et enfin ce qu'ils sont maintenant (s. Cuvier), lehrte Anaximander (als Vorläufer de Maillet's und seiner Nachfolger). Sur les pentes des montagnes, qui apparurent après le premier abaissement des eaux, se formèrent d'abord les plantes, puis vinrent les poissons et les coquillages (s. Telliamed). Die im Wasser entwickelten Thiere suchen (unter Befreiung von stachlichter Umhüllung) auf dem Lande fortzuleben (s. Anaximander), wenn es ihnen nicht schlecht ergeht, in Sündenstrafender Sintfluth, zu Xisuthros oder zu Ogyges' (und Inachus') Zeit, sofern nur ein Vaivaswata gerettet wird, ein Coxcox oder Deucalion, auch Ordnung geschafft unter Tyko, Vater Yao's, durch dessen Nachfolger Shun in Beauftragung Yü's (Sohns Guan's). Der ölige Mittelzustand der Erde dauerte sechzehn Jahrhunderte, bis die Sonne die schlammige Kruste austrocknete, so dass aus den Ritzen die Wasser (der Fluth) hervorströmten (s. Burnet), und die ätherischen Kinder der Abhassara-Himmel assen von der süssen Kruste der Erde (s. Buddh. i. s. Psychologie, S. 74), ehe mit materiellerer Speise beschwert, derentwegen der näschige Adam den Himmel beschmutzt (in Madagascar) und deshalb ausgetrieben wird, weil stinkend, wie Phra-In's in irdischer Liebschaft (gleich denen Jupiter's) gezeugter Sohn (Ketumalea) von den Deva's (in Kambodia), s. Völker des östlichen Asien, I. (S. 397).

„Wenn man mit der Erscheinung des Menschen auf der Erde nothwendig auf wenigstens 100 000 Jahre zurückgewiesen

wird, so bedarf es keiner Entschuldigung mehr, wenn man die
Entwickelung der Erde selbst nach Millionen von Jahren abzu-
messen versucht" (s. M. J. Schleiden), und noch unbescheiden
freigebiger verschwenden die Buddhisten ihre geduldigen Ziffern
(in Billionen und Trillionen). Jede Mahakalpa zerfällt in vier
Asankhya-Kalpa (im Steigen und Sinken), jede wieder mit zwanzig
Antara-Kalpa (unter den Zerstörungen durch Feuer, Wasser und
Wind). Im Auffischen Meshenahmahgwai (Königs der Fische) wird
Manabozho (in seinem Canoe) verschluckt (bis nach dem Tode
wieder herausgeholfen), wie Jonas (in Polynesien). Tonga ist
durch Gott Tongalou aufgefischt (Neuseeland durch Maui). Nanabush (Grossvater der Menschen) weilt bei der Fluth in Tula
(turtle-land), nach dem Malum Olum (painted sticks), the bark
record (of the Lenni-Lerape), wie bei Odjibbeway (s. Emerson), und
aus einem „ultima Thule" kommen die Tolteken (Tula's).

Als höchstes Wesen (der Ophiten) zeugt der Urgrund des Bythos
in seiner weiblichen Energie (der Ennoia) mit Schweigen ($\Sigma \iota \gamma \acute{\eta}$)
umfangen, durch seine Schöpfung Pneuma (aus dem Chaos düsterer
Wasser) neben Christos die weibliche Hälfte Sophia-Achamoth,
deren (durch aufgerichtete Schranken vom Pleroma abgeschlossener) Sohn Jaldabaoth (mit seinen Engeln) den ihm einwohnenden
Theil des Pneuma bei Bildung des Menschen in diesen übergehen
lässt, worauf sich derselbe als Abbild des Urmenschen, über die
Planeten-Regionen hinauf dem Oberen zuwendet ($\acute{\eta}\ \acute{\alpha}\nu\omega\ \sigma o\varphi i\alpha$),
worüber erzürnt Jaldabaoth sich aus den Tiefen in der krumm
gewundenen Schreckensform des $o\varphi\iota o\mu o\varrho\varphi o\varsigma$ spiegelt, unter
dessen täuschender Hülle indessen der Lichtgeist verborgen liegt
(bei Sethiern und Cainiten). In der Verbindung des Geistes mit
seinen eigenen Anfängen in der Materie (Mot) entstehen die
$Z\omega\varphi\alpha\sigma\eta\mu\acute{\iota}\nu$ (speculatores coeli) bei Sanchuniathon, Schüler des
Hieronbal (Priester des Gottes Jevo) oder Jerubaal, als Gideon,
welcher den Altar des Baal zerbrach und den Dienst desjenigen
Gottes einführte, der sich Moses im feurigen Busche enthüllt
hatte, im Lande der Midianiter (nach dem Sieg über dieselben).
Die Gottheit verhüllt sich als $\pi\alpha\iota\acute{\eta}\varrho\ \acute{\alpha}\gamma\nu\omega\sigma\tau o\varsigma$ (bei den Gnostikern).
Der Alte der Tage ist Ensoph (non finis). Aus den Tiefen der
Naga (vom alten Drachenkönig oder Phaya Nakh) schöpft Na-
garjuna seine höhere Lehre (in Mahavana).

Als nach seiner planetarischen Schöpfung Jaldabaoth ohne
Oberen sich für den Vater und den Gott erklärt, straft ihn die Stimme

seiner Mutter (Achamoth) Lügen, da über ihm der Vater des Alles
sei (bei den Ophiten), und so, wie wenn Maha-Brahma sich der
Schöpfer wähnt, (auf unterster der Rupa-Terrassen), hört sich der
Glockenton (in javanischer Mythologie). Mit Simon, als ἑστώς,
führte sich theistische Permanenz ein in die Flüchtigkeit der
Tathagata (wie bei Adi-Buddha). Der σταυρός (oder ὅρος) steht
(bei Valentinian) zwischen πλήρωμα und ὑστέρημα in der Mitte
(als μετοχεύς).

Vocat ea quae non sunt tamquam ea quae sunt (τὰ μὴ ὄντα
ὡς ὄντα) Gott (bei Paulus), creavit omnem terram ex materia
invisa (ἐξ ἀμόρφου ὕλης), als „creatio secunda" (im Buch der
Weisheit), ἐκ τοῦ μὴ ὄντος εἰς τὸ εἶναι τὰ πάντα (bei Hermas),
und obwohl die Ordnung der Welt mit der Schöpfung aus der
Hyle geworden, αὐτὴν δὲ τὴν ὕλην ὑπὸ θεοῦ προβεβλημένην (bei
Tatian). Der sichtbaren Welt liegt zu Grunde kein φαινόμενον,
sondern ein νοούμενον, da sie aber 'durch das Wort Gottes herge-
richtet ward, im νοούμενον Gottes, sie hat also ihren Grund im νοῖς
Gottes (s. Oswald). In Beziehung auf das Geschaffene enthält
das unabänderlich ewige Sein (bei Plato) das vollkommene Urbild
oder Muster (ἀγέννητον παράδειγμα), ἵνα γένηται πατήρ, σιγὴν
ἐξ ἀνάγκης συναριθμοῦσι τὴν σίζυγον (sektirerischer Schüler),
statt ἄθηλυ καὶ ἄζυγον, καὶ μόνον τὸν πατέρα νομίζουσα (die
Valentinianer).

„Und der Geist Gottes schwebte auf den Wassern," oder
(s. J. P. Lange): „Und der Geisteshauch Gottes überschwebte das
Gewässer," brütend (s. Delitzsch) oder (bei Clarke) „brooding
over" (merachepeth). „Das griechische Analogon ist der Eros
in seiner Wechselwirkung mit dem Chaos, und sachlich richtig"
haben die jüngeren Thargumim erklärt: Der Geist der Liebe
(1864). Unter halbkugelförmigem Gewölbe (cosmischer Glasglocke bei Kosmas) treibt, als schwimmfähig (πλώτη) die Erde
(bei Thales) auf den Wassern, deren Bewegungen sich in den
Erdbeben kundgeben (wie vulcanische Ausbrüche bei den Plutonisten). Vom Wasser, als reinstem Urbild der Materie (im Reich
des Schweren) geht alle Productivität aus (bei Schelling), als
Urelement die Erde bedeckend im Anfang (bei den Indianern).
Der Donnervogel (bei den Mandanen), die Wolken durchbrechend,
bahnt aus der Himmelsdecke dem Regen den Weg (s. Neuwied), aus
den oberen Wassern (über dem Firmament), und am (mexicanischen)
Urfisch Cipacatl setzt sich die Erde an (zum Fussauftritt für Tlaloc).

2*

Von dem Wolfe platt und glatt getreten, wird durch Mene-
bozho die Erdoberfläche gebreitet aus dem von der Wasserratte
aus der Tiefe heraufgebrachten Sandkörnchen, als erster Ansatzpunkt von der Eins zum Sandauszählen vor König Gelon im
(Archimedes') „Arenarius" ($\psi\alpha\mu\mu\acute\iota\tau\eta\varsigma$). Die im Anfang (der Ta-
cullies) auf dem Alles bedeckenden Wasser schwimmende Ratte
bringt beim Nahrungsuchen aus der Tiefe Bodenreste mit, durch
deren Ausspeien allmälig die Erde gebildet wird (s. Harmon),
wie beim Ausrinnen des Sandes aus durchlöchertem Sack des
Ersten Paares (in Yoruba), oder sein Ausstreuen durch den
Stammcsheroen, s. Geograph. u. Ethnograph. Bilder (S. 187).
Die Erde („im Anfang eine ganz flüssige Masse, ein Chaos,
in dem alle Elemente, Luft, Erde, Wasser vermengt waren") „fing
an hart zu werden, und zwar an der Oberfläche zuerst" (s. Kant),
beim Erkalten (s. Fourier). Die äquatoriale Insel auf der mit
Meer bedeckten Erde vergrösserte sich durch Sandansatz (s.
Linné), durch Wurzelfaserchen unterstützt, beim Schöpfungsanfang
Kumulipo's (in Hawaii) oder aus Schlamm (bei Berosus), im Urschleim (Oken's). Die Erde nährte den von ihr gezeugten Menschen
mit Milchsaft (s. Lucrez) oder durch süsse Kruste (die dem Abhassara-Himmel Entflohenen). Als Adam, obwohl vor der gröberen
Speise gewarnt, die er nicht ausschwitzen könne, vom Baume
gegessen, wurde er wegen Verunreinigung des Himmels aus
diesem verstossen (in Persien). Jejunium enim angelorum cibus
est (s. Athanasius). Nachdem Adam gegen das Verbot gegessen
und durch die Spuren sich verrathen hatte (in Madagascar), bildete
sich am linken Bein ein Abscess, aus dem die Frau hervorkam
(s. Leroy), und so in Mikronesien, wo die Welt gebildet wird
aus Puntan's Körper, wie aus Ymir's (in Scandinavien). Aus dem
mit dem Lehm (für Fleisch und Knochen) gemischten Stroh
bildete der Schöpfer die Haare des Menschen (in Yucatan).
Die Aufforderung: „Lasst uns den Menschen machen", war an
die zehn Sephiren gerichtet (im Tikkune Sohar) unter Berathung
(im Popul Vuh). Unkulunkulu (bei Ama-Zulu) „was the first
man, he broke off in the beginning" (s. Colenso). Als Itsikamahidis (s. Matthews) wird die Gottheit (der Hidatsa) verehrt
(itsika, Erster). Et invocari primum hominem (s. Irenäus), das
höchste Wesen (bei Ophiten), primum lumen in virtute Bythi
beatum (gleich Adam Kadmon der Kabbala), als „Erster Mensch"
(der Mandan). „Durch's Essen fielen Adam und wir mit ihm

herab auf diese elende schmerzensvolle Erde; durch Fasten
müssen wir wieder aufsteigen zu Gott aus dem Gefängniss der
Welt" (heisst es in den Fastenvorschriften der armenischen
Kirche). Die Lichtwesen aus Abhassara wurden ihres Glanzes
verlustig, als sich der Körper mit materieller Speise (aus dem
auf der Süsskruste aufwachsenden Reis) beschwerte, da, „je mehr
der Leib grüne und blühe, desto mehr die Seele verdorren müsse,
und umgekehrt" (bei Abt Daniel), ergiebt sich, für Gegensatz
von Geist und Körper, die Vorschrift asketischer Ausmergelungen,
statt Befolgung naturwissenschaftlicher Grundsätze (mens sana in
corpore sano), in Buddha's Controverse (mit brahmanischen
Büssern).

In Anaximander's Weltbild zieht sich der Ocean um die Erd-
scheibe zusammen, unter Absplitterung der Kreissphären in ihre
baumrindenartigen Schichtenlagen, die dann zur Drehung des, seit
Ptolemäus ausgezimmerten, Apparates (im Mechanismus) der
Himmelsschrauben bedurften, wenn nicht im pythagoräischen Einklang mit den Tönen, in freiem Schweben losgelöst, harmonisch
an die Ordnung des Kosmos gebunden, aus dem, was Philolaos „das
Feuer nennt: der Herd des Universums, der Sitz des Jupiter, die
Mutter der Götter, der Altar, das Gesetz oder das Maass der
Natur" (s. Schiaparelli), wie weiterhin der Attraction (in physikalischer Gravitation). Pythagoras (bei Diog. Laert.) setzt die Erde
kugelförmig, „rund umher bewohnt" (s. Gruppe), ehe zur Vollendung der Zehnzahl (s. Aristoteles) die Gegenerde (ἀντίχθων) hin-
zutrat, für den Reigentanz der δέκα σώματα (bei Stob.).

Auf die von Plato den Astronomen (τοῖς περὶ ταῖτα ἐσπου-
δακόσι) gestellte Aufgabe, bearbeitete (unter Aristoteles) Kalippos
(mit Polemarch) die aus „major coeli cura" der Aegypter (s.
Cicero) abgeleitete Theorie des Eudoxus, als Grundlage von
Hipparch's System (seit Ptolemäus durchgebildet).

Beim Wegstauen der Welt unter zerbrechlicher Glasglocke,
oder viereckigem Kasten, trat dann für Auf- und Untergang der
Sonne (bei Cosmas), aus Xenophanes' schräger Ebene, der Centralberg hinzu, gleich dem Meru, der in Devadungsa den Götter-
himmel (eines Olympos) trägt, überkränzt von jenen Sphären, die,
wenn der für Widerstreit Mara's (oder Jaldabaoth's in der Gnosis)
aufgerichtete Grenzzaun durchbrochen, mit dem Ausblick in Medi-
tationshöhen der Rupa-Terrassen sich öffnen. Nach Basilius M.
wird durch die sieben Planetensphären, indem sie den Aether durch-

schneiden, ein wohllautend harmonischer Klang hervorgebracht, „der nur deshalb nicht gehört werde, weil wir, von Anfang an daran gewöhnt, die Empfindung dafür verloren haben" (s. Piper), wie der Müller sein Rad nur beim Stehenbleiben vernimmt (in der Unterbrechung). Bei Vertheilung unter die Musen heisst ihr Führer (Musaget) Apollo, als Haupt der Himmelssphären (bei Macrobius), ὡς ἔξω γενόμενος τοῦ σώματος ἀκήκοα ἐμμελοῦς ἁρμονίας (s. Iamblichus) Pythagoras hörte (in der Harmonie der Sphären), Orpheus primus deprehendit harmoniam (s. Lucian). Mit Pan als Sonne wird das Echo (in der Harmonie des Himmels) von Niemand gesehen (s. Macrob.). In der Harmonie der Sphären gestaltet sich das siebenseitige System neunseitig (bei Censorinus) durch Zutritt von Erde und Fixsternhimmel. Melodiam nobis inaudibilem propter vocis magnitudinem, quam capere aurium augustiae non possint (s. Censorinus), in der Harmonie der Sphären (als nicht gehört). Unter dem Himmelsgewölbe wacht Maon über das Gleichgewicht der Welt (bei den Aegyptern). Die Erde ruht (als Cylinder) im Centrum des All, durch eigenes Gleichgewicht (nach Anaximander). Auf der geneigten Ebene der Erde ist nur die Spitze bewohnt (nach Xenophanes), während in Java Berge versetzt werden, das Gleichgewicht herzustellen (zwischen den Weltgegenden). Der Cylinder der Erde war nur an der oberen Seite bewohnt (bei Anaximander). Die Harmonie (nach dem Verhältniss der Töne) hält die Welt im Κόσμος (der Ordnung) zusammen (bei Pythagoras), in des Kosmos Harmonien (naturwissenschaftlich). L'air s'étend (bei Xenophanes) à l'infini par en haut, comme la terre à l'infini par en bas (s. Th. H. Martin), neque posse in terra sistere terram (bei Lucrez). Der Gott Tonacatectli und die Göttin Tonacaciguatl (von denen bei der Schöpfung vier Söhne gezeugt wurden) estovyeron siempre en el trezeno cielo, de cuyo principio no se supo jamas syno de su estada y criacion que fue en el trezeno cielo (s. Icazbal). Paradys terrestre, as wise men seyn, is the highest place of Erthe, that is in alle the world, and it is so highe, that it touchethe nyghe to the cercle of the Mone, there as the Mone makethe hire torn (s. Maundevile), mit dem auf Ormuzd's Geheiss gepflanzten Garten des παράδεισος (persischer Parkanlagen) oder Bardez (armenisch). Beim Tode des Menschen (nach der Synopsis Sohar) giebt ihm der Todesengel eine würdigere Hülle, in welcher er im Paradiese zum Beschauen der göttlichen Dinge geeigneter wird" (s. Nork).

Der „hochgelobte Gott" bläst mit einer grossen Posaune (im
Othioth Akiba): Beim ersten Posaunenschall wird die ganze
Welt sich bewegen, bei dem zweiten wird Staub (der Leichen)
abgesondert, beim dritten Ton werden die Gebeine sich versammeln, beim vierten werden ihre Glieder erwärmt, bei dem
fünften wird ihre Kopfhaut übergezogen (das Fell über die
Ohren), bei dem sechsten werden die Seelen in ihre Leiber gebracht, und beim siebenten stehen sie aufrecht da, auf den Füssen,
in ihre Gewänder gehüllt, die (im Sohar Chadash) aus Licht-
strahlen gewebt sind (bei den Spiritisten aus Luft materialisirt).
Σαλπίσει γὰρ, καὶ οἱ νεκροὶ ἐγερθήσονται ἄφθαρτοι (beim Herabkommen „mit einem Feldgeschrei und Stimme des Erzengels, und
mit der Posaune"), wie (im „groni wang paradise gelic") Pirksoma
bläst im grünen Lande Grönlands (aus lucus a non lucendo, für Bethörung zur Auswanderung). Der „Hexentusch" verscheucht (im
Böhmerwalde). Nur von den Helden, die gekämpft haben, und
„noch urliuges nót" Narben an sich tragen (s. J. Grimm), erlangt sich
„coelorum palatinae sedes", als „Freudensaal" in „amoena vireta"
(bei Virgil), oder Valböll (eines ἠλίσιον πεδίον), und Tonga's
edle Egi treten in Hikuleo's Hofstaat wieder ein (nach dem
Tode), s. Inselgruppen in Oceanien (S. 30).

Das μὴ ὄν (bei Gorgias) bezeichnet (s. Plato) das Unerkenn-
bare (ἄγνωστον), als Avixa, im Gegensatz des παντελῶς ὄν (γνωστόν)
Nicht als ἐναντίον des Seins, sondern als davon Verschiedenes
(θάτερον) erscheint das Nichtsein (bei Parmenides), als Kore oder
Noch-Nicht (der Maori). Da Owayneo, zur Rückkehr zu seinen
Brüdern verpflichtet, nicht auf Erden bleiben konnte, um stets neue
Körper (der Irokesen) beim Altwerden zu machen, gab er den
Menschen unter sich selbst die Macht, „to produce new bodies,
to supply the places of old ones, that every one, when he parts
with his old habitation, may in due time find a new one, and
never wander longer than he chooses under the earth, deprived
of the light of the sun" (s. Maxwell). Da die Welt unerzeugbar
und unzerstörbar ist, da sie keinen Anfang gehabt hat und kein
Ende haben wird, so ist nothwendig, dass das Princip, welches
die Zeugung in einem andern bewerkstelligt und das, welches sie
in sich selbst bewerkstelligt, coexistirt habe (s. Ocellus).

Aus dem „Tohu-vabohu" des Fluthgebraus, mit dem Kraken
(He pou hee i ka wawa) inmitten des Getümmels, als vorzeitliche
Bildung (s. Owen), schon beim Einsetzen erster Schöpfungsperiode

(Kumulipo's), entwickelt sich die Welt aus der „Rudis indigestaque moles Gunnungagap" (im Bythos), als noch Alles dunkel (während Kreisens der Po), in manchen jener Kosmographien, die, als τῶν πάντων κατασκευή, verdienten καταρυθμεῖςθαι ἐν τοῖς ἑπτὰ θεάμασι (obwohl ärmlichen Naturstämmen angehörig). Nur in der Hütte des Kraken (Telhoop) brannte das von Quawteaht den Geschöpfen vorenthaltene Feuer, bis durch das Reh gestohlen (bei den Aht), wie durch Maui von der Urahnin Mahauika in der Unterwelt des Horizontes (Taepaepa), oder durch Prometheus vom Sonnenwagen (wenn nicht aus Vulkan's Esse). Jörmungandr, die erdumschlingende Mitgardsschlange, reicht, in der Schwester Hel unergründlichem Abgrund wurzelnd, aus Loki's Kindschaft auf vorweltlichen Logi („die Naturkraft des Feuers") zurück, gleich dem Bruder Fenrir oder (bei Tlinkithen) Kanukh (der sich Yezl als der Aeltere bekundet). Echvah (neben Bacab und Izona) era el Gran-Espiritu, que habia hartado la tierra, según decian los Mayas, de todo lo que ha menester (s. Ancona). Mit seinen Brüdern berathend, streute Owayneo auf die aus dem Wasser erhobene Erde, fliegenden Saamen, (auf die Felder Onondaga's). Little worms came out of the seeds and penetrated the earth, when the spirits who had never yet seen the light, entered into and united with them. Maneto watered the earth with his rain, the sun warmed it, the worms with the spirits on them grew, putting forth little arms and legs, and moved the light earth that covered them. After nine months they came forth perfect boys and girls. Owayneo covered them with his mantle of warm, purple cloud, and nourished them with milk from his finger's ends (s. Maxwell). Die (unter Aitu - o - le - Lagi) organisch entwickelte Schöpfung (von der Fufue-Pflanze durch Würmer hinauf zum Menschen) wird durch Gott Naio (auf Samoa) feiner ausgebildet. im demiurgischen Werk des himmlischen Architekten Wiswakarmen (der als Prea Pusnuttar für Prea Ket Mealeo oder Phra Ketumalea die Steinthürme Maha-Nokor's aufbaut).

Um den Menschen mit kräftigerer Nahrung, als Wurzeln und Früchte, zu nähren, verlangte Gott vom ersten Paar das Blut des Sohnes und entnahm dann dem Einschnitt am Halse des Vaters einige Tropfen, zur Befruchtung des Reis (in Madagascar). Aus dem vergrabenen Kopf erwächst die Cocosnuss (in Guyana), als Frucht des Erstgeborenen (in Polynesien), während (in Rom) Kohlköpfe substituirt werden (für Menschenköpfe). Ungeneigt,

zur Erde herabzukommen, wurde die Kornpflanze (Mondamin) vom
Gutgeist dazu überredet. um den Menschen zu speisen, wie dieser
seinerseits, weil sie mit thierischen Abfällen düngend (bei den
Michigamies). Doch bedurfte es für Fügsamkeit, noch Hiawatha's
Obsiegen im Ringkampf (bei den Irokesen). Als Isis unter den
wildwachsenden Pflanzen Weizen und Gerste gefunden, lehrte
Osiris die Behandlungsart zur Nahrung (s. Diodor). Quetzalcoatl
findet den Mais (durch Ameisen). Als beim Ausgraben der „Pomme
blanche" (Psoralea esculenta) durch das geöffnete Loch die Mönni-
tärri-Dörfer auf der Erde sichtbar wurden, liess sich der Sonnen-
sohn an einem Schnenstrick hinab, und „aus dem Monde warf
man einen grossen Stein nach ihm" (s. Neuwied), wie bei Aegos-
Potamos gefunden (oder als australischer Continent, im Meteo-
rismus). Aus den Splittern des bei den Sieben-Höhlen gefallenen
Feuersteins (Tecpatl) entstanden die Götter, die sich durch die
von Xolotl geholten Knochen Diener schufen (in den Menschen).
Lailai bringt den Taro vom Himmel (auf Hawaii), und Atai
(Abasi's Gattin) den Yam (am Alt-Kalabar), s. Geograph. und
Ethnograph. Bilder (S. 191).

Unter den Elementen werden für die Erde die Menschen,
für die Luft die Vögel, den Himmel die Sterne, das Wasser die
Fische geschaffen (s. Paul Nol.). Das höchste Wesen (bei Simon M.)
schuf drei Paare (συζύγιας), welche die Wurzeln (ρίζαι) waren
der Dinge (s. Theodoret), wie Te-Akaia-Roe (in Mangaia). Aus
der Hälfte des Welt-Ei's (von Chronos gezeugt) bildet sich der
Himmel oben und die Erde unten (bei Orpheus), und so zerbricht
Te Ao e teretere noa ano (in Rangi und Papa). Indem die Materie
(als δεξαμένη) geordnete Gestalten annahm, entstanden zunächst
die vier Elemente (bei Plato) in Proportion (s. Ueberweg), bei
bildsamer Masse (έχμαγείον) des Ineinander (έξ ού oder έν ῷ).
Vom höchsten Wesen (als πατιρ άγνωστος) emaniren die δυνάμεις τού όντος (bei Saturnin). Als dreifach gebildet und unermesslich das äussere auffassende Weltall sich gegründet hatte,
entstanden die demselben angehörigen Lebewesen, und seit Bod-
hisatwas als Führer der lebénden Wesen geboren wurde, entwickelte sich Alles beglückende Bogdas (nach Ssanang Ssetsen
Chungtaidschi) oder (tibetisch) r Dsche-b Tsun (s. Isaac Jacob
Schmidt). Als Hitze und Kälte die vier Elemente, und diese
lebende Wesen hervorgebracht (bei den Talein), entstanden
Würmer aus der Erde, Insecten aus der Luft, Leuchtfliegen aus

dem Feuer und Mücken aus dem Wasser (s. Mason), bis zu der vom Blumenduft ernährten Weibesform Ihtangeyyasangasi (nach dem Mulamuli), s. Völker des östlichen Asien, II. (S. 458). Les bêtes les plus proches de l'homme, les singes, lémuriens, alalus etc. sont ou devaient être couvertes de poils, et l'homme, lui, n'a pas de poils. Comment ces poils ont-ils disparu? La question est si nouvelle et si inconnue, que les savants restent sans réponse (1884). La solution est toute simple (cfr. Grant Allen), l'homme a perdu ses poils, tout uniment, „en se couchant sur le dos", au lieu de se coucher sur le ventre, comme les autres animaux (il s'y habituait, parcequ'il devait s'y habituer). Si le Singe-homme a des cheveux, c'est qu'il les tient „de certains de ses ancêtres anthropoïdes, qui avaient des poils sur la tête". Au lieu de les frotter pour les user, ces gandins anthropoïdes „avaient soigné les poils de leur tête", trouvant que cela faisait bien, — avec quelle pommade on ne l'a pas encore découvert. Or, les hommes-singes les plus nus, et qui avaient la plus riche chevelure, furent considérés „par le sexe" comme des spécimens tout-a-fait supérieurs. Peste! se dirent les femelles ou femmes, montrant tout de suite le gout, qui les distingue, décidément la peau nue ne va pas mal! Elles coquetèrent avec les mâles, dont la peau était la plus lisse, elles les trouvaient „bien plus beaux", qui leur en ferait un reproche? Ce que voyant, les autres mâles se hatèrent de faire disparaitre leurs poils par tous les moyens, en se frottant énergiquement contre les arbres et passant des journées entières couchés sur le dos. Ce fut une émulation universelle, et ainsi, au bout d'un certain temps, — oh des milliers de siècles, — le genre humain tout entier, tous les hommes etaient absolument débarrassés de ces vilains poils, de cette fourure de bête (s. E. Loudun), während „das höchste Maass von Abhärtung und Desodorisation nur dann erreicht wird, wenn die Kleidung in ihrer Gesammtheit nur aus Thierhaaren besteht" (im „Wollregime"). Τῶν δὲ βαρβάρων ἐοίκασι Βαβυλώνιοι μὲν τὴν μίαν τῶν ὅλων ἀρχὴν σιγῇ παριέναι, δύο δὲ ποιεῖν Ταῦθε καὶ Ἀπασων (s. Damascius). Die Schöpfung ist ein Ausfluss des höchsten Wesens, als μία ἀρχὴ (in der Monade) oder πατήρ ὅλων (bei Carpocrates). Aus Bythos (als gestaltlos Unbenannt) gehen die μορφαὶ τοῦ θεοῦ, ὀνόματα τοῦ ἀνωνομάστου hervor (bei Valentin). Mit Ἔννοια, dem ersten Gedanken Gottes, beginnt die Schöpfung (bei Simon M.) als Logos (Plato's) oder Ensoph (in der Kabbala).

Der (während die Erde in Dunkelheit mit Wasser bedeckt war) im oberen Wohnsitz der Menschen hinsiechende Jüngling, warf, beim Durchgraben des weissen Fichtenbaumes bis auf dessen Wurzeln, aus der so entstandenen Oeffnung in den Abgrund seine ehebrecherische Frau hinab, die unter Berathung der Thiere von diesen beim Fall aufgenommen wurde, unter Bildung von Land (bei den Irokesen). Die (unter Ernährung von freiwilligen Erzeugnissen der Erde) geborene Tochter wurde, von Thieren in Mannsform umworben, der Schildkröte übergeben, woraus aus dem Kreuz der Pfeile (in Stein und Rinde) die Söhne Yoskiki und Thoitsaron (mit gewaltsamem Hervorbrechen des Aelteren) geboren wurden, unter Tode der Mutter (und von der Grossmutter vergebens verfolgt). Als der böse Yoskiki oder (bei Oneida) Thauwiskalau im Kampfe mit Thoitsaron (der von dem Vater auf Meeresgrund die Kornpflanze erhalten) getödtet, suchte die Grossmutter die vorsprossenden Menschen durch Fluth, weiter dann durch Eis, zu zerstören und, weil beides vergeblich, fortan durch Krankheiten (während Hiawathn oder Thoitsaron schützt).

Das (im logischen Rechnen zu verdeutlichende) Unendliche ist in der Anlage des Denkens bereits gegeben, mit „Gott als Aufenthaltsort der Geister" (wie die Räume der körperlichen Dinge), — denn „das Wesen des Geistes besteht nur im Denken, wie das Wesen der Materie nur in der Ausdehnung" —, und indem das unendliche Wesen im Denken selber sich denkt, das endliche in der Beschränkung (bei *Malebranche*), erkennen wir jeden Gegenstand nur in der Idee, welche wir von dem Unendlichen haben (s. Reinhold), nach dem geistigen Abbild (als „double"): „where the god stops" (s. Fletcher) in seiner Manifestation (für den Indianer), — beim Ausdruck des Glaubensbekenntnisses, wohin (in Canada) der Odjibbeway seine „confiance" setzt (s. Kohl), als Fetisch (im Totem). In der Sittenlehre (bei Geulinx) bildet (für die vier Stufen) den Ausgang die Diligentia (in Aufmerksamkeit auf die Gebote der Vernunft), als Wichara in der Mystik (bei den Dhyana). Θεσμός τε Ἀδραστείας ὅδε: ἥτις ἂν ψυχή, Θεῷ ξυνοπαδός γενομένη, κατίδῃ τι τῶν ἀληθῶν, μέχρι τε τῆς ἑτέρας περιόδου εἶναι ἀπήμονα, κἂν ἀεὶ τοῦτο δύνηται ποιεῖν, ἀεὶ ἀβαβλῆ εἶναι (s. Plato), wogegen, wenn auf die Erde fallend, in Wiedergeburten werdend (neunerlei), wie durch Karma (im Buddhismus).

Neben dem Kitche-Manitou (und Matchi-Manitou, als bösen) bezeichnet der Odjibbeway seinen persönlichen Manitou in Steinen,

Bäumen u. s. w., (worauf vertraut wird), als Nigouimes oder „meine Hoffnung" (s. Kohl) und trägt seinen Talisman (für Midewiwin) im Pindjigossan (oder Medizinsack). Der Schutzgeist (Choppenih) wird im Träumen angezeigt (bei den Mandan). Toute chose à „un double" qui lui survit dans l'autre monde (in Madagascar). Ce qui fait la vie, c'est l'union intime du double et du corps (s. Merchier), und so gleich Uhane ole (neben make) der Doppelgänger überall, s. Der Papua (S. 280). Die Sterne gelten als verstorbene Menschen (für die Mandan). Bei Niederkommen einer Frau steigt ein Stern herab und erscheint durch die Geburt als Mensch auf der Erde. Nach dem Tode kehrt er zurück und erscheint wieder als Stern am Himmel (s. Neuwied). Den Maori leuchten die Augen ihrer Häuptlinge aus den Sternen, herabschauend auch in Einäugigkeit (Odhin's).

Vierfach beschränkt sich der Blick für Brahma's Vierhaupt, in den vier Bacab (der Quiché), in himmelstragenden Zwergen, als Vierpfosten (bei den Maori).

Wenn dann in empordämmernder Bodhi, beim Erwachen zur Umschau, das Auge die Weltordnung zu durchdringen beginnt, zieht unten sich der schwarze Strich der Materie (in gähnender Finsterniss eines Bythos oder Kumulipo's), während nach oben die Sehstrahlen auslaufen, in blendendem Licht geblendet, in's Dunkel dann wieder (mystischer Versenkung), doch mit weiter verschiebbarer Peripherielinie, im Fortschritt des Forschens (und neu stets entzündete Fackeln in die Zukunft hinaus vorantragend).

Als Erkennen der Körperwelt mit Hülfe und im Sinne der theoretischen Naturwissenschaft, liegt „naturwissenschaftliches Erkennen" (Natur-Erkennen) „in Zurückführung der Veränderungen in der Körperwelt auf Bewegungen der Atome" (s. Dubois-Reymond), bis auf letzt Erfassbares, in Regungen wenigstens von Wirkungssphären, potentialiter gedacht, (ehe stöchiometrisch vielleicht ge- und erwogen).

Das für naturwissenschaftliches Kriterium Bedingende fällt indess in die Hülfsmittel der Methode, als comparativ-genetischer, welche, wenn anwendbar auf die Psychologie, auch diese anreihen würde, in die Schlachtreihe jener unwiderstehlichen Phalanx, welche seit Anbruch der Neuzeit siegreich vordringt, in der, das zeitgenössisch „astronomische" Gehirn spiegelnden, Weltanschauung einen Posten nach dem andern zu erobern, bis in die idealen hinauf. Psycho-physisch stösst auch hier die Psychologie auf ihre Grenzen in (materieller) Berührung des Körperlichen mit dem Seelischen, aber in den mit dem Völkergedanken das Zoon politikon für das Geistige hervortretenden Perspectiven liegt ein unermessbares Arbeitsfeld völlig brach noch vor uns. Auch hier ist von dem Gegebenen anzusetzen (als Ausgangspunkt der Rechnungen), den δεδομένα (wie in Euclid's Elementen bereits gefordert). In Laplace's Theorie „könnte auf ganz analoge Weise, wie die einzelnen Planeten aus jenem Dunstballe entstanden, dieser selbst sich zuvor von einem andern grösseren abgelöst haben. Dabei darf jedoch nicht etwa an einen Regressus in infinitum gedacht werden. Ein erstes Glied ist hier nothwendig" (s. Cornelius), in den Daten des Gegebenen auch für naturwissenschaftliche Behandlungsweise der Psychologie erfordert (und so Material-beschaffung zunächst). Cherchez quelque soir au dessous de la constellation de Petit Cheval, à droite de l'étoile du Verseau, et vous la reconnaitrez pâle étoile de 7ᵉ à 8ᵉ grandeur, et vous la saluerez, création inaccessible, mystérieuse, enfant du Cosmos, fleur à peine éclose dans les jardins du Ciel (s. Flammarion). Wir sehen bei Mars einen Zustand, welche dem einstigen Greisenalter der Erde entspricht, bei unserer Erde im Gegentheil noch einen solchen, aus dem wir auf das Mars-Antlitz in jugendlichem Alter des Planeten schliessen können (s. Schmick). L'eau des pôles, fluide jadis, s'est congelée, comme le métal, lorsque la grande fournaise du sein de la terre a perdu sa activité (s. Bailly). Tous les corps conntiennent au moins l'un des deux principes con-stituans de ce phosphore, qui compose le fluide de la lumière (s. Romé de l'Isle). „Mehr Licht" (wenn des Dichters Auge bricht).

Die Seele der Araukaner begegnet auf dem engen Pfade des Jenseits der gebückten Greisin, die das Auge auszustossen sucht, und der Indianer hat auf dem Seelenwege (Tschibekana) die rothe Riesen-Erdbeere zu passiren, mit den Verführungen in die Sinneslust (indischen Kamaloka's) und dann über die Balken-brücke in Schlangenwindungen (gefährlich wie orientalischer Chinewat) fortzugelangen, für das Paradies im Westen, das als Kitschimanitou's Schöpfung durch den bösen Matschimaniton in Unordnung gerathen, durch Menabozho abgezäunt wurde (gleich Jemshid's Garten), zunächst für die in Midewiwin Geweihten —, nach der von den Boten des Grossen Geistes herabgebrachten Offenbarung, mit „weissem Hasenfell, dem Gefieder des weiss-

köpfigen Adlers, und einem Medicinsack von weissem Otterfell"
(bei den Odjibbeway).

Aus der Himmelsbläue (Nägeeghig) in der Stille (Unwatig)
sendete der Gutgeist an den über das Alter und Tod klagenden
Menschen seinen Boten (mit weissem Hasenfell und weissem
Adlerkopf) für das Medicinfest (Medawi), sowie den auf Erden
gepflanzten Himmelsbaum mit heilender Rinde (bei den Chippeway).
Aus den Tiefen bringt die Seefrau heilkräftige Medicin (in Guyana),
und vom Himmel Tawhaki (bei den Maori). In Nachahmung des
Gutgeistes schuf der böse Geist die giftigen unter den Schlangen,
den grauen statt des braunen Bären (bei den Indianern), im
parsischen Dualismus (um den Gegensatz zu balanciren). De
eerste Oiatawel of Suwanggi heeft (in Babar) de tooverkracht
reeds in den schoot der moeder van de Upulero als eene gunst
ontvangen, om de negari van booze lieden te zuiveren. Later
is dit veranderd en worden de oiatawel zelf onder de booze en
gevaarlijke lieden gerangschikt (s. Riedel), wie der Ganga (in
Loango), als Ganga-insie (in Bezug zum Endoxe), s. Dtsch. Expdt.
a. d. Loango-Küste, II. (S. 161).

Elk huisgezin heeft zijne eigene beschermgeesten, zijnde
zielen van afgestorvenen, die na de verplaatsing van het ge-
beente hun verblijf op de eilanden Nolawna en Wetau hebben.
De zielen, temear, die to Nolawna wonen hebben eene voort-
durende gemeenshap met de geesten boven den lalkol of lanit,
de bloedverwanten, die niet op de aarde gekomen zijn (s.
Riedel) bei Präexistenz (für bevorstehende Einkörperungen), im
Seelenbehälter aller (zugleich geschaffenen) Seelen (nach den
Rabbinen), unter dem Thron (Allah's). Bei den Batta schweben
die Geister der Vorfahren unsichtbar schützend durch das Land,
wie die Dämone des goldenen Zeitalters als Wächter der Menschen
bestellt sind (bei Hesiod), φύλακες θνητῶν ἀνθρώπων (τρὶς γὰρ
μύριοι). Aurea prima sata est aetas (Ovid), und das cherne von
der Fluth verschlungene (als diluvial). Atonatiuh (des Wassers),
Ehecatonatiuh (der Luft), Tletonatiuh oder Tlequiahuitl (des
Feuers) Nahuiocelotl (cayendo el cielo), folgen in der Zeitperiode
aztekischer Kosmogenie (im Umschwung der Kalpen).

Im Gegensatz zur Hölle (oder Metnal) genossen die Guten
der Seeligkeit unter dem Schatten des Yaxche genannten Seiba-
Baumes (in Yucatan). In den Stele-Inschriften wird der Wunsch
der Abgeschiedenen ausgedrückt, unter einer Sycomore (zur Er-

frischung) zu wohnen, die als „Baum des Lebens" (Speise zu gewähren) am Eingang des Jenseits steht (s. Wönig), für den „Appetitus intellectivus" (Thom. Aq.) nach „Esca diabolorum" und „sapientia secularis" (bei Hieronym.) Der Eingang von Gräbern, auf denen die „geflügelte Sonnenscheibe" (aus rother Scheibe mit weissen Flügeln an jeder Seite) steht, ist stets von Süden nach Norden (in China), mit dem rothen Vogel (Fung-hwang) im Sonnenvogel der Geomantik (s. Eastlake) zur Beschützung der Zukunft (Kwun-wu). Die „Grosse Verschlingerin" genannte Gottheit wurde (im Todtenbuch) als Sau dargestellt, oder als weibliches Nilpferd (in Aegypten). Im Reinga frisst (Torngarsuk's) Grossmutter (bei Eskimo) die Seele (der Maori). Die Seelen der auf ungewöhnliche Art Verstorbenen (als Oimoheer) werden (auf Babar) dem Kriegsgeist Rarowoliai zur Speise überlassen, durch seine sieben Boten (Opiahi woihi) abgeholt (s. Riedel). Der „Fresser der Todten" erscheint (bei den Aegyptern) als ein Mischwesen, dessen Kopf der des Krokodils, dessen Hintertheil der des Nilpferds und dessen Mitte die des Löwen ist" (s. Naville). Nidhöggr, der Menschenwürger, saugt der Verstorbenen Leichen (in der Voluspa), gleich dem Hametze (als Leichenfresser). The winged globe (ägyptischer Sonne) fliegt als Mond (bei Papua).

Am Abend des Setsu-bun wird die Ceremonie des Oni-yarai (im japanischen Neujahrsfest) oder Fuku-wauchi (die Austreibung der bösen Geister) abgehalten, indem man an Fenster und Thüren Zweige der Stechpalme befestigt, mit darauf gesteckten Sardinenköpfen, damit der durch deren Geruch angezogene Teufel beim Wundreiben erschreckt davon laufe. „Wenn nun die Nacht anbricht, streut der Hausvater geröstete Bohnen in alle Zimmer und Winkel und ruft: „Fuku wa uchi Oni wa soto" (das Glück herein, der Teufel hinaus). Jedesmal wenn er vor die Thür oder vor das Fenster kommt, muss ein Anderer, welcher ihm folgt, nach seinen Worten flugs die Thür schliessen, um die dadurch ausgetriebenen Geister abzuhalten. Nachdem der Wirth so das Haus durchgeschrieen hat, nehmen die Kinder die ausgestreuten Bohnen auf, davon isst jeder Hausbewohner um eins mehr, als er Jahre zählt, und sagt, er sei ein Jahr im Alter vorgerückt. Die Sitte, Bohnen zu essen, ist hervorgegangen aus dem Gleichklang der japanischen Worte Mame (Bohnen) und mame (gesund), bei Toshi-Koshi (der Uebergang eines Jahres zum andern) mit

Umherziehen der Yoku wo haraimasho (ich vertreibe das Unglück)
rufenden Bettler (Yaku-harai) oder Unglücksvertreiber (s. Sataro
Hirose).

Fabam jactant noctu ac dicunt se lemures domo extra januam
ejicere (s. Varro) die Römer (beim Fest der Lemuralien), indem
der Hausvater um Mitternacht aufsteht und mit nackten Füssen
durch das Haus schreitet, schwarze Bohnen werfend, ohne um-
zublicken, während die Geister hinter ihm her schlüpfen, bis
entfernt durch den Ausruf: „Manes exite paterni" (s. Ovid), und
bei „Beziehung der Bohnen zu den Todten" durften sie vom Jupiter-
Priester nicht einmal genannt werden (s. Hartung), von dem
jüdischen Hohenpriester nicht gegessen (s. Porphyrius), wie auch
nicht von den ägyptischen Priestern (s. Herodot) oder den in die
eleusinischen Mysterien Einzuweihenden (und den Pythagoräern).

In der Dreikönigsnacht, „der Sterbestunde des alten Jahres"
(s. Friedrich), um das Neujahr zu feiern, wurde bei dem „Bohnen-
scherzen" dem Kinde, welches die Bohnen bekommen, eine Krone
aufgesetzt (in Holland), unter Bekreuzen der Decken (zur Abwehr
der bösen Geister). Beim Leichenschmause (περίδειπνων) dienten
Bufbohnen (ὄσπριον) besonders (s. Plutarch), worin die Seelen
der Todten steckten (bei Plinius).

Als πατὴρ ἄγνωστος (bei Saturnin), oder πατὴρ ἀνωνύμιαστος
(s. Valentin) steht in der μιὰ ἀρχὴ (s. Carpocrates) der πατὴρ
ὅλων oder Bythos (προπάτωρ oder προάρχη) am Anfang, ἐν ἀοράτοις καὶ ἀκατονομάστοις ὑψώμασι (s. Irenäus), auf den Höhen,
aber zugleich im Reflex aus dem Chaos düsterer Wasser, wenn mit
seiner weiblichen Energie (oder Ἔννοια) Pneuma (μήτηρ τῶν
ζώντων) sich zeugt, und so als Jaldabaoth sein Pneuma (bei
Schöpfung des Menschen) entzogen, tritt aus seiner Spiegelung
die Gestaltung des Ὀφιόμορφος hervor, aus dem Abgrund, auf
dessen Metallring die Wurzeln der Erde ruhen (bei Hesiod), und
alte Weisheit spricht aus dem Naga (für das Mahayana).

Zu den höheren Wesen (der Mandan), gehören neben Ohma-
hank-Numackschi (Herr des Lebens), von dem (in der Sonne,
Mahap-Minang-gä, lebend) Numank-Machana oder (bei Odjibbeway)
Nanabush geschaffen war (als Erster Mensch), der „Böse der
Erde" (Ohmahank Chikä), dann Rohanka Tauihanka, die Menschen
beschützend (im Morgenstern), sowie der stetig umherirrende
Schähäcke (der lügenhafte Prairien-Wolf) und der zum Lehren
in den Dörfern einst erschienene Ochkih-Hädda, der baldiges

Sterben bedeutet im Traum (nach Dipäuch). Nach Verbleib eines Jahres in dem aus dem Selbstentstandenen geschaffenen Welten-Ei, zerbrach Brahma die Schale, Himmel und Erde bildend (bei Manu). Durch die Stimme Gottes (Vox oris dei oder Kol-pi-iah) und dessen Frau (Baavt oder Nacht) wurden die ersten Menschen (Eon und Protogonos) gezeugt (bei Sanchuniathon).

Bei Wegfall des ausser- und überweltlichen Gottes folgt das „Eins alles Seienden" (im Pantheismus), „die Welt ist der verobjectivirte Gott, deus deatus, und Gott ist die subjectiv bestimmte Welt, mundus mundans" (s. Oswald). In Wechselwirkung (wie zwischen Ayatana und Aromana) sind die Dinge nicht praeformirt, sondern praedeterminirt (aus Potentia durch Actio).

Gleich Quetzalcoatl (und Tiki in Polynesien) wirkt Menabozho nur bei zweiter Schöpfung in Verfeinerung der Welt, als Demiurg, während die Entstehung in erster Ursache auf Kitchemanitu zurückreicht, und als dessen Schöpfung durch Matschemanitu in Unordnung gebracht ist, wird als Zufluchtsort (gleich Jemshid's Garten) das Paradies von Menabozho erbaut, zunächst für die im Midewimun Geweihten, in den Mysterien Tawaki's durch „Vai Ora" oder Lebenswasser (bei den Maori), aus der Jugendquelle (Florida's) bei irdischer Verjüngung (wie von den Zauberärzten der Taosze gesucht), vom Himmel herab (oder aus der Unterwelt, durch Ishtar).

Im Kampf mit den Schlangen (dem in Kashmir gegen Bodhisatwa's anstürmenden König der Nagas), und der vom indianischen Demiurg, wie vom indischen, in Mandjusri's Pfeil quer durchschossenen Schildkröte, erheben sich die Wasser der Fluth, aufwärts an dem Rettungsbaum, bis zu den Lippen Menabozho's, (wie im Fluthansteigen auf Hawaii), und bei anderer Weltzerstörung (im Umschwung der Kalpen) rettet sich Menabozho, im Bündniss mit dem Murmelthier, durch die von diesem gegrabene Höhle (der Ausgangspunkt für künftiges Tonatiuh der Mexicaner).

Innerhalb der neben den übrigen Naturgeschöpfen den denkenden Menschengeist einschliessenden Welt, erfordert sich für diesen, bei Theilung des Edro (in Guinea), dasjenige Object (des Fetisch), wohin er als Numen sein indianisches Vertrauen, einer Confessionsformel („confiance" im canadischen Gallimathias der Odjibbeway), setzt, durch die einwohnende Praedisposition, wie in der Metempsychose ebenfalls waltend für Auswahl thierischer oder (bei Manichäern) auch pflanzlicher Form (bis zu Steinen).

Die Offenbarung der Enthüllung, wenn nicht unter subjectiver oder objectiver Zufälligkeit in der Auswahl (s. d. Mensch i. d. Gesch. I. S. 185), findet bei naturgemässer Entwicklung mit dem Pubertätstraum (der Indianer) statt, oder in den Vorbereitungen zur Jünglingsweihe in Australien (wie in den Quimbo's Loango's) bei der Wiedergeburt (der Dviya).

Wer mit höheren Geistern in Verbindung treten will (wie denen der „dritten Sphäre", im „Sommerland"), muss sich „zuvor zu der gleichen geistigen Höhe emporschwingen, auf der sie sich befinden" (s. Binney), im Aufsteigen zu Rupaterrassen (durch Meditation). „Der Uebergang von dem niedrigsten materiellen Leben in die Welt der Gedanken findet in einer eingebildet materiellen Beschäftigung und in eingebildetem materiellen Genuss statt" (s. R. Frese), wenn in den Nidana die Khanda neu sich ordnen (durch Karma).

Neben dem Paradies (Ak oder weiss), wo die Gerechten (Aktu) selig leben, findet sich in der dritten Himmelsschicht (des Altai) der Siit-ak-köl oder milchweisse See, der Urquell alles Lebens, sowie der Berg Surö, der Wohnsitz der sieben Kudai mit ihren Untergebenen oder Jajutschi (s. Radloff).

The blessed soul (in the „boat of the sun") was conducted by good spirits to Aahlu (Elysium), to the „pools of peace" and the dwelling place of Osiris (s. G. Rawlinson), auf glückliche Prairien (des indianischen Seelendorf's).

Hephästos, als erster König Aegyptens, brachte aus dem durch Blitz angezündeten Baum das Feuer (s. Diodor), Maui das Geheimniss des Feuers von Mauike (auf Mangaia). Prometheus stahl das Feuer vom Sonnenwagen (des Helios). Das Feuer wird aus den Wolken geworfen (in Australien).

Die englischen Truppen (in Folge der Entschlossenheit grössere Willenskraft ausübend und so häufiger Siege erfechtend), werden unterstützt „von ganzen Armeen von Engländern in der Geisterwelt" (s. Binney), und „ihre Geisterfreunde fechten mit allen ihnen zu Gebote stehenden Mitteln ihre Schlachten für sie mit" (1880), während dem Bantu die Geister der Ahnen zu Hülfe kommen, für welche die erste Schlachtlinie offen gelassen wird (wie von den Locrern ein Glied für ihren Heros Ajax).

An die Gottheiten des höchsten Himmels, ebenso wie an die Geister der Finsterniss, wagt der schwache Mensch sich nicht zu wenden, dazu bedarf er eines Vermittlers, und zwar der im

Paradiese wohnenden Vorfahren (im Altai) oder Somo (die neun
Hüter), im Verkehr des Schamanen (s. Radloff), und der Kaffir
wendet sich an die Inkosi (im Ahnencult), Beiträge zur vergl.
Psychologie (S. 72 u. flg.).

Nach der „Theorie des Vorstellungsvermögens" (bei Reinhold)
„beruht die Möglichkeit des Bewusstseins oder des doppelten Verhältnisses der Vorstellung zu dem Object und zu dem Subject
auf der Grundbedingung, dass der Stoff in der Vorstellung als
das Gegebene von der Form als dem Hervorgebrachten sich
unterscheidet" und „wenn die Unterscheidung des Vorstellenden
und des Vorgestellten durch die Vorstellung im Bewusstsein
möglich sein soll, so muss der Stoff in der Vorstellung: ein
Mannigfaltiges und die Form der Vorstellung: Einheit des
Mannigfaltigen sein" (bei elementar einheitlichem Band der
Völkergedanken, obwohl geographisch vielfach gebrochen). In
der Controverse mit G. E. Schulze wurde der Fehler (gemeinsam
mit dem der „Kritik der reinen Vernunft") darin gefunden, „dass
bei der Deduction der Formen der Sinnlichkeit und des Verstandes
das Gegebensein des Wahrnehmungsstoffes vorausgesetzt, und
dergestalt die Bedeutung aller transcendentalen Bestimmungen
auf eine mit dem Widerspruch behaftete Weise von einer bloss
empirischen Thatsache abhängig gemacht wurde", was sich aus-
gleichen würde, (bei Transponirung auf die gesellschaftliche
Scala der Völkergedanken). Der Verstand verknüpft das Mannigfaltige ursprünglich in der Erzeugung der synthetisch-objectiven
Einheit (J. S. Beck) im organischen Wachsthum, auf psychischer
Atmosphäre der Gesellschaftsgedanken keimend (und physisch in
der Familie bereits geschlossen).

Die Medicinmänner, als Wicaxta-Wakan (Uebernatürliche)
oder Taku Wakan ihamnanpi (göttlich Begeisterte) zerfallen in
Zuya Wakan (Kriegsprophcten) und Wapiyah (Erneuerer) bei
den Dacotah (s. Schoolcraft). Der Wulomo überlässt die auf-
regende Praxis (der Extase) dem Wongtschä (in Afrika) und so
der Kapua dem Yakko-duro (in Ceylon). Δεῖ γὰρ ἄνθρωπον ξυν-
ιέναι κατ' εἶδος λεγόμενον, ἐκ πολλῶν ἰὸν αἰσθήσεων εἰς ἓν λογισμῷ
ξυναιρούμενον, τοῦτο δὲ ἐστιν ἀνάμνησις ἐκείνων, ἅ ποτ' εἶδεν
ἡμῶν ἡ ψυχὴ ξυμπορευθεῖσα θεῷ καὶ ὑπεριδοῦσα, ἃ νῦν εἶναι
φαμεν, καὶ ἀνακύψασα εἰς τὸ ὄντως ὄν (s. Plato), der im
Sprachenaustausch entstehenden Gesellschaftsgedanken, als Geist
neben der Seele (oder deren göttlichen Theil neben dem mensch-

3*

lichen). Indem die Vorstellungen von selbst, ohne besondere Geisteshandlung der Synthesis, sich verbinden, soweit sie nicht durch eine Hemmung daran gehindert werden (s. Herbart), bekundet sich psychisches Wachsthum (organischer Entfaltung).

Den psychisch zerrüttenden Verkehr (einer Pythia) mit dem Jenseits weis't der in mechanischer Uebung des Ceremonial bequeme Hiereus (Wulomo in Guinea) dem Mantis zu, obwohl indess auch die Besessenheiten in den Tempeln (Aesculap's) systematisch geregelt wurden, wie in dem des Hur-hureshwuru (Hurhuru oder Siva) u. A. m. (Beiträge zur vergl. Psychologie, S. 140). Daneben werden öffentliche Vorstellungen gegeben, wie nach den Missionsberichten aus Indien (cf. Lang), durch Meh-süh (in Siam), dem Pepo etc., s. „Afrika im Osten" (S. 23). „Da der Ekstase Aufregung und beängstigende Krämpfe vorhergehen, so fürchtete sie sich vor der Wiederkehr derselben" (Elisabeth von Schönau). Der Eintritt der Ekstase beginnt damit, dass sie sich, wie Hildegard, von einem Licht umleuchtet fühlt; in ihm hat sie ihre Visionen (s. Preger), als prophetische Jungfrau der Germanen (gleich Velleda). In Zeiten der Noth tritt der Batta durch den Sibaso oder Haroan ni Begu (Medium) vermittelst des Geistertanzes in directen Verkehr mit den überirdischen Mächten (s. Schreiber), wie der Yakko-duro (auf Ceylon).

Wie an Inkosi Enkulu (der grosse Herr) oder Umfo Umkulu (der grosse Mann) glauben die Kaffir an einen bösen Geist (Ischologu), als Ursache aller Unglücksfälle, und aus Furcht suchen sie sich aller Gedanken an denselben zu erwehren (s. Döhne), um in „diz ellende wuoftal" („dies angsthaus") den Schmerz (buddhistischer Dukkha), statt mittelst umständlicher Therapie (der Aryáni satyáni), durch Vergessenheit zu annulliren, doch wenn auch beim Tode herabsinkend in Panoi (auf Motu), verblieben dem Papua seine Erinnerungseindrücke (für Nunuai). s. Der Papua (S. 13). Der „Seuchenmann" (seine schwarzen Strümpfe im Grabe lassend) bringt (in Krain) „grosses Sterben" (s. Laas). Damit der Vampyr oder Nachtzehrer nicht saugen könne, wird ein Geldstück in den Mund gelegt (als Obolus später für die Ueberfahrt verwerthbar), vor Eintritt in Fauces Averni (bei Virgil) zum Niedergang (in die Unterwelt), am westlichen Horizont (bei Homer), wie im (polynesischen) Amenthes' (Aegyptens).

Die Todten wurden bei den Indianern nicht durch die gewöhnliche Thür (des Lebens), sondern durch die Thür des Todes

ausgetragen (s. Lallemant). Gleich nach Austragen des Todten,
aber nicht mit dem Kopfende voran (in Pommern), muss die
Hausthür geschlossen werden, weil sonst der Nächst-Eintretende
zu sterben hätte (im Erzgebirge). Sind einem Mann schon mehrere
Frauen gestorben, muss die neue Braut nicht durch die Thür,
sondern durch ein Fenster hereinsteigen (in Ostpreussen). In
Häusern, wo schon einige Kinder gestorben sind, muss der
Täufling beim Gange nach der Kirche, wie bei der Rückkehr
durch's Fenster gereicht werden (s. Wuttke). Sterben mehrere
Kinder, muss die Leiche durch das Fenster hinausgeschoben
werden (in Ostpreussen). Ist (in Ostpreussen) der Hausvater
gestorben, setzt man dem Todten einen Stuhl mit Handtuch hin,
damit er sich das Begräbniss mit ansehen könne (s. Töppen),
und so bei den Esthen (zum Leichenschmaus). Die Peruaner
badeten und schmückten ihre Mumien, um sie in der Reihe
zwischenzusetzen beim Festgelage (während dessen die Aegypter
ein Skelettchen circuliren liessen). The first was Manabozho who is the friend of the human
race. The second Chibiabos, who has the care of the dead, and
presides over the country of souls. The third Wabasso, who, as
soon as he saw light, fled to the North, where he was changed
into a white rabbit, and, under that form, is considered as a
great spirit. The fourth was Chokanipok, or the man of flint,
or the fire-stone (s. Schoolcraft), mit den flamines, als Entzünder
(Agni's), in Feuer, das von Šuy-jin gebohrt wird (für die Chinesen),
durch Numa aus der Sonne entzündet (s. Plut.), wie vom Inca
(in Cuzco) und in Tenochtitlan erneuert (mit Erneuerung des
Cyklus). Das Land der Tyrer wurde durch Feuer gefestigt (wie
Gutland), s. Zeitschrift für Ethnologie 1. (S. 419). Neben den (männlichen) Arak für ihr Geschlecht, werden
Frauen von den Memot ergriffen (bei den Kouis), wie zur Kranken-
heilung durch Tanz des Pepo (in Afrika). Wenn als Rup Arak
vom Arak besessen, wird der Grou durch den Snam (den
Kreis der Frauen) befragt (in Kambodia), beim Fest Lieng Arak
(in Krankheiten). Bei der Ceremonie der Arak prey (esprit des
bois), „une grotesque imitation du culte des Arak", ahmen Männer
die Frauen (als Snam) nach, „mais au lieu de saluer l'arak avec
les mains sur la tête, ils sont couchés sur le dos et ils le saluent
avec les pieds étendus en avant" (s. Aymonier), mit obscoenen

Antworten (in Kambodia), und so bei Stedinger oder sonst Heterodoxen (im Urtheil der Orthodoxie). Die Prophetin Thiota wurde
vom Mainzer Concil (847 p. d.) wegen gewinnsüchtig falscher
Prophezeiungen (über den Untergang der Welt) verurtheilt (publicis
caesa flagellis). Die Doppeldeutigkeit in den ethnischen Aequi-
valenten für „sacer" oder „Anathema" dreht sich um die subjective
oder objective Auffassung, ob bei Heiligkeit der Person diese
verunreinigt werden könnte, oder auf Heiligkeit verunreinigend
einwirken, und so beim Pomali (oder sonstigem Tabu).

Der im Leben verehrte Patriarch verbleibt nach dem Tode
auch, als (deificirter) „Chao" (in Siam), der schützende Herr, und
wie die Götter Aegyptens (in Ra, Schu, Set u. s. w.), als Könige
auf Erden geherrscht hatten, so bei den Waganda: Several of
their ancient kings are said to be more or less powerful spirits,
who are engaged in watching with interest the actions of their
descendants and are able to overrule the fate of those, who
honour their memory and make periodical offerings at their
graves (s. Felkin).

Hier wiederholt sich die Sehnsucht nach geliebten Herrschern
bei Kintu, der, als wegen ausbrechender Trunkenheit und Hader fort-
gezogen, (wie Quetzalcoatl aus Tula), von seinem Sohne sowohl (wie
späteren Königen) vergeblich (gleich Odhin) gesucht wurde, indess
unter Maanda's Regierung von einem Bauern (während traumhafter
Verrückung) als weissbärtiger Greis gesehen war, inmitten der Edlen
seines Rath's im Waldes-Innern weilend (wie Barbarossa im Kyffhäuser). Als in Nachfolge Keb (des Erdgottes) König Ra (der
Aegypter) im hohen Alter starr geworden, und die bei Erfindung
des Bieres (oder Wein's), aus dämonischem Blut (s. Plut.), aus-
brechende Trunkenheit nicht länger zu bändigen vermochte, ver-
liess er, ermüdet und entmuthigt, sein Reich (Thot als Nachfolger
einsetzend), um fortan als Sonnengott zu wandern (auf der
Himmelskuh), und in Mexiko siegt Tezcatlipoca's Partei (mit Erfindung der Pulque). In dem Ahnen-Hymnus (aus XII. Jahrh. p. d.)
betet, zum Besten seines Volkes, der chinesische Kaiser um
Würdigkeit der Nachfolger (s. Amiot).

The Ojibway-Indians had three depositaries for sacred records
near the waters of Lake Superior —, (the most unfrequented spots
were selected) —, written on slate-rock, copper, lead and the bark
of birch-tree (s. Copway). They contain the transcript of what
the Great Spirit gave the Indian after the flood, which has been

transmitted by the hands of wise men to other parts of the country ever since (s. Emerson), im Esoterismus (der Atua), s. Heilige Sage der Polynesier (S. 9). „There are three secret associations or societies in the Indian tribes, which cultivate medaic knowlegde, and teach occult rites, using pictography as helps to the memory. They are the prophets (seers) or Jossakeeds, the Medas or professors of medical magic and the Wabenos, whose orgies are always performed at night" (s. Schoolcraft). Die Theilnehmer am Madodiswan „must never open the Pinyigoosan, the pouch which contains their pharmacy, their plants, nor visit or inspect those plants, without first performing the ceremony of the vapour-bath (bei den Indianern). Die Wasi (Plur. von Masi in Suahili) dienen, als Eingeweihte, dem Fundi (beim Tanze des Pepo). „Each time, that a Manedo arrives, a heavy blow is heard upon the ground, like the fall of something heavy on the earth, and the lodge is rudely shaken by it" (bei den Indianern), und so in den Klopf-häusern (der Füchse in der Fox-Familie), s. Der Spiritismus etc. (S. 70 u. flg.).

Das Auskehren der Stube hinter dem Sarge her dient „zur Verhütung des Wiederkommens" (s. Wuttke), wogegen in Congo das Haus ein Jahr hindurch nicht gefegt werden darf, da der Staub die feine Seelen-Substanz des dort Zurückgebliebenen verletzen könnte (bei Todesfall). Perchta wird durch Peitschenknallen vertrieben (in Krain), und so das Reinmachefest überall, s. Der Fetisch (S. 21).

„Ich war ein Knabe, so gross, dass, wenn ich stand, und mein Vater sich auf die Matte setzte, wir beide gleich hoch waren. Es war Herbst und Erntezeit. Wir waren in der Ernte des Manomin oder wilden Reises. Eines Tages, da wir mitten in der Arbeit waren und alle fleissig die Körner aus-klopften und unsere Kanoes füllten, da hörte ich plötzlich Flintenschüsse in der Ferne. Die Schüsse kamen aus unserem Dorfe und wurden aus dem Nachbardorfe erwidert. Es waren solche Trauerschüsse, wie man sie von Dorf zu Dorf vernimmt, wenn Jemand gestorben ist.

Als ich jene Schüsse hörte, stellte ich schnell die Arbeit ein und wurde ernst und tief betrübt, denn es ging mir sogleich der Gedanke durch den Kopf, dass meine Mutter gestorben sei. Sehr bald kamen auch die Trauerboten zu dem See herausgeeilt, wo wir den Reis ernteten, und verkündeten uns die betrübte Nachricht, dass meine Mutter gestorben sei. Wir beerdigten sie unter vielen Seufzern. Ich wünschte aber meinen tiefen Schmerz für mich allein auszuweinen und ich sehnte mich in den Wald hinaus. Aber mein Vater, mein Onkel und meine Schwester wollten mich nicht lassen und beob-achteten mich genau, da sie mein zerknirschtes und gestörtes Wesen bemerkten.

Einmal aber waren der Vater und Onkel zu einer Fumerie eingeladen, da entsprang ich den Schwestern, entfloh, und lief in den Wald, so weit und so schnell ich nur konnte. Als ich weit genug vom Dorfe entfernt war, fing ich an zu weinen und laut nach meiner Mutter zu rufen. Aber ich lief weinend noch immer weiter und weiter. Endlich kletterte ich auf einen hohen Baum, und da weinte ich mich völlig aus und blieb endlich ganz ohnmächtig vor Schmerz und Mattigkeit in den Zweigen des Baumgipfels hängen.

Da hörte ich auf einmal eine Stimme neben mir und erblickte eine schwarze Gestalt zu mir heranschweben. „Wer bist du? Warum weinest du?" fragte mich die Gestalt. „Ich bin ein Indianer-Knabe", entgegnete ich, „und weine um meine Mutter." „Komm' folge mir", sagte die schwarze Gestalt und nahm mich bei der Hand. Sie wandelte vor mir her durch die Lüfte mit einem Schritt zum nächsten Baum. Es war eine Epinette blanche. Als wir auf den Gipfel dieses schwankenden Baumes traten, zitterte er, bog sich nieder, und ich fürchtete, er würde uns nicht halten und zusammenknicken. „Fürchte dich nicht," sagte sie, „tritt fest zu, der Baum wird uns halten." Dann schwenkte sie mit dem andern Fusse vor. und wir erreichten mit dem zweiten Schritte den Gipfel einer lang aufgeschossenen jungen Birke. Diese schwankte wieder sehr und bog sich herab, und ich fürchtete, sie würde uns zu Boden fallen lassen. „Fürchte dich nicht," sagte meine schwarze Begleiterin wieder, „tritt fest zu, der Baum wird halten." Und so schritten wir noch einmal wieder aus und kamen mit dem dritten Schritte am Fusse eines hohen Berges an. Was mir aber nur wie drei Schritte vorgekommen war, waren in der That drei Tagereisen gewesen, bei denen wir zwischendurch in den Nächten auf den Gipfeln der Bäume gerastet hatten, und viele Wälder und Fluren und Prairien lagen bereits hinter uns.

Als wir auf dem Gipfel des Berges standen, fragte sie mich: „Kennst du das Gebirge?" Und da ich es verneinte, erwiderte sie: „Es ist das Gebirge des Herzens des Hirsches." Sie winkte mit der Hand. Da öffnete sich der Berg, und wir blickten durch eine lange, lange Kluft, an deren anderem Ende das Sonnenlicht hell strahlte. Wir gingen durch den Felsenspalt. Meine schwarze Begleiterin schwebte mir voran und ich ihr nach. Am andern Ende traten wir in eitel Licht und Sonnenschein hinaus. In der Mitte des Glanzes stand ein Haus. „Hier tritt ein," sagte die Schwarze. Die Thür öffnete sich, und ich trat ein, meine Begleiterin aber blieb draussen zurück.

Ich fand drinnen ein überschwengliches Licht und bedeckte die Augen mit meinem Mantel. Ich zitterte vor Furcht und Erwartung. Endlich fing eine Person, die im Hintergrunde des Raumes sass, an zu reden und sagte: „Kagagengs! Da ich sah, dass du traurig warst um den Tod deiner Mutter, habe ich nach dir geschickt und habe dich holen lassen. Sei mir willkommen! Tritt näher! Blicke dich um, du kannst nun sehen, wie ich wohne und wie es bei mir aussieht."

Nachdem ich mich ein wenig an das Licht gewöhnt hatte, schaute ich mich um. Ich fand anfangs nichts als eine Lampe, die in der Mitte des Hauses hing und die ein mächtiges Licht von sich strahlte. Es war die Lampe der Sonne. Die Sonne selbst sass dahinter und sprach weiter zu mir: „Blicke hinab!" Da sah ich durch eine Oeffnung des Hauses abwärts und sah die Erde tief unter mir, die Bäume und Wälder, die Gebirge, den Oberen

See und die ganze Rundung der Welt. — „Blicke nun auch hinauf," sagte die Sonne. Ich schaute aufwärts durch eine Oeffnung des Daches und sah das ganze Himmelsgewölbe über mir und die Gestirne alle gezählt daran, und so nahe, als könnte ich sie greifen.

Dann wiederum, nachdem ich dies Alles über und unter mir betrachtet, sagte die Stimme der Sonne: „Jetzt blicke gerade aus. — Was siehst Du? Kennst du diesen?" Ich war entsetzt, denn ich sah mein eigenes Bild. „Siehe," sagte die Sonne, „du bist stets bei mir. Ich sehe dich alle Tage und wache über dir. Ich schaue dich an und weiss, was du machst und ob du krank bist oder wohl. Darum sei guten Muth's. Jetzt blicke hinaus zu deiner Rechten und deiner Linken. Kennst du die vier Personen, die dich umgeben? Sie sind ein Geschenk, das ich, Urquell des Lebens, dir mache. Diese vier sind in dir; sie werden von dir kommen. Es sind deine vier Söhne. Dein Geschlecht soll sich mehren. Du selbst aber wirst lange leben, und dein Haar soll dem meinigen gleich werden an Farbe. Schaue es dir an!" Ich sah darauf das weissgelockte Haar des Sonnengeistes. Es glänzte wie Silber, und ein Gefühl der Freude überkam mich, dass ich ein so langes und glückliches Leben haben sollte.

„Zum Andenken an deinen Besuch bei mir," fuhr die Sonne fort, „und zum guten Omen schenke ich dir diesen Vogel, der dort hoch über uns schwebt, und diesen weissen Bären mit messingnem Ringe."

Dann verabschiedete mich die Sonne, indem sie mir sagte, dass die, welche sie mir zur Einladung gesandt habe, draussen meiner harre und mich zurückgeleiten würde. Jene beiden Geschenke aber, die ich erhielt, der Adler und der weisse Bär mit messingnem Ringe, sind seitdem immer meine Gedenkzeichen und Schutzgeister gewesen" (s. Kohl).

Ihren Engel sehend, dem sie befohlen war in der Taufe (und ihren Teufel), erhält Mechtild (von Magdeburg) zwei Engel, einen Seraph, der ihre Minne entbrennen macht, und einen Cherub, der die Gaben schirmt und in der minnenden Seele die Weisheit ordnet; auch zwei Teufel hat sie von nun an zu bestehen (s. Preger). Aikut (der Nishinam) folgt, beim Tode seiner Gattin (Yototowi), in das Geisterland Tush-wuh-i-Kum („the dance-house of the ghosts") und hat dort zu verbleiben, während Eneene seine Gattin Kura zurückbringt (aus Tiarauau's Gefangenhaltung derselben)· St. Brandan besucht die Insel des Paradieses (auf siebenjähriger Seefahrt). In Eden bestand ein freier Verkehr zwischen dem Menschen und seinem Schöpfer (s. Schieffelin), wie am Kalabar (wenn Abasi's Essensglocke läutete).

Wie neben der Unendlichkeit der Ziele sich die Endlichkeit des Anfanges setzt, in patristischer Schöpfung aus dem Nichts, so setzt sich für die Unendlichkeitsrechnung der Ausgangspunkt von der Eins voraus (im Beginn des Zählens), und für Entfaltung in unendlicher Idealwelt keimt im Anfang die Sinnesempfindung mit dem von Aussen einfallenden Reiz, der nach verschwimmendem Schwinden des „Crystallinus orbis supercoelestis" (s. Kepler), als Firmament der „Welthülle" (jenseits der „aura aetherea") aus Raumlosigkeit der Unendlichkeitsräume herniederkommend,

dem irdischen Keime den des Unendlichen hinzupflanzt und so
den Menschengeist innnerhalb terrestrischen-Horizontes sehnsüchtig
anstachelt zum gnostischen Emporstreben, um Jaldabaoth's
Schranken zu durchbrechen, in hoffnungsvollen Ahnungen —, die für
gesetzliche Klärung neue Aussicht gewonnen haben, seitdem auch
für die Psychologie die Möglichkeit naturwissenschaftlicher Durchbildung zugetreten ist (auf Grundlage des ethnisch angesammelten
Materials). Nach dem Wahlspruch der Accademia del Cimento
gilt es „Provando e Riprovando" für die Induction (comparativ-
genetischer Methode). „Die Naturwissenschaft ist eine Welterobe-
rung, sie ist alles Mögliche, Grosse und Gewaltige, aber sie ist
wahrlich nicht der Schlüssel zur Wissenschaft vom Menschen und
vom Geist" (s. Eckstein), bis dieser Schlüssel gefunden sein wird
(von der Psychologie als Naturwissenschaft). La géometrie de l'infini se ressent souvent des erreurs de la métaphysique (s. Condillac),
bis rectificirt (durch logisches Rechnen kraft der Induction). „Ce que
l'on prenait pour le commencement, était dejà une période ancienne
de la vie" (s. d'Archiac), indem im Eozoon canadense (s. Dawson)
des laurentinischen Systems die polymorphen Rhizopoden bereits
„les quatre grandes classes des animaux sans vertèbres" enthielten,
bei Durchforschung der americanischen Aquivalente für die europäischen Schichtungen im huronischen System (cf. Logan) in der
„Silification" (für Feinschliffe). La nature elle-même nous enseigne
par toutes ses voix, que l'homme descend du singe, que le singe
descend du marsupial, le marsupial de l'amphibien, l'amphibien
du poisson, le poisson de l'invertébré, l'invertébré du protoplasma,
le protoplasma du règne minéral (s. Flammarion). „Aus der Erde
wachsen Kräuter und Bäume, welche doch irdische Cörpergen,
die sonst zum mineralischen Reich gehören, mit einsaugen: auf
solche Art sind die Vegetabilien mit den Mineralien nahe Bluts-
freunde" (s. Henkel), und so wird auch mit Blutlosigkeit Bluts-
verwandtschaft hergestellt (in thierischer Descendenz). Zu der
Zweckmässigkeit verhält sich die physische Nothwendigkeit als
untergeordnete Bedingung und liegt in dem Stoffe, sowie der
Zweck in der Form (bei Aristoteles); die Nothwendigkeit bezieht
sich nur als Bedingung auf ihren Zweck (s. Reinbold) unter
Gegenseitigkeit der Zielstrebungen (in kosmischer Harmonie).

Hoang-ty (als erster Mensch), mit Verständniss geboren,
verstand zu sprechen bei der Geburt (nach dem Shu-king). Der
Mensch hatte Sprache vor dem Werkzeug und vor der Kunst-

thätigkeit (s. Geiger). In hawaiischer Kosmogenie entstehen die Kunstfertigkeiten vor dem Menschen (für die Gesellschaftswesenheit) in der durch Po-kanokano und Po-laluli inaugurirten Schöpfungsperiode (des Pulc Hau). L'homme était une intelligence servie par des organes (bei Bonald), d'après le divin Platon (s. Paravey). Nachdem Kant (in Newton's Grundideen eindringend) „den genialen Gedanken gefasst, dass dieselbe Anziehungskraft aller wägbaren Materie, welche jetzt den Lauf der Planeten unterhält, auch einst im Stande gewesen sein müsste, das Planetensystem aus locker im Weltraum verstreuter Materie zu bilden", fand ihn Laplace und „bürgerte ihn bei den Astronomen ein" (s. Helmholtz). So in Darwin's Verallgemeinerung physiologisch festgestellter Beobachtungen, erhellten sich diese im momentanen Blitz, um das Einschlagen neuer Forschungsrichtung zu erkennen (die dann wieder auf bedächtigere Bahn einzulenken haben wird).

Das Lächeln — der erste Flügelschlag des Geistes und überhaupt das Charakteristische des Menschen — findet sich schon im zweiten Monat, und es ist Thatsache, dass es dem Weinen vorausgeht (s. Löbisch). Die Trausier weinten über die Neugeborenen, und diese schreien (im „Schmerz" des Buddhismus). Angeblasen von dem „Jüngling, schön wie des vollen Mondes Glanz, leuchtend wie Djemschid", gebar Dogdo „einen Sohn, der hiess Zoroaster; kaum geboren, lächelte der Knabe, das wunderte alle Welt und weissagte grosse Dinge daher" (s. Kleuker). Beim Austritt aus den Flegeljahren oder Backfischjahren in der Pubertät, vollzieht sich die Weihe für das Leben, in Afrikas Quimbe- und den Darramula-Festen Australiens, oder in Amerika (auch für Prüfungen der Mädchen), und zur Weihe der Mysterien wird heiliges Wasser gesucht aus einem „Jungbrunnen" in Hans Sachs' Versen (wie von Lucas Kranach gemalt) oder im Vai Ora (polynesischen Himmels).

Als über und unter dem Monde unterscheidet sich τὰ ἐκεῖ (das Jenseits) und τὰ ἐνταῦθα (das Diesseits). „So act that thou mayest be able, without involving any contradiction, to will, that the maxim of thy conduct should be the law of all intelligent Being", is the one universal and sufficient principle and guide of morality (s. Coleridge), als Pflicht (bei Kant). There is not anything, of which we have more undeniably and intuitive perception, than that it is „right to pursue and promote happiness",

whether for ourselves or for others (s. Price), und je nach idealeren
Bedürfnissen (im Appetitus intellectivus). Die Thiere, zuerst im
Wasser geschaffen, begannen, nach Abwerfen der stachlichten
Schaale, auf dem Lande zu leben (bei Anaximander), bis zur Abstammung des Menschen von den Fischen (s. Plut.). Der Körper
(Chat) wird beim Ueberschreiten der Pforte der Duah zur Sahu
(als Mumie) erhoben, und damit verbindet sich Ka (als Spiegelbild
oder Schutzgeist in Doppelgängerei), während Ba (Seele oder
Geist) und (zur Wiedervereinigung mit Ra) Ab (Herz) im Jenseits
verantwortlich sind (bei den Pharaonen). Karouhia, als Himmel,
bezeichnet das Paradies (der Irokesen). Indem die alten Welt-
weisen den Himmel für Vater, die Erde für die Mutter hielten
(s. Plut.), werden „die indischen Götzen vielfach mit dem Lingam
und Yoni oder mit dem Lotus und der Nymphaea in den Händen,
und diese Werkzeuge der Erzeugung sorgfältig betrachtend, ab-
gebildet" (s. Paullinus a St. Bartholomaeo). Den Okean, als
„Vater aller Dinge" (bei Hesiod), nennt πατέρ' ἄφθιτον αἰὲν ἐοντα
(Orpheus). Antiquiores semper Scythae (s. Justin) sive illuvies
aquarum in Principiis Rerum terras obrutas tenuit, sive ignis
qui mundum genuit, cuncta possedit (in den kosmogenischen
Systemen). Als „Aether ignifer" (bei Lucrez) durchwaltet Rehua
(aus Naharangi).

Neben Sang-Fun oder Lebensseele (mit Thier- und Pflanzen-
reich gemeinsam) und Kok-Fun oder Empfindungsseele (den
Thieren und Menschen eigen), unterscheidet sich Lin-Fun oder
Intelligenz-Seele (nur dem Menschen zukommend), und die zehn-
theilige Einheit (Sam-fun oder Sshit-pak) zerlegt sich (in China).
in drei dem zeugenden Princip angehörigen, und sieben dem ge-
bärenden Princip eignenden Theilen (s. G. Schulze). Nur ein Lebensprincip, welches die älteren Philosophen mit dem Namen Natur,
Seele, belegten, ist geeignet, durch ein mit Auswahl verknüpftes
Wirken jene Mannigfaltigkeit eigenthümlicher Mischungen zu
Stande zu bringen, welche ausserdem nirgends angetroffen werden,
nicht einmal an den Orten, und unter denjenigen Substanzen, von
welchen der Stoff zu jenen Mischungen entnommen wird (s. G. E.
Stahl). Der Schöpfer Ormazd erschuf die Welt und die Creaturen und
die Amshaspands und den himmlischen Verstand und seine eigenen
Lichte unter dem Jubelruf der unendlichen Zeit (im Minokhired).
Die Seele zieht als Hauch (πνεῦμα) von Lunge in Herz (nach
Asclepiades von Prusa), durch die Nase eingeblasen (und beim

Niessen ausfahrend, wenn nicht bewünscht). Indem die in die
Lungenflügel eindringende Luft und der Reiz der allenthalben einwirkenden Atmosphäre ein neues Leben aufhauchen, wird die
schlummernde Seele einigermaassen wachgerufen (beim Kinde),
im „Gegensatz der Aussenwelt zu dem geheimnissvollen Mutterschooss" (s. Löbisch). Auf die aus Kore hervortretende Dunkelheit
(Po) folgt das Anstreben (Rapunga) mit seiner Fortdauer (Whaia)
zur Empfängniss (Kakune) und deren Erweiterung (Papuke) bis
erst-pulsirendem Athmen (Hihiri) und dann Mahara oder der
Gedanke (bei Maori).

Die Wurzel aller Wissenschaft liegt naturgemäss in der
Psychologie, als die treibende Spirale im Gestaltungsprocess
(schöpferischen Denkens). Während das ganze Problem von Kraft
und Stoff in ein Problem der Erkenntnisstheorie ausläuft, ist „für
die Naturwissenschaften ein sicherer Boden nur in den Relationen
zu finden" (s. A. Lange), in den Verhältnisswerthen für die
Gleichungen eines logischen Rechnens (bis zum höheren Calcul).

Aus unsichtbarem Hades tritt die Welt hervor (bei Aristoteles),
an's Licht aus dem Dunkel der Nächte (Po, polynesisch), und
der Schöpfer (der Macusis) heisst Macunaima (der bei Nacht
arbeitet). Auf das Dunkel folgt zunächst die Zeit, wo noch wenig
Licht war (im Popul-Uuh), als Dämmerung (bis zur Morgenröthe
der Vedas). „Como el medio sol que estaba criado, alumbraba
poco", wurde die Sonne geschaffen (von Tezcatlipoca).

Für die Peruaner lagen die Prototypen irdischer Gebilde
abgezeichnet in der Constellation des Himmels, und wenn der
Stern bei der in Geburt tretenden Seele einfährt (unter den
Indianern) oder sie nach dem Tode zu sich aufnimmt (unter den
Maori), waren die causalen Verknüpfungen der Astrologie als
nothwendige gegeben, und der Priester (in Guinea) mag darüber
die Kla selbst befragen, (sofern ihr noch einige Erinnerungen
geblieben sein sollten).

„Für gute Aspecten galten die Gedritt- und Gesechstscheine,
für schlimme der Geviert- und Gegenschein, für gleichgültig die
Conjunction. Das Horoscop ist derjenige Punkt der Ecliptik, der
zu einer gegebenen Zeit, z. B. der Geburt eines Menschen im
Horizont aufgeht. Zugleich hatte man den Himmel in zwölf Ab-
theilungen oder Häuser getheilt, von denen immer sechs über, sechs
unter dem Horizonte sich befinden. Jedes Haus wird von einem
Planeten beherrscht. Die Stellung dieser Häuser zur Zeit der

Geburt, combinirt mit den Aspecten und dem Horoscop hiess das
Stellen der Nativität" (s. Loof), und zum Hofstaat eines Fürsten
gehört auch der Astrolog (wie Tycho de Brahe, und dann Kepler,
beim Kaiser in Prag).

The only rational suggestion for the origin of the names is that they
were connected with some events which took place, or some character of the
sun's motion observed, when it was in each sign. Thus (unter den Stern-
bildern) the Balance may refer to equal nights and days (though only introduced
among the Greeks in the time of Hipparchus), and the Crab to the re-
trogression or stopping of the sun at the solstice.

The various pursuits of husbandry, having all their necessary times,
which in the primeval days were determined by the positions of the stars,
would give rise to more important names. Thus the Ethiopian, at Thebes,
would call the stars that by their rising at a particular time indicated the
inundation, Aquarius, or the Waterer; those beneath which it was necessary
to put the plough to the earth, the Bull stars. The Lion stars would be
those at whose appearance this formidable animal, driven from the deserts
by thirst, showed himself on the borders of the river. Those of the Ear of
Corn, or the Virgin of harvest, those beneath which the harvest was to be
gathered in; and the sign of the Goat, that in which the sun was when these
animals were born.

There can be but little doubt but that such was the origin of the names
imposed, and for a time they would be understood in that sense. But afterwards, when time was more accurately kept, and calendars regulated, without
each man studying the stars for himself, when the precessio of the equinoxes
made the periods not exactly coincide, the original meaning would be lost,
the stars would be associated with the animals, as though there was a real
bull, a real lion, etc, in the heavens: and then the step would be easy to
represent these by living animals, whom they would endow with the heavenly
attributes of what they represented; and so the people came at last to pray
to and worship the several creatures for the sake of their supposed influence.
They asked of the Ram from their flocks the influences they thought depended
on the constellation. They prayed the Scorpion not to spread his evil venom
on the world; they revered the Crab, the Scarabaeus, and the Fish, without
perceiving the absurdity of it (s. Blake) Der von Löwen gezogene Wagen
der Göttin Cybele symbolisirte die im Raume schwebende Erde (s. Lucrez).
Zwischen Körper- und Geisterwelt findet sich (bei den Eraniern) die Mittel-
welt (Hamçtegan). „bevölkert durch die Seelen derjenigen, welche eben so
viele gute, wie böse Thaten gethan haben" (s. Spiegel).

Y tendido Quetzalcoatl sobre la hoguera, salió de las cenizas de su
corazon en forma de estrella el espiritu hácia el cielo, y dicen los viejos que
esa estrella convertida es la que apareciendo por las mañanas alegra las
casas, y se dice que cuando murió Quetzalcoatl se le llamó Tlauitzcalpan
(s. Mendoza y Felipe Sanchez Solis), llamaron á la estrella Tlahuiz Calpan
Teutli (s Galicia Chimalpopoca), Señor que alumbra sobre las casas (in den
„Annales de Cuauhtitlan"). Die Priester enthielten sich (bis zur Zeit des
Psammetichus) des Wein's, weil aus dem Blute derjenigen entstanden, die

gegen die Götter gestritten (nach Eudoxus), und in den Tempel zu Heliopolis durfte kein Wein gebracht werden, weil es nicht geziemend sei, am Tage zu trinken, wo der Sonnengott auf Alle herabschaue (s. Plut.). Als mit Erfindung der Bierbereitung Trunkenheit und Unordnung entstand, zog sich Ra (nach Besiegung der Empörer) von der Erde zurück (als Sonnengott am Himmel wandernd), und so verlässt Quetzalcoatl die Tuleuser (bei Erfindung der Pulque durch Tezcatlipoca).

Der Widder hat inn das Haupt, darum ist gut plut lassen on zu den Haupt; der Stier hat inn das Haupt, darinn ist gut plut lassen; der Zwiling hat inn die arm, schultern und Hand, darin ist böss plut lassen (nach dem „Canon von dem Aderlassen"), der Krebs erhält die Lung und Milz (gut), der Löwe das Herz (bös), die Jungfrau die Eingeweide (bös), die Waage die Nieren gut), der Scorpion die Schaam (gut), der Schütz die Dickbeine (gut), der Wassermann die Schienbeine (gut), der Fisch die Füsse (gut). „In den Hundstagen soll man nit lassen, nit köpffen in dem Bad, un soll kain Tranck nemen" (1514). In Beziehung der Zeichen des Thierkreises auf den Leib des Menschen bezeichnet der Widder den Kopf (s. Priscillianus). Άρχτος μεγάλη hiess Okonari (Bär) unter den Irokesen, weil ein nördliches Thier (bei Aristoteles). Auf dem Planetarium (bei Aratus) steht der Bär in der Mitte (der Himmelssphäre). Der Aufgang des Sirius (in der Constellation des Hundes) warnte (in Aegypten) vor der Ueberschwemmung, als treuer Hund (in den Hundstagen des Nordens). Die Gestirne sind (bei Philo) θεοὶ αἰσθητοὶ (im Unterschied von θεοὶ ἀφανεῖς).

Das Urbild der Welt ist die Idee des ζῶον, als die Idee des Guten (bei Plato), „welche alle Ideen der besonderen ζῶα, d. h. die Ideen des Gestirns, des Menschen, des Thiers und der Pflanze in sich schliesst" (s. Susemihl). Si in societate (quod jam pene obtinuimus) vivant gentes Planetarum etiam praeter commoda inde provenientia, voluptate aliqua tali eas affici, quali nos, ex congressibus colloquiisque amicorum amoribus, jocis spectaculis (s. Huyghens). Plato Aegyptios omnium philosophiae parentes secutus est (s. Macrobius), Cicero den Chaldäern (im siderischen System). Ist auch zu wissen, das Juppiter mit sampt dem Mars hat in seiner Hut und Gewalt die Lebern des Menschen; darumb hüt dich in iren stunden biss die leber mit ertzungen (1514), Saturnius hat an dem Menschen das Miltz (Venus die nyeren u. s. w.). Dehemos creer que las colonias planetarias se componen de creaturas inteligentes ni idas á un organismo material (s. Perijo). Die Milchstrasse (bei Odjlbbeway) heisst „the path of the ghosts" (s. M'Kenney).

Die Keime der Arten auf der Erde entstehen aus der steten Bewegung der Himmelskörper (bei Ocellus), in den Ideen (s. Plato), als Prototypen der Constellationen (Peru's). Der Zodiakus war durch Oenopides von Chio eingeführt (nach Eudemos). Multos Cometas erraticos esse (s. Apollonius von Myndos), lehrten die Chaldäer (bei Seneca). Jenseits des Firmamentes (bei St. Basilius) liegt das Empyreum im Glanz der Glorie (bei Thom. Aq.). Die Chaldäer setzten unter das Empyreum den ätherischen Himmel, und dann den Himmel der Planeten. Zu den sechs Kindern der Alten im Monde gehört der Tag, die Sonne, die Nacht (Istuh - Hunsch), als Sohn und als Tochter der Stern des Ostens (als Frau mit dem Federbusch), der Drehstern des Nordstern (Kohposka oder gestreifter Kürbiss) und der Abendstern (Kohsedehä), bei den

Mandan (s. Neuwied). Τοῦ μὲν οὖν θείου τὴν πλείστην ἰδέαν ἐκ πυρὸς ἀπειργάζετο, dann die Wandellosen der Sterne (ζῶα θεῖα ὄντα), mit den Wandeluden, und hier die Erde (πρώτην καὶ πρεσβυτάτην θεῶν ὅσοι ἐντὸς οὐρανοῦ γεγόνασι), dann die Dämone (nach den Geschlechtsregistern). Und diese θεοὶ θεῶν erhielten zugefügt die θνητὰ γένη, unter Vertheilung der Seelen über die Gestirne, καὶ ὁ μὲν εὖ τὸν προσήκοντα βίοῖς χρόνον, πάλιν εἰς τὴν τοῦ ξυννόμου πορευθεὶς οἴκησιν ἄστρον, βίον εὐδαίμονα ἕξοι (s. Plato), in Timor die Spinnerin (als Parze). In dem Monde lebt die Alte, welche nie stirbt (mit weissem Kopfstreif), bei den Mandan (s. Neuwied). „Die siben sphaeren sol man mezzen | in zwelf himelzeichen sint gesezzen" (Frauenlob). Supra firmamentum, Ob dem firmament ist der neundt Himmel. Und der da heisst die neundt spere oder der feurin Himmel. Gott und Gottesengel un die gerechten seelen, die ettwan lang gewessen sind von ir tötlicher sünd wegen, un von iren flecken in der Pein des Fegfeuer's. Gleicher weiss wirt d' neunt Himel, der da genannt wird Empyrreum, das ist der feurin Himmel (Küngsperger) in Augsburg (1515). Dante's Paradies besteht aus den zehn Himmeln, deren sieben erste die Planetensphären bilden (s. Piper). Aristarchos Sam. setzte den Abstand der Fixsterne unendlich gross (s. Archimedes). Ἄπειρον τὸν Κόσμον (lehrte Seleukos Eryth). It has been claimed by Professor Peirce, that Neptune is not the planet whose existence had been predicted by Le Verrier (s. Loomis). Nach Peirce ist „die Entdeckung des Neptun durch Galle lediglich als ein glückliches Ungefähr zu betrachten" (betreffs Erklärung der Uranusstörungen). Durch die Belehrung, welche man der heutigen Menschheit vom Kindesalter an gegeben hat, ist es dahin gekommen, dass sie mit Fanatismus an den seltsamen Träumen der modernen Astronomie festhält (s. C. Schöpffer). „Es ist eine Unwahrheit, wenn man behauptet, das copernicanische System erkläre die Bewegung der Gestirne" (1869). „Man hört schon hier und da immer häufiger den bescheidenen Zweifel aussprechen, dass doch nicht alles reines Gold sein möchte, was da schimmert und glänzt in den tiefen Schachten der Mécanique céleste und dass dieses gepriesene Gesetzbuch des Himmels ebensowenig für ewige Zeiten in Gebrauch bleiben wird, wie der Codex Justininus" (s. Bette), in Anwendung der Analysis auf die Elemente (1870). Damit die Theorie, welche man auf dem feinsten Calcul der höheren Analysis gegründet, nicht angefochten werde, obgleich sie doch nun einmal mit den Beobachtungen nicht übereinstimmt, hat man (in der Astronomie) die Störungen erfunden (s. Salomo Sachs). Nach dem Warum eines constanten Phänomen zu fragen, dieses zu erklären suchen, heisst im Allgemeinen die Astronomie überschreiten (s. Nagy). Das Newton'sche Gesetz sieht sich ausser Stande, in unserem Sonnensystem die Störungen, welche die Himmels- körper durch gegenseitige Einwirkung auf ihre Bahnen ausüben, zu berücksich- tigen (s. Langer). Mit der durch das Strömen der Wasser veranlassten Bewegung umkreist die Erde (bei den Juris) die feststehende Sonne (s. Ribeiro). Cometas insuper coelitus conspectos et in solis opposito versantes motui terrae non reddi obnoxios, quamvis non in tantum distent, ut plane is evanescat, sicut in fixis fit sideribus Copernicanam proinde assumptionem in motu terrae quoque collabescere (Tycho de Brahe). „Dieser Einwand würde wichtig sein, wenn er zugleich wahr wäre" (s. Gehler), indess fände man sich „in derselben Unkenntniss" (1883), „wie am Ende des XVI. Jahrhunderts vor Kepler's

Arbeiten über Kometen* (cf. Zöllner). La cométe génératrice de M. de Buffou n'a rien à mes yeux de plus respectable que les cieux solides, les épicycles, les cristallins de Ptolcmée (s. Rayou). Was in Betreff der Rotationsbewegung der Erde Aristarchos vermuthungsweise setzte (ὑπστιθέμενος), bewies (s. Plut.) Seleukos (ἀπσγαινόμενος). Man hat die Mechanik als eine abstracte Wissenschaft in die Astronomie eingeführt, ohne im Mindesten zu prüfen, ob man denn wirklich am Himmel mit Mechanik und mechanischen Gesetzen zu thun habe (s. A. Frantz). Der Mond hat keine Rotation (s. Biela). The Sun travels yearly in an ellipse round the Earth (s. Morrisson). Ihren Ursprung haben die Elektricitäts-Schwingungen in den Sonnenflecken (s. Wedelstaedt). La doctrine de l'attraction est errouée (s. Nyevelt) n'existe pas (1819). Die in den Sonnenstrahlen enthaltenen sieben prismatischen Farben repräsentiren (als die „sieben Urelemente der Schöpfung") „die freieste Zersetzung von sieben Urstoffen" (s. Braungard). Jede Sternart hat ihren Antheil an der Aussenschöpfung und zwar einen mit der Selbstbildung genauest zusammenhängenden (s. Gems). Le tourbillon de chaque soleil est formé de la vapeur ou fumée, qu'en tournant, armé d'énormes volants euflammés, il dut repousser en biaisant, en l'entrainant dans son mouvement tournant (s. Vinchon-Thiesset). Immer, soweit wir auch zurückdenken, oder vielmehr soweit wir auch in unserer Phantasie den Termin der Welteutstehung zurückverlegen wollten, immer hätten wir schon den Kosmos fertig vor uns, da jedem Punkte der Regressus der Unendlichkeit vorausliegt, in welcher jene eben zu Stande kommen musste (s. J. Huber). „Wir langen niemals bei einem Chaos, immer nur bei einer geordneten Welt an" (1878), im Ausgang vom Dedomenon (in der Induction). Wenn in Bezug auf die Revolutionsgesetze Nichts zu wünschen übrig bleibt, so stehen wir dagegen, insofern es sich um die Gesetze handelt, nach welchen die Rotationszeiten im Sonnensystem sich gestaltet haben, vor einer bis heute ungelöst gebliebenen Frage (s. Moldenhauer). „Der religiöse Ideenkreis, der sich auf die alte Weltanschauung gründet, verlor durch das kopernikanische System seine festeste Stütze. So brachte die Annahme der Bewegung der Erde eine ungeheure Revolution in allen menschlichen Vorstellungsweisen hervor. Fast alle*kosmischen Ansichten, welche man bisher gehegt, mussten aufgegeben werden" (s. Apelt). Als die Planeten und Cometen sich von der Sonne losrissen, so geschah dieses zu einer Zeit, als die innerliche Entzündung des Sonnenklumpens schon einen hohen Grad erreicht (s. Justi). Die Indianer (der Prairien) „fragten nach unseren Ideen über die verschiedenen Weltkörper und die Entstehung des Weltalls, wobei sie ihre eigenen albernen Traditionen selbst für unzulänglich erklärten. Manche hingegen hielten auch unsere Ansichten über diese Gegenstände für weit alberner als die ihrigen" (s. Neuwied). „Dass im Anfang unserer Weltära eben Alles organisch oder besser urorganisch gewesen sei" (lehrt Preuss), und das Fundament dieser Lehre (in Entwicklung des Weltall's) „wird nicht umgestossen werden können" (1874). Die Abiponer (bei Dobrizhoffer) huldigen dem „Iguoramus" (im Agnosticismus). „Nach Descartes liefern die Sinne nur rein körperliche Abbilder im Gehirn, welche von der Seele wahrgenommen werden. Dieser unglaublich naive Antropomorphismus, der einfach einen· Menschen in den Menschen steckt, verbindet sich mit einer ebenso naiven Abstraction; die körperlichen Bilder der Dinge im Gehirn sind ausgedehnt, ihre Wahrnehmung (perceptio) aber durch die Seele ist ein Akt des Denkens (cogitare) im weiteren Sinne, d. h. ein ausdehnungsloser Akt eines ausdehnungslosen Wesens" (s. A. Lange). Diesem Denker († 1650) gehört (s. Reinhold), „das ausgezeichnete Verdienst, die Bahn der selbstständigen, zur Freiheit, Besonnenheit und Reinheit der echt wissenschaftlichen Vernunftforschung zurückkehrenden neueren Philosophie gebrochen zu haben" (1845). „Bei der Kraft der Einheit, die im Glauben ist" (s. Heimroth), „muss der Glaube als psychologische Grundeinheit, die das ganze Seelenleben trägt, als das Band des gesammten Seelenlebens anerkannt und festgehalten werden" (1822). Nach dem „Methodus dirigendi intentionem" (der Jesuiten) kann man jede böse Handlung begehen, „wenn man nur nicht die Absicht hat, dadurch gerade zu sündigen, sondern einen beliebig erlaubten Zweck zu erreichen" (s. Ellendorf). Nicht bloss ein auf dem Teller gefundenes Haar, sondern selbst die Vorstellung desselben in der Einbildung erweckt schon den Ekel (s. G. E. Stahl), und dann können „Ekelstoffe" ihre Cylinder (voll Anthropin) bezahlen, im Gegensinn (homöopathisch). Auf den Fixsternhimmel (nach dem Kreis für Planeten, Sonne und Mond) folgt der Kristallhimmel und die Sphäre mit den Zeichen des Thierkreises, auf der Welttafel (mappa mondo) Pietro di Puccio's im Campo-Santo zu Pisa (1391). Der erste Himmel ist der Raum zwischen Erde und Wolken, der zweite Sitz der Wolken, des Wassers, Hagels und der bösen Geister, der dritte, glänzend, Sitz der Engel, denen die Bestrafung der bösen Geister übertragen, der vierte Sitz der Heiligen, der fünfte Sitz der höheren Engelordnung, welche für die Sünden der Gerechten Fürbitte einlegen, der sechste der Engel des Angesichts, der siebente der Gott in Hymnen preisenden Engel (nach den Rabbinen). Die Sternensphäre, als achter Himmel, rollt gleichmässig unverändert (nach Aristoteles). Sieben Himmel erheben sich übereinander, wie Geschosse eines Hauses (im Koran). Indem die sieben Gestocke oder Schichten der Erde sich übereinander thürmen, entspricht jeder derselben ein besonderer Himmel (s. Schincke). The Chinese arrange the 28 Stellar divisions under four general heads (east, west, north, south) Teing Lung (Azure Dragon), Heung Woo (Black Warrior), Choo Neuou (Red Bird), Pih Hoo (White Tiger). Each of these comprises three of the divisions called Kung (s. J. Williams). Die Odjjibeway (in der Nagamowininin) malen die Schichten (des Himmels) roth, blau, gelb (nach dem Regenbogen). Die homocentrischen Sphären (des Eudoxos) wurden durch die Excentrien und Epicyklen (bei Hipparchos) ersetzt, als Grundlage scholastischer Astronomie, (bis zur Erneuerung durch Girolano Fracastoro (XVI. Jahrhundert). Auf Nukahiva stülpt sich die Erde um, und in der divina Commedia (Dante's) versinkt, — bei Erhebung des Festlandes, (für Jerusalem) aus dem Wasser, — die Gegenerde abwärts, ausser dem im Fegefeuer hervorragenden Vulcan-Berg, mit dem irdischen Paradies auf dem Gipfel (wie auf dem des Meru).

„Siben Spaeren sol man mezzen" (bei Frauenlob) mit den Fixsternen und Thierkreis (in neun Kreisen um die Erde). Zwischen der Sphäre des Olympos und dem Herde des Universums, der in dem Mittelpunkt desselben liegt, bewegen sich zehn himmlische Körper im Kreise (nach Philolaos), in unmittelbarer Nähe des Centralfeuers die Gegenerde oder Antichthon (s. Schiaparelli). Nach Leukippos waren die Fixsterne entflammt durch die Schnelligkeit ihrer Bewegung ($\delta\iota\grave{\alpha}$ $\tau\grave{o}$ $\tau\acute{\alpha}\chi\upsilon;$ $\tau\tilde{\eta}\varsigma$ $\varphi o\rho\tilde{\alpha}\varsigma$). Aus dem Feurig-Geistigen der

Sonne (als Osiris) und dem Feucht-Trocknen des Mondes (als Isis), bildet sich das Luftige zur Erzeugung und Erhaltung des Alles (s. Diodor). Das „Achte Haus" der Gnostiker (bei St. Thomas) bildet den höchsten Himmel (über den sieben planetarischen). Terra, Aqua, Aria, Fuoco, Luna, Mercurio, Venus, Sol, Marte, Giove, Saturno, Stella fixe, Sfera nono, Cielo empyreo. Auf Erde, Wasser, Luft, Feuer folgten die sieben Kreise der Planeten, der achte der Fixsterne, dann der neunte Himmel, und caelum cristallinum, sowie das Empyreum mit dem Sitz des Vaters darüber. Beda zählt in den Hemisphèren: Luft, Aether, Feuerraum, Firmament, Engelhimmel, Himmel der Dreieinigkeit (im christlichen Weltsystem). Toutes les planètes nouvellement consolidées à la surface étaient encore liquides à l'intérieur, et lançaient au dehors une lumière très-vive (s. Buffon). Dessus le firmament est un chief moult biaus et moult luisant de couleur de cristal et pour chou est-il appelé lieux cristallins, c'est le lieu dont mauvais angéles churent (s. Brunetto), und darüber der „Ciel empyrée" (la sainte glorieuse Divinité avec ses angèles). Nach den Kreisen von Mond, Mercur und Venus folgt das Paradies (mit den Seelen der Propheten), der Himmel Jupiters und Saturns mit Seraphim, Dominationes, Potestates, Archangeli, Virtutes coelorum, Principatus, Throni, Cherubim. Auf Heinrich's II. Mantel (in Bamberg) fand sich „descriptio totius orbis" (s. Murr). Carl M. Tisch (811 p. d.) enthielt „totius mundi descriptionem" (mit den Sternen) in drei Kreisen (s. Eginhard). Auf der Mappa mondo (Pisa's) finden sich die Kreise der Elemente und Planeten (1391).

Zwischen dem Mond und dem Fixsternhimmel ist der Tummelplatz für die streitenden Seelen (s. Krische), mit 12 Göttern (bei Plato). Cupai (Peru's) herrscht in Ucupacha (Unterwelt). Hel bewohnt den Palast Elvidnir in Niflheim, während Niflhel, als unterste der neun Welten, den Höllenschlund (Hvergelmer) einschliesst mit den Höllenströmen, umgeben von den Nastraudir (Leichenküsten). Unter der in vier Stockwerke (niederwärts und vier aufwärts) getheilten Erde wohnend, sandten, nachdem die zuerst hervorgekommene Bande (der Histoppa mit tättowirtem Gesicht) vernichtet worden (durch die Fluth), die Nnmangkake die Maus (und dann den Rakuhn) zur Erforschung der Oberwelt, und nachdem das vom Dachs gegrabene Loch durch das Geweih des Hirsches erweitert war, stieg der Häuptling mit seiner Schischikue empor, den Anderen voran, an einer Weinranke (bis sie durch das Gewicht der dicken Frau zerbrach). Bei den Maori steigt Reinga zehn Stufen abwärts (bis Meto), der Himmel zehnfach aufwärts (bis Rehua). Der Himmel (Pet) wird durch acht Pfeiler gestützt (in Aegypten). Haetsch (unter Kutka's Kindern) macht Reiche arm und Arme reich in der Unterwelt (bei den Kamtschadalen). Nach Passiren des Flusses Vaitarani gelangt die Seele zu Yama (in Yamapura). Von der Brücke Dschineved stürzen die Sünder in Dusech, als Sitz der Urfinsterniss (mit Ahriman). Der Verstorbene richtet seine Anrufungen an die 15 Thore im Haus des Osiris im Gefilde Aahlu's (Elysium) „or the Abode of Osiris" (s. Birch). Pamphilos, von den Todten erweckt, erzählt, was er in der Welt der Abgeschiedenen gesehen (bei Plato); à Saint-Lazare d'Autun, le Paradis est représenté par un palais élevé ou les Anges portent les âmes des justes (s. Crosnier). Criaron los cielos allende del trezeno, y hizieron el agua y en ella criaron á un pexe grande, que se dice Çipaqcli, que es como cayman, y deste pexe hicieron la

4 *

tierra (s. Icazbal) die Schöpfergötter Quezalcoatl und Uchilobi (neben Ca-
maxtle und Tezcatlipoca). Estando todos quatro dioses juntos, hizieron del
pexe Cipacuatli la tierra, á la qual dixeron tlaltecli (tendido sobre un pes-
cado, por se aver hecho del). Au portal occidental de Bourges, l'enfer est
une énorme chaudière dans laquelle les démons précipitent ceux qui leur
ont été livrés après le jugement, un démon armé d'un soufflet entretient
l'activité du feu allumé sous cette chaudière (s. Crosnier). In the Hereford
map Paradise is represented as an island of circular form, surrounded by a
strong and lofty wall, from the top of which flames burst forth (s. Bevan).
Die Thore zum Himmel über dem Olympos werden von den Horen geöffnet
und geschlossen (für die Götter). Das Firmament scheidet die Manito von
den Menschen, aber wer beim Emporsteigen des Himmelszeltes, im Augenbick
der Oeffnung (vor dem Wiederniedergehen) hinaufzuspringen wagt, und weiss,
gelangt auf lieblich .blühende Ebenen :the Paradise of Souls, Spi - men - kuk-
wi - u or Land above" (s. E. R. Emmerson). Jophiel wird dargestellt mit
Flammenschwert und Geissel, weil er Adam und Eva aus dem Paradies vertrieben (s. Radowitz). An allen seinen Aufenthaltsorten legte der König von
Persien Gürten (κήπος) an, dort Parkpflanzungen (παράδεισος) genannt (s.
Xenophon), und so Jemshid (auf Ormuzd's Anweisung). Du solt alzemale
entsinken diner dinesheit und solt zerfliezen in sine sinesheit, und sol die
din in sinem min ein min werden also genzlich, daz du mit ime verstandest
ewicliche sinc uugewordene istikeit und sine ungenante nihtheit (s. Eckhart).
Der grosse Ἄρχων der Ogdoas (ἀρρητῶν ἀρρητότερος καὶ δυνάτων δυνατώτερος
καὶ οὐγῶν οὐγώτερος) zum στερίωμα aufgestiegen, hielt sich selbst (den οὐκ
ὢν ὑιὸς nicht kennend) für „den Herrn und Herrscher und weisen Baumeister"
(s. Uhlhorn) zur Einzelnbildung der Welt (bei Basilides), wie Maha-Brahma
(auf den Rupa-Terrassen), und so wird demiurgisch die Welt vollendet
durch Elohim oder (polynesisch) Tiki (als ἄγγελοι κοσμοποιοί).

Durch Annähern der Sonne bei ihrem Untergang wird das Klima der
Hyperboräer gemildert (nach Avienus). Decimus Brutus hörte in Hispanien
das Geräusch beim Niedergehen der Sonne in den Ocean (s. Florus). An den
Grenzen Germaniens schaut man das Niedergehen Apollo's in den Ocean
(s. Tacitus), und so zeitigt sich das Electron (in den Klagen um Phaethon).
Die Iberer hörten das allabendliche Zischen der Sonne, wenn in das Meer
tauchend (nach Kleomenes). The rule of each great temporal sovereign was
indifferently called a „mangaia", peaceful reign, or a „Koina-ra", bright
shining of the Sun (s. Gill). At death, or the transference of the supreme
temporal power, it was naturally said: „Tho Ra has set" (in Mangaia). Die
Sonne (Ra als Thmu) trat abends in die Erdöffuung Pekker bei Abydos. Im
Osten aus Avaiki hervortretend, wird der Sonnengott (Ra) in Maui's Schlinge
gefangen (bei den Maori). Nach Omons athmet die Erde in dem Feuer der
Vulcaue (aus der höllischen Region herauf). Als Nicolaus Fattor die Askese
des Frierens übte (in der Kälte), liess „seine innere Gluth das Wasser hell
aufzischen, als er es betrat" (s. Zöckler). Die Eisriude des Teiches schmilzt,
als Alcantara hineinspringt (durch Berührung mit seinem glühenden Körper).
Die Alles in der Welt belebende Seele entströmt dem ewigen Feuer, das am
Himmel glänzt (bei Virgil). Der Feuerhauch bildet das gestaltende Princip

($\pi\bar{v}\varrho$ $\tau\epsilon\chi\nu\iota\varkappa\grave{o}\nu$) in der Welt (der Stoiker). Das (feurige) Pneuma wirkt aus der Weltseele auf die Seelen der Menschen, Thiere und Pflanzen (bei Athenaeus Cil.) Das Maass der Wärme hängt von demselben zwei Grössen ab, wie die Kraft der Massenbewegung, nämlich von dem Gewicht des Stoffes, hier der Atome, und der Geschwindigkeit der Bewegung (s. Carl Jacob). Die magnetischen Curven repräsentiren die Oberfläche des Erdkerns (s. Lamont). Dem Centralfeuer zugewandt, mit der oberen Seite (während die untere bewohnt ist), umkreist die Erde (bei Aristoteles) als $\delta\varrho\gamma\alpha\nu o\nu$ $\chi\varrho\delta\nu o\nu$ (bei Simplicius). Nach Philolaos bewegt sich die Sonne gleichfalls um das Centralfeuer ($\mu\acute{e}\sigma o\nu$ $\pi\bar{v}\varrho$) als Glaskörper (s. Stobäus). Meteore heissen (bei den Dacotah) Wahken - den - das oder „Mysterious Passing Fires" (s. Emerson). Neben dem Centralfeuer setzt Philolaos (bei Stobäus), $\pi\bar{v}\varrho$ $\acute{\epsilon}\tau\epsilon\varrho o\nu$ $\grave{a}\nu\omega\tau\acute{a}\tau\omega$ $\tau\grave{o}$ $\pi\epsilon\varrho\iota\acute{\epsilon}\chi o\nu$ ($'O\lambda\nu\mu\pi o\nu$ $K\alpha\lambda\epsilon\tilde{\iota}$). Die Sterne wurden jeden Abend angesteckt und am Morgen verlöscht (nach Xenophanes), wie in den Eclipsen die Sonne verlöscht wird (s. Plutarch). Nach Epikur wurden Sonne und Sterne beim Untergang ausgelöscht, um am nächsten Tage wieder angesteckt zu werden.

An den Stunden des Nachmittags wird die (böse) Schlange Apep von den (im Kampf der Sonne) beistehenden Göttern mit einem Strick zur Seite gezogen, bis Nutpe (Göttin des Himmelraums) die Sonnenscheibe in ihren Armen empfängt (und während der Nacht schifft sie zurück, aufwärts gezogen im Kasten der Barke). Kotonda (der Schöpfer) „is far too mightey to take any personal interest in the world he has made", und die Waganda verehren deshalb Mittel-Götter, besonders Mugasa (the god of the lake), der gelegentlich von Mann oder Frau Besitz ergreift, zu orakeln (s. Felkin). Obwohl nur bei „ideellen Gasen" genau zutreffend, wird Gay-Lussac's Gesetz auf alle angewandt (betreffs des Volums bei Temperaturerhöhung). Als die im Feuerbrand verglaste Rinde der Erde einbrach, wurde das Salz vom „Wasser ausgelaugt" (s. Leibniz). Rien de ce que nous observons sur notre globe n'aurait pu s'opérer, si la lumiére n'eut été joint aux autres éléments, dont sa masse était composée (s. Luc). La vida es sueño oder (im Beovulf) gumdreám (liudio dróm oder Manno dróm). Se juntaron todos quatro dioses y dixeron que porque la tierra no tenia claridad y estava escura y para la alumbrar no tenian sino la lumbre y fuegos que en ella hazian que hiziesen un sol para que alumbrase la tierra y este comiese coraçones y bebiese sangre, y para ello hiziesen la guerra (s. Izcabal), y en este tiempo Tezcatlipuca hizo quatrocientos ombres y cinco mugeres, porque oviese gente para que el sol pudiese comer (in Mexico). Im $\nu o\epsilon\varrho\grave{o}\nu$ $\pi\bar{v}\varrho$ (als göttliches Feuer) flammen Ideen. „Darauf so folgt nun, dass Himmel und Erde, Luft und Wasser im Mensch ist, in der Scientia, und der Mensch ist eine Welt, mit Himmel und Erde, mit Luft und Wasser, dergleichen in der Scientia" (s. Paracelsus). Wie das ganze Ei von aussen von seiner Schale umgeben ist, wie die Schale das Elweiss und dieses den Dotter umgiebt, und darauf der Tropfen des Embryo gebildet ist, so ist diese Welt auf allen Seiten vom Himmel umgeben, wie von der Eierschale, der Himmel umgiebt die reine Luft, wie die Schale das Elweiss, die trübe Luft ist umgeben von der reinen Luft, wie der Dotter vom Elweiss (auf der catalanischen Mapa mondi, Mallorca 1375). Das Ei der Erde fluthet zur Hälfte im Wasser (bei Edrisi). Der Himmel entstand aus dem oberen Theil des Ei, das die Wasserhenne in Wäinämöinen's

Schooss gelegt (bei den Finnen). Zu Himmel und Erde, als Elemente (στοιχεῖα) der Welt (bei Theodor.) kommt das Wasser (bei der Schöpfung). Plato bereute, die Erde in den Mittelpunkt gesetzt zu haben (s. Theophrastos), weil würdigerer Sache (ἑτέρῳ τινὶ κρείττονι) vorzubehalten (im Ueber-Irdischen). Die (bei Thales) auf dem Wasser (dessen Bewegungen Erdbeben verursacht) schwimmende Erde schwebt als Kugel (bei Pythagoras) mit Antipoden (s. Diog. Laert.), aus den Mondfinsternissen und nordwärts sich senkenden Polarsternen (bei Aristoteles). Nach Thales umschliesst der Himmel die Erde, wie die Schale das Ei. Die die Erde tragenden Elephanten stehen auf einer schwimmenden Schildkröte (in Indien). Die Erde als Cubus steht in der Mitte der Welt (bei Plato). De Seranglao - en Gorong - eilanden rasten op een uitgestrekte zandbank, waaronder de zee en verder beneden een monsterachtig dier (Drache oder Schildkröte) zijn verblijf houdt (s Riedel). Die Erde wurde durch unendlich erstreckte Wurzeln gehalten (nach Xenophanes). Die Wurzeln der Erde ruhen auf dem metallenen Ringe, der den Abgrund umgiebt (bei Hesiod). Nach Anaximenes (Schüler des Anaximander) waren die Sterne an dem krystallinisch starren Aussenhimmel befestigt (s. Plutarch). Ἄτλας δ'οὐρανὸν εὐρὺν ἔχει κρατερῆς ὑπ' ἀνάγκης, πείρασιν ἐν γαίης, κεφαλῇ τι καὶ ἀκαμάτοισι χέρεσσι (s. Hesiod). Hoch dastehend, mit Haupt und unermüdeten Armen unverrückt (s. Hesiod), Atlas, (als Träger des Himmels), und Shu trägt Nuth (in Aegypten).

Die Erde liegt in der Mitte von neun Himmeln in der japanischen Encyklopädie Wa - kan - san - sai - tou - ye (1713 p. d.). Die Erde (im Mittelpunkt) windet sich um die demantene Stange (ἠλακάτη) mit Eigenbewegung durch die um die Spindel herumlaufenden σφόνδυλοι, als Wirtel (bei Plato). Die Halbkugel des Himmels schliesst die Luft über der Erde ein, wie die Rinde den Baum (ὡς τῷ δένδρῳ φλοίον) in verschiedenen Lagen (s. Anaximander). Coelum in medio aquarum congelatum, mediam aquarum partem in sublimibus levavit (s. Severianus von Gabala), wo die Sonne schifft (bei den Aegyptern). In Hades everything is upside down in relation to the things of this world (s. Mason) symbolisch bezeichnet bei den Leichengebräuchen (der Karen). Οὐτίκα γοῦν τέλειον ἀριθμόν ἡγούμενοι (s. Alex. Aphr.) die Pythagoräer (fügten sie der Gegenrate zu). Der Himmel (wie eine Haut das Ganze umgebend) bildet die Grenze gegen das Nichts. Die Umschliessung des Himmels (bei Empedokles) ist starr (στερέμνιον) oder (s. Diog.) krystallartig (κρυσταλλοειδής). Nach Oresmos liegt die Erde zur Hälfte im Wasser (1377 p. d.) De Nanite, Lanite, Lalia of uitspansel is het oord der nevelen, japonsa, of de plaats waar de wind onstaat. De aarde is eene uitgestrekte zee, alwaar Wusalua en ondere eilanden drijven (s. Riedel). Dans la mappemonde de Rheims, de 1417, peinte dans l'initiale d'un Pomponius Mela, le dessinateur a représenté l'encadrement de la mappemonde sous la forme d'un carré, et à chaque angle il à placé un ange embouchant la trompette (s. Santarem). „Die Welt entspricht dem biblischen Tabernakel (dem Kosmos) mit Beziehungen zwischen den vier Ecken des Tabernakels, in denen je drei Schaubrote lagen, und dann vier Jahreszeiten zu je drei Monaten" (s. Marinelli). Die Erde (der Chaldäer) war kahnförmig hohl (nach Diodor). Die Erde hat (bei Strabo) die Gestalt eines Chlamys (Gewandes) oder eines Ei (s. Beda). Die Erde bildet einen länglichten Kasten, gleich dem Tabernakel (bei Cosmas). Die

Erde zeigt die Gestalt eines Zeltes (nach Diodor von Tarsus). Der untere
Himmel bildet die Decke, der obere das Dach, mit der Erde als Boden (nach
Severianus). Die Erde war in Gestalt eines Blattes (s. Priscian).
Nachdem
die Engel Gabriel, Michael und Israfil ihren Auftrag (wegen des Fluches
der Erde) unausgeführt gelassen, brachte Azrael (der Todes-Engel) den
zwischen Mecca und Tuyef entnommenen Lehm, woraus (nach dem Kneten durch
Engel) Gott die Menschen bildete (von Iblis feindlich angestossen). U-Blei's
Lehmform wird durch Ksuid vernichtet (s. Völkerstämme am Brahmaputra, S. 8).
„Den Himmel wie einen Teppich breitend, (oben gewölbt mit Wasser) fährt
Gott auf den Wolken, wie auf einem Wagen" (im Psalter). Wie die Himmel,
loben Gott die Wasser „die oben am Himmel sind" (im Psalter). Zum Regnen
gebot Gott den Wolken und „that auf die Thür des Himmels" (im Psalter). Wie
die Brunnen der grossen Tiefe, thaten sich auf die Fenster des Himmels
(bei Moses). Die Säulen des Himmels zittern (im Buch Hiob), und die
Maori gründen die Erde auf Viersäulenpfeiler (als vier Bacab der Maya).
Aus Bythos (ἀγέρατος und ἀκίνητος) als αὐτοφυής, fliessen die αἰῶνες Βυθοι
(bei Valentinian). We have five gods in all; our chief god appears often
unto us in the form of a mighty great hare, the other four have no visible
shape, but are indeed the four winds which keep the four corners of the
earth (s. Strachey), hörte Argoll am Potomac (1610). Dem Bauer zu Milow
diente ein dreibeiniger Hase als Kobold (s. Friedreich), und dem Zauberer
Kitzele wurde in seiner Hasen-Verwandlung ein Bein abgeschlagen (vom
Abt des Klosters Echternach).

Die Gottheit ist ein bloss einfältig Ding, das aller Dinge Kraft an sich
hat, ob den Personen und der drei Personen Kraft in Einfältigkeit (s. Eckhart),
in Triratna oder Ratnatraya (Gurban Erdeni oder Kon - chok - tun). Laila
wird wegen ihres Ehebruchs aus dem Himmel vertrieben (in Hawaii) und
Ataensic (bei den Irokesen) fällt schwanger auf die Erde herab, gleichsam
als „prostituée divine, ayant son symbole dans la terre ouverte à tous les
germes" (s. Baissac). Um die diamantene Spindel der Ananke drehen sich
die Himmelskreise in den Wuisten der achten Spindel (bei Plato). Nach
Anaximandros schwebt die Erde in der Luft (s. Eudemos Rhodios) κινεῖται
oder (nach Menagius) κεῖται (als ruhend). The Waganda lay great weight
on dreams, they imagine that in them future events are deputed (s. Felkin).
Als der aus einem Traum erwachende Grossgeist sich allein auf einem Stuhl
sitzend fand, bildete er aus einem abgeschnittenen Stück des Herzens den
Mann und dann die Erde, als Frau, die durch die vier Winde umhergetrieben,
auf einem Büffel gefestigt wurde (bei den Winnebagoes). Ptach (oder
Hephästos) dreht den Menschen (als Ei) auf der Töpferscheibe (in Aegypten).
Aus den wässrigen Dünsten, wodurch das Feuer der Sonne sich nähert, folgt
ihre Bewegung (s. Antiphon). Die Erde tragend, wird die Luft durch den
umgebenden Feuerwirbel an ihrem Platz gehalten (s. Archelaus). Die Erde
wird in dem Luftstrom einer Wirbelbewegung zum Kreisen gebracht (nach
Aryabhatta) in der Wirbeltheorie (Descartes'). Derkythides protestirte (in
Plato's Philosophie) gegen die Beweglichkeit des Unbewegten und die Un-
beweglichkeit des Bewegten, um die Principien der Divination nicht umzu-
stossen (Theon. Smyrn.). Ἀναξίμανδρος δὲ, ὅτι ἐστὶν ἡ γῆ μετέωρος καὶ κινεῖται

(bei Eudemos), τὴν γῆν μέσον κόσμον κινεῖσθαι περὶ τὸ αὐτῆς κέντρον, lehrte Ekphantos (s. Orig.). Gott wohnt in der Aethersubstanz (bei Kleanth.).

Auf den Gräbern wird eine Hütte gebaut und erneuert (in Uganda), und vor dem Todtenhaus des Vaters werden Opfergeschenke niedergelegt (bei den Nyam-Nyam). Die Seelen der Egi (auf Tonga) ziehen nach ihrer Walhalla (in Bolotu). Risch Lakisch nahm sieben Himmel an (s Nork). Nicetas (380 a. d.) lehrte die Bewegung der Erde um ihre Achse (s. Cicero). Nach Philolaus drehten sich Erde, Sonne und Mond um das Feuer (s. Plut.). Die Fixsterne, gleich der Sonne, waren unbeweglich (nach Aristarch). Die bewundernswürdige Symmetrie des Universums zeigt sich in „harmonischer Verbindung der Bahnen" durch Inthronisirung als Sonne, als „Weltleuchte" in der Mitte (bei Copernicus). Die Sterne bewegen sich „praesidente angelo et compellente" (s. Philastrius). Die neun beweglichen Himmel stehen unter neun Engelordnungen (bei Dionys. Areop.). Die Engel, als Lampadophores (bei Cosmas) Licht bringend, tragen die Sterne auf den Schultern, als Omophores (bei den Manichäern), oder rollen sie vor sich her (s. Riccioli). Die Seelen der Verdammten, gleich Fledermäusen an der Decke des inneren Gewölbes hängend, lassen die Erde rotiren (in der Hölle). Vor der Geburt des Menschen ist seine Seele in einen dem späteren Leibe ähnlichen Luftkörper gekleidet (im Midrash Neelam). The Indian savages regard the mouvements of the stars and planets as regulated by their own indwelling power. They believed the larger stars were appointed by the Great Manitto as guardians of the lesser one, while clusters of stars were called populous cities, and constellations the council-gathering of the Manettos (s. E. R. Emerson). Erde und Himmel berührten sich jenseits Indien's (nach Avitus). Der obere Himmel ist unten gewölbt und aufwärts flach (nach Basil.). Les Chaldéens ont en l'idée d'une destruction et d'un renouvellement du monde, c'est-a-dire, de la surface de notre globe et conjointement avec cette destruction, d'une déplacement des corps célestes du firmament (s. Klee). Die Gestirne (bei Origenes) bewegen sich, wie um den Kopf ein Hut (τὸ πελεῖον). Die πρὸς τὸν ἥλιον ἀνωμαλία (s. Ptolom.) wurde durch die jährliche Sonnenumkreisung der Erde beseitigt (s. Simplicius). Ekphantus lehrte die Achsendrehung der Erde (s. Gruppe). Nach ägyptischem Papyrus (aus der Zeit des Königs Neb-ka-ra) bewegte sich die Erde (s. Chabas). Praeter terram rem nullam in mundo moveri (s. Cicero), lehrte Hicetas Syracusias (bei Theophrast). Kleanthes verklagte den Aristarchos der ἀσεβείας (ὡς κινοῦντα τοῦ κόσμου τὴν ἑστίαν). Anaxagoras wurde wegen Materialität der Sonne verbannt, und der Stoiker Kleanthes predigte gegen Aristarchos von Samos, der die Erde sich bewegen liess (die Hestia entthronend). Den Mond, wie ein Stein in der Schleuder umhergeführt, hindert der Umschwung im Kreise (τὸ ῥεμβῶδες τῆς περιαγωγῆς) am Fallen (s. Plut.). Die demantene Achse, welche durch die nicht concentrische Himmelskugel geht, wird von der Nothwendigkeit gleich einer Spindel zwischen ihren Knien gehalten (bei Plato). Aus dem Aendern der Sterne auf südlichen Reisen schloss Eudoxus auf die sphärische Gestalt der Erde. De Bevolking gelooft dat de Tanembar-en Timorlao-eilanden overblijfselen zijn van een groot land, dat door de Sumi of Serin, een monstervisch, verwoest werd (s. Riedel). Paradise (in der Eireks-Saga Vidforta) „lies slightly east of India (s. Baring-Gould). „Muro igneo accinctus" das Paradies (bei Rabanus Maurus). Prima regio in Oriente est Paradisus (Honoré d'Autun). Nun warent dy maur an der parck so hoch, das sie dy zinnen kaum geschen möchten und warent auch so clar das es nimant vol sagen kan, da verstund sand Brandon wol, das es ein Paradeiss war (s. C. Schröder). In anderer Welt (ἑτέρα διακόσμησις) giebt es eine andere Erde (nach Anaxagoras), in Wiederholung der Chiliokosmen (buddhistisch).

„Wenn nun die Menschen sterben, dann wandeln sie alle nach dem Tode auf dem Seelenwege hinaus. Auf der Mitte dieses Weges siehst Du zur Seite die Erdbeere liegen. Sie ist erstaunlich gross und soll sehr süss schmecken. Es steht Jemand dabei, der die Vorüberwandelnden zum Kosten einladet. Man darf es aber nicht annehmen; denn welche Seele es thut, die ist gleichfalls verloren. Die, welche widerstehen, setzen ihre Reise glücklich fort, bis sie in die Nähe des Paradieses kommen. Es ist im Ganzen wohl eine Reise von 3—4 Tagen. Da tritt ihnen ein grosser breiter Fluss entgegen. Darüber führt keine ordentliche Brücke. Es liegt nur etwas quer darüber, was wie ein grosser Baumstamm aussieht. Derselbe ist mit seinen Wurzeln an dem jenseitigen Ufer festgewachsen. Zu dem diesseitigen ragt er nur mit dem Kopf herüber, doch gelangt er nicht ganz zum Lande. Es bleibt eine kleine Kluft, welche die Seelen überhüpfen müssen. Auch ist der Baumstamm in beständigem Schaukeln begriffen. Die meisten Seelen springen und balanciren gut und kommen richtig hinüber. Die aber, welche zu kurz springen oder nachher auf der Brücke ausgleiten, fallen ins Wasser und werden in Kröten oder Fische verwandelt. Daher ist es auch nicht gut, wenn man die Gestorbenen an ein Brett festbindet, damit sie sich frei bewegen und vielleicht noch womöglich durch Schwimmen retten können. An ein Brett festgebunden, würden sie nur zu leicht den Fluss hinuntergeflösst werden. Auch den kleinen Kindern geht es meistens hier recht übel, weil sie gemeiniglich nicht gut springen können, und sie kommen bei der Brücke in grosser Zahl um. Deshalb sind auch unsere Mütter immer untröstlich, wenn ihnen die Kinder noch vor der Zeit sterben, ehe sie sich auf der Reise zum Paradiese selbst helfen können. Das Paradies (Wakui oder Wakwi) hat Menabozho gemacht. Er hatte schon zuvor dem grossen Geist bei der Schöpfung der Welt beigestanden, und zuerst hatten beide hierbei an kein Paradies gedacht. Die Menschen, so war die Bestimmung, sollten auf der Erde selbst glücklich werden und in diesem Leben Befriedigung finden. Da aber der böse Geist dazwischen trat und Bosheit, Krankheit, Tod und Unglück aller Art unter sie brachte, da irrten die armen Seelen trostlos umher. Als dies der grosse Geist sah, da jammerte es ihn, und er befahl Menabozho, dass er im Westen das Paradies für sie bereiten solle, damit sie sich daselbst sammeln könnten. Menabozho machte es sehr schön, und er selbst war bestimmt, sie daselbst zu empfangen. Sie sind dort immer fröhlich, glücklich und zufrieden, schlagen den ganzen Tag das Tambourin und tanzen. Sie nähren sich von einer Art Champignon und von einer anderen Speise, die wie Glimmholz, das man in den Wäldern leuchten sieht, anzuschauen ist" (s. Kohl), bei den Odjibbeways 'in Bilderschrift). Jemshid baut das Paradies nach Ormuzd's Anordnung (in Iran). In Loango wandert Zambi unter den von ihm geschaffenen Menschen (welche die Kola-Nuss erhalten). Nach Ausstattung des Landes mit Wäldern und Flüssen, zog sich Condoy (bei den Mixteken) mit seinen Schätzen in die

Höhle zurück, aus der er hervorgekommen (s. Carriedo). Jupiter (potens mens atque animus) Natura quoque nuncupatur (s. Seneca) in Lebenskraft (vis vitalis), als Deus sive natura (bei Spinoza) Vor der Schöpfung war Nichts, auch nicht einmal der formlose Stoff; Form und Stoff, der reine Geist, die Elemente und die Vereinigung beider, sind das Werk des Schöpfers (bei Dante); „das Urbild der Schöpfung erblickt der Schöpfer in seinem Wort, dem hypostatischen Ausdruck seiner Erkenntniss" (s. Hettinger). Ukulunkulu oder der Grösste, (neben dem höchsten Wesen Itongo) hat die Menschen aus dem Umhlanga (Morast) erschaffen (bei den Kafür), chaldäisch (bei Berosus). Die Kranken pflegen sie auff diese Weise zu heylen: Sie machen lange und breyte Bänke, wie in Abconterfeyung zu sehen ist. Auf diese legen sie die Kranken nach gelegenheit der Seuche entweder auff den Bauch oder auff den Rücken. Wann sie ihn darnach die Haut an der Stirn mit einer sehr scharpffen Muscheln durchgestochen, saugen sie ihm das Blut mit dem Munde heraus und giessen dasselbig in ein irrden Gefäss oder in Tegel so auss Kürbes gemacht sind. Die Weiber so kleine Kinder und Knäblin sind säugen oder sonst schwanger gehen, kommen herzu und trinken das Blut insonderheit wann der Kranke ein starker junger Gesell ist, auff dass ihre Milch desto besser werde und die Knaben durch solche Milch erzogen desto küner und dapfferer werden. Die anderen, so auff dem Bauch liegen, beräuchern sie der Gestalt dass sie etliche Körner auf ein Glut werffen, dann der Rauch durch den Mund und die Nasslöcher eingenommen zertheilet sich durch den gantzen Leib und erregt ein brechens oder zertheilet und vertreibet die Ursach der Krankheit. Sie haben auch ein Kraut, welches die Floridaner Vbauuoc heissen, die Brasilianer nennen es Perum, die Spanier Tabaco. Dieses Krauts Bletter rechtschaffen getrücknet, legen sie auf einen theil einer Rören, da sie am weichsten ist. Wann diese Blätter angezündet, nemmen sie die Rören da sie am engsten ist, in den Mund und ziehen also den Rauch dardurch so stark in sich, dass er innen zum Mund und Nasslöchern wiederumb herauss gehet und also zugleich häuffig die Flüsse heraussziehen. Zu den Frantzosen sind diese Völker insonderheit sehr geneyget, für welche Krankheit jenen die Natur auch sonderliche Artzney gegeben und mitgetheilet hat (Le Moyne).

Sie gehen erstmals in eine Hütten, und alle die Weiber der Hütten, nemen sie die eine vor, die ander nach, unnd beräuchren sie, darnach muss das Weib kreischen und springen, und umblauffen biss so lang sie müde werden, dass sie auff die Erden fallen, gleich als ob sie todt weren. Darnach sagt der Warsager: Sihe, jetzt ist sie todt, baldt wil ich sie widerumm lebendig machen, Wenn sie denn widerumb zu sich selbst kompt, sagt er: sie sey nun thätig, zukünfftige Ding zu sagen. Wenn sie denn zu Kriege ziehen, so müssen juen die Weiber über den Krieg warsagen. Es fieng ein mal meines Herrn Fraw, dem ich geschenkt ward zu tödten, eine Nacht an zu weissagen, sagte zu ijrem Mann, jr wer ein Geist auss fremden Landen kommen, der begerte von ihr zu wissen, wie baldt ich solt getödtet werden, und fragte nach dem Holtz, damit man mich solte todtschlagen, wo das were? Er antwortete ihr: Es were nicht weit, alle Ding weren fertig, nur allein, er liesse sich bedünken, ich wäre kein Portugaleser, sondern ein Frantzoss. Wie das Weib ihre Weissag vollbracht hatte, Fragte ich sie,

Warum sie mir nach dem Leben stünde, dieweil ich kein Feindd were, ob sie nit fürchtet, dass jr mein Gott eine Plage zuschicket? Sie sagte: Ich solt mich nich daran keren, denn es weren fremmde Geister, wollten bescheid umb mich wissen, solcher Ceremonien haben sie viel (s. Hans Staden). Als wir unsere Christen aus den Basuto einst fragten: Was habt ihr denn von Gott gedacht, als ihr noch Heiden waret?, antworteten sie sehr bezeichnend: „Gedacht von Gott haben wir gar Nichts, aber geträumt von Gott haben wir" (s. Merensky). Unsichtbar im Limbus, als Mysterium magnum, gehen die Dinge sichtbar daraus hervor, in der Welt, und aus ihr dann jedes einzelne Geschöpf, sowie der Mensch zuletzt (s. Paracelsus). Das Urwesen (τό πρῶτον) ist ἄπειρον (bei Plotin). Lucomones quidam homines ob insaniam dicti, quod loca, ad quae venissent, infesta facerent (s. Festus). Nomen eorum ad λυκαν-θρωπίαν relatum esse apparet (s. C. O. Müller), bissig (wie die Häuptlinge in Verwandtschaft der Hametze).

„Sehr wehthuend und empörend wirkte folgende Scene auf uns: Etwa 70 Frauen, besonders aus der Kaste der Palmbauern, der Goldschmiede, Zimmerleute, meistens ganz junge, zum Theil eher Mädchen als Frauen, versammelten sich etwa 60 Schritte vom Tempel und stellten sich hier in Reih und Glied vor den Zuschauern zur Rechten und Linken auf. Sie trugen nur ein einfaches Tuch um den Unterleib, und ihr Haar war aufgelöst. Nun traten etliche Männer zu diesen Frauen und besprengten sie mit heiliger Asche, während die Augen Aller auf den Tempel gerichtet waren. Jetzt begann die Tempelmusik ihre grellen Weisen. Ist sie für europäisches Ohr abstossend und widerwärtig, so ist sie dagegen für die Hindus einestheils anziehend, ja sogar rührend, anderentheils wie mit geheimer Macht aufregend, teuflische Einflüsse bewirkend So schien es wenigstens hier zu sein; denn kaum hatte die Musik eine Zeit lang fortgedauert, als eine dieser Töchter Malabars anfing ihre Geberden zu verstellen, nach allen Seiten wie toll auszuschlagen und dadurch anzuzeigen, dass sie besessen sei. Männer ergreifen sie und bringen sie zu einem Stein, der als Altar dient. Hier wird ihr eine Cocosnuss zu trinken gegeben, die sie zum Theil austrinkt und hinter sich wirft, worauf sie noch mehr mit heiliger Asche besprengt wird. Endlich fällt sie bewusstlos zu Boden, und ein Mann trägt sie mit lachendem Munde vom Schauplatz hinweg. Kaum ist diese fort, so fängt eine andere der dort stehenden Frauen oder auch mehrere zusammen an, auszuschlagen, den Kopf nach vorn und hinten zu bewegen, so dass das offene Haar nach allen Seiten fliegt. Diese peinliche Scene dauert auf diese Weise den ganzen Tag fort. Etwa die Hälfte der Frauen hatten, wie wir hörten, bis zum Abend das Glück, besessen und nachher von ihren Leiden befreit zu werden, wenn sie, nachdem sie weggetragen worden waren, wieder aufwachten und sich erholten. Die anderen warteten vergebens den ganzen Tag, ohne irgend eine Speise und ohne irgend einen Schutz gegen die brennenden Sonnenstrahlen auf dem gleichen Flecke stehend; — sie harrten vergebens auf die Gnade des Gottes Schiwa, wie ihre Mitschwestern besessen zu werden. Schiwa konnte sie aber darum nicht gnädig anseben, weil sie nicht so gut gefastet hatten, wie die anderen, oder weil sie zu wenig Geld zum Tempel gebracht hatten, oder aus irgend welchen Gründen" u. s. w. (1865).

Sie unternehmen nichts, ohne vorher ihren Schutzgeist oder Medecine in ihrer Sprache Chóppenih anzurufen, der ihnen meistens durch Träume angezeigt wird. Wenn sie sich ihren Medecine oder Schutzgeist erwählen wollen, so fasten sie 3—4 und mehrere Tage, begeben sich an abgelegene Orte, thun Busse, opfern sogar wohl Glieder ihrer Finger, welche einzeln beinahe allen fehlen, klagen, heulen und schreien zum Heern des Lebens oder zum ersten Menschen, damit ihnen diese ihren Schutzgeist anzeigen sollen. In diesem fieberhaften Zustande träumen sie, und das erste Thier oder irgend ein anderer im Traume vorkommender Gegenstand wird zum Schutzgeist (Medecine) erwählt. Ein jeder von ihnen hat einen solchen, der ihm heilig ist. Es befindet sich in der Prärie ein grosser Hügel, auf welchen sie sich mehrere Tage unbeweglich hinstellen, klagen, heulen und fasten. Nicht weit davon ist ein Loch, in welches sie alsdann für die Nacht einkriechen. Die Medecine-Erwählung und Verehrung soll ihnen der fremde Mann oder Geist gelehrt haben, der vor vielen Jahren in ihren Dörfern erschien, nachher aber nie wieder kam, und dessen unter der Benennung des Ochkih-Häddä Erwähnung geschieht. Auch das Tättowiren soll er ihnen gelehrt haben, sowie er ihre Medecine-Feste anordnete. In allen nicht ganz alltäglichen Naturerscheinungen suchen sie Wunder und Anzeichen böser oder günstiger Ereignisse. Sind die Sternschnuppen zahlreich oder folgen diese einer gewissen Richtung, so bedeutet dies Krieg oder grosses Sterben unter den Menschen. Sie liessen sich nicht gerne abzeichnen, weil sie bald zu sterben vorgaben, wenn ihr Bild in Anderer Hände sei; wenigstens suchten sie dann als Gegenmittel gewöhnlich das Bild des Zeichners zu erhalten. Cháratä-Numakschi rauchte nie aus einer steinernen Pfeife, sondern nur aus einer hölzernen; Matȯ-Tȯpe rauchte nie mit anderen Leuten Tabak, sondern immer für sich allein, bei verschlossener Thüre u. s. w. Die Medecines oder den Schutzapparat, welcher gewöhnlich wohl eingewickelt in einem Beutel oder Bündel aufgehoben wird, lassen sie nicht gerne sehen, und sie werden nur bei besonderen wichtigen Gelegenheiten eröffnet. Sie haben besondere Medecine-Pfeifen, Ibink-Choppenih oder „Medecine-Stems", wie die Engländer sie nennen, welche sie nur bei feierlichen Gelegenheiten enthüllen und rauchen. Viele machen sich solche Pfeifen nach ihrem eigenen Geschmacke und weihen sie ein. So z. B. die Pfeife der Dipäuch. Ihr Kopf hatte beinahe die Gestalt einer türkischen Pfeife, und war aus braunrothem Thone gemacht; das ziemlich kurze dicke, hölzerne Rohr stellte den Herrn des Lebens in menschlicher Gestalt vor, wozu viel Einbildungskraft gehörte. Die Nation hebt ein berühmte Pfeife dieser Art auf, welche als ein Heiligthum kein Fremder zu sehen bekommt. Sie besitzen sie seit Urzeiten, und man forderte den Werth von 100 Dollars, um sie nur zu zeigen. Solche Pfeifen können die Indianer nur mit bedeutenden Kosten erhalten und einweihen. Manche der dazu nöthigen Verzierungen giebt es nicht bei ihnen, z. B. die Oberschnäbel und die rothe Kopfplatte eines gewissen Specht (Picus pileatus Lim.), eines nicht so weit aufwärts am Missouri verbreiteten Vogels. Für einen solchen Spechtkopf, den man ihnen von St. Louis heraufbrachte, gaben sie eine schöne grosse Bisonrobbe, 6 bis 8 Dollars an Werth. Besitzt ein Mann eine solche Pfeife, so bekommt er zuweilen die Idee, einen Medecine-Sohn anzunehmen. Er sieht den jungen Mann im Traume, den er erwählen soll, der aber immer von einer guten Familie sein oder Coup gemacht haben muss. Er benachrichtigt denselben von seiner Absicht, und nachdem er zwei gleiche Medecin-Pfeifen besorgt hat, fragt er den neuen Adoptivsohn, ob er bereit sei, sich der Ceremonie der Pfeife zu unterziehen. Oft sagt dieser ja, und man setzt alsdann den Zeitpunkt fest; ist er noch nicht entschlossen, so wird die Ausführung noch verschoben. Der Adoptiv-Vater erwählt nun zwei junge Leute, die mit den beiden Röhren den Medecine-Tanz mit einander einüben, wobei ein jeder von ihnen sein Pfeifenrohr in der Hand trägt. Der Vater tanzt dann häufig des Morgens oben auf seiner Hütte und übt die beiden jungen Leute ein. Wenn die Zeit herangekommen, und der Adoptivsohn zu der Ceremonie bereit ist, begiebt sich der Vater mit allen seinen Verwandten und den beiden jungen Tänzern in die Hütte des neu erwählten Sohnes und bringt Mais, Tuch, wollene Decken, Kessel u. a. Dinge von Werth als Geschenke für den letzteren dorthin. Der neue Vater nimmt den Sohn bei der Hand und setzt ihn nieder, dann tanzt man mit den beiden Röhren, um ihn herum, man singt, Trommel und Schischikué sind in Bewegung, die beiden jungen Tänzer bewegen ihre Röhren im Takte zu der Musik und ihren Bewegungen. Wenn die Ceremonie vorüber und die Geschenke in einem oder zwei Haufen niedergelegt sind, bringen auch die Verwandten des Medecine-Sohnes Pferde, Tuch, wollene Decken u. a. Dinge von Werth herbei, welche beide Partien wechselseitig unter sich theilen. Dann nimmt der Vater den Sohn bei der Hand, zieht ihn von seinem Sitze auf, und kleidet ihn von Kopf bis zu Fusse neu; auch bemalt er ihn nach seiner Phantasie im Gesichte. Anzug und Pfeife sind von nun an sein Eigenthum, und er wird als ein wahrer Sohn betrachtet, der seinen neuen Vater unterstützen und ihn vertheidigen muss. Dieser Gebrauch kommt bei den meisten Nationen des Missouri vor, bei den Crows, Mönnitärris, Dacotahs, Mandans, Arrikkaras u. s. w., selbst bei den Eskimos existirt etwas Aehnliches. Haben sich Adoptivvater und Sohn lange nicht gesehen, so machen sie sich Geschenke, der Vater kleidet den Sohn neu, und dieser schenkt ihm ein gutes Pferd oder dergleichen. Unter allen indianischen Nationen von Nord-Amerika giebt es aber eine besondere Klasse von Menschen, die sich vorzüglich mit allen vorgenannten Beschwörungen und Medecines abgeben, und welche auch zugleich die Aerzte sind, sie tragen bei den Mandans den Namen Numank-Choppenih (Medecin-Männer). Als heilig gilt zugleich die Haut einer weissen Bisonkuh (s. Neuwied). Die Lappen vermachen ihre Schutzgeister (als Familiengeister) den Kindern (im Erbgut). Erweist sich in Krankheiten eine Xina besonders wirksam bei hervorragender Persönlichkeit in einer Familie, mag diese die dadurch auferlegte Enthaltungsregel als die ihrige, erblich, adoptiren (in Gelübden Afrika's).

Bevor man die Beschaffenheit des Erdbodens für eine neue Grabstätte untersucht, bringt man dem Erdgeiste ein Opfer, und zwar nach den Vorschriften, welche für die Versetzung des Sarges in ein neues Grab gegeben worden sind. Im Gebete wird bei dieser Veranlassung gelesen: „Nun ist der Staub meimer verehrten Erzeuger, mit Namen N. N., auf den gegenwärtigen Platz versetzt worden; aber ich bin ungewiss, ob sie hier Ruhe finden werden, ob nicht. Um meine Zweifel zu beseitigen, bin ich entschlossen, eine Untersuchung des hiesigen Erdbodens zu unternehmen. Inzwischen flehe ich den Erdgeist an, er wolle ihren Staub beruhigen und fortan keinerlei Missgeschick ihnen zustossen lassen. Solches wage ich zu berichten". Darauf wird das Meldeopfer vor dem Grabe der Verstorbenen nach den Regeln vollzogen, welche für die Ausgrabung des Sarges gegeben sind, nur mit dem Unterschiede, dass hier kein Klagegeschrei stattfindet. In dem Gebete liest man: "Meine verehrten Eltern, mit Namen N. N, sollen jetzt an gegenwärtiger Stätte begraben werden; allein ich bin eurer vollkommenen Ruhe nicht gewiss. Mit dem Wunsche, diesen Zweifel zu entfernen, habe ich beschlossen, den hiesigen Erdboden zu untersuchen, und tief mich beugend, bitte ich euch, ehrwürdige Geister. ihr wollet bei der Ceremonie, welche vollzogen werden soll, euch durchaus nicht beunruhigen und nicht im Mindesten euch fürchten. Solches erkühne ich mich euch zu vermelden. " Die eigentliche Untersuchung des Begräbnissplatzes besteht nun in Folgendem: Auf allen vier Seiten des Grabes bohrt man kleine Oeffnungen, steckt die Hände in dieselben und holt aus dem Grunde Erde hervor, welche man besichtigt. Ist die Erde trocken und warm, so giesst man in die Oeffnungen sogleich eine Mischung aus Getreide-Wein (Schao-zsju) und Wachs und füllt sie wieder dicht mit Erde aus (s. Zwehtkoff).

Sie glauben an ein Ding das wechst wie ein Kürbiss ist so gross wie ein halb Massdöppen. Ist innwendig hohl stecken ein Stecklin dardurch schneiden ein löchlein darein wie ein Mundt unnd thun kleine Steinlein darein, dass es rasselt, Rasseln darmit, wenn sie singen und tantzen und heissen es Tammaraka. Dieselben hat das Mannsvolk ein jeder sein eigens so seind nun etliche unter inen welche sie heissen Paygi werden unter inen geachtet gleich wie man hie die Warsager achtet dieselbigen ziehen dess Jars ein mal durchs Landt in alle Hütten und geben für Wie dass ein Geist sey bey ihnen gewesen welcher weit her von frembden örtern kommen were und hatte ihnen Macht geben dass alle die Rasselen Tammaraka welche sie völlen sollen reden und macht bekommen wo sie es umb bitten sol es gewähret sein. Ein jeder wil denn dass in seine Rasselen die Gewalt komme machen ein gross Fest mit trinken singen onnd weissagen halten viel seltzsamer Ceremonien. Darnach bestimmen die Warsager einen Tag in eine Hütten welche sie ledig machen müssen keine Weiber oder Kinder darinne bleiben denn gebieten die Warsager dass ein jeder sein Tammaraka rot vermale mit Federn und dahin komme so wolle er ihnen die Gewalt übergeben dass sie reden sollen. Darnach kommen sie in die Hütten so setzen sich die Warsager oben an und haben ire Tammaraka bey sich in der Erden stecken darbey stecken die anderen ire auch. Ein jeder giebt den Wahrsagern Geschenk welches seyn Flitschpfeile, Federn, Dinge die sie an den Ohren henken anff dass je seines Tammaraka nicht vergessen werde. Wenn sie denn alle bey einander seyn so nimpt er denn ein jedern Tammaraka sonderlich und beräuchert es mit Kraut welches Sie Bettin nennen. Darnach nimpt er die Rassel fort vor dem Mundt und rasselt mit und sagt zu im: Nee Kora, nun rede und lass dich hören bistu darinne. Denn redet er kleinlich und gerad ein Wort dass man nicht wol mercken kan ob es die Rassel thue oder ob er es thue. Und das andere Volk meynet, die Rassel thue es. Aber der Warsager thuts selbst, so thut er mit allen Rasseln einer nach der andern. Ein jeder meynet denn dass seine Rassel grosse Macht bey sich habe. Denn gebieten ihnen die Wahr-

sager dass sie zu Krieg ziehen, Feinde fangen, denn die Geister so in dem
Tammaraka seyn gelüste Schlangenfleisch zu essen, demnach ziehen sie zu
Krieg. Wenn nun der Wahrsager Paygi auss allen Rasseln Götter gemacht
hat, so nimpt denn ein jeder sein Rassel hin, heisset sie lieber Sohn machet
ihr ein eygen Hüttlein, da es inne stehet, setzt im essen vor begert von
im alles was im von nöthen ist gleich wie wir den wahrhafftigen Gott bitten,
das seyn nun ire Götter. Mit dem wahrhafftigen Gott, der Himmel und Erden
geschaffen hat, haben sie kein Bekümmernüss, haltens für ein alt Herkommens
dass Himmel und Erden gewesen sey. Wissen sonst nichts sonderlichs vom
anfang der Welt. Denn sie sagen Es sey einmal ein gross Wasser gewesen
hab alle ihre Vorvätter ersäuffet und etliche seyen in einem Nachen darvon
kommen etliche auff hohen Bäumen. Welches ich achte es müsse die Sündflut
gewesen seyn. Wie ich nun das erste mal unter sie kam und sie mir darvon
sagten, meynte ich es were etwann ein Teuffelsgespenste, denn sie sagten mir
oftmals wie die Dinger redten. Wie ich nun in die Hütten kam da die
Weissager inne waren, welche die Dinger solten reden machen, musten sie
sich alle niedersetzen. Aber wie ich den Betrug sahe, gieng ich zur Hütten
hinauss gedachte: Wie ein armes verblendtes Volk ist das *(Staden)*.

A una cueva, llamada de Pireun, habian concurrido Indios de distintas
i apartadas localidades. La cueva tenia dos puertas, que se cubrian con el
pasto llamado coiron (una graminea), distantes una de otra cosa de doce
varas, i para abrirlas se occurria a la ceremonia siguiente: dos de los
hechiceros cojian una quita de tabaco, i haciendo oracion al diablo, (Auchi-
malghen) le ofrecian aquel humo; mientras tanto, otros refregaban ciertas
yerbas, i con el zumo asperjaban las puertas, „con lo cual se levanté un
remolino, causado de una culebra, que está dentro de la cueva en la puerta,
i el remolino desgobernó las matas de coiron, de modo que pudiesen hacerse
a un lado, entrando los mancanes, que son como los ministros o sacerdotes
de aquel sacrificio, que son cinco" (s. Soto Pedreros).

„El hechicero que les enseña les gradúa a lo último, i en público les
da a beber sus brevajes, con que entra el demonio en ellos. I luego les da
sus propios ojos i su lengua, sacándose aparentemente los ojos i cortándose
la lengua, i sacándoles a ellos los ojos i cortándoles las lenguas. Hace que
todos ellos juzguen que ha trocado con ellos ojos i lengua, para que con sus
ojos vean al demonio, i con su lengua le hablen, i metiéndoles una estaca
aguda por el vientro, se la saca por el espinazo, sin que manifieste dolor ni
quede señal. I asi con estas i otras apariencias quedan graduados de hechiceros." Mucho de parecido con la de los hechiceros tenia, como se ha indi-
cado, la profesion de los machis o curánderos indijenos, que hasta ahora
se conservan con aplauso entre los araucanos (s. Medina).

At a certain time, a great Manito came on earth, and took a wife of
men She had four sons at a birth, and died in ushering them into the world.
The first was Manabozho who is the friend of the human race. The second
Chibiabos, who has the care of the dead, and presides over the country of
souls. The third Wabasso, who, as soon as he saw light, fled to te North,
where he was changed into a white rabbit, and, under that form, is considered as a great spirit. The fourth was Chokanipok, or the man of flint, or the
fire-stone. — The first thing Manabozho did, when he grew up, was to go to

war against Chokanipok, whom he accused of his mother's death. The contests between them were frightful and long continued, and wherever they had a combat the face of nature still shows signs of it. Fragments were cut from his flesh, which were transformed into stones, and he finally destroyed Chokanipok by tearing out his entrails, which were charged into vines. All the flint-stones which as scattered over the earth were produced in this way, and they supplied men with the principle of fire. — Manabozho was the author of arts and improvements. He taught men how to make agákwnts, lances and arrow-points, and all implements of bone and stone, and also how to make snares and traps, and nets, to take animals, and birds, and fishes. He and his brother Chibiabos lived retired, and were very intimate, planning things for the good of men, and were of superior and surpassing powers of mind and body. — The Manitos who live in the air, the earth, and the water, became jealous of their great power, and conspired against them. Manabozho had warned his brother against their machinations, and cautioned him not to separate himself from his side; but one day Chibiabos ventured alone on one of the Great Lakes. It was winter, and the whole surface was covered with ice. As soon as he had reached the centre the malicious Manitos broke the ice, and plunged him to the bottom, where they hid his body. — Manabozho wailed along the shores He waged a war against all the Manitos, and precipitated numbers of them to the deepest abyss. He called on the dead body of his brother. He put the whole country in dread by his lamentations. He then besmeared his face with black, and sat down six years to lament uttering the name of Chibiabos. The Manitos consulted what to do to appease his melancholy and his wrath. The oldest and wisest of them, who had had no hand in the death of Chibiabos, offered to undertake the task of reconciliation. They built a sacred lodge close to that of Manabozho, and prepared a sumptuous feast. They procured the most delicious tobacco, and filled a pipe. They then assembled in order, one behind the other, and each carrying under his arm a sack formed of the skin of some favorite animal, as a beaver, an otter, or a lynx, and filled with precious and curious medicines, culled from all plants. These they exhibited, and invited him to the feast with pleasing words and ceremonies. He immediately raised his head, uncovered it, and washed off his mourning colors and besmearments, and then followed them. When they had reached the lodge, they offered him a cup of liquor prepared from the choicest medicines, as, at once, a propitiation, and an initiative rite. He drank it at a single draught. He found his melancholy departed, and felt the most inspiring effects. They then commenced their dances and songs, united with various ceremonies. Some shook their bags at him as a token of skill. Some exhibited the skins of birds filled with smaller birds, which, by some art, would hop out of the throat of the bag. Others showed curious tricks with their drums. All danced, all sang, all acted with the utmost gravity and earnestness of gestures, but with exactness of time, motion, and voice. Manabozho was cured; he ate, danced, sung, and smoked the sacred pipe. In this manner the mysteries of the Grand Medicine Dance were introduced. — The before recreant Manitoes now all united their powers, to bring Chibiabos to life. They did so, and brought him to life, but it was forbidden him to enter the lodge. They gave him, through a chink, a burning coal, and told him to go and preside over the country of souls, and reign over the land of the dead. They bid him with the coal to kindle a fire for his aunts and uncles, a term by which is meant all men who should die thereafter, and make them happy, and let it be an everlosting fire. — Manabozho went to the Great Spirit after these things. He then descended to the earth, and confirmed the mysteries of the medicine-dance, and supplied all whom he initiated with medicines for the cure off all diseases. It is to him that we owe the growth of all the medical roots, and antidotes to every disease and poison. He commits the growth of these to Misukumigakwa, or the mother of the earth, to whom he makes offerings. — Manabozho traverses the whole earth. He is the friend of man. He killed the ancient monsters whose bones we now see under the earth; and cleared the streams and forests of many obstructions which the Bad Spirit had put there, to fit them for our residence. He has placed four good Spirits at the four cardinal points, to which we point in our ceremonies. The Spirit at the North gives snow and ice, to enable men to pursue game and fish. The Spirit of the South gives melons, maize, and tobacco. The Spirit of the West gives rain, and the Spirit of the East, light; and he commands the sun to make his daily walks around the earth. Thunder is the voice of these Spirits, tow hom we offer the smoke of sa-mau (tobacco). — Manabozho, it is believed, yet lives on an immense flake of ice in the Arctic Ocean. It is feared the white race will some day discover his retreat, and drive him off. Then the end of the world is at hand, for as soon as he puts his foot an the earth again, it will take fire, and every living creature perish in the flames (s. Schoolcraft).

Es particular superticion i mui circunstanciada la que tienen en tiempo de temblores grandes: luego que ha pasado la mayor violencia del movimiento; se aperan, hombres i mujeres, de cosas de comer i de platos grandes en la cabeza, i cargando con sus hijuelos i su pobre ajuar se encaminan al monte mas cercano, de los que llaman Ten-ten, que son los que tienen tres puntas que ven en declinacion hasta lo mas bajo de la llanura, i solo puestos en su cima, se dan por seguros. Dan la razon de este hecho diciendo, que en semejantes terremotos, como sale el mar algunas cuadras fuera, asi es de temer que inunde toda la tierra segun tienen por tradicion que sucedió en tiempos de mucha antigüedad. Que este Ten-ten tiene la buena cualidad de sobrenadar las aguas, i que puestos sobre él con sus alimentos se mantendrán el tiempo que durará la inundacion (s. Olivares).

Visto por los quatro dioses la cayda de çielo sobre la tierra la qual fué el año primero de los quatro despues que ceso el sol y llouió mucho, el qual año era tochili, ordenaron todos quatro de hazer por el çentro de la tierra quatro caminos para entrar por ellos y ulçar el çielo, y para que lo ayudasen á lo ulçar criaron quatro ombres: al uno dixeron cotemui, y al otro yzcoailt, y al otro yzmali, y al otro tenesuchi, y criados estos quatro ombres, los dos dioses Tezcatlipuca y Quiçalcoutl se hicieron árboles grandes, é tezcatlipuca en un árbol que dizen tazcaquavitl, que quiere dezir árbol de espejo, y el quiçalioat en un árbol que dizen queçalhuesuih, y con los ombres y árboles y dioses ulçaron el cielo con las estrellas como agora está, y por lo auer ansi alçado, tonacatecli, su padre, los hizo señores del cielo y de las estrellas;

y porque alçado el cielo y van por él el tezcatlipuca y quiçalioatl, hizieron
el camino que paresçe en el çielo, en el qual se encontraron, y están, despues
acá en él y con su asiento en él (in Mexico).

The Indian loses the motives for exertion that he had, and gets no
new ones in their place. The harpoon, bow, canoe-chisel, and whatever
other simple instruments he may possess, are laid aside, and he no longer
seeks praise among his own people for their skilful use. Wihout inclination
or inducement to work, or to seek personal distinction, — having given up,
and being now averse to his old life, — bewildered and dulled by the new
life around him for which he is unfitted, — the unfortunate savage becomes
more than ever a creature of instinct, and approaches the condition of an
animal. He frequently lays aside his blanket and wears coat and trousers,
acquires perhaps a word or two of English, assumes a quickness of speech
and gesture which, in him, is unbecoming, and imitates generally the habits
and acts of the colonists. The attempt to improve the Indian is most beset
with difficulty at this stage of his change from barbarism; for it is a change
not to civilization, but to that abased civilization which is, in reality,
worse than barbarism itself. He is a vain, idle, offensive creature, from
whom one turns away with a preference for the thorough savage in his iso-
lated condition (s. Sproat).

Damit vollzieht sich das Aussterben der psychischen Originalitäten, in die
mit gewaltsamen Eingriff des Fremden der Todeskeim gelegt ist, und es muss
deshalb rechtzeitig gestrebt werden, typisch getreue Abdrücke den Museen
zu sichern (bis zu statistischer Uebersicht), schon der Buchführung wegen,
da wir in Erkenntlichkeit für die zugebrachten Segnungen der Civilisation mit
dem Spiritismus beschenkt sind, zur Gegengabe, aus Nachzittern des Medicin-
Zelts (bei Jossakeed und Collegen) und der Gespenster (Kispanst oder Vor-
spiegelung), als Huckauf (denn „oft hocken die Gespenster dem Menschen auf
und sind dann sehr schwer").

What do we know of savage tribes beyond the last chapter of their
history? (1883). They may have passed through ever so many vicissitudes and
what we consider us primitive may be for all we know, a relapse into sava-
gery, or a corruption of something, that was more rational and intelligible
in former stages (s. M. Müller). Aber zunächst handelt es sich noch nicht
um die embryonalischen Vorstadien des Gewordenseins, um das Zeitliche
(wie bei den Culturvölkern am Faden der Chronologie auszuverfolgen),
sondern um den Organismus jedesmal vorliegenden Gedankengebäudes unter
seinem geographisch-historischen Horizont, um für die psychischen Schöpfungen
ihre gesetzlichen Wechselwirkungen zu gewinnen (mittelst der Induction).

Nachdem die Naturwissenschaft, seit der Mitte des laufenden
Jahrhunderts, auf ihrem allmäligen Fortschritt, in die organischen
Forschungszweige vorgedrungen ist, um dieselben bis in die Physiologie hinauf durch die Methode der Induction zu bemeistern,
beginnt sich, kraft der Entwicklungslehre, das organische Leben
mehr und mehr zu enthüllen, so dass zugleich die Hoffnung

erwacht ist, in den Organismus der Natur im Grossen und Ganzen ebenfalls einzudringen. Daher dann die Ursprungsfragen, vom kosmischen Anfang an, daher auch die Versuche, die Theorien der Descendenz und der Transmutation in die Idealwelt hinaufzuführen, und in der Auffassung der Religion ebenfalls den Leitungsfaden der Entwicklungslehre zu verfolgen. Hier freilich hat es nun gehapert, indem die Naturwissenschaft, ihren geheiligtsten Principien untreu, auch in die Psychologie pfuschen zu können gemeint hat, ehe die Vorbedingungen für eine inductive Behandlungsweise derselben (nach comparativ-genetischer Methode) gesichert waren, ehe nämlich das objectiv thatsächliche Material beisammen geschafft war, wie nur mit Hilfe der Ethnologie wird geschehen können, beim Ausgang vom Völkergedanken (der Gesellschaftswesenheit des Menschen gemäss).

Was unter den Erscheinungen aus materieller Wirkungsweise als Entwickelung auf Erden bekannt ist, bleibt, innerhalb der Schranken von Raum und Zeit, zwingendermaassen festgebannt, in rückläufigen Kreisschwung eingeschlossen, um nach Erreichung des Blüthezustandes in der Akme zum Niedergange wieder zu neigen, — um nun vielleicht den Boden zu düngen, für neue Schöpfungen, für eigene Eigenart indess dem Untergang verfallen sich erweisend.

Die Hypothese eines ununterbrochenen Entwicklungsganges in der Geschichte der Menschheit, würde, am Prüfungsstein ethnologischer Sammlungen, rasch widerlegt sein, durch einen Blick auf die Kunstproducte altamerikanischer Cultur auf einem, jetzt stagnirenden Volksleben, verfallenen Boden, und auch innerhalb des Gesichtskreises bisher sog. Weltgeschichte reden Assyrien und Babylon, reden die aegyptischen Monumente in gleichem Sinne. Ob andererseits die nihilistischen Predigten der Gegenwart von besseren Tagen künden, als das am Bande seiner „Religio" gefesselte Rom durchlebt, oder Hellas' heiterer Himmel in klassischer Vorzeit einstens beschienen, mag den Interpretatoren des Socialismus überlassen bleiben, und ebenso die Philosophien, ob in neuem Umschwung der Kalpen, ein neuer Himmel und neue Erde auf der Asen Gefilde folgen wird oder auf ein goldenes Zeitalter, der zu Heroen verklärten Dämone, ein eisernes, bitteres. (der Arbeit und Noth).

Immer hat sich der religiöse Ausbau der Volksanschauung, mehr oder weniger eng, verknüpft erwiesen mit der kosmischen

Form des Als gültig anerkannten Weltsystems, so dass die Geschichte des hier herrschenden Entwickelungsganges mancherlei
Aufklärungen gewährt, in gegenseitigen Ergänzungen. Dass
die Erde im Unendlichen Wurzeln geschlagen (ἐπ' ἄπειρον
ἐῤῥιζῶσϑαι), lehrte schon Xenophanes, aber nach sorgsamer Berechnung der Relativitäten wird sich in der aus Unendlichkeitsrechnung gewonnenen Methode für das Absolute auch der For-
schungsweg finden mit Auffindung höheren Calcul's (in naturwissenschaftlich durchgebildeter Psychologie).

Bei dem Ausfall eines Planmässigen im Treiben der Menschen
ist „keine Auskunft für den Philosophen, als dass, da er bei
Menschen und ihren Spielen im Grossen gar keine vernünftige
eigene Absicht voraussetzen kann, er versuche, ob er nicht
eine Naturabsicht in diesem widersinnigen Ganzen menschlicher
Dinge entdecken könne, aus welcher von Geschöpfen, die ohne
eigenen Plan verfahren, dennoch eine Geschichte nach einem bestimmten Plan der Natur möglich sei" (s. Kant). In den Eigenschaften der Individuen wurzelt der Zustand der Gemeinschaft;
das Menschengeschlecht muss zum Fortschritt erzogen werden,
bedeutet, dass die Einzelnen zu höherem, harmonischen Inhalt in sich
selbst, zu höherem harmonischen Verständniss unter einander erzogen werden müssen (s. Lasker). Der menschliche Geist ist
die menschliche Seele, wie der Leib Stoff, so ist die Seele Geist
(s. Th. Jacob). Die Einzelndinge werden zu dem, was sie sind,
nur durch ihr gemeinsames, im Begriff erfasstes Wesen (s. Plato).
Was die physikalischen Atome für die physischen, die primitiven
Bewusstseinsacte für die psychischen, das sind die „sociablen"
Individuen für die socialen Gebilde (s. Robert Zimmermann), und
im Völkergedanken wölbt sich eine psychische Atmosphäre, hinter
welcher die Himmelswelten der Ideen gebreitet liegen (in's Jenseits hinaus).

Der für die Pflanze vorangelegte Keim, durch die physikalischen Einflüsse der Umgebung, (wie aus den meteorologischen
Existenzbedingungen im geographisch gezogenen Kreis der bota-
nischen Provinz entsprechend zusammenwirkend), zu Einzelnbil-
dungen nach verschiedenen Richtungen hin angeregt, wird beim
Reifestudium wieder concentrirt (zur Reproduction). Das Thier
tritt ins äussere Dasein mit bereits genügend erlangter Kraft der
Selbstgestaltung, um, neben noch reflexiv unwillkürlichen Auf-
nahmen aus der Umgebung im Athmen, für die Ernährung die

Auswahl zu reguliren, unter unabhängiger Loslösung der psychisch
geleiteten Bewegung (bis zum freieren Schaffen im menschlichen
Denken). Nach embryologischem Bildungsplan steht der Hirn-
anlage der Geschlechtspol gegenüber (um in der Fortzeugung
den eigenen Typus wiederzugewinnen). Bei Fischen mit ver-
schwindendem Gehirn vervielfältigt sich die Schaffensthätigkeit
in dem Rogen, zahllos beim Laichen abgesetzt (und zahllos
sprudeln die Gedanken aus Cerebralsubstanz im „Règne humaine“).
Auch für Unendliches jedoch findet sich die messende Formel, und
wenn Hipparch „ausus, rem etiam Deo improbam, annumerare
posteris stellas“ (s. Plinius), mag eine Gedankenstatistik ebenfalls gewagt werden.

Sitz und Keim (*ἀρχά*) des Verstandes findet sich im Kopf (bei Philolaus), für „that little agitation of the brain that we call thought“ (s. Hume),
Der Physiolog betrachtet das Gehirn als „Organ, die psychischen Erscheinungen als Function“ (s. Domrich). Die Seele ist „illocalis“ (s. Mamertus).
Die Seele hat so gut ihre Physik, wie jede andere Kraft des Naturforschers
(s. Spiess). The animal spirits (nach dem Gehirn abgesandt, zu stöbern in
„that cell, which belongs to the idea“), falling into the contiguous traces,
present other related ideas (s. Hume), wie in Neigungsabweichungen der
Atome (bei Epikur). Den Seelenorganen müssen Apparate zugeschrieben
werden, in welchen die centripetalen Erregungen eine dauernde Veränderung
hinterlassen (deren psychischer Ausdruck die Erneuerung ist) im Unterschied
zwischen den psychischen Vorgängen und dem geordneten Reflex (s. Hermann).
The mind (manah) is a quality or power of the soul, by which the person
thinks and reasons (s. Wise), chiefly situated in the head. (It proceeds from
itself, as the silk-worm weaves its thread from itself and forms its own
house, which it regulates, and in which the different qualities are produced).
*Εἶναι γὰρ ἕν τὸ σοφόν ἐπίστασθαι γνώμην, ἧτε οἱ ἐγκυβερνήσει πάντα διὰ
πάντων*, lehrte Heraklit (bei Diog.), „zu erkennen den Weltverstand, der Alles
durch Alles lenkt“ (s. J. Mohr). Bedingungen zur Möglichkeit der Erfahrung
heissen das Transcendentale (s. A. Krause). Das Absolute wird nur als
Negation der Vorstellbarkeit angenommen (s. Hamilton), bis zur Negation
der Negation (im Realen des objectiv geklärten Selbst). Aus ihrem Sitz in
der Zirbeldrüse (conarion oder glandula pinealis) wirkt die Seele auf die
Lebensgeister und diese wieder auf die Seele (s. Descartes). Bei den Siamesen
thront der Seelenherr auf dem Scheitel (als Ming Khuan). Die physischen
Erscheinungen existiren nur mental, die psychischen auch wirklich (s. Brentano).
Παρμενίδης τὰς αἰσθήσεις ἐκβάλλει ἐκ τῆς ἀληθείας (s. Plut.), indem er die
Erscheinungswelt für unwahr erklärte, für einen *Κόσμος ἐπέων ἀπατηλός* (s.
Chevalier). „Alle Erkenntniss von Dingen aus blossem reinen Verstande
oder reiner Vernunft ist Nichts, als lauter Schein, und nur in der Erfahrung
ist Wahrheit“ (s. Kant). so dass es zunächst der Thatsachen bedarf (aus
naturwissenschaftlicher Psychologie).

Alles, was unter veränderlichen Bewegungen im Fluss des momentan unbeschäftigten, (im Mussezustand der Betrachtung befindlichen), Geist zur Auffassung kommt, wird aus einwohnender Möglichkeit eigener Bewegung, dem Gefühl selbstiger Kraft (*oἰxεία ῥοπή*), die Nachahmung (wie schon im Aeffen des Affen) anregen, und so in den Mundbewegungen auch die Ausdrucksweise der Wortsprache mitbedingen, wie im Zuspitzen der Lippen bei herzend gesprochenen Küssen, in Nachahmung des Donnerblitzes (in Tu-pa oder Pappizein), im Schallwiedergeben (wie im Ohr gehört) u. s. w. (oder in Einigung des Gesanges durch harmonische Melodien).

Nachdem die Erscheinungen hinreichend erforscht sein werden, „ist der Wahrnehmung mehr zu trauen, als der Speculation" (s. Aristoteles), und so statt pythagoräischen Idealisten (*πειρώμενοι συγχοσμεῖν*) der Induction in Durchbildung der Naturwissenschaften (auch der psychologischen).

Jeder Typus kann in höherer und niederer Entwickelungsstufe sich offenbaren (s. von Baer). Jeder Organismus bildet ein einiges und geschlossenes Ganze, in welchem einzelne Theile nicht abändern können, ohne an allen übrigen Theilen Abänderungen erscheinen zu lassen (s. Cuvier). In den Functionen der Organe wird der einheitlich thierische Plan verfolgt (s. Vicq d'Azyr). Statt nach den Verwandtschaftsverhältnissen der Thiere sind die zootomischen Thatsachen, functioneller Bedeutung den Organen gemäss, zu verfolgen (bei Hunter). Kielmeyer sucht die Constanz bestimmter Formerscheinungen unter gewissen Organisationsverhältnissen (im Thierkörper) und aus Anlagen im bebrüteten Ei wird der Epigenese mit der Entwickelung nachgegangen (bei C. F. Wolff). Die naturphilosophische Methode ist die „dictatorische" (s. Oken), die naturwissenschaftliche dagegen eine objectiv lauschende (auf fernere Belehrung).

Wie der Mensch, obwohl an sich gleichartig in der abstracten Einheitlichkeit seines Typus, doch mit relativer nur, seinem Stoffe nach, in dessen Verschiedenheit zur Erscheinung kommen kann, unter den Ausprägungen der geographischen Provinzen, so die Sprache, welche als nothwendige Zugehörigkeit, diesen in Differenzen schillernden Existenzen anhaftet und so gleichfalls für ihre Verwirklichung in getrennte Richtungen auseinander geht. Für den Ausgangspunkt des Denkens haben wir bei der Vielfachheit stehen zu bleiben, wie sie, der einfachst reducirbaren

Form nach, in den Wechselbeziehungen (der Relationen) vor
Augen stehen, und wohin für das Absolute die Abstractionen weiterführen, bliebe von den organisch entwickelten Fortfolgerungen
abhängig, wobei was — für eine, als unendliche (vorläufig) zu
setzende Welt, betreffs unendlich unabsehbarer Ziele jedenfalls —,
beim Anfang bereits von Unendlichkeit, oder von Eins (im Monismus),
gesprochen wäre, in soweitige Identität fallen würde, als der Zahl-
beginn mit der Eins durch zunächstige Beschränkung auf Zeit
und Raum bedingt sich ergäbe. Unter der Eins liegen die negativen Grössen, die ihrerseits wieder in die Unermessbarkeit (des
unendlich Kleinen) verlaufen (wie die positiven Zahlen in das
unendlich Grosse), so dass hier vorher die Gesetzlichkeiten eines
höheren Calcul anzustreben wären (in naturwissenschaftlicher
Psychologie).

Mit der Entwickelungstheorie trägt sich eine philosophische
Idee in die thatsächlich gegebenen Anschauungen der Naturwissenschaft hinein, deren leitende Grundsätze, soweit das Physische
betreffend, in verschiedener Hinsicht mit Störungen, oder Zerstörungen dadurch, bedroht sein würden. Innerhalb der planetarischen
Verhältnisse auf der Erde ist der Standpunkt eines Ausgleichs,
zwischem dem Organismus und den physikalischen Agentien seiner
Umgebung der letzt erreichbare, als soweit abschliessender, und ein
Darüberhinausgehen würde zunächst siderisch entsprechende Veränderungen ausbedingen. „Evolution from the earliest to the latest
stages means a continuous process of adjustment, which is always
determined by the fact that at any existing stage the adjustment
is imperfect" (s. Leslie Stephen), und so kann für die Weite des
im Einzelnfalle gegebenen Bereiches allerdings eine gegenseitige
Abwägung höheren oder niederen Entwickelungsgrades statthaben,
nicht aber nach einer in Unbewegtheit erstreckten Linie, und
schon bei dem Heranziehen der geologischen Aussagen für die
in diesmaligem Periodenabschluss vorliegenden Verhältnisse, wird
meist nur von einem Anderssein gesprochen werden können ohne
feste Verhältnisswerthe für Berechnungen eines Mehr oder Weniger
in genauen Gleichungen. Die Wurzeln liegen zurück in einem
unerreichbaren Anfang, während für das Ende der zwingende
Abschluss in den für die Vollendungsmöglichkeit gezogenen
Schranken gegeben wäre (im absoluten Sinne zum umschliessenden
Ziel der Relationen).

Freier bewegt sich das Psychische, weil erst innerhalb der factisch gegebenen Verhältnisse actuell geltender Daseinsepoche keimend (im Völkergedanken socialer Atmosphäre), und so einer für den ersten Anblick unendlichen Fortbildung fähig, obwohl auch hier, weil wieder auf physischen Grundlagen eingebettet, nur bis auf die Möglichkeit diese in Mitleidenschaft zu ziehen, (ohne ihren Zustand der Gesundheit zu zerrütten), beschränkterweise voraussichtlich ausdehnbar in Erweiterung und ausgestaltender Vollendung, deren höhere Zwecke über das Irdische hinausliegen, beim Umschwung der Kalpen im Entstehen und Vergehen (bis zur Rückkehr aus dem Objectiven in das Selbstbewusstsein, subjectiven Verständnisses).

Aus der Bewegung der Erde oder der (scheinbaren) des Himmels ergiebt sich das Maass der Zeit, das bei Stillstand fortfallen würde, und erst aus der Beziehung zu den Aenderungen in der Entwickelung für die Auffassung hergestellt, die im Dauerhaften des Anorganischen ihrerseits wieder fortfiele. Der Raum folgt aus Beschränkungsweite der Erscheinungen (im „Quale" des Seins) aus Vergleich zu der des eigenen Bereiches, weshalb bei der Unabsehbarkeit psychischer Weite in diesem das Endliche sich in Unendlichkeit aufzulösen beginnt (für inductives Studium in der Ethnologie). „Ausser der Thierseelenforschung und der Entwickelungsgeschichte der menschlichen Seele, welche durch die verschiedenen Lebensalter der Individuen verfolgt wird, benutzt die genetische Methode noch die Völkerkunde und vergleicht die Seelenerscheinungen auf den verschiedenen Entwickelungsstufen der Natur- und Culturvölker" (s. Kussmaul). „Es giebt nur ein Gebiet von Thatsachen, welches uns den Umkreis psychophysischer Beziehungen mitten hinein in die centraleren Vorgänge des Bewusstseins führt: es sind das die zeitlichen Verhältnisse" (s. Wundt), im Leben der Zeit, mit ihrem Austritt in das Zeitlose, unter organischer Ueberführung auf die Negation (im Gegensatz zu Sangkhara-Dhamma) s. Religionsphilosophische Probleme (S. 6).

In den Verjüngungen des Mondes symbolisirt sich das Fortleben (bei den Eskimos), das durch Missverständniss verloren ging (für die Hottentotten), im Streit (auf Fiji). The Makololo believe that when they die, their souls enter other bodies and live again (bei Chapman), beim Herabregnen (in Indien) aus (manichäischem) Schöpfrad des Mondes (in Melanesien). Mit dem

Gesang „Eantua fua" (der Mensch stirbt), „Eantua jinga" (der Mensch lebt wieder), werden die Wechsel des Mondes begleitet (in Congo). Als das den Indianern übergebene Packet mit Unsterblichkeit durch Neugierde einer Frau geöffnet war, flog der Geist der Unsterblichkeit davon (s. Brebeuf), und der Verlust des Fortlebens (nach Art der Schlangenhäutung) wird einer alten Frau zur Schuld gelegt (in Guyana). Deinde si una anima facta est, ex qua omnium hominum animae trahuntur nascentium, quis potest dicere, non se peccasse, cum primus ille peccavit (St. Aug.). Ataensic (der Mond) war Mutter Juskeha's in der Sonne (bei den Huronen). Takabech, der auf dem durch Anblasen emporgestiegenen Baum in den Himmel gelangt, fand bei der Rückkehr (nach Neu-Frankreich), das für Wild ausgespannte Netz voll Feuer, indem „er die Sonne gefangen" (s. Dapper), und liess es (zu ihrer Befreiung) von einer Maus entzwei knappern (weil durch die Hitze an Annäherung gehindert). Maui fängt die Sonne (auf Mangaia). Cipactonal es la luz solar, Oxomoco es el Océano, la reunion de las aguas, la luz del sol y las aguas del Océano han sido el origen de plantas y animales, ellos segun los ancianos, han criado à Tonacateutli, nuestra propria carne (bei den Nahuatl). Omeyocax está sobre las aguas celestes, Ilhuicatl Xoxounca, „el espiritu de dios se movia sobre la superficie de las aguas", las tinieblas estaban sobre la haz del abismo" era el cielo negro, nebuloso, Ilhuicatl Yayauhca, „dios dijo sea la luz y la luz fué hecha", Omeyocax por solo su palabra hizo las aguas del Océano, Océano superior y Oceano inferior. Ilhuicatl Xoxouhca e Ilhuicatl Tlalocipan Metzli, separó „las aguas de las aguas" y quedaron hechos los cielos y la tierra (s. Mendoza). Im Popul Vuh berathen im Anfang die Götter (als Elohim der Schöpfung).

Die bei Thales auf dem Wasser (gleich Holz) schwimmende Erde, wird durch den Gegendruck der Luft gehalten (bei Anaximenes) im Gleichgewicht allgemein gegenseitiger Anziehung (s. Anaximander). Luftwirbel halten die Wasser, worauf die Schildkröte schwimmt, zum Fussauftritt der die Erde tragenden Elephanten (im brahmanischen Weltgebäude), und wie auf den Armen des Riesen Atlas, ruht (bei Moslemin) die Erde auf Hörnern des Stiers, die Erde erschütternd im Schütteln (wie die Weltschlange im Krümmen). Die Gestirne werden durch wirbelartige Bewegungen (bei Democrit) in ihren Bahnen gehalten, aus den Schöpfungsregungen der Atome beim Zusammenwehen der Winde aus den vier Weltrichtungen her (in lamaistischer Kosmogenie).

Uhren bilden Vor- oder Einrichtungen, um in einer, — für menschliches Verständniss (der Pythagoräer), — nach Maass und Zahl angelegten Welt die Zeit zählend zu messen. Unter derartig gesetzlicher Umfassung sind dem thierischen Organismus auf dem Planeten-Tellus Aufgaben im Kosmos gestellt, deren Abschluss über irdische Sehweite hinausfällt. Wie hier durch Luftröhrenverzweigung der Insecten (mit Bauch-Nervensystem) oder durch Lungenathmung der Vertebraten, mag bei den Uhren ihr Zweck durch den Pendel oder die Spiralfeder erreicht werden, und beider Mechanismus bis zu gewissem Grade einer Selbstverbesserung fähig sein (in Accommodation), nicht jedoch des Ueberganges in einander, indem es (für die ideale Vorzeugung) in dem einen Falle Galilei's, in dem anderen Hooke's Gedanken bedurfte, obwohl dann allerdings die eingesetzte Vervollkommnung in der Geschichte der Erfindungen fortschreitet (wie erblich bei organischer Entwickelung).

Der Hund,· der die Uhr angucken mag und nach dem schwingenden Pendel vielleicht beisst, weiss Nichts von ihrem Endzweck, und ebensowenig der Mensch von dem des Hundes, obwohl er ihn zum Hüten benutzt, zum Tragen oder Ziehen (nach eigener Brauchbarkeit).

In Verbindung der Stahlfeder mit der „Unruhe" erhielt die Belebung der „Nürnberger Eier" durch Hele's Anregung, (aus der bei Riccioli bereits vorliegenden), ihre gesetzliche Regulirung, und an Stelle des in Newton's Gravitation auf allgemeine Universalkraft zurückgeführten Gewichtes trat nun die in Reaction thätige Elasticität (selbstiger Kraft).

Bei der Abhängigkeit des Organismus von seiner physikalischen Umgebung folgt derselbe deren Wechsel, die in den Transmutationen hervortreten, als Entwickelungsgang innerhalb eines umschriebenen Typus (wie z. B. in den Tauben-Rassen in Rückführung auf Columba livia). Erst aber, wenn in selbstständiger Abgeschlossenheit innerhalb der Gesammtheit der physikalischen Agentien eine bestimmt in sich typische Ursachwirkung zur Durchgestaltung gekommen, kann auch dieser entsprechend ein neuer Effect in's Dasein gerufen werden, (in Erscheinung eines neuen Typus), wie z. B. nach Austrocknung eines Sumpfbodens die frühere Flora durch eine andere ersetzt wird. Als Huyghens den Uhren einen Pendel ansetzte, wurde die (an die Stelle des „Windfangs oder Windflügels" getretene) Bilanz entfernt (wie in den Thurm-Uhren von Scheveningen und dem Haag), und obwohl bei Ueberblick der Sand-, Wasser-, Oel-, Räder-Uhren u. s. w. bis zu den Pendeluhren ein gradueller Entwickelungsgang (nach Art der Evolutionen) sich abmalt, war mit der letzten Erfindung doch eine neue Idee, mehr oder weniger unvermittelt für diesen Fall (weil aus dem Gang eines anderen Untersuchungsfeldes, nach der Geschichte der Physik, entsprossen), hinzugetreten (also im Schöpfungsgedanken gleichsam, bei Betrachtung des organischen Reiches).

Im Nous liegt (bei Aristoteles) „das Vermögen einer unmittelbaren, anschauenden und deshalb auch irrthumsfreien Erkenntniss der allgemeinen Principien" (s. Zeller). Der Inhalt der Vernunft (als „unendliche Potenz des Erkennens") besteht in der „unendlichen Potenz des Seins", und daraus entfaltet sich in der reinen Denkwissenschaft der Begriff des „Ueber-Existirenden" (bei Schelling). Metaphysicians, as a rule, are sadly deficient in the sense of humour, or they would surely abstain from advancing propositions which, when stripped of the verbiage, in which they are disguised, appear to the profane eye to be bare shams, naked but not ashamed (s. Huxley). Die Seele ist die substantielle Einheit, „eines in mannigfachen Wirkungen sich darstellenden, einer Entwickelung fähigen Wesens" (bei Lotze). Setting aside some metaphysicians (betreffs der „substance" in persönlicher Identität), I may venture to affirm of the rest of mankind, that they are nothing but a bundle or collection of different perceptions, which succeed one another with a inconceivable rapidity, and are in a perpetual flux and movement (s. Hume) gleich Khanda (buddh.). Die psychologische Analyse weist hin auf ein Seelenwesen (s. Spitta), das Wesen der menschlichen Seele an sich ist Gegenstand der Metaphysik (1886). The soul sprang from the underlying principle (tau) of nature (bei Laotse), the Li of the Sung-philosophy (s. Edkins). Wenn nicht vom ersten Menschen gezeugt, oder für jeden Einzelnen besonders geschaffen, werden die Seelen als irgendwo schon existirend gesetzt, unter der Frage „vel mittantur divinitus, vel sponte labantur in corpore" (St. Aug.), neben der pantheistischen Ansicht (b. Marcus). Die Seele (neben dem Leibe) unterscheidet sich als „essentia intellectualis" (s. Gregor Nyss.). Anima quamvis a Deo sit inspirata, tamen quia tenebroso domicilio terrenae carnis inclusa est. scientiam non habet, quae est divinitatis (Lactantius), und die nach der Erkenntniss des Buddhi strebende Entwickelung (nach Verkettung der Nidana) beginnt (im Abhidhamma) mit Avixa (oder Unwissenheit).

Der Mensch hat nebst den Fähigkeiten der Thiere noch etwas Höheres, Edleres, um ihn zu beherrschen, zu führen und seine Gefühle und Triebe zu leiten, nämlich Vernunft" (s. Butler), frei entwickelt (aus der Gesellschaftswesenheit). Der geistige Abstand zwischen Thier und Mensch ist unermesslich, er ist jedoch nicht fundamental, nicht principiell, er ist nur quantitativ, nicht qualitativ (s. Darwin), aber nun setzt im Psychischen das Geistige ein, aus physischen Wurzeln zur Entfaltung aufstrebend (in der Gesellschaftswesenheit). Πάντες ἄνθρωποι τοῦ εἰδέναι ὀρέγονται (s. Aristoteles). Dem Menschen ist die Aufgabe gestellt, das ἑαυτὸν γνῶναι zu erreichen (nach dem Orakelwort). Die Menschen sind göttlichen Geschlechts (bei Paulus), und wie Seth Adam's, ist Adam Gottes Kind (bei Lucas). Aus Nodsie sendet Mawu die den Körper als Schatten begleitende Luwo, deren geistiges Princip nach dem Tode zurückkehrt (zur Seelenheimath). Quotidie deus operatur animas et in corpora eas mittit nascentium (s. Hieronymus). Die Kluft zwischen unbewusstem Leben und dem Gedanken ist tief und unüberschreitbar (Allmann) bis geklärt im Einzelnen (als integrirender Theil des Ganzen). Nur einmal grenzt die Creatur an das Nichts, in ihrem Anfang nämlich, in jedem folgenden Momente grenzt sie rückwärts an einem Etwas, da jeder folgende Augenblick den vorhergehenden zur Voraussetzung hat (s. Oswald) und Gott nur noch erhaltend (relativ schaffend) wirkt (während in der Periode des Hexaemeron absolut schöpferisch). Conservatio est creatio continuata (statt organischer Entwicklung) in den causae occasionales (eines Occasionalismus). und die concurrirende Thätigkeit Gottes in der Mitwirkung (statt cooperatio) ergiebt sich als „occulta potentia" (s. August.). Corporum renovatio generatio est (s. Severin). Die Seele ist (bei Zeno) ein Theil des göttlichen Aethers (spiritus igneae naturae), im Aether als fünftes Element (der Pythagoräer) oder Akatha-dat (in birmanischer Psycho-Physik). Gott formt den Menschen „de limo terrae" (in der Vulgata), χοῦν ἀπὸ τῆς γῆς (in der Septuaginta) unter Einhauchung des „Spiraculum vitae" (πνοή ζωῆς). Jacet corpus dormientis ut mortui, viget autem et vivit animus

(s. Cicero), als Leipya in Träumen fliegend (in Birma). Während des Schlafes werden die „Ermüdungsstoffe" durch Oxydation beseitigt (s. Preyer). Im tiefen Schlaf kehrt die Seele aus der kleinen, mit Aether gefüllten Herzenshöhle (Dahara) durch die Sushumna-Arterie durch den Scheitel zu Brahman zurück (in der Vedanta). In der Tardema (κάρος oder sopor) ekstatischen Schlafes (in der Septuaginta) wurde aus Adams Rippe das Weib gebaut (in der Vulgata). Das Weib wird für den Mann geschaffen zur Hülfe (adjutorium) oder Unterstütze (secundum anteriora ejus). Bei den Cariben entsteht die Frau aus einem Geschwür am Körper des Mannes (wie in Mikronesien). Auf Palau schafft vom Kalit-Ehepaar der Mann die Männer, die Frau die Frauen (s. Kubary), in der Geschlechtstrennung (der Kurnai), s. Der Papua (S. 86).

In der alten Controverse zwischen dem gesunkenen Engel oder veredelten Affen, ob das Geistige im Menschen von Oben herabgestiegen oder sich von Unten erhoben habe, erweitert sich zugleich die Dichotomie zur Trichotomie (bei Apollinaris), oder in den Theilen des Menschen treten die Natur (Körper und Seele) und der Geist zusammen (s. Günther). Die (bei Plato) praeexistirenden Ideen des Guten, Wahren und Schönen entwickeln sich vielmehr erst im sprachlichen Austausch, und während die Seele des Einzelnen aus dem Körperlichen verfeinert ist, tritt bei der Gesellschaftswesenheit der Geist hinzu. In der ψυχή ζωτική liegen die auch vom Thierischen geübten Functionen, während die ψυχή λογική die Cultur hinzubringt (für das Zoon politikon), durch die Sprache (s. W. v. Humboldt), als ἐνεργεία (statt ἔργον).

Mit solch selbständiger freier (nur bezüglich der Solidarität des Geschlechts in der Geschichtsbewegung an Anamnese gebundener) Entstehung der Ideen, bewahren diese, dem irdischen Kreislauf des Zerfalles entronnen, ihr fortdauerndes Bestehen für das Ganze sowohl, wie dem darin zum Bewusstsein gelangten Einzelnen (eigenen Selbst's).

Insofern liesse es sich sagen, dass die Geister der Lebenden stets von denen der Dahingegangenen umgeben sind (für psychische Atmosphäre), nicht zwar im Gewande des Perisprit eines (bei Paracelsus) hinschwindenden Astralgeistes, der gleich dem Gespenst des Sisa (auf Inseln des Volta) in Vergessenheit geräth am Grabe für Nunuai (der Papua), sondern in jenem organischen

Zusammenhang der Cultur-Interessen, der aus dem Vergangenen das Künftige verstehen lässt (bei Richtigkeit des logischen Rechnens).

Wie in der Schöpfung die Lebenswesen mit der organischen Weiterentwickelung (aus erstem Anstoss), und somit für den Menschen aus dem Körper zugleich die Seele, in's Dasein gerufen sind, so liegt auch bei Zutritt aus gesellschaftlicher Thätigkeit, nach der Solidarität der menschlichen Geschichte, die Vorbedingung ideeller Regelung unterbreitet, für die Culturblüthen (im All des harmonischen Kosmos). Die $a\check{i}\tau\acute{i}a$ $\tau\epsilon\lambda\epsilon\iota o\tau\iota\varkappa\acute{\eta}$ liegt über den irdischen Sehkreis hinaus (als causa finalis in Beziehung zur causa motiva oder impulsiva), fühlt sich indess der Dahinrichtung nach, im organischen Werden, (als finis intermedius), beim Einschluss des integrirend mitwirkenden Denkens, für Einheit des physischen und moralischen Gesetzes (in Dhamma). Congenerativer Cretianismus (s. Oswald) bleibt (wie bei dem Entwurf einer Idee des Menschengeschlechts) von der Gottheit sich selbst vorgeschrieben (1885), in „ideeller Priorität" (non tempore, sed ratione et ordine). Wie die Ausdrücke pius und pietas sich zunächst „nur entweder auf das Verhältniss der Kinder zu den Eltern oder auf das der Menschen zur Gottheit" beziehen, so liegt auch im Ahnencult der Chinesen das religiöse Verhältniss der Kinder zu den Eltern ausgedrückt, indem bei dem Zeugungsact die Seele creando hervorgebracht wird (und in den Ceremonien der Couvade nachwirkt auf Probleme des Traducianismus).

Die vergleichende Anatomie, (bis zu ihrer weiteren Reform in der Transmutationslehre), hat die Grundlage abgegeben für die inductiv naturwissenschaftliche Behandlungsweise in der Biologie, aber während hier, im physischen Bereich, der Mensch sich unmittelbar an das zoologische System anschliesst, hört solch directe Verkettung auf mit der Psychologie, indem das Geistige des Menschen ein Product seines Gesellschaftscharakter (erster Linie nach) bildet, und innerhalb dieses erst das Individuelle secundär sich klärt (für die im Gesellschaftsgedanken integrirenden Theilganzen).

Im Thier ist das Psychische ein aufblinkendes Nachzittern der physischen Nervenprocesse im Organismus, wogegen beim Menschen erst ein selbsteigener Besitz erlangt wird, durch active Schöpfung aus der psychischen Atmosphäre der Gesellschaft, (bei Projection der Völkergedanken an dem ethnischen Horizont).

Génie signifie, en premier lieu, un esprit qui entre en rapport avec nous et peut nous inspirer des sentiments et des pensées. C'est le démon de Socrate, c'est l'ange gardien du Christianisme (s. Naville), und so sind Kepler von seinem Genius die Erfolge eingeflüstert, aus den Talenten des Genie, das sich weder lehren noch lernen lässt (bei Kant). Genius meus nominatur qui me genuit (Paul), als Genius natalis (in der Familie) und genius nostri parens (bei Laberius). Ein jedes Element hat (bei den Grönländern) seine festgesetzten Innuä, d. h. seinen Beherrscher oder Herrn, aus denen ein Angekok sein Torngak oder Schutzgeist nimmt (s. Egede) Die Lappen vermachen ihre vertrauten Geister den Kindern im Testament (s. Starssonius). An die ψυχή λογική hängt sich die (hinzukommende) ψυχή προσφυής άλογος mit ihren είδωλα böser Neigungen (bei Isidorus). Im Raum stehen die Gesichtsvorstellungen scharf getrennt gleichzeitig neben einander (s. Löbisch), für comparative Behandlung (in der Induction). Jedes Atom besitzt eine inhärente Summe von Kraft und ist in diesem Sinne „beseelt"; ohne die Annahme einer „Atom-Seele" sind die gewöhnlichsten und allgemeinsten Erscheinungen der Chemie unerklärt (s. Häckel). Bei moralischen Voraussetzungen von der Seele wird die Verwendung der Beziehung für Pflanzen und Thiere zweifelhaft, und in Beseelung der Natur werden die Wesen derselben personificirt, um sie „aus ihrem physikalischen Dasein in ein moralisches Dasein zu versetzen" (s. Fortlage). In den auf dem Brunnen der Fijier fluthenden Seelen der Hausgeräthe (die bei den Odjibbeway durch die Luft ins Jenseits fliegen), spiegelt die Idee des Machens fort, sowie in der Schöpfung (mit dem allgemeinen Untergrund der Entstehung zum Dasein). Aristoteles geht bei seinen Untersuchungen davon aus, dass sich „das Beseelte von dem Unbeseelten durch das Leben" unterscheide, und in solchem hat (bei Auffassung des Nous und der Entelechie für die mangelnde Psyche) die Bezeichnung Seele mit der des Lebens zusammenzufallen, wie auch in der Pflege für die Seele (bei Fechner). Jedes Stäubchen der Materie kann einer Seele zu einem Sinne dienen; das ist, die ganze materielle Welt ist bis in die kleinsten Theile beseelt. Stäubchen, die der Seele zu einerlei Sinn dienen, machen homogene Urstoffe (s. Lessing). Leben ist das Resultat der lebendigen Kräfte des Electromagnetismus und Electrochemismus (s. A. v. Humboldt), aber bei dem Zusammenhang von Electricität des Erdballes und der Luft, Erdmagnetismus, Electrochemismus, Lebensmagnetismus darf „die besondere Richtung desselben in Sympathie und Antipathie" (s. Most) in jedem Einzelnfalle immer dann nur festgehalten werden, wenn der vermuthungsweise Glaube sich zu deutlich scharfer Erkenntniss gesetzlicher Wahlverwandtschaft geklärt hat (im Fortschritt des Wissens). Life is faith founded upon experience, which experience is in its term founded upon faith, or more simply it is memory (s. Butler). Lebendig ist Alles, was einen Grund der Thätigkeit in sich hat (s. Droese). La plante vit, l'animal vit et sent, l'homme vit, sent et pense (s. Geoffroy Saint-Hilaire). Cui anima infunditur, vita infunditur (s. Ambrosius). Die Region des Lebens grenzt an die übersinnliche Welt, wer das Wort Leben ausspricht, nennt etwas Geheimnissvolles (s. Trevíranus). In der Activität, da steckt das Räthsel des Lebens drin (s. Bunge.) Animarum initia, configurationes corporum ostendunt opus Dei (s. Hilarius). Indem von Ewigkeit her etwas Reales existirt haben muss (bei Unzeugungsfähigkeit des Nichts), so ergiebt

sich aus der Erkenntniss im Menschen, weil als selbstentstanden nicht setzbar, das Dasein eines verständigen Wesens von Ewigkeit her (s. Locke).
Nothing exists without a cause and the original cause of this universe (whatever it be) we call God, and piously ascribe to him every species of perfection (s. Hume). Als das Sichselbstbewegende ist die Seele (bei Plato) Grund der Bewegung und des Lebens (ἀρχή κινήσεως). Der Geist, welchem das höchste, das absolute Sein zukommt, besteht nur aus Thätigkeit (s. Hegel), zur Selbstgestaltung und eigenem Verständniss innerhalb der Gesellschaft (mit den Weiterbeziehungen zum All). „In dem Untergang von Städten, dem Wanken der Berge, dem Zurücktreten des kaspischen Meeres um mehrere 100 Fuss, den langen Irrfahrten der Schiffe auf dem brausenden Ocean, dem Entstehen eines Blutsee's in Preussen, dem Weichen der Sonne und der Gestirne von ihren Bahnen u. s. w. muss jeder nicht ganz verstockte Sünder die Stimme Gottes erkennen und sich angetrieben fühlen, eilend Busse zu thun" (Krüdener) Le mut du pavillon du poste est fétiche (bei den M'Bochis), wie der Hauspfeiler (in Siam). Bei den Maori ruht die Erde auf vier Pfosten, in Indonesien auf dem Ochsen (der im Erdbeben schüttelt). Die auf dem Wege der Verdünnung Feuer gewordene Luft verdichtet sich (auf dem entgegengesetzten) zu Wind (und Wolken), dann zu Wasser, Erde und Stein für Entwickelung des übrigen Allen (bei Anaximenes). Adhuc maris conchae et buccinae peregrinantur, cupientes Platoni probare, etiam ardua fluitasse (s. Tertull.), aber Anaximander's Ansicht, dass die anfangs aquatilen Geschöpfe (während des Abtrocknens) amphibische und dann terrestrische geworden, wird von Leibniz verworfen (weil der Bibel nicht entsprechend). Der Geier, dessen Nest und Brut noch nicht gesehen worden (bei Herodorus), kam „ex adverso orbe" (bei Plinius) oder (bei Aristoteles) ἀφ' ἑτέρας γῆς ἀδήλου ἡμῖν (ἀπό τινος ἑτέρας μετεώρου γῆς). Aus dem Ei Andeszamotta schafft sich die Welt (s. Ildephons). Als die Sonne Licht bekam, schmolz es auf vereister Erde (nach Deluc). Beim Oeffnen der Rinde um den mit Wasser gefüllten Mittelpunkt des Erdkörpers folgte die Fluth (nach Woodward), indem die verschiedenen Erdlagen gesprengt wurden (bei Scheuchzer). Bei Bildung der Erdlagen finden sich die Gewässer in gewaltsamster Bewegung (s. Dolomieu). Multosque per annos sustentata ruet moles, et machina mundi (s. Lucrez), in Weltumwälzungen (der Mahakalpu). Der νοῦς (als ἀπαθής) wird vom Untergang des Leibes nicht betroffen (bei Aristoteles), als thätig oder ἀίδιος, (neben der Vergänglichkeit des leidenden, φθαρτός). Durch Einnahme von Kugelatomen aus der Luft wird die Seele im Körper erhalten (bei Democrit). Die Seele setzt sich vierfach aus Atomen zusammen (bei Epikur), ἐκ ποιοῦ πυρώδους, ἐκ ποιοῦ ἀερώδους, ἐκ ποιοῦ πνευματικοῦ, ἐκ τετάρτου τινός ἀκατονομάστου, — calor, aër, ventus et quanta natura nominis expers (s. Lucrez) im Agnostismus (als Impuls). „Wenn solche abgeschiedenen Astralgeister, welche nach der Signatura rerum zu ihrem eigenen Staub und Knochen eine starke Zuneigung haben, bey denenselben oder auch, wann andere vernünftige Geschöpfe. im Vertrauen zu ihnen seyn, mancherley seltsame Handlungen unternehmen" (nach Pneumatophilus), ist es für „kein übernatürliches Wunder zu erachten" (1732). Wir (Geister) „überlassen Anderen die physikalischen Gesetze, unsere Stärke sind die moralischen Gesetze" (s. R. Friese), im Spiritismus (1880).

Die Arten sind unveränderlich und können nicht in einander übergeführt werden, wohl aber die Metalle, weil, obwohl verschiedener Erscheinung, gleicher Essenz, meint Albert. M. (und die descendirende Naturwissenschaft anders). Die Individuen sind der wahre Grund der sinnlichen Welt (nach Gilbertus Porretanus), als organische Elemente (innerhalb physikalischem Umgebungskreis). Das allen Metallen zu Grunde liegende Gold als Keim (ovum minerale aus Feuer und Wasser), entwickelt sich durch den Einfluss siderischer Körper aus den Planeten (nach Alfonso El Sabio). Erst in Sterne, wurden die Menschen dann in Steine verwandelt, weiter in Fische und mit dem vierten Alter (der Tualati) folgten die jetzigen Erdbewohner (s. Gatschet). Der beim Brechen des Gehäuses aus der im Schlamm begrabenen Schnecke durch die Sonne entwickelte Mensch erhielt Bogen und Pfeil vom Grossen Geist (und aus der Vermählung Wabascha's mit der Tochter des Biber zeugten sich die Osagen). After the animal was finished he dried it a long time in the sun, then opening a place in its side, he entered it and remained many days (s. Oakes Smith), the Great Manitto (auf der Insel Metowai). Die Verbindungen von bestimmten Verhältnissen sind bestimmten Gesetzen unterworfen (s. Berzelius) und gestatten nicht erdichtete Zwischengrade (für die Formel isomorpher Einheit), und so die organischen Typen (unter der Veränderungsfähigkeit nach den Correlationen aus vergleichender Anatomie). Das Vertrauen in die Gesetzmässigkeit ist zugleich ein Vertrauen auf die Begreifbarkeit der Natur-Erscheinungen (s. Helmholtz). Als Abstractionen des Denkens fassen die Naturgesetze gewisse Gruppen wiederkehrender Phänomene zusammen, ohne den letzten Grund zu erklären (s. Lotze), soweit er sich nicht aus denen der Psychologie ergeben sollte (wenn auch sie unter die Naturwissenschaften eingeführt sein wird).

Cognationem cum homine siderum, animasque nostras partem esse coeli (zeigte Hipparch). Credendum ergo, lapides oriri ex aqua quidem, sed valde compacta (s. J. Becher), gelu vehementiore concretum ($\varkappa\varrho\acute{v}\sigma\tau\alpha\lambda\lambda o\nu$). Die tiefer in die Erde dringenden Sonnenstrahlen verdichten sich dort zu einem goldglänzenden Metall, um die anorganischen Bestandtheile der Pflanze zu beleben (nach Artephius), als Hiranyagarbha (der Brahmanen), im Gold, zum Sonnen-Regen (bei den Inca). Mercati schrieb den Ursprung der Versteinerungen den Gestirnen zu (1574), als lusus naturae (bei Oliver von Cremona) in „Figuren-steinen" (cf. N. Lang). Palissy's Anerbieten, durch Disputation die versteinerten Conchilia als Molluskenschalen (Glossopetrae in Fischzähnen) zu beweisen (in Widerlegung aristotelischer Philosophie) wurde vom Doctor-

Bastian, Ethnische Darstellungen. 6

collegium zu Paris abgewiesen († 1589). Die vis plastica (oder lapidificata) schuf im Schoosse der Erde die Versteinerungen (bei Avicenna) neben der Generatio aequivoca (s. Zittel). Die Lapides figurati wurden durch Vis plastica (mineralis formativa) oder aura seminalis geschaffen in den Versteinerungen (s. Walch), bis in Erhebung der Antidiluvianer (gegen die Diluvianer) eine Chronologie der Versteinerungen gesucht wurde (s. Hooke). „Eine Rarität wird überhaupt an und vor sich dasjenige genannt: Welches uns allen dreyen Reichen der Natur entweder bey uns selbst sparsam und selten gefunden, oder in weit von uns entlegenen Ländern gesammlet und was durch die Hand eines künstlichen Meisters ausgearbeitet und verfertiget wird" (s. Einckel), in Raritäten-Kammern oder (bei Sachsius) Ἐξωτικοθαυματουργηματοταμεῖον (Θαυματοφυλάκιον oder Φυσιοτεχνοταμεῖον)," und „ein Raritäten-Gemach kann gleicher Maassen den Namen einer Apotheke (ἀποθήκη,) führen, weil darinnen philosophische Gemüths-Artzneien bewahret werden" (1727). Il ne peut y avoir de méthode naturelle en botanique que celle qui considère l'ensemble de toutes les parties des plantes (s. Adanson), c'est parceque Linné ne s'était attaché qu'à une seule partie, aux organes sexuels, que son systeme était qualifié artificielle (s. Höfer). Soll ein naturhistorisches Museum den Sinn für das Studium der Natur in geeigneter Weise erwecken, so wird es nothwendig, dass das Museum vom Ganzen der Natur ein lebendiges Abbild darstellt (s. Reichenbach). Die vielleicht bis 1622 (in welchem Jahre Ferdinand II. die Wiener Universität dem Jesuitenorden übertrug) zurückreichende Gründung des Jesuiten-Museums ist das erste Beispiel für die Anlegung einer Sammlung zu Unterrichtszwecken in Deutschland, denen die Sammlung auch später insofern erhalten wurde, als sie sowohl mit ihren physikalischen und astronomischen Instrumenten, als in ihrem Bestande an zoologischen Gegenständen nach Aufhebung des Jesuitenordens 1773 an die Wiener Universität kam (s. Carus). Zur Wiedervergeltung und Recompens geben sie uns gern wieder zurück, Gold und Silber für Stahl und Eisen, aufrichtige Edelsteine für unser Crystall, echte Perlen für unsere gläsernen, Seide für unser buntgemahltes Lein (s. Neickelius), die Indianer (zum Besten der Raritäten-Kammern). The traditions of the whole ethnic world, not less than the record in Genesis, require that the cradle of the race be placed in the one spot on earth where the biological conditions are the most favorable possible. According to all procurable data, that spot at the era of man's appearance upon the stage was in the now lost „Miocene continent," which then surrounded the Arctic Pole. That in that true, original Eden some of the early generations of men attained to a structure and longevity unequalled in any countries known to postdiluvian history is by no means scientifically incredible (s. Warren). Kitchi-Manitto (auf der Insel Metowni) nahm von den allzu gross gerathenen Thieren (die er nicht zu bändigen vermochte) das Leben zurück und warf auch sonst missrathene Stücke auf den „Roncommon" (place of fragments), wo sie sich finden (s. Emerson), als Fossilien (diluvianisch). Gott der Vater ist von Vannucci gemalt, wie er zum Tanz den Engeln die Flöte spielt (zu Fulignano). „God wipes our tears away with five pound notes", im Kriegsbericht (1883) der Salvation army (s. Kolde). Unter den Weedigoes oder Riesen hatte Kwasind seinen verwundbaren Theil am Kopf (bei den Indianern). Wie der Naturforscher die Bandwürmer, Scolopendern,

Kröten und deren Genossen mit derselben Theilnahme betrachtet, wie den Labra-
dorstamm, Magnolien, Argns, Colibri und Gazellen, so bieten dem Historiker die
schmierigen Pelze und Geräthe der Bosjeman und Eskimo nicht minder Stoff zum
Denken dar, als die Federkleider der Mexicaner oder die Marmorstatuen der
Hellenen (s. Klemm). Betreffs der Einrichtung von Museen (1717) fand man sich
zwischen „Scylla und Charibdis" bis „man in einer Raritäten-Kammer oder
gantz dazu gewidmeten Hause einen solchen Vorrath von Naturalien zusammen-
gebracht hätte, der jenem in des All-Vaters Naturalien-Behältniss gleich
käme, und nicht weniger von Artificialibus allerley Art dergleichen Kunst-
sachen, welche jemals in der Welt verfertigt werden" (s. Neickelius), in
elfter Stunde (ethnischer Originalität).

Wie seit Entkleidung von heiliger Kunst (τέχνη δεία καὶ
ἱερά), als ἐπιστήμη ἱερά die Chemie in den χημευτικά (bei Zo-
simus) kraft ihrer naturwissenschaftlichen Reform (bei Boyle) aus
dem Traumdunkel alchymistischer Metallumwandlungen zur Deutlichkeit der Elemente hindurchgedrungen ist, als erst gegebenem
Ansatz im logischen Rechnen, so hat sich für das Organische
aus der Wechselwirkung pflanzlichen oder thierischen Typus mit
klimatisch-physikalischer Umgebung der Ausgangspunkt der Individualität zu gewinnen. In den siderischen Erscheinungen ist
die mathematisch begründete Stabilität in der Astronomie als
Datum entgegenzunehmen, da was hier aus den Störungen auf
weiteren Umschwung der Wandlungen Andeutungen gewähren
möchte, bei sporadischer Zerstreuung minimaler Beobachtungen, im
Verhältniss zu der Mächtigkeit des Ganzen, für rationelle Verwerthung um so weniger bereits genügen kann, weil seit der
Kürze gesicherter Beobachtungen unter der Ungeheuerlichkeit
der hier geltenden Zeitumläufte ein Maassstab noch ausfällt.

Dagegen kann sich die Geologie (seit Steno) eines Anlasses zu
Weiterfolgerungen nicht entziehen, über die directen Beobachtungen
hinaus, indem der actuell gegebene Bestand der Erdrinde in der
Reihenfolge der Schichtungen zum Fortgehen zwingt und sich
in der Paläontologie mit botanisch-zoologischen Fragen durch-
kreuzt, obwohl indess auch hier, seit dem Abschluss an jüngst
Nächstliegendes (bei Lyell) der Blick freiere Umschau bewahrt,
unter Zurückschiebung der mit Verundeutlichung der Sehweite
bedrohenden Umschleierung (im Anschluss des soweit klar Er-
fassten). Nicht um Neptunismus (cf. Werner) oder Plutonismus
(cf. Buffon) und Vulcanismus (cf. Moro), bei Erstarrung von
der Oberfläche aus (cf. Fourier) in vulcanischer Dampfbildung
(s. Daubrée), nach ihren verschiedentlich erkennbaren Effecten,
handelt es sich hier, (um Accidenzen oder Incidenzen), sondern um

6*

eine in den Ursprung hinausragende Wurzel, die sich dann allerdings, für Entstehung des Planeten-Systems, durch die kosmischen
Räume wieder zu verzweigen hätte (bis zur Negirung im Unräumlichen der Unendlichkeiten). Und hier wäre also das Complement
des Abschlusses dort zu erweitern, wo ausserdem Unendliches
sich erstreben mag, im logischen Rechnen (einer naturwissenschaftlich durchgebildeten Psychologie).

Für die vernunftgemässe Fortbildung der Naturwissenschaften
liegt eine der Kernfragen in der Entscheidung, wie weit in der
Geologie die Hypothese zulässig sei, und hierüber lässt sich in Verallgemeinerungen nicht reden, da solche Verallgemeinerungen selbst
schon hypothetische sein würden. Die Entscheidung fällt jedesmal
in jedesmaligem Einzelnfall, und bleibt also abhängig von der
in der Inductionsmethode geschulten, und somit gesunden Ver-
standesanlage des Fachmanns, zu wissen instinctiv, weil mit naturwissenschaftlichen Principien durchtränkt, wie weit ein hypothetisches Element noch zulässig sei, ohne, (unter der Controlle
der Thatsachen), sichere Beherrschung desselben zu verlieren (im
logischen Rechnen).

On arrive, en remontant aussi loin qu'il est possible, à une
nebulosité tellement diffuse que l'on pourrait à peine en soupçonner l'existence (s. Laplace). Inter stupenda dei miracula
(s. Geulinx) der Wunder´ grösstes der Mensch, als „Spectator"
(beim Spiel der Prakriti). Von der Verwandtschaft Aller vom
Menschen zum Walfisch und weiter herabgehender Naturkette
organischer Wesen (bei Bonnet), wird der Naturforscher zurück-
beben, (mit Kant), indem er sich hierdurch unvermerkt von dem
fruchtbaren Boden der Naturwissenschaft in die Wüste der Metaphysik verirrt (1788), und Rockenphilosophie spinnt, im Alt-
weibersommer (der Descendenz). Nur zwischen solchen Organen
können Homologien stattfinden, die sich aus morphisch-identischen
Anlagen entwickeln (s. Steinach), nach den Correlationen (einer vergleichenden Anatomie). Einige Thiere sind ein Mittelding zwischen
Menschen und vierfüssigen Thieren, wie die Affen, Meerkatzen.
Paviane (s. Aristoteles), Πίθηκος, Κῆβος, Κυνοκέφαλος oder Si-
mia hamadryas (des Anubis und Thoth). Die höhere Entwickelung von den Füssen (unter Thieren) zur Hand, geht bei den
Vierhändern über das richtige Maass hinaus, „nur der Mensch
hat Hand und Fuss" (s. Ecker) in goldener Mittelstrasse (zum
typischen Ausdruck).

Man findet im Bau des Negers Eigenschaften, die ihn für
sein Klima zum vollkommensten, vielleicht zum vollkommeneren
Geschöpf, als den Europäer, machen (s. Sömmering), im Effect
der geographischen Provinz (durch deren Ausprägung). Die
Barliaten wachsen (nach Aristoteles) auf den Bäumen; es sind
die Vögel, welche das Volk Barnescas nennt (s. Catimpré).

„Die Körpergrössen sind bestimmt einerseits durch Einflüsse,
die mit dem Wohnort in irgend welcher Beziehung stehen, andererseits durch erbliche, von der Familie und dem Stamm ausgehende
Einflüsse" (s. Ranke), aber in der Erblichkeit selbst markirt sich
nur die Fortdauer derjenigen localen Einflüsse, welche typisch
bereits in den Vorbedingungen der geopraphischen Provinzen
wurzeln, während fernere Modificationen (nach Möglichkeitsweite
der Anpassungsfähigkeit) hinzutreten, aus geschichtlichen Ursäch-
keiten, unter Mitbeziehung gesellschaftlicher Verhältnisse (und
der dadurch mitunter wieder veränderten Natur-Umgebung).
Omne vivum ex vivo (s. Redi). Neben einer linienartigen Stufenfolge in Hinsicht der Bildung einzelner Organe, findet bei dem
Thierreich im Ganzen eine netzartige Verwandtschaft statt (s.
Treviranus). Quae neque animalem, neque fructicam, sed tertiam
quadam ex utroque naturam habent (s. Plinius) werden als Zoophyten gefasst (bei Wotton). Die Herbeiziehung von Endursachen,
als Erklärungsgründe zurückweisend, verlangt Bacon für jeden
Einzelnfall zu der beobachteten Wirkung die Ursache aufzusuchen
(nach dem inductiven Verfahren).

Für sein Werk über φυσικά καὶ μυστικά (s Piziminti) hatte Democrit.
Mystagogos (Pseudo-Democrit) den Schatten seines Lehrers (Hostanes des
Medier's) aus der Unterwelt hervorgerufen (die „heilige Kunst" zu lernen),
und das (von Hostanes) aus den Schlangen des Olymp, sowie den Geiern
des Libanon destillirte Wunderwasser belebte die Todten (die Lebendigen
tödtend). La physique psammurgique était l'occupation des rois (als Geheim-
wissenschaft in Aegypten), und zum Goldmachen braucht man die „sables
(ψάμμους) suivant les règles de l'art" (s. Höfer), als den sieben Metallen
(der Früheren). L'auteur donne formellement à l'art sacré le nom de chimie
(χημεία). Artéphius hatte eine Quintessenz erfunden, das Leben über 1000 Jahr
zu verlängern, „mais il n'en donna pas la recette" (s. Höfer). Die Wissenschaft der Chrysopola heisst ἡ ἀληθινὴ καὶ μυστικὴ χημία (bei Cosmas).
Nach Manetho (bei Jamblichus) hatte Hermes Trismegistos 36525 Werke
verfasst (über die hermeneutische Kunst), so dass es noch Mancherlei zu
studiren gilt, für die modernen Occultisten, bis sie in gleich dicker Finsterniss
stecken, wie ihre Vorgänger (in der Nacht des Mittelalters).

De la conception scientifique d'une colonie decoulent bien des conséquences à tous les points de vue, conséquences dont l'exposition et le dé-

veloppement sont en dehors de notre sujet. Les lois qui regissent les phénomènes se rapportant à l'homme et aux collectivités humaines sont tout aussi
positives que celles qui régissent les phénomènes présentés par la matière
brute. Ce n'est jamais impunément qu'on a pu aller à l'encontre des lois
biologiques. On arrive à des idées fausses, en théorie, à des résultats désastreux,
dans la pratique, lorsque, dans toutes les questions qui ont l'homme pour
objet, on part de principes généraux et abstraits. Dans le système colonial
de la France, lequel a la centralisation comme methode, l'assimilation des
colonies à la métropole comme moyen et comme doctrine, il n'est pas dificile
de voir combien tout découle des principes abstraits et des idées philosophiques (s. Orgens). Nach dem Vorgang Mentzel's († 1701) vertheilte (wie
Tournefort in Etagen) Soulavie die Pflanzen nach Zonen oder Climaten (1783),
während seit Colonna die Angaben bei Dioscorides (Theophrast und Plinius)
identificirt hatte († 1650), die Pflanzen Italiens und Griechenlands überall
gesucht wurden non seulement dans toutes les autres parties de l'Ancien
continent, mais même dans la Nouveau Monde (s. Höfer), bis zur naturwissenschaftlichen Objectivität (wie auch ethnisch verlangt).

Das der Möglichkeit (im μὴ ὄν oder „Kore") Vorhandene tritt
actu (durch Ausentwickelung) in Realität, in denjenigen Zustand
also, um von dem mikrokosmisch veranlagten Menschen durch derartige Auffassungsweisen begriffen zu werden (mittelst der „Dvara"
in Wechselbeziehungen der Aromana und Ayatana). Die chemisch
primären Affinitäten treffen also auf höherem Stufengrad im Organischen wieder aufeinander, und der im Anorganischen von der
Existenz bereits abgeschlossene (oder im Kristallinischen momentan noch geschlossene) Entwickelungsvorgang setzt im Organischen aus dem (für eigene Entstehung gleichfalls auf die potentia im Scienden zurückführenden) Keim innerhalb sinnfällig
bereits zugängigen Entwickelungszuständen ein (unter kosmischmeteorologisch mitbedingenden Einflüssen), und ihnen parallel
(aber auf stufenweis gesteigerter Scala) verläuft psychisch der
Denkprocess, in den hier harmonisch praedisponirten Beziehungen
(eines Selbstbewusstsein) die Klärung des Verständnisses findend
(innerhalb der Peripherielinie harmonischen Horizontes, mit Fernklängen darüber hinaus).

Die um das Centralfeuer, dem früher (bis auf Afrika's Erweiterung durch Hanno's und Alexander's M. Vordringen in Asien) die
Gegenerde zugewandt gestanden, in zwei Halbkugeln bewegte
Erde, kam, beim Hinauslegen desselben, zum Stillstand, in der
Reihenfolge von Erde, Wasser, Luft, Feuer, Mond, Sonne,
Mercur, Venus, Mars, Jupiter, Saturn, Fixsternenschaft (bei
Pythagoras), als Grundlage der kosmischen Physik bis zum
„XVII. Jahrhundert" mit dem Unterschied in der Ordnung (bei

Ptolemäus), „dass allgemein der Sonne später der achte Platz statt des sechsten zugetheilt wurde" (s. Schiaparelli).

Digna res est contemplatione, ut sciamus in quo rerum statu simus, pigerrimam sortiti, an velocissimam sedem, circa nos Deus omnia, an nos agat (s. Seneca). Betreffs der astronomischen Hypothesen (soweit die praktische Bequemlichkeit der Rechnungen gewährt ist) hätte dann jedoch (sofern nicht die Integrität der Divination in Frage käme, wie bei Derkyllides) die Physik allein zu entscheiden. Ὅλως δὲ οὐκ ἔστιν ἀστρολόγου τὸ γνῶναι, τι ἠρέμόν ἐστι τῇ φύσει, καὶ ποῖα τὰ κινητά, ἀλλὰ ὑποθέσεις εἰσηγούμενος, τῶν μὲν μενόντων, τῶν δὲ κινουμένων, σκοπεῖ τίσιν ὑποθέσεσιν ἀκολουθήσει τὰ κατ' οὐρανὸν φαινόμενα (s. Geminos).

Wenn die Sonne als Herz des Universums gesetzt wird (bei Theon), kann noch die Seele durch das All sich dehnen (als „anima mundi"), durchströmend in den Affinitäten der Kraft, und als Ausgangspunkt dafür nehmen συνοχήν καὶ μέτρον φύσεως (bei Philolaos), als ἑστίαν τοῦ παντός (καὶ Διὸς οἶκον) im Centralfeuer (s. Stobäus), als πῦρ ἀρχέτοπον (bei Empedokles), Διὸς φυλακήν ὀνομάζουσιν (s. Aristoteles), und setzten τὸ δὲ ἡγεμονικὸν ἐν τῷ μεσαιτάτῳ πυρί (die Pythagoräer), also (wie bei dem zwischen zwei Hemisphären eingekapselten Centralfeuer) in allumfassender Gravitation mit Umsetzung der Bewegung in Wärme (unter Erhaltung der Kraft), ignem utpote materiarum omnium principem, medietatem mundi obtinere, lehrend (s. Chalcidius), und τρισσόν εἶναι τὸν ἥλιον (s. Achill. Tat.), wenn die Sonne ὑαλοειδῆ (als spiegelnder Glaskörper) den aufgenommenen Glanz des kosmischen Feuers ausstrahlt (εἴδωλον εἰδώλου). Οἱ μὲν Ζανὸς πύργον αὐτὸ καλοῦσιν, οἱ δὲ Διὸς φυλακήν, οἱ δὲ Διὸς θρόνον (s. Simplikios), verschlungen in ursprüngliches Walten eines „Deus sive natura" und unnahbar gleich der Gegenerde, bis als ·für diese die Schranken sich zu lockern begannen ἀντίχθονα δὲ τὴν σελήνην ἐκάλουν (αἰθερίαν γῆν), in Verflüchtigung theoretischer Vorstellungen durch die Ergebnisse praktischer Erfahrung (in der Abrundung des Globus), und dann könnte ferner der Centralpunkt etwa in das Sternbild des Herkules (bei Herschel) oder des Orion (bei Goldschmidt), auch (mit dem Alcyon als Centralsonne) in die Plejaden (s. Mädler) fallen, je nach den (aus der Photosphäre) zutretenden Ergebnissen, seitdem durch Fabricius' oder, (obwohl Busäus sie in seinem Aristoteles nicht gesehen), durch Scheiner's Beobachtungen von Harriot's (s. Zach) Sonnenflecken (nach Convexität und Concavität) die Rotation der Sonne gefolgert (und nachträglich die Hülfsmittel der Spectralanalyse ebenfalls verwerthbar sind).

Die Astronomie, im Entwurf eines Weltsystems, zeigt sich als ein Gewebe von Hypothesen, die bei den unter Verschärfung der Beobachtungen eintretenden Störungen bisheriger Ansichten zum Ausgleich zugefügt werden, wie unbeschadet der Gesichertheit des Ganzen geschehen kann, weil stets unter der Entscheidung solch' anschaulicher Beobachtungen selbst, in unrüttelbarer Kette mathematischer Formeln gefesselt, die sich unter allen Verschiebungen stets wieder gegenseitig zu ergänzen haben (und für solche Zwecke eben die jedesmal erforderlichen Umänderungen erhalten). Bei den hier fest dem Firmament eingeschriebenen Thatsachen bedingt sich in den Hypothesen selbst ihre Richtigkeit, während diese bei fliessenden Beobachtungen im organischen Leben leicht selbst (wenn vorsichtigste Controlle mangeln sollte) in den Fluss hineingezogen werden (und in wilden Phantastereien dann). Wie Kepler auf Tycho's Materialienschatz fusste, so hatte die „Richtigstellung des Himmels" (durch J. Herschel) statt der μεγάλη σύνταξις τῆς ἀστρονομίας (bei Ptolom.) den weiteren Umblick eines Jahrhunderts (seit Bradley's Beobachtungen), so dass sich die Theorie mehr und mehr beschränkt (in den Fesseln der Thatsachen). „Quoique l'imagination soit fort opposée à la géométrie, l'histoire de l'astronomie nous les montre unies d'un lieu très étroit" (s. J. Bertrand), und aus geometrischen Hypothesen (bei Aristarch), erhielt die Astronomie (bei Posidonius) ihre Scheidung von der Physik (bis zu späterer Wiedervereinigung), indem für den Physiker das Problem verbleibt, unter den (astronomischen) Hypothesen, (um die Bewegungen darzustellen), diejenige zu wählen, welche mit der physikalischen Betrachtung der Welt im Einklang ist (s. Geminos). Wenn in Kepler's Anrufung des Schöpfervaters, dessen Gedanken vom Astronomen, als selbst gleichsam im Gotte, nachzudenken sei, so bleibt hier die menschlich beschränkte Auffassung in Relativitäten und deren Verständniss vorausgesetzt, ohne eine Aussage desselben über das Absolute. Dass sich unter Kepler's Gesetzen „die Quadrate der Umlaufszeiten, wie die Würfel der Halbmesser ihrer Bahnen" verhalten (bei den Planeten), ist der Ausdruck des soweit thatsächlich Beobachteten, innerhalb welch allgemein gültiger Richtigkeit, wodurch die allgemeine sich gültig erweist, (innerhalb dieser), mit den so ge-

lieferten Hülfsmitteln die Rechnungen angestellt und erleichtert
werden. Irgend innere Nöthigung absolut thatsächlicher Richtigkeit liegt ebenso wenig vor, wie bei solch' organischen Processen,
worin sich gesetzlich nachweisbare Functionen auffinden lassen,
ausser bei demjenigen Leben des Organismus, wo in naturgemäss
gesetzlicher Verknüpfung die Rückkehr aus objectiver Umschau
in subjective Gewissheit gegeben entgegentritt, wie in naturwissenschaftlicher Psychologie, wenn aus den Völkergedanken das Einzelnbewusstsein sich integrirt (im Selbst). Und hier im Ausblick
auf die Unendlichkeit der Messung barer (und von höherem Calcul
erst berechenbarer) Ziele wird dann um so mehr, für ersten
Ansatz, ein ängstliches Festhalten an minutiösestem Detail vorgeschrieben sein für feinste Differenzen, im unendlich Kleinen
ihrer Variationen (obwohl mit praktisch gebotenem Aussatz
zunächst von der Eins, für den Beginn der Rechnungen). In
Verfolgung des rebellischen Störenfrieds Mars erschien, seit Tycho
de Brahe's verbesserten Instrumenten, ein Abweichen von 8 Minuten für Kepler's geschärfte Auffassung allerdings zu gross,
„s'il avait pu en dire autant d'une erreur de huit secondes, tout
était perdu“, während ein derartig, bei den gigantischen Dimensionen der Himmelsgewölbe verrechenbarer Irrthum, für terrestrische Verhältnisse (auch ohne mikroskopische Zertheilung),
Alles längst in das graue Chaos eines Nichtigen verkehrt haben
würde, (ohne überhaupt zur Auffassung zu kommen). Als die
Daten über die Polhöhe nicht stimmten, kam auf Uranienborg
die Theorie der Refraction zur Aushülfe. Würde der Mond nur
in seiner Syzygie (bei Vermischung der Evection mit der Gleichung
der Bahn) beobachtet, liessen sich die Finsternisse bereits bestimmen (bei Hipparch), wogegen mit Herbeiziehung der ellip-
tischen Planetenbewegungen all' die Variationen zum Eindruck
kommen, mit ihren Störungen, je nach verschärfter Beobachtung
(unter Verbesserung der Instrumente), wogegen im Grossen und
Ganzen (bei genügender Elasticitätsweitigkeit für Perturbationen
im saecularen Flügelschlag) stets eine Uebereinstimmung herstellbar bleiben wird, weil wenn die Rechnung (ihren mathematischen
Voraussetzungen nach) richtig, sie als solche dann eben auch
stimmen muss (und für practische Zwecke brauchbar sich erweisen).
Der Architect mag sich für den Rauminhalt eines Saales eine
Formel bequem (und zu seinen Arbeiten nützlich) machen, um
die Menschenmenge, welche hineingeht, durch eine Zahl zu reprä-

sentiren, aber der Saal bleibt dabei die subjective Conception des Architecten (von weder allgemein menschlicher oder, noch weniger kosmischer, Durchschlagsgültigkeit), und in Betreff der Menschenmöglichkeit wäre aus dem einspielenden Factor des freien Willens noch eine weite Variationsbreite zuzugestehen sein, während nun diese „Crux" gerade zum Heilszeichen werden dürften (bei inductiver Durchbildung auch der Psychologie, in der Reihe der Naturwissenschaften). In einem „Mysterium Cosmographicum" (s. Kepler) verschleiert, lässt sich die Architectonik der Weltharmonie mystisch nicht durchdringen, und wenn „Gott nach Art der Baumeister, mit Ordnung und Norm den Bau der Welt angegriffen" (mit Rücksicht „auf die Bauweise des künftigen Menschen"), so wären zunächst in der Harmonie des Kosmos die Einzeln-Gesetze zu zerlegen für Einrahmung ins Allgemeinere (bei naturwissenschaftlicher Ausgestaltung der Psychologie, im organischen Entwickelungsprocess des Menschengeistes).

Der Astronom, für den „jede Hypothese annehmbar, welche die Erscheinungen darstellt," hat (nach Posidonius) auf die Physiker zurückzugehen, „wegen der Fundamentalprincipien seiner Untersuchungen" (s. Schiaparelli), und auch die Physik dann wieder kann der Deduction nicht entbehren (neben der Induction). „Mit Recht nennt die Physik ihre Erklärungen der Wirklichkeit nur Hypothesen. Da dieselben überall nöthig wurden, so haben sie sich zu einem mächtigen und feingegliederten Gebäude entwickelt und sind zu einem Hauptbestandtheil der wissenschaftlichen Physik geworden" (s. H. Frerichs). Für freie Elementar-Operationen bewegt sich die Vernunftweite des Denkens innerhalb der Relativitäten, die durch wechselweises Gleichgewicht gestützt, berechenbare Daten gewähren (für Maass und Zahl), und wenn solch gesetzlich gezogene Schranken überschreitend, verfällt sie, mit Verletzung der dem logischen Rechnen vorgeschriebenen Regeln, in die Phantastereien wüster Zahlensymbolik, wenn die Unendlichkeit angreifend, ehe für die Unendlichkeitsrechnung Befähigung gewonnen sein dürfte (im Zukunftsstadium naturwissenschaftlicher Psychologie).

„Dass es keine Kraft geben könne, ohne Subject, dem sie inhärire, ist mit der Behauptung an erster Stelle gegen den Dynamismus festzuhalten" (s. Gutberlet), und in dem organischen Wachsthum des Denkprocesses inhärirt die Kraft ihren psychischen Substraten, die mit den Vorstellungen, in deren „Bewegungsvor-

gängen" (s. Herbart) zur Verwirklichung gelangen (unter unmittelbar bewusster Empfindung). Diese im Unwillkürlichen
bereits wirkende Willenskraft kann, weil dem willensfähigen
Menschenbewusstsein charakteristisch, nicht auf Ausser-Mensch-
liches in eine „Welt als Wille und Vorstellung" (bei Schopenhauer), übertragen werden, aber beim Fortschreiten der inductiven
Forschungsmethode bis zur Psychologie wird sich die Möglichkeit
ergeben, die sonst nur objectiv beobachteten Vorgänge innerlich
selbst zu leben in eigenem Verständniss, bei Krönung der Naturwissenschaften mit dem denkenden Haupt (zum Einblick in die
Harmonien des Kosmos).

Wenn nun die Kraft den Stoff voraussetzt, und diese die
Ausdehnung (sowie, als nothwendige Folge, die Undurchdringlichkeit), so hätten derartig durch das Räumliche bedingte Eigenschaften von selbst dahinzuschwinden für das Substrat der psychischen Kräfte mit dem Keim idealistischen Hinausstrebens in's
Unräumliche (jenseits zeitlicher Schranken).

Nachdem aus Leukipp's Schule (unter Democrit) entlehnt, die
durch Gassendi in die Philosophie (Descartes') der Corpuscular-
theorie, — (deren in den Zwischenräumen fein zerriebener Staub
später durch den Aether ersetzt wurde), — gegenübergestellten
Atome, von Boyle in die Chemie hinübergenommen, kraftwirkend
sich äussern (seit Dalton), werden sie (in schwingenden Molecu-
larkräften) auch der Psyche verständlich mitzureden vermögen,
aus der Atomistik subjectiven Ich-Bewusstsein's, nachdem der
objective Weg vorbereitet ist (in unübersehbar noch vorliegenden
Arbeiten der Induction, betreffs des Völkergedankens).

Neque enim necesse est, eas hypotheses esse veras, imo ne verisimiles
quidem, sed sufficit hoc unum, si calculum observationis congruentem exhi-
beant (s. Nicolaus Copernicus) in der Astronomie (ad lectorem de hypothe-
sibus hujus operis). Nach Apollonius Perg. bewegt sich die Sonne (mit den
umkreisenden Planeten) um die Erde, bis Copernicus auch diese bewegte
(1507 p. d.), in einer „Hypothese", um die Erscheinungen einfacher als bisher,
darzustellen (1543). Ὅλον τὸν κόσμον πνεῦμα καὶ ἀὴρ περιέχει (s. Anaximenes).
Vielleicht bilden sich darum noch einige Kugeln des Planetensystems aus,
um nach vollendetem Ablauf der Zeit, die unserm Aufenthalt allhier vorgeschrieben ist, uns in andern Himmeln neue Wohnplätze zu bereiten (s. Kant).
Les Planètes ont reçu leur mouvement d'impulsion par un seul coup (s. Buffon),
durch Aufstoss der Cometen in Absprengung von der Sonne (und mit der
Erkaltung verdunkelt). Si es amiranno li fenomeni celesti reinforzando
l'Ipotesi Copernicana, como se assolutamente dovesse rimaner vittoriosa,
aggiungendo nuove speculazioni, le quali però servano per facilità d'Astro-
nomia, non per necessità di natura (s. Galilaeus Lynceus). Hae Copernici

hypotheses non solum in naturam rerum non peccaut sed illam multo magis juvant (s. J. Keplerus). Die für die Richtigkeit des kopernikanischen Systems gesuchte Parallaxe wurde zuerst von Struve (1837) in Dorpat bestimmt (für den Fixstern *o* Cephei), sowie Bessel (im Schwan). Kraft ist der Physik überhaupt weiter nichts, uls ein „Hülfsausdruck" der Darstellung der Gesetze des Gleichgewichts und der Bewegung (s. Fechner). In Newton's Brief an Gregory (1702) wird „der Aether für ein willkürliches Postulat erklärt, das aus der Natur der Dinge verbannt werden müsste" (s. Poggendorf). The Deluge of Noah began the 17.th day of the second month from the Autumnal Equinox, or according to the present Hebrew Chronology on Friday, Nov. 28. in the 2349 Year before the Christian Era, or according to the more accurate Chronology of the ancient Hebrew, in the days of Josephus, and of the Samaritan, agreeing almost exactly therewith, December 2 in the 2926th Year before that Era (s. Whiston). Bei Derham bleibt es unentschieden, ob statt der Luft selbst, aetherisch-subtile oder gasige Theile derselben Vehikel des Schalles seien (1705). Non opus est ad medium novum operose hic disquirere, an vere immediate ipsu anima sit rectrix Vitalis actus (s. Stahl). Zur Annahme eines Seelenwesens führt die Analyse lediglich der psychischen Erscheinungen, nicht der vitalen, und demgemäss ist auch die Seele nur als Trägerin der geistigen Phänomene anzusehen (s. O. Flügel). Als Einheit in der Allheit die Schwere in der Natur wird das Ewige, als Allheit in der Einheit zum „allgegenwärtigen Lichtwesen" (bei Schelling). Extensis lineae ex numero punctorum, quibus constat, determinatur (s. Wolff). Während des anfänglichen Kometenzustands der Erde lagerte Dunkelheit auf derselben, durch die Atmosphäre, bis die Reinigung dieser durch das Licht erschien (s. Whiston). In der Eidologie (vom Ich und dem Ursprung der Vorstellungen handelnd) werden die Vorstellungen als Bilder (als Idole der Körper) einer Prüfung unterzogen (s. Herbart), gesellschaftlich zu fassen (im Völkergedanken). The Arctic regions which first became cool enough to maintain life would from the same causes be the first to become too cold for the same purpose (s H. Scribner). Die Urtheile von den Weltgegenden sind „dem Begriffe untergeordnet, den wir von den Gegenden überhaupt haben, insofern sie im Verhältniss auf die Seiten unseres Körpers bestimmt sind" (s. Kant), in den Relationen nach rechts und links für die Prädikate der Dinge (bei Aenesidemus). Forma (μορφή) war Grund der Wirklichkeit (bei den Scholastikern), in Hypostasirung der Artbegriffe (s. Apelt). Die geographischen Provinzen begreifen nicht nur Land und Leute in Topographie und Ethnographie, sondern auch Zoologie, Phytologie, Mineralogie, Geologie und Paläontologie (mit Anschluss wieder der Anthropologie im rückläufigen Kreisschloss). Nach Fuchsel zeigen sich die Erscheinungen aus früherer Erdgeschichte dieselben, wie gegenwärtig (und so bei Aristoteles), nach der „Theorie des causes actuelles" (seit Lyell). Weil diss offtmal und leichtlich geschicht, verwundern sich die Menschen nicht darüber, geben auch kein Achtung darauff (s. De Bry). Munabozho beherrscht die Winde im Osten (die Sonne auf ihrem Pfade leitend), Animiki (der Donnergeist) im Westen, Menengwa (als Schmetterling) im Süden, und Mohokokokoha (die Eule) im Norden (bei den Winnebagoes). Terra enim et Caelum, ut Samothracum initia docent, sunt Dei Magni (s. Varro), θεοί δυνατοί (Divi qui potes). Der νοῦς ὑπερκόσμιος (νοερὰ καὶ νοητά) ist δημι-ουργός καὶ αὐτὸ ζῶον (bei Plato), wie Swayambhuva (Nepal's).

Die Erscheinungen am Himmel und in den Meeren sind kraft der Gravitation erklärt, aber von ihrer Ursache ist damit nichts gesagt, heisst es bei Newton, — (hypotheses non fingo) — und so betreffs der geographischen Provinzen erklären sich die Wandlungen des Organischen, aber nicht sein (descendirender) Ursprung, bei Ausschluss von Ursprungsfragen für die inductiv einsetzende Behandlung, mit Erweiterung einer naturwissenschaftlichen Psychologie, zum Ersatz der „Machine de Dieu" in Leibniz' Polemik über den Raum, als Sensorium Gottes (und das Wunder der Attraction). Aber der metaphysische College, der seinem König (auf dessen Höhe jede Art der Huldigung allerdings gestattet wäre) als „allerunterthänigster Knecht" erstirbt (14. März 1755), eigene Wenigkeit zum „niedrigsten" Unterthan erniedrigend, polemisirt ungescheut gegen „Irrthümer, Falschheiten oder auch Verblendungen" (1747), unter Bewahrung indess von „Ehrerbietigkeit und Hochachtung", stark in dem stolzen Wort: „Giebt mir eine Materie und ich will Euch eine Welt daraus bauen", denn „es ist ein Gott eben deswegen, weil die Natur auch selbst im Chaos nicht anders als regelmässig und ordentlich verfahren kann" (beherrscht vom „Dhamma" seiner Trinität), in der „Mécanique céleste", zum Zerstreuen der „erreurs nées de l'ignorance de nos rapports avec la nature, erreurs d'autant plus funestes que l'ordre social doit reposer uniquement sur ces rapports" (s. Laplace), bis zur Gedankenstatistik (in der Psychologie als Naturwissenschaft). Für den „unbegreiflichen Anstoss" liegt die Ursache, obwohl als Grenze, dennoch vom Ich gesetzt (s. Fichte). Da Gleiches nur von Gleichem erkannt werden kann, hat die Seele aus allen vier Elementen zu bestehen, um sie zu erkennen (bei Empedocles). Alles, selbst die allgemeine Attraction als Ursache der Schwere, muss sammt ihren Gesetzen aus Daten der Erfahrung geschlossen werden (s. Kant) für die Methode der Induction (comparativ-genetisch).

Bei Theilung des Ganzen in die Atome und in die Leere (bei Democrit), sind die in den Zwischenwelten (des Intermundium), — also zwischen den Welten, welche, gleich allen Körpern, aus ihren Atomen beständig hervor und dahin zurücktreten, — wohnen, propter metum ruinarum (s. Cicero), von der Vergänglichkeit ausgenommen, ähnlich den brahmanisch-buddhistischen Deva, welche sich bei der periodischen Weltzerstörung nach höheren Terrassen zurückziehen, und dort (doketisch) in farbigen Scheinleibern, von Bekümmerniss um die Welt abgeschlossen bleiben, wenn sie nicht etwa absichtlich sich einmengen wollen (wie Indra mitunter die Lust kommt).

Die an die Basis des Meru gelagerten Continentalwelten sind viereckig, rund, dreieckig (als Djambudvipa), halbcirkelig (als Purvavideha), viereckig (als Uttarakuru), kreisförmig (als Godhanya oder Aparogodana) und so vielgestaltig wie sie Epikur setzt σφαιροειδεῖς, ὠοειδεῖς, ἀλλοιοσχήμονας ἑτέρους (s. Diog. Laert.). Unter den gleich Windhauch oder Gerüchen (bei Lucrez) verbreiteten Ausdünstungen treten die Aporrhoiai (τύποι oder εἴδωλα) der Dinge mit den Sinnesempfindungen durch die Poren des Leibes ein, um ihre entsprechende Auffassung zu finden, (wie in den Beziehungen der Aromana zu Ayatana), und so stellt sich (mikrokosmisch) für die Menschen psychologisch eine, — auch in den, unter der Beziehung der „Ideas" zu „Impressions" (bei Hume) stehenden προλήψεις weiterhin (in Ahnungen) anzubahnende, — Wechselwirkung her, während sonst der Einblick (oder befriedigender Ueberblick) in die Naturprocesse ausfällt und (bei Epikur) für meteorologische oder siderische Vorgänge (den Donner, Blitz, Auf- und Untergang der Gestirne, Eclipsen u. s. w.) eine gleichgültige Mehrheit der Erklärungsweisen vorliegt. Aehnlich hält sich der Buddhismus als Religionssystem frei von kosmischen Theorien, die (mit Annihilirung Meru's) sich unbeschadet umgestalten mögen, wie König Mouhot zugab, während der Weise sich beruhigt in dem gesetzlichen Gesammtzusammenhang durch ein, von Gerechtigkeit (nach den Abwägungen der Karma), geregeltes Fatum, mit seinem Endziel in dem, als jenseitiges, terrestrischer Durchschau entzogenem Nirvana, das erst beim Erwachen der Buddhi von fernher zu strahlen beginnt, um den dorthin führenden Pfad (der Megga) aufzuleuchten, in Vereinfachung der Seele (bei Marc Aurel) oder ihrer Ausschmückung für das Pleroma (in Asangkhara-Dhamma).

Trotz Einfachheit der Monade schliesst (bei Leibniz) die mit einer Uhr (s. Boyle) verglichene Seele die Vielheit ein, aber die „causa transiens" wird ihre Stabilität von der Harmonie (des Kosmos) nach objectiver Durchforschung erst im Subjectiven erhalten können (durch den Gesellschaftsgedanken für das darin eingeschlossene Bewustsein des Selbst). Conatus sese conservandi primum et unicum virtutis est fundamentum (bei Spinoza) und um, zur

Bewahrung der Gesundheit, pathologische Abweichungen zu heilen, bedarf es Kenntniss der Physiologie zunächst (in naturwissenschaftlicher Durchbildung der Psychologie für Einblick in ihren Organismus).

In derjenigen „Connexio rerum," deren labyrinthischen Maschenverwebungen wir, an der Leitung eines aus Thesejon (Leontice Chrysogonum) gedrehten Ariadnefaden (in Primärstreifungen · der Induction), als mechanischen nachzugehen vermöchten, fällt das Geistige (für terrestrische Erklärungsverhältnisse) aus, in Wahlverwandtschaften göttlicher Affinitäten des Kosmischen (aus seinem Nachzitttern für geschichtliche Bewegung). „If there be a rational element everywhere in nature, it is the intellectual power of man, which detects it and elaborates a system of the universe" (s. Caldewood), mit dem menschlichen Geist als Reagenz gleichsam, für das in der Natur verbreitete Göttliche (zum Niederschlag in Gedankenthätigkeit).

Bei nur gradweisem Unterschied zwischen Nativismus und Empirismus zeigt sich der nativistische Physiolog insofern auch empirisch, als er das im Empirismus als Erwerb des individuellen Lebens Betrachtete, als einen Erwerb des Lebens aller jener zahllosen Individuen auffasst, mit welchen das jetzt lebende Individuum in absteigender Linie verwandt ist, und von welchen es das ihm Angeborene geerbt hat (bei Hering), in potentieller Anlage zur Entwickelung (im psychischen Wachthumsprocess), aus Solidarität der Interessen (durch Raum und Zeit). Ist der Staat das höhere Abbild des individuellen Lebens, dann muss auch im Staat das Gesetz bestehen, welches für das individuelle Leben gilt (s. Rossbach). Wie der Mensch ist nicht nur sein Gott, sondern auch sein Geist (seine Seele) beschaffen (F. A. Carus), in den Moral-Ideen (und der gesellschaftlich psychischen Atmosphäre).

Wie aus dem chemisch-physikalischen Vorgange der Metalle, mit gänzlich umwandelnder ἀλλοίωσις, (statt ἔκκρισις potentieller Evolution), die Botschaft des Telegraphen weiter spielt auf völlig anderem Feld, so treten aus der planetarisch (in den Wirkungen der Culturgeschichte) zugänglichen Vorstellungswelt, die Gedanken, transcendirend, hinüber in jenseitige Welt der Idealschöpfungen aus ἀριθμοὶ νοητοὶ, im Klein-Grossen (bei Plato), für Infinitesimalberechnungen im logischen (durch comparativ-genetische Methode geschulten) Denken (des unendlich Kleinen und unendlich Grossen), unter Allgemeinanschauungen des Dichters (bei Aristoteles) für Ver-

senkung des νοῦς (ποιητικός) in Intuition (der Mystik). Aus vor-
zeitlichen Niederschlägen, (und näher lebendig noch redend durch
den Graphit, als Schreibmaterial), spricht im Itakolumit (und
sonst dem Gold als edelstem Metalle, verbundenen Ablagerungen)
der Duft der Pflanze, als Stimme (s. Fechner) im Diamant, der
an den Festen der Grossen leuchtet und Kriege entzündet (um
den Preis eines Kohi - nur), oder Gedanken-Combinationen gar
manche in Bewegung setzt (zum Combiniren). Aus der starken
Strahlenbrechung des Diamant folgerte Newton seine Verbrenn-
lichkeit, (bis auf Maquer's Versuchen, nach denen Cosmus' III.
und Etienne's von Lorraine). Wegen lichtpolarisirender Eigenschaft stammt (wie der Bernstein) der Diamant aus dem Pflanzen-
reich (nach Brewster), mythologisch (in Thränen).

Im goldenen Regen (der Inca) weint der Sonnengott hernieder auf die Erde, wo seine Söhne herrschen, um an Cuzco's
Nabel, im Mittelpunkt (dortigen Orbis') ihre Staatenwelt aufzubauen,
und um Phaethon's Sturz klagen aus ihrer Metamorphose im
Lyncurion die Heliaden, mit des Libanon's Düften zum Olymp emporgezogen, gleich Libanotis' Seele (in Pietas, mit Weihrauchschaale
in linker Hand), während, den Schmerz zu heilen, des in Buddhi
Erwachten Worte sich künden, auf die Pfade der Megga zum
Nirvana leitend, in Asangkhara - Dhamma einheitlicher Lehre
(physischen und moralischen Gesetzes).

Mit der Erde, als Mittelpunkt des All, dem Menschen, als
Mittelpunkt in jener, auch dieses, im „Maass der Dinge," waren
Zweckerklärungen nahe gelegt, die bei objectiver Umschau in
Trivialität verliefen, wenn nicht bei Hypostasirung die Zweck-
ursachen selbst sich zu Absurditäten versteigen mussten. Auf
planetarischem Winkel im Kosmos überblickt sich nur kurze
Abscisse unendlich vorüberstreifender Linien, und ob in solch
flüchtiger Spanne aus Raum und Zeit, Keimvorgänge bereits zur
Beobachtung kommen, in genügender Gesetzlichkeit, um aus phänologischen Erscheinungen auf bewirkende Agentien rückschliessen
zu dürfen, bleibt zunächst von den Schlussfolgerungen abhängig,
die unter naturwissenschaftlicher Durchbildung der Psychologie
sich werden ziehen lassen (bei subjectiver Heimkehr zum Selbst).

Der Ausgang ist vom Gegebenen zu nehmen, von Euclid's
δεδόμενον, la distance n'y fait rien, il n'y a que le premier pas,
qui coute (wie Gibbon's Freundin meinte). Giebt man der
Materie, (im Crux der Gnosis), eine Hyle zur Unterlage (bei

Aristoteles) oder (s. Plato) ein ἐκμαγεῖον (für die Magiker), gebt Archimedes das Desiderat eines Fusspunkts, und dann könnte König Alfons seine Tafeln verbessern, wie es vielleicht einst dem logischen Rechner möglich sein wird, wenn bis zum (psychischen) Infinitesimal - Calcul fortgeschritten (Schritt für Schritt). Die Entropie der Welt, ihrem Maximum zustrebend (cf. Clausius) hat zur Voraussetzung Endlichkeit der materiellen Welt im unendlichen „Raume" (s. A. Lange). „Newton et Laplace croyaient avoir sous les yeux le monde solaire tout entier, les deux grands hommes ne pouvaient prévoir que de nouvelles découvertes en tripleraient l'étendue et qu'on y trouverait des satellites rétrogrades. Ils ont trop tôt généralisé les faits connus de leur temps" (s. Faye), und so bedarf es für die Ethnologie zunächst einer Materialbeschaffung im statistischen Sinne, um feste Gesetze zu gewinnen für den organischen Wachsthumsprocess (bei naturwissenschaftlicher Durchbildung der Psychologie).

Quemadmodum in Mathematica, ita etiam in Physica, investigatio rerum difficilium ex Methodo, quae vocatur Analytica semper antecedere debet eam, quae appellatur Synthetica. Methodus Analytica est, experimenta capere, phaenomena observare (s. Newton), bis zur „Philosophia moralis" (im Anschluss an die „Philosophia naturalis"), und im Dhamma einigt sich moralisches und physisches Gesetz (wie bei naturwissenschaftlicher Durchbildung die auf Physiologie begründete Psychologie in der Culturgeschichte sich entfaltet). Verschieden von dem scholastischen Sprachgebrauch bezeichnet sich „mit dem Ausdruck objectiv, was den realen Gegenständen unabhängig von dem Vorstellen zukommt, und mit dem Ausdruck formal, was der subjectiven Eigenthümlichkeit der Vorstellungen angehört" (s. Reinhold), indem gegenwärtig von realen Thatsachen (der Naturbetrachtung) ausgegangen wird, während früher die idealen der Gedankenreihe sich geboten hatten, welche dagegen psychologisch erst prüfend festzustellen wären (nach der Methode der Induction, bei vorhandenem Material). An Stelle der analytischen Methode (bei Descartes) und ihrem Weg der Entwickelung kehrte Spinoza zu der synthetischen zurück, welche (nach Art der Induction) emporzubauen hätte, aber in naturwissenschaftlichem Sinne thatsächlich gesichertes Material für ihre Grundlegung voraussetzen müsste, und solches vorher also zu beschaffen hat, während Dictate der Logik willkürlichen Schwankungen ausgesetzt bleiben, im dialektischen Process (so lange nicht controllirt in naturwissenschaftlicher Psychologie).

Wer den von Kepler den Rudolphinischen Tafeln eingefügten Sternkatalog, war durch Erscheinen des, auch für die Chinesen (bei Matualin) neuen, Stern (s. Biot) der Hipparch's veranlasst, als er es wagte (ausus), rem etiam Deo improbam, annumerare posteris stellas (s. Plinius), und so bei den vielerlei neuen Manifestationen des Völkergedankens in der Ethnologie, bedarf es zunächst einer „Gedankenstatistik", für künftige Studien, wie dort (caelo in haereditatem cunctis relicto). In Ptolomäus' darauf fortgeführtem Katalog (für den Ulugbeg's und Kazwini's) breitete sich die Grundlage arabischer Astronomie, und „cette représentation, comparée au ciel actuel, démontre que les étoiles sont encore situées, les uns relativement aux autres, comme elles l'étaient il y a deux mille ans". Und so wird in organischer Gesetzmässigkeit des psychischen Wachsthums ein Anhalt gegeben werden im Geistesreich bei der Solidarität der Menschheits-Interessen (durch Raum und Zeit).

Der Sabio κατ' ἐξοχήν (1252 p. d.) meinte, wenn als Weltschöpfer zu Rathe gezogen, eine bessere Ordnung (als auf den Alfonsinischen Tafeln) anweisen zu können, die Befähigung zu fühlen, aber in die deutschen Verhältnisse Ordnung zu bringen. schien ihm hoffnungslos, so dass er die Kaiserkrone ausschlug (und lieber zur spanischen Wirthschaft zurückkehrte). Hier ist es seitdem besser geworden, und so in der Ethnologie (seit 1870).

Bei „Erhaltung der Kraft" stellt sich der Frage nach dem Woher des Primus Motor im bewegenden Princip: von wo kommt die Kraft? und für ihre im Dunkel des Ursprungs verborgene Quelle wird eine Annäherung nur möglich sein mit dem Leitfaden der in der Gedankenthätigkeit waltenden Gesetze, da sie allein unter den planetarischen Schöpfungen (auf Erden) mit letzten Zielen in das Kosmische hinausführt. So lässt der Buddhismus durch die moralischen Kräfte der Tathagata, im Heilswort nachwirkend, die Welt in Erhaltung verbleiben (unter dem Umschwung der Kalpen), und das Wirken des Geistigen wird sich inductiv verstehen, bei Ausbildung einer naturwissenschaftlichen Psychologie (durch die ethnisch gesammelten Aussprüche auf psychischer Hälfte des Menschen).

Nach dem Gesetz von der „Erhaltung der Kraft" wäre, bei Reduction der Kräfte auf eine einfach gemeinsame Kraft, in der

Lebenskraft, als für das Wachsthum charakteristische Kraft (nach Analogie des Magnetismus im Eisen), eine theoretische Auffassung gegeben, wenn diese, mit praktischem Fortgang der Detailerkenntniss, nicht etwa in physikalischen und chemischen Kräften ihre Auflösung fände, also in einer Dynamik ohne (organisch) specifische Kraft, und Aehnliches stände (auf dem Bereich des Anorganischen) für die Elektricität in möglicher Aussicht (betreffs Umwandlung der Molecularverhältnisse in den Metallen). Hier würde das typisch Seelische nur gelten, so lange bei dem Hinabdenken aus dem Bewusstsein festzuhalten, während in der physiologischen Seele des Threptikon (bei Aristoteles), als anima vegetativa das Seelische mit dem Lebendigen zusammenfiele, und, wenn „Individua omnia, quamvis diversis gradibus animata sunt" (bei Spinoza), jedem Ding eine Seele einzuwohnen hätte (wie in den Hausgeräthen der Odjibbeways oder bei Viti's Brunnen). Mit anthropomorphisirender Gestaltung —, denn der Gegenstand des Subjects ist nichts Anderes als das gegenständliche Wesen des Subjects (s. Feuerbach) —, mit dem Hang zur Personification (s. Dubois), gewinnt die Kraft (in den „Surrogaten einer Naturerklärung") ihre, für andere Culturstadien der mythologischen, entsprechende Gestaltung, unter der Controlle jedoch naturwissenschaftlicher Experimente (auf thatsächlicher Basis), bezüglich der Bewegung, in Annäherung und Entfernung (als anziehende und abstossende Kraft), sofern in dem (bei Democrit) aus Leerem und Vollem gebildeten Ganzen, durch Epikur's Metakosmien hindurchbreichend (bei der Gravitation, wie in der Aussage des Lichtes angezeigt), aus den Bewegungsänderungen im Raum, nach Angaben der Sinnesempfindungen gegeben, für die Constituenten derselben in Modificationen der Molecularbeziehungen verinnerlicht, und die Materie, aus Kraftcentren hervortretend, wie aus herabsteigenden Emanationen vom Proton zum Nous, durch die Seelen ins Körperliche (bei Plotin), und so wieder aufgebaut (in der Welt als Vorstellung). Bei dergleichen subjectiver Schöpfung empfiehlt sich in Bequemlichkeit des Monismus die Reduction auf einfachste Eins. (unter den Fesseln zählender Ziffernreihe), aus welcher die Zahl (von Grade und Ungrade) entspringt (bei den Pythagoräern), während bei mystischem Sehnen des Glaubens zur Erfüllung des Pleroma die Gesetzlichkeit in der Harmonie des Kosmos herzustellen ist (bei Zutritt der Psychologie in die Reihe der Naturwissenschaften).

Für das Sein, als „absolute Position" gilt nur die Frage des Sein oder Nichtsein, und die Antwort ist im Erkennbaren gegeben, wie betreffs des Sinnlichen im Zusammenhang mit der Wahrnehmung, so bezüglich des Denkens selbst im höheren Calcul einer Infinitesimalrechnung (logischen Denkens auf dem Fusspunkt einer naturwissenschaftlich gebreiteten Basis für die Inductions-Methode).

Nach aristotelischer Ansicht hatte man vorausgesetzt, dass die Natur ihre Wirkungen und Erzeugnisse durch gestaltende, masselosen Wesen hervorbringe, die man Entelechien, substantielle Formen, wohl auch plastische Naturen nannte. In dieser Substantialität der Form sah man den gemeinschaftlichen Erklärungsgrund der Körpergestalt und des Geistes. So wurden die Einzelnwesen, die nur der Hypostasirung der Dinge ihre Existenz verdankten, zu Principien der Natur. Nach Galilei wurde es klar, dass die Natur durch Grundkräfte der Materie wirke, die den Naturgesetzen unterworfen sind und dem Wesen des Geistes fremd bleiben" (s. Apelt), bis zum Durchblick der Naturgesetze in der Psychologie (bei auch dortiger Anwendung des inductorischen Verfahrens).

Gegenüber dem Satz: „Keine Kraft ohne Stoff" verlangt man für die geistigen Kräfte (im Unterschied von den materiellen) „ein immaterielles Wesen mit entsprechenden Kräften" (s. Gutlerbet), da nicht zu begreifen, dass „Denken und Wollen den Stoff zum Träger habe", und die psychischen Thätigkeiten, nicht durch materielle Ursache erklärt werden könne (b. Dubois-Reymond). Aber auch die geistigen Kräfte in unsichtbarer Idealwelt wirken in dem Substratum (oder der Materie als Hypokeimenon) ihres psychischen Stoffes, der für eine äusserlich letzte Ursächlichkeit auf die physikalischen Agentien der geographischen Provinzen (betreffs des anthropologischen Kreises innerhalb seines ethnisch-historischen Horizontes) zurückführbar, das innerliche Leben des Werdens belebt, gleich allem Organischen im All, und geregelt nach den Harmonien des Kosmos, wie für die siderischen Bewegungen (seit Newton) bewiesen, „établissant une dépendance mutuelle et comme un lieu, que rien ne peut rompre entre tous les éléments de ce vaste univers" (s. Joseph Bernard), — so auch für die psychologischen gültig, in solidarischer Einheit der Culturbewegung (beim Studium des Völkergedankens).

„Es ist das hervorstechende Verdienst Humboldt's, den Geist
der Naturwissenschaft durch Begründung eines naturphilosophischen
Weltbewusstseins auf den Geist seines Jahrhunderts und auf die
Weltanschauung seines Volkes reflectirt zu haben" (s. Boehmer),
zunächst in dem durch Weltreisen objectiv gewonnenen Ueberblick (wie in der Pflanzengeographie für eine Einzeln-Disciplin
detaillirter durchgeführt).

Die geographischen Provinzen ergeben sich als gesetzlich umschriebene Areale, innerhalb welcher, als Gesammtproduct physikalischer Agentien (nach dem Zusammenwirken ihrer Factoren)
im gezogenen Facit ein fest geprägtes Product organischen Typus'
in die Erscheinung tritt, mit der Pflanze in botanischer, mit
dem Thier in zoologischer Provinz, und mit dem Menschen in
anthropologischer (unter der in Geschichtsbewegung gezogenen
Weite ethnologischen Horizontes). Wir haben hier also eine
Reihe von Factoren, unter denen die aus der Stellung der Sonne
zur Erde bedingte Temperatur voransteht (neben dem dadurch wieder
mitbedingten Feuchtigkeitszustand der Luft, den electrischen Verhältnissen, den von orographischen abhängigen Windrichtungen,
den hydrographischen, den mineralogischen Bodenunterlagen, con-
tinentalen und maritimen Lagerungen u. s. w.), und mit dem Zusammenwirken derselben, je nach den Localitäten als Gesammteffect umschrieben, wird beim Hineinbringen einer pflanzlichen
Species z. B., die entsprechende Variation (wenn lebensfähig
überhaupt) fortexistiren, im benachbarten dagegen die dieser, in
solchem Falle als geeignet, entsprechende u. s. w. Aehnliches
wäre betreffs der Entstehung selbst, betreffs eines dem potentiellen Urstoff als solchen immanenten Hypokeimenon, für den
Hylozooismus desselben, als vorbedingt zu setzen.

Bei Fragen über erste Causalität müsste die (beim Anorganischen einem μιγμα etwa entnommene) Antwort (nebularen Ent-
schwindens) in Umgrenzung eines Keimes, aus dessen Voranlagen
pflanzliches Entstehen soweit allein bekannt ist, gefasst werden,
im Zurückgehen auf Schöpfergedanken eines ordnenden Nous (wenn
man will).

Für die höheren Klassen im Animalischen tritt, als durchgängige, geschlechtliche Theilung hinzu, die aus der im Terrestrischen vorgeführten Spaltung auf eine jenseits fallende Vereinigung hinweist (in ideeller Welt des Denkens).

Was im sprachlichen Austausch hier als Gedanke entspringt,

lebt seiner Wesenheit nach in verschiedener Region, obwohl durch somatische Berührungen in der Gefühlssphäre auf das Physische in Wechselbeziehungen zurückreichend, und so obwohl auf geologischen Schichtungen im Anderswerden Durchwanderungen möglich sind, gelangen diese schliesslich auf ein Anderssein, wohin die Fäden auslaufen, ohne in diejenige Deutlichkeit des Verständnisses auseinandergelegt werden zu können, wofür ab- grenzende Umschau als Voraussetzung zu gelten hat, betreffs eines Ersten und Letzten, dessen gesetzlicher Zusammenhang nur im Moment eigenen Werdens dem Selbst zugänglich werden mag (bei naturwissenschaftlicher Durchbildung der Psychologie).

Die Ethnologie hat an der Grundlage der geographischen Provinzen (der jedesmal anthropologischen im ethnologischen Horizonte) festzuhalten, zum Ausgang für die Berechnung von der Eins ab, unter Zutritt der Mehrheit zur Verwendung comparativer Methode, und genetischer im Anderswerden der Evolutionen (bei rechnender Verwendung der Induction).

Die Speculation sucht nach dem Sein als absoluten, für den Ruhepunkt, den das Gegebene, als in unselbstständiger Ab- hängigkeit, oder nur relativen Sein's im Werden (bei Uebergang vom Nichtsein zum Sein), nicht zu gewähren vermag, wogegen wieder der Ruhe- oder Anfangspunkt bei logischer Berechnung des Objectiven, durch schliessliche Auflösung im Selbst, dort ein selbstgegebener sich erweisen müsste (bei fernerer Fortbildung naturwissenschaftlicher Psychologie).

Unter den Relativitäten des Seienden, worin das Erkennen (aus einwohnender Gleichartig- oder Aehnlichkeit) eindringend fortgeht, stellt das als Generalisation abgezogene Sein seine Frage eines unbekannten X, und erst wenn gesetzliche Wechsel- beziehungen in den das Gegebene umschreibenden Kreisungen (nothwendiger, weil thatsächlicher Existenz) eingefasst sind, wird aus den Differenzirungen die Unendlichkeitsgleichung im logischen Rechnen anzunähern sein (für die Harmonien des Kosmos, mit Einschluss der, gesellschaftlich im Einzelnen verstandenen, Psycho- logie). Ein „Mundus ratione praeditus" (aus dem λόγος σπερ- ματικός) in „immanenter Teleologie" („unbewusster Zweckmässig- keit") bliebe planetarisch dem Verständniss entzogen ohne kosmische Durchschau eines „zwischen Träumenden Erwachten" (gleich Anaxagoras) kraft der Buddhi (Buddha's).

Solch auf letzte Zielstrebungen gerichtete Betrachtungen können ihren ersten Fragestellungen nach für den Menschen erst dann herantreten, wenn der ihm unter den Wechselwirkungen des Ganzen zufallende Verhältnisswerth, seinen gesammten Beziehungen nach, auseinandergewickelt vorliegt, und setzt deshalb zunächst eine Klärung der idealistisch höheren Bedürfnisse voraus (im Entwickelungswege naturwissenschaftlicher Psychologie). Mit Bacon's Satz: „Die Causa formalis ist keine substantielle Form, sondern ein Naturgesetz und diese muss durch Induction erforscht werden" war der Sieg des Nominalismus über den Realismus in den Naturwissenschaften für immer entschieden. Die Realität der Universalien besteht nicht in der Existenz von unkörperlichen, nur durch Begriffe denkbaren Einzelnwesen, sondern in Naturgesetzen. Nicht in jenen, sondern in diesen hat man die Principien der Physik zu suchen. Diese Wahrheit wird der Angelpunkt, um den sich die Philosophie und die Naturforschung von nun an dreht (s. Apelt), auch für die Psychologie (ethnisch).

Ueber die Natur philosophiren heisst die Natur schaffen (nach Schelling). Die Ideen existiren als Vorbilder der Einzelndinge (bei Plato), universalia ante rem (im scholastischen Realismus) oder (im Anschluss an Aristoteles) universalia in re, während (gegenüber solch „logischem Realismus" oder „Idealismus") der Nominalismus die Allgemeinbegriffe als erst im Denken gewonnene Abstractionen der Einzelndinge setzt (universalia post rem), im Fortgang zum Spiritualismus (bei Leibniz) und Sensualismus (bei Locke) mit sinnlicher Unterlage (bei der Controverse über angeborene Ideen). Galilei's Fallgesetz verbannte die substantiellen Formen für immer aus dem Reich der Natur (s. Apelt). Dem Monismus ist die Welt ein Mechanismus, und in einem Mechanismus ist kein Raum für Willensfreiheit (s. Dubois). Aus der Geschichte der Mineralogie (s. von Kobell) ergiebt sich, „dass das Sammeln der Beobachtungen und Thatsachen für jetzt noch von grösserer Wichtigkeit ist, als das Philosophiren darüber" (1864). Unverkürztes Erkennen des Gegebenen in seiner ganzen Ausdehnung und Entwickelungsfähigkeit ist die nothwendige Voraussetzung der Conception der sittlichen Aufgabe, da durch die Wahrnehmung des Gegebenen in seiner Unendlichkeit auch die Schwierigkeit der Bewältigung und einheitlichen Zusammensetzung bedingt ist (s. Gallwitz). Die psychischen Phänomene (als Gegenstand „innerer Wahrnehmung") unterscheiden sich durch intentionale Inexistenz von den physischen (s. Brentano). Haec duo, Caelum et Terra, quod anima et corpus (s. Varro), Saturnus et Ops (Serapis et Isis, etsi Arpocrates digito significat, ut taceas eam). Phoenices in sacris mundi imaginem exprimentes draconem fixerunt in orbem reductum, caudamque suam devorantem, ut appareat mundum ex se ipso ali et in se revolvi (s. Macrobius). Κάθαμμα λύεις (s. Suidas) ἀπὸ τῆς ἁμάξης Μίδου (im phrygischen λόγον) zur Enträthselung des „Nodus Gordius". Ἦν δὲ ὁ δεσμὸς ἐκ φλοιοῦ κρανέης καὶ τούτου οὔτε τέλος οὔτε ἀρχὴ ἐφαίνετο (s. Arrian). Im Skepticismus (Aenesidemus') die τρόποι ἀνάγονται εἰς τὸ πρός τι (s. Sext. Empir.). Ueber Erde (und Wasser) setzt Heraklit das Feuer oben (in Rehua pol.). Der kristallinische Marmor (ein Product unterirdischer Schmelzung, welche die Granite, wie die Laven hervorbringt) „ist nicht das Product eines brennenden, unterirdischen, vulkanischen Feuers, sondern der eigenthümlichen inneren Wärme der Erde, die mit der allgemeinen Lebensthätigkeit derselben zusammenhängt, welche sich durch ein ewiges Bilden und Zerstören kundgiebt" (bei Hutton), in stetem Kreislauf (s. Keferstein), erhalten durch Hestia (am Centralherd). Neith ist Mutter des Ra (als die Kuh, die die Sonne gebar). In seiner Streitschrift gegen das copernicanische System lässt Schyrle die Wärme (auf der Erde) durch die Bewegung entstehen († 1660 p. d.) Nec circumfuso pendebat in aere Tellus Ponderibus librata suis (s. Ovid). Von massiven Hohlkugeln des drehenden Himmelsgewölbes umgeben, ruht die Erde im Mittelpunkt (nach Anaximander). Die Erde wurde durch den schnellen Kreislauf des Himmels gehalten (nach Empedokles). Wie aus Lucifer's Epicykeln durch Heraclides Ponticus geschlossen wurde (s. Chalcidius), bewegen sich Mercur und Venus um die Sonne (bei Vitruvius), mit gemeinsamem Mittelpunkt der drei soliden Sphären in einer Hohlsphäre (bei Adrastos), und die Sonne als ganz gefüllte kleinste (s. Theon von Smyrna). Der Würfel repräsentirt die Erde, das Oktaeder die Luft, das Tetraeder das Feuer, das Icosaeder das Wasser und das Pentagondodecaeder die Himmelskörper (bei Kepler). Zu den vier Elementen vergänglicher Welt kommt als fünftes das Göttliche im Aether (bei Aristoteles). Die Seele ist, wie jedes andere Atom, einfach, der Leib zusammengesetzt (s. Flügel). Granit, Porphyr, Basalt, der Masse und ihrem Wesen nach gleichartig, erhalten ihre differente Form nur durch die Verhältnisse, unter welchen sie hervortreten (nach Hutton) Der Basalt geht durch Toadstone, Whinstone, Mandelstein, Phorphyr etc. in Granit über (s. Beddoes). Betreffs der primitiven Krystallgestalten (1823) „bleibt es wahr, dass keine Lehre der Physik und also ¸auch nicht die Theorie der primitiven Formen, fest steht, so lange sie nicht metaphysisch begründet ist" (s. Bernhard). In der „Methode der Beziehungen" sind die an den Erfahrungsbegriffen aufgewiesenen Widersprüche auszugleichen (s. Herbart). Als aus dem Flusse des Werdens ist jeder Gedanke wahr, wenn auch falsch (bei Protagoras), in der Beziehung des Kranken zum Gesunden (als Abweichung vom Normalen). Alkmäon setzte die (bei den Pythagoräern) kuglige Sonne flach (πλατύν), während von Philolaos ein Glaskörper (δίσκος ὑαλοειδής) angenommen wird (s. Plato). „Wo immer wir auf der Oberfläche der Erde uns finden, da ist der soweit höchste Punkt," heisst es (gegen Brahmagupta's Einwurf), bei Prithudaça Swami (s. Colebrooke). Mit dem Kreis des Primum mobile umschliesst sich das System (bei Martianus Capella). Indem die Chemie mit der Waage in der Hand weiter vorschritt, kam sie bald dahin, die Imponderabilien immer entbehrlicher zu finden (s. Frerichs). Takuakanxkan (the god of motion) never sleeps (unter den Manito). Day and night (νυχϑήμερον) are one revolution of the sun in the rotation of the universe (s. Albiruni), this circle is a great circle (s. Sachau). Gessner's († 1561) und Aldrovandi's († 1605) Compilationen bereiteten Johnstonus' († 1675) Universaltheater der Thiere vor (zur Uebersicht der Induction). „Stoss und Fernwirkung haben gleichviel Unbegreifliches und durchaus nichts Selbstverständliches. Bei der mathematischen Behandlung der Phänomene ist aber stets nothwendig, fernwirkende Kräfte anzunehmen, werde dies nun offen zugestanden, oder durch den Körper-

Elementen beigelegte Eigenschaften, oder durch nicht motivirte Kombination von Formeln, die inhaltlich dasselbe apodiktisch fordern, ausgeführt (s. Schmitz-Dumont). Der Physik ist die Kraft nichts weiter, als der Ausdruck für ein Gesetz, welches die durch Beobachtung gefundenen Regeln umfasst (s. Frerichs). Für Kraftäusserung der absoluten Elemente bleibt als allein möglicher Fall „das Ineinander oder die Durchdringung verschiedener Wesen übrig, weil der Begriff der Kraft erfordert, ein Wesen könne nur da wirken, wo es wirklich auch ist" (a. Flügel). Alle Kräfte in der Welt sind nur anziehende und abstossende in der Richtung der Verbindungslinie der aufeinander wirkenden Massenpunkte, und ihre Intensität hängt allein ab von dem gegenseitigen Abstand der beiden Punkte (s. Fick). Ψυχὴ τῶν πάντων πρεσβυτάτη γενομένη τε ἀρχή κινήσεως (s. Plato), dem Körper vorangehend (als dem Jüngeren). Die Natmases, von Nugerain, (der Aneityum auffischte), stammend, „filled the earth, the air and the sea" (s. Campbell), als Innuae (der Eskimo). πάντα θεῶν πλήρη (bei Thales). Das Ganze geht den Theilen voran (s. Aristoteles), wie die Ideen des Hauses seinem Bau, in Gedanken des Architecten, oder des Weltdemiurg, wenn die Ideen (Plato's) in die Gottheit verlegt werden (neuplatonisch). Der Glaube kann nicht statthaben, es sei denn Alles, was ich glaube, verborgen und unsichtbar, denn was ich sehe, das glaube ich nicht (s. Luther). La Matière réposait en masse inerte, froide et obscure, tout-à-coup elle fut frappée par une force, qui sépara et enleva plusieurs parcelles (s. Ph. Bertrand). In Nukahiva kippt die Welt um, und für ihr Gleichgewicht versetzt man Berge auf Java (zwischen Nord und Süd).

Unter Bewegung versteht sich die Aenderung im Zustand eines Körpers (s. Poggendorf), und indem im Zustand das Sein der Dinge sich bedingt, liegt in der Bewegung etwas Schöpferisches, oder im Schöpferischen eine Bewegung (zum gestaltenden Werden). Die Bewegung erschöpft sich nicht anders, als durch den Widerstand, den sie erleidet, unter Bekämpfung desselben, und so wird im organischen Wachsen durch die Assimilationsprocesse (aus einwirkender Umgebung) die an sich geradlinige Bewegung zur rückläufigen abgelenkt unter naturnothwendigem Zwang, der beim Psychischen sich lockernd, dafür in Harmonien aufgelöst, in diesen gesetzmässig wieder umschlossen bleibt.

Der in flüssigen Körpern nach allen Seiten hin gleichmässig ausgeübte Druck (der Einzelntheilchen) macht sich (seinen Bewegungsäusserungen nach) bei starren in der Concentration (als einheitlich Ganzes) geltend, wie bei organischer Entwickelung in der Folge (des Lebens). In der der Möglichkeit nach seienden Materie (bei Aristoteles) liegt die Kraft latent, mit dem Reiz zu wecken (im Anstoss innerer Molecularbewegung), von aussen her, durch den Nous (bei Anaxagoras) für φιλία und νεῖχος (s. Empedokles) der Atome (Leukipp's) für organische Entwickelung zum Jenseits von Raum und Zeit (im psychischen Leben). Wie

die Lebenskraft aus der Physiologie ist der „Intellect" aus der
Psychologie zu vertreiben, indem das ihm Zugeschriebene von
den „einzelnen Vorstellungen in ihren verschiedenen Combinationen"
geleistet wird" (s. Flügel), als Functionen des Organismus im
psychischen Wachsthumsprocess).

Kein ruhender Körper kommt in Bewegung ohne Anstoss
von aussen, ausser wenn die Bewegungskraft bereits drinnen
wohnt (für organische Wesenheit), und so könnten die drehenden
Planeten das Leben in sich selbst finden (bei den Gestirnen) als
ϑεοί oder aus der „Urrotation" entnehmen (in kosmogenischer
Theorie). Aus dem Princip des Beharrungsvermögens (vis inertiae)
oder dem Beharren in Trägheit (der Materie) wird, bei mangelnden Hindernissen eines Widerstandes, das Einhalten mitge-
theilter Bewegung als fortdauernd gesetzt, obwohl hier, je nach
der Kraft ersten Anstosses (im Impetus), immer bereits ein Ueber-
winden der (allgemein durchgehenden) Schwerkraft vorausgesetzt
bleibt, und im Organischen ein Spiel der Molecularkräfte (oder
Elementartheilchen) eintritt, wofür sich der Abschluss von selbst
begränzt (aus innerlicher Ursächlichkeit). Die, wenn durch den
Anstoss nicht zu inneren Umsetzungen angeregte, in's Rollen ge-
brachte, Kugel stolpert fort, unter momentanen Ueberwindungen der
Schwerkraft, so dass sich der Ausgleich im Verhältniss zu der
Stärke des ersten Impetus feststellen wird, der, wenn übermässig,
entweder innerliche Zersetzung zur Folge hat oder, je nach dem
Aggregatzustande, ein Zerschmettern (in Aufhebung vorher abgeschlossenen Bestandes). Durch die Trägheit (in der Dynamik)
wird „der momentane Impuls zur permanenten Kraft" (s. Reuschle),
wobei sich dann die Entwickelung organischer Gesetze zu verfolgen hätte, bis in's Psychische hinauf (für immanentes Verständniss). Wie in der Physiologie beim Kampf mit dem „Vitalismus" bedarf es zunächst einer Rückführung auf mechanische
Vorgänge, und so verschwindet die „Vis animalis" (als Lebenskraft
von Erde und Mond) mit Erweiterung der irdischen Schwere
(Kepler's) an Stelle der „species immateriata corporis solaris"
(nach Art des Lichtes) zur Gravitation, in Durchdringung des
Weltraumes (bei Newton), aber wenn die Mechanik im psychischen
Gesetze zum Leben selbst zurückkehrt, wird sie dort sich selber
auch leben in Erhellung eigenen Verständnisses (aus innerer
Lichtquelle). Seitdem neben der „Einheit der Kraft" auch die
„Einheit des Stoffes" (mit Ausnahme etwa des „Helium") durch

das Spectrum in der Solaranalyse (und dann der Stellaranalyse)
im Weltall zu constatiren versucht ist, wird um so mehr ein Anhalt gegeben sein, um den „Influxus physicus" zu verfolgen in
das Physische hinein, wenn sich die Brücke der Psycho-Physik
hinüberschlägt nach denjenigen Regionen, wo mittelst des Völkergedankens neue Regionen der Forschung uns eröffnet vorliegen,
bei Fassung des Menschen in den für ihn typischen Charakter
der Gesellschaftswesenheit (als Zoon politikon).

Nach der Stossrichtung der Tangentialkräfte (im Zusammenwirken mit der Centralkraft), „müsste die Erde zu einer Zeit entstanden sein, wo die Apsiden ihrer Bahn mit den Sonnenwenden
zusammenfielen (s. Littrow). Οἱ δὲ φυσικὴν ἀνάγκην ἀντὶ αἰτίου
τιθέασι διά τι μὴ φέρεται κάτω, δηλονότι τὴν περιφορὰν ὑπερισχύ-
ουσαν τῆς οἰκείας ῥοπῆς ἥττονος οὔσης, ὥσπερ Ἐμπεδοκλῆς φησι
καὶ Ἀναξαγόρας (s. Simplicius). Bei der aus allerfüllender Materie
an jedem Orte kreisförmig erzwungenen Bewegung (bei Descartes)
beginnt es zu wirbeln (in δῖναι), und die durch rasche Drehung
des Himmels entstehenden Wirbel halten die Erde in dem Mittelpunkt (bei Empedokles), aus Umschwung (δίνη oder περιχώρησις)
des Aethers (s. Anaxagoras) im kreisförmigen Wirbel der Atome
(bei Demokrit), aus dem Primum mobile (obersten Himmels), bis
es nebelig sich trübt, für Erklärung der Affinitäten, in chaotisch
kreuzendem Getriebe (der Nebularhypothese). Im Verhältniss
des Nabels zum Herzen findet sich der Mittelpunkt der Grösse
da, wo die Erde ist, an einem kalten und unbeweglichen Ort, das
Centrum der Belebung dagegen in der Sonne, als Herz des Universums, mit Ausdehnung der Seele durch das All (s. Theon
Smyrn.). Die in solch' kosmisch organischer Auffassung der
Weltseele drehenden Phantasieu vernichten sich, (nachdem Kepler
durch Gilbert's Beobachtungen über den Magnetismus der
Erde auf die elliptische Bahn des Mars geführt worden), bei
Ueberwindung magnetischer Polarität, die „partem inimicam" und
„partem amicam" (bei Kepler) abzugleichen hat, zur nüchternen
Trockenheit der gleichmässigen Schwerkraft in (Newton's)
Gravitation, um den Ansatz deutlicher Rechnungen zu ermög-
lichen, nach Maass und Zahl (der Pythagoräer). Der Meteorstein
(δίμυλος λίθος) führte Anaxagoras auf die erdartige Zusammensetzung der Sonne, wie jetzt eine ebenmässige Scala in der
Spectralanalyse hergestellt wird, und mit dem kosmischen Feuer
im Innern der Erde (ἐν τῷ μέσῳ), als schöpferischer Kraft (bei

Simplicius), mit „Feuer unter dem Meere" (bei Proclus), im
Durchschnitt (s. Gruppe), fiele die Wärmequelle in den Vulcanismus, mit Anregung (bei Reibung primitiver Lichterzeuger) aus
der Sonne (durch Spiegelung). „Die Gesetze Kepler's sind
Lehrsätze, die mitten in einem äusserst verwickelten Zusammenhange der Wissenschaft stehen, die Gesetze Galilei's dagegen
sind die ersten Anfänge einer Wissenschaft (aus einem Princip
der Mechanik theoretisch abgeleitet), „während Kepler die seinige
inductorisch aus den Beobachtungen erschlossen hatte" (teleo-
logisch). „Als Lehrsätze (Theoremata) bedurften sie der Zurückführung auf ein wissenschaftliches Princip, auf ein Axiom, Galilei's
Gesetze dagegen flossen unmittelbar aus dem Grundsatze der
Phoronomie, und dieser trug als solcher seine wissenschaftliche
Selbständigkeit bei sich" (s. Apelt). Statt ausgedehnter und un-
veränderlicher Atome sind nur Kräfte zuzugestehen, welche
in die Ferne wirken, und Punkte, welche Sitze dieser Kräfte
sind, und deren Bewegung auch die Veränderung des Mittelpunktes
bedingt, von dem aus die Kraft wirkt (s. Saint-Venant) zum Umsetzen nach den Wirkungsäusserungen (für das Leben psychischer
Realisation).

In der Ursächlichkeit, worauf der erste Anstoss (eine Centrifugalkraft) zurückweist, verhüllt sich das Wesen des Seins, wie
im Wachsthumsprocess (periodischer Kreisungen). „Vis viva est
aliquid reale et substantiale quod per se subsistit, et quantum
in se est, non dependit ab alio" (s. Bernouilli) in Selbstständigkeit
eigenen Bewusstseins (für naturwissenschaftliche Gestaltung der
Psychologie). Die Natur, die unmittelbar mit der Schöpfung
grenzte, war so roh, so ungebildet als möglich; allein auch in
der wesentlichen Eigenschaft der Elemente, die das Chaos ausmachen, ist das Merkmal derjenigen Vollkommenheit zu spüren,
die sie von ihrem Ursprung her haben, indem ihr Wesen aus
der ewigen Idee des göttlichen Verstandes eine Folge ist (s. Kant).
„Es mag die Ursache organisirter Wesen in der Welt oder ausser
der Welt anzutreffen sein, so müssen wir entweder aller Bestimmung ihrer Ursachen entsagen oder ein intelligentes Wesen
uns hinzudenken" (im Dhamma, bei moralisch-physischer Einheit
des Weltgesetzes).

Für die Wirkungsweise mechanischen Stosses, wenn dieselbe
nicht in räumliche Fortbewegung des getroffenen Körpers verläuft, kommt der Aggregatzustand desselben in Frage, der, wenn

weich, in gegenseitige Bewegung der Theilchen geändert, sich herstellt, wenn hart, tönend (in Schwingungen) zurückklingt, unter Bewahrung des stabilen Gleichgewichts, oder, sofern nicht in innerlich, zur Thätigkeit gerufenen Wahlverwandtschaften (unter den Molekularkräften), in bisheriger Selbstständigkeit zersetzt, elastisch reagirt; dehnbar, so lange der Zug dauert, aber auch eigenkräftig federnd (in Uebergang zu chemischer Umwandlung). In der Mechanik kommen Lebensäusserungen zur Geltung, die im Raum äusserlich sich äussern, auf der Grenzscheide zu innerlich eigenen Umgestaltungen (schöpferischer Kraft). „Die ganze Ueberzeugung, das ein Bewegtes, dem kein Hinderniss widerfährt, in gleicher Richtung und Geschwindigkeit stets weiter gehen werde, beruht einzig auf der Voraussetzung, die Bewegung sei keine wahre Veränderung, sondern das Bewegte befinde sich an jedem neuen Orte, den es erreicht, noch genau ebenso, wie an dem nächstvorhergehenden und gerade, wie diesen, so verlasse es jenen“ (s. O. Flügel), in momentaner Verwirklichung (psychisch). Für die harmonische Zusammenordnung der Theile, im Stentor hyaloklastes (s. Morhof), zur Auswirkung kommend (wie schon im Talmud bekannt), tritt es sichtlich in Chladni's Klangfiguren hervor (oder hörbar beim Mittönen der Combinationstöne u. s. w.). Die Aussendinge verschwinden in Vorstellungen bei der Theorie des Immaterialismus (s. Berkeley), während unter den sonst subjectiven Sinnesempfindungen die durch das Tastgefühl wahrgenommenen Unterschiede der Dinge als objective festgehalten werden (cf. Leukippos), und mit dem Geruche des Seelischen die Luft (cf. Anaximenes) anhebt (bei Condillac) unter pneumatischer Vergeistigung zum Licht (und dann gesellschaftlich im Laut). Zum „Evestrum“, den Dingen inhärirend seit der Geburt, als Schattenreflex (dem Sichtlichen) tritt (bei Paracelsus) das „Trarames“ aus seelisch höherer Entwickelung (hörbarlich), und so summt es in Ahnungen, wenn das Auge der Mystik erstirbt im Dunkel des Occultismus (primärer Avixa). Nur aus Thätigkeit der Bewegung klingt der Ton, nur im Licht irdischer Tageshelle erkennt das Auge, der Tastsinn setzt die Willensbestimmung des Greifens, der Geschmack die Assimilation voraus, wogegen, so lange mit dem Leben die Athmung nicht unterbrochen ist, der Geruch ohne Unterbrechen direct getroffen wird, als erste Manifestation in der Schöpfung Tuan Allahs (auf Sumatra). Nur die ethische Weltansicht ist wissenschaftlich, die religiöse ist aesthetisch (s. Apelt). Alles was der Seele oder dem Intellect, als unmittelbar angeboren (oder ursprünglich erworben) zugeschrieben wird, ergiebt sich als „entstanden aus der Wechselwirkung der einfachen Darstellungen untereinander" (s. O. Flügel), mit Ausentwickelung im Wachsthumsprocess (durch die Functionen psychischen Organismus').

. Bei ruhendem Bestande unterscheiden sich die Dinge in der Auffassung durch Getast oder Gesicht, während für die übrigen Dinge eine Veränderung zutritt, chemisch nämlich für Geruch und Geschmack, oder räumlich für das Ohr durch die Bewegung des Schalles, und solche Bewegung liesse sich auf das Licht erweitern, für periodisch regelmässige Wiederkehr siderisch, oder bei gegebener Veranlassung durch Auffallen eines tellurisch erzeugten Feuerscheins. Im Licht verbinden sich die optischen Umrisse mit der Undurchdringlichkeit der Materie, unter gemeinsam bedingter Wechselwirkung für das, was materiell auch im Menschen (seiner Physis nach) fortwirkt, aber psychisch von ihm begriffen (beim geistigen Fortschritt).

Für das Licht liegt die Quelle über den planetarischen Horizont hinaus, wie innerhalb desselben die Wärme zur Durchwirkung kommt, und sonst unter den Imponderabilien die Elektricität für ihre specifischen Aeusserungen zu verfolgen bleibt, während der Magnetismus im Gesammtleben des Tellurischen einwohnt.

Der von Cardano an den Himmel, in das Sternbild des Bären (bei Paracelsus) verlegte Anziehungspunkt für die Richtung der Magnetnadel wurde durch Norman (in Nachfolge Fracastoro's) auf die Erde zurückgebracht, und dort statt (mythisch im indischen Archipel) drohender Magnetberge, am Nordpol (bei Olaus Magnus) aus dem Erdkörper (in seinen Polen) dargelegt (durch Gilbert).

Im „Licht und Knistern" des electrischen Bernsteins fand Wall (1698) die Analogien zum „Blitz und Donner" des Gewitters (meteorologischer Processe), und dann (s. d'Alembert) „eripuit coelo fulmen" (Franklin), in Dalibard's Versuch (1752), während Richmann (1753) erschlagen wurde (gleich Roma's Rex).

Die Anziehung der durch Reibung electrisirbaren Substanzen, wie Bernstein und Lynkurion. mit der von Gilbert angeschlossenen Reihe, wirkt auch auf schwebend genäherte Metalle, aber nicht auf glühende Körper, wenn die Wärme zugleich in Thätigkeit tritt (in Uebergang zu chemischer Zersetzung).

„Das, was wir auf der Erde als Schwere fühlen, rührt von einem Druck des Weltgases her, dessen Atome zu der Erde (von oben nach abwärts) in grösserer Menge strömen, als von derselben (nach aufwärts). Es ändert sich damit nur die Vorstellungsweise" (s. Schramm), je nach dem Standpunkt (wie bei deductivem oder inductivem Ausgang für Vergleichungsreihen). Si dicimus terram moveri, et coelum quiescere, nullum apparet inconveniens (s. Regiomontanus). Der Zusammenhang entscheidet (im Einklang).

Nachdem Hawksbee den electrischen Funken gesehen, begannen mit Gray die Electrisirungen, auch des menschlischen Körpers (1732), wie von Dufay († 1739) weitergeführt, bis zur „Beatification" (bei Bose), und dem von Cunaeus (Musschenbroek's Schüler), sowie von Kleist (1745) gefühlten Schlag (aus der Verstärkungsflasche). Mit (Winckler's) electrischer Batterie sodann, in Fortpflanzung durch Menschenketten (in Gratath's Vorführungen), wurden, wie Ludolf Schwefeläther entzündet hatte (1744), Vögel und Fische getödtet (durch Nollet's Entladungen).

Wie (durch Aepinus) im Turmalin (1757), dem Hany weitere Kristalle zufügte, wurde von Walsh im Torpedo (1772) eine Electricitätsquelle gefunden, und dann trat diejenige hinzu, welche Galvani im Frosch, der Erfinder des „Elettroforo perpetuo" (Alex. Volta) dagegen, im Metall suchte, während sie „in beiden liegt" (1879).

Bei der mechanischen Naturerklärung im „Mechanismus der menschlichen Vorstellungen" (s. Bonnet) oder der „Mécanique des animaux" (s. Perrault), ist der Pantokrator (bei Newton) in den Hintergrund gestellt (für die Endursachen), während Descartes von eigenem Selbstbewusstsein ausging, als vorangesetztes Postulat, das in der Berührung des Subjectiven und Objectiven in den inductiven Methoden eines logischen Rechnens aufzulösen sein wird (bei naturwissenschaftlicher Durchbildung der Psychologie). Substantia, quam summe perfectam esse intelligimus et in qua nihil plane concipimus, quod aliquem defectum sive perfectionis limitationem involvit, deus vocatur (s. Descartes), und mit Wiedereinführung der (wegen Theilbarkeit des Ausgedehnten weggestrichenen) Atome, in der Elementartheorie (bei Bayle) für die Materie, konnten nun die minutiösen Detail-Untersuchungen einsetzen, nach comparativ-genetisch vorgeschriebenem Verfahren, vom Kleinstem zum Grössten und zurück (ἄνω καὶ κάτω).

Statt der linienartigen Stufenfolge (Bonnet's), setzte Donati netzartige Verwandtschaft (in J. Hermann's System der Zoologie). Nach Batsch ist die Verwandtschaft der Natur „nicht in gerader Linie, sondern einem Netze ähnlich" (1788). In Insecten und Mollusken erkennt Swammerdam den Bau der höheren Thiere (totum et in minimis), für organische Einheit (im Schöpfungsgedanken). In der Einschachtelungstheorie (bis Vallisnieri) liegt Alles präformirt (seit Adam).

Nachdem in der Entelechie ($\dot\eta$ $\pi\varrho\dot\omega\tau\eta$ $\sigma\dot\omega\mu\alpha\iota\sigma\varsigma$ $\varphi\upsilon\sigma\iota\varkappa\sigma\tilde\upsilon$ $\dot\sigma\varrho$-$\gamma\alpha\nu\iota\varkappa\dot\sigma\nu$) aus der $\alpha\ddot\iota\sigma\vartheta\eta\sigma\iota\varsigma$ $\tau\tilde\omega\nu$ $\dot\iota\delta\iota\omega\nu$ (und deren Zusammenfassung im $\alpha\dot\iota\sigma\vartheta\eta\tau\dot\eta\varrho\iota\sigma\nu$ $\varkappa\sigma\iota\nu\dot\sigma\nu$) die Bewegung ($\dot\eta$ $\tau\sigma\tilde\upsilon$ $\delta\upsilon\nu\dot\alpha\mu\epsilon\iota$ $\dot\sigma\nu\tau\sigma\varsigma$ $\dot\epsilon\nu\tau\epsilon\lambda\epsilon\chi\epsilon\dot\iota\alpha$, $\underset{\iota}{\dot{}}$ $\tau\sigma\iota\sigma\tilde\upsilon\tau\sigma\nu$) in dem ertheilten Schwung (durch die $\varphi\alpha\nu\tau\alpha\sigma\dot\iota\alpha$) sich (über die Sinnesorgane hinaus) bis in das Bereich des Centralorgans nachwirkend empfindbar macht, werden die das Denken begleitenden Sinnesbilder ($\varphi\alpha\nu\tau\dot\alpha\sigma\mu\alpha\tau\alpha$) auf die Anschauungen der $\nu\sigma\eta\tau\dot\alpha$ geworfen, um die leere Tafel des Nous (im $\pi\sigma\iota\sigma\tilde\upsilon\nu$ des $\nu\sigma\tilde\upsilon\varsigma$ $\pi\sigma\iota\eta\tau\iota\varkappa\dot\sigma\varsigma$) zu beschreiben, und im „unmittelbaren Begreifen der höchsten Wahrheit" (s. Zeller) durch den Nous (bei Aristoteles) realisirt im Reifezustand sich das organische Entfalten idealer Fruchtbildung aus dem psychischen Wachsthumsprocess, während nun wieder die Idealgrössen für die Idealzahlen ($\dot\alpha\varrho\iota\vartheta\mu\sigma\dot\iota$ $\nu\sigma\eta\tau\sigma\dot\iota$) hervortreten (bei Plato), zum Berechnen von der Eins ($\mu\dot\epsilon\gamma\alpha$ $\varkappa\alpha\dot\iota$ $\mu\iota\varkappa\varrho\dot\sigma\nu$) her, betreffs der $\sigma\tau\sigma\iota\chi\epsilon\tilde\iota\alpha$ (der Elementargedanken) im logischen Rechnen (des Denkens). Für den Menschen wandelt sich die Welt der Erscheinungen zu der seiner Vorstellungen (s. Kant), und nach dem Verständniss dieser mag der Geist die Befähigung erlangen, wieder hinauszutreten in die Erscheinungen, um sie zu ordnen, als Nous (bei Anaxagoras) mit denjenigen Gottesideen wie sie in sphärischen Harmonien klingen (dem Kosmos, in naturwissenschaftlicher Fassung).

Der letzte Grund des absolut Seienden (als $\ddot\alpha\pi\sigma\iota\sigma\nu$) versenkt sich mit der $\vartheta\epsilon\sigma\lambda\sigma\gamma\dot\iota\alpha$ $\dot\alpha\pi\sigma\varphi\alpha\tau\iota\varkappa\dot\eta$ (bei Dionys. Areop.) in die Mystik des Nichtseins, das, bei Anwendung der Inductionsmethode auf das Thatsächliche, unter Rückkehr aus dem Objectiven in das Subjective, sich zu klären hätte (bei inductiv begründeter Psychologie).

Wenn Stahl, um auf Newton's Warnung Zersplitterung der Kräfte zu vermeiden, was man Natur zu nennen pflegte, als Seele bezeichnet (im Animismus), wenn man dann diese Bezeichnung (beim Hinabdenken in das Thierreich) nicht so lange nur fest-

hielt, wie sich als Seelisches erfassen lässt (s. Wundt), sondern
bis auf Plastidulseelen auf schlüpfrigem Boden hinabglitt, so
vermochte hier die Bewegung (bei Häckel) noch einige Fühlung
mit Entelechien (s. Aristoteles) bewahren, wogegen mit dem
„Seelenstoff" nur das Messen und Wägen beginnen könnte, in
priesterlicher Wagschaale wieder, wie bei Ab (jenseits der Pforte
des Duat).

Hatte sich der Xat (aus Fisch und Bündel) zur Mumie (Sah)
verklärt, so weilte (die Gebete zu hören und Opfer zu empfangen)
das Spiegelbild (als doppelgängerischer Schutzgeist) oder Ka
(emporgehobener Arme) in der Idolfigur der Todtenkammer,
während unter Vögeln hüpfend (wie in Böhmen) die (verklärten)
Achu (wenn nicht gespenstisch schweifend) auf den lieblichen
Pfaden (Uat nofret) der Sonne wandern; dieser gleicherweise Ba
(in menschenköpfiger Vogelgestalt auch) oder (bei Hora-Apollon)
Bai zueilt (als das Geistige der Seele), dann zurück zu ihrem
Herrn, zu Ra (Phra), während das (im Leben pulsirende) Herz oder
Hat in seinem Gefäss als Ab gewogen wurde, weil moralisch ver-
antwortlich (bei Abrechnung von Bun und Bab, in Buchführung
des Abhidhamma). Das Herz Quetzalcoatl's wird zum Stern
verklärt (s. Mendoza), und bei den Verwandten seelenhaschender
Salisch sucht das Herz, vom Scheiterhaufen springend, dem
Teufel zu entkommen, im bösen Gewissen schreckend (wie bei
Parsis). So redet in Gbesi die Stimme des Gewissens (bei den
Odschi), während Kla (das Geistige) praeexistirt und sich im
Reflex (des Genius) spiegelt, als Sasuma oder Seele, von der
beim Tode (neben neuen Incarnationen der Bla, im Nächst-
geborenen des Stammes) das Gespenst am Grabe spukt (als
Sisa). Um ihr gefährliches und schädliches Umherschweifen zu
vermeiden, wurde deshalb vorsorglich (wenn die geschmückte
Mumie nicht zusagen, oder aus meteorologischen Gründen nicht
passen konnte) das Götzenbild verfertigt (in den Kreidefiguren
der Papua), auch bei dem Inca, wenn von dem Bruderbilde schon
im Leben begleitet, während die Mumien seines peruanischen
Reiches für das (auch von Huronen gefeierte) Jahresfest neu geschmückt und zur Tafel gezogen wurden (an welcher die Aegypter
nur ein Skelettchen kreisen liessen).

Wie der nigritische Thiercultus, entspricht die Psychologie
der der Retu, unter Verschiebung der Namensbezeichnungen insofern, als Kla (statt Ka) dem Ba (statt Bla) entsprechen würde

(unter den übrigen Parallelen). „Die Seele ist ein so ganz geistiges Ding, dass man sie mit keinen leiblichen Dingen eigentlich vergleichen kann" (wie in der Extase gesehen), „ein rundes, schönes und durchleuchtendes Licht, der Sonne gleich, von einer goldfarbenen Röthe" (Sophia von Klingnau).

Mit manichäischem Schöpfrad wurden die Seelen Melanesiens von dem Mond emporgezogen (s. der Papua, S. 265), und the moon receives or „gathers up" (bei den Indianern) the souls of the female dead (s. Emerson), um wieder herabgeregnet zu werden (in Indien). Auf Timor sitzt im Monde die spinnende Alte (den Lebensfaden der Parzen zu weben), und „the moon is the old woman, who never dies" (bei den Algonkin), mit ihren Kindern in Tag, Sonne, Nacht, sowie „the high revolving star" (the Polar-star), Venus („the child of the moon") und „she who wears a plume" (the morning star). Wie bei den Eskimo symbolisirt bei den Hottentotten der Mond das Fortleben, im Streit für den Tod entschieden (auch auf Fiji). So, frischsaftiges Leben zu bewahren, wird nach Unsterblichkeitstränken gesucht, um (in Seefahrt der Taotse's) an eines Florida Küsten, wo der „Jugendquell" sprudelt, zu landen, wenn nicht vom Himmel das Lebenswasser (Vai Ora) herabgebracht ist, für (mysteriöse) Weihen (und Orgien). „Voll sich berauschen im Taumel der Lust" will die ἡδονὴ ἐν κινήσει (bei Aristipp), und wenn dann die Uebel (im Pessimismus) bedrängen, folgt die Lehre des Ἡγησίλαος (in Cyrene), während Epikur die Mitte zu halten sucht (in ἀταραξία und ἀπονία), bis sich eine ἡδονὴ καταστηματική hergestellt hat, für die geistigen Bedürfnisse (in selbst durchforschter Psychologie).

In Folge des leeren Raumes (aller Materie beraubt) konnte keine materiale Ursache verstattet werden, die durch ihre Erstreckung in den Raum des Planetengebäudes die Gemeinschaft der Bewegung unterhalten sollte, und so behauptete Newton, „die unmittelbare Hand Gottes habe diese Anordnung ohne die Anwendung der Kräfte der Natur ausgerichtet" (s. Kant), während hier die mechanische Erklärungsweise „aushilft" (für die den Himmelskörpern ertheilten Schwungkräfte) im „mechanischen Ursprung des Weltgebäudes" (1755). Alle Gegenstände der Welt kann man wegdenken, nur nicht Raum und Zeit (s. Fick). „Die Wirkung von der allgemeinen Anziehung (Attraction), die alle Materie auf alle und in alle Entfernungen unmittelbar ausübt, heisst Gravitation, die Bestrebung, in der Richtung der grösseren Gravitation sich zu bewegen, ist die Schwere." Ein „jedes Ding im Raum wirkt auf ein anderes nur an einem Ort, wo das Wirkende nicht ist" (s. Kant), bei der Fernewirkung (actio in distans), und mit der der Zeitmaasse spottenden Geschwindigkeit des Lichtes leitet eine Ubiquität sich ein (für Allgegenwart). „Durch den leeren Raum in die Ferne wirkende Kräfte sind an sich unbegreiflich, ja widersinnig, und erst seit Newton's Zeit, durch Missverstehen seiner Lehre, gegen seine ausdrückliche Warnung, den Naturforschern eine geläufige Vorstellung geworden" (s. Dubois-Reymond). Eine Kraft, die über das Wesen selbst hinausgeht und im Leeren thätig ist, ist nichts als eine freischwebende Kraft (s. Flügel). Um die Möglichkeit bestimmter Naturdinge, mithin um diese a priori zu erkennen, wird „noch erfordert, dass die den Begriffen correspondirende Anschauung a priori gegeben werde, d. h. dass der Begriff construirt werde" (s. Kant). Die Erscheinungen der Bewegungen des Weltgebäudes sind von seinen absoluten Dimensionen ebenso unabhängig, wie von der absoluten Bewegung, welche sie im Weltraum haben können, und wir können nichts als Verhältnisse beobachten und erkennen (cf. Laplace), mit dem Grundsatz der allgemeinen Schwere als ursprüngliches Naturgesetz oder Wirkung von unbekannten Ursachen (s. J. G. Fischer). In den phänologischen Beobachtungen (bei Hoffmann) wird die Pflanze zum Index der meteorologischen Verhältnisse in der Umgebung (in geographischer Provinz). Die unorganischen Dinge haben ihren Ursprung von organisirten Wesen, als Abfälle von denselben (nach Lamark). Die thätige Materie (neben der fixen Materie) zerfällt in Aether und Phlogiston (nach Peart). Theile des Mondes und der Erde sollen ohne Mittel. bloss auf den Zauber des Wortes Schwere, als wesentliche Eigenschaft der Materie, in einander wirken (s. De Lüc). Den „Ausdruck der Bewegung und Ruhe" soll man (um nicht „schwindlig" zu werden) „niemals in absolutem Verstande brauchen, sondern immer respective" (bemerkt Kant), und so hat sich all' unser Denken in Relationen (eines elementaren Rechnens) zu bewegen, bis ein höherer Calcul erfunden sein mag, (in naturwissenschaftlicher Psychologie). Das Ich setzt sich als bestimmt durch das Nicht-Ich (s. J. G. Fichte). „Dass es ein gemeinsames Entwickelungsprincip für die verschiedensten Elementartheile der Organismen giebt, und dass die Zellenbildung dieses Entwickelungsprincip ist," lehrt Schwann (1839), und die Zelle als Ausgangspunkt aller, auch später nicht zelligen, Theile des Pflanzenkörpers, Schleiden (1858). „In dem Verhältniss der Wechselbedingungen spricht sich der Begriff und die Wahrheit einer jeden Realität überhaupt und der organischen Verbindungen insbesondere aus", wogegen (bei Herbart) die Einheit aufgefasst wird, als in analoger Weise zusammengesetzt, wie eine Zahl aus den Einern (und so bei Transmutationen der Descendenz). Auf unterster Stufe, wie in Australien (s. Inselgruppen in Oceanien, S. 119) beginnt das Zählen (Deutsche Exp. an der Loangoküste II, S. 265 u. folg.) mit der Zwei bis zur Drei, und von Vier folgt das Viele, weiter zur Fünf am Orinoko (s. Gilj), (als Hand in Pancha, malayischer Verbreitung), und „was mehr als Sechs ist" (in Californien) „heisst Alles in ihrer Sprache" (bei Baegert), während Mancher „kaum Drei" zählen kann (oder „kaum Fünf"). Ein „kleines Kind hilft sich noch, wie Berthold Sigismund erzählt, als es nacheinander zwei Reiter sieht, mit: Eite — Noch Eins" (s. Keber), und dann folgt Drei (Das und Zwei). Die zur Auslösung (décrochement) der willkührlichen Bewegung nöthige Kraft kann sich bis auf Null mindern (s. Cournot) nach Differentialgleichungen (bei Boussinesq). Nach Kielmayer durchläuft der Embryo höherer Thiere die Formzustände niederer Klassen (1793), aber nur

8*

bei „entwickelungsgeschichtlichen Betrachtungen innerhalb der einzelnen Typen" zu beobachten, weil sonst in „vage Spielereien" verlaufend (s. Carus). Quibus junctis caelum et terra omnia exgenuerunt (s. Varro), aus Rangi und Papa, in den rebellischen Kindern (bei den Maori). In ihren Centra activitatis, von der Sphaera activitatis umgeben (für Statik und Mechanik), streiten die Kraft-Atome oder Stoffkräfte (sympathisch und antipathisch). Durch das Selbstponiren (des Absoluten, als Nichts) entsteht das Reale oder das Mannigfaltige der Welt (s. Oken), im Gedankenwahn (wenn nicht auf thatsächlichen Stützen geprüft und controllirt).

Neben ihrer praktischen Hälfte in der Ethik (des handelnden Willens) begreift, in der theoretischen, die Philosophie mit dem aus dem Naturzustand (der Psychologie) geschulten Denken, als Logik, für Verwendung desselben die Metaphysik, in den Problemen des „metaphysischen Bedürfnisses" (eines „appetitus intellectivus"), zur Verwirklichung gelangt, für religiöse Symbole ebenfalls aus den Wurzeln der Psychologie, die sich zugleich ethisch bethätigt (für rechtliche Realisationen). Bei objectiver Beobachtung des der Gesellschaftswesenheit entsprechenden Völkergedankens ist nun der Ausgang zunächst von den bereits verwirklichten Thatsachen, als Gegebenes, zu nehmen, also den religionsphilosophischen Anschauungen und den ethno-politischen Verkörperungen, um daraus analysirend zurückgehend, den psychischen Wachsthumsprocess zu verstehen (in naturwissenschaftlicher Psychologie).

„Sobald die allgemeinen, weil feststehenden Begriffe als das Seiende gesehen werden, dürfen sie nicht mehr Prädicate oder Eigenschaften heissen, denn es ist kein realer Gegenstand mehr als seiend vorhanden, welcher so beschaffen wäre. Die Eigenschaften werden vielmehr selbstständig, die Adjectiva zu Substantiva, sie heissen Ideen (Beschaffenheiten). Rein, selbstständig, unveränderlich bleiben sie als das eigentlich Wahre eines Seienden zurück, was von den Dingen selbst nur unvollkommen nachgeahmt wird. Hebt man also aus dem mit verschiedenen Eigenschaften successiv oder simultan behafteten einzelnen Dinge dessen einzelne Beschaffenheit heraus, führt diese auf ihre allgemeinen Begriffe zurück, so ist jeder derselben nur einmal vorhanden, kann jedoch auf viele Dinge bezogen werden und stellt das dar, was Plato eine Idee nannte" (s. O. Flügel), im psychischen Wachsthumsprocess zu erfassen (kraft naturwissenschaftlicher Psychologie).

C'est cette extrême complication qui fit supposer à Newton, que notre système du monde avait besoin pour le rétablissement

de l'ordre, de l'intervention du Tout-Puissant. Mais Laplace
(l'auteur de la Mécanique céleste) arrive à cette conclusion, que
la nature tient en réserve des forces conservatrices et toujours
présentes, qui agissent aussitôt que le trouble commence, et
d'autant plus que la perturbation est plus grande, et que c'est
cette puissance préservatrice qui, pénétrant toutes les parties de
l'univers, nous en garantit l'ordre, la perpétuité et l'harmonie
(s. Höfer), also (unter verschiedenem Namen) ein über-natürlicher
Eingriff (weil über soweitige Kenntniss der Natur hinausliegend).

Als physische Einheit der ganzen organischen Natur zeigt
sich das Protoplasma und als physiologische Einheit die Reiz-
barkeit oder Irritabilität (s. Steinach). Sarkode (bei Dujardin),
niederster Thiere, und Protoplasma (bei H. v. Mohl) in den
Pflanzenzellen sind identisch (s. M. Schulz) in Substanz (der Pro-
tisten). Im Vergleich zum Leben der Pflanze ist die Krystalli-
sationsbildung nur eine Vorstufe des Lebens (s. Tschermak), im
momentanen Ersterben, bis abgelenkt im statu nascenti (für organische Fortentwickelung). Die Vernehmung des Göttlichen liegt
in der Region eines dem philosophischen Wissen, wie allem Wissen
überhaupt, schlechthin unzugänglichen, von der Allmacht selbst auf
eine unbegreifliche Weise bewirkten Glaubens (bei Jacobi), indem
das philosophische Erkennen, durch den Glauben über den
Charakter leerer Speculation erhoben, seine Realität gewinnt
(cf. Reinhold) in Umgränzung (s. Beitr. zur vergl. Psychologie,
S. 284). In der Idee, aus Vernunftthätigkeit ($\lambda o\gamma\iota\sigma\mu\tilde{\omega}$) hervorgehend, liegt (bei Plato), die Wieder-Erinnerung ($\dot{\alpha}\nu\dot{\alpha}\mu\nu\eta\sigma\iota\varsigma$),
aus Praeexistenz (der Kla in Guinea). „Zugestanden, dass rein
mechanisch Leben entstehen könne" (s. Dubois), „wird es sich nur
noch darum handeln, ob die Materie, die sich rein mechanisch zu
Lebendigem zusammenfügen kann, stets da war, oder ob sie, wie
Leibniz meinte, erst von Gott geschaffen wird" (Bewusstsein kann
nicht mechanisch erklärt werden). Est de sole sumptus ignis, isque
totus mentis est (s. Epicharmus). Der Mond (in Aegypten) hiess
Mutter der Welt (s. Plut.), und schöpferisch wirkt Ove (in Viti).

Die Molekule ordnen sich in den Organen durch innere
Form (moule intérieur) genannte Kräfte zum neuen Individuum
(s. Buffon), durch Kraft, als Wesen der Substanz (bei Leibniz).
Während unter der Gattung eine Anzahl von Arten verstanden
wird, welche in einem charakteristischen Merkmal (nota) über-
einstimmen, nennt Lang eine Anzahl in ähnlicher Weise über-

— 118 —

einstimmender Gattungen eine Klasse und vereinigt mehrere Klassen zu einer Ordnung oder einem Theil und nennt die gesammten Schalthiere eine Familie (s. Carus). La vraie science et le vrai étude de l'homme, c'est l'homme (Charron). The proper study of mankind is man (Pope), inductiv (als Zoon politikon).

Auf dem Erdplaneten wird der Zusammenhang des Ganzen durch die Gravitation bewahrt, durch die im Centrum Gravitatis zusammenlaufenden Fäden der Attraction, welche die Dinge an den ihnen zukommenden Standorten bewahren, ausser den in freier Bewegung losgelösten Thieren oder den in geschlossenem Kreislauf, nach aufwärts strebender Wachsthumsgestaltung, ändernden Pflanzen, sowie in ihrer Leichtigkeit gegen die Schwere rebellischen Gasarten, nebst Mithülfe der darin, unter Aenderung des Aggregatzustandes, überführenden Wärme mit nächster Quelle in der Sonne, ehe sich irdisches Feuer entzündete (oder aus vulcanischen Feuern hervorschoss).

Diese von dem Fall der Schwere mehr oder weniger unabhängigen Agentien vermögen den Impuls der Bewegung auf sonst todte Massen zu übertragen, in Fortpflanzung also gleichsam der aus dem Primus Motor (in Himmelsbewegung) auf ihnen eingesenkten Funken (zu schöpferischer Bewegung).

Die für die centrifugalen Ketten den Ausgangspunkt bildenden „Arbeitsorgane" fallen der Hauptsache nach in den Bereich der motorischen Fasern (mit Muskelbewegungen, die in weiter Ausdehnung auch unwillkürliche Mitbewegungen zu erregen vermögen, in Folge sympathischer Ausbreitung), und können auch das dem directen Willenseinfluss (weil von sympathischen Nervenfasern versorgt) entzogene Herz auf Grund seiner animalen Muskeln in Mitleidenschaft ziehen, wogegen, was bis darüber hinaus noch nachzittert, mit organischen Muskeln (oder contractil verwandten Fasern) versehene Organe (des Intestinaltract's) treffend, hier nichts weiter hervorzurufen vermag, als eine wechselnde Modification der Secretionsstoffe, deren Rückwirkung in der accumulirenden Masse der Mitempfindungen ihre Specificität desto völliger verlieren muss, je mehr sie materiell erkennbar werden sollten (also im Gegensatz zu seelischer Auffassung, diese vielmehr negirend). Die Ausdehnungsweite bis wohin „die Richtung der Aufmerksamkeit die Thätigkeit nicht nur der bewegenden, sondern auch der sensibeln und der vasomotorischen Nerven verändern kann" (s. Domrich), bleibt noch für weitere Untersuchungen offen, beim Verlauf auf das pathologische Beobachtungsfeld (unter Hypochondern und Hysterischen).

Plenus venter non studet libenter, aber „der Erfahrungssatz, dass alle Gelehrten einen schlechten Magen haben" (bei Celsus), ist in solcher Fassung falsch, denn mässiges Denken befördert die Gesundheit (cf. *Domrich*), nach statistischen Erhebungen erwiesen, über Langlebigkeit der Bon-vivants, wenn geistiger Arbeit nicht abgeneigt (wie in der Geschichte des englischen Parlaments).

Wenn auch im Elend Freiheit der Glückseligkeit bewahrend, gäbe es „kein Uebel für den Weisen" (der Stoiker), soweit sich derselbe in einheitlicher Harmonie der ihm kosmisch gültigen Weltanschauung zu halten vermöchte (um daraus wieder praktisch brauchbare Vorschriften für die Anforderungen des Tageslebens zum Gemeinbesten abzuleiten).

Der infinitus amor dei (in Uneigennützigkeit der Moral) richtet sich als amor dei intellectualis (s. Spinoza) auf den appetitus intellectivus (bei Thom. Aq.), an reicher Tafel zu schwelgen (im Geistesreich).

„L'amour, qui nous fait désirer véritablement de posséder Dieu seul par le motif de trouver notre bonheur dans sa connaissance et son amour" (s Bossuet), hat aus dunkeln Gefühlsregungen empor in der Religionsphilosophie zum Verständniss zu gelangen, beim vergleichenden Ueberblick der Völkergedanken (für inductive Behandlung der Psychologie). Und dann würden die praktischen Tugenden (der Ethik) den dianoëtischen (wie vom Nous bedingt) eingeordnet stehen in der Θεωρία τὸ ἥδιστον (bei Aristoteles), nicht für die Mystik einer Vita contemplativa (als Vita beata), sondern in deutlichem Schauen (naturgeschichtlichen Wissens), wenn bis zur Welt der Ideale hinerstreckt.

Die dem (englischen) Sensualismus entnommenen Weiterfolgerungen der (französischen) Materialisten ernüchterten im klärenden Aufrütteln die speculativ umnebelte Atmosphäre des vorigen Jahrhunderts, aber im jetzigen, wo der Sehkreis naturwissenschaftlich erhellt ist, muss an der Methode streng logischen Denkens um so ängstlicher festgehalten werden, je mehr der blendende Ausblick auf ideal gestellte Probleme (in naturwissenschaftlicher Psychologie) mit dem Schwindel des Enthusiasmus bedroht, der dann leicht zu Schwindeleien weiterführt (bewussten oder unbewussten). Una vertigo Quiritem facit (s. Persius), aber nicht eine kurze Denkverdrehung schon den Naturforscher zum Philosophen, da gegentheils jener, seiner Natur nach, auf dem schmalen Forschungswege zu verbleiben hat, soweit gesicherte Thatsachen dort einen Fussauftritt gewähren (und jeder Schritt darüber hinaus in desto hoffnungslosere Verirrungen führen würde, weil hier selbst jener metaphysische Ariadnefaden fehlt, der sich aus alter Tradition in der Philosophie vererbt hat). Darwin's mit fruchtbringenden Keimen geschwängertes Fundamentalwerk („the Genesis of species") wurde durch heissblütige Jünger in die Descendenz hinabgezerrt, und so war hier zu polemisiren, wie gegen die aus Aristoteles' vegetativer Seele schon auf die humane (mit Draussenbleiben des Nous) hintreffenden Gerüche (ehe in den animalen verstanden), gegen den Spiritismus auch (bis in „occultistische" Verstecke), und sonstigen Ausdünstungen (trunken umgaukelten Hirn's). Damit, wie sich in jedem dieser Fälle bewiesen, war stets in ein böses Wespennest hineingestochen, indess, wie das Liedlein singt: „Die schlechtesten Früchte sind es nicht" (woran solch Ungeziefer nagt), und so mag es darum sein, wo sonstige Interessen hier in's Spiel kommen können (im Gang der Culturgeschichte).

Anaximander's, von de Maillet wiederaufgenommene, Theorie wurde von Lamark weiter verfolgt, et aujourd'hui même le „Singe perfectionné" de Lamétherie est encore une thèse vivement soutenue, toute vieille qu'elle est (s. d'Archiac), und so ergötzen sich die schwärmerischen Seelen bereits an ihren plastidulen Vorstufen, bis zu faustdicker Selbstgenügsamkeit des Verständnisses, das „nicht wenig" erfreut über unbeabsichtigt entdeckten „Defäcationseffect" im zugehörigen Duft, sich selber durch Erriechen zu erreichen sucht, während Condillac's Statue bei ihrem ersten Versuchen damit anfing. Als die lebenden Wesen aus der Erde hervorkamen, unter theilweis seltsamen Gebilden, erhielten sich nur die lebensfähigen (s. Epikur), während die anderen von Kitche-Manittu auf den Schutthaufen (Roncommon) geworfen werden (in Metowac).

Aus Beobachtung, aus forschend zersetzten Beobachtungen derjenigen Vorgänge, welche in der Gegenwart eigener Erdepoche, vor den Augen abspielen, ermöglicht sich das Studium im inductiven Sinne, zum Begreifen der Einzelnheiten minutiösen Detail's (zum Zurückgehen auf Causalgründe).

Es handelt sich um Wechselwirkung, um gegenseitig bedingende und bedingte Beziehungen, deren Berechnung in den Gleichungen ihrer Verhältnisswerthe Weiterfolgerungen gestattet.

Unter der Schale, einer sinnlichen Auffassung zugänglicher Verwirklichungen liegen in den Veränderungen Kräfte bethätigt, die aus chemisch-physikalischen Regelungen mit Entwickelung der Lebenserscheinungen organisch weitersprossen.

Und hier, für den Ausgangspunkt, steht das Organische voran, weil auf relativer Entstehung, in jedesmaligem Keime, zurückreichend, während sich beim Anorganischen ein Abschluss, zunächst in theoretischen Verallgemeinerungen nur, herstellbar erweisen wird.

Während des Quaternären baut die Erde sich auf im Schaffen der Protophyten (inmitten der Diatomaceen) und Protozoorien, wo die Rhizopoden an prüfenden Fäden auf Corallenbildungen rückleiten mögen, mit Hindeutung auf Kalkgesteine (früherer Epochen), und unter den Druckverhältnissen mechanisch verschiebbarer Pressungen (zu Erstickung lebendiger Bewegung), letzte Regungen nachzitternd verbleiben können in magnetischen Linien, aus den Metallen rückgreifend wieder auf die Weltachse (zum Stätigen des Ἑστώς unter Bewegung).

Wann und wie (wenn, wann, wo, wie) in der Vergangenheit Kraftäusserungen zu ihren Realisationen gelangt seien, bliebe (unter dem Ausfall, experimentell zu thatsächlicher Prüfung, controlirbarer Einzelnheiten) beim stummen Entgegentreten des Schlussresultates, dem Wagniss inductiver Speculation so lange jedenfalls verschlossen, bis sich nicht die Ereignisse in der Spanne heutiger Selbstexistenz zum deutlichen Reden gebracht haben.

Wie in der Geschichte des Sonnensystems, so in der des Menschengeschlechts, wenn die Zeugnisse prähistorischer Sammlungen ihr, (bei Entbehrung einer Geschichtsbeleuchtung), umdunkeltes Schweigen zu brechen beginnen, so oft, (und in oftmaliger Mehrung jetzt bereits schon) aus den ethnologischen Sammlungen Stimmen hervorbrechen, dasjenige auszusprechen, was, weil heute noch lebendig, in (dem Ohr verstandbaren) Worten ihnen (und dem Verständniss) sich kund zu geben vermag.

So für Materialbeschaffung sei die zwölfte Stunde ausgenutzt, denn mit raschem Fluge naht auch hier die Nacht, mit ihrem Schleier dann überdeckend und verwischend, was momentan dem Einblick noch offen steht, um den Blick hinabzusenken in geheimnissvolle Tiefen, aus dem Werden im Sein — und das Eine erklärt das Andere (seit von einem harmonischen Kosmos es ge-

klungen und gesungen im Singen und Sagen zagenden Menschen-
herzens).

Das Problem der Zukunft fällt in die Frage über eine naturwissenschaftliche Psychologie, in die Frage, ob auch sie den
übrigen Naturwissenschaften als anreihbar sich erweisen dürfte,
ob in deren Folgereihen sie einzubegreifen möglich, ob es nämlich möglich sei, die Psychologie ebenfalls nach comparativ-genetischer Methode zu behandeln, um dadurch auf dem geistigen
Gebiet in ähnlicher Weise zuverlässige Sicherheit zu gewinnen,
wie bei den übrigen Disciplinen exacter Forschungszweige gewährt ist, für Beherrschung des von jedem derselben behandelten
Arbeitsfeldes. Wenn von dem Früheren auf Späteres, vom Späteren
zurück auf Früheres unter bestimmter Correctheit geschlossen
werden kann, steht die Möglichkeit des Experimentirens zu Gebote, soweit innerhalb irdischer Begränzung technischen Hülfsmitteln zugängig, und da der Cyclus des menschlichen Gesellschaftsorganismus in der Geschichte seines Erdballes zunächst
seinen Umlauf vorgeschrieben erhalten hat, so würden hier demgemäss, für Ausblicke in culturhistorische Probleme, alle diejenigen
Vortheile und Vorzüge aufgeöffnet stehen, welche durch naturwissenschaftliche Behandlung nach der Inductionsmethode zu beschaffen sind, und der Psychologie also ebenmässig zuzuwenden
wären (auf Grund ethnischer Materialbeschaffung).

Die bei Plato (als ergänzendes Complement psychischer Vorgänge) das Seiende vertretenden Ideen konnten bei ihrer Spiegelung
in eigenschaftsloser Materie nur nach ethischer Weise (wie für den
Dualismus durch moralisch sündigen Fall) in caùsale Verbindung
gebracht werden, während die (der Idee entsprechende) Form
jeden Dinges (bei Aristoteles), wenn nicht rein subjectiv gefasst
(und dann zu einer „Theorie des Immaterialismus" führend), mit
der Verwirklichung (innerhalb der nur ihrer Möglichkeit nach,
potentiell, seienden Materie) aus der $\delta \acute{v} \nu \alpha \mu \iota \varsigma$ in die $\acute{\epsilon} \nu \epsilon \rho \gamma \epsilon \acute{\iota} \alpha$ über-
geht, bei vierfacher Seele (bis zu der Freiheit des $\nu o \tilde{v} \varsigma$), wobei
durch innere Bestimmung (im Seienden, folgends einer Einwir-
kung auf den Zweck hin) prästabilirte Harmonie sich ergäbe,
mit der Wurzel wieder in naturwissenschaftlicher Auffassung der
Psychologie (bei zunehmendem Verständniss der Gesetzlichkeiten
in harmonischem Kosmos).

Wie immer und von jeher handelt es sich auch heute noch
um die alte Controverse vom Seienden (oder vom Nicht-Sein),

das innerhalb und unterhalb des Gegebenen unter dem Schleier des Geheimnisses versteckt liegt. Aber obwohl, so lange nur der subjective Standpunkt gilt, in der Ohnmacht der Unbegreiflichkeit die Erfahrungen sich zu Täuschungen vernichtigen, stehen sie in Fleisch und Blut, voll Lebenssaft, vor Augen bei objectiver Umschau, die, wenn in Durchwanderung der Naturwissenschaften geschult, an den Grenzen der Psychologie angelangt, dann auch in das Geistesreich den Blick versenken mag, um auch dort das Objective zu finden für subjectives Verständniss (am Leitungsfaden der Induction).

L'Astronomie ne peut pas se passer de dieu, parceque „c'est une hypothese, dont elle n'a pas besoin". Il est bien certain, que, pour observer les faits, les classer et en tirer les lois, l'Astronomie n'a aucun besoin de l'intervention divine, non plus qu'aucune autre science. Mais, quand elle essaye de remonter jusqu' à la cause premiere, il faut, qu'elle arrive à celle là, ou qu'elle s'en remette pour l'organisation du monde à l'aveugle hasard, destructeur de l'ordre dans l'univers, et destructeur en outre de l'intelligence même qui l'adore et qui le déifie (s. Barthélemy Saint-Hilaire). In der Thebais wurde Cneph verehrt, als Gott ohne Anfang und Ende (s. Plut) Corpus quodvis pergit in statu suo, vel quiescendi, vel movendi, uniformiter, in directum, nisi a causa externa statum mutare cogatur (s. Newton), oder in harmonischer Gesetzlichkeit sich abgleicht (unter engerem oder weiterem Umfang der abschliessenden Peripherielinien). An Stelle der Undurchdringlichkeit der Materie, als „qualitas occulta", ist die Zurücktreibungskraft (neben Anziehungskraft) zu setzen, denn obwohl sie ebenfalls als Grundkraft unerklärbar, „giebt sie doch einen Begriff von einer wirkenden Ursache und ihren Gesetzen, nach welchen die Wirkung, nämlich der Widerstand in dem erfüllten Raum, ihren Graden nach geschätzt werden kann" (s. Kant). Doch liegt die Undurchdringlichkeit in der Wahrheit soweit vorbedingt, weil wenn von Anderem durchdrungen, dann eben ein Anderes (mechanischer oder chemischer Durchsetzung). Ekphantus (bei Stobäus) lehrte die Leere in den Atomen (ἀδιαίρετα σώματα). Roberval setzte die Attraction als eine in den Körpern befindliche Kraft (vim corporibus insitam). Die ἀπορροίαι der Dinge (bei Empedokles) dringen durch die πόροι in einander ein (zur Anziehung und Abstossung). Durch Einwirkung des Feuers, als actives Princip, auf das Wasser (als passives) bildete sich einestheils Luft, anderntheils Erde (nach Archelaus). On arrive, en remontant aussi loin que possible, à une nébulosité tellement diffuse, que l'on pourrait à peine en soupçonner l'existence (s. Laplace). In dem Gesetz von der Erhaltung der Kraft, von dem Gleichwerth der Bewegungsgrössen in den Angenblicken vor und nach dem Umsetzen in andere Bewegungsformen, ist das Gesetz der Beharrung als besonderer Fall enthalten (s. Hullmann). Namque canebat magnum per inane coacta, Semina terrarumque (die Sibylle), wie die Schöpfung sich entwickelte (s. Virgil). Das Verständniss ist anzustreben für den dynamischen Mittelpunkt im Organismus unserer Fixsternwelt, „aber getrennt durch ungeheure Weiten einer tiefen Nacht dämmern in der Ferne noch andere auf" (s. J. Huber), das Längstvergangene als Gegenwärtiges geschaut

(s. Eberty). Die Meteoriten, als Fragmente aus geborstenen Sternen (s. Meunier) sind Fremdlinge im Sonnensystem (bei Schiaparelli). Aus der Agglomeration von Weltenstaub wird erbaut, was aus Weltnebel sich scheidet (im Nebularen), unter Massenwirkung in bipolarer Thätigkeitsrichtung (s. Pohl), für den „Kampf um's Dasein am Himmel" (s. Du Prel). Die Meteoriten (in Schwärmen), aus denen das Weltsytem sich aufbaut, wandern in Bahnen von jedem Grade der Excentricität und Neigung und in jeder denkbaren Richtung (bei Proctor), in einem Fallen (mit Abweichung) der Atome (bei Demokrit). Im Unterschiede von attractorischem und retractorischem Magnet finden sich die natürlichen Magnetsteine meistens in den Tagklüften, wogegen in der Tiefe unter denselben nur retractorisches Eisenerz (s. Cronstedt). Bis zum Rothglühen erhitzt, verliert der Magnet, obwohl in den materiellen Theilen seiner chemischen Zusammensetzung (als Eisenoxyd-Oxydul) unverändert, die magnetischen Eigenschaften (in Unabhängigkeit des magnetischen Fluidum von ponderabler Materie). Je nach der Coërcitivkraft erhält der Stahl durch verschiedene Grade des Härtens und Anlassens entgegengesetzte Eigenschaften (elastisch, hämmerbar, spröde). Die in den Pol der Ekliptik oder in den Schwanzstern des Bären gesetzte Magnet-Wirkung wurde (von Gilbert) zur Erdkugel zurückgebracht (XVI. Jahrh.). Symbolic crosses always have the members equal (s. Hinman), they represent the four winds, issuing from the four caverns in which the souls of men existed before embodiment (among the Dakota). At the edge of the horizon are supposed to be a set of holes through which the god of winds amuses himself by blowing away with all his might (in Mangaia). Im Sidero-ferrit (ferrum oder Eisen) führt σίδηρος (Eisen) auf Sidera (obwohl nicht meteorisch) in Smaland (1841), und im Stilpnosiderit (στίλπνος) glänzt der Dichter-Name (als Goethit). Auf den Garbanzos wurde das Eisen gleich dem Himmel geschätzt (s. Cantova), in Britannien dem Golde gleich (zu Cäsar's Zeit) und nach Rinderwerth am Kap (bei holländischer Colonisation).

Es kann die Quantität der Materie nicht vermehrt oder vermindert werden, als dadurch, dass neue Substanz derselben entsteht oder vergeht (s. Kant), und für die Neuschöpfungen des Denkens saugt sich das gestaltende Substrat aus der psychischen Atmosphäre auf (aus dortigem Aufbrodeln der Gedanken im Sprachaustausch).

Organische Veränderungen sind physikalische Wirkungen und können unbedenklich als die aus physischen Kräften hervorgegangenen Aequivalente angesehen werden, aber Empfindung, Gedanke, Wille sind in keinem fassbaren Sinne physische Wirkungen (s. Barnard). Das Gehirn bildet aus Sinnesempfindungen Gedanken, wie andere Körperorgane aus Blut Gewebe bilden (s. J. C. Fischer). In den Empfindungsregungen, aus sinnlichen combinirt, kommt mit der Sprache erst die Klärung des Bewusstseins (bei der Gesellschaftswesenheit). Für das Vorstellen substituirt Charles Bonnet die Bewegung, aber betreffs des Ueberganges von den materiellen Substanzen zu den geistigen Substanzen wird abgerathen, allzulange in die Tiefen (des Geheimnisses) zu schauen, (damit der. Blick nicht verwirrt werde), und so bleibt der Bythos umhüllt im Dunkel des Po (als Kumulipo). Aus der in Unwissenheit umdüsternden Nacht der Avixa quillt (längs der Gliederverkettung der Nidana) das Bewusstsein empor, in den Existenzwandlungen wandernd, welche die Stimme des Gewissens durchklingt, im Schuldbewusstsein, mit sehnendem Zug zur Erlösung (harmonischen Abgleichs). Mit dem Anstoss (oder Zug), in beschleunigter Bewegung (bei Galilei), mobilitate viget, viresque acquirit eundo (bei Virgil) der Gedanke (in die Unendlichkeit hinaus). In der Schwungkraft mag die Ablösung zur Freiheit erlangt werden, während (innerhalb des irdischen Horizontes) der Gegensatz der leichten Körper (bei Aristoteles) in die allgemeine Schwere zurückfällt, und auch bei der vegetativ treibenden Spirale die Reaction nur zeitweis lockert im Umlauf des Stoffes (unter Zurückbiegung in die Kreislinie).

Bei der Kraft des Stosses, unendlich gross im Vergleich zur Kraft des Druckes (bei Galilei), fällt das Centrum percussionis mit dem Centrum oscillationis zusammen (s. Wallis), und für die elastischen Körper (s. Wren) in Huyghens Formel, entwickelte sich aus lebendiger Kraft (bei Leibniz) der „Satz von der Erhaltung lebendiger Kräfte" (s. Poggendorf), wie aus der Bewegung das Leben (bei Heraklit) im Feuer [beständigen Werdens (γίνεσθαι), als Elementarfeuer der Nerven (s. Bonnet) für die Unsterblichkeit, mit den Fibern eines feineren Organismus (gleich Orang alus). Bei Vierfachheit der Atome in der Seele unterscheiden sich calor, aër, ventus et quarta natura nominis expers (bei Lucrez), ἐκ τετάρτον τινός ἀκατονομάστον (s. Epikur) im Unaussprechlichen, gnostischen Agnosticismus' (als Wakan der Dacotah). „Die vernünftigen Wesen, deren Erzeugungsplatz und Aufenthalt näher zu dem Mittelpunkt der Schöpfung sich befindet, sind in eine steife und unbewegliche Materie versenkt, die ihre Kräfte in einer unüberwindlichen Trägheit verschlossen enthält und auch eben so unfähig ist, die Eindrücke des Universums mit der nöthigen Deutlichkeit und Leichtigkeit zu übertragen und mitzutheilen. Man wird diese denkenden Wesen also in die niedrige Classe zu zählen haben, dagegen wird mit den Entfernungen vom allgemeinen Centrum diese Vollkommenheit der

Geisterwelt, welche auf die gewechselten Abhängigkeit derselben
von der Materie beruht. wie eine beständige Leiter wachsen"
(s. Kant). So steigen die Rupa-Terrassen übereinander aufwärts,
bis zum Formlosen der Arupa, bei metaphysischer Ueberfeinerung
(statt den Mittelweg der Megga einzuschlagen, als normal-
gesunden). Le Macrocosme a des esprits qui s'élèvent, tels que
les vents, les foudres, les éclairs, l'homme a des vents (φυσας).
des péts (περδός), des fièvres ardentes (nach Hermes) im Briefe
Horus' an seine Mutter Isis (s. Höfer), über den Mikrokosmos
(in Wechselwirkung äusserer und innerer Ayatana). Arachol, als
er vom Lebens-Wasser in Otschirvani's Palast getrunken, wurde
durch Sonne und Mond verrathen, die deshalb in den Eclipsen
verfolgt werden, wie vom „lunae canis" (Managarmr) oder dem
Fenris-Wolf (Hati und Sköll). Nesgan (Seele) bezeichnet (auf
Aneiteum) the essence of anything (the meaning of a word).
Natmas (tas pan irai itai) familiar spirits (s. Inglis). Die Aitner
bezeichneten die Schafe und Ziegen (auf Cook's Schiff) als Vögel
oder „Manu", which means anything moving on earth or through
air" (s. Gill) „frequently applied to human beings" (1880). In the
beginning, say the Dieyerie, the Mooramoora (Good Spirit) made
a number of small black lizards (wie unter trockener Rinde angetroffen), then divided their feet into toes and fingers, and pla-
cing his forefinger or the centre of the face created a nose and
so in like manner afterwards eyes, mouth and ears. The Spirit
then placed one of them in a standing position, which it could
not however, retain, whereupon the Deity cut off the tail, and
the lizard walked erect (s. Gason). In Samoa's Kosmologie entstehen
aus dem Vogeldung auf den Flechten des aus dem Himmel ins Wasser
geworfenen Fels Würmer (zur Entwicklung bis zum Menschen).
und aus der Schnecke der Mensch (indianischer Hausurnen).
    Nach Kleanthes war der Himmel mit einem Aether gefüllt,
„der die Sonne und die Planeten um die Erde führte". Descartes
nahm Wirbel an, welche aus einer feinen Materie bestehen und
die Planeten um die Sonne, desgleichen die Trabanten um die
Planeten tragen, wie der Wirbelwind den vom Boden aufgehobenen
Staub fortreisst (s. Poggendorf). Alle Veränderung einer Materie
ist auf äussere Ursache gegründet (s Kant) nach der „lex inertiae"
(Gesetz der Trägheit). Indem der Materie als Materie wesentlich
Repulsionskraft zukomme (oder Elasticität), folgert Kant, „dass
alle Materie ursprünglich elastisch sei" (s. J. C. Fischer). Atome,

wirken von Ewigkeit her, als in verschiedene Knotungen gedrehte Wirbelringe (s. Tait). Si la science a fini par rompre avec Descartes, pour remettre en honneur, d'après Newton, une des qualités occultes dont on était d'abord si heureux d'être delivré, à savoir la sympathie ou l'attraction des corps les uns pour les autres à toute distance si elle a passé du plein de Descartes au vide de Newton, la science (1885) est revenue de nos jours à Descartes par la féconde conception de l'éther qui remplit l'espace et propage la lumière (s. Faye), für Hypothesen der Optik auch (in der Undulationstheorie).

Die in Cayenne erforderliche Verkürzung des Pendels bei Richer's dort verlangsamter Uhr (1671) führte unter Zutritt der Beobachtungen Varin's und Deshayes' (an der Küste Afrikas und auf den westindischen Inseln) auf die Abplattung der Erde bei Huyghen's Darlegung (in Bestätigung von Picard's Vermuthung).

Aus den Breitengradmessungen (bis 1827) „wird es mindestens wahrscheinlich, dass unsere Erde ein regelmässig gekrümmtes elliptisches Sphäroid sei" (s. Munk). Cassini's Gradmessung hatte auf eine Verlängerung der Erde geführt, während in England die Abplattung (Newton's) theoretisch vertheidigt und dann praktisch bestätigt werden konnte, mit Maupertuis' Gradmessung am Pol, sowie Condamine's am Aequator, wogegen die englische Gradmessung Roy's und Dalby's (durch Mudge fortgeführt) wieder das Gegentheil zu beweisen schien (bei „localer Anomalie in der Gestalt der Erde").

Da Delambre's Gradmessung die Unmöglichkeit zeigte, das von Laplace geforderte Normal-Maass festzusetzen, wurde der Bogen mit dem Resultat der peruanischen Messung combinirt (für die Grösse des Erdquadranten).

Indem in der Hydraulik die Bewegung (in Bezug zur allgemeinen Schwere) auf dem, als flüssig, in seinen Theilen bereits verschiebbaren Aggregatzustande beruht, so in Aenderung desselben bei den Dampfmaschinen, und für die Electricität kommt die Kraftwirkung auf den Uebergang zu innerlich chemischer Umwandlung zur Geltung, wie diese selbst bei der Entwickelung der Lebensprocesse in die Erscheinung gelangt, bis zum Geistigen hinauf.

Das hier hinzutretende Schaffen, das im physisch Organischen an der mit den Eigenschaften der Materie begabten Unterlage (einer Hyle) zur Gestaltung kommt, strebt die Befreiung an von

Raum und Zeit im Geistigen, auf psychischer Atmosphäre des gesellschaftlichen Horizontes (wenn die Vorstellungen zu spriessen beginnen).

Mit dem in Ormuzd' Geist aufsteigenden Zweifel beginnt das Spiel des Werdens in erster Theilung der Einheit durch dualistischen Zwiespalt. „Die schiefe Stellung der Erdachse gegen die Erdbahn ist die eigentliche Ursache der Jahreszeiten und die Quelle aller der reichen Segnungen, welche dadurch über uns und unsere Erde ausgegossen werden" (s. Littrow). Aus „Abweichung von der geraden Linie" (senkrechten Falls) folgt (s. Reinhold) ein Zusammenstossen der Atome und eine hierdurch verursachte Bewegung derselben, in welcher sie die mannigfaltigsten Verbindungen mit einander eingehen" (bei Epikur). Une femme d'esprit dit: „il n'y a que le premier pas qui coute" (1787), und so geht es ohne Kopf auch vorwärts, auf dem Gang des Heiligen nach Saint-Denis, „la distance ne fait rien", oder „Aller Anfang ist schwer" (wie allbekannt).

Die naturwissenschaftliche Methode beruht auf dem vernunftgemässen Rechnen nach Verhältnisswerthen (in den Relationen der Dinge), und durch jeden Lapsus aus „causa secunda" in Argumentationen über „causa prima" wird der Naturforscher, so systematisch er sonst geschult sein mag, schmählicher Apostasie schuldig (ehe unter seiner, und Aller, Mitwirkung auch die Psychologie in die Reihen der Naturwissenschaft übergeführt sein sollte).

Für die Ethnologie stellt sich die Fragestellung dahin, wie nach den Methoden der Induction, im Anschluss an die Psycho-Physik, die Psychologie weiterhin naturwissenschaftlich durchzubilden sei, für philosophisch-historische Probleme (des Menschen, als Gesellschaftswesens).

Die Höhe der Berge auf der Erde erhält durch den Umschwung derselben ihren Abschluss im Zusammentreffen mit der nach oben zunehmenden Temperaturverminderung bis zur zerstörenden Wirkung äusserster Kälte. In den Pflanzen wird aus objectiver Beobachtung von den Riesenbäumen (gleich Sequoya gigantea) das Maass abzuleiten sein, für die auf Stütze der Wurzeln zu selbstständiger Durchwirkung (gegen die Gravitation) gelangende Centrifugalkraft (betreffs des Maasses ihrer Intensität) in ihrer virtuellen Geschwindigkeit (nach Störung des Gleichgewichts seit erstem Ansatz zum Entwickelungsprocess). Mit der Grenze, bei welcher der Körper schon durch sein eigenes Gewicht

zerbrechen würde, zieht sich die für die Grösse der Thiere, am
weitesten bei den Wasserthieren, für welche durch das Schwimmen
ein Theil des Gewichts mittelst des Wassers aufgehoben wird
(nach Galilei), und wenn von materieller Hülle nicht länger bekleidet, strebt unbegrenzt fort die, in menschlicher Geisteskraft
bethätigte, Selbstständigkeit der Bewegung (in Unendliches hinaus).

In Salzbildungen treten die Krystalle hervor, die sich
Messungen unterwerfen lassen, aus Oxygen und Hydrogen bildet
sich Wasser, wie die Chemie in ihren Experimenten beweist
(auflösend und zusammensetzend). Ob das Oxygen eine Modification des Hydrogen, ob dieses von Oxygen, im Ueberschuss,
soit dans la composition de l'air et de l'eau, soit dans celles
des roches solides (bei de la Bèche), ob beide eines ihnen
unterliegenden Ur-Elements, bleibt den „Romans chymiques"
(s. d'Archiac) überlassen, mit Weiterfolgerungen über die Materie
(gnostisch oder physikalisch).

Im Gespiel der Kräfte lassen sich solche dynamisch ableiten,
ob bei jedesmaligem Abgleich der Affinitäten (für anorganische
Fortdauer) im Zusammentreffen, ob zum Gang organischer Entwickelung, unter der „température fixe que la terre reçoit de
l'espace" (s. Fourier), und periodisch geregelten Wechseln
(meteorologisch).

In Fortschritt vegetativer Processe zu animalischen dann,
erfassen sich vom materiellen Substrat losgelöste Kräfte, in subjectiver Empfindung für die Sinne, aus denen bei humanistischer
Cultur ein „Gegenwurf" wieder hervortritt, in objectiver Spiegelung
der Gedanken, und hier führt die Reconstruction zurück (beim
Ausgang vom Völkergedanken). In das Thor des sechsten Sinnes
(Manodvara) tritt Dhammabhava, (wie Rupabhava, Saddabhava,
Gondhabhava, Rasabhava, Photthabbabhava den jedesmal übrigen
entsprechen), und in Asangkhara-Ayatana gewinnt sich der har-
monische Abgleich (des Nirwana), s. Religionsphilosophische
Probleme (S. 148).

Denken lässt sich Alles, (je für Befriedigung nach Maassgabe des Verständnisses), das Wasser als einfaches Urelement,
bei philosophischer Speculation, oder gefüllt mit zusammengesetzten Organismen, im Auge des Mikroskopikers. Das Bedingende der Richtigkeit liegt in gegenseitiger Controle, in der
Congruenz der Verhältnisswerthe (für logisches Rechnen). Nach
der „esoterischen Lehre" (Plato's) bildeten „die Begriffe der

Zahlen und ihrer Verhältnisse den abstracten Anfang oder die formale Grundlage der Ideenwelt" (bei C. B. Weisse). Die Zahlen nämlich gelten als die Formbestimmungen selbst und die Anfänge des Seienden (s. Aristoteles), im logischen Rechnen, aber nach Methode der Induction, statt der Deduction (ἡ δια-λεκτικὴ μέϑοδος μόνη ταύτῃ πορεύεται, τὰς ὑποϑέσεις ἀναιροῦσα ἐπὶ τὴν ἀρχήν).

Aus unzählbarem Sande (in sandigen Problemen), wie auf den Antillen (bei d'Orbigny) in mikroskopischen Muscheln gezählt, setzen sich die Zerreibungen in den Dünen und ihrer Beweg-lichkeit (s. De Luc) weiter fort, zum Zusammentreffen aus Wüste und Meer im Delta desjenigen Flusses, wo sich an ältesten Mo-numenten menschlicher Geschichte Berechnungen (bei Wilkinson) anknüpfen, zum Ineinandergreifen, geologisch und historisch (auf Prähistorisches hinaus).

Die im Anschluss an terrestrisch - siderische Periodicität (materieller Vorgänge) vegetativ verlaufenden Lebensprocesse er-strecken sich durch Ausläufer animalischer Art bis auf die Hoch-stufen physiologischer Unterlagen im Uebergang zu immateriell psychischen Gestaltungen (der Denkschöpfungen).

Hier gestaltet sich ein Abschluss der als Ganzes (des an-thropischen Organismus) existirenden Wesenheit, welche nun im Zu- oder Nebeneinander unter den übrigen Naturgegenständen zum Selbsteindruck gelangt.

So oft aus den Keimungen psycho-physischer Wurzel, mit erlangter Reife, ein Ruhezustand des Gleichgewichts sich herstellt, verschwindet die Zeit in dem sich selber lebenden Selbst, während dieselbe nach der wechselnden Zwischendauer, im Unter-schiede von den regelmässig umschriebenen Aenderungen im Körperlichen (unter dem Taktschlag des Pulses), ihre Messung erhält, bis zum Zeitlosen eben im Geistigen (um dort durch einen Unendlichkeits-Calcul naturwissenschaftlicher Psychologie gleich-falls logischer Berechnung unterworfen werden zu können). In-dem „die Zeit als ein den sichtbaren Raum, wo Alles gleichzeitig ist, durchschneidender Raum sich darstellt", so „erscheint der gleichzeitig sichtbare Raum, wie ein Flächendurchschnitt in dem unendlichen Raumkörper, als welcher sich die Zeit oder vielmehr die Welt, das Dauernde in der Zeit, darstellt" (s. Löbisch).

L'histoire de l'homme tout entière ne compte pas plus dans l'histore de la nature que la vie de ces Ephémères qui une même soleil voit naitre, se reproduire et mourir (d'Archiac), in der Kalpe (periodischen Umlaufs).

Aber diese, der Gegenwart angehörige Existenzdauer, ist die einzige, welche einen demonstrirbaren Anschluss gewährt an Entstehungsfragen, mit dem Emporblühen des Geistesreichs auf dafür vorbereitetem Boden, und die in unabsehbare Linienlänge ausgezogen, dadurch negirte Zeit erfüllt sich innerlich im Werden (beim Verständniss naturwissenschaftlicher Psychologie).

Aus dem Wasser die Schöpfung (in ionischer Schule), aus dem Wasser der Schlamm (in der Philosophie der Atua), und das in Diatomaceen und Rhizopoden unmerkliche Schaffen (protophytisch und protozooisch) findet sich durch polypische Corallen, (urweltlichen Oktopen gleich zur Unterlage gebreitet) wie aus früheren Epochen abgeschlossen bereits vorliegend, in der (nur durch elektrische Zuckungen im Magnetismus etwa unterbrochenen) Ruhe des Bestehenden, todt und kalt, soweit nicht glühend aufwallend mit vulcanischem Ausbruche, im „l'âge du fluor, l'âge du chlore, l'âge de soufre, l'âge du carbone" (s. Deville), von plutonischen Vorbildungen redend, in dem Erdbeben, „les derniers efforts de la lutte engagée, depuis l'origine des choses, entre la chaleur au dedans et le refroidissement continu au déhors" (s. d'Archiac), und den Kampf ankündend der Todten mit dem Lebensreich (auf Timor), bis für humanistische Geschichte beide Bezirke geschieden stehen, in der durch flaminischen Dienst gezogenen Grenzlinie, oder der des „book of Ritual", bei den Irokesen (die römische Parallele unter den Indianern).

Im Zusammenhang der Naturgesetze ist jedes Dasein mit gesetzlicher Nothwendigkeit bedingt, und so der Organismus stets für eine Entwickelung. Je nach dem gesunden oder kränklichen Samenkorn wird die Pflanze gesund oder kränklich aufwachsen, zwar modificirt unter den aus äusserlich hergeleiteten Reizen einfallenden Agentien, aber auch betreffs dieser vorherbestimmt, wenn vorher in den vollen Ursachwirkungen des Warum berechenbar. So bei dem Menschen, je nach der Bildung des eigenen Charakters in seinen Entscheidungen, wenn sich die Gesammtfolgen überschauen liessen. Hier indess treten diejenigen Motive hinzu, die aus der psychischen Atmosphäre der Gesellschaftsumgebung als mitsprechend eintreten, und die, insofern, einer Freiheit des eigenen Willens überlassen gesetzt werden können, indem jedes Einzeln-Individuum als integrirender Theil in der Bedeutung

9*

cines Agens bei denjenigen Agentien mitwirkt, welche dann die Selbst-Entscheidung zur Verwirklichung bringen (für die moralische Eigenheit).

Erst in der Gesellschaftswesenheit erfüllt sich die Menschennatur, und „es ist in keiner Weise einzusehen, wie aus dem Zusammenwirken der Atome Bewusstsein entstehen könne" (s. Dubois-Reymond), indem das individuelle Bewusstwerden die psychische Atmosphäre der Gesellschaft als Vorbedingung setzt (mit dem Völkergedanken). „Allen Dingen ist als letzter Grund ein unbekanntes Etwas, der Stoff, untergelegt; der Physik ist dieser unerklärlich, sie nimmt ihn als Gegebenes hin" (s. H. Frerich), und so die naturwissenschaftliche Psychologie ihr ethnisches Substrat, zunächst als objectiv Gegebenes gleichfalls, aber mit der Hoffnung, hier in eine Erklärung einzudringen (weil mit eigenem Bewusstsein subjectiv verschlungen).

Seiner Gesellschaftswesenheit nach handelt der Einzelne, als integrirender Theil des Stammes, so sehr in einheitlicher Uebereinstimmung mit dem durch dessen Besten vorgeschriebenen Gesetze, (weil dem naturgemässen der Gesundheit), dass ihrer moralische Uebung das Verdienst tugendhaften Wandels, aus individueller Selbstthat, nicht zuzurechnen wäre. Erst nachdem in der Familie physisch vorbedingte Verpflichtungen hinzugetreten sind, wird sich überlegender Ausgleich herzustellen haben, mit dem, was dem gesellschaftlichen Ganzen (eigener Angehörigkeit) geschuldet wird, im Recht (und dessen ethischer Auffassung nach den ferneren Ausblicken). Hier stellt sich dann allmälige Vereinbarung her, obwohl mancherlei Conflicte überbleiben mögen, wie in der Blutrache, sofern den Verwandten geboten (gegenüber dem Verbot des Mordes im Allgemeinen).

Im Staat (eine Menge kleiner und verschiedenartiger Gestaltungen in sich fassend) giebt es nicht Einen allgemeinen Willen, sondern viele partielle Willen der in ihm liegenden Gemeinden, die durch ihn geschützt zu werden hoffen und in dieser Voraussetzung ihn und seine Macht anerkennen (s. Herbart). Das sociale Ideal muss ein Zustand sein, in welchem der Mensch seinen eigenen Gewissensfrieden sich zum höchsten Lebensziele setzt (s. Voit), im harmonischen Ausgleich (mit sich Selbst und dem All). Die Befugniss, welche das Recht giebt, hat wesentliche Beziehung zu Anderen und besteht darin, dass diese jener Befugniss nicht hindernd in den Weg treten dürfen, ohne das Sittengesetz zu

verletzen (s. Gutberlet), in gegenseitigem Abgleich (zum Ganzen).
Im Bösen haben sich an die „vernünftige Seele" (bei Basilides)
προσαρτήματα angehängt, Geister, welche nicht der vernünftigen
Seele wesensgleich sind, sondern dem σωρὸς τῆς πανσπερμίας angehören (s. Uhlhorn). Est profecto deus, qui quae nos gerimus,
audit et videt (s. Minucius Felix), wie bei den Pescherähs (um-
gehend). Iblis spuckt auf U-Blei's Schöpfung (bei den Khasia).
Indem Gott den „Geistern der Finsterniss" in „ihrer tollen
Willkühr und ruchlosem Streben einen gewissen Spielraum gewährt", konnte es geschehen (s. Hamberger), „dass sie auf die
göttliche Production einen verwirrenden und verzerrenden Einfluss auszuüben vermögen" (1869). Als „verklärte Erde" ergiebt
sich (s. Bautz): „Eine Erde prangend von edlem Gestein und
von edlem Metall, geschmückt mit Perlen und funkelnden
Kristallen, durchzogen von silberhellen Wasserbronnen, als Mittelpunkt und Krone des Ganzen, die ganze Pracht einer bezaubernd
schönen organischen Natur, die in anmuthigen und mannigfaltigen
Wechseln sich zu den wunderlieblichsten Landschaften gruppirt
und darüber ausgegossen die unbeschreibliche Glorie der über-
natürlichen Verklärung" (1881). Der „dritte Himmel" (bei Paulus)
begreift die über dem Wolken- und Sternenhimmel liegende
Region, als dritte (s. Bisping). Die Auferstehung seines Leibes
wird ihm nicht von Aussen angethan, sie bereitet sich innerlich
vor; was der Mensch hier säet, das wird er dort ernten (s. Werner).
In corporibus gloriosis erit odor in sua ultima perfectione
(s. Thom. Aq.). Die Kinder Gottes bekommen in der Auferstehung durchleuchtetes verklärtes Fleisch, aus dem alten Leib,
d. h. wirklich vom Leib aus der Erde, aber verklärt (s. H. W.
Rinck). Materia resurrectionis sunt corpora hominum numero et
substantia eadem (s. Gerhard). Da „die Auferstehung der Leiber
der Verklärung des Weltall's vorangehen wird" folgt (s. Splitt-
gerber), „dass es wesentlich dieselben Stoffe sind, welche aus
der Verwesung des jetzigen Leibes in den zukünftigen Auferstehungsleib übergehen werden" (1885).

In der Sprache knüpft sich das Band der Geselligkeit unter
den Menschen, unter jener gleichartigen Physiognomie, die bei
den Kindern, vom Säuglingsalter an (s. Preyer) bereits sich bemerkbar macht, als auch bei den Naturstämmen, wie von den
Feuerländern (bei Darwin) u. s. w. beschrieben. Einestheils
in der Mode, mit sonstigen Ueberlebseln zu Tage liegend, er-

hebt sich zugleich auf sympathisch gefügtem Grundbau der Aufbau der Ethik in denjenigen Systemen, aus deren Anregung der Geschichtsstrom in Bewegung gesetzt wird, zur Entfaltung der Culturblüthen.

Der Grundfehler der Hegelschen Methode liegt darin, „dass sie in bloss subjectiv logischen Vorstellungsweisen und Vergleichungsformeln sich bewegend, die Gegenstände nicht sowohl nach deren innerem oder ursächlichem Zusammenhange real erklärt, als nach einem für die Wahrheit der Wirklichkeit bedeutungslosem Schematismus der Negativität, der Antithesis und Synthesis, formal definirt und daher überall Namenerklärungen an die Stelle von Sacherklärungen setzt" (s. Reinhold), während diese aus thatsächlichen Anschauungen abzuleiten (im Wege der Induction). In Erkennung des Gleichartigen durch Gleichartiges (bei Plato) entsprechen sich στοιχεῖα und ἀρχαί (s. Aristoteles), wie Ayatana und Aromana (in Abhidhamma).

Im Naturzustande ist der Mord gesellschaftlich erlaubt, nach Kriegsrecht gewissermaassen, so lange der Stamm im steten Kriege lebt gegen alle umgebenden Stämme, bis im internationalen Verkehr die Bestimmungen getroffen sind, durch welche ein Kriegszustand als erst hergestellt gilt. Aus den kleineren Kreisungen (der Stände, Geschlechter, Verbände u. s. w.) innerhalb des Stammes, als grösseren Ganzen, mag ein Mord mit Zustimmung der näher Verbundenen geübt werden, aber hier muss sich dann, unter Abgleich mit der Majorität, billigende Ansicht herstellen, wenn nicht das bis dahin gemeinsame Ganze in besondere Selbstständigkeiten zerfallen soll.

Für den Einzelnen mögen die Motive wechseln, und vom befriedigenden Gefühl der Rache im Morde, durch den schreckenden Hinblick auf die gesetzlich drohende Strafe derartig überwogen werden, um seinen Anreiz zu verlieren, oder den durch das Gebot der Blutrache Beherrschten dennoch antreiben, seine Pflicht zu erfüllen und alle Folgen zu dulden, welche sie auch seien. Der Ausschlag für moralisch richtige Wahl wird also durch ein richtiges Verständniss gegeben werden, bei Fortgang der Civilisation (der Gesellschaftswesenheit des Menschen gemäss).

Wenn der weltliche Richter durch irdische Strafen schreckt, so sucht mit fernerer Bedrohung auch nach dem Tode die Religion eine Verstärkung und Ergänzung zuzufügen, und mag diesen Zweck, bei Vernünftigkeit ethischer Lehren in gegebener

Weise erreichen, wenn nicht durch unvernünftige Zusätze (wie in der Ablassgewährung) die bestehende Absicht in das Gegentheil verkehrend. Fernerhin bedarf es der Zustimmung zu zweierlei Voraussetzung, nämlich von der persönlichen Fortdauer einer sinnlich gefassten Seele und von dem auf mehr oder weniger umschriebene Persönlichkeit eingeschränkten Gottesbegriff (sofern nicht die moralisch ununterbrochene Verantwortlichkeit durch das Wirken der Karma an die Stelle tritt). Sobald für diese die Seele und die Gottheit betreffenden Fictionen die Ueberzeugung fehlt, wird auch die durch religiöse Dogmen erhoffte eine illusorische, wie in der naturwissenschaftlichen Weltanschauung, die deshalb im Materialismus zu versumpfen droht, so lange nicht eine naturwissenschaftliche Psychologie die entsprechende Begründung idealer Bedürfnisse festgestellt hat (in der Harmonie des Kosmos).

Für den von naturwissenschaftlichen Anschauungen Durchdrungenen wird das Anstreben des Guten, als im Zustand der Gesundheit einbedingt, zwingende Gewalt ausüben, um auch über die kurze Vergänglichkeit planetarischer Existenz hinaus den Einklang mit den Naturgesetzen zu bewahren, und bei den grossen Massen muss die Erziehung darauf gerichtet sein, die in den Anlagen des Nervensystems vorbedingt eingepflanzten Keime sympathischen Gleichklangs zu organischer Ausentwickelung zu bringen (nach den Grundregeln einer naturwissenschaftlich durchgebildeten Psychologie). Keiner handelt freiwillig (ἑκουσίως) schlecht, und alle Schlechtigkeit kommt aus ἀμαϑία (s. Plato) oder Unwissenheit (als avixa). To be reasonable, he must be sympathetic, to be thoroughly and systematically selfish, he must be an idiot (s. Stephen), der Mensch (als Gesellschaftswesen).

Im Clan gestaltet sich die durch Fiction erweiterte Familie zum Gens (aus dem οἶκος). Das Verhältniss der Clienten (Penesten oder Theten) im Patronat war von dem „der nächsten Blutsverwandten in Nichts verschieden" (s. Dionys. Hal.), und Romulus ordnete rechtskräftig die Einheit, Verstösse dagegen als Hochverrath strafend (mit Hingabe an den unterirdischen Zeus), indem eben hier geheiligte Naturbande zu gelten hatten (wie zwischen Eltern und Kind).

Was in den Geboten der Religion bei einem gegen Befehle aufsässig angelegten Geist auf Widerstand stossen mag, hätte sich in wissenschaftlicher Darlegung der moralischen Unterlagen mit Zustimmung eines Jeden (weil selbst daran theilnehmend im ethnischen Kreis) naturgemäss zu erklären und zu begründen.

Bei der unabweisbar mehr weniger persönlichen Umkleidung des Gottesbegriffs musste ethische Durchführung des Doppelcharakters, als Schöpfer und als Richter, der sein eigenes Geschöpf zum Guten oder Bösen richten soll, auf eclatanteste Conflicte stossen, die, in die Subtilitäten über Willensfreiheit mehr und mehr verstrickt, eine Lösung nur dann erhoffen liessen, wenn auch deren Wurzel sich in harmonische Naturgesetze eingesenkt erweist, und aus hier tönenden Melodien schon der Name einer Gottheit hervorklingt (je nach der Ausmalung, wie subjectiv ferner beliebt, im Einklang mit jedesmaliger Umgebung).

Mahopa or Mahopa-ictias (the Great spirit) may be (bei der Hidatsa) applied to the Itakatetas or anything else of a very wonderful or sacred nature (s. Matthew), im Rückgang auf das Staunen (bei „Atua"), in πολλὰ τὰ δεινὰ (mit dem Rest des Unbekannten darin, als begriffslos gleich Wakan).

Gegen Gott und in Sachen, die die Seligkeit betreffen, hat der Mensch gar keinen Willen, sondern ist gefangen und unterworfen Gottes oder Satans Willen (bei Luther). Gott hat erschaffen, sowohl Euch, wie Alles, was Ihr thut (s. Koran). As in Hebrew the word accursed derived from a root meaning consecrated to God, so in the Aztec, Quiché and other tongues, the word for leprous, eczematous or syphilitic, means also divine (s. Brinton), bei Doppelsinn von Sacer (oder anathema). Im Selbstopfer des aussätzigen Nanahuatl steigt die Sonne empor (in Mexico) und der aussätzige Bettler verkehrt sich in den Siegerfürsten Kambodias (wie Phayakrek, als Ta-Phrohm) s. Vlkr. d. ö. Asien I. (S. 333 u. flg.). Libri Brahmanici vetustissimi, qualis est Amarasinha, unam tantum in paradiso arborem admittunt, arborem immortalitatis, justitiae et firmitatis. Populus Indicus, cui symbola et imagines ad religionem aeque tam necessariae sunt, ac oryza ad physicam vitam sustinendam, de arbore Kalpavrksham justae ideae assequendae impar, allegoricae arbori paradisiacae unius ejusdemque, quae vitam et mortem dat, vitae, attributo substituit symbolum arborem Nucis onyristicae, arbori autem paradisiacae mortiferae arborem Ciamba et satis quidem apte (s. Paullinus a. S. B.). Als Adam gesündigt, zog sich die Schechina aus der Erde in den ersten Himmel zurück (nach Beresith Rabba), dann weiter und weiter bis zum siebenten (bei Abrahams Aufenthalt in Aegypten), und so gehen die Heiligen höher und höher durch brahmanische Weltterrassen empor (bei zunehmender Höhe der Weltzerstörungen im periodischen Umlauf). „Sie sind nothwendig, wie des Baumes Frucht" (bei Schiller) „des Menschen Thaten und Gedanken" der „inneren Welt" (im Mikrokosmos). Das Böse ist der bewusste und beabsichtigte Zerfall und also kein Joch, welches nur die psychologische Macht des Idealen ausdrückt (s. Steinthal). Seele und Geist, als Inbegriff aller seelischen und geistigen Dynamiden findet sich in keinem Menschen vor, sondern allein nur im Spiritus Vitae, d. h. bei Gott (s. Stanelli). Ulwurm valde calidi sunt et in viriditate illa nascuntur qua gramina germinare incipiunt (St. Hildegardis) in der Evolution (poly-, nesischer Kosmogenien). The main bulk of the ancient Chaos and of the Atmosphere of a Comet, is a Fluid or System of fluids (s. Whiston), *ἀὴρ ζοφώδης καὶ πνυματώδης* und *πνοὴ ἀεροζοφώδες* (der Phönizier).

Dass vor dem Einsetzen inductiver Forschungsweise das Denken mit der Deduction zu beginnen hatte, liegt im naturgemässen Entwickelungsgange begründet, und ebenso das Ausgehen von praktischen Bedürfnissen, ehe eine allgemeine theoretische Beschäftigung die gesund eingeschlagenen Wurzeln bekunden konnte, durch welche die bis dahin sogenannte reine Wissenschaft zur Pflege auf gesellschaftlicher Grundlage ihre Berechtigung erhält.

Vor der aus der Systematik zur Physiologie fortgebildeten Botanik bestand die Kunstgärtnerei und Landwirthschaft, vor der Biologie in weiterem Sinne die Medicin als Heilkunde. „Die practische Medicin ist viel älter, als die Wissenschaft, aus der sie abgeleitet werden sollte, eine filia ante matrem, im Inbegriff unzähliger Heilversuche, in bodenloser Empirie" (s. Dietl).

So hatte längst, ehe an die Ethnologie gedacht werden konnte, die Geschichte ihr Fachstudium gefunden, und wird für ihre nationale Bedeutung stets den hervorragenden Platz bewahren, der ihr von rechtswegen zukommt.

Bei den Culturvölkern handelt es sich um die scharfen und sauberen Messungen der Krystallographie, während betreffs eines Gewordenseins der Krystalle, unter geologischen Schichtungen, die Mineralogie sich der Chemie zuzuwenden hat, und mit ihren Mutterlaugen gährt es in den embryonischen Vorstudien der Naturstämme, denen zugleich, zu Gunsten der genetischen Methode, eine ähnliche Rolle zugefallen ist, wie sie die Kryptogamen in der Pflanzenkunde gespielt haben (kraft mikroskopischer Aufklärungen im Detail).

Das egoistische Princip des Selbsterhaltungstriebes erhält seine naturgemässe Modification bei der Gesellschaftswesenheit des Menschen durch die Beziehungen des Einzelnen zum Ganzen, dem er angehört, als integrirender Theil (im Altruismus).

Der Crösus, der von dem Ueberfluss, den er täglich zu verzehren hat (ohne ihn selbsteigen hinunterschlingen zu können), seine Beitragsquote den Dürftigen abgiebt, übt Mildthätigkeit, gleich der Wittwe, deren Scherflein, nach der Parabel, das

Schwerere aufwiegt, aus egoistischem Antrieb insoweit, nicht das der Constitution eingepflanzte Mitleiden mittönt, in Sympathie, denn auch aus anderer Tonart mag es spielen, um unter der Blasirtheit den im Ueberdruss ausgenutzten Vergnügungen einen neuen Reiz hinzuzufügen, bei glücklicher Zufriedenheit in Sympathie mit dem Glücke anderer. Vielleicht sind schon die Dankesbezeugungen für ihn zu schaal, so dass das Wohlthun im Stillen zu leisten vorgezogen werden mag, oder vielfach, wenn die geheimen Gedanken, der geheimste Kabinetsrath in der Herzkammer, befragt sein sollte, würde sich das Motiv einer Anlage des Capitals auf der Himmelsbank, bei orthodox noch befestigtem Glauben ergeben, oder doch mögliche Vermuthung belohnender Folgen, unter den Antithesen der Skepsis, (sowie immerhin zunächst der Gewinn gewisser Befriedigung für augenblickliche Stimmung) und bleiben letzte Gründe hier, wie überall, ins Dunkel verlaufend (das bei Zweifeln aufgestört, indess auch in Ruhe gelassen, werden kann.)

Zwar, in praktischer Hinsicht, sind mit Veredelung des Charakters, um feinerer Regungen fähig zu sein, die Früchte der Civilisation gewonnen, gegenüber dem brutal nur auf augenblicklichen Sinnengenuss Bedachten, ohne die Folgen zu erwägen, ohne eben die Gedankenreihen zu verlängern, die, je kürzer abgeschlossen, desto roher verbleiben, wenn in erster bester Antwort bereits zur Abgleichung gelangend (im Naturzustand).

Die Mutter fühlt das ihrem Leibe entsprossene Kind als Theil der eigenen Persönlichkeit und wird den Besitz desselben mit der Hartnäckigkeit des Selbsterhaltungsgefühls vertheidigen, wogegen der Vater (bei den Naturstämmen) dem von ihm Gezeugten ferner steht und erst bei allmälig eingeleitetem Nachdenken in Beziehungen gesetzt wird (unter den Ceremonien der Couvade).

Das Kind gleicherweise wird, aus Gewöhnung an die Pflege, die Eltern (die Mutter zunächst und später auch den Vater) als beanspruchbar betrachten und so (zu ihnen hingezogen), sie seinerseits auch vertheidigen, um nicht des Schutzes beraubt zu werden.

In vervollkommneten Stadien einer für feiner veredelte Regungen empfänglichen Natur wird, um den harmonischen Zusammenhang angenehmer Erinnerungen (seit frühester Kindheit her) nicht zu unterbrechen, jede Störung in Pflege der Elternliebe

sorgfältig vermieden werden, und die innerliche Verknüpfung
gegenseitiger Neigungen muss um so innig naturnothwendiger
empfunden werden, wenn das Denken aus der Gliederkette der
Fortpflanzungen (in weiterer Ausstreckung) bis auf erste Gründe
hinübersteigt —, hinein in das Walten allgemeiner Weltgesetze (wo
dann das eigene Selbst, gleich Allem ringsum, mysteriös sich
umfangen fühlt).

So in vorwiegender Durchbildung auf geistiger Hälfte des
Menschen bewegt sich der Fortschritt der Cultur voran, unter Verlängerung der Gedankenreihen (bis in Unendlich-Ewiges hinaus),
doch gilt es hier für praktische Regelung des täglichen Lebens, der
Anerkennung ethnischer Principien (mittelst wiederholter Controlle
bereits gesicherter Daten nämlich), bei welchen angelangt, das
Denken sich dann jedesmal die weitere Fortführung des logischen
Rechnens erspart fühlen kann, um in rascher Entscheidung, (wie
sie in Mehrzahl der Fälle, ohne bequem meditirende Musse zu
gestatten, verlangt sein wird), sogleich das Richtige zu treffen
(mit einer, nach Wahrscheinlichkeitsrechnung wenigstens, gewährten Garantie).

Hier gilt es Einpflanzung bei der Erziehung in der aus-
drucksvollsten Phase des Lebenswachsthums. „Die Durcharbeitung
im Reiche der Gedanken vollzieht sich unter der Sonne und
den Stürmen des Lebens; aber wem nicht in empfänglich be-
geisterter Jugendzeit das Ewige sich in's Herz gesenkt und die
Empfängniss lebendiger, Leben fordernder und gebender Gedanken hinterlassen hat, der hat hienieden Nichts zu verarbeiten,
als Ueberkommenes" (s. Usener), statt aus organischer Entwickelung (des Selbst). Und so die moralischen Lehren in Daramulan's
Weihen (bei den Pubertätsceremonien überall), s. Zur naturwissenschaftlichen Behandlung der Psychologie (S. 134).

Morality (the sum of the preservative instincts of a society) is the
sum of the preservative instincts of a society and presumably of those which
imply a desire for the good of the society itself (s. L. Stephen) bei dem
Menschen im gesellschaftlichen Charakter (als dem der Einheit). „Das
ganze Leben des Geizhalses ist Noth und Entbehrung, aber Noth und Entbehrung sind Gewinn, und der Schatz wächst mit jedem Tage" (s. Carneri).
Die Sympathie als Freude an einem Andern, ist das erste moralische Gefühl
(s. Löbisch). Wie es „nur sittlichen objectiven Geist geben kann, so auch
nur ein sittliches Wie, folglich giebt es auch eigentlich nur ein Wir, den
Geist der Menschheit" (s. Steinthal). „Tobias fragt nach dem Stamm und
Geschlecht des Engels, der Letztere nennt ein dem Tobias bekanntes, dem
er nicht angehört. Eine solche Fiction nennt man im gewöhnlichen Sprach-

gebrauch eine Täuschung, Lüge, Stier dagegen eine sinnige Dichtung Hengstenberg ein Räthsel" (s. Keerl). Sich es ist das paradis und ist nieman dar inne wan Elyas und Enoch (s. David von Augspurg). Indem das Kind „ausser sich so wenig etwas Lebloses als an sich" findet, so versetzt „es sein Fühlen und Denken, sein Thun und Lassen, mit Einem Worte, seine ganze Seele, als Weltseele, in alle Dinge (s. Löbisch), im Animismus (der Naturstämme). Wenn ein Kind (in Pommern) vor der Taufe stirbt, wird es ein wilder Alb (s. Jahn), und so sind (wegen noch mangelnder Anhänglichkeit) die Kinderseelen gefürchtet (in Polynesien). Ungewöhnliche Geräusche in den Stuben werden durch die Paraxatu verursacht (in Siam). Die Fee des weissen Schirms wacht über die Etikette (in Mandalay), als Weisse Frau (des Schlosses). Die Patientin (in Wolfenbüttel) hatte ein fünffaches Bewusstsein (s. Mayo). Die Dacotah unterscheiden die Seele vierfach (die Karen siebenfach). In der Wassertiefe des Brunnens (auf Fiji) sieht man „the souls of men and women, beasts and plants of stocks and stones, canoes and houses, and of all the broken utensils of this frail world, swimming or rather tumbling along one over the other pell-mell into the regions of immortality (s. Mariner). Die Seelen der Kessel (und anderer Geräthe) flogen ins Jenseits (bei den Odjibbeway). Ὁ καλούμενος τῆς ψυχῆς νοῦς, ᾧ διανοεῖται καὶ ὑπολαμβάνει ἡ ψυχή, τὸ μόριον τὸ τῆς ψυχῆς, ᾧ γινώσκει τε ἡ ψυχὴ καὶ φρονεῖ, τὸ διανοητικόν (s. Aristoteles). Das erste psychische Material, aus dem auch die höheren geistigen Gebilde gestaltet werden, sind die verschiedenen einfachen Sinnesempfindungen (s. O. Flügel). In homine saltem debent dari duae formae substantiales, altera sensitiva, altera intellectiva (s. Occam). Als (naturhaft) organische Verbindung stellt sich ἕνωσις φυσικὴ her (zwischen Seele und Leib). Eadem anima est quidem principium radicale omnium operationum in homine (s. Babenstuber). Prius anima vegetativa deinde sensibilis, postmodum vero rationalis (s. Zabarella). Von den Kräften oder Vermögen (vires) der Seele unterscheiden sich (bei Isaak von Stelle) ihre Vermöglichkeiten (virtutes). Erant enim tria quaedam: Corpus et Spiritus et Deus (s. Hugo von St. V.); Deus, Sanctus, Corpus (bei Ermanrich). Averroes non asserit intellectum intelligere lapidem intellectione, quae est essentia intellectus, sed intellectione, quae est lapis apprehensus; Themistius vero asserit, intellectum intelligere lapidem apprehensione suae essentiae et intellectione, quae est intellectus ipse intelligens (s. Niphus). „Alles entnimmt die Denkthätigkeit wissend aus dem Vorhandenen und fertigt wissend daraus ihre Denkproducte an, als Nachbildung des Abgeprägten unter Einwebung des zeichenmässig zugeleiteten, sowie unter Ergänzung dessen, was hierin fehlt oder versteckt darin für die vorstehende Thätigkeit enthalten ist" (s. Hoppe). Intellectus humanus est actus corporis organici ut objecti et sic non separatur (s. Pomponatius). Species in imaginatione est quanta et extensa, species vero in intellectu est abstracta ab omni quantitate (s. Aureolus). Totus homo hoc est, spiritus et caro (s. August.), anima et caro (s. Alcuin), discerunt inter spiritum et mentem (Paulus). Der kraft seiner Beseelung lebendige Mensch hat die Virtus naturalis mit den Pflanzen, die Virtus spiritualis mit den Thieren gemeinsam, die virtus animalis aber nur mit einem Theil derselben gemein (bei Wilhelm von Conches); die dem Menschen einwohnende Seele bethätigt sich in den Actionen jener drei Virtutes als Belebungsmacht (s. K. Werner). Der niedere Theil der Seele (neben dem höheren) zerfällt in *ϑυμικόν* und *ἐπιϑυμικόν* (s. Cassian). Anima est substantia incorporea, regens corpus (s. Remigius) substantia spiritualis, a Deo creata, propria sui corporis vivificatrix (s. Cassiodor), substantia incorporea semper vivens (bei Gregor Nemesius). Anima est res incorporea, rationis capax, vivificando corpori accommodata (s. Bernardus), *ἐνεργεία* (als *οὐσία* und *οὐσίωσις*). Die „Immutation" vollzieht sich für den Geruchssinn in den zwei an der dura mater des Gehirns angesetzten zitzenförmigen Knötchen (bei Wilhelm von Conches). Anima, cum sit pars humanae naturae, non habet perfectionem suae naturae, nisi in unione ad corpus (s. Thom. Aq.). Primo intellectu cadit Ens, ut dicit Avicenna (s. Thom. Aq.). Anima in naturalibus operatur subtiliter, in animalibus subtilius, subtilissime in spiritualibus (Wilhelm von Thierry). *Ψυχή λογιστική* und *ψυχή ϑνητή* (bei Plato), als dichotomisch. Animalium animae non sunt substantivae, sed cum carne ipsa carnis vivacitate nascuntur, et cum carnis morte finiuntur (s. Cassiodor). Der Mensch hat mit den Steinen das Esse, mit den Pflanzen das Vivere, mit den Thieren die Vita cum Sensu, mit den Engeln die Vita Rationalis gemein, deren Träger die menschliche Seele ist (bei Wilhelm von Thierry). Intellectus conjunctus corpori passibili non potest intelligere nisi convertendo se ad phantasmata (s. Thom. Aq.) in den Vorstellungen (projicirt). Die aus den Sinnesempfindungen ausgelösten Kräfte treten, wenn auf psychische Gedanken-Atmosphäre stossend, in (organische) Entwickelung (aus einwohnender Keimanlage). Als Wesensform (forma determinata) ist die Seele auf bestimmte Materie zu (informirender) Gestaltung des Leibes, als menschliche, hingewiesen (s. Kleutgen). Wesen ist das erste innere Princip alles dessen, was zur Möglichkeit eines Dinges gehört (s. Kant). Nicht „resurrectio, sed magis novi corporis assumptio" findet sich in der Metempsychose (buddhistisch). Omnis nostra scientia oritur ex sensibus (Alb. M.). Unum in homine ponit vitae principium (Pius IX.) alle Wesensbestimmungen von einer vernüftigen Seele herleitend (1860), als substantialis forma informans (mit Plastidul-Seelen) zur Fortentwickelung. *Πλίνει ἀπὸ τοῦ ζῶντος ὕδατος* (bei Justin). *Ἐδὲμ δὲ εἶναι λέγουσι τὸν ἐγκέφαλον* (die Naassener). Naas (*ὁ Νάας*) wirkt auf die Seelen und beschützt die Gebote Baruchs (zu den Propheten gesandt), im Widerspruch zwischen Geist und Seele, der von Elohim und der von Edem Stammenden (s. Möller). Der Urmensch (*ὁ ἀχαρακτήριστος ἄνϑρωπος*) heisst *Κόρυβας*, weil vom Gipfel (*Κορυφή*) in dem „unausgeprägten Gehirn" herabzusteigen anfangend und alle niederen Herabschaften durchdringen (bei den Naassenern). *Δηλονότι ὁ μὲν πρῶτος ϑεὸς ἔσται Ἑστώς* (bei Numenius). Statt des Trichotomismus (mit zwei immateriellen Principien als Seele und Geist, ausser dem Leibe) führt Scotus die Einheit (des intellectiven, sensitiven und vegetativen Lebens) auf die vernünftige Seele zurück (neben der Leiblichkeit, als forma corporeitatis), und Plato unterschied drei Seelen (die vegetative, sensitive und intellective), die Dacotah vier (die Karen sieben). Die Seele ist forma formans (bei Alb. M.). *Γέγονεν οὖν ἐκ πρώτης τῶν τριῶν ἀρχῶν συνδρομῆς μεγάλης μεγάλη τις ἰδέα σφραγῖδος, οὐρανὸς καὶ γῆ* (bei den Sethianern). Gott erschafft die Welt durch das ewige Fiat, und nichts desto weniger darf man sagen, dass die Welt aus Gott geboren werde (s. Martensen). Aerem istum caliginorum, ubi daemones versantur, setzt Gregor Nyssenus, als Strafort (der Seelen). Infernum et proinde purgatorum (loca vicina) fore in valle Josaphat, ita refert Chrysostomos sensisse veteres aliquos (s. Bellarminus). Probabile est, infernum in profundioribus terrae marisque speluncis esse (s. Keckermann). Coelum empyreum est beatorum spirituum habitaculum et specialiter sedes Dei vocatus (Henoch und Elias „in alium locum translati"). Im oberen Feuer weilt Rehua (bei den Maori). Si coelum beatorum determinate et praecise esset proxime supra firmamentum, facile scire potuisset animam suam tunc fuisse extra corpus (s. Gerhard) Paulus, als er die ἄῤῥητα hörte (in den „dritten Himmel" verzückt), wie bei ausfahrender Seele (zum Befragen der Poglit). Ultra firmamentum quod octavum orbem nostri faciunt, est regio felicissima (s. Petrus Martyr). Die Manichäer zählten 10, die Valentinianer 7 Himmel, Basilides 365 (tot scilicet quot sunt dies in anno). Der Phrygier bezeichnet den Vater aller Dinge als ἀμύγδαλος (s. Möller). Ambrosius nennt den superior infernus den „Ort der Gerechten," den „inferior" aber „Gehennae locus," bestimmt für die animi sceleratorum (s. Körber). Das ausserhalb des Menschen entstandene οὐδέν ist der γόσμος ἰδικός (bei den Naassenern). Γέννημα θειείας von πατήρ ὁ κάτωθεν hervorgebracht (bei den Sethianern). Ἔστι γὰρ ἀρσενόθηλυς ὁ ἄνθρωπος (s. Hippolyt). Coelum est vel φυσικόν, naturale, vel πνευματικόν, spirituale. Naturale est vel aereum, in quo aves volitant, vel sidereum, in quo sunt orbes celestes (s. Gerhard), von Oluna bis Poliulu (auf Hawaii). Infernum sub terra esse nemo jam ambigat (Hieronymus). Abortus inanimes et informati non vixerunt, ergo nec mori potuerunt et per consequens nec resurgent. Factus autem abortivi qui formati fuerunt et vitam habuerunt, etiamsi in utero exstinti fuerunt, resurgent, omni tamen defectu et infirmitate liberati (s. J. Gerhard). Die Feralia wurden im Februar gefeiert (s. Ovid), als Νεκόσια (Νεμίσιω) im „Animarum dies" oder „Festum Animarum" (des November). No one but the heir of the deceased cuts off the kudumi and that at no other time, but on the occassion of the parents death (in Travancore). According to Strutt, in the Festival of Fools on St Stephen's day, the assistants sang as part of the mass, a burlesque composition called the „Prose of the Ass or the Fool's Prose" (s. Hampson). Festum dominicae Circumcisionis (instituted by Felix II) occurs in the Saxon Kalendar (Agni Circumcisio). Wherever a resurrection is going on, there is a noise, God Himself cannot have a resurrection without a noise (predigte Frau Booth) in dem „Salvation war" (1882). Das in Folge des Anzündens durch des Geistes eigene Kraft ausstrahlende Licht übertrifft das des Dochtes (in Beobachtung oder Versuch) unberechenbar (s. Tyndall) im Entfaltungsschuss des psychischen Wachsthums). Nach der Bibel übernahm Gott selbst den Unterricht und die Leitung des ersten Menschengeschlechts (s. Oberthür), wie Atai (am Alt-Kalabar). Wegen λογοκλοπεία wurde Empedokles von der Brüderschaft der Pythagoräer ausgeschlossen (im Ausplaudern eines „Hieros Logos", wie bei buddhistischer Popularisirung). There is not a philosophical problem that has risen up in our own day (1879), which does not meet with a satisfactory solution (bei Thom. Aq.), even within the sphere of Physics (s. Harper).

Wer die ἐπιστήμη besitzt, als σωφροσύνη (τὸ γιγνώσκειν αὐτόν *ἑαυτόν*), handelt richtig, in *φρονήσις*, unter Herrschaft der *σοφία* (s. Plato), zur Begründung der Moralprincipien im Wissen, wogegen sie, als offenbarte, gläubig entgegenzunehmen wäre (in der Religion), so lange nicht in Collision mit den Vernunftanforderungen (des praktischen Lebens). Bei dem auf Demuth und Nachgiebigkeit hinweisenden Charakter des Christenthums durfte keine Anklage ausgesprochen werden, die mit Todesstrafe zu treffen gewesen wäre (s. Lact.), noch ein Amt bekleidet, welches das Verhängen von Strafen hätte zur Pflicht machen können (s. Tertull.). In Gegenüberstellung von *καλόν* und *αἰσχρόν* fällt, Landesgenossen zu tödten, in letztere Rubrik, Fremde dagegen in die erste, so dass im antithetischen Austausch von Gut und Böse Nichts übrig bliebe (*καλυφθῆμεν*). Deshalb bedarf es zunächst einer Ueberschau ethnischer Thatsachen (in dem Völkergedanken), um aus dem organischen Wachsthum die jedesmal rationelle Ursächlichkeit zu erkennen (und diese dann für Allgemeinheiten zusammenzufassen).

In Isagoras' Rhetorik kann die *δικαιοσύνη* nicht gelehrt werden, weil überhaupt keine *τέχνη*, wogegen solches Gerede von Plato unter das aufrührerischer Matrosen verwiesen wird, die besser thäten, vorher die Steuermannskunst zu erlernen, ehe sie über das perorirten, von dem sie nichts verstehen (gleich socialistischen Weltverbesserern). In der Natur begründet, wird das Gesetzliche der Gerechtigkeit vom Menschen, soweit er darin eindringen kann, als Kunst begriffen werden können (auf dem inductiven Wege des Studiums). Das Wachs schmilzt, der Lehm härtet in der Wärme, Farben bleichen im Licht, Höllenstein-lösungen schwärzen, der elektrische Funke zersetzt oder zerlegt, je nach den Mischungen, wo er trifft, und solchen Umständen entsprechend, wirkt das chemische Reagens verschieden, obwohl an sich das Gleiche bleibend, und aus den Experimenten mit solchen Specialfällen eben, für seine eigene Charakteristik zu erfassen, durch comparative Methode, in Verbindung mit genetischer zum Ueberblick der Thatsachen (in den von der Ethnologie gebotenen Völkergedanken).

Als Gesellschaftswesen bildet der Einzelne einen Einschlagsfaden desjenigen, durch die Beziehungen seiner Wechselwirkungen gegebenen, Kreises, worin er eingewebt ist, — bis zu höchster Form, beim Auftreten nationalen Gemeingefühls (oder kosmischen Humanismus').

Durch die Geburt schon ist das Individuum hineingewachsen in die Familie, in physischer Verknüpfung noch während der ersten Lebensjahre, bei deren Dauer das Thier gleichfalls abhängig bleibt von säugender Mutter (oder dem Vater für Vertheidigung, bei eigener Hülflosigkeit).

Dass indess aus dem Verhältnisse des Kindes zu den Eltern die Familie hervorgebildet wird, tritt im civilisatorischen Fortgang erst, als Folge hervor, indem auf dem Naturstande die Familie noch ausfällt (bei Trennung nach Geschlechtsscheidungen und Altersklassen), s. Der Papua (S. 85).

Sobald dagegen die Familie zur Durchgestaltung gelangt ist, liefert sie die, solid erprobten, Normen für den Einheitsbau der Gesellschaft, indem in der Familie, aus physischen Unterlagen bereits, die gesellschaftliche Verwebung naturgemäss in einander gekettet vorliegt, die auch in das Jenseits sich fortsetzt mit der Hoffnung auf ein Wiedersehen oder Wiedergeburt der Stammesseele (Bla in Guinea). Auch mag sie die Erde im Anhauch aufnehmen, während in Florida unmündig verstorbene Kinder längs der Strassen gelegt wurden, wo schwangere Frauen vorbeikamen, um von der embryonalen Vorbereitung Besitz zu nehmen (für gegenseitige Convenienz). „We live only a few days here (said old Chinsunse), but we live again after death, we do not know where, or in what condition or with·what companions. for the dead never return to tell us; sometimes the dead come back and appear to us in dreams, but they never speak nor tell us, where they have gone or how they fare" (s. Livingstone), unter den Manganja (mit Mpambe oder Morungo, als höchstes Wesen). Die Seele war unsterblich (bei Alkmäon), weil sie sich stets bewege (s. Weisse), wie „auch alles Göttliche immer stetig, Mond, Sonne, Sterne und der ganze Himmel. Von den stoffartiger Gesinnten nannten Einige auch das Wasser, wie Hippon. Geschlossen zu haben, scheinen sie dies aus dem Saamen, weil dieser vor Allem nass ist. Denn er wendet ein gegen Diejenigen, welche für Blut ausgaben die Seele, dass der Saamen nicht Blut sei, dieser aber sei die erste Seele. Andere nun das Blut, wie Kritias, in der Meinung, dass das Empfinden der Seele Eigenthümlichstes sei, dieses aber stattfinde durch die Natur des Blutes" (s. Aristoteles), fortrollend zu „kugelförmigen Seelen" (bei Leukipp). Wenn beim Forttragen der Leiche die Bahre schwankt, so holt der Todte von seiner Familie bald Jemanden nach (in Oelsnitz);

dasselbe geschieht auch, wenn dem Todten nicht Mund und Augen
ganz geschlossen wurden, oder wenn man die Thür nicht zumacht,
sobald der Sarg aus dem Hause ist (in Gera) 1867 (s. Köhler).
Alle (zugleich erschaffenen) Seelen sind im Seelenbehälter aufbewahrt (nach den Rabbinern), unter dem Throne (Allahs). Idem
numero est homo et puer et adultus (s. Thom. Aq.) für Verklärung (des „Auferstehungsleibes"). Vanum est, quod Origines
interrogabat, an haec materia sumenda sit, ex puerili vel senili
corpore (s. Suarez). Bei den Passumah verfeinert es sich sogleich
(zu Orang-alus); ἡ ψυχὴ σῶμα λεπτομερές (s. Epikur). When
a Hidatsa dies, his shade lingers four nights around the camp
or village in which he died, and then goes to the lodge of his
departed kindred in the Village of the Dead (s. Matthews). Statt
nach „Insulae fortunatae" wird der Geist nach den Inseln im Volta
geschickt (in Guinea), und wie Kla in Sisa oder (bei Eweern)
Nodai, wandelt sich die Seele (Tarunga) in das Gespenst der
Tindali (auf Florida der Salomonen), s. Der Papua (S. 225 ff.).
    Wenn der Leichenzug über die Dorfgrenze geht, so wird auf
dieselbe ein Haufen Stroh gelegt, damit der Todte, wenn er in
seine frühere Wohnung beimkehrt, auf demselben sich ausruhen
könne (s. *Wuttke*). Wer dieses Stroh wegnimmt, wird von dem
Todten so lange beunruhigt, bis er es wieder hingetragen hat.
Wenn die Leichenbitter nach dem Begräbniss im Sterbehause
bewirthet werden, so ist gewöhnlich der „Geist" schon da, und
verweilt hinter einem breiten Handtuch, welches man zu diesem
Behufe an die Thür aufhängt, oder er setzt sich ungesehen auch
mit zu Tische. Man sucht die Gäste so lange als möglich beisammen zu halten, denn sobald sie auseinandergehen, nimmt auch
der Gestorbene für immer seinen Abschied von dem Hause (in Ostpreussen). In Pommern wird umgekehrt bei der Rückkehr des
Leichenwagens vom Kirchhof alles Stroh von demselben auf die
Grenze geworfen, damit die Seele bei ihrer Wanderungslust hier
aufgehalten werde und nicht bis nach Hause gelangen könne
(1860). „Der zuletzt Gestorbene muss so lange an der Kirchhof-
thür Wache stehen, bis eine neue Leiche ankommt (Ostpreussen,
Franken), und der auf einem neuen Kirchhof zuerst Begrabene
kommt nie zur Ruhe, sondern muss immer wandern (Hessen).
Stirbt eine Wöchnerin, so kommt sie sechs Wochen lang in jeder
Mitternacht wieder, um das Kind zu stillen, und man findet wohl
auch ihr Bett eingedrückt (Schlesien). Heirathet ein Wittwer,

und ist das der gestorbenen Frau recht, so erscheint sie bei der Hochzeit und tanzt mit (Usedom)." Die Toltcken gingen unter im Todtentanz, s. Geograph. u. Ethnograph. Bilder (S. 38).

Inmitten einer gewaltigen Krisis, während welcher, innerhalb kürzester Spanne, die Weltanschauung der Gegenwart radical sich umzugestalten beginnt, sind die bisher altgeheiligten Stützen derselben gewaltsamerweise zusammengebrochen. Die Religion ist dahin, ihre erblich überlieferten Dogmen, die soweit im geschichtlichen Gange der Reformen sich verbesserungsfähig und anpassbar erwiesen, sind unrettbar entrissen, durchbrochen, vernichtet in jener Revolution, mit welcher die Selbstständigkeit des Bewusstseins kategorisch ihre Anerkennung gefordert.

Der Philosophie, die früher in gefahrvollen Uebergangszuständen temporäre Hilfsbrücken aufzuzimmern meist vermocht hat, verflüchtigen sich ihre Lehren in der Flucht neuer Ideen, die nach allen Richtungen hin unerwartete Perspectiven eröffnen, in noch völlig Unbekanntes hinaus, und deshalb ohne jeden Anhalt, bis dahin.

Nur im Thatsächlichen kann solcher gewährt sein, und um dieses festzuhalten, wo es sich bietet, um nicht weggeschwemmt zu werden, in bedrohender Fluth, ist nach Thatsächlichem deshalb zu suchen, im Geistesreich ebenfalls, — nach gesicherten Anhaltspunkten im organisch begründeten Naturgesetze, für das logische Rechnen (des Denkens).

Diese Religionsphilosophie der Zukunft wird bei der Gesellschaftswesenheit des Menschen, nur von naturwissenschaftlicher Behandlung der Psychologie gewahrt werden können, auf der thatsächlich gebreiteten Basis der Völkergedanken.

Erst nachdem es gelungen sein sollte, ein Inventar aufzustellen in der „Gedankenstatistik", im Ueberblick dessen, was in Religion und Philosophie auf dem Erdenrunde jemals (und überall) gedacht ist, was also die Machtsphäre des Denkens ihrem gesammten Umfange nach ausfüllt, dann (und dann erst) wird das unter der Buntheit der Localdifferenzen durchgehend Gleichartige dauernde Grundpfeiler vorbereitet haben, um auf ihren Fundamenten die, künftigen Bedürfnissen genügende, Weltanschauung aufzubauen (nach comparativ-genetischer Methode der Forschungsweise).

In ursprünglicher Form tritt für Vertretung des Volkes nach aussen (gegen sichtbare und unsichtbare Feinde) das Priesterkönigthum hervor, bis zu dem dann geschichtlich erfolgenden Zerbrechen in weltliche und geistliche Macht, s. Der Fetisch, Berlin 1884 (S. 28).

Wenn der in „Dius Fidius" aufleuchtende Strahl erster Gesittung (im Gastrecht), durch Connubium und Commercium zu amphiktyonischen Bünden geführt (wie unter den Fünfstämmen am Murray), gilt es zunächst (im Langhaus der Irokesen) die blutigen Folgen der Blutrache (privatrechtlicher Vendetta) zum Allgemeinbesten der Gesellschaft zu mildern (in den Sühnungen des Wehrgeldes überall), und dann die Scheidungslinie zu ziehen zwischen der Nacht- und Tagseite des Lebens (in flaminischen Riten), der „Majores flamines" (s. Pauli), maximae dignationis (bei Festi), im Flamen dialis (neben Martialis und Quirinalis), als Stephanophoren (s. Dionys. Hal.), „quod in Latio capite velato erant semper ac caput cinctum habebant filo" (s. Varro), s. Der Papua (S. 254). Die untere Schattenwelt der Todten ist die umgekehrte der oberen (bei Karen), und beide liegen in Streit (auf Timor). „Among the Indians of the Huron-Iroquois family, the mourning for the dead became exaggerated into customs of the most extravagant character, exhausting the time and strenght of the warriors and devouring their substance" (s. Brinton). These shocking and pernicious usages were abolished at one swoop (by the rites of the „Condoling Council").

Dann entnüchtert sich von dem Geträume der Wakan-Menschen (s. Pond) mit Tonwan-Kräften der Götter (aus Häusern der Taku-Wakan) die Thätigkeit der priesterlichen Festordner (s. „die Seele", S. 194) zum praktisch, auch von den Inca im Brückenbau (am Apurimac), geübten Handwerk der Pontifices, auf Tonga (s. Mariner) gleichfalls, in Canoe-Bauern und Zimmerleuten (s. Kubary), s. Zur naturwissenschaftlichen Behandlung der Psychologie (S. 164). Aus den im Gemüth bereit liegenden Anschauungs- und Denkformen sind die Vorstellungen „empirisch gegeben" für die Synthese des Denkens (s. Kant), aber die als bereits vorhanden angetroffenen Gesetzesformen sind, in ihrer Congruenz mit dem entsprechenden der Aussen-Natur, im innerlichen Bewusstsein unbewusst durch lautlichen Sprachverkehr der Gesellschaftsthätigkeit geschaffen, für die Einzelnen dann wieder zu klären, als integrirender Theil (im Selbst).

Im Blitz und Donner kam mit Keule und Feuerzeug der Häuptling vom Himmel zur Erde, das Feuer entzündend, das durch den Regen gelöscht wurde, der beim Herabkommen des Heerführers fiel (unter den Winnebagoes).

Dann entstand aus der Mitte des See's Michigan der Landbauer, und aus dem Bären wurde der Botenläufer geschaffen (s. J. E. Fletcher). Passaconnaway (unter den Pennacook) verband die Stellung eines Sagomore (Häuptlings), mit der eines Priesters (Powahi), „an accomplished juggler" († 1663). Unter den Fürsten der Stentsacco Choota (great beloved man) stehen Mico (Häuptlinge) über den Städten (bei den Creeks). Pour inspirer de l'amour à quelqu'un, ce sont des philtres, proprement dits ($\varphi i\lambda\tau\rho\alpha$ ou $\alpha\gamma\omega\gamma\iota\mu\alpha$), pour envoyer à quelqu'un les songes, que l'on veut ($\dot{o}\nu\epsilon\iota\rho\sigma\pi\sigma\mu\pi\dot{\alpha}$), pour faire haïr ($\mu\iota\sigma\dot{\eta}\vartheta\rho\alpha$), pour faire souffrir quelqu'un ($\pi\alpha\vartheta\sigma\pi\alpha\iota\dot{\alpha}$), bei den Sagae (s. Rouyer). Die Indianer-Stämme (in New-England), „were under the religious rule of self-constituted priests (powwows) and ecclesiastical Sagamores (s. Schoolcraft). Les bardes (rendant des oracles) s'appelaient Awenyddion, c'est-à-dire conduits par l'esprit (s. Ernault) in Wales (XII. Jahrh.). Der Hund, im Himmel geschaffen, wurde als Hülfe des Menschen herabgesandt, der das Recht erhielt, ihn zu tödten und opfern (bei den Michigamies). Die Adler (unter den Stämmen der Iowas) bezeichneten sich durch zwei Locken an der Stirn und eine am Hinterhaupt, die Bären durch das Haar der einen Seite länger, die Büffel durch länger vorstehende Haarstreifen von Stirn zum Hinterhaupt (neben Taube, Wolf, Elenn, Biber, Schlange). Oportet corpus hominis et cujuslibet animalis habere determinatam figuram in toto et in partibus. Corpus autem habens determinatam figuram oportet quod sit in se terminabile, quia figura est, quae termino vel terminis comprehenditur. Aer autem non est in se terminabilis, sed solum termino alieno terminatur. Non est ergo possibile, quod corpus hominis resurgentis sit aereum vel ventis simile (Thom. Aq.). geschaffen von Jahve ('dem „Windmacher"). Apelles creatorem angelum nescio quem gloriosum superioris dei faceret, deum legis et Israelis illum signeum affirmans (s. Tertull.). Den Anfang macht Basilides mit den lautern Nichts, $\ddot{\eta}\nu$ $\ddot{o}\tau\epsilon$ $\ddot{\eta}\nu$ $o\dot{v}\delta\dot{\epsilon}\nu$, was nicht einmal $\ddot{\alpha}\dot{\rho}\dot{\rho}\eta\tau\sigma\nu$ heissen kann, weil unsagbar, $\dot{v}\pi\epsilon\rho\dot{\alpha}\nu\omega$ $\pi\alpha\nu\tau\dot{o}\varsigma$ $\dot{o}\nu\sigma\mu\alpha\tau\sigma\varsigma$ $\dot{o}\nu\sigma\mu\alpha\zeta\sigma\mu\dot{\epsilon}\nu\sigma\nu$ (s. Hipparch). Der Aetherleib der praeexistirenden Seele nimmt Kugelform an (bei Origenes). Impossibile est, quod corpus humanum transeat in substantiam spiritualem (s. Thom. Aq.). Die Absonderung der „Speichelarten" (für die „Verdauungsorgane"), erweist sich als überflüssig (im Auferstehungsleib), „und demnach werden sie auch fortan nur ihre Zellen und Gefässe auszufüllen haben" (s. Bautz). Der Körperkeim des subtilen Organs (bei Bonnet), bleibt als „Eidolon" mit der Seele nach dem Tode verbunden (s. Daumer). Das System geht aus von einer $\delta\dot{v}\nu\alpha\mu\iota\varsigma$ $\dot{\alpha}\pi\dot{\epsilon}\rho\alpha\nu\tau\sigma\varsigma$, der Wurzel aller Dinge (bei Simon), auch als Feuer bezeichnet (s. Möller), und von Te-aka-ia-Ree (the root of all existence) in polynesischer Kosmogonie (Mangaia's).

Das Grundgesetz der Welt beruht auf harmonischem Bestande. Gegensätze bedingen wechselsweisen Ausgleich, weil fortdauernde Störungen in Zerstörungen auslaufen müssten. So, wie chemisch und physikalisch, auch physiologisch (in organischer Compensation) und psychisch.

Der Geschlechtstrieb führt in der Brunst zum Beiwohnen, der Hunger zur Sättigung durch Essen, aus instinctmässiger Combination (oder weiterhin bewusster Absicht) gewonnenem Anlass zur Muskelbewegung, und auch die aus den Reizungen durch Sinnes-empfindung hervortretenden Vorstellungen veranlagen in gestellter Frage ihre Beantwortung, betreffs gesellschaftlicher Beziehungen zunächst, und dann für das überher Hineinragende aus unbekannter Welt, wobei das Abhängigkeitsgefühl zum Grundton des Religiösen stimmt, je nach der Durchbildung mit fortschreitender Cultur.

Unter dem von Tui-Manua abstammenden Königsgeschlechte (der Tupua) in Opolu, Ano etc., wurde unter aufständischer Bedrängung von den Malietoa (als Befreier Savaii's aus tonganischer Unterdrückung) Tafiti adoptirt, bei Aufwachsen der Kronfeldherrn-Würde (des Toa oder Tapferen) unter dem (urweltlichem Stamm entsprossenen) Priesterkönigthum (tupu, wachsen), ähnlich, wie der Stamm des Tuitonga als Zweig hervorsprosst aus dem Weltenbaum, (auf Tonga), s. Hlg. Sage der Polynes., (S. 141). Tupac war königliche Bezeichnung der Inca, wie (himyaritisches) Toba in Thibet (und weiter).

Der, plutokratisch, durch sein Vermögen über das Niveau Hervorragende tritt in der Herrschaft des Reicheren, (welcher das ihm gezollte Ansehen durch Potleach-Feste zu erhalten hat), oder Orang Kaya, bei Kriegsgefahr vor dem „dux ex virtute" zurück, der in seinem „Comitatus" (wie bei den Joloff) die Gewalt (als Dictator) für Anbahnung feudaler Verhältnisse bewahren mag, durch die Leibwache geschützt, in den Celeres, mit denen sich Romulus umgab, wie bei den Lacedämoniern die edelsten Jünglinge der Könige Wachen waren (s. Dionys. Hal.), und die Gleichaltrigen mit dem Häuptlingssohn zusammen erzogen werden (bei den Kaffir).

Beim Sesshaftwerden aus früherem Wanderzustand ergreifen die Altersklassen (bei Mönnetarris) nach ihrem Ansehen Besitz vom Lande (im Vorwalten also der Soldatenbande), s. Völkerst. a. Brahmaputra (S. XXV). Wer wohlhabend (adelig und tapfer) war und „schon Kinder hatte" (s. Dionys. Hal.), wurde (durch Romulus) unter den Patriziern abgeschieden, (gleich Eupatriden), von den Plebejern (Demotiker oder Agroiker) bei der Theilung nach Tribus (Phyle oder Trittys) und Curien (Phratra oder Lochos, mit Decurien) unter ihren Vorgesetzten. Die Familie erweitert sich naturgemäss zur „bürgerlichen Gesellschaft", welche der natürliche Zustand des Menschen ist (s. Gutberlet)

als Zoon politikon (bei Aristoteles). Indem „der existirende
oder subsistirende Gegenstand die Totalität der Einheit der
wesentlichen Eigenschaften ist", so ist nur auf die logische Form
„des Urtheilens die Vorstellungsweise zurückzuführen", nach
welcher wir das Subsistirende als das Substrat auf die eine
Seite, die inhärirenden Merkmale als die Prädicate auf die andere
Seite stellen" (s. E. Reinhold), um einzudringen in die Wesenheit
(auch des Psychischen im Physischen aus Physikalischem). Früh-
zeitig schon entfaltet sich das Gemüth des Kindes unter der
bildenden Hand der Mutter, des Vaters u. s. w., in seiner äusseren
Form als Sitte, in seinem inneren Wesen als Sittlichkeit (s. Löbisch), bei religiöser Grundlage in der Familie (für den Ahnen-
cult). Hast an Leib abgenommen du, | So hat dein Gemüth
genommen zu | In Verstand, Sitten und der Tugend | dann
übertriffst du die Jugend (Hans Sachs). Dem Mittelhochdeutschen
sind auf der einen Seite „alt" aus „wis", auf der andern „junc"
und „tump", vollkommen gleichbedeutende Worte (s. Wackernagel). Das Recht des Stärkeren idealisirt sich auf der psychischen Seite in den Geronten eines Senatus (nach der Alters-
klasse bei den Kru).

Der im Geschichtsgange der Cultur durch Civilisation in
seinem Gesellschaftszustande verfeinerte Staat hängt, seiner Bildung und Erhaltung nach, von denjenigen ab, welche durch die
thatsächlichen Bedingnisse der Bildungserwerbmöglichkeit die historische Entwickelung übersehen und dadurch die Pflicht empfinden
müssen, sie in entsprechender Weise zu pflegen. Die nach thatsächlich vorliegenden Verhältnissen von weiterem Umblick ausgeschlossenen Massen der niederen Schichten dürfen allerdings mit
vollstem Recht einen Durchschnittstypus der Beurtheilung verlangen, bei welchem die Despotie überfeinerter Moral- und Rechtstheorien ausgeschlossen bliebe, — ebenso indess auch die Prätension
der Einzelnen auf Jedes Berechtigung, deshalb, weil innerhalb
eines Staatsganzen geboren, die vitalen Interessen desselben, seinen
augenblicklich individuellen Launen oder Begierden nach, reformiren zu dürfen. Im engeren Familienkreis bereits haben sich
die Kinder den Anordnungen der Eltern zu fügen, indem diese aus
ihren gereifteren Erfahrungen das gemeinsame Wohl besser verstehen und deshalb zur Geltung bringen werden, wenn auch das
Kind selbst in den Befehlen nur das Recht des Stärkeren auffassen mag. Vielleicht mögen die Eltern in einzelnen An-

weisungen fehl gehen, und das Kind, aus instinctivem Natur-
triebe widerstrebend, in seinen Wünschen richtiger geleitet sein,
aber bei Vernünftigkeit der Erzieher würde dementsprechende
Rücksicht nicht ausbleiben, und Unvernünftigkeit bestraft sich zu
ihrem eigenen Schaden, im Auferziehen gebrechlich der Pflege
bedürftigen Nachwuchses. So stehen im Gesellschaftskreis die
Gebildeten als Aeltere gegenüber, (in Gnekbade), durch Beherrschung einer grösseren Menge angesammelter Erfahrungen
und Kenntnisse, die auch, ohne die Jahre zu zählen, bei concen-
trirterer Bildungsmethode in kürzerer Zeit erlangt werden können,
und hier gälte es dann um so mehr, die wahren Interessen der
in solchem Sinne Jüngeren (als Kedibo und Sedibo) in allseitige
Berathung zu ziehen, weil diese, nicht durch das physische Hinderniss des Altersunterschiedes von ihnen getrennt, die gleichen
Möglichkeiten besitzen, in jedem Augenblick (bei begünstigenden
Verhältnissen) gleichen Standpunkt intellectueller Bildung zu erlangen, um in Gleichberechtigung die Erörterungen zu führen, so
dass hier ebenfalls ein gegenseitiges richtiges Verständniss als
Grundbedingung gemeinsamer Interessen festgehalten werden
muss. Stets wird der Einzelne das vollste Recht besitzen zum
Anstreben möglichsten Wohlseins für sich selbst, je nach seiner
Durchschau deren Abhängigkeit von der des Ganzen, und bei einer,
weil factischen, nicht abweisbaren Ueberzeugung von der Flüchtigkeit des menschlichen Lebens werden auch diejenigen Motive
mitzuwirken haben, welche dogmatisch in den Religionen zu
fixiren gesucht sind, und welche bewusst verstanden werden
mögen, in Durchbildung einer naturwissenschaftlichen Psychologie,
beim Umblick über die von der Ethnologie dargelegten Thatsachen
aus der Entwickelungsgeschichte der Menschheit, bis in die gleichartige Wiederkehr der höheren Ideale und ihrer Ziele (unter den
historisch geographisch naturgemässen Variationen jedesmal nationalen Lebens). Unless a man has certain sensibilities, the
moralist has absolutely no leverage (s. Stephen), und so bedarf
es der Erziehung, wie im Zeitalter des Glaubens durch die Religion, so in dem der Naturwissenschaft durch diese (in Zutritt
der Psychologie). „Eine neue Zweigwissenschaft entsteht mit der
Erforschung der Entstehung der Geistesproducte" (s. Hoppe),
wobei indess keine Selbstbeobachtung das sie selbst in den
Beobachtungen verschlingende Maschengewebe zu durchschauen
vermag, weshalb durch objective Umschau erst, auf der psychischen

Atmosphäre (des Zoon politikon), das in den Völkergedanken aufgespeicherte Material zu entnehmen ist, für eigenes Verständniss (bei subjectiver Heimkehr und Einkehr).

Die idealen Güter eines Volkes sind, als Erzeugnisse seiner geschichtlichen Entwickelung, die Früchte, die ansetzen und, je nach begünstigenden Umständen, zu voller Entfaltung gelangen. Sitte und Brauch wurzeln im Menschen, — im Menschen als Volk, — und daraus bethätigen sich die moralischen Principien der Ethik, welche als einigendes Band den Gesellschaftskörper zusammenhalten (in den Functionskreisen seiner Organe). „Wie liesse sich der Wissensinhalt zergliedern, wenn das Denken ihn nicht selbst gemacht hätte?" (*Hoppe*), aber dies gesellschaftlich erst in der, für die eigene Mitwirkung des Einzelnen (in embryologischen Vorstadien), unbewussten Schöpfungsweise des lautlich sprachlichen Verkehrs, auf der psychischen Atmosphäre des Zoon politikon (innerhalb wessen Ganzen's, für die den integrirenden Theilen zukommenden Verhältnisswerthe, das Selbst sich selber dann erst berechnen muss, im logischen Denken).

Nie noch sind sie etwa durch einen Philosophen geschaffen, und in der Religion kommen sie nur als die unbewusst allgemeine Zusammenfassung der in geschichtlicher Atmosphäre, jedesmaliger Periode, waltenden Ideen zum Ausdruck. So lange mit solch' religiöser Offenbarung die Weltanschauung abschliesst, sind die ethischen Grundsätze darin rechtsgemäss begründet, und die Philosophen ihrerseits suchen sie zu erklären, um bei dem Merkbarwerden fortschreitender Aenderung den Einklang festzuhalten. Um diesen zu bewahren, muss das philosophische System, das die Darlegung versucht, in Harmonie sich finden mit den herrschenden Ideen des Zeitgeistes, und wenn hier Missklänge zwischenfallen, droht, in der vorgeschlagenen Erklärung selbst, die Gefahr einer Störung des, bisher unbedenklich gewährten, Glaubens.

So in einer naturwissenschaftlich gekennzeichnete Zeitrichtung müssen auch die Moralprincipien ihre naturwissenschaftlich gesicherte Basis unterbreitet erhalten, wenn sie fest und sicher stehen sollen, zu Schutz und Wehr volksthümlichen Gedeihens, (in dem Gange der hier vorgeschriebenen Geschichtsentwickelung), und demgemäss ist für die Ethnologie der comparativ-genetische Weg der Induction angezeigt, für naturwissenschaftliche Durchbildung der Psychologie (beim Ausgang vom Völkergedanken des Zoon politikon).

Wenn die Heisssporne, an denen, wie keinem begeisternd ergreifenden Wissenszweig, auch dem der Ethnologie es nicht mangelt, meinen, dass hier zu reformiren, oder gar zu revolutioniren wäre, so verkennen solche „Fanatici" — unter der, durch den Weg der Induction, veränderten Beleuchtung bisheriger Betrachtungsweisen, (nach der Deduction) —, die hier gezogenen Linien der Arbeitstheilung, da die Ethnologie sich zur Culturgeschichte verhält, wie etwa die Embryologie zur Physiologie, und frühreifes Ineinanderwirren nur Unheil stiften könnte, wogegen bei rationeller Ergänzung fruchtbringende Resultate in Aussicht stehen (zum beiderseitigen Besten).

Das Rechte im Guten, Wahren und Schönen proclamirt sich stets aus nothwendiger Wechselwirkung mit dem Bestehenden, und bei dem einheitlich gewiesenen Entwickelungsgesetz im Leben der Menschheit, wird das in einfach durchsichtigen Verhältnissen niederer Stufen der·Uncultur leichter und rascher Erkannte für die complicirteren Probleme der Cultur zu vortheilhafter Verwerthung gebracht werden können, unter der Controlle geprüfter Thatsachen (im logischen Rechnen).

Gleichzeitig mit der auf die inductive Durchbildung der Weltanschauung nachwirkenden Revolution, in Umrundung des Globus, wurde derselbe, für fernere Befreiung des Geistes von stabilen Anschauungen, als schwebender Ball gelöst, in der copernikanischen Hypothese, die trotz der von den Kometen (Tycho de Brahe's) eingewendeten Bedenken, sich in gegenseitigen Ergänzungen der Annahmen für die praktische Astronomie annehmbar bewies, wenn auch die geforderte Stütze in den Parallaxen vergebens gesucht wurden, unter Abirrungen auf die aus physikalischen Hypothesen wieder entlehnten Aberrationen, so dass statt früherer „Ordnung und Harmonie" der Himmel „nur Unordnung und Verwirrung ohne Ende" geliefert wurde (s. Littrow), bei Vermehrung neuer Entdeckungen (an Stelle erwarteter Vereinfachung, für den Einblick in Detail).

Als für das menschliche Gemüth grossartigster Eindruck verbleibt neben dem „moralischen Gesetz" (s. Kant) im Innern, der „gestirnte Himmel" droben, im Aufblick zu jenen Fernen, aus denen wunderbare Ahnungen quellen, im Blick, der sich nach dorten erhebt, abgewendet lieber von der Einförmigkeit rollender Riesenbälle, wenn bei der Unfasslichkeit von „Sternenweiten" oder gar „Milchstrassen-Durchmesser", ungeordnete Phantasien über Fixsternsysteme und deren Bewohnbarkeit gar, in einem κοσμοθέωρος (bei Huyghens) —, durch controllirendes Denken sich rasch entnüchtert finden unter vertrocknenden Zahlentabellen (der Rechenknechte), ohne thatsächlich constatirten Ueberbau gesicherter Anschauungen (trotz Vergrösserungen der Telescope und Verfeinerungen der Messapparate).

Bunt vielgestaltig, tritt frisches Leben im warmen Lichte der Erde entgegen, worauf der Abglanz der Sonne niederblickt, doch der solcher Quelle hoffnungsvoll (in der Pilgerfahrt nach Kailasa) Entgegensteigende gelangt in kalte Oede unwirthlicher Schneeregionen, und trostlos öde verbleicht der Glanz des Sonnenballes am schwarz nachdunkelnden Firmament.

Innerhalb des terrestrischen Horizontes zunächst, in vertrauter Umgebung, hat des Forschens forttreibende Wurzel ihren erstfesten Einschlag zu gewinnen, mit Fortbildung der Naturwissenschaften in geschichtlichem Entwickelungsgange, bis zu naturwissenschaftlicher Ausgestaltung der Psychologie auf Grund ethnischer Thatsachen (nach comparativ-genetischer Methode).

Seit zu den Protuberanzen, — welche (wenn den Flackerungen eines Flammens vergleichbar) in allen Flackerungen zu messen, in kostspielige Spielereien verlaufen würde —, die überraschenden Entdeckungen der Spectralanalysen getreten, in denen jenseitige Lichterscheinungen ihre eigenen Vorgänge niederschreiben, vertieft sich der Einblick in elementare Zusammensetzungen, die zwar nicht immer direct denjenigen zu entsprechen brauchten, aus welchen auf dem Planeten Tellus bisher Mittheilungen entgegengenommen waren, die jedoch Licht dem Lichte bringen, woraus das Auge seine Kenntniss saugt (für Subconstructionen des ferneren Gedankenganges, in Anschauungen gefestigt). Das Wissen stammt aus der Erfahrung (bei Bacon), und die Erfahrung selbst ist für den Einzelnen noch unbewusst in der gesellschaftlichen Thätigkeit geschaffen, auf psychischer Atmosphäre des Zoon politikon, innerhalb welcher die Verhältnisswerthe der integrirenden Theile im logischen Rechnen festzustellen sind (für das Selbst im eigenen Bewusstsein).

Da schwieriger, als die Planeten zu bewegen, ihre Bewegungen zu erklären erschien (für Ptolomäus), meditirte Copernicus über eine Vereinfachung in seinem, einleitungsweise, als Hypothese vorgetragenen System, und der „erste handgreifliche Beweis zu der Richtigkeit" (s. Poggendorf) wurde geliefert, als Gassendi (gleichzeitig mit Cysatus und Quietanus) den Mercur vor der Sonne vorübergehen sah (1631), wie Horrox (gemeinsam mit Crabtree) den Vorübergang der Venus beobachtete (1639). Indess wird die Beobachtung, dass Merkur und Venus sich um die Sonne drehen (s. Vitruv), bereits den Aegyptern zugeschrieben (s. Makrobius), und die Umdrehung der Erde um ihre Achse (bei Heraklides), war ebenfalls behauptet worden (s. Cicero), und wegen des Stillstandes der Sonne (s. Archimedes) war Aristarch der Irreligiosität von Kleanthes angeklagt worden (auf Grund einer Versündigung gegen den Hestia-Dienst), wie Morin († 1656) die Sorbonne zur Bekräftigung des päpstlichen Bannfluches über das Copernicanische System veranlassen wollte, unter Autorität des Cardinals Richelieu, obwohl derselbe die „heilige Schrift, durch welche Gott dem Menschen sich offenbare", als doppelte anerkannte (in Bibel und Natur). „Einen von allen übrigen Theorien, ja selbst vom Gesetz der Schwere unabhängigen Beweis für die Bewegung der Erde aufzustellen" (1867), „ist erst in der allerneusten Zeit in dem Maasse gelungen, dass die herausgebrachten Parallaxen als bestimmte (wenngleich, wie alle durch Beobachtung vermittelten Werthe, zwischen gewissen Grenzen schwankende) Grössen betrachtet werden können" (s. Mädler). Die Meteoriten sind Sprengstücke „d'un astre jadis unique et maintenant brisé" (s. Meunier), und können in ihrer Hitze Lebenskeime bringen (s. Thomson). Materie ist das Bewegliche im Raum (s. Kant). Der Materie gehört „prius extensione" die „Vis motrix" an (s. Leibniz), und wirkt aus „Massulae" (s. Wolff) oder „Corpuscules" (s. Le Sage) in Atomen (und Molekülen) fort durch das Organische, bis etwa wieder einschlafend und eingeschläfert (im Hypnotismus). Aus den Edelsteinen des Khoshen Lamishpat (λογεῖον κρίσεως) wurden die Talismane (τέλεσμα) gebildet, und „l'éclat des cristaux ou des substances translucides provoque chez certains personnes un véritable sommeil magnétique" (s. Höfer), wie von Cagliostro (und magisch in Aegypten) verwandt, s. In Sachen des Spiritismus u. einer vergl Psychologie (S. 22). Vom (träumenden) Schlaf (inabundum) unterscheidet sich (bei Algonquin) Apowa („vision or sacred dream"). Der Schlaf war das natürliche Medium, worin Hermas Pastor seine Offenbarungen erhielt (in apostolischer Zeit). Der Pow-wow oder Jossakeed murmelt (jeesuka) sein Jeesukawin in der Jeesukaun (Prophets Lodge). Tarenyagon theilte

sich im Traum mit (bei den Irokesen). Bei Einweihung in die
Meda durch die Medawininee werden die Zaubergeheimnisse des
Medawug erlangt, für Beschwörungen auf der Jagd (oder Keossawin)
An den Felszeichen (Muzzinabiks) finden sich Kekeewin (in-
structions), neben den Adjedatik (Grabpfosten), und zu heiligen
Gesängen dient das Kekeenowin (s. Schoolcraft). Verschieden
von dem Muskikewininee oder Arzt, heilt der Meda durch die
magische Kraft seines Medicinsackes (Gushkepetagun) nach dem
System der Medawininee (bis zur Entartung in die Orgien des
Wabeno), während der Jeesukawiu, als Prophet in der Ein-
samkeit, vorhersagt (in Inspirationen).

Im Vergleich des All mit der Traum-Vision des Baumes
(Daniel's) sind Stamm, Zweige, Blätter und Rinde das Offenbare
des Feuers, die Welt, als endliche Erscheinung (bei Simon). *ὁ δὲ
χαρπὸς τοῦ δένδρου ἐὰν ἐξειχονισϑῇ καὶ τὴν ἑαυτοῦ μορφὴν ἀπο-
λάβῃ, εἰς ἀποϑήκην τίϑεται, οὐκ εἰς τὸ πῦρ* (bei Simon). Bei
den *Δοκηταί (Δοκιταί)* tritt „als Grundanschauung alles Werdens
das Bild vom Baume entgegen, welcher aus dem Saamen durch
Stamm, Zweige und Blätter zur Frucht sich ausbildet, welche
wieder identisch ist mit dem Saamen" (s. Möller). Auf Hawaii
symbolisirt sich die Schöpfung als Emporblühen (Pua), exoterisch
(bis Kahiko-ka-lani), s. Heilige Sage der Polynesier (S. 157).
Resurrectio non erit nisi quaedam evolutio plus minusve celeris
corporis spiritualis, quod ab initio in corpore animali conclusum
erat, sicut planta in suo semine (s. Bonnet). Die Seele bedarf
von den früheren Leibesstoffen nur denjenigen Theil, der hinreichend ist, ihr als Pollen oder Saamenkörper zu dienen, und
mit diesem verbunden, unter dem Concurse der göttlichen Allmacht, entwickelt sich die Bildung des früheren Leibesganzen
(s. Greg. Nyss.). Ubi caro et ossa et sangius et membra sunt.
ibi necesse est, ut sexus diversitas sit (s. Hieronym.). Sicut
resurgent homines in diversis staturis, ita in diversis sexibus (bei
Thom. Aq.). Auf den buddhistischen Rupa-Terrassen wird das
Geschlecht verwandelt (nach dem Recht des Stärkeren). „Desursum
a summa potestate lucida imagine apparente" (s. Irenäus) schufen
die Engel den Menschen, als zappelnden Wurm (bei Satornilus),
bis die obere Dynamis den Funken der Seele (s. Epiphanius)
schickte, der nach dem Tode in seine Heimath zurückkehrt (πρὸς
τὰ ὁμόφυλα), nach Nodsie (bei den Eweern). Der Anthropophage
hat seinen Frass zurückzugeben, „sicut aes alienum" (bei der

Auferstehung). Reddetur ergo caro illa homini, in quo esse caro
humana primitus coepit (s. Suarez). „Post resurrectionem eadem
habebimus membra, quibus nunc utimur, easdem carnes et sanguinem
et ossa" (s. St. Hieronym.), ita ut ne unus quidem capillus capiti
desit (Ephraim Syr.). „Si capilli toties tonsi unguesve desecti ad
loca sua deformiter redeunt, non redibant, nec tamen cuique resur-
genti peribunt, quia in eandem carnem, ut quemcumque ibi locum
corporis teneant, servata partium congruentia, materiae mutabilitate
vertentur" (s. August.). Die Nägel (aus denen sich das Schiff Nar-
falgr für Ragnarökr vollendete) wurden nebst den abgeschnittenen
Haaren bewahrt (bei den Czechen). Cicatrices vulnerum erunt in
sanctis (s. Thom. Aq.), non enim deformitas in eis, sed dignitas erit
(bei St. Aug.). Soweit physiologisch der Umsatz der stofflichen
Bestandtheile im menschlichen Leibe kein totaler sei, finde die
Erneuerung aus den primigenua stamina des Gewebes statt (für den
Auferstehungsleib), in cujus cellulas demittantur varia sanguinis
principia (s. Perrone). Indem die Materie in der Form, mit ihrem
Sein, auch ihre Identität erhält, erneuert sich der Seelenleib aus
der Materia prima (bei Durandus). Ἕνωσιν μὲν οὖν καὶ ταυτότητα
ἀδιάκριτον τῆς ψυχῆς πρὸς τὰς ἑαυτῆς ἀρχὰς (lehrte Numenius), ani·
marum substantiam dei esse naturam (Epiphanes). Die „intestina"
(des Auferstehungsleibes) werden (s. Bautz) mit „nobiliores humidi-
tates" gefüllt sein (bei Thom. Aq.) oder mit „purissimus sanguis"
(s. Suarez). Aus der „forma corporeitatis" (bei Duns Scotus)
bildet die plastisch gestaltende Kraft der Seele den neuen Leib
(bei der Auferstehung). Die eigentliche Essentia, der innere,
unsichtbare Leib kann und wird nach dem Tode von Gott für
die künftige Auferstehung aufgehoben werden (s. Berlage). Als
Prounikos wird Helena, (aus tyrischem Hurenhaus), herabgesaudt
(in Simon's Eunoia), um die Archonten, die die Welt gegründet
haben, zu berauben, Krieg und Blutvergiessen anstiftend, durch
ihre Schönheit (s. Epiphanius), und Kitchi Manitu schickt die
Donnergeister, „to tell the Indians that they must fight"
(s. Emerson), und wie durch eine Helena meist (in Australien
auch), wird Unfrieden (unter den Asen) gezeugt durch Gold (aus
der „Nibelinges hort").

Unter den (wie in meteorologischen Processen) wechselnden
Kraftwirkungen auf der Erde finden sich als constante die Schwere
(in der Gravitation) und die (in Eisenlagerungen erkennbarste)
Polarität des Magnets, in den Achsenrichtungen nach Norden

weisend, wo sich der im indischen Archipel schwankende (oder beim Prophetensarg schwebende) Magnetberg, gleich einem Blagodah (1730) fixirt, wie Magnes Hirtenstab (s. Plinius) am Boden (auf Ida's Höhen), und bei Annäherung des magnetischen Nordpols (mit entsprechender Declination) verliert der Compass wieder seine Brauchbarkeit für die Steuerung, und so bei völliger Vertical-stellung der Inclinationsnadel am magnetischen Südpol (ein anderes Extrem jenseits des magnetischen Aequators).

Im Licht versteht sich die Kundgebung aus jenen Räumen, wo unter übersichtsloser Unendlichkeit von Ziffernhäufungen der relative Zahlenwerth verloren gehen würde für logisches Rechnen. wie in den Nullen aus buddhistischer Kosmologie zusammenge-webter Streifenbänder, (die auf die Logik einer Trinität verweisen), ohne die mathematische Reform (im höheren Calcul). Das Noth-wendige in den Naturgesetzen gestaltet sich subjectiv zum Zwin-genden (der Pflicht) mit naturwissenschaftlicher Auffassung der Psychologie, unter Einheit physischen und moralischen Gesetzes (im Dhamma). Bei der Krystallisationsthätigkeit innerhalb chemisch gemischter Mutterlauge ist die Gestaltungsweise der Kraftäusse-rungen durch die Eigenschaftsweite des stofflich Vorhandenen umschrieben bedingt. In pflanzlicher Wachsthums-Auswickelung treten über das Gegebene hinausreichende Neugestaltungen hinzu durch die für innerliche Verarbeitung von aussen her, während des Fortverlaufs der Vorgänge aufgenommenen Reize (gegen-seitiger Ergänzungsmöglichkeit), nach vorangelegten Keimen (zur Auswirkung des der Möglichkeit nach Seienden).

Der Denkprocess bewegt sich auf der Unterlage der in vege-tativem Weben des Organismus ununterbrochen reflexiv ablaufenden Nervenregungen unter periodischen Zumischungen der aus sinnlich einfallenden Empfindungen hergestellten Bildungsmasse, als weiter-bildungsfähiger, unter Gestaltungsbewegungen, die, je nach den wahlverwandtschaftlich auf einander treffenden Affinitäten, (kry-stallisationsartig) ansetzend, ihre in die Ferne weisende Fortführung erhalten, nach Analogie pflanzlichen Wachsthums, auf psychischer Scala (aus logischen Rechnungsoperationen emporgebaut), wenn im Ausverfolg seines Reifestadiums, das Denken sich lebt (in eigener Wesenheit).

Durch Hermes erweckt (in naassenischer Gnosis), entfaltet sich frucht-reich (πολυκαρπος) der Urmensch (in Buddha's Prototyp). Die Denkthätigkeit „lebt nur im Schaffensdrang" (s. Hoppe). Unter den fabelhaften Kalits der Palau-Insulaner ragt einer hervor, der dieselben glücklich machen wollte und der Obagat hiess. Er war der Schutzgeist des Landes und überall anwesend. Die Sage erzählt, der Obagat wollte die Leute unsterblich machen; zu diesem Zwecke wollte er in die Brust der Menschen einen Stein hineinsetzen. Sie würden dann fest wie Stein sein, muthig und brauchten nicht zu essen. Der tückische Tariit (Rallus pectoralis) aber wollte das nicht und rieth, in den menschlichen Körper nur den Athem einzuhauchen, wodurch die Leute zwar lebten, aber den Krankheiten und dem Tode anheimfielen. Der gute Obagat aber wollte nicht darauf hören und ging an's Werk. Es fehlte nur noch Wasser, das die Unsterblichkeit sichern sollte. Der Sohn des Kalit ging nun, dieses zu holen, und brachte es in einem Taro-Blatte. Der böse Tariit bewegte einen am Wege stehenden Zweig des Baumes Karamal, um das Taroblatt zu zerreissen, und das Wasser ergoss sich über den Baum. Der Baum blieb unsterblich, das kleinste Stückchen von ihm, in die Erde gesteckt, keimt und wächst zu einem grossen Baume; die Leute aber sind schwach und sterben. Der Obagat, erzürnt über die Zerstörung seiner Wünsche, ergriff in seinem Schmerz ein Stück Holz und schlug den Tariit über den Kopf. Deshalb haben alle Rallen in Palau einen rothen Streifen über dem Scheitel; es ist das Zeichen der blutigen Wunde von Obagats Hand. Die Tücke der Tariits ist noch heute sprichwörtlich, denn von Jemand, der einem Andern nichts gönnt, sagt man: Du bist der Ralle gleich. Das Feuer hat auch derselbe Obagat geschaffen. Er sah eine alte Frau, deren Mund durch hässliche Geschwüre entstellt war; er erfuhr, es sei dieses die Folge der Nahrung, und alle Leute leiden daran, weil sie Fische und Taro roh geniessen müssen. Da erbarmte sich der gute Geist der Leute und er lehrte die Frau, Feuer zu machen, indem er zwei Hölzer aneinander rieb (s. *Kubary*). Den Phöniziern lehrte sich im Sturm das Aneinanderreiben der Hölzer von den Bäumen im Walde (nach Sanchuniathon). Auf Viti streitet die Ratte über das menschliche Fortleben mit dem Mond, der (bei den Hottentotten) dem Hasen die Hasenscharte schlägt, weil die Verjüngungsbotschaft entstellt mitgetheilt war. Den Maori bringt Tawhaki das Lebenswasser (Vai Ora), aus der auf dritter Himmelsterrasse sprudelnden Jugendquelle (Florida's), und Laotse's Jünger suchen den Unsterblichkeitstrank (von Ishtar aus der Unterwelt geholt). „Damit ich nun widerumb schreite zu meinen Tuppiñ Imbas, so offt wir mit ihnen Gespräch hielten und Gottes zu gedenken fürfiel sagten wir zu ihnen dass wir glaubeten an einen Gott der ein Schöpfer wäre Himmels und der Erden der die gantze Welt und alles was drinnen ist erschaffen habe und auch alles nach seinem Wohlgefallen regiere. Wenn sie solches höreten sahen sie sich under einander an und sprach einer zum andern „Teh" (welches Wörtlein under ihnen gar gemein ist wenn sie sich verwundern wollen) verstorreten und verstümmeten gleich darüber. Aber das nach dem sie vor dem Donnern welchen sie Toupan nennen sehr erschrecken sahen wir bissweilen ihren unverstand an, namen daher ein ursach sie zu underrichten sprachen, das were derselbige Gott darvon wir ihnen gesagt hatten welcher den Himmel und die Erde also bewegte seine Allmacht und Gewalt damit zu verstehen zu geben. Darauff antworten sie dass derselbige Gott, welcher sie so sehr erschreckete, müsste ein böser Bub sein. So gar armselige Leute sind sie. Nun möchte jemand fragen. Ist es auch möglich dass die Wilden in America so gar wie das Vieh ohne einigen Gott dahin leben können? Darauff sage ich dass es nicht viel daran fehle wie schon allbereit ist angeregt worden unnd kan auch nicht glauben dass uuder der Sonnen ein Volk sey so gar ohn alle Religion. Doch damit ich auch melde wie viel verstandts ich bei ihnen funden hab die doch sonst gar in der Finsternuss stecken. So sage ich dass sie nicht allein glauben ein ewig Leben der Seelen, sondern sie glauben auch hart und fest dass die Seelen derjenigen so sich der Tugend beflissen haben (Sie halten aber das für ein Tugendt nemlich an denen welche sich an vielen Frembden gerochen und deren viel gefressen haben) nach dem absterben über die allerhöchste Berge hinüber fliehen zu ihrer Vätter und Grossvätter Geistern und daselbst mit einander in schönen lüstigen Gärten in ewigen freuden wollust unnd springen ein fröliches Leben führen. Diss wirdt vielleicht seyn die weite Reyss dess Solaris, oder der Poeten Freudenfeldder, seligen Campi Elysii genannt. Welche aber nach keiner Ehr gestrebt und für das Vatterlandt nicht Manulich gestritten haben dieselbigen führe der Teuffel Aygnan darvon (denn dieser ist ihr böser Geist) mit demselbigen müssen sie in ewiger Pein und Qual leben. Von den Effenijs lieset man dass sie vorzeiten einer Meinung gewesen seyen mit den Griechen also dass die gute Seelen von den leiblichen Banden abgesöndert über Meer wohnen (wenn man diesem Irthumb recht geben wolte so würde Brasilia dardurch verstanden) allda sie mit einander ein gut Leben haben denn daselbst sey ein Land da weder Platzregen noch Schnee noch unleidliche Hitze sey sondern der Westwind komme da über Meer her und mache inen ein sannfftes frisches Lüfftlin darinnen. Von den bösen Seelen geben sie für dass sie an einem kalten ungestümen winterigen ort wohnen da es vol heulen und weinen sei wegen der grausamen plagen. Nun werden unsere armselige Wilden auch noch in diesem Leben jämmerlich von dem Teuffel geplagt dem sie sonst noch einen anderen Namen geben und Kaagerre nennen denn ich hab selbst gesehen dass wenn wir bisweilen mit ihnen redeten dass sie under dem Gespräch anfingen zu schreien unnd zuruffen wie die hirntobige Leut (Hei, Hei, helfft uns) denn der Aygnan schlagt uns. Sie sagten darzu dass sie den Teuffel bisweilen sehen under der gestalt eines Thiers bisweilen eines Vogels denn sonsten under einer andern erschräcklichen Gestalt. Sie verwunderten sich auch sehr dass uns derselbige böse Geist kein leid thete. Wenn wir ihnen nun sagten dass der Gott darvon wir ihnen stätigs predigten uns für solche Plagen behütete der viel gewaltiger were denn der Aygnan, und derhalben darfür wehre dass uns der Aygnan nicht mit dem geringsten berühren dörffte. Da verhiessen sie nicht einmal dass sie an unsern Gott glauben wölten, aber wenn sie von der Plag wieder loss waren achteten sie irer Zusag weiters nicht. Damit man aber wisse dass solche Plage inen angethan wirt kein Kinderspiel sey so hab ich offt selbst gesehen dass inen so sehr darfür gegraust hab wenn sie an die Plage gedacht dass ihnen der Angstschweiss für forcht aussbrach auff ihre Hüfften platzten und uns ihre not mit solchen Worten klagten Maier Atouroffop, Aiequeicy Aygnan Atoupane, das ist O du lieber Narr O mein gut Gesell Ich förcht mich mehr für dem Teuffel denn sonst für einigem übel. Sagte nun der unseren einer also darwider Nacequeie Aygnan, das ist Aber ich frag nicht nach dem Teuffel als denn beweineten sie ihr elend und sprachen O der glückseligen Leut weren wir wenn wir dafür so sicher weren wie ihr.

Dargegen hielten wir ihnen für sie solten an den glauben der mächtiger were
als der Aygnan. Aber ob sie es wol verhiessen wenn sie in der Marter
waren so bald es fürüber war blieben sie auff ihrer weiss. Ehe ich nun
fortfahre in dem Text von den Wilden die da glauben dass die Seele unsterblich sey so wil ich erst hinzusetzen was der Autor Histor. Indi. Occident
schreibet Nemlich dass die Innwohner der Statt Cusco nit allein glauben
dass die Seele unsterblich sey sondern dass auch der Leib wider aufferstehen
werde wider der Teologen Regel welche schliessen dass nicht allein alle Philosophi und auch alle ander Heyden und Wilden nichts gewust haben von
der aufferstehung dess Fleisches sondern auch dieselbige verneinet welches
denn von ihm durch diss Exempel widerlegt wirdt. Denn er spricht als die
Wilden sahen dass die Spanier die Gräber eröffneten darmit sie das Golt und
andere köstliche Kleinoder bekämen und wenn sie die eröffenet hetten das
Gebein hin und her zerstreuweten baten sie dieselbige dass sie doch nicht das
Gebein so verwurffen damit solches der aufferstehung keinen schaden thete
denn sie spricht er glauben dass ein aufferstehung dess Fleisches sei wie sie
denn auch die Seel für unsterblich halten. Auch sonst noch ein anderer
Unchristlicher Autor bezeuget dass ein wildes und Heidnisches Volk so weit
kommen sey, dass es die aufferstehung der Todten geglaubt hab. Und sind
diese seine Wort: Darnach beleitet der Caesar den Ariouistom und die Ger-
manos, so überlange Leut waren auch dergleichen stärke denn sie stritten
mit aller dapfferkeit achteten auch nichts auff den todt denn sie meyneten
dass sie widerumm würden aufferstehen.

Dieses erzehle ich derhalben dass es jederman verstehen möge und diejenigen welche nicht glauben dass ein Gott sey und also Gott und seine Allmacht verleugnen deren unzählig Viel bey uns sind so dieselbige sage ich
es hierinn mit den Tuppin Imbas halten wie denn ihre Meynung ist und zwar
mit gröberem missverstand denn die Wilden nemlich dass kein Gott sey dass
sie doch zum wenigsten an den Teuffel glauben der sie in diesem Leben
plage und peinige. Wöllen sie mir aber fürwerffen (wie viel thun) dass der
Teuffel nichts anders sey denn böse Begierden der Menschen derhalben ein
närrische Imagination und inbildung bey den Wilden sey deren Ding
die nirgend zu finden stehen. Deren geb ich zur antwort so man betrachtete
dasjenige was ich glaubwirdig und bestendig hab fürbracht Nemlich dass die
Wilden in America augenscheinlich und mit der That vom Teuffel gemartert
werden so werde darauss gnugsam können abgenommen werden wie übel
sichs darzu reimet dass sie sagen solche Marter seyen nur begirden und
affecten der Menschen. Ich geschweig auch dessen was die tägliche erfahrung
gibt. Auch der Besessenen deren das Evangelium gedenkt welche von dem
Herrn Christo wiederum sind entledigt worden wiewol dasselbige nichts
anders ist dann die köstliche Perlen für die Schwein zu werfen (cf. Levy).

Die Indianer sind längst grosse Spiritualisten, Geisterscher, Tischklopfer,
und vielleicht auch Magnetiseure, was wir Gebildeten in Europa Alles mehr
oder weniger erst in neuester Zeit geworden oder wieder geworden sind.
Die Hütte, welche sich ihre Jossakidd oder Propheten oder wie die Canadier
sie nennen, ihre Jongleurs zum Zweck der Geisterbeschwörung errichten, besteht aus dicken Pflöcken, die durch Flechtwerk verbunden und mit Birken-
rinden bedeckt sind. Sie ist hoch und eng und gleicht einem Schornstein.

Sie ist recht fest gebaut, und zwei Menschen, wenn sie auch alle ihre Kräfte anwendeten, wären nicht im Stande sie zu bewegen, zu erschüttern oder zu biegen. Sie ist so enge, dass ein Mann, der hineinkriecht, nur wenig Platz zur freien Bewegung hat.

Vor 30 Jahren, so erzählte mir ein Herr, der viel unter den Indianern gelebt hatte und selbst mit ihnen durch seine Frau verwandt war, wohnte ich der Vorstellung und Geisterbeschwörung eines Jossakid in einer solchen Hütte bei. Ich sah den Mann, damals noch ein Jüngling, in die Hütte, die etwa 10 Fuss hoch war, hineinkriechen, nachdem er ein geheimnissvolles aus einer Wurzel bereitetes Getränk genommen hatte. Er begann sogleich in seinem Flechtwerk-Schornstein zu singen und die Trommel zu schlagen. Der ganze Kasten fing allmählig an zu zittern und zu beben und unter vielem Lärm ein wenig hin und her zu schwanken. Je mehr der Geisterbeschwörer sang und trommelte, desto heftiger wurden die Schwankungen des langen Kastens. Er bog sich hin und her, auf und nieder, wie der Mast eines im Sturm und auf den Wellen umhergeschleuderten Schiffes. Ich begriff nicht, wie diese Schwankungen durch einen Mann von inwendig bewirkt werden konnten, da wir nicht einmal von aussen dazu im Stande gewesen waren.

Das Trommeln hörte auf, und der Jossakid schrie: die Geister kämen über ihn. Wir hörten dann unter fortwährendem Lärmen Knacken, Knistern und Schwanken der Hütte zwei Stimmen in derselben ertönen, eine von oben, und die andere von unten. Von der unteren kamen Fragen und von der oberen die Antworten.

Beide Stimmen schienen völlig verschieden, und ich glaubte sie mir nur durch eine sehr gewandte und auf das Höchste perfektionirte Bauchrednerei erklären zu können. Einige Spiritualisten unter uns aber erklärten sich die Sache durch den unklaren Spiritualismus, und behaupteten, die indianischen Jossakids hätten es nicht bloss wie wir, zu klopfenden, schreibenden, zeichnenden, sondern auch zu laut redenden Medien gebracht (s. Kohl).

A yalo bula, a yalo sa bula voli na kena totolo (a spirit which leaves a man's body when still alive, but generally, when asleep, and goes and enters, or troubles some other men when asleep) is the opposite (a kenai sa) of „a yalo ni mate or yalo ni moku", (the spirits of the dead or slain) in Fiji (s. Hazlewood), und besonders gefährlich gilt „a yalo ni tina ni gone" (the spirit of a woman, who dies in child bed), wie bei den Malayen (Indonesiens). Gegenüber von Uhane make bilden den Doppelgänger Uhane ola (in Hawaii), s. Zur Kenntniss Hawaii's (S. 18).

Hai otros curanderos, añade este mismo autor, que hacen algunas curaciones finjidas, chupando al enfermo el estomago, i escupiendo sangre de la boca, dando a entender que se la sacan de adentro del pecho, é para esto dicen que suelen zajarse la lengua, o picarse las encivas, para hacer estas demostraciones; i estos verdaderamente no tienen pacto con el espíritu malo, como los otros que llaman huyes, que son nefandos, como que da dicho, i éstos son los que causan mayor pavor i espanto.

Suele tambien llevar escondido algun gusano lombriz o cola de lagartija, é hace que la saca de las entrañas, i que ya le ha sacado el bocado i la enfermedad. (Si esta es en los ojos, finje aparentemente que se los saca i se los limpia, mostrando algun palito o gusanillo que le sacó dellos, o

alguna flecha invisible que le ha tirado un huecubu.) I como la enfermedad es mui diferente i natural, si muere della por no haberle aplicado
medicina ninguna (como es lo ordinario), se escusa el médico con decir que
el ya le sacó el bocado ó la flecha, que si despues le tiravon otra ó no le
avisaron, que era fuerza que habia de morir (s. Rosales).

Bei der Ankunft in Tabatinga hörte ich eine fürchterliche Musik für
das Fest, zu welchem jene Indianer aus den Wäldern herbeigekommen. Die
Feierlichkeit bestand darin, dass man einem zwei Monate alten Kinde unter
Tanz und Musik die Kopfhaare ausriss. Die Indianer 'hatten ihre Nachbarn
hierzu durch den Stoss in ein Horn von dickem Rohre eingeladen und feierten
die grausame Ceremonie unter bacchantischem Tanze, indem sie sich durch
das gegohrene Getränk von der süssen Wurzel des Aipin (Macajera) immer
mehr erhitzten. Sie hielten einen förmlichen Aufzug. Derjenige, welcher
als Teufel (Jurupari) in eine grosse Affenmaske verkleidet war, eröffnete den
Zug. Der Saum seines, von Bast gemachten Kleides ward von zwei kleinen
Indianerinnen getragen. Hierauf folgten die andern Masken, deren eine ein
Reh, andere einen Fisch, einen alten Baumstrick u. s. w. vorstellte. Den
Beschluss machte ein altes, hässliches, ganz schwarz bemaltes Weib, welches
auf einer getrockneten Schildkrötenschaale einen gleichförmigen Tact schlug.
In diesem Aufzuge tanzten und sprangen sie wie Böcke umher, so dass man
Gespenster oder Wahnsinnige zu sehen glaubte. Einer aus diesem scheuss-
lichen Trosse kam sogleich auf mich zu und wollte mir die glänzenden
Knöpfe, die ein passender Ohrenschmuck schienen, vom Rocke reissen. Das
fürchterliche Schauspiel dieses grausamen Festes, welches den Kindern oft
das Leben kostet, dauerte diesmal ununterbrochen 3 Tage und 3 Nächte fort.
Die andern Feste feiern die Teiunas, wenn sie den Kindern die Ohren durch-
bohren, und wenn Mädchen Jungfrauen werden. Ihre Todten begraben sie
in Töpfen und zünden dann die Hütte mit allem Eigenthume des Verstorbenen
an, wenn die Kinder nicht die Waffen in Anspruch nehmen. Diese Nation
der Tecunas übt in ihren Wäldern die Circumcision an beiden Geschlechtern
aus. Ihre Waffen, ihr Schmuck und Geräthe wurden gegen Glasperlen,
Spiegel, Messer u. dergl. eingehandelt (*Spix*). Zugehörige Masken finden
sich in den Sammlungen des Museums für Völkerkunde, s. Führer etc.,
Berlin 1886 (S. 140).

El primer jarro de chicha que han de beber suelen derramar parte de
él o todo para que beban sus caciques i parientes difuntos. I en sus casas,
cuando almuerzan i beben el primer jarro de chicha, meten primero el dedo
i asperjan (como cuando echamos agua bendita, dice el jesuita que cuenta el
hecho) a sus difuntos, diciendo pu am, que es como brindando a las almas.
Creen facilmente es sus sueños, i los cuentan como cosa verdadera, i
ori se guardan, si han tenido alguna pesadilla; i si algun sueño alegre, lo
creen, i esperan que les ha de suceder asi porque lo soñaron. Si sueñan
que se les cae algun diente, es que se ha de morir alguno de sus parientes.
Tienen agüeros i abusiones en los pájaros, i particularmente al que llaman
mero (Dasycephala livida), le tienen por agorero (der Araucaner).

In Atai (als Seele) spiegelt sich das Selbst der Melanesier, wenn im
Gegensatz zum Nicht-Ich (Fichte's) das Ego aussprechend durch ἐπίνοια (bei
Chrysipp.), auch in den nachbleibenden Erinnerungseindrücken (für Nunuai)

und daneben in der Doppelung Kla's (in Guinea) für ihren Schutzgeist (als Fravashi, parsisch) entsprechend, erscheint Tamaniu (something animate or inanimate, which a man has come to believe to have an existence intimately connected with his own), oder während (auf den Neu-Hebriden) die Itaa (ghosts) in die Vergottung (der Nal) übergehen, wohnt gleich den Dingen (als συνείδησις) ihr Selbstsein, als Einsitzer (Innuae der Eskimo) ein, Idem (aus Alt-Kalabar). Die Welt durchwaltend, als Weltseele (in der anima vitalis) findet sich (s. Theophilus) im Gewissen oder Bewusstsein jedes Dinges (συνείδησις) Gott, als ὑπόστασις τοῦ παντός (bei Tatian) in Dhamma (physischen und moralischen Gesetzes). Τῆς τριάδος τὸν θεὸν καὶ τὸν λόγον αὐτοῦ καὶ τῆς σοφίας αὐτοῦ (bei Theophilus) als Dhamma (in der Trinität) manifestirt im πνεῦμα προφητικόν aus dem λόγος, ὁ ἐπουράνιος πνεῦμα γεγονὼς ἀπὸ τοῦ πατρός (bei Tatian). Πυθαγόρας φησὶ γεννητὸν κατ' ἐπίνοιαν τὸν κόσμον, οὐ κατὰ χρόνον (bei Stob.). Wenn ὀχεία im Sinne von ὄχημα oder ὀχεῖον (vehiculum) gefasst wird (bei Gessner), wäre das gesammte Hylische als „Fahrzeug gedacht, welches der Logos besteigt" (s. Möller), als erstes Erzeugniss Gottes (bei Athenagoras) hervorgegangen aus bereits Immervorhandensein (zur Bethätigung in der Schöpfung). Ἔχων οὖν ὁ θεὸς τὸν ἑαυτοῦ λόγον ἐνδιάθετον ἐν τοῖς ἰδίοις σπλάγχνοις ἐγέννησεν αὐτὸν μετὰ τῆς ἑαυτοῦ σοφίας ἐξερευξάμενος πρὸ τῶν ὅλων (bei Theophilus). Vor allen Geschöpfen erzeugt Gott (bei Justin) eine logische Potenz aus sich (ἐξ ἑαυτοῦ λογικὴν προβαλλόμενος τὴν ἑαυτοῦ φωνήν (s. Tatian), in Brahma's Schöpferwort (gleich dem Honover), im Ausdruck der Sprache (zum Studium des Völkergedankens). „L'être fluide n'éprouvant, en se détachant du corps, qu'un changement de milieu, doit conserver quelque chose des habitudes, des tendances, des préjugés qu'il a acquis durant sa vie. C'est ce qui ressort clairement de ces manifestations. Son premier souci, lorsque toutefois il est susceptible de soucis, se rapporte à la sépulture. Il est, parait-il, très jaloux de recevoir les honneurs funèbres suivant le rit auquel il appartient, et il sait les réclamer. Ne pouvant articuler des sons, il a recours à d'autres procédés acoustiques empruntés aux circonstances locales. Sa méthode favorite est les coups frappés sur les cloisons ou les pluies de projectiles" (s. Assier).

„Wenn fortwährend physische Kraft in Geistes-Kraft umgesetzt wird und sich im geistigen Organismus aufspeichert, dann muss sich offenbar im Laufe eines langen reichen Menschenlebens eine ausserordentlich grosse Quantität von Kraft, die sich denkbarer Weise berechnen und in Wärme-Einheiten oder Kilogrammeter angeben liesse, der in der Welt vorhandenen Energio entziehen" (s. Wegener), bei „strahlender Wärme" (s. Crookes) in der ἐπιστήμη aufleuchtend (zur Zeit der Apologeten) mit dem menschlichen Geist als „Reagenz" für das Göttliche in der Cultur (als Geschichtsphilosophie für die Naturgeschichte, oder Naturphilosophie). The nervous atmosphere demanding matter and force for its production becomes a source actually of motion s. B. W. Richardson). „The nervous atmosphere diffused wherever nerve fibre penetrates gives the mobility of parts required for motion, saves friction of particles, saves accumulation of force from friction and equalises" (1871), im Denkprocess über das Sinnliche des Einzelkörpers hinauswirkend zur Gestaltung der Gesellschaftsgedanken (in psychischer Atmosphäre).

Mit dem Eindruck unendlicher Ewigkeit hat, wie der Raum (über die Zwischenstufe „vierter Dimension" hinaus) die Zeit zu verschwinden (für naturwissenschaftlich psychologische Auffassung) und bei einer nicht κατά χρόνον, sondern κατά ἐπίνοιαν (bei Pythagoras) geschaffenen Welt (s. Stobäus, betreffs, potentiellen Verhältniss, des θεός) fällt die, Logos (bei Theophilus) bezeichnete, ἀρχή (in λόγου δύναμις oder λογική δύναμις) unter gesetzliches Walten (im Dhamma), zum wahlverwandtschaftlichen Complement der Denkthätigkeit (als Asangkhara-Ayatana). Was deshalb hier schafft, würde, kosmogenisch, für das physikalische Wirken im Vorhandenen, das im psychischen Wachsthum anzunähernde Verständniss (eigenen Bewusstseins) vorauszusetzen haben (nach inductiver Durchforschung des Gesellschaftsgedankens).

Wenn statt eines αὐτοματισμὸς τῶν πάντων (bei Theophilus) in einer Welt die aus sich geworden, (als φύσις ἰδία), zum Mechanismus der Mechaniker gesucht wurde, nicht der Gott, als ὑπόστασις τοῦ παντός (bei Tatian), sondern ὁ τοῦ κόσμου ποιητὴς ἀνωτέρω τῶν γεγονότων (bei Athenagoras), drohte die Unterscheidung des Poietes (als aus einem Vermögen wirkend) vom Demiurgos, aus der Bildungsmasse das Gebildete gestaltend, — wenn ὕλην ἄμορφον οὖσαν στρέψαντα τὸν θεὸν κόσμον ποιῆσαι (ὁ θεὸς τὸ σκότος καὶ τὴν ὕλην τρέψας κοσμον ἐποίησε) —, zu einer „Blasphemia Creatoris" (Marcion's) zu führen (s. Justin), wenn nicht wieder alle Creatur umfasst wird vom πνεῦμα θεοῦ (als περιέχον), Alles durchdringend und einwaltend in jedem (s. Theophilus) als Gewissen oder Bewusstsein (συνείδησις), und nachdem die ὕλη πανδεχής, ehe vom Logos befruchtet (s. Athenagoras), um dann als πνεῦμα ὑλικον das All organisch zusammenzuhalten, den aus Nichts schaffenden Gott noch voransetzt, schafft sich dann die Welt auf Hervortreten des Logos (πρωτότοκος τοῦ θεοῦ, και θεός), in zweiter Gottheit, ἀριθμῷ (ἀλλά οὐ γνώμη), und wenn bei der Weltordnung die Geschäfte unter die Engel vertheilt werden, kann sich der mit der Hyle betraute in die δύναμις ἀντίθεος wandeln, zur Beantwortung der Vexirfrage ποθὲν τὸ κακόν (ohne dualistische Scheidung im Monotheismus). Ante omnia deus erat solus, ipse sibi et mundus et locus et omnia (s. Tert.). Ueber den Wassern schwebend, trat εἰς ζωογόνησιν τῇ κτίσει der Geist (einer „anima vitalis"), als Lebensgeist der Erde, im Hauch das All belebend (bei Theophilus), aus Gott (s. Möller), als „Ernährer jedes Lebenshauche" (τροφεύς πάσης πνοῆς), Gott, als τύπος τῶν ὅλων, „Gott überall und nirgends" (bei Philo), der ἄῤῥητος πατήρ καὶ κύριος τῶν πάντων (ἐν τῇ αὑτοῦ χώρα, ὅπου ποτέ, μένει), ὑπερέχων πρὸ τῶν αἰώνων (s. Theophil), im Vorherwissen (προγνώστης τῶν μελλόντων). In der Welt, als Schöpfung des Logos, liegt der Schöpfungsgedanke eingewebt, und die Möglichkeit seines Verständnisses durch logisches Rechnen des Denkens (aus höheren Potenzen im Potentiellen).

Bei der Ausserweltlichkeit Gottes fällt der Sitz nach oben, ἀνωτέρω (bei Athenagoras). „Gott ist oberhalb der Welt, was, da diese kugelgestaltig ist, zugleich besagen will, er sei um die Welt" (s. E. W. Möller), in welcher unbedenklich manches Gewürm zertreten wurde, das mit inductivem Eindringen in's Detail von Wundern erzählen möchte, unter dem Mikroskop (dessen Unkenntniss die Jaina vor Verdursten bewahrt hat). Das Ueberschreiten des Rubicon, im Uebergang von der Eins zur Zwei, malt sich in dem Protest (bei Tatian) gegen den κακῶν ποιητής in Gott (ἐν ἁμάρταις τε καὶ σκώληξι καὶ ἀρρητουργοῖς καταγινόμενος) und in dem Abfall des mit der Hyle vertrauten Engels (bei Vertheilung der Weltgeschäfte durch den Logos), als δύναμις ἀντίθεος (bei Athenagoras). Mundus est ἑτεροκίνητος, id est aliunde regitur ac movetur, est ἑτεροσυνέκτικον, aliunde conservatur, et illa causa prima regens et conservans libere agit, ergo manum operi subtrahente, totum collabi necesse est (s. Gerhard), bei Abwendung des „Niederblickenden" (bei Numenius), auf die durch ihn lebenden Leiber (im ἐν καὶ πᾶν). Neben dem Demiurg unterscheidet sich unter den drei ἄγγελοι, der πύρινος und αἴτιος κακῶν (bei Apelles). „So gut der Demiurg (bei Tertullian) in seiner Reue sich selbst als Sünder bekennt, ebensogut kann auch der Urheber des Seelenraubes und der Schöpfer sündigen Fleisches sein" (s. Lipsius). Πάντα τὴν ἀρχὴν ἀγαθὸν ὄντα δημιουργῆσαι αὐτόν (lehrte Athenagoras), indem das δυνατόν seine Schranken findet am βουλητόν (in συνάφεια) und wenn die Krankheit als „Abweichung" (s. Cohnheim) vom Normal-Gesunden zu fassen, mag auch das Böse sich heilen, bei Hinwendung zur Gottheit (als ὁ ἀγαθός). Der θεὸς πύρινος (als Schöpfer der Leiber) wird als „präses mali" bezeichnet (s. Tertullian), im angelus inclitus (oder Creator). Bei den Maori weilt Rehua (als feurige Schöpferkraft) in Naharangi, dem höchsten der zehn Himmel, so weit entfernt, dass man sich um ihn nicht mehr zu kümmern brauchen wird, als um Mavu in Guinea, (oder die Tauben gleich Baal).

Ohne den in einer „Psychologie als Naturwissenschaft" erst noch beschaffbaren Apparat thatsächlicher Unterlage für Verwendung inductiver Methode (ohne eine vorherige Ausrüstung also, für naturwissenschaftliche Betrachtungsweise), führen frühzeitige Ursprungsfragen in das durch keinen Nous (bei Anaxagoras) schon geordnete Chaos des Unbegrenzten, (τὰ ἄπειρα im Gegensatz zu τὰ περαίνοντα), und wenn Pythagoras γεννητὸν καὶ ἐπίνοιαν τὸν κόσμον οὐ κατὰ χρόνον (bei Stobäus) die Welt setzt (für die Schöpfung als Entstehung), geht sie vorher hervor aus der ἐν τοῖς ἰδίοις σπλάγχνοις (bei Theophilus), der Gottheit (als νοῦς ἀΐδιος) eingeschlosseuen Sophia durch Heraustreten des Logos (in δύναμις der πνεῦμα), als der λόγος ὁ ἅγιος (bei Theophilus) und ἐνδιάθετος (neben προφορικός), während mit der Geschlechtsveredelung dann der „heilige Geist" aus dem νοῦς ἀΐδιος (bei Athenagoras) zeugend einwirkt (im Durchdringen des Pneuma) auf Maya (oder Maria); θεὸς ἦν ἐν ἀρχῇ (als Logos redend). In geschäftlicher Thätigkeit griechischen Marktlebens ward der σοφός (s. Herodot) zum Sophisten erzogen (in der Schule der σοφισταί), während er sich bei orientalischer Beschaulichkeit in der Mystik des „Sufismus" verlor, und mystisch geheimnissvoll suchten dann die Theosophisten in rosenkreuzerischen Symbolen die der Gnosis zu verwerthen (unter magischen Kräften eines Abraxas), statt (auf dem langsam beschwerlichen Wege der Arbeit) in Liebe zur der Wissenschaft, zu der kein ὁδός ῥαστικός zu führen vermag, — als Philosophie („Al-Filsafa") sie zu pflegen und fördern. auf deductivem Wege einst und inductivem jetzt (als naturwissenschaftlichem).

In der Welt als geordnetem Zusammenhang der Dinge, — (Mundus est rerum omnium contingentium simultanearum et successivarum inter se connexarum series), — findet sich ein Theil derselben in dauernd gleichartigen Verhältnissen zu einander, ein

anderer in gleichmässig geregelter Bewegung, der letztere am
Himmelsgewölbe, das die Erde einschliesst, der erstere auf dieser,
die Menschen einschliessenden, Erde. Auch hier bewirkt sich
(neben der chemischen Action, in Umwandlung ohne nothwendig
bedingte Raumveränderung) eine gesetzlich einwohnende Bewegung,
die (gleich der der Himmelskörper) auf einen jenseits der Beobachtungen fallenden Primus motor zurückweist, in dem unter Einfluss der Umgebung statthabenden Wachsthum der Pflanzen, zur Herstellung inneren Gleichgewichtes mit derselben (oscillirend gleichsam, nach Art der elastischen Körper), während für die animalische Muskelfreiheit sich die Grenzlinie weiter zurückschiebt.
Aus dieser mag auf die im Ruhezustand verharrende Materie ein
Impuls ausgeübt werden, zu zeitweiser Ueberwindung der Schwerkraft, bis diese (gegen die zur Anregung gekommene „Intension")
sich wieder als die mächtigere allgemein geltend macht (innerhalb planetarischen Horizontes direct nachweisbar). Wenn es
„zu einem Grundsatz in der Naturlehre geworden, dass keine
Bewegung in der Natur entstehe, als vermittelst einer Materie,
die auch in wirklicher Bewegung ist, und dass also die Bewegung, die in einem Theil der Welt verloren gegangen, durch
nichts Anderes, als entweder durch eine andere wirkliche Bewegung oder die unmittelbare Hand Gottes könne hergestellt werden"
(1747), mit „künstlich ersonnenen Wirbeln" (bei Cartesius), so
handelt es sich hier um eine Störung des Gleichgewichts der
Moleculen oder Atome, als „massulae" (s. Wolff) oder „corpuscules"
(bei Le Sage), in chemischer Hinsicht, soweit die „substan-
ziellen Kräfte der Monaden sich nach allen Gegenden zur Bewegung gleich bestrebt und sich daher, wie eine Waage durch
die Gleichheit der Gegendrücke in Ruhe erhält" (bei Hamberger),
oder im lebenden Organismus aus der (im „Renisus" oder Reactio,
als actio mutua) auf Reiz in Wirksamkeit tretenden Kraft (wie
in der Elasticität ruhend enthalten). Nach der Federkraft eines
Körpers, „als diejenige Eigenschaft, durch die er einen andern
Körper, der an ihn anläuft, mit eben demselben Grade der Kraft
wieder zurückstösst, mit welchem dieser an ihn angelaufen war"
(s. Kant), folgt Ruhe auf Bewegung, während sich diese beim
Wachsthumsprocess in Neuschöpfungen fortsetzt, die im Irdischen
in die Kreislinie zurückbeugen, für das Psychische dagegen
tangentional fortgehen (ins Jenseits hinausstrebend). Ein Körper
in psychischer Bedeutung ist eine Materie zwischen bestimmten

Grenzen (s. Kant) und so psychisch für den ethnischen Organismus des „Animal sociale" (s. Rainold) oder Zoon politikon (bei Aristoteles). „Die elastischen Körper sind diejenigen Maschinen der Natur, welche angelegt sind, die ganze Grösse der Kraft aufzubehalten, die in dem Augenblicke des Zusammenstosses in der Natur befindlich ist, denn ohne diese würde ein Theil der Kräfte verloren gehen, die der Conflictus der Körper in die Welt gebracht hat" (und so die Selbstzeugung im Effect aus der Reaction bei Wechselwirkung). „Alläther (s. G. Schneider) ist die Urmaterie", als Urstoff und Urkraft, in Einem (1881). In der Weltordnung bildet die Ursache ὁ νοῦς τοῦ σύμπαντος οὐρανοῦ (bei Plato). Indem die substantielle Kraft der Monaden sich nach allen Gegenden zur Bewegung gleich bestrebt, erhält sie sich, wie eine Waage, durch die Gleichheit der Gegendrücke in Ruhe (s. Hamberger).

Quoniam Spatium divisibile est in infinitum, Materia autem non est, necessario in omnibus partibus Spatii illud insuper concedi necesse est, utique posse deum creare Materiae particulas variis magnitudinibus et figuris, vario quoque numero et quantitate pro ratione Spatii, in quo insunt, forte etiam et diversis densitatibus diversisque viribus eoque pacto variare Leges Naturae Mundosque, condere diversa Specie in diversis Spatii universi partibus (s. Newton). Das Centralfeuer (der Pythagoräer) gilt als Διὸς οἶκος καὶ φυλακή (mit der Lichtquelle in der Sonne), und die organischen Typen schliessen sich in den geographischen Provinzen ab (nach den physikalischen Agentien der Umgebung).

Indem für Beantwortung der Frage: woher das zufällige und abhängige Dasein der Welt und der Seele seinen Ursprung genommen? der Satz vom zureichenden Grunde zur Anwendung gelangt, ergiebt sich der Gottesbegriff in seiner Realität (bei Wolff). Was daraus, im naturwissenschaftlichen Sinne, zur Auffassung gelangt, beschränkt sich auf das Walten geregelter Weltgesetze, ohne weitere Aussagen über die Ursache, in deren Wesenheit sie begründet seien. Die hier hervortretenden Kraftäusserungen verlaufen (innerhalb irdischen Horizontes) zurück auf die Materie (und ihren im Dunkel verhüllten Bythos), für mathematische Berechnungen (in der Bewegung) oder physikalische (und chemische). Ausserdem tritt aus dem Organischen (im innerlich rückläufigen Kreisschluss) die Folge von Kraftwirkungen hervor, welche sich allerdings gleichfalls, auf physischpsychischem Wege bis zu materieller Unterlage zurückverfolgen lassen, ausserdem aber, mit Klärung des Bewusstseins im Menschen (als höchster Form des Organischen im Planetarischen) eine unabhängigere Thätigkeit bekunden. Demgemäss müsste für letzte Ursächlichkeiten in göttlicher Wesenheit auf eine derartige geschlossen werden, welche nicht nur betreffs der materiellen Kräftewirkungen im Anorganischen genügende Erklärung lieferte, sondern auch für die Gestaltungen aus freier Denkschöpfung, wie mittelst naturwissenschaftlicher Durchbildung der Psychologie zu deutlicherem Verständniss zu bringen (im Bereiche menschlicher Fassbarkeit). Es bedarf (neben „logischer Synthesis", als abgeleiteter) der „logischen Analysis" (zur Abstraction oder Zergliederung der Vorstellungen), denn „wir schaffen keine Welt und machen keine Natur mit unserer Speculation, sondern wir wollen nur die Regeln kennen lernen, nach welchen die richtige menschliche Ansicht des Göttlichen und Irdischen der Welt in unserem Geist erfolgt" (bei Fries), und dafür ist der inductive Gang der Untersuchungen einzuschlagen, in objectiver Betrachtung zunächst (comparativ-genetisch). Durch die äussere Möglichkeit der Erfüllung des Sittengesetzes wird eine durchgängige und keineswegs von der Freiheit des Subjects abhängige Uebereinstimmung der physischen Gesetze mit den moralischen und mithin ein moralischer Urheber der Natur vorausgesetzt (s. Reinhold), wie im Dhamma (innerhalb der Triratna). Ideales und Reales laufen als Modi des Seins parallel nebeneinander fort (s. Schleiermacher). Die Einheit des Weltalls zerlegt sich in eine Dreiheit (s. Oswald), das Weltall theilt sich in drei einzelne Welten, die reine Geisteswelt (creatura spiritualis oder angelica), die sichtbare Körperwelt (creatura mundana oder corporalis) und die Menschenwelt (creatura humana, ex utroque constituta). Die $τρεῖς$ $τοῦ$ $κοσμοῦ$ $ἄρχαι$ (bei Plato) bezeichnen Gott, der als Demiurg die Urmaterie zusammenführt mit den Ideen (ausserhalb des göttlichen Nous), unter Wechselwirkung (zwischen Aromana und Ayatana). Schon beginnen die Völker ihre Verbindung zur Menschheit anzubahnen, die Idee des Kosmopolitismus zu verkörpern auf der Basis der individuellen Freiheit, die jedem Menschen seine Freiheit und Selbstbestimmung lässt (s. Diercks). Der Unglaube ist noch zu allen Zeiten die fruchtbarste Mutter des Aberglaubens gewesen (s. Fehr). Cujus Regio ejus Religio (zum Religionsfrieden) bis „Jeder nach seiner Façon seelig" wird (mit der Freiheit). If we may assume the existence of such a Being as God, by the consensus of theologians, is conceived to be, it seems, that we may infer the existence of divine (and of course adequate) sanctions to the code of social duty as constructed on a utilitarian basis (s. Sidgwick). Das Leben des Kindes ist eigentlich mehr nicht, als eine manchmal mit einem dunkeln Gefühl verbundene, grossentheils aber von keinem Gefühl begleitete künstliche Vegetation (s. Weiller). Unbeirrt in seinem Gottesinstincte, in seiner himmlischen Lebensfühlung ist so ein Kind lauter Blumenduft, ein lebendiger Odem der Natur, heilige Märchenpoesie, Engelgrazie, Engelspiel, Himmelstraum und Erdenglückseligkeit zugleich (s. Goltz). Res est sacra puer (s. Quintilian).

Im Kinde giebt es noch keine einzelnen Dinge, sondern nur ganze Umgebungen (bei Herbart), und während im kindlichen Bewusstsein das erste Chaos der Vorstellungen stets neue Zusätze erhält, ist es zugleich einer beständig fortgehenden Scheidung unterworfen (s. Reinhold), welche dadurch an Klärung gewinnt, wenn in die leicht verschmelzenden Continuen der sinnlichen Empfindung, bei dem Zutritt abstrahirter Verdichtung aus der gesellschaftlich psychischen Atmosphäre Licht hineinfällt (im Sprachaustausch entzündet).

Sobald entgegengesetzte Vorstellungen in einem und demselben Subject, welches zum Selbstbewusstsein gelangen soll, vereinigt sind, verwandelt sich das Vorstellen in ein „Streben vorzustellen" (s. Herbart), und hierin pulsirt die Zellbildung (eines Gestaltens und Vergehens) beim psychischen Wachsthumsprocess (organischer Entfaltung). Wie beim Durchkreuzen chemischer Affinitäten (im Wachsthum des Organischen) erweisen sich die Vorstellungen als „wider einander wirkende Kräfte" (bei den „Hemmungen"), und indem aus dem „Verdrängen" der sinnlichen Empfindungen im Bewusstsein dieses selbst hervortritt, gelangt es im Fortgang der Reife zu höheren Schöpfungen, bis auf Fruchtansätze in idealen Abnungen, welche bei abstrahirender Zusammenfassung aus der Verarbeitung im sprachlichen Austausch ihre Klärung erhalten (für den Einzelnen, als integrirender Theil der Gesellschaft), durch die logische „Rechnung" (des Denkens). Wenn bezüglich der hier stattfindenden „Bewegungen" sich eine „Statik und Mechanik des Geistes" entwerfen liesse für die Sinnesempfindung (mit den Hülfen der Psycho-Physik), würde die so in den Elementar-Operationen erlangte Uebung bei Verfolg der

Gesellschaftsgedanken auf eine Analysis des Unendlichen fortzuführen haben (bei Herstellung eines Infinitesimal-Calculs).

Der Widerspruch gegen die Vielheit der Dinge gründet sic h (bei Zeno) für die unendliche Kleinheit auf die Rückführung zu letzt untheilbaren Einheiten, aus deren Zusammensetzung keine Grösse hervorgeht, und für die unendliche Grösse auf die stets noch fortgehende Theilbarkeit, also einem regressus in infinitum (wie bei der Bewegung), wenn nicht kraft der für Angriff des Unendlichen befähigten Rechnungsmethode bemeistert (im Denkprocess). Auf einer Veränderung der Empfindungen, nicht nur des Urtheils beruhen auch die simultanen Contrasterscheinungen (bei Hering). In der Polarität der psychophysischen Bewegung, als parallel mit der Polarität der Empfindungsqualitäten (s. Stern), erklären sich die Contrasterscheinungen (unter den Empfindungserscheinungen) im „Gegensinn" (der Sprache) nach den methodes des contrastes (s. Delboeuf) im Witzspiel (oder Getändel nur).

Die Abweisung von Endursachen (bei Bacon) soll subjectivem Ueberbrücken vorbeugen, durch Ueberbrückung aus Incongruenzen. Nous rejetons entièrement de notre philosophie la recherche des causes finales (s. Descartes). Die Bewegung, in all' ihren Variationen gesetzlich verfolgbar, kann keine Aussagen über den Beweger rechtfertigen, so lange nicht dieser selbst in einem actu nascenti zu treffen, wie bei organischer Entstehung des Psychischen (im gesellschaftlichen Schaffen des Völkergedanken). Wie im Anorganischen das Sein, liegt in pflanzlicher Entwickelung das Werden, und also der Anfang der lebendig treibenden Bewegung über den Beobachtungskreis hinaus, während innerhalb dieses der aus psychischer Atmosphäre in ersten Anfängen keimende Gesellschaftsgedanke mitten einfällt. So wird hier ein primus motor anzunähern sein (in naturwissenschaftlicher Psychologie). Ausgehend von den Elementar-Operationen der Vier Species wird sich der Weg verfolgen lassen, der zur Erfindung eines Infinitesimal-Calcul hinauf, wie der Abhidhamma speculativ zu anticipiren sucht, in der Asangkhara-Ayatana (des Nirwana). bei Fortentwickelung der an sinnliche Auffassungen (des Fünfthors) geknüpften Ayatana bis zu der des Immateriellen (in Asangkhara) aufwärts (für Ewig-Unendliches), und so entwickelt die Seele, ausser den fünf Sinnen, neue Functionen, im künftigen Dasein der Palingenesie (s. Bonnet). Nil mortalibus arduum, bis zur Sternauszählung (s. Plinius), und so bedarf es einer Gedankenstatistik (für gesicherte Grundlage zur Controlle).

Nach dem Wahlspruch der Accademia del Cimento (1657) „Provando e Riprovando" gilt es der Experimente, nicht der Discussionen über die Ursachen der Erscheinungen (so lange den Formeln strenger Beherrschung noch entzogen). Ἀεὶ ὁ Θεός γεωμέτρει (s. Plato). In der experimentellen Philosophie sind die Voraussetzungen von den Erscheinungen zu entnehmen und dann durch Induction zu verallgemeinern (s. Newton). Die Melodien der „Harmonices mundi" sollen nur auf der Sonne gehört werden, doch werden bei harmonischer Durchbildung des Denkprocesses auch ihm bereits Melodien tönen, als Beantwortung seiner Fragen (wenn in streng-ernster Schulung gestellt). Die Metaphysik (s. Morzelli) cangi di nome, poiché il suo oggetto non esiste in quanto sia oltre o sopra la natura (μετὰ φύσις), ma in quanto é al di fuori della conoscenza e al di là del fenomeno empiricamente conoscibile (μετὰ πεῖρα). Every remarkable creature has a peculiar god within it or about it (bei den Algonkin) mit dem Schöpfergott Kamantovit (s. Mather). The Manito is a god showing himself often in an animal form (s. Schoolcraft), und unter thierischen Masken flohen die Götter Aegyptens (vor Typhon). Der Name gehört bald so zur Sache, dass sie erst dann in ihrer vollkommenen Schärfe aufgefasst wird, wenn sie ihn erhalten hat, und der Name ist wieder in der am Sinnlichen haftenden kindlichen Seele gleichsam nur sein eigener Schatten, ehe er im Laute dem Ohre wirklich wird (s. Löbisch). Auf dem Wege der erfahrungsmässigen Beobachtung wird die Metaphysik (nach Condillac) zu einer eben solchen Festigkeit, Genauigkeit und Richtigkeit ihrer Begriffe erhoben werden können, wie die Geometrie, im Gegensatz gegen die falsche (von den Philosophen bearbeitete) Metaphysik, die sich mit unauflöslichen Problemen beschäftigt (s. Reinhold), und so im gesetzmässigen Fortschritt des logischen Rechnens werden in differentiellen Fluxionsrechnungen die Probleme der Unendlichkeit in Angriff zu nehmen sein (bei Ausgang von ethnisch Gegebenem im Gesellschaftsgedanken).

In den Erscheinungen der Dinge werden sich beim Eindringen des Denkens aus dem Bestehen und den Veränderungen desselben die bedingenden Gesetzlichkeiten erkennen (nach mechanischer Natur-Erklärung), wogegen für das Sein selbst der Grund

in eine „natura naturans" (deus, quatenus ut causa libera conside-
ratus) hinausfällt, und so beim Organischen für das im Werden
(unter individuell geprägtem Abschluss) aufgelöste Sein (im Anti-
vitalismus), unter Ausschluss der Lebenskraft, weil als solche
nicht gesehen oder sehbar, im Dunkel (des Occultismus), wo
Träume Schäume, wenn es in mystischer Versenkung flimmert
(mit Katzenaugenlicht), beim Wahn einer „Synauge"(Plato's).
„D'un
vital substance" (bei Boyle) in der Luft noch schwebend (kraft
scharfer Vorschau), fixirt sich das Oxygen (bei Lavoisier) in
chemischem Verständniss (der Naturwissenschaft).

Auch in der Natura naturata fallen die Endursachen in ein
Jenseits hinaus, „omnia quae sunt, in deo sunt, et a deo ita dependent, ut sine ipso nec esse, nec concipi possent" (s. Spinoza), aber
bei gesetzlichem Verständniss des Denkens handelt es sich nicht
um Identität des Denkens und Seiens, sondern um den Einklang, wie im Einzelnfall zunächst hervortönend, „dieu ne pro-
duit point deux portions de matière parfaitement égales et sem-
blables" (s. Leibniz), aber in „prästabilirter Harmonie" eröffnet,
breitet sich im Sphärengesang (der Pythagoräer) die Aussicht
auf einen harmonischen Kosmos (längs des Forschungsweges der
Induction).

Um indess solchen Gleichklang herauszuhören, muss vorher
bereits im Denken der organische Wachsthumsprocess entfaltet
vorliegen, dass Gesetz auf Gesetz zusammentrifft, und dafür bedürfen die, bei der Gesellschaftswesenheit des Menschen (als
elementare) manifestirten, Völkergedanken ihre comparativ-genetische Behandlung (also einer Materialbeschaffung zunächst).

Ohne Verwendung von Ueberredungskünsten (wie der synthetischen Methode geläufig) zeigte die Analysis den wahren
Weg (s. Descartes), aber für ihre Operationen können noch nicht
die fertig vorgebildeten Ideen dienen, sondern nach ihrer Zer-
legung erst, wird sich aus erstfasslichen Anfängen her die Entwickelung im embryonalen Werden verstehen lassen, und im
Werden das Sein (s. Droysen), geschichtlich-geographisch (für
naturwissenschaftliche Psychologie). Aus dem Gesetze in der
Vertheilung der Pflanzenformen ergiebt sich (1816), dass die
Formen der organischen Wesen in einer wechselseitigen Abhängigkeit stehen, und dass die Einheit der Natur so ist, dass
die Formen begrenzt sind, eine nach der anderen gemäss beständig
leicht bestimmbarer Gesetze (s. A. v. Humboldt) im organischen

Typus (innerhalb des Milieu). Wie den Grund der Geschichte bildet die physische Geographie den der mathematischen, moralischen, politischen, mercantilischen, theologischen Geographie (s. Kant), unter Anschluss an die geographischen Provinzen (im anthropologischen Kreis mit jedesmal ethnologischem Horizont). Das Gegebene ist nur Schein, (der freilich auf ein Sein hindeute), mit der Qualität des Dinges als das Unbekannte desselben (s. Herbart), aber die Gesammtheit der Eigenschaften würde (in ursächlicher Verknüpfung) die Wesenheit (als Ousia) bedingen. „Je mehr Schein, desto mehr Sein.“ In den Sinnesempfindungen werden die einzelnen Qualitäten (in ihren Spiegelungen) aufgefasst, und der gesellschaftliche Gedankenaustausch (vermittelst der sprachlichen Umsetzungen) fasst dann die Gesammtheit zusammen, soweit durch die Erfahrung darin einzudringen möglich (auf inductivem Wege). Was (durch auffallendes Licht) in's Auge gelangt, ist ein Reflex, der sich (bei gleichzeitigem Zeugnisse des Gehörs, Getasts, Geruchs etc.) in Combination mit anderen Sinnesempfindungen (oder mathematisch berechneter Bewegung), als real vorhandener (im Unterschied vom Spiegelbild der Fata Morgana) beweist, und indem solch gegenseitig bedingter Zusammenhang als wirklicher gesetzt ist, wird mit dem daraus abgezogenen Begriffe (kraft sprachlicher Bildungen) weiter operirt (bereits auf der Basis des Gesellschaftsgedankens).

Wie die Phase Géogénique als „Phase Mythologique“ ihre Aufklärungen erhält aus der „Phase Géologique ou de l'histoire proprement dite“ (s. d'Archiac); so mögen sich prähistorisch stumme Zeugen durch die Ethnologischen Aussagen bekunden (und die aus der Geschichte der Culturvölker gewonnenen Daten ordnend zurückwirken auf Vorgeschichtliches unter den Naturstämmen, woraus sie selbst erst wieder entwachsen sind).

Die Lebenskraft, wie im Organismus nach vitalistischen Ansichten wirkend, fällt mit Rückführung derselben auf physiologische Induction in Identität mit denjenigen Kräften, welche, als physikalisch und chemisch in der Natur bereits thätig, durch die Naturwissenschaften soweit erforscht sind, obwohl ihren letzten Gründen nach in Ursächlichkeiten hinausreichend, die mit dem Daseinsräthsel selbst objectiver Betrachtung sich entziehen.

Wie nutritiv und motorisch (im animalischen Organismus), sind solche Kräfte auch im Psychischen thätig, und demnach hier gleichfalls auf physischer Unterlage wurzelnd.

Bei den nutritiven und motorischen Processen lassen sich
auatomisch, für die Erklärungen, leitende Nervenfäden verfolgen,
bis zu den Sinnesempfindungen, und darau angeschlossen, mit zunehmender Ablösungsfreiheit, in die Vorgänge des reinen Denkens
weiter hinaus (unter Verschwinden somatischer Reactionen).
Da indessen, wo Physisches und Psychisches sich in gegenseitiger Abtrennung von einander zu gliedern beginnt, — auf der
eigentlichen Grenzscheide zwischen beiden (weiterhin oppositio-
nellen) Gebieten, — erhält das Physische einmal noch die voll-
kräftige Impression des Psychischen mit der im Taumel der
Sinneslust angeregten Fortzeugungsthätigkeit, in leiblicher Reproduction des eigenen Typus (schöpferischer Gestaltung).
Diese, hier mit sinnfälliger Reaction, im Psychischen waltende
Schöpfungsthätigkeit realisirt sich im ferneren Denken innerhalb
der Vorstellungen, worin bei der Gesellschaftswesenheit des
Menschen dann aus dieser bereits ein neu hinzutretendes Princip
mit hineingenommen ist (für das Wachsthum des Völkergedankens
unter den Agentien geographisch-historischer Umgebung). The
same cause which has given us the knowledge of these remarkable tribes will inevitably be the precursor of their disappearance;
the white man has set his foot on their soil, and from that moment may be dated their gradual, but certain decadence (s. Wood),
in Africa (filled with a bewildering variety of singular tribes,
each of which has manners and customs unique in themselves
and presents, as great a contrast to its neighbours, as if they
were separated by seas or mountain ranges). Und so ist keine
Zeit zu verlieren in Materialbeschaffung (für die Ethnologischen
Museen). Les peuples, (polynesischer Welt auf Tahiti), s'en vont,
il ne restera bientôt plus d'eux que leur nom. Les vieillards
disparaissent, il fallait se presser. La génération actuelle ne
sait plus rien de ses ancêtres (s. Bovis). „Farewell for ever‘‘
(Said: Farewell, o Hiawatha), im Schwanengesang der Natur-
stämme allüberall. (Heilige Sage der Polynesier, S. 9).
Wie der Thätigkeit jedes Einzelnseins dessen congruentes
Object entspricht, um genossen zu werden, (gleich Aromona durch
Ayatana), wie dem Auge also der Sehgegenstand, so der im
Sprachaustausch (durch Wiedergabe des Gehörten) combinirten
Thätigkeit der ihrer jedesmaligen Gestaltungsrichtung adäquate
Gesellschaftsgedanke (in Dharmayatana, als Nam-Dhamma für
Mano). Wenn dann in rückläufiger Analyse auch hier organische

Wachsthumsgesetze sich im Psychischen erfassen liessen, wird der in der Psycho-Physik gesicherte Anhalt bis in die Gedanken-schöpfungen hinein festgehalten sein, im harmonischen Bande des Kosmos, auch für die Willensfreiheit der Persönlichkeit, mit eigenem Verständniss (integrirend im „Zoon politikon"). „Die be-flügelte Seele, als vollendet, schwebt in die Höhe, den Himmel durchwandernd, während die befiederte herabgezogen wird, bis sie etwas Festes ergriffen hat, wo sie einwandernd und von einem irdischen Leib empfangen, der sich selbst zu bewegen scheint, durch ihre Kraft ein lebendiges Wesen genannt wird" (s. Plato). La vraie patrie des hommes, c'est l'univers infini, auquel toutes les langues, par un accord merveilleux, ont donné le nom de Ciel, ciel physique et ciel spirituel (s. Flammarion). Alle Menschen haben am Logos Theil (s. Justin), zum Selbstverständniss berufen durch logisches Rechnen (in naturwissenschaftlich durchgebildeter Psychologie).

Wer die zugemessene Zeit wohl durchlebt hat, der hat in die Be-hausung des ihm verwandten Gestirns zurückzukehren, für seeliges Leben, wogegen, wer gefehlt, in eines Weibes Natur bei zweiter Geburt verwandelt wird, oder bei fernerer Schlechtigkeit in eine Thiergattung der ihm ähnlichen Art, in steter Verwandlung bis in vernunftlos wirre Masse (bei *Plato*). „In das-selbe Leben, aus dem jede Seele kommt, kehrt dieselbe innerhalb 10000 Jahren nicht zurück, denn vor dieser Zeit wird sie nicht beflügelt, ausgenommen die Seele dessen, der ohne Falsch philosophirt hat, oder der Knabenliebe mit Philosophie gehuldigt, diese Seelen werden nach dem dritten tausendjährigen Umlauf, wenn sie dreimal nacheinander dieses Leben gewählt, beflügelt, und kommen so im dreitausendsten Jahre davon". Nur die Seele des Philosophen wird geflügelt (s. Lehrs) in Geheimlehre (b. Weiss). Als der Gerechte für die Ungerechten leidend, ist Christus getödtet nach dem Fleisch, aber lebendig ge-macht nach dem Geist. In demselbigen ist er auch hingegangen und hat gepredigt den Geistern im Gefängniss" (bei Petrus). Kein Psychiker oder Sarkiker kann eingehen zum Hause Gottes (bei den Ophiten), sondern nur die Pneumatiker, die „alle von dem jungfräulichen Geist vermännlicht Verlobte werden müssen" (s. Möller), und so nichts Weibliches auf Rupaterrassen (und ascetischen Klöstern). Every organism, whether social or individual, represents the product of an indefinite series of adjustments between the organism and its environment (s. L. Stephen). „Bei dem Uebergehen in das Andere geht Etwas nur mit sich selbst zusammen, und diese Beziehung im Uebergehen nur im Andern auf sich selbst, diese Sichselbstgleichheit des Seins im Anderswerden ist die wahrhafte Unendlichkeit" (s. Reinhold), als Grundbegriff der ganzen Philosophie (bei Hegel), in der Entwickelung (selbstbewusst verstanden im psychischen Wachs-thum). „Djawa-songko" heisst (bei den Bugi) ein Spiel, „waarbij jemand zich zoo vast last binden, dat men het ommogelijk waant, dat hij zich zonder behulp van anderen weder loosmaakt", en doch, nachdem einige Zeit in einer ver-schlossenen Kiste gelegen, steht er daraus wieder auf, „vrij van banden". (s. Matthes), wie die Brüder Davenport (und sonst spiritistische Collegen im

Geist). Saugkakaln, de bazuin der Opstanding (nakoer). Wie bei spiri-
tistischeu Medien (und ihrer Fesselung) hat die „Knoten-Technik bereits seit
Jahrhunderten in der Ausübung bestimmter Gewerbe eine Rolle gespielt"
(s. Willman), in den „Rüstungen" des Zimmergewerbes, beim Leinweber-
oder Netzknoten, Kreuzknoten, Kugelknoten u. s. w. (bis zum gordischen).
L'Ethnographie c'est la science de l'humanité consciente (de Rosny). Die
Empfindung ist allen Sinnen gemein, aber der Modus der Empfindung ist in
den einzelnen verschieden, nämlich Lichtempfindung, Tonempfindung, Ge-
schmack, Geruch, Gefühl (s. J. Müller) oder Cakkavinjana, Sotavinjana,
Ghanavinjana, Jivhavinjana, Kajavinjana (und dazu Jhana für Manodhvara).
„Unbegreiflich hoch ist die Würde unserer Seele, ihr rechter Gegenwurf
ist Gott, und in ihr soll nichts als Gott allein wohnen, wir sind nicht Gottes
Gethat wie das Gefäss die Gethat des Hafners ist, wir sind „Gottes rechter
Gegenwurf" (Nicolaus aus Strassburg) in Wechselwirkung (praedeterminirt).
Non si dà per l'uomo altra stabilità di principii scientifici fuori della em-
pirica, che risulta unicamente dalla ripetizione costante ed uniforme degli
stessi fatti (Ardigó). Während die Scholastik die Dienerin des Gewordenen,
des Traditionellen ist und mit fertigen Mitteln arbeitet, tritt die mystische
Theologie in den allgemeinen Entwickelungsprocess des menschlichen Geistes.
lebens schöpferisch mit ein (s. Preger). Die wurklich vernuft fleusset vernuf-
licklich auss der ewigen warheit, und begreifet in ir vernuflicklichen alles,
das gott begreifet in im selber (Eckhart). Hermes (der phallische) ruft die aus
Schlaf aufgerüttelten Seelen aus ihrem Glückszustand nieder in das Reich des
Jaldabaoth (bei den Naassenern), bis sie erwachen (mit dem Eintritt höheren
Bewusstseins). Φρύγις καὶ Πάπαν καλοῦσιν (s. Hippolyt.) Im ausgleichenden
Stillen der Disharmonie der Welt zur Friedensruhe (gleich Lailai). Indem
die irdischen Mächte ein Abbild des himmlischen Adamas schaffen, werden
die göttlichen Ideen herabgelockt (in ophitischer Gnosis) zum Gefängniss (σῶμα
und σῆμα). Intellectus possibilis est aliquid ens conceptionale quod sola con-
ceptione naturatur (s. Theodorich von Freiburg). Dem ἐγκόσμιος, als Gött-
lichem in der Welt (bei Plato), entspricht (im Oberen) der ὑπερκόσμιος (unter
der ψυχή τῶν ὅλων), wie die Prototypen in den Constellationen (Peru's). Wesen ist
das, was ungetheilt alle Dinge zumal in sich beschlossen hat nach Ungetheilt-
heit (s. Eckhart). Ἀδωριστόν τι τοῦ μὲν ὕδατος λεπτότερον, τοῦ δὲ ἀέρος πυκνό-
τερον (setzte Anaximander). Die Shastika sind am Geburtsort zu begraben,
damit der Körper zu seinem Ursprung zurückkehrt (weil sonst Körper und
Seele unstät wandern). Bei dem Fest des Hausschutzpatron (Sveçar oder
Krstno Ime) werden mit dem durch die Wasserweihe geheiligten Wasser (im
Banat), „die Zimmer, die Keller, der Hof, der Brunnen, ebenso alle Haus-
thüren besprengt" (s. Rajacsich). Das vom Mganga gekaufte Amulet wird
von der Mutter ihrem Kinde als Kirangozi (Wärter) hinter das Haupt gelegt
(bei den Wasaramo). Der im Engel zugetheilte Schutzgeist ist beim Edro
angeboren (in Guinea). Wie ein Senfkorn, ἐν ἐλαχίστῳ σύλλαβών, Wurzel,
Zweige, Blätter in sich hat und wieder neue Körner und in diesen neue in sich ein-
geschachtelt trägt, so hat das σπέρμα die ganze πανσπερμία der Welt in sich (bei
Basilides), gleich einem Vogelei (s. Uhlhorn), aus dem σπέρμα τοῦ κόσμου
(emporblühend) in der Entwickelung καιροῖς ἰδίοις (κατὰ φύσιν) im Pua.

(Hawaii's). Der Weltenbaum Tong (auf Kwen-hin) wächst (bei den Chinesen), am Thore des Himmels (s. Lüken). When Kitchemonedo first made the world, he filled it with a class of beings who only looked like men, but they were perverse, ungrateful, wicked dogs, who never raised their eyes from the ground to thank him for anything (bei den Pottawatomies), und so wurden sie vernichtet (wie die prähistorische Rasse Guatemalas wegen gleichgültiger Undankbarkeit). „Der Seele Seeligkeit besteht darin, so sie Gott schauet, bloss (rein nach seinem Wesen), so nimmt sie all' ihr Leben und Wesen und schöpfet Alles, das sie ist, sofern sie selig ist, von dem Grunde dieses Nichts und weiss nach diesem Anblick zu sprechen, von Wissen nichts, noch von Minne, noch von Nichts allzumal. Sie ruhet ganz und allein in dem Nichts und weiss Nichts, denn Wesen, welches Gott oder das Nicht ist. So sie aber weiss und erkennt, dass sie dies Nicht weiss, schauet und erkennet, ist das ein Ausschlag und ein Wiederschlag aus diesem ersten auf sich selbst zurück nach natürlicher Ordnung" (s. Suso). Der Mensch ist der Constructionspunkt der Welt (s. Harms), als Makro-Anthropos (bei Schopenhauer). „Die Seele stirbt absterbend in dem Wunder der Gottheit, dass sie die göttliche Natur ewig nie begreifen kann. In diesem Nichte stürzt sie über und wird zu nichte, und wird in diesem Nicht begraben und in der Gottheit todt" (im Katharinakloster St. Gallen's), zur Verjüngung (in Neubelebung oder Wiedergeburt auf höheren Graden). „Wer nun irgend einen todten Menschen anrühret, der wird sieben Tage unrein sein; der soll sich hiermit entsündigen" (nach levitischem Gesetz), und in völligen Abwendungen von Leichen-Ceremonien zog sich die Scheidungslinie zwischen dem Reich des Todes und dem des Lebens (durch den Flamen). Le lieu du jugement des morts, suivant Platon (Rép. et Gorg.) n'est pas du tont aux enfers, mais sur la terre, de même que la vallée de Josaphat, suivant le prophéte Joël. Ce qui est au dessus de la voute du ciel, suivant le Phédre, c'est la plaine de la verité, lieu de la récompense la plus sublime pour les âmes (s. Martin). Cosi intelleto acquietato in questa sacra e sapientissima ignoranza non si muove più con movimenti avvertiti, per investigare l'Inconnoscibila (s. Petrucci). An das Skelett (aus Bambusrohr) auf dem Seelenstuhl (Lin-zso) wird (in China) die Puppe der Seele (Lin-chun) mit Seide festgenäht (beim Opfer Djan). Die Peruaner setzten die Mumie selbst an den Tisch (nach Baden und Schmücken). Von der Seele oder Inaindum, neben Jebi oder Geist (des Manitu) verbleibt (beim Tode) Otchichaug (in Körperform). Der Geist in seiner Freiheit weilt nicht im Kreise der Beschränktheit, für ihn als Denkendem ist das Allgemeine Gegenstand, hierin besteht seine Ewigkeit (bei Hegel), durchdringend zur Bodhi (im Dhamma). Das Gegebene, als der wirkliche Schein, ist dem Seienden, welches ihm zu Grunde liegt, entgegenzusetzen (s. Herbart), Maya mit Hinstreben zum Sein (im Nirvana, als Gegensetz der Negation). Die inneren Sinne, φαντασrικόν, διανοηrικόν, μνημονευrικόν (bei Galen.) wurden unter Vorder-, Mittel- und Hinterhaupt vertheilt (in sensus communis, cogitatio und memoria), zur Erfassung des von den äusseren Sinnen gelieferten Materiales (unter der Vernunft). Nach dem Methodus dirigendi intentionem (der Jesuiten) sind nur diejenigen verdammungswürdig, die eine böse Handlung bloss begehen, weil sie am Bösen Gefallen haben, also nur das Böse wollen (s. Ellendorf), im dualistischen Gegensatz (jedesmalig Heterodoxen zum Orthodoxen). In der süssen Einöde wohnt die lautere Heiligkeit. „Das Höchste von dem Thron ist die gewaltige Ehre und die kräftige Herrschaft, das Höchste, was je im Himmel war, ist die Verwunderung, darin die Seeligen sehen, was da ist und immer noch geschehen soll" (s. Mechtild). .Bisher wusste kein Mensch, was die Seele sei, Jäger hat das seiner Einbildung nach nun sicher gefunden, jetzt ist es unwiderruflich gewiss, dass der Ausdünstungsstoff die Seele ist. Wer also seine Seele wahrnehmen will, der berieche nur seine Achselhöhlen oder, was noch besser, seinen Koth und seinen Harn. In ihrer Plumpheit steht diese Seelenhypothese jedenfalls einzig da" (s. G. H. Schneider). Die Seelenausdünstungen sind die Hautgebilde der Lebewesen, namentlich die Haare und die Federn (lange Frauenhaare, als verlängerte Duftorgane). Life is a continuous struggle to minimise suffering (s. Stephen), im Hedonismus (idealistischer Glückseligkeit). Hinabgerufen (durch Hermes) in das „Gebilde von Koth" (aus Jaldabaoth's Schöpfung), verbleibt den Seelen die Erinnerung an früheres Glück (bei den Naassenern).

Das einheitliche Princip der Seele im Animismus (Stahl's) „verdaut im Magen, athmet in der Lunge, filtrirt die Galle in der Leber, denkt im Kopf und in den wichtigsten Abhängigkeiten des Centralsystems" (s. Cabanis), wobei indess erst mit Transponirung auf die gesellschaftliche Scala das Denken in den Vorstellungen zu seiner Formgestaltung gelangt (mit dem Völkergedanken).

Neben dem Vitalismus (1856) stritten „deux systèmes opposés de médecine, qui sont sortis du Cartésianisme, les Animistes et les Matérialistes" (s. Barbaste), bis der organische Zusammenhang erfasst war (im Einklang der Naturgesetze, als einheitliches Ganze).

Aus der Materie ($\acute{v}\pi o\delta o\chi\grave{\eta}$ $\tau\tilde{\eta}\varsigma$ $\gamma\varepsilon\nu\acute{\varepsilon}\sigma\varepsilon\omega\varsigma$), als $\pi\alpha\nu\delta\varepsilon\chi\acute{\varepsilon}\varsigma$ (bei Plato), treibt das Entstehen hervor, im Pua oder (hawaiischen) Emporblühen organische Schöpfungen entfaltend in magischer Zauberkraft (aus dem $\acute{\varepsilon}\kappa\mu\alpha\gamma\varepsilon\tilde{\iota}o\nu$ der Materie), bis die täuschenden Blendungen demiurgischer Himmel sich abgleichen im Einklang physischen und moralischen Gesetzes (als Dhamma). Die Seele (in der Kabbala) setzt sich zusammen aus Nephesch (Asiah's), der Sinnlichkeit, Ruach (Jezirah's) der Leidenschaft, Neschamah (Briahs) der Vernunft, und Chaiah's (Aziluth's) des Geistes (s. Knorr). Der Eintritt in den Kreis der Götter ist Keinem, der nicht nach Weisheit gestrebt hat und nicht ganz rein aus dem Leib geschieden ist, Keinem, als dem Freunde der Erkenntniss erlaubt (bei Plato). Bei der Widergeburt aus Wasser und Geist (in ophitischer Gnosis) ist „das lebendige Wasser wesentlich gleich dem Geist" (s. Möller), als Vai Ora (Tawhaki's).

Wie in somatischer Rückwirkung psychischer Bewegungen die Furcht erzittern macht, so ruft die Scham das Erröthen hervor, zunächst beim Ertapptwerden auf sittlichem Vergehen, doch bei feiner angelegten (oder durchgebildeten) Organisationen auch im heimlichen Kämmerlein der Selbstbetrachtung (aus moralischer Reue). Richtigkeit oder Unrichtigkeit hängt hier, wie überall, von dem Grade richtigen Verständnisses ab, und von der Unterwürfigkeit unter „falsche Scham", z. B. aus Verstössen gegen die im engen Gesellschaftskreis etikettirten Formen, befreit ein weiterer Umblick auf überwiegende Majorität der Gesellschaft im Grossen und Ganzen, und deren entscheidendes Urtheil (für Principien in Sitte und Brauch desgleichen). „That mankind is a community, that we all stand in a relation to each other, that there is a public end and interest of society, which each particular is obliged to promote, is the sum of morals" (s. Butler). „That action is best which procures the greatest happiness for the greatest number, and the worst which in like manner occasions misery" (s. Hutcheson) im innerlichen „Zusammenhang aller Dinge" (aus einwohnenden Wechselwirkungen). *Πνεύματα καὶ ψυχαὶ δικαίων* (spiritus et animae justorum) lobsingen dem Herrn (bei Daniel), usque ad divisionem animae et spiritus (*ἄχρι μερισμοῦ ψυχῆς τε καὶ πνεύματος*) schneidet Gottes Wort ein (bei Jacob.), unversehrt ist „Geist und Seele und Leib" zu halten (bei Paulus). *Πᾶσα ἡ ψυχὴ παντὸς ἐπιμελεῖται τοῦ ἀψύχου, πάντα δέ, οὐρανὸν περιπολεῖ ἄλλοτε ἐν ἄλλοις εἴδεσι γιγνομένη* (Plato). The first death of the soul was its birth into the world imprisoned in the human form, considered as the egg, of the God Seb or Saturn; the mortal indeed was not a mere union of soul and body, for at least five distinct principles are necessary to complete man, consisting of the Ba, soul, the akh or Khu, intelligence, the Ka, existence, the Khaba, shade, the Kha, body, and sah, mummy (s. Birch). Die Seele, als Ka, wird wiedergeboren in Bla (bei den Guineern). s. d. Fetisch (S. 56).

Das Ding-an-sich (eines Seienden) erscheint, (wie in den Sinnesauffassungen für die Qualitäten), je nach den Seelenstimmungen (im Denkprocess) verschieden, unter der Vielfachheit seiner Attribute, und diese wieder mit den Wandlungen (ihrer Modificationen) im Entwickelungsgange (psychischen Wachsthums). Mit dem Ineinanderwirken der Gefühle, in den Empfindungen für sich selbst und durch die Kette gesellschaftlicher Ver-

pflichtungen, drängt das Gewissen sich auf, um einen befriedigenden Ausgleich herzustellen und den Missklang zu vermeiden einer
„remorse-causing action". The function of conscience would be
similar to that of hearing music; the ear decides authoritatively
that certain sounds are discordant and other harmonious
(s. L. Stephen), und so muss das Bewusstsein sich im Gleichgewicht erhalten (bei gesetzlichen Harmonien im All).

Während nun hier durchkreuzende Willensrichtungen mit
einander parliren und pactiren, beginnt es argumentirend zu
summen in jenem Zwiegespräch des Dämonium (aus Gbesi), das
den Charakter bestimmt, zum Guten hier, wenn im Einklang mit
der moralischen Atmosphäre der Gesellschaftsumgebung, zum
Bösen, wenn im Misstrauen schrillend, und dann in Augenblicken
der Empfänglichkeit aufschreckend wieder (zur Bekehrung).

Im französischen Sensualismus, „reinen Naturalismus" für die
„Rückkehr zur unverdorbenen Natur" (bei Rousseau), begnügt
sich die empirische Psychologie mit einfachster Reduction auf
die Empfindungen, in Condillac's Statue, denn „Alles kommt aus
den Sinnen und nichts ausserdem aus der Seele" (s. Harms), und
so gelangt sie (mit „abstractem Bilde von dem Leben der Seele")
auf einen Urmenschen, auf die Naturvölker, auf Adam, den sie
mit so viel Einfalt und Bornirtheit ausstattet, als zur „Exemplifi-
cation" benöthigt (bis zum thierischen Anschluss in fernerer Descendenz), wogegen der Gesellschaftsgedanken als Ausgangspunkt
voranzustehen hätte (in der Ethnologie). Das thatsächlich Gegebene nur gewährt einen Anhalt gesicherter Fassung für den Beginn logischer Rechnungen, obwohl ihm das Sein (bis zu negativer
Selbstverachtung) untergebreitet liegt, zum suchenden Forschen,
um in das Geheimniss des Daseins einzudringen.

„So ist wohl der Begriff vom Seienden zusammengesetzt aus
den Begriffen vom Sein und vom Was, aber das Seiende ist nicht
aus Sein und Qualität zusammengesetzt, sondern streng Eins"
(s. O. Flügel), die Eins des Gegebenen wieder, aus den Gleichungen unendlicher Reihen hervortretend, in der Function
(eigenen Denkens).

Indem das Ansichsein mit dem Sein in ein Nichts ausläuft,
beruht, zum Verständniss bei Berechnung aus den Verhältnisswerthen (in Unterscheidung der Differenzen), die Wesenheit des
Dinges in dem Anderssein (s. Hegel), und in den Momenten des
Ueberganges der Endlichkeiten in einander bricht in Lichtblitzen

das Unendliche hervor zur Erkenntniss (bei naturwissenschaftlicher Durchbildung der Psychologie, kraft inductiver Methode, in Fortführung auf höheren Calcul).

Im relativen Gegensatz zu täuschender Maya kehrt sich das Nirvana aus deren Verblasen (in Nichts) zur Erfüllung (im Pleroma), s. der Buddh. i. s. Pschlg. (S. 335).

Inmitten der Weltgestaltung (der $\Phi\varrho\acute{\nu}\gamma\varepsilon\varsigma$) steht typisch der Urmensch, $\dot{\alpha}\chi\alpha\varrho\alpha\varkappa\tau\acute{\eta}\varrho\iota\sigma\iota\varsigma$ noch, aus der Vorbedingung des $\pi\varrho\sigma$-$\nu\acute{o}\omega\nu$ (mit der Wurzel des All in der $\acute{\epsilon}\pi\acute{\iota}\nu\iota\iota\alpha$), in einer (nicht $\varkappa\alpha\tau\dot{\alpha}$ $\chi\varrho\acute{o}\nu\iota\nu$ geschaffenen) Welt, während aus der $\dot{\nu}\gamma\varrho\dot{\alpha}$ $\iota\nu\acute{\sigma}\iota\alpha$ (des Schlangensymbols), in $\dot{\alpha}\varrho\chi\acute{\eta}$, der Drang zum Werden (im Seelischen) strömt, unter den Wallungen des feurigen Gottes (als Demiurg) in einer Welt des Nichts ($\iota\nu\delta\acute{\epsilon}\nu$) unter Täuschungen der Maya, um zum Nirwana zu erwachen, als Pleroma (des $\pi\iota\lambda\acute{\nu}\varkappa\alpha\varrho\pi\iota\varsigma$). $\Theta\iota\tau\acute{o}\varsigma$ $\acute{\epsilon}\sigma\tau\iota\nu$ $\acute{o}$ $\chi\varrho\eta\sigma\tau\acute{o}\varsigma$, $\acute{o}$ $\acute{\epsilon}\nu$ $\pi\tilde{\alpha}\sigma\iota$, $\varphi\eta\sigma\iota$, $\tauo\tilde{\iota}\varsigma$ $\gamma\epsilon\nu\epsilon$-$\tauo\tilde{\iota}\varsigma$ $\iota\iota\grave{o}\varsigma$ $\dot{\alpha}\nu\vartheta\varrho\acute{\omega}\pi\iota\nu$ $\varkappa\epsilon\chi\alpha\varrho\alpha\varkappa\tau\eta\varrho\iota\sigma\mu\acute{\epsilon}\nu\iota\varsigma$ $\dot{\alpha}\pi\grave{o}$ $\tauo\tilde{\nu}$ $\dot{\alpha}\chi\alpha\varrho\alpha\varkappa\tau\eta\varrho\acute{\iota}\sigma\iota\nu$ $\lambda\acute{o}\gamma\iota\nu$ (in ophitischer Gnosis), aus brahmanischem Esoterismus, der Mysterien Brimo's ($B\varrho\iota\mu\acute{\omega}$), als Buddha erwacht (zum Verständniss des Dhamma).

„Alle wahre Metaphysik ist aus dem Wesen des Denkungsvermögens selbst genommen und keineswegs darum erdichtet, weil sie nicht von der Erfahrung entlehnt ist, sondern enthält die reinen Handlungen des Denkens, mithin Begriffe und Grundsätze a priori, welche das Mannigfaltige empirischer Vorstellungen allererst in die gesetzmässige Verbindung bringt, dadurch es empirische Erkenntniss, d. h. Erfahrung werden kann" (s. Kant) und „das in Allem, was Metaphysik heisst, die absolute Vollständigkeit der Wissenschaft gehofft werden kann", liegt darin begründet, „dass in der Metaphysik der Gegenstand nur, wie er bloss nach dem allgemeinen Gesetze des Denkens, in anderen Wissenschaften aber, wie er nach Datis der Anschauung (der reinen sowohl, als empirischen) vorgestellt werden muss, betrachtet wird, da dann jene, weil der Gegenstand in ihr jederzeit mit allen nothwendigen Gesetzen des Denkens verglichen werden muss, eine bestimmte Zahl von Erkenntnissen geben muss, die sich völlig erschöpfen lässt, diese aber, weil sie eine unendliche Mannigfaltigkeit von Anschauungen (reinen oder empirischen), mithin Objecte des Denkens darbieten, niemals zur absoluten Vollständigkeit gelangen, sondern in's Unendliche erweitert werden können, wie reine Mathematik und empirische Natur-

lehre" (1786). „Das Schema zur Vollständigkeit eines metaphysischen Systems, es sei die Natur überhaupt oder die körperliche Natur insbesondere, ist die Tafel der Kategorien" (Grösse,
Qualität, Relation, Möglichkeit). „Mehr ist hier nicht zu thun,
zu entdecken oder hinzuzusetzen" (indem „das System der Kritik
apodiktische Gewissheit" mit sich führt).

Dass die in niedrig organisirtem Facettenauge halt- und
wirbellos zerbrochene Weltanschauung in dem optischen Apparat
der Vertebraten sich einheitlich zu gliedern hat, liegt in der
innerlich treibenden Spirale des aus psychischer Atmosphäre der
Gesellschaftswesenheit sprossenden Wachsthums begründet (für
das Denken des Menschen). Um hier jedoch für die Gesetze solch'
organischen Wachsthumsprocesses die leitenden Grundzüge zu
erkennen, bedarf es vorher einer objectiven Umschau unter den
Völkergedanken, in experimentell zu erprobenden Combinationen,
um eine Spannungsreihe der Affinitäten festzustellen, nach den
Wahlverwandtschaften in den Elementargedanken. Statt, wie an
vier Klassen der Kategorien, an vier Elementen (in Feuer
Wasser, Luft und Erde) zu kleben, und so (trotz momentaner
Aufrüttelung aus dogmatischem Schlaf, auf's Neue) ein bequemes
Ruhekissen unterzuschieben, hat sich die Chemie (seit Boyle's
Reform) auf die Suche nach den Elementen gemacht, und trotz
zunehmender Menge derselben, enthüllen sich in dem scheinbaren
Chaos gerade die Anzeichen erhellender Vorblitze jener Krystalli-
sation, mit der sich die trüb noch wallende Mutterlauge einstens
zu klären hat (zum Verständniss, als Frucht des Studiums).

Omnis determinatio negatio (s. Spinoza), und so mit dem Geschehen als „Bestehen wider eine Negation" (s. Herbart) gäbe
allerdings der Satz „in allem Wechsel beharrt die Substanz" eine
ganze leere Vorstellung von der Substanz (s. Reinhold), so lange
eben die thatsächliche Ausfüllung fehlt, wie bei den verschiedenen
Aggregatzuständen des Wassers (als festes, flüssiges, dampfiges)
die chemische elementare Unterlage, gesetzliche Verwandtschaften
(und so auch zu den verändernd einwirkenden Ursächlichkeiten
physikalischer Agentien).

„Der Fehler, der irgendwo in einem Beweise steckt, sieht
dem ersten Anblick nach einer bekannten Wahrheit ähnlich, also
wird der Beweis als vollkommen scharf angesehen, man ver-
muthet mithin keinen Fehler in demselben, man sucht ihn also
auch nicht, und daher findet man ihn nicht anders als zufälliger-

weise", und darin liegt „der vornehmste Ursprung der Irrthümer, der zur Schande des menschlichen Verstandes viele Zeiten hindurch fortgewährt haben", während ein Heilmittel sich bietet, wenn wir (wie Kant zufügt) „die Kunst besitzen, aus den Vordersätzen zu errathen und zu muthmaassen, ob ein auf gewisse Weise eingerichteter Beweis in Ansehung der Folgerung auch werde hinlängliche und vollständige Grundsätze in sich halten" (1747). Hierin bedingt sich die inductive Methode, mit möglichst minutiösen Detail-Untersuchungen am Beginn der Forschung auf dem genetischen Wege (um dann in der Breite des comparativen weiter zu rechnen, im logischen Wachsthum des Denkens). Die Erscheinung des Völkergedankens in der verwirklichten Vorstellung, als „incongruentes Gegenstück" zu derjenigen Thätigkeit, wodurch sie schöpferisch reflectirt wurde, wäre umzukehren gleich der „Abbildung eines Objects im Spiegel" (aus der Illusion deductiver Behandlung in der Realität der Induction). In der „strahlenden Materie" (im Charakter „strahlender Energie") berührt sich das Grenzgebiet, „wo Materie und Kraft in einander überzugehen scheinen, das Schattenreich zwischen dem Bekannten und Unbekannten" (s. Crookes). Nach dem Grundgesetz, dass alles Vermischte seinen eigenthümlichen Ort hat und dahin angezogen wird, wie das Eisen vom Magnetstein, die „Spreu vom Bernstein" (s. Möller), findet der Pneumatiker (bei den Sethianern) die ihm entsprechende Erfüllung (aus dem Geist des Menschen, als „Reagenz" für das Göttliche in der Natur).

Das logische Rechnen in seiner Bewegung zwischen wechselbezogenen Relationen mag von dem Addiren und Subtrahiren zu arithmetisch oder geometrisch fortschreitenden Reihen weitergehen, und den positiven Zahlen die negativen gegenüberstellen, als imaginäre, bis zur Realisation, in Durchdringung des Subjectiven und Objectiven (bei naturwissenschaftlicher Durchbildung der Psychologie).

Vernunfterkenntniss durch Construction der Begriffe ist mathematisch (s. Kant). Zur Vervollkommnung nach dem Zug der Natur ($\varphi v \varrho \dot{\alpha} \varphi \dot{v} \sigma \iota \omega \varsigma$) durchdringt der Nous (in sethianischer Gnosis). Das von dem $\pi \alpha \tau \dot{\eta} \varrho \dot{o} \varkappa \dot{\alpha} \tau \omega \vartheta \varepsilon \nu$ aus der Natur Hervorgebrachte bezeichnet sich als $\gamma \dot{\varepsilon} \nu \nu \eta \mu \alpha \vartheta \eta \lambda \varepsilon \dot{\iota} \alpha \varsigma$ (bei den Sethianern), und so folgt Lailai aus Kumulipo (auf Hawaii). Die Modificationen der Materie in ihren Zuständen als fest, flüssig, gasig und strahlend, beruhen auf Verschiedenheiten in ihren wesentlichen Eigenschaften (s. Faraday), bis zur „strahlenden Materie" (s. Crookes), in strahlender Energie (dynamischer Wirkungen). „Wahre Wissenschaft hat keinen Glauben, wahre Wissenschaft bezweifelt alle Dinge und nimmt nichts auf Treu und Glauben hin. Sie kennt nur drei Geisteszustände: Leugnung, Ueberzeugung und den ungeheuren Zwischenraum zwischen den beiden, welcher nicht Glauben, sondern Aufhebung alles Urtheils ist" (s Lytton), unter Ansammlung des Materials (für die Daten im logischen Rechnen). Toutes les voies intérieures, tendent à l'amour pur ou désintéressé (s. Fenelon). In der „Theorie des Vorstellungsvermögens," welche die Prämissen für die „Theorie des Erkenntnissvermögens" (bei Kant) zu liefern hat, kommt die Vorstellung ursprünglich nur im Bewusstsein und durch das Bewusstsein vor (s. K. L. Reinhold), in der Gesellschaftswesenheit (für die Einzelnen geklärt). In der justitia commutativa liegt ein ·Anspruch auf meritum de condigno begründet (innerhalb der Gesellschaft). Indem das vorgestellte und vorstellende Ich eines und dasselbe sind (im Selbstbewusstsein). ergiebt sich die Selbsterfassung oder „Grundschauniss" (s Krause), dem Einzelnen als integrirondes Theilganze der Gesellschaft (für den Gedanken im Völkergedanken). Les sciences, qui ont pour toutes les lois, non plus de la matière, mais de l'humanité même, étaient naturellement appelées à suivre et à couronner toutes les autres (s. Mignet). Die Pneumatologie sucht zu ermitteln, was das Geistsein an und für sich sei (s. Volkmuth). In der Nachweisung, wie die sittlichen Grundüberzeugungen mit der idealen Weltanschauung zu einem Ganzen sich vereinigen, liegt eine Deduction der Principien der praktischen Philosophie (s. Fries). Man soll nichts weiter thun, als beobachten, aber man soll Alles beobachten (s. Cousin). Die Wissenschaft vom menschlichen Geist ist möglichst auf Thatsachen und Beobachtung zu begründen (s. Th. C. Upham). Auch die transcendentalen Ideen sind abgeleitete (bei Romagnosi). Für die Mystik ist das Kreuz „die Umsetzung wissenschaftlicher Anschauung in religiöse" (s. Görres). Im „Gefühl der Einheit der Natur" sind „alle Zweige des physikalischen Wissens" (bei Gründung der Naturforscherversammlung) vereinigt (s. A. v. Humboldt). „Durch irdische Bande an den Typus niederer Gebilde gekettet, vollendet der Mensch die Reihen höherer Organisationen" (1828). The ultimate ground of all reality in life, the absolute Noumenon or „Ding - an - sich" can be envisaged either as rational or irrational, as blind force or logical idea (s. Courtney). Die Qualität des Seienden ist gänzlich positiv oder affirmativ ohne Einmischung von Negationen (bei Herbart), dem Schein gegenüber (mit der Qualität als Unbekanntes). „Dann keine Grenze zwischen den Naturforschern und den eigentlich sogenannten Philosophen, ja selbst den Theologen" (meinte Oken), wenn auf der Naturforscher-Versammlung eine psychologische Section würde zugelassen werden (1828). Bei Fortführung der Naturphilosophie nach der inductiven Methode hat auch die Moralphilosophie dieser Methode gemäss ihre vollkommene Ausbildung zu erhalten (nach Newton's Ansicht). In der Wesenheitvereinheit unterscheiden sich die Selbstwesenheit (Subsistenz oder Substantialität) und die Ganzwesenheit (Totalität) als Theilwesenheiten (s. A. C. F. Krause) beim Individuum (innerhalb der Gesellschaft). Da der Mensch das vollkommenste und dauerndste Eigenthumsrecht auf die Producte seiner geistigen noch mehr als auf die seiner körperlichen Thätigkeit hat, so ergiebt sich aus der unbegränzten Sphäre geistiger Thätigkeit auch ein unbegränztes Gebiet möglichen Eigenthums (s. Gutberlet). Das Recht (die Bedingungen der Sittlichkeit zu wahren) wird der Pflichten wegen gegeben (s. Trendelenburg). „Ideen unterscheiden sich so von Begriffen, dass diese nur logische

Erkenntnisszeichen sind, welche in bestimmten Stellen einen Gedankenzusammenhang scharf abgrenzen. oder die Gesammtwesen einschliesslich der Erscheinung, den Werth und der Bestimmung des Gegenstandes abgesehen, die Ideen hingegen vor Allem das Gesammtwesen des Dinges, einschliesslich der Erscheinung (*idéa* —, Erscheinung, Gestalt), des Werthes und der Bestimmung des Gegenstandes als eine möglich vollkommen gedachte Totalität umfassen, also ausser dem logischen, auch ein aesthetisches und ethisches Moment enthalten‘ (s. Hess). Erst die Gesetze geben den Testamenten Rechtskraft (neben donatio inter vivos), gegen den fortdauernden Besitz einer abgeschiedenen Seele (bei den Naturstämmen). Da das Naturrecht das göttliche Recht, ist die Staatsgewalt (im Naturrecht) durch göttliches Recht eingeführt (s. Bellarmin) im Weltgesetz (des Dhamma). Viel kann der Mensch entbehren, nur den Menschen nicht (s. Löbisch), bei der Gesellschaftswesenheit (des Zoon politikon). Die Natur des Geistes ist noch nicht genau genug bekannt, um den Ursprung aller Ueberzeugungen in ihm nachzuweisen (s. Fries), so dass ein objectives Studium vorherzugehen hat (nach inductiver Methode). Die Quelle der skeptischen Zweifel liegt einzig in Gründen, welche der allgemeine Menschenverstand enthält (s. G. E. Schulze), so lange nicht objectiv geklärt (aus dem Gesellschaftsgedanken). Dem Schönen und dem Hässlichen überhaupt, besonders aber dem Löblichen und Schändlichen ist eine ursprüngliche Evidenz eigen, vermöge deren es uns klar wird, ohne gelernt und bewiesen zu sein (s. Herbart). Anima corpus ita illabitur, velut succus arborem (s. Hildegard von Bingen). Der hinaufsteigende und der hinabsteigende Theil der Wissenschaft, dem sachlichen Inhalt nach einander gleich, erweisen sich in der Betrachtungsart verschieden (s. K. C. F. Krause); und so folgt neue Beleuchtung durch die Induction (für die Sätze des Naturrechts). Die Natur gehorcht dem Menschen nur, wenn er zuvor auf die Natur gehorcht, derselben ihre Gesetze abgehorcht hat, dann aber gehorcht sie ihm gewiss (s. Beneke), und so wird mit naturwissenschaftlicher Durchbildung der Psychologie eine Beherrschung gewonnen sein, eingreifend in die Physiologie der Gesellschaft (zur Pflege normaler Gesundheit). „Wie in dem Willensact keine Spontaneität sein kann, ohne Voluntarietät, ja, soll sie vollkommen sein, nicht einmal ohne Freiheit, so ist jeder vollkommene Willensact zugleich ein freier Act“ (s. Gutberlet). Die Seele wird Geist genannt, sofern sie vorstellt, Gemüth, insofern sie fühlt und begehrt (Herbart). Indem Jacob Clement den König (Heinrich III.) ermordete, war der Muth ebenso ausgezeichnet, als die That bewunderungswürdig (nach Mariana). Ut nemo audeat asserere, cuicunque licitum esse, ut quocunque tyrannidis praetextu reges et principes occidere, vel vitae eorum insidiari (s. Aquaviva). Der Papst hat das Recht die Könige als Rebellen zu bestrafen, wenn gegen die Kirche aufsässig (s. Salmeron). Der Papst kann den nachlässigen König absetzen (Santarell). Kraft der Macht seiner Obergewalt über das ganze Weltall gebietet der Papst allen Königen (s. Cornelius a Lapide). Wenn ein übernatürlicher Zweck es fordert, kann der Papst die Könige absetzen und ihrer Königreiche berauben (s. Molina). Der ketzerische König, dem Keiner zu gehorchen braucht, kann nach der heiligen Schrift getödtet werden (s. Rosseus). Der Aufruhr eines Geistlichen gegen den König ist nichts Majestätsverbrechen, denn der Geistliche ist nicht Unterthan eines Königs (s. Sa). Indem die Geister der Verstorbenen wieder zu den Geistern noch nicht geborener Kinder werden, ähneln die Kinder den Eltern (nach Erklärung der Wanika). Mit Bla wird die Stammesseele wiedergeboren (in Guinea), s. Der Fetisch (S. 56). Durch päpstliche Privilegien war den Jesuiten das Lesen ketzerisch geächteter und durch den apostolischen Stuhl gerichteter Briefe gestattet (bis zur Aufhebung durch Papst Clemens XIV.). Die Cyklide, als Grundelemente der Lebensvorgänge, gruppiren sich höher zu Micellen, Protoplasma, Zellen u. s. w. (s. Gaule). Aus der Urmaterie (oderProtyle) bildeten sich durch Polymerisation die Elemente nach und nach zur Zeit des Abkühlungsprocesses der einzelnen Sonnensysteme (s. Williams Crookes). Σχῆμα δὲ ἔχουσιν ὁ οὐρανός καὶ ἡ γῆ μήτρα, παραπλήσιον τὸν ὄμφαλον ἰχούση μέσον (bei den Sethianern), wie in der Kosmogenie Mangaia's (s. Gill) von der Wurzelspitze an (Te - aka - in - Roe), s. Heilige Sage der Polynesier (S. 56).

Nicht dem Wahren und Guten gemäss muss der Wille Gottes wollen, sondern weil demgemäss der Wille, ist es wahr und gut (bei Duns Scotus), denn „non quia bonum est, auscultare debemus, sed quia deus praecepit" (s. Tertullian), und so ergiebt die Berechtigung der Dispensation (für den Infallibeln) in jesuitischer Moral, da Nichts an sich gut oder böse ist, sondern nur in Folge göttlichen Gebotes (bei Lobkowitz), und dann verlangt ein dem Vegetarianismus (der Jainisten) abgeneigter Stammesgott mit der Schärfe des Schwertes zu schlagen, wie Hintzilopochtli von seinen Azteken (auf ihren Wanderungen). Die Hanifah (unter den Bakriten) verzehrten (bei Hungersnoth) den, von einer Masse aus Datteln, Milch und Butter gebildeten Götzen (s. Ibn Kutaibah), die Mexicaner ihren Teig-Gott (als Sacrament), der Mensch ist, was er isst (bei Moleschott). Niemand besitzt, was er nicht isst, oder wovon er nicht gegessen wird (in der Kandogya Upanishad), in Wechselbeziehung bis zur Abrechnung (am jüngsten Gericht).

„Die Natur, ihren allgemeinen Eigenschaften überlassen, ist an lauter schönen und vollkommenen Früchten fruchtbar, welche nicht allein an sich Uebereinstimmung und Trefflichkeit zeigen, sondern auch mit dem ganzen Umfange ihrer Wesen, mit dem Nutzen der Menschen und der Verherrlichung der göttlichen Eigenschaften, wohl harmoniren. Hieraus folgt, dass ihre wesentlichen Eigenschaften keine unabhängige Nothwendigkeit haben können, sondern dass sie ihren Ursprung in einem einzigen Verstande, als dem Grunde und der Quelle aller Wesen, haben müssen, in welchem sie, unter gemeinschaftliche Beziehungen, entworfen sind. Alles, was sich auf einander zu einer gewechselten Harmonie bezieht, muss von einem einzigen Wesen, von welchem es insgesammt abhängt, unter einander verbunden sein. Also

ist ein Wesen aller Wesen, ein unendlicher Verstand aus selbstständiger Weisheit vorhanden, daraus die Natur, auch sogar ihrer
Möglichkeit nach in dem ganzen Inbegriffe der Bestimmungen,
ihren Ursprung zieht" (Kant), im physisch-moralischen Gesetz
(des Dhamma). Der starre Mechanismus der Körperwelt ist auf
die Vorstellungswelt nicht anwendbar, wogegen hier das Band
der Causalität organisch geschlungen wird (im psychischem Wachsthum). Die Causalität, die Lenkerin aller und jeder Veränderung,
tritt in der Natur unter drei verschiedenen Formen auf, als Ursache im engsten Sinne, als Reiz und Motiv (s. Schopenhauer).
Die Wirkung ist von der Ursache durchaus verschieden (bei
Hume), bis im organischen Zusammenhang gefasst (mittelst naturwissenschaftlicher Durchbildung der Psychologie). Disongala
satikanni (es denkt) im Körper (sinitu), sagen die Bafioth, aus-
gestattet mit Lunsi (Verstand oder Geist) und Moio (Seele oder
Schatten), sowie Maiyemba makoko (im Puls). Triglav (bei
Lebus) „ist gebildet gewesen mit drey Angesichten, welches
eine Vorstellung seyn solle von denen vereinten drey Seelen-
Kräffte des Menschen, dadurch er alle seine Handlungen anführt
und regieret, als da ist die Vorstellung oder Imagination, das
Gedächtniss und das Urtheil oder die Entscheidungs - Krafft"
(s. Richter). Von oben aus der ἀγεννησία, dem ersten Theil
der Welt, kam, da die Welt bereits dem Ende (der συντέλεια)
nahe war, in den Zeiten des Herodes ein dreinatüriger, drei-
leibiger, dreipotenziger Mensch, genannt Christus (s. Möller) mit
der ganzen Fülle (πλήρωμα) in ihm wohnend (bei den Peraten),
in neuen Epiphanien eines Buddha (zur Erfüllung im Nirvana).
Als Loto (Leidenschaft), Foto - manava (the right auricle of the
heart) oder der Sitz des Lebens und Manatou (Gedächtniss) verändert sich die Seele (in Tonga) nach dem Tode in Hotooa (god
or spirit) auf Bolotu (s. Mariner), als Walhalla (der Devadüngsa).
Im Aussen-Körper (Sthula-çarira) findet sich (nach der Vedanta)
die Scheide des Feinkörpers (Suxma- oder Linga-çarira) aus den
Scheiden der Indrijamaja (der Lebensthätigkeiten), der Manomaja
(des Manas oder Innen-Sinns) und der Vijnanamaja aus den Urelementen (Tanmatra) zusammengesetzt (als Sitz der Buddhi).
    Bei der Frage nach einer πρώτη αἰτία (für suchende Gnosis)
wölbt sich überall, über sichtbaren Ouranos hinaus, der irdischer
Fassung unerreichbare, Gottesbegriff zum Abschluss (in Mawu
oder Zambi-ampungu), während je nach dem (im individuell er-

kannten Totem) wahlverwandtschaftlich gewählten Wong, oder dem im geheiligt zugestandenen Temenos vom Wulomo gepflegten, einen deutlichen Gegenstand der Verehrung sich bietet (dem Drang der εὐσέβεια zu genügen). Solcher Götterstaat schliesst an politisch geregelte Functionen sich an, in Zuertheilung der, drei Hauptgöttern schuldigen, Pflege den Flamines majores, oder an eine Dodekarchie, und beim Eintritt fremder Missionäre, wie aus semitisch-turanischem Orient unter arisch-iranischem Staatengebäude, fehlt für deren Einzelnheiten die geschichtlich begründete Anerkennung, und da ausserdem philosophische Subconstruction aus dem Hegemonikon (im Nous) der Stoa wegfiel, betreffs des Allgemeinbegriffs eines Juppiter (s. Seneca) oder Zeus (wie in Aeschylus besungen), mangelte für ästhetisch gesättigte Augen dem in einförmiger Wüstenumgebung beduinischer Wanderungen dort monotheistischen Gottesbegriff seine Erfüllung, und „unus illis deus nullus est", schreibt Kaiser Hadrian (an Konsul Servianus), als die Apologeten für ἄθεοι gescholten wurden (unter dem Banne der δεισιδαιμονία).

Bei dem mechanisch verlaufenden Ceremoniell im orthodoxen Cult verbleibt die göttliche Manifestation, (auf bedenklicher Mischung mit Dämonischem), den aufregenden Operationen der Wongtschä oder Yakko-duro, da selbst directe Manifestationen der Gottheiten, wie für die Pythia in Delphi mit zweideutigen Nachwirkungen aus alter Naga-Weisheit, (wenn auch mit Ueberwindung des Schlangendrachen) eingemengt lagen, während unter friedlich einfacheren Verhältnissen siamesischen Volkslebens der Chao (im Abglanz adliger Herrscher) in der vollen Würde und Ruhe des „Herrn" herniedersteigen mag, oder der Prophet (der Wi) sich angeweht fühlt vom göttlichen Hauch, von dem Groaperikie oder Grossvater her (bei Karen), als eifersüchtigen Stammesgott, seinen Treuen allein zugeneigt, die auch für ihn zu kämpfen sich verpflichtet finden müssen (wie die Azteken, als die Arche vorangetragen wurde).

Als nun eine (im Tathagata aus dem Walten des Dhamma hervortretende) Epiphanie, statt auf die Launen specieller Manitu (in Zu- oder Abneigung) auf die letzte Ursache selbst (im Kitchi-Manitu) zurückgeführt wurde, als eingeborener Sohn der sonst in gläubigem Ahnen nur annäherbaren Gottheit, erhob sich in polytheistischer Heidenwelt ein Sturm der Entrüstung gegen monotheistische Gottlosigkeit, und wenn trotzdem die Lehren des neuen Evangeliums mächtig in die Zeit hineinschlugen, um für, Alles überschattenden, Weltenbaum die Wurzel einzuschlagen, so ruhte der gesunde Keim in Erfüllung des tiefsten Bedürfnisses der Menschennatur, dessen Befriedigung bis dahin nur an geringe Zahl Bevorzugter, in esoterischer Aengstlichkeit der Mysterien, gespendet war, während jetzt, in populärer Reform, ein Jeder zu den Weihen berufen war, um durch sacramentelle Kraft der Fortdauer gesichert zu sein, und der persönlichen zwar, im Auferstehungsleib nach Identitas numerica (so greifbar verständlich, wie ohne allzu schreienden Unverstand eben möglich).

Innerhalb der im zeitlichen Kreislauf des Entstehens und Vergehens, unter Kronos umschlossenen Welt, mag. temporäre Verlängerung der Existenz im Opfercult erkauft werden, indem der $\alpha\nu\vartheta\rho\omega\pi\acute{o}\varkappa\tau\rho\nu\rho\varsigma$, als der Demiurg oder Archon (gleich Mara), das blutige Opfer Abel's, (aus dem die Schlange als feindliches Princip verfolgenden Geschlecht), wohlgefällig entgegennimmt, das unblutige Kain's, (in Weisheit des von, den Naga gelehrten Mahayana der Ahinsa ergeben), dagegen verwirft, und seit deshalb gegen Ende periodischer Kalpa ($\sigma\nu\nu\tau\acute{e}\lambda\epsilon\iota\alpha$) aus der $\dot{\alpha}\gamma\epsilon\nu\nu\eta\sigma\acute{\iota}\alpha$ (bei Aufblühen des Lotos zu neuer Offenbarung eines Buddha), in Christos der Dreimensch herniedergestiegen, streben die Peraten ($\pi\epsilon\rho\tilde{\alpha}\sigma\alpha\iota$ $\tau\grave{\eta}\nu$ $\varphi\vartheta\acute{o}\rho\alpha\nu$) über die Vergänglichkeit des $\varkappa\acute{o}\sigma\mu\rho\varsigma$ $\grave{\iota}\delta\iota\varkappa\acute{o}\varsigma$ der oberen Welt zu, in dem $\pi\lambda\acute{\eta}\rho\omega\mu\alpha$ (des Nirvana), wie im Hirn (Edem's) getragen (bei psychologischem Entwickelungswachsthum im Abhidhamma). Wie vom ithyphallischen Hermes (ophitischer Gnosis) aus der Seeligkeit (einer Abhassara-Terrasse) in das „Gebilde von Koth" herabgerufenen Seelen finden sich dort im Gefängniss des Soma (oder $\sigma\tilde{\eta}\mu\alpha$) als Sarkiker umschlossen, und obwohl, wenn Jaldabaoth's Lüsten fröhnend, innerhalb seiner Ogdoas, sinnliche Himmelsfreuden temporär vielleicht sich erlangen lassen (für den Psychiker), bedarf es doch den durch erlösendes Wort erweckten Geistesschwung (der Pneumatiker), um, der Moira eisernen Cirkelschluss (der $\dot{\alpha}\nu\acute{\alpha}\gamma\varkappa\eta$ $\tau\tilde{\eta}\varsigma$ $\gamma\epsilon\nu\epsilon\sigma\epsilon\omega\varsigma$) durchbrechend, einzugehen in das Ungewordene (des Nirvana), als ihr $\pi\rho\lambda\acute{\iota}\tau\epsilon\nu\mu\alpha$, in Fülle der Fruchtreife ($\pi\rho\lambda\acute{\nu}\varkappa\alpha\rho\pi\rho\varsigma$), beim Verständniss des Selbst (in Asangkhara-Ayatana).

Der (als $\pi\alpha\tau\acute{\eta}\rho$ $\ddot{\alpha}\gamma\nu\omega\sigma\tau\rho\varsigma$) unbewusst (in Schuldlosigkeit des Naturzustandes) mit Edem's Doppelleib :(der Halbjungfrau) engverschlungene Geist, wendet sich ab (bei Justin), mit dem Schwur ($\dot{o}\mu\nu\acute{\nu}\omega$) mysteriöser Weihe (im Omano seines Om oder Hom, mit

mithraischen Riten), als er an den Grenzen des Himmels, (im
Grenzbegriff), das Obere geschaut, und da die gewaltsame Befreiung (in der Gnadenkraft für intuitive Schau der Verzückung)
vom „Guten", der ihn zu seiner Rechten gesetzt, gilt es zur Bekämpfung der πάϑη (mütterlicher Engel) des Kampfes, ungenügend
freilich als äusserlicher, in Herakles' Thaten (als Propheten aus
der Vorhaut), dagegen vollendet dann aber, als Baruch im zwölfjährigen Knaben, der (als guter Hirte) die Schafe weidet (zu Nazareth), seinen Propheten gefunden (in Buddha's allliebender Sanftmuth, gleich Vishnu's, der beim Fusstritt lächelt).

Als durch die Tortuositas seines beim Blick in die Hyle, (in
subjacentem faciem materiae), gespiegelten Sohnes (Nous) verführt, Jaldabaoth frohlockend, (Ego pater et deus et super me
nemo), sich überhebt (wie Maha-Brahma auf der Rupa-Terrasse),
straft die Stimme der Mutter ihn Lügen (wie von Batara Guru
gehört, im Glockenton javanischer Kosmogonie).

Nicht um seiner selber willen ist der Baum, sondern zum
Zweckziel der Frucht, die er ansetzt, und so liegt dem Menschen
seine Aufgabe gestellt im Reifen der Gedankenentwickelung, zum
Einfügen der Ergebnisse in ewige Gesetzlichkeit (eines harmonischen Kosmos). Ὁ δὲ καρπὸς τοῦ δένδρου ἐὰν ἐξεικονισϑῇ καὶ
τὴν ἑαυτοῦ μορφὴν ἀπολαβῇ εἰς ἀποϑήκην τίϑεται, οὐκ εἰς τὸ πῦρ
(bei Simon Magus), γέγονεν οὖν κόσμος ὁ γεννητὸς ἀπὸ τοῦ ἀγεννήτου
πυρός (s. Hippolyt.), als ἀρχή (bei Heraklit), im Offenbarwerden
des Verborgenen, sich selbst verzehrend in Feuerskraft (Rehua's
in Naharangi), zur Befreiung des Geistigen (kraft schöpferischen
Pneuma's) aus den Wurzeln der Syzygien (νοῦς καὶ ἐπίνοια, φωνή καὶ
ὄνομα, λογισμὸς καὶ ἐνϑύμησις), aus ῥίζα τῶν ὅλων (wie in Mangaia's
Kosmogenie), zum Selbst (ὁ ἑστώς) des στάς oder στησόμενος (aus
ὑπέραντος δύναμις, als ἡ μεγάλη δύναμις νοῦς τῶν ὅλων), und dem
Buddha entsprechend bei Verständniss des Dhamma, (durch Erwachen
der ἐπίνοια), in Nirvana (als Asangkhara-Ayatana), wenn im Verhältniss von δυνάμει und ἐνεργείᾳ (bei Aristoteles), des νοητόν und
αἰσϑητόν (bei Plato), das Verborgene aus dem Offenbargewordenen
zum Erkennen vortritt, aus dem Schein (trügerischer Maya)
des Sein (s. Herbart), vom Anfang her, im Schweigen (oder
σιγή) oder (auf Nukahiva) Mutuheï (s. Lawson), einverschlungen
(und aus dem ὅρατος zurück auf ἀόρατος): „materielles als ideales
Princip" (s. Möller) in denkender Substanz (der Stoa), mit allem
Sichtbaren als vernünftig (bei Empedokles), bei Verwirklichung

zunächst von *νοῦς* und *ἐπίνοια* im *Ἄrω* und *Κάιω* des Himmels und der Erde (Rangi und Papa). So im allgemeinen Wachsthums-process bildet der Weltlauf einen Läuterungsprocess (*οἰκονομία καϑάρσεων*), unter Leitung der *ἄγγελοι ψυταγωγοί* (zur *σοφία ψυλοκριντιχή*), für die gefallenen Lichtwesen (bei Basilides), und „die glücklichen oder unglücklichen Schicksale der einzelnen Menschen in diesem Leben sind Folgen seines Verhaltens im früheren Zustande" (s. Neander) nach dem Gerechtigkeitswalten buddhistischer Karma (in den Seelenwanderungen), ehe die Herrschaft der *ἄγγελοι κοσμοκράτορες*, unter Jaldabaoth (oder Mara), kraft höherer Offenbarung durchbrochen (zur Ueberwindung der *φϑορά*), aus erster Negation der Negationen (und letzter zur Realisirung im Pleroma). „After contemplating the Ophite theory of the fall of man as a stage in the process of his elevation to spiritual life, we are startled to come across the same representation in the writings of a philosopher who stands at the head of German thought in the last generation (Hegel), reproducing this wildest of the disordered dreams of heathen Gnosticism" (s. H. L. Mansel), aus elementaren Grundzügen des Gedankenwachsthums (auch in der Cultur).

Was dem in *ἄγνοια* (oder Avixa) umfangenem *ἔκτρωμα*, unter den Zweifelsfragen qualvollen Sehnens, (einer Sophia achamoth), mit momentanem Hervorblicken an der Oberfläche, als System auftaucht, — ob (philosophisches) Product eines Einzelnhirns, ob systematischerer Durchbildung im Schuldogma (unter religiöser Fassung), — wird bald wieder fortgeschwemmt im Strom der Zeit, und was in der Weltenflucht als „ruhender Punkt" zu suchen, ist die im gesetzlichen Zusammentreffen hervortretende Uebereinstimmung (im Wachsthumsleben der Völkergedanken) für inductive Betrachtungsweise (naturwissenschaftlicher Psychologie).

Bei den Emanationen des Täkkun (in der Kabbala), um in seinen Zeichen (Simanin) erkannt zu werden, tritt (bei Basilides) als Erstgeborener, (aus den Offenbarungen des Verborgenen), der Nous hervor, und dann nacheinander, in Reihenfolge, Logos (Vernunft), Phronesis (Verstand), Sophia (Weisheit), Dynamis (Macht) zur *δικαιοσύνη* (oder *εἰρήνη*). Das Verborgene hüllt (bei den Maori) im Dunkel der Po sich ein (den in „Kore" schwellenden Saamenkeim bedeckend), und dann tritt es fragend auf (in Rapunga) mit Erweiterung (in Whaia) zum Gedanken oder Kukune und seiner (logischen) Fortbildung (Pupuke), um in den Regungen

(Hibiri) erweckt, den Gedanken (Mahara) zu begreifen im Geistes-
leben (Hinengaro), worauf wünschendes Sehnen (Manaka) folgt
nach dem Heiligen (Wananga) des Glanzes (Ahua), um in Form-
gestalt Verwirklichung zu erhalten (Atamai) für dauernden Besitz
(Whiwhia) in Seeligkeitsempfindung (Rawea). Und mit der Auf-
richtung (Hopu-Tu) sodann (des ἄνϑρωπος ἀχαρακτήρισιος), beginnt es zu athmen in Lebenshauch (Hau Ora), auszuathmen die
Raumes-Leere (Atea), mit der im All fluthenden Welt (Te Ao e
teretere noa ana), die sich zerbricht sodann (nach Yin und Yang)
im „Ano kai Kato,“ in Uranos und Gäa (Rangi und Papa), mit
weiteren Theogenien (s. J. White). Z. Kenntniss Hawaii's (S. VI).

Aus dem vollkommenen Aeon (πρόων oder βύϑος), in unsichtbar unnennbaren Höhen (ἐν ἀγνωσίᾳ), wird (zum Process des
Werdens) der Uebergang gebildet (bei Valentinianus) in Sige,
als Mutter aller Projectionen des Bathos (s. Theodoret), indem
sie den νοῦς zeugte (ἀρχὴ τῶν πάντων), als „die in das ver-
mittelte Selbstbewusstsein erhobene und damit auch zum Aussen-
sein thätigen Subject gewordene Gottheit“ (s. Möller), nebst seinem
Syzygos und der ersten Syzygie, die erste Vierheit bildend (πρώτην
καὶ ἀρχέγονον Πυϑαγορικὴν Τετρακτύν, ἥν καὶ ῥίζαν τῶν πάντων καλοῦσιν). „Die verborgene Gottheit entfaltet zuerst ihre Lebens-
kräfte in dem νοῦς, tritt dann wirkend und bildend hervor in
dem λόγος, der den empfangenen Lebenskeimen eine feste Gestaltung giebt, seine Wirkung, das Leben daher als sein συζυγος.
Der βύϑος, der νούς und der λόγος bilden in ihren gegenseitigen
Verhältnissen die Trias der Valentinianer“ (s. Neander) aus der
ῥίζα τῶν πάντων, gleich Kumulipo, als „Wurzel des Abgrundes“,
oder (s. Gill) Te-aka-ia-Roe (die „Wurzel allen Seins“), s. Heilige
Sage der Polynesier (S. 70).

Rationelles Rechnen geht aus von dem Gegebenen in der
Eins, um im Weiterverfolg das Höhere abzuleiten und zu begreifen, und so setzten die Pythagoräer das Beste und Vollendete
(im Göttlichen) an's Ende, wogegen es von der Speculation
(bei Aristoteles) gleich im Anfang (für platonisches ὄν) verlangt
wurde (um nicht end- und somit ziel-los in Ursprungsfrage zu
verlaufen). Die Dyas wird aus der Monas erzeugt, „indem die
Monas nach dem Momente des Andersseins mit sich zusammen-
geht (ἐπισυνϑεσις) und so sich selbst als mannweibliches Princip
constituirt“ (s. Möller), wogegen in comparativ-genetischer Methode der Induction die Einer in der Rechnung verwendet werden

(um die Vielheit in einheitlichem Zusammenhange abzugleichen). *Ψυχὴ γὰρ αἰτία κινήσεως καὶ ἀρχή, νοῦς δὲ τάξεως καὶ συμφωνίας περὶ κίνησιν* (s. Plut.) und so wird die Ruhe angestrebt (in Nirvana) mit Verständniss des Dhamma (aus gesetzlichen Harmonien des Kosmos).

Wie die Pflanze in organischer Entwickelung ihre Ausentfaltung verfolgt, aus und in ihrem Stoff unter verarbeitender Aufnahme chemischer und physikalischer Einflüsse, und dann im Reife-Stadium zu sich selbst gelangt, mit Rückkehr zum ursprünglichen Keim, so kommt im psychischen Wachsthumsprocess zum Selbstbewusstsein das Selbst, aus den Reizen der Sinnesempfindungen genährt, bei Durchgestaltung in gesellschaftlicher Atmosphäre. Das „Gegebene" ist nur „Schein" von dem in seiner Qualität unbekannten Seienden, und diese ist gänzlich positiv oder affirmativ ohne Einmischung von Negationen (bei Herbart). So täuscht Maya in trügerischem Schein, bis mit dem Hindurchdringen zum Nirvana der gesetzliche Abgleich erreicht ist, nicht im Nichts (das Auswehen), sondern in der Negation desselben, im eigentlich Realen (beim Gegensatz des im Dhamma Erfüllten).

Bei der die Pflege geistiger Interessen fördernden Sesshaftigkeit der bürgerlichen Gesellschaft tritt aus physiologischen Ursächlichkeiten geographisch-meteorologischer Bedingungen die Occupation (im Grundbesitz) als Voraussetzung ein, anfangs noch mit der Zulässigkeit jährlicher Vertheilung, während später, für weitere Ziele, das Eigenthum dauernden Charakter anzunehmen hat (gewahrt durch Ansprüche der Arbeit auf die Erlangung durch solche).

Erst auf fortgeschrittenen Stufen der Civilisation, wo (mit Erwachen der Volksseele zum Bewusstsein) die Grundlagen des Rechtes zur Erörterung kamen, traten damit auch die Pflichten hervor, welche in der Sittlichkeit zu wurzeln haben, als dem Reflex höherer Ziele (in jedesmal gültiger Weltanschauung).

Tritt die Betrachtung als Gebilde eines durch höhere Gestaltungen der Civilisation complicirten Gesellschaftsorganismus hervor, so markirt sich eine Reihe gesetzlich leitender Grundzüge, die, weil solche, als berechtigt richtige sich beweisen und zu rechtfertigen sind (für das Naturrecht oder eine „Philosophie des Rechts"). Was hier unter derartigem Lichte erscheint, bedeutet indess nur dasjenige was aus der allgemein für gesellschaftliche Beziehungen gestimmten Grundlage menschlicher Constitution zu jedesmal positiver Verwirklichung gekommen, auf dem (am Nervensystem schon angelegten) Grundton des Mitleidens und seines Weiterklingens in der Liebe, beim Einklang mit ferner aus dem Jenseits her erlauschbaren Melodien (zu religiöser Bindung).

„Fast scheint es (schrieb schon Tiedemann zu der Reise in Oberpennsylvanien, 1802), als ob die reiche Quelle für die Kenntniss dieser sogenannten Wilden, die wir aus so manchen Stämmen, besonders an den grossen Seen in America, ziehen, versiegen werde, ohne noch von uns gehörig benutzt zu sein, da sie mit fürchterlicher Schnelligkeit ihrer Vernichtu ng entgegen gehen" (1809), und so über „les Primitifs" (bei Reclus).

„On s'est trop habitué à regarder dédaigneusement du haut de la civilisation moderne, les mentalités du temps jadis, les manières de sentir, d'agir et de penser, qui caractérisent les collectivités humaines antérieures à la nôtre! Que de fois on les bafoue sans les connaitre. On s'est imaginé que l'ethnologie des peuples inférieures n'est qu'un amas de divagations, un fratras de niaiseries; — en effet, les préjugés paraissent doublement absurdes, quand on n'en٭a pas la clef; — on a fini par croire qu'il n'y a d'intelligence que la nôtre, qu'il n'y a de moralité que celle qui s'accommode à nos formules" (1885). Jetzt dagegen öffnet sich, zum objectiven Studium, die Gesammtweite des Globus (für das Menschengeschlecht in der Vollzahl seiner Variationen). C'est précisement par leur intelligence enfantine et leur moralité rudimentaire qu'ils devraient exciter l'intérèt", die Naturstämme in der Ethnologie (um ähnliche Dienste zu leisten, wie die Kryptogamen in der Botanik) (mittelst des Studium der Zellenlehre).

In dem gesellschaftlichen Organismus sind die verbindenden Fäden von Natur gegeben, in sich selbst als Vertrag geschlossen für die Existenzfähigkeit des Zoon politikon (des Menschen, als Gesellschaftswesen). Wenn in diesem unbewusst einheitlichen Ganzen (der Stammesgenossenschaft) mit fortschreitender Entwickelung der Cultur die integrirenden Theile zum Einzelnbewusstsein sich klären, in den geschichtlich erwachsenden Rechten der Persönlichkeit, so treten in positiver Gesetzgebung begründete Vertragsbestimmungen hervor, bindend (im kategorischen Imperativ) als Postulat der reinen Vernunft (bei Kant), obwohl betreffs eines Zwanges auf Erfüllung nicht deducirbar (s. Schmalz), naturrechtlich nämlich, ehe nicht in naturwissenschaftlicher Psychologie die Grundlagen gewonnen sind (im Ueber-

13٭

blick des thatsächlich ethnologischen Materials). Voraussetzung
bleibt die Einordnung der Einzelnverpflichtungen unter die dem
Ganzen (für dessen Besten) geschuldete Pflicht, und hier werden
die rechtlichen Anordnungen stets auf moralisch höhere Gesichtspunkte (der Sittlichkeit) weiterführen, am festesten und engsten
geschlossen unter den Fesseln religiöser Bindung (bei den Naturstämmen). Und so für Betrachtung des Staates darf nicht das,
fortgeschrittenen Culturverhältnissen entlehnte, Bild eines „Con-
trat social" verwandt werden, sondern hier gilt der Ausverfolg
organischer Wachsthumsgesetze im ethnischen Leben der Völker
(und das Studium des Völkergedankens nach comparativ-genetischer Methode).

Parmi les végétaux, comme parmi les animaux ce sont les
plus inférieures qui jouent constamment le plus grand rôle
(s. d'Archiac), und so in der Ethnologie (der Naturstämme).

Der Rechtsphilosophie fehlt es (von Pietäts-Pflichten abgesehen) an naturrechtlicher Begründung des Testirens, weil „nicht
möglich, eine Eigenthumsübertragung in einem Zeitpunkt vorzu-
nehmen, wo man kein Eigenthum mehr hat: im Augenblick des
Abscheidens" (s. Gutberlet), wogegen während des Entwickelungs-
stadiums der Naturstämme ·die Rechte der abgeschiedenen Seele
fortdauern, um ihr Eigenthum zu reclamiren (oder, sofern etwa
vorziehend, den Nachgebliebenen zum Niessbrauch zu überlassen),
und wenn auf höherer Culturstufe die Rechte der Persönlichkeit
hervortreten, mögen auch sie das Grab überdauern, und so, um
fühlbarwerdenden Bedürfnissen Rechnung zu tragen (wie zu
Solon's Zeit in Athen), demgemäss das Recht der Testamente, ein-
führen (unter staatlich geltendem Rechte).

Als einheitliches Ganzes angelegt, muss in solchem der Organismus sich fühlen, ob unbewusst (in der Anima inscia), ob
bewusst, beim Wachzustand, und dann fortdenkend (durch den
Nous). Im Traumschlaf dämmern Erinnerungsbilder nach, ein-
flusslos über den reflexiv fortgehenden Körperprocessen schwebend,
während im Wachzustand die lebendig gehaltenen (und in die
reflexiven Processe mehr oder weniger tief eingreifenden) Sinnes-
thätigkeiten in Wechselwirkung verbleiben mit den physikalischen
Agentien makrokosmischer Umgebung (und so mit der Quelle des
Lebens im All).

Auch für das physische Leben der vegetativen Seele (in Beziehung zu einer „anima mundi") quillt es aus dem Ursprung

von jenseits her, aber für eine rückläufig bereits geschlossene Kreisbahn, innerhalb planetarischer Schranken von Raum und Zeit, während bei der wachen Sinnesthätigkeit frische Kraft beständig (im Statu nascenti) zur Auswirkung kommt, hinausführend in die Freiheit des Unendlich-Ewigen (schon seitens des subjectiven Gefühls).

Wenn für die anorganischen Atome die allgemeine Connexio rerum sich unter dem Bilde der Schwerkraft zusammenfasst, so setzt das Princip centripetaler Trägheit gleichzeitig den centrifugalen Impetus voraus, zur Fortdauer der Bewegung, und solch uranfänglicher Stoss wäre nachwirkend aufzufassen in organischer Entwickelung, unter steter Erneuerung, die, wenn den Bann im innerlichen Selbst verschlungener Peripherie durchbrechend, sich unvergänglich erneut in der „causa causarum", verborgen im Geheimniss jenes πρῶτον αἴτιον, dessen Räthsel das Denken zu lösen sucht (als die seiner Existenz gestellte Aufgabe).

Was im Auge, was im Ohre sich weckt, zeugt weiter im gesellschaftlichen Austausch der Sprache, und dann stehen dem Geistesblick jene Vorstellungen enthüllt, in denen es klingt von gesetzlichem Walten im Kosmos (für eigenes Verständniss des Selbst).

Die in dem Einzeln-Individuum aus physisch eingebetteten Nervenprocessen psychisch fortwirkenden Thätigkeiten gewinnen im Sprachtausch durch wechselsweise Beziehungen ihre Ausgestaltung unter allgemein waltenden Gesetzen, und indem nun die einzeln integrirenden Theile durch logisches Rechnen die ihnen zukommenden Ziffernwerthe feststellen, erschliesst sich mit dem Bewusstsein das Geistige im Leben (über irdischen Horizont hinausstrebend). Da Alles nach dem Gleichartigen hinstrebt, die Elemente des Körperlichen nach dem Physischen, die Seele nach der höchsten Intelligenz, fallen sie beim Tode in Gegensätze auseinander, zur Ruhe für Beide (s. Daustin). Die Gravitation ist zu den wesentlichen Theilen der Materie zu rechnen" (nach Cotes), „ohne welche die Materie gar nicht gedacht werden kann" (s. Busch). Die schöpferische Fortbildung der in gerader Linie fallenden Atome beginnt mit ihrem „Clinamen" in Abweichung (bei Lucrez), aus erster Störung (wie bei Ormuzd's Zweifel). Tout est un (bei Amaury), car tout est dieu; l'être infini de dieu est revêtu dans le temps présent de formes accidentelles, au moyen desquelles il devient intelligible (s. Jundt). Gott ist ein lebender Geist, der sich erkennt und minnt in Ewigkeit (1017), im „Lehrsystem der deutschen Mystik" (s. Greith). L'essence spirituelle de Dieu contient tous les Esprits et comme les âmes (s. Malebranche). Der Probabilismus (in der jesuitischen Moral) ist „die Lehre von den wahrscheinlichen Meinungen, die beim Handeln geleitet haben können" (s. Ellendorf). Probabilis autem ex opinione dicitur, quae rationibus innititur alicujus momenti (bei Escobar). Im Recht (als specifisch menschliches Können) kann nicht „die physische Kraft des Menschen, die ihm mit den Thieren gemein ist, sondern nur ein vernünftiges, geistiges Können zum Begriff des Rechtes gehören (s. Gutberlet). Das Privat-Eigenthum wird aus dem Staatseigenthum abgeleitet (durch divisio bonorum) bei Eroberung (in Occupation). Aus dem Eckstein (des Adamas) bleibt (bei den Naassenern) der Edelstein angesetzt (εἰς Κεφαλήν), herabgebracht in das Gebilde des Vergessens (εἰς τὸ πλάσμα) zur Wiedererweckung (des νέκυς), beim Befreitwerden (ἐλεύσεσθαι) in den Mysterien (zu Eleusis). Ἤρχε δ᾽ ἄρα φησιν Ἑρμείας ἀκάκητα κατ᾽ εὐρωεντα κέλευθα (bei den Ophiten), mit goldenem Stabe (zum Erwachen), wie mit eisernem Scepter (zum Schlaf betäubend), um Götter zu werden, wenn der Ocean nach Oben fluthet (statt nach Unten), damit der (unfruchtbare) Urmensch (ἄκαρπος) in der auferweckten Seele fruchtreich werde (πολύκαρπος). Ψυχῆς γὰρ πᾶσα φύσις ἄλλη δὲ ἄλλως ὀρέγεται, ἔστι γὰρ ψυχὴ πάντων τῶν γενομένων αἰτία (bei den Naassenern), und so die „Innuae,, in jedem Dinge (zur Individualisation). Indem der Vorseiende (ὁ προών) den Busen (κόλπους) durchritzt (διηίνυξε) geht aus dem Geschwür der Sohn hervor (bei den Naassenern), wie die Frau in Mikronesien aus dem Geschwür am Mann (als Erstem Menschen). Nichts ist an sich gut und böse, sondern nur durch die (für die Gnostiker nicht gültige) Satzung der Engel (bei Karpokrates). Δικαιοσύνη γὰρ ἐν αὐτοῖς ἀναφαίνεται ἡ κοινότης (gnostisch), und nur aus Ungelehrigkeit (ἀμαθία) des Menschen ist die Gesetzesvorschrift bedingt (ἀλλ᾽ οὐδὲ τὰ τῆς γενέσεως νόμον ἔχει γεγραμμένον). Sola enim humana opinione negotia mala et bona dicunt (s. Irenäus). Die Seelen werden nicht losgelassen aus dem Zustande der Gefangenschaft, bis sie den letzten Heller bezahlt (in der Gnosis). „Unter den Engeln ist nämlich einer ein adversarius (ἀντίδικος), als diabolus, der die Seelen der Gestorbenen vor den Princeps führt zum Gericht, von wo sie, wenn sie nicht jene Vollkommenheit erreicht haben, wieder in andere Körper eingeschlossen werden. So wird der Mensch transkorporirt" (s. Möller), nach der Karma, aus Jama's Rechnungsbuch, dem Höllengott in Yama's Himmel (und so der Asura in dem Mara's), bis der Ausgang sich geöffnet in den Meditations-Himmel (für die Pforte der Megga), s. Der Buddh. i. s. Psychologie (S. 54).

Bei der aus übersinnlichen Bedürfnissen jedem Einzelnen eingepflanzten Hinrichtung auf befriedigende Erfüllung derselben, wird bei der gesellschaftlichen Gemeinsamkeit ein gleichgesinntes Streben auch in äusserlichen Cultushandlungen zum Ausdruck gelangen, und zwar um so eindrucksvoller also, je mehr die Weltanschauung eine gleichartig durchgängige geblieben ist, wogegen mit Erweiterung derselben die Schwierigkeit wächst, einen allgemein zusagenden Gesammtausdruck zu finden, der freilich, wenn, und soweit, erlangbar, dann um so gewaltiger binden und geistig fesseln müsste.

Durch das vergleichende Studium der ethnischen Vorstellungskreise wird die Ethnologie sich befähigt finden, das Material zu beschaffen für das drängende Desideratum unserer Zeit, einer naturwissenschaftlich durchgebildeten Psychologie. In unserm als naturwissenschaftlich gekennzeichneten Zeitalter beruht die Hoffnung, (und zwar nur die einzige noch), auf der Naturwissenschaft. So sehr dieselbe aber in physikalischer und physischer Natur alle Erwartungen auf das Glänzendste erfüllt, ja übertroffen hat und noch beständig mit ihren Ueberraschungen blendet, so mangelhaft, unbefriedigend war dagegen das, was sie bisher für die idealen Bedürfnisse des Menschen zu liefern vermochte — nichts als kläglichsten Materialismus. Die Schuld freilich liegt nicht an der Naturwissenschaft, nicht an der Methode, sondern an der unrichtigen Verwendung derselben, oder vielmehr im schmählichen Abfall von der Methode, gerade bei demjenigen Falle, wo es galt, am engsten und strengsten daran festzuhalten. Als die Naturwissenschaften im ununterbrochenen Fortschritt ihres Triumphzuges, Mitte dieses Jahrhunderts, bis in die Physiologie vorgedrungen waren, bis zu den Grenzen der Psychologie, glaubte man im übereiligen Sturmschritt nehmen zu können, was als stärkste Zwingburg grade die sorgsamste Ausrüstung des Gegners hätte fordern müssen, so dass es erst langsam bedächtiger Ansammlungen der Thatsachen bedürfen wird, aus dem Material der Völkergedanken, um eine Psychologie in naturwissenschaftlichem Sinne zu begründen (im Gang der Culturgeschichte).

Und wie hier eine theoretische, hat die Ethnologie zugleich eine praktische Aufgabe, für unser Volk gleichfalls, seitdem in ihm die Colonialbewegung als eine Forderung der Zeit erkannt ist. Hiermit setzt sich zugleich das Eindringen in fremde und ferne Volkskreise voraus, mit denen für fernerhin eine Beziehung einzuleiten ist. Durch Kenntniss der fremden Völker wird der Verkehr als friedlicher, dem Handel günstiger, befördert werden, um Verwickelungen, die zu Störungen desselben führen, vorzubeugen.

Höher als das Unorganische, und durch ἕξις zusammengehalten, stehen die von der φύσις durchwalteten Wesen, mit dem Kinde im Mutterleibe genährt, wie ein blosses Naturgewächs (φυτόν), und durch den Process bei der Geburt verwandelt sich das πνεῦμα aus φύσις in ψυχή (s. Möller), ὅταν δε τεχθῇ, ψυχούμενον ὑπὸ τοῦ ἀέρος καὶ στομούμενον τό πνεῦμα μεταβάλλειν καὶ γίνεσθαι ζῷον (bei den Stoikern). Der Fötus ist thierisch und menschlich unbeseelt (s. Nasse) und „wird der erste willkürliche Athemzug zum Merkmal der Beseelung" (1824).

Kraft des Hegemonikon (in der Stoa) durchdringt im gesetzlichen Einklang (der εἱμαρμένη) — das Göttliche des Himmels (οὐρανός) aus der Peripherie (des Grenzbegriffs) — ἐν ᾗ πᾶν ἵδρυται τὸ θεῖον (Diog. Laert.), mit seinem Lebenshauch das πνεῦμα (immanenter Lebenskraft eines πῖρ τεχνικόν) in den Dingen das ζῷον der Welt, neben der ἕξις (das Unorganische zusammenhaltend), in der φύσις (aus λόγοι σπερματικοί) bethätigt, und im Menschen, als φυτόν (pflanzlichen Naturerzeugnisses), wird bei der Geburt aus φύσις die ψυχή (als εἶδος für ὕλη) in πνεῦμα gewandelt, zum Hervortreten des Logos (im Nous), wenn in διανοία (s. Chrysipp), die Bezeichnung des ἐγώ gewonnen ist (für τό μόνιμον καὶ οὐσιῶδες), um unter dem Wechsel wiederholter Umwandlungen (der ἀνακατάστασις oder ἀνάστασις in Perodicitäten), bei der ἐκπίρωσις aus individueller Existenz, (das ἀπόσπασμα Gottes im Menschen), in das Pan (aus grossem Pan) wieder aufgenommen zu sein. „Bonus ipse tempore tantum a deo differt" (s. Epictet), bei Einigung durch Buddhi (im Dhamma), im Selbstbewusstsein der κοινὴ οὐσία (εἷς τέ ἐστιν ὁ λόγος καὶ ἡ αὐτή πάντων διανόησις), bei Einheit physischen und moralischen Gesetzes (im Verständniss), λογικόν ἄρα ἐστὶν ὁ κόσμος (bei Zenon), für logisches Rechnen (einer naturwissenschaftlich durchgebildeten Psychologie).

Unsagbar aber bleibt (der Gnosis) der (in der Monas, als

reines Sein (im *ὄντως ὄν*) dem Seienden (*ὥσπερ ὄν τὸ ἕν*), als „Guter" (*ἀγαϑός*) gegenübcrstehender Gott selber (im Nous, als *ποιητικόν* und *εἰδικόν αἴτιον*), wenn aus *ἀνώνυμος νομοϑέτης καὶ ἄῤῥητος φωνῇ, καὶ ἀόρατος ὀφϑαλμοῖς* (s. Max. Tyr.), das *αἰσϑητὸν* (aus dem Sinnlichen) zum *νοητόν* (bei Plato) zu erheben sich strebt, im „appetitus intellectivus" (scholastisch) auf irdischem Standpunkt (für die Harmonien des All, im Unendlich-Ewigen), so dass es zunächst der Anstrebung eines Infinitesimal-Calculs bedürfen wird, auf dem langen Arbeitsweg der Induction (und also einer Materialbeschaffung zur Vorbedingung).

In allgemein (panthetistischer) Deification kann das (aus der Weltseele) durchdringende Pneuma (wie bei der Menschengeburt in der *ψυχή* aus *φύσις* für den *λόγος* hervortretend) in mythologischen Gestaltungen personificirt werden, wenn die Seele ihr Doppelbild (aus der Pharaonen-Zeit), als Edro (in Guinea), kraft wahlverwandtschaftlicher Affinitäten hervorzurufen pflegt (in religiöser Bindung).

Δύο οὖν τῶν ὄντων αἱ ἀρχαὶ, ἥ τε πρώτη μόνας, ἧς κατὰ μετοχήν πᾶσαι αἱ ἀριϑμηταί μονάδες νοοῦνται μονάδες, καὶ ἡ ἀόριστος δυὰς, ἧς κατὰ μετοχήν αἱ ὡρισμέναι δυάδες εἰσὶ δυάδες (Πυϑαγόρας ἀρχήν ἔφησαν εἶναι τῶν ὄντων τὴν μονάδα), und so bleibt der Dyas des Dualismus, (mit moralischer Spaltung in Ormuzd's Zweifel), die Aufgabe einheitlicher Lösung, bei vorläufigem Ausgang vom Gegebenen (in der Eins), durch logisches Rechnen für subjectives Verständniss aus objectiver Erkenntniss (in naturwissenschaftlicher Psychologie).

Im Unterschied von dem Körper oder Chat (im Fisch-Symbol) erscheint, (bei der Doppelung, wie der des Animus in seinem Genius), neben der Vermittelung des Ueberganges in Ka (in Handerhebungs-Form) die Seele (Ba), oder (s. Horos-Apollo) Bai, als Vogel, und dann (im Schopfgefieder vervollkommnet) als Intelligenz (oder Chou) während des (mit dem Henkelkreuz geprägten) Lebens (onch), ehe mit dem Tode (mu oder mer) in den Bereich des dorthin Gehörigen verwiesen (mit dem Nacht-Vogel oder Eule), bei der auch hier festgehaltenen Scheidungslinie für jenes Reich, aus deren Berührung die Priester des Tageslichtes sich verunreinigen würden, weil die politische Aufgabe beeinträchtigend, nach Durchbruch der Geschichtsbewegung (unter Römern und Irokesen).

Mit dem Schlüssel des Lebens erschliessen sich des Werdens

Processe (wie im heiligen Zeichen der Svastika), und im Zeichen auch überlebselt es fort (in der Schlüsselgewalt, seit Κλεις Δαυιδ).

Nachdem der, im Ritzen des Geschwürs (ἀμυξαι) aus dem Vorseienden (ὁ προών) hervorgetretene Logos (oder Nous) das Chaos ausgegossen (τό χυθίν χάος), ruft als Psychopompos, der (ityphallische) Hermes (ψυχῶν αἴτιος), oder Osiris (ἀγαθήγορος), die aus dem Schlaf aufgerüttelten Seelen, von den seeligen Regionen des Urmenschen (ἀπό τοῦ μακαρίου ἄνωθεν ἀνθρώπου ἢ ἀρχανθρώπου ἢ Ἀδάμαντος), in Knechtschaft hernieder des feurigen Gottes Jaldabaoth (aus dem Chaos entstanden), als Demiurg des κόσμος ἰδικός, und seines Lebens (in der ὁρμῇ καὶ ἐπιθυμία ἐπὶ τὴν γένεσιν), im οὐδέν, ausserhalb der Menschenvollkommenheit (τό δὲ οὐδέν, ὃ χωρὶς αὐτοῦ γέγονεν), in der Schöpfung (der Naassener), wobei es in Jedem nach der Seele strebt (ψυχὴ πάντων τῶν γενομένων αἰτία), und aus dem Wasser über dem Firmament jeder Natur das (seelisch) Eigenthümliche zufliesst, von dem Urprincip her, in der Schlange (ἱύρα οὐσία), alles Unsterblichen und Sterblichen Vorbedingung (in ἀρχή). „Alle Sphären der Schöpfung durchzieht das Ringen nach Seele, jener Hunger nach Existenz" (s. Möller), in der Entstehung des Menschen concentrirt (b. Hippolytus). Bei der Wiedergeburt aus Wasser und Geist, entströmen (den Tiefen der Schlangenwesenheit) aus Edem (als Gehirn) die ἀρχαὶ für das Auge (als Φεισων), für das Gehör (als Γεών), für den Geruchssinn (als Tigris) und für den Mund (als Euphrat), als die sinnlichen Unterlagen der Psychiker für freie Entwickelung des Pneuma, in letzter Vollendung der Wiedergeburt, bei Rückkehr zur Heimath (des Urmenschen im Hause Gottes).

„Allem Andern musste vorangehen die Selbstoffenbarung des verborgenen Gottes; durch seine Selbstbetrachtung (ἐνθύμησις ἑαυτοῦ) erzeugte er als den Geist der Selbsterkenntniss, den Eingeborenen, der das Begreiflichwerden des Ewigen, κατάληψις τοῦ ἀγενήτου, das erste Begreifliche (τό πρῶτον καταλῆπτον) genannt wird" (s. Neander) im Monogenes (valentinianischer Gnosis). Διὰ πίστεως καὶ ἀγάπης σώζεσθαι, τὰ δὲ λοιπὰ ἀδιάφορα ὄντα κατὰ τὴν δόξαν τῶν ἀνθρώπων πῇ μὲν ἀγαθά, πῇ δὲ κακὰ νομίζεσθαι, οὐδενὸς φύσει κακοῦ ὑπάρχοντες (in Geheimtradition der Jünger), durch den Glauben (zur Seeligkeit). Die ἔννοια heisst χάρις, weil sie die Schätze des Unendlichen (θησαυρίσματα τοῦ μεγέθους) den von diesem Unendlichen Entsprossenen mittheilt, σιγή, weil durch die Gedanken allein ohne Wort der Unendliche Alles vollendet" (s. Epiphanius) mit dem τό ἄρρητον aus Bythos (bei Valentin). „Nicht durch die Flucht aus der einem niederen und beschränkten Wesen angehörigen Natur, durch asketische Zurückziehung ringt sich die Seele los von einer ihr und dem höchsten Gotte fremden Welt, sondern gerade indem sie, dem Zuge der Natur zur schrankenlosen Gemeinschaft folgend, dem beschränkenden Gesetz und den Besonderheiten sich widersetzt, erweitert sie sich gewissermaassen zum Makrokosmos und geht zusammen mit der Alleinheit" (s. Möller), bis zur schrankenlosen Geschlechtsgemeinschaft (bei Karpokrates). Das durch das Hereinscheinen des Lichts in die Finsterniss Erleuchtete erhält (bei den Doketen) Consistenz (πῆξιν), und da der verdreifachte Aeon alle seine Ideen (χαρακτῆρις) unten festgehalten sah, schied er das arglose Licht von der Finsterniss (mit dem Tage über dem Stereoma). Die Ideen (bei den Doketen) heissen Seelen (ψυχαί), weil (cf. Plato) abgekältet (ἀποψυγείσαι) in der Finsterniss weilend (des Demiurg), und nun, um beim Zurücknehmen im Lichtpunkt des Auges auch die äussere Finsterniss (als Fleisch) in sich zu nehmen, bewirkt der Erlöser (Soter) die Verkündigung an Maria durch einen Engel (zur Geburt). Nach dem Bilde des Baumes (bei Simon Magus) vergleichen „die Doketen den ersten Gott mit einem Feigensamen" (s. Möller) im Emporblühen (bei Beginn der Kulpa) wie Buddha's Lotus (im Pua hawaiischer Kosmologie). Nukahiva's Kosmogonie (s. Lawson) beginnt mit dem Anfang (des Raumes), der, als Tauaoa, den Himmel durchwaltend, umschlungen sich findet von Mutuhei (Schweigen), von Sige also, als Sizygie des Bythos (oder Kumu-lipo).

Im Verhältniss zum Ersten und Letzten (in προαρχή eines „teleios Archon" in der Höhe) steht der Bythos schon (mit seiner Sizygie, als Σιγή) in der Reihe ausfliessender Aeonen (in valentinianischer Gnosis), indem durch Hineinscheinen des Lichts in die Finsterniss (bei den Doketen) das dort Erleuchtete Consistenz (πῆξιν) erhielt und nun im Reflex des Siegelbildes der grosse Archon (ὁ μέγας ἄρχων) sich emporhebt. Um ein weiteres Verlorengehen des arglos eingeschlungenen Lichts zu hindern, wird zum kosmologischen Gegensatz (ebenfalls hier) das στερέωμα gebreitet (in der politisch-historisch vom Flamen gezogenen Scheidungslinie). Während jedoch die als Seelen (ψυχαί) abgekälteten Ideen schon durch den Sehpunkt in der Augen-Pupille aus der ganzen Weite des Gesichtskreises zurückgenommen werden könnten, bedarf es, um zugleich die äussere Finsterniss (das Fleisch) in die Erlösung einzuschliessen, der Verkündigung von Maria durch den Licht-Engel zur Geburt (des Soter), denn als Gott sich selber offenbaren wollte (ἐπιδεῖξαι αὐτόν), wurde dies „Mensch" genannt (bei den Ophiten). So in der aus Selbstbeschauung (ἐνθύμησις ἑαυτοῦ) hervorgetretenen Welt, in der γνῶσις μοναδική (bei Karpokrates), hat die Weltidee durch alle Gestaltungen (in Buddha's Jataka) zu wandern, während das Schicksal der Einzelnseelen (ex eadem circumlatione devenientes) nur nach jedesmaliger Weite der Karma (περὶ δικαιοσυνῆς) umgrenzt sind, im Auf und Ab, bis zum Eingang in Neibhan eigener Erkenntniss (des Dhamma).

Im gnostischen Aufbau der Rupa-Terrassen ergiebt sich der in regelmässigen Stufengraden geordnete Weg als ἄνω καὶ κάτω für göttliches Schauen der Seele, wie momentan den im Gefolge der von Zeus geführten Götter auf den Rücken des Weltrades gelangenden (im indianischen Sprung bei Auf- und Niederfolge des Horizontes), und für die dann, in Verschuldung (zur Busse), auf die Erde herabsinkenden, unter Verlust der Schwungkraft (gleich den Devas aus Abhassara), bleibt fernerhin der Kreislauf eigener Erneuerung (nach dem Dictat der Gerechtigkeit, in Abwägung).

Im praktischen Leben handelt es sich um die Erörterung abgeschlossener Producte der Denkthätigkeit, die aus genetischem Werdeprocess hervorgesprosst sind (mit den Wurzeln durch das Physische in die Tiefen des Materiellen). Diese im Denken zu reconstruiren, bleibt unmöglich, — indem das Denken sich eben lebt, (im bereits vollendeten Erzeugniss der Gegenwart also), — und wenn aus dem Bewusstsein des hellen Tageslebens durch gelegentlich klaffende Fugenritze (bei pathologischen Störungen) der Blick in jenes Dunkel hineinfällt, packt das Gefühl eines unheimlich Ausser-Gewöhnlichen, dessen Reflex sich in gigantisch schwankenden Zerrbildern abmalen mag, unter den Umrissen übersinnlicher Wesenheiten. Je mehr deshalb das Denken in den Urgrund eigener Existenz sich zu versenken suchen sollte, desto wirrer muss es ihm werden, und statt des subjectiven bleibt hier nur ein objectiver Weg der Forschung, um solche Vorgänge bei klarem Verstande zu beobachten und zu zergliedern. Diejenigen Fälle, also, wo embryologische Vorstadien noch den Normalzustand bezeichnen, sind der Betrachtung zu unterziehen, in den für sie realen Spiegelungen, und vornehmlich zwar aus denen elementaren Völkergedanken's, weil am besten und am reinsten dort, wo noch den Gesammt-Horizont der Gesellschaft erfüllend, (am ausgiebigsten vorliegend unter den Naturstämmen, als den von der Natur selbstgebotenen Objecten in der Ethnologie). In höheren Civilisationszuständen dagegen sind höhere Idealschöpfungen normal, und was an primären Anschauungen überlebselt, fällt hier sodann in das Capitel nur pathologischer Abweichungen, die, wenn aufstossend bei dem Zwecke der Heilung allein, zum Gegenstand bethätigender Eingriffe gemacht werden dürften. Sonst damit zu experimentiren wäre ebenso unzulässig, als etwa die Syphilis einimpfen zu wollen, um den Aerzten Material zu schaffen, und die Therapeutiker, so lange selbst vernünftig, werden solchen Unvernünftigkeiten umsoweniger derartige Verlangen stillen, weil der Schaden, der angerichtet werden mag, etwaigen erreichbaren Nutzen entfernt nicht aufwiegt, und staatsaufsichtliche Vernunft ohnedem ihr Veto einlegen würde (wie auch bei spiritistischem Treiben oftmals angezeigt).

Das wäre im Uebrigen eines Jeden besserer Ansicht zu überlassen, und um so lieber zwar, sofern dem Lehren stets das Lernen vorzuziehen bleibt. Je mehr zu wissen man zu glauben beginnt, im Laufe der Jahre, desto schlagender trifft der Eindruck des Noch-Nicht-Gewussten, und wie aus kindischem Spiel mag auch aus dem Irrereden des Verrückten Weisheit zu lernen sein von dem, der, wenn er selbst auch nicht sich als Weiser fühlt, doch die Weisheit liebt (im Philosophos).

Neben der subjectiven Seite des objectiven Willens beruht seine wahrhafte Objectivität, welche nur stufenweise realisirt werden kann, darauf, dass sein Begriff (der Freiheit) in der äusserlich objectiven Seite, in dem endlichen Stoff, verwirklicht wird, und dass dieser Stoff als eine durch jenen Begriff bestimmte Welt existirt (bei Hegel), und bei dieser durch Gedankenaustausch in der Gesellschaftsatmosphäre realisirten Welt der Vorstellungen, ist nun nach inductiver Methode (comparativ-genetisch) vorzugehen (zunächst in Herstellung einer Spannungsreihe in den Elementargedanken ethnischer Kreise). „Welche Modificationen auch die Fortschritte der Cultur oder andere mächtige Bildungsmomente für die Producte herbeiführen mögen, die Grundelemente der menschlichen Seele und das von dieser aus Prädeterminirte müssen sich immerfort gleich bleiben" (s. Beneke), in den Elementar-Gedanken (ethnischen Wachsthums). Bei dem Unterschiede zwischen „Materie" und „Form" der Erfahrung hat die metaphysische Betrachtung (auf das Widersprechende der Erfahrungsformen hingewendet), das Gegebene im Denken umzuarbeiten, durch „die Methode der Beziehungen" (bei Herbart) und diese, wenn (statt subjectiv) objectiv gefasst, ergiebt sich als ein psychischer Wachsthumsprocess (organischer Entfaltung).

In der Subjectivität dunkler, (im „Po" urnächtlich) verhüllter Unwissenheit (eines Noch-Nicht-Wissens) der Avixa (unter den Nidana) muss, um den absoluten Anfangspunkt (der logischen Bestimmungen) zu gewinnen, von Allem abstrahirt werden, was als ein bestimmtes Sein und Denken im Bewusstsein sich darstellt (bei Hegel). „Das Absolute ist das Sein", nicht mehr und nicht weniger, als das „Nichts", und im gegenseitigen Sich-Aufheben vereinigen sich Sein und Nichts zum „Dasein" mit dem „reinen Werden", in (un- ruhiger) Bewegung (zum Ansatz für Weiteres), unter organisch emporstrebender Entwickelung, durch Entelechie (bei Aristoteles), im Emporblühen, oder Pua (auf Hawaii), aus (gnostischem) Bythos, (als Kumulipo), eines μὴ ὄν (bei Plato), oder Kore (der Maori), beim kosmogenischem Process (objectiver Gestaltung), schöpferisch gefasst mit Hervortreten aus der Gottheit, als „Inbegriff aller Realitäten" (bei den Eleaten), im All-Einen (ἕν καὶ πᾶν), wie gesagt vom Anfang (im Popul Vuh der Quiche's).

In rein aprioristischer Naturwissenschaft, zu welcher Schelling's Naturphilosophie bei Krause fortgebildet werden sollte, erlangte „man statt einer philosophischen Realerklärung eine leere Ab- straction, eine nichtssagende oder irreführende Formel" (s. Rein- hold) bei Ineinanderwirrung der metaphysischen Kategorien und deren logisch-formalen Kategorien in subjectiv „formaler Denk- form" (im Unterschied von „objectiven Erkenntnissformen"), während die Prädicatsbestimmungen in Auffassung der Beziehung und des Unterschieds (für Hervortreten des Merkmals) sich ob- jectiv, (in thatsächlich comparativen Anschauungen, beim Ueber- blick der Sammlungen), zu realisiren haben (unter Verwendung der inductiven Methode), für Bestätigung und Controlle im Gang der vergleichenden und unterscheidenden Geistesthätigkeit; und die so, (auch genetisch für Entwickelungsprocesse aus embryo- logischen Vorstadien), bewährt erprobten Rechnungsoperationen mögen dann (für Ansätze eines Infinitesimalcalculs) weiterhin versucht werden, zum Verständniss metaphysischer Kategorien, in welchen (für psychologische Theorie der Verfahrungsweisen) ein psychologisch reales Element hinzutritt, (aus der psychischen Atmosphäre der Gesellschaftswesenheit entstammend), betreffs einer Geistesseele des Zoon politikon (zum Ausdruck des mensch- lichen Typus, auf dem Planeten-Tellus, im Kosmos).

In Umschau nach den vier Weltgegenden (der Bala) allein sich sehend, steigt vierhäuptigem Brahma die Idee des Schöpfers zu Kopf, als „Einzigem" (bei Stirner), aber an Batara-Guru's Ohr schlagen Glockentöne, aus höheren Regionen hernieder- klingend (die Lehrmeisterei zu zügeln), und dem „Ersten Menschen" (der Mandan) begegnen die Geschöpfe, früheres Dasein bekun- dend, aus (zunächst) thierischem Vorsprung des Menschen (bei Peruanern). Dem Faniticismus des Lehrens zieht sich das Lernen vor, im verfeinerten Geschmackssinn dessen, dem, je mehr er wissen zu meinen beginnt, desto mehr die Unermesslichkeit eines Noch-Nicht-Gewussten zur Empfindung kommt. Die naturphilosophische Methode ist die „dictatorische" (bei Oken), die naturwissenschaftliche eine lauschende, die Lehrzeichen der Natur heraus zu horchen (in sphärischen Harmonien).

Der Mensch lebt sich selbst in der, Zeit und Raum vernichtenden, Schöpfung seines Gedankens, der als fortgeschritten vollendete Zeugung des früheren, diese, ihrer Wesenheit nach einsaugend, in sich aufgenommen, so dass von verwirklichten Bildern der Vergangenheit nur schwache Klänge im Gedächtniss nachdauern, und um so schwächer und schattenhafter, je frischer und mächtiger die geistige. Thatkraft emporstrebt in Fortarbeit. „Lasset die Todten ihre Todten begraben", was hin ist hin, in irdischer Nichtigkeit, und nicht böte sich ein Gewinn in der „Wiederkehr aller Dinge", nochmals wieder von vorne die Last und Bürde aufzunehmen, die eben vielleicht angefangen einigermaassen leichter zu werden. Nicht um ein Wiedersehen, in „aufrechter Stellung" (des „fünften Anathematismus"), handelt es sich mit leiblichen Augen, sondern um Zusammensein in geistiger Wesenheit mit all den Lieben, deren das Herz voll ist, und deren Bewusstsein in's eigene einzutreten hat, wenn sich im Jenseits die Fesseln zu lösen beginnen, welche hienieden die freie Entfaltung noch hemmen, bei Versinnbildlichung des Geistesreich (je nach dem „Geist, den du begreifst").

Alle Wissenschaft besteht in der Zusammenstellung der ähnlichen und in der Trennung der unähnlichen Dinge (s. Caesalpinus), zum comparativen Ueberblick (der Induction), und, indem für das Geschäft der Philosophie (bei Hobbes) zu gelten hat: die Eigenthümlichkeit eines Dinges aus seiner Erzeugung und die Erzeugung aus seiner Eigenthümlichkeit zu erklären (s. Reinhold), tritt der genetische Weg hinzu (für fernere Entwickelungslehre).

In Förderung der Naturwissenschaft, wie der Zoologie (durch Charleton), befreit der Nachdruck, der auf die sinnlichen Erfahrungen fiel, von Descartes' Herbeiziehen einer „letzten supranaturalistischen Ursache" (s. Carus), indem die allgemeinen Begriffe erst durch Abstraction aus den Einzelnerscheinungen gewonnen werden (bei Gassendi), beim Entspringen der Vorstellungen aus den Sinneswahrnehmungen (s. Condillac), im Anschluss an die Atome (Epikur's) mit ununterbrochen senkrechtem Fall, bis zur Ablenkung im „clinamen" (s. Lucrez), und der Einsetzung von Fortbildungen durch zwischenfallende Störung, — gleich dem in Ormuzd's Zweifel, um aus der Eins die Zwei zu gewinnen (für geheiligte Drei), bei Heraklit's Gespiel der Kräfte (ὁμολογία und ἔρις) im Fluss (ῥοή). Die Religion („die höchste Bestimmung der absoluten Idee selbst") ist „das Wissen des göttlichen Geistes von sich durch die Vermittelung des endlichen Geistes" (s. Hegel). Vor der Schöpfung die Welt erkennend und vorstellend, verwirklichte sie Gott (nach Malebranche), in Brahma's Wort (als Logos). „Vielleicht bilden sich darum noch einige Kugeln des Planetensystems aus, um nach vollendetem Ablauf der Zeit, die unserem Aufenthalte allhier vorgeschrieben ist, uns in anderen Himmeln neue Wohnplätze zu bereiten" (s. Kant), wie in der buddhistischen Karte bereits vorgezeichnet (nach den Gliederungen der Loka).

Mit der Auffassung der Species drückt sich in unbestimmt wechselnder Allgemeinheit, je nach der gegebenen Veranlassung, das Princip der Individualisirung aus, wie in den scholastischen Definitionen zur Erörterung gelangend, bis mit der von Hobbes und Locke eingeschlagenen Zurückführung auf sinnliche Erfahrung (in der Philosophie), innerhalb der Abstammung umschrieben (für die Naturwissenschaft). Die aus gleichem Samen entsprossenen Pflanzen (und Thiere) „speciem suam perpetuo servant" (s. Ray), als Species (non aliud certius indicium convenientiae specificae est). „Creare naturam aliquam tam nullus potest angelus, quam nec se ipsum" (s. August), in Unzerstörbarkeit des Stoffes (als Elementaren). „Dieu est partout, dans la pierre, dans les membres de l'homme, dans l'enfer, comme dans le sacrement de la Sainte-Cêne" (s. Jundt), lehrte Gilles le Chantre (in Brüssel). Ὁ ἄρχων τοῦ κοσμοῦ τούτου, ὁ θεὸς τοῦ αἰῶνος τούτου, ὁ ὄφις ὁ ἀρχαῖος, ὁ δράκων ὁ μέγας (bei Valentin) bezeichnet sich „par le nom de κοσμοκράτωρ" (s. Immler) im (bösfeindlichen) „Herrn dieser Welt" (wie Mara). „Es muss überhaupt eine Erstigkeit sein, die da aufhält alle Dinge, das ist Gott mit seinem göttlichen Wesen" (s. Eckhardt), in optisch allgemeiner Abrundung letzter Ursache, wogegen im Facetten-Auge bei jedem Einzeln-Ding („where the god stops" für die Indianer). Auch nicht das winzigste Grashälmchen würde den erforderlichen Boden gefunden haben, um sich mit seinen Wurzeln festzuhalten; da erscheinen kleine

Flechten, begabt mit dem Vermögen, sich unmittelbar an den harten Fels anzuklammern, organische Formen, bei denen man bisweilen zweifeln könnte, ob sie wirklich der belebenden Natur angehören, da sie dem Stein, auf welchem sie sich entwickeln, näher zu stehen scheinen, als pflanzlichen Gebilden (s. Redslob), und so in Samoa's Schöpfung (beim Niederfallen des Himmelssteins).

Der Mensch ist stets und immer sich selbst der Gegenstand des Studiums, ob poetischen Ergüssen lauschend, in denen die Stimme göttlicher Begeisterung nachklingt, ob an metaphysischen Problemen seinen „Denkmuskel" erprobend im Kopfzerbrechen, ob im chemischen Tiegel Farbstoffe zusammenmengend, oder in der Werkstatt das Holz hobelnd, den Tisch zu verfertigen, dessen Bild vor seinem Geistesauge steht. In der Culturgeschichte lebt das Volk sein eigenes Werden, im organischen Aufsprossen die Früchte ansetzend, die sich zu Idealen entfalten sollen. Aber solch' ganzes Studium ist ein subjectives, so lange in der Culturgeschichte eines Volkes dieses sich in eigener Geschichte umschlungen findet, und erst mit den Hülfsmitteln objectiven Umblickes, wie in der Ethnologie gewährt, wird den für gesicherte Controlle der Schlussfolgerung für die Bedürfnisse der Induction gestellten Anforderungen Rechnung getragen werden können.

Jung sind diese neuen Wissenszweige, die Ethnologie und Anthropologie, die als Lehren vom Menschen bezeichnet werden, aber wunderlich kraus würde es mit der Redefloskel ausschauen, dass diese den Menschen nächste, und als in ältester Weisheit bereits empfohlene Wissenschaft, bis in das 19. Jahrhundert zu warten gehabt hätte, bis sie das im Speciellen für sie bestimmte Lehrfach gefunden. Im Kreise der schulmässig gepflegten Fachstudien sind beide Forschungszweige jung und neu, so jung, dass sie kaum der Wiege entstiegen gelten könnten, und jedenfalls hat unsere Generation der Mitlebenden an ihrer Wiege gestanden. Heute allerdings sind sie populär genug und in Aller Munde; aber noch Mitte des laufenden Jahrhunderts war ihre Bezeichnung ein fremdes Wort, und sie überkamen uns gleichsam, wie ein „Dieb in der Nacht", im brausenden Jubelstaumel jener glorreichen Wiedergeburt des nationalen Lebens im Jahre 1870, indem damals auch auf deutschem Boden zu keimen und rasch empor zu wachsen begann, was auf dem der Nachbarstaaten seine Bearbeitung einige Decennien früher bereits gefunden hatte, s. Vorgeschichte der Ethnologie (S. 36).

Neben Ἄῤῥητος oder (bei Ptolomäus) Βύθος steht als Syzygie die Σιγή (wie Mutuhei um Tanaoa's Anfang sich schlingt, in Nukahiva), vom Ersten im Dasein, als προαρχή oder προπάτωρ in den ῥίζαι (bei Simon Magus) oder αἰῶνες (valentiniauischer Gnosis) und „der erste Uebergang von diesem Urwesen zu der Entwickelung alles Daseins, wird gebildet durch eine gewisse Auseinanderlegung und Anordnung (διαθέσις) der in ihm liegenden einzelnen Vollkommenheiten, im Sichbegreiflichmachen des Unbegreiflichen" (καταλῆψις τοῦ ἀκαταλήπτου), mit „Spaltung der Geschlechter" (s. Neander). „Ueberall ein Männliches, als das wirkende, bildende, wollende Princip, ein Weibliches als das die Wirkung aufnehmende und zur Zeugung weiter verpflanzende (πληροῦντα und πληρούμενα, δυνάμεις τελεσιοῦργοι und γονιμοι). Das Eine ist das πλήρωμα (Ergänzung, integrirender Theil) des Andern, und aus ihrer Verbindung (συζύγια) gehen hervor Abdrücke ihres gemeinschaftlichen Wesens" (gnostisch). Und so im Pulo Heiau (Hawaii's): O kana ia Waialoli o ka wahine ia Waiolola. (Und das Männliche schwellend in Zeugungskraft, und das Weibliche der Empfängniss ergeben). Während die Aeonen der Ogdoade ohne Beziehung stehen „to the actual creation of a material world" (the divine Being evolving and contemplating perfection) in the second and third orders of Aeons, the Decad and the Dodecad (bei Valentinus), the masculine term in nearly every instance represent some epithet which may be applied directly or indirectly to the Deity, while the feminine terms represent some operation or gift, by which he is manifested in nature or in grace (s. Mansel). Wie ein οὐκ ὢν θεός (bei Basilides), im „Kore" oder Noch-Nicht (der Maori), steht (bei Valentinus) der Βύθος voran, als Kumulipo (auf Hawaii) und vom Βύθος, mit Σιγή als weiblicher Energie (gleich Mutuhei in Nukahiva) folgen Νοῦς und Ἀλήθεια, dann Λόγος und Ζωή und weiter Ἄνθρωπος und Ἐκκλεσία (in der Ogdoade).

Der durch Hineinscheinen des Lichtes in die Finsterniss hervorgerufene Gross-Archon (ὁ μέγας ἄρχων) ist „der feurige Gott, der aus dem Dornbusch (Βάτος) sprach, das ist aus der finstern Luft, als seiner Region" (s. Möller) im Siegelbild (der Doketen), aus dem Bathos (oder Bythos), σκότος ἔχων τὴν οὐσίαν (s. Hippolyt). Das „wesenlose Chaos" (s. Neander), der Fülle göttlichen Lebens (im πλήρωμα) gegenüberstehend (als Κενόν oder Κένωμα), spielt nur als Schatten (σκία τοῦ ὄντος oder σκότος) beim Einfallen des Lichts (in valentinianischer Gnosis). In ungeregeltem Sehnen zum Urvater (in Bythos) zurückstrebend, wird Sophia von dem Aeon Horos (ohne Syzygia gezeugt) zum Maasshalten eingezwängt (bei Valentinus), und im Horos bethätigt sich so das Walten der (unbegreifbaren) Gottheit (für die materielle Welt). So waren dem Gott Oro die Marai geweiht (auf Tahiti). On ne rendait aucun culte à Taaroa (s. Bovis) „in des Raume sunendlicher Leere" (b. Moerenhout), unbegreifbar (wie Wakan der Dacotah).

Beim Nachweis der Verhältnisswerthe in der Wechselbeziehung (aus Causa secunda) setzt sich (aus Causa prima) ein „concursus divinus" voraus, für das Weltgesetz (im Dhamma); und indem „das Verhältniss der endlichen Secundär-Ursache zur unendlichen Primär-Ursache als das der Concurrenz oder inneren Durchdringung zu denken" (s. Oswald), liegt im logischen Rechnen die Erweiterungsmöglichkeit zum Infinitesimal-Calcul (im Unendlich-Ewigen). Während noch „Beda Venerabilis das Rechnen der vier Species für die schwierigste und höchste Geisteskraft beanspruchende Arbeit erklärte", ist es, (seit Adam Riese), jedem Jungen geläufig geworden (mit den Ziffern des auf der Akademie zu Madura ausgearbeiteten Zahlensystems). So werden sich auch die psychologischen Methoden vereinfachen, nachdem in den Elementaroperationen einige Uebung gewonnen (kraft der Induction). „Jeder Schritt, der den Naturforscher seiner Zeit zu nähern scheint, führt ihn an den Eingang neuer Labyrinthe, die Masse der Zweifel wird nicht gemindert, sie verbreitert sich nur, wie ein beweglicher Nebelduft über andere und andere Gebilde" (s. Alex. v. Humboldt), und so kann nur aus dem Index gesetzlichen Fortganges ein Verständniss erlangt werden (mit naturwissenschaftlicher Durchbildung der Psychologie).

Der die Resultate der Descendenztheorie fälschende Denkfehler liegt in ihrem Zurückfallen auf die „causa prima", welche in der Naturwissenschaft, die nur die Relationen aus „causa secunda" zu erforschen hat, noch nicht mitsprechen darf, so lange sie nicht die Psychologie ebenfalls in die Methoden ihrer Behandlungsweise gezogen hat, um dann vielleicht einstens die Fähigkeit zu erlangen, jene höheren Probleme anzunähern, in welchen Subjectives und Objectives sich verschlingt (zum eigenen Bewusstsein des Selbst).

Ehe die Bodhi erlangend, hat Buddha, wie Merlin (Taliesin's), die Thierkörper durchwandert, und auch ägyptisch spricht es

14 *

von Einkörperungen der „Ba" (in Vögel, Käfer etc.), auf den
Hieroglyphen bereits in Vogelgestalt (umherhüpfend gleich böh-
mischer Seele), und als Vogel kommt Atua's Bote herab (in
Tahiti) zur Erde, die der Gewalt bösfeindlicher Mächte verfallen
ist, mit Kosmokrator (bei Basilides) oder Mara (im höchsten der
Sinneshimmel).

Indem „Seele und Leib nicht von Ungefähr zusammenkommen
können", führt sich der Grund auf eine „durch ein verständiges,
von der Welt verschiedenes Wesen" vorherbestimmte und an-
geordnete Uebereinstimmung zurück, in Harmonie (bei Leibnitz),
indem die Natur nicht auf „widersprechende Gründe" gebaut sein
kann (bei Wolff). „Brächte die Seele Bewegungen im Leibe
nur durch ihren Willen hervor, so entstände eine Bewegung,
ohne dass derselben eine andere vorhergegangen; diese müsste
ihre abgemessene Kraft mit sich führen, und dadurch fände sich
eine neue, zuvor nicht in der Welt vorhandene Kraft ein. Wirkte
dagegen der Leib auf die Seele, so brächte eine Bewegung einen
Gedanken hervor, sie nähme also ein Ende, ohne dass aus ihr
eine neue Bewegung in einem andern Theil der Materie ent-
spränge, und hierdurch würde eine Kraft aufhören, welche zuvor
in der Welt gewesen" (s. Reinhold). So gilt es „die Erhaltung
der Kraft" bei der Vermittelungsstellung des Physischen (auf
geographischen Wurzeln) zwischen Physikalischem (aus kosmischen
Verzweigungen) und Psychischem (mit culturhistorischen Nachwirkungen). Obwohl der von physischer Unterlage losgelöste
Gedanke bemerkbare Wirkungen innerhalb irdischen Umkreises
der Materie nicht mehr hervorbringt, geht er doch für eine
jenseitige Peripherielinie nicht verloren (bei Solidarität der
Interessen in der Menschheitsgeschichte), und so reicht hier eine
Fernwirkung aus irdischem Horizont hinaus, wie siderische Einflüsse in ihn hineinfallen vom fernsten Fixsternsystem zurück (soweit erkenntlich auffassbar). Die im Denken thätige Kraft, eine
verfeinerte Fortsetzung des im Körperlichen waltenden Wachsthumsprocesses, ernährt sich aus den physikalischen Eindrücken
der Sinnesempfindungen, in steter Erneuerung zu höhere Entfaltung. Für diese in den Keimen geweckten Anregungen gewinnt sich ihre organische Gestaltung innerhalb der psychischen
Atmosphäre, bei den Schöpfungen der Völkergedanken (an der
Gesellschaftswesenheit des Menschen).

Die (körperlichen) Functionen (ein Act „materieller Veränderungen", s. Beale) verlaufen (für vergleichende Auffassung)
in der Analogie anorganischer Krystallbildungen (aus chemischen
Zersetzungen und Verbindungen)', die psychischen Thätigkeiten
nach der Art pflanzlichen Wachsthums, über die materiell im
Keim vorgebildete Anlage auf höhere Weiterentwickelung hinausstrebend (unter Absorption zutretender Einflüsse), während, und
unter, der Geltung eines auch hier waltenden Gesetzes der Aus-
dehnungs- und Fortbildungsmöglichkeit (obwohl für die in's Jenseits fortstrebenden Gedankenreihen, auf das Ende hin, noch nicht
absehbar, von terrestrisch umschränktem Standpunkt).

Auf äussere Reize (wie die Kälte) mag die Muskel-Irri-
tabilität bereits reagiren, wie sie zusammenhängender (im Anschluss an den Knochenapparat) durch innerliche Motive zu bewegen und, wie im Auge bereits unbewusste Zusammenziehungen
der Pupille durch Lichteffecte eintreten, wirkt diese im Uebergang von sensibeln zu motorischen Nervenfibern, „wo graue Substanz und Fasern in Berührung treten" (s. Stiebeling), weiter auf
Zeugung eines Sehbildes psychischer Vorstellung, auf physischer
Grundlage (durch physikalische Agentien).

Von diesem Ausgangspunkte aus gelangt das Denken, (im
psychischen Wachsthumsprocess organischer Entfaltung), zur Ausgestaltung, unter Ernährung durch die im Sprachaustausch geschaffenen Vorstellungen der Gesellschaftswesenheit (aus dem Substrat psychischer Atmosphäre) für Klärung des Bewusstseins in
den integrirenden Theilen des Ganzen (zum Selbst jedes Einzelnen).

„Bei der Unbekanntschaft mit der Natur der Seelenthätigkeit
sowohl, als der Natur der Bewegung, weiss man ebenso wenig,
wie eine Bewegung die Ursache einer Vorstellung, als wie eine
Vorstellung die Ursache einer Bewegung sein kann" (s. Bonnet).
„Es ist in keiner Weise einzusehen, wie aus dem Zusammenwirken der Atome Bewusstsein entstehen könne" (s. Dubois).
Zwischen dem Gedanken und den physischen Erscheinungen des
Stoffes besteht nicht nur keine Analogie, sondern ist keine Analogie denkbar (s. Allman). Erst im kreuzenden Zusammentreffen
der auf physischer Grundlage wurzelnden Individualseele entspringt die geistige Einheit, aus deren organischem Wachsthum
wieder das Einzelnbewusstsein sich zu klären vermag (bei nor-
malem Gesundheitszustand des logischen Rechnens im Denken).

„Das Sittliche ist der Wille Gottes an uns", und da „jedes energische Wollen die Hoffnung auf das Gelingen" voraussetzt (s. O. Flügel), bedarf es einer „sittlichen Weltordnung" (für die Ethik), wie im Dhamma gegeben (buddhistischen Gesetzes). Zwischen Bun und Bab wird von Karma, (wie das Herz in Thot's Wage), nach dem jus talionis (zur Vergeltung) gewogen, im ἀντιποπονϑός (der Pythagoräer), und aus Billigkeit mag der Zuschlag des πρέπον zum δίκαιον gewährt werden (bei den Stoikern), für menschliche Schwächen in gebrechlich jämmerlicher Welt, wenn nicht mit Gnade überströmt (aus Himmelshöhen).

Die jetzigen Bewohner haben eine ganze Legion von Geistern und Göttern, vor welchen sie in fortwährender Furcht leben. Diese nehmen die Gestalt von Thieren, Fischen, Steinen oder Bäumen an, und diese Verkörperungen der Kalita heissen ihre Canoes oder amlays und werden ebenso geehrt, wie die Götter selbst. In Beziehung auf einen Eingeborenen, dessen specieller Gott das Canoe repräsentirt, heisst es sein Kasingl. Es hat jeder Eingeborene sein Kasingl, der eine verehrt den fliegenden Fuchs, der andere die Taube, ein dritter die Schlange, diesen oder jenen Fisch. Er betet sie nicht an, bringt ihnen auch keine Opfer, er ist nur verpflichtet, sie nicht zu essen. Er erbt seine Götter, die auch die Götter seiner Eltern waren, und seine Mutter sagt ihm, dieses oder jenes Thier darfst du nicht essen. Ein Eingeborener darf einen Fisch, der sein Kasingl ist, tödten, aber er darf ihn nicht zurichten, denn wenn der Rauch vom Feuer, auf welchem der Fisch geröstet wird, an seinen Kopf oder Körper kommt, so fallen ihm alle Haare aus, oder seine Haut wird mit Geschwüren bedeckt.

Diese Götter sind aber verschiedenen Ranges, die einen bringen bloss Krankheiten, die andern auch den Tod. Zu den gefährlichen gehören z B. der Birgus-Krebs, die Platurus-Schlange, der fliegende Fuchs, die gewöhnliche Borsojok-Schlange, der Kasobogoj-Aal und viele andere.

Unter den Eingeborenen stehen einige in dem Rufe, dass sie mit diesem oder jenem Thiere zu sprechen verstehen, und sie bilden die Vermittler zwischen den Geistern und denen, die sie berathen wollen. Ist ein Eingeborener sehr krank, so werden die alten Frauen zu Rathe gezogen; sie flechten Cocosnussblätter zusammen und wahrsagen daraus, welcher Gott den Kranken plagt. Hierauf begiebt sich ein Abgesandter zu dem Mann oder der Frau, die mit diesem Gotte sprechen kann und giebt diesem ein Audoa, d. i. Geldstück, damit er es bewerkstellige, dass der Geist den Kranken nicht mehr beunruhige. Der Kranke gebraucht die üblichen Kräuter und Landarzneimittel, und wird er wieder gesund, so giebt er noch einmal ein Geldstück für den Kalit. Stirbt er aber, so heisst es, der Kalit hat ihn zerbrochen (s. Kubary).

„Haben die Priester ihre lehmgelbe oder hochrothe Stola umgeworfen, sind Weihrauch und Talgkerzen angezündet, so kann das Ceremoniell beginnen. Ein dreimaliger Wirbel auf der mit Kuhfell bespannten Trommel ruft die Geister herbei. Das Programm lautet:

1) on - tsau, Beschwichtigung des Herdgottes.

2) tshau - yoks, Feiung der Hinterbliebenen.

3) Ko wong - ho, Ueberschreiten des gelben Flusses.

4) Thuk kin - ken, Versöhnung des Verstorbenen mit seinem Schicksal.

5) Kyau li - tshen, Ueberreichung von Geschenken an den Verstorbenen.

6) Sunk kwui - sin, Entlassen der Geister.

1) Beschwichtigung des Herdgottes. — Der Herdgott oder richtiger gesagt die Herdgöttinnen nehmen in jedem Hause eine wichtige Stellung ein. Die eine, Tsong si - taya, bewacht das Aeussere des Herdes und das Feuer; die andere Li fu - nyin bewacht das Kochen. Religiöse Heiden sind diesen Göttinnen gegenüber sehr vorsichtig und argwöhnisch. In der Nähe des Herdes wagt man nicht zu zanken. Beschriebenes Papier zu verbrennen, auf dem Herde etwas zu hacken, Unreinigkeit in's Feuer zu werfen, gilt als schweres Vergehen an den Herdgöttinnen. Am letzten Tage des Jahres steigen diese Geister auf zu Nyuk fong, dem Obersten der Geister, und statten ihm Bericht ab über die Vorkommnisse im Hause während des vergangenen Jahres. Nun ist aber der Tod eines Familiengliedes ein so hervorragendes Ereigniss, dass es in der Berichterstattung der Herdgeister dem obersten Geist nicht verschwiegen werden darf. Vieles kommt darauf an, in welcher Form und Weise dieser Fall dem Nyuk fong berichtet wird. Damit es nicht in einer den Hinterbliebenen nachtheiligen Weise geschehe, muss bei der Seelenmesse vor Allem auf diese Geister des Herdes Rücksicht genommen werden. Der Bonze stellt deshalb eine Schale Reis auf, steckt das zusammnengerollte Geldpapier aufrecht hinein, ebenso etliche Weihrauchstäbchen, zündet Papier und Weihrauch oben an und bewegt sich, monotone Gebete singend, um die Schale, bis beides verbrannt ist.

2) Feiung der Hinterbliebenen. — Dazu hat der Ceremonienmeister eine Reihe bestimmter Arzneikräuter mitgebracht. Unter Ceremonien werden dieselben (meist unschädlicher Natur) in einen Kessel geworfen und geröstet. Ist dies geschehen, so wird so viel Reiswein aufgegossen, als der Kessel fasst. Ist derselbe durchwärmt, so wird er an die Familienglieder und die Verwandten ausgeschenkt. Auf dem Platze getrunken, soll er die Kraft besitzen, gegen alle bösen Einflüsse von Seiten der Geister zu feien.

3) Ueberschreiten des gelben Flusses. — Der gelbe Fluss und das Ueberschreiten desselben gehört zu den Proben, welche die Seele in der Unterwelt zu bestehen hat. Diesen Vorgang sucht der Bonze darzustellen, indem er aus Bambusblättern ein kleines Schiffchen macht und es auf eine Schale Wasser setzt. Unter immer stärker anschwellenden Gebeten, die nur durch Klingel und Trommel unterbrochen werden, laufen die Bonzen um diese Schale Wasser herum, bald schneller, bald langsamer. Endlich erklären sie, der Flussübergang sei kraft ihrer Gebete gelungen.

4) Durch mehrmaliges Schlagen einer Holztrommel wird nun die Aufmerksamkeit der abgeschiedenen Seele erregt, sie zu versöhnen versucht, und an sie wendet sich nun der Ceremonienmeister durch Verlesen einer auf weisses Papier geschriebenen Adresse. Etwa so: Der Mensch lebt und stirbt; es giebt unter den Bäumen hohe und niedrige. Dieser stirbt im 60. oder 70. Lebensjahre; jener verdirbt im 20. oder 30. Dieser erreicht kaum das Alter von 8—10 Jahren, jener stirbt im 1. oder 2. Monat seines Lebens. Der

Tschong Ku - lau erreichte das Alter von 27 000 Jahren; wo ist er jetzt? Darum sei nicht übermässig betrübt, das Sterben früher oder später ist aller Menschen Loos.

5) Ueberreichung von Geschenken an den Verstorbenen. — Seine Seele hat, wie man glaubt, in der Unterwelt noch die gleichen Bedürfnisse wie diesseits. Es werden ihr darum Kleider, Schuhe, eine Kiste und Geld, alles aus Papier gefertigte Sachen, durch Verbrennen nachgesandt. Zur Herstellung dieser Gegenstände hat sich eine ganze Papierindustrie gebildet, und fast in jedem grösseren Markt befindet sich mindestens ein Laden, welcher derartige Waare feil hat. Das Ceremoniell schliesst endlich damit, dass —

6) Die Geister wieder verabschiedet werden. Alle Anwesenden begeben sich zu dem Ende in langer Procession, voraus die Bonzen, an einen nahe gelegenen Fluss oder Bach. Hier schöpft der Ceremonienmeister jedem Familienglied etwas Flusssand in den ausgebreiteten Rockzipfel. Dieser Sand wird mit heimgenommen und untersucht, ob sich nicht ein Lebewesen darin findet. Findet sich keins, so ist es ein Beweis dafür, dass der Bonzen Arbeit nicht umsonst war, dass der Geist des Verstorbenen zur Ruhe gelangt ist (s. *Schultze*).

Welche jetzt erzehlte Materien der heiligen Schrifft nicht gar unähnlich ist wie ich sie denn auch sonsten von inen nicht einmal vernommen hab; Und ist gläublich dass sie etwas mögen gehört haben von der Sündflut zur Zeit Nohe und nachmals darauss diss Mährlein erdicht haben nemlich dass ihre Vorältern das Leben auff den hohen Bäumen errettet haben. Denn wie wir sonsten guten lust die Wahrheit zu verdunckelen und ihr einen zusatz zu geben und dieweil sie auch gar keine Schrifft bey ihnen haben wie kurz hiervor gemeldt, so ist es schwerlich dass solche alte Historien von allen Zusätzen so gar rein und auffrichtig können erhalten werden.

Aber wir wöllen widerumb kommen zu unseren Caraibes. Dieselbige sind denselben Tag von den Wilden herzlich und stattlich tractirt worden denn man hat ihnen die allerbeste Kost zubereitet und des Getränks Canoin satt uns gnug fürgetragen. Ich und meine Gesellen waren deassgleichen von unsern Mouffaia das ist von dem Haussvater oder Wirth welcher die frembde Gäst auffnimpt wol und ehrlich gehalten.

Ferner ist zu wissen dass nach dem gehaltenen Fest (welches je zum dritten Jar bey den Tuppin Imbas gehalten wirt) auch etwann ehe denn es angehet und die Caraibes dahin kommen die Wilden von Dorff zu Dorff gehen und befehlen dass ein jedes Geschlecht drey oder vier Maraka mit dem allerköstlichen Federwerk schmücken un auffs beste aussbutzen sol. Wenn nun dasselbige geschehen ist vonn die Maraka zugericht so stecken sie die lange Stiel in die Erden der durch die Maraka hingesteckt ist, und geben befelch dass man denselbigen Maraka sol essen und trinken fürstellen. Das ist die ursach warumb dann das Volk anders nicht meinet denn dass dieselbe Maraka essen und trinken können wenn sie also mit den Federn geziehret und zugericht sind so sie doch von denselbigen Landtbetriegern jämmerlich bevortheilt werden.

Derhalben so schicken sich die Haussvätter ein jeder insonderheit mit allem fleiss stellen inen nicht allein Wurtzelmel Fleisch und Fisch für sondern auch das Getränk Caouin. Und das noch viel mehr ist so lange die Maraka dergestalt in der Erden stecken dienen sie inen fünfftzehn gantzer Tag lang zu Tisch.

Nachdem nun die Maraka also gesegnet und beschworen sind so halten die arme blinde Leut so viel auff sie dass sie dieselbige für heilig halten und fürgeben dörffen dass so offt sie dieselbige bewegen ein Geist mit inen mitten auss denselbigen rede. Sie waren dermassen mit demselbige Gaukkelwerk bethöret dass wenn wir fürüber reiseten und etwann sahen dass gute Leckerbisslein für dem Maraka stunden dieselbige zu uns namen und assen welches wir denn offt thaten hielten es die Wilden darfür dass uns ein gross Unglück auffstossen würde. Wenn wir nun daher ein Ursach namen und inen fürhielten dass sie von den Caraibes betrogen wurden beyd in dem sie beredet wurde dass die Maraka essen un trinken und dann fürnemlich in dem da sie fürgeben wie sie ein Ursach weren dass ihre Frucht un grose Wurtzeln, deren sie geniessen da im Lande wachsen welches wir doch allein dem Gott an den wir glaubeten zu dancken hetten dasselbige galte alles nichts bey inen. Und diss war die Ursach dass wir den Caraibes [eben so verhasset waren als vor Zeiten der Prophet Elias den andern Baalspfaffen da er denselbigen iren Betrug offenbaret und an tag brächte. Derhalben flohen sie für uns und liessen sich nicht sehen. Ob nun wol unsere Tuppin Imbas, wie ich anfangs angezeigt kein eusserliche Ceremonien oder Ehrerbietung haben ia auch sich vor iren Caraibes, Maraka, oder sonsten einiger erschaffenen Creatur oder Werk vorneigen viel weniger dieselbige anbette oder anruffen wie ich denn hierbey ein Exempel setzen wil der Reliquien oder Heiligthumbs so ich da im Lande gesehen hab (s. *Lery*).

Ein drittes Medecine-Fest ist das von Say unter dem Namen des Corn Dance der Mönnitarris beschriebene. Say hat es ziemlich genau und richtig beschrieben und es kommt sowohl bei den Mönnitarris als bei den Mandans vor. Es ist dies eine Einweihung der zu pflanzenden Feldfrüchte und sie nennen dasselbe Wahka-Sinhusch, das Corn-Medecin-Fest der Weiber. Die Alte, welche nie stirbt, schickt im Frühjahre die Wasservögel, die Schwäne, Gänse und Enten als Symbole der Feldfrüchte, welche von den Indianern angebaut werden. Die wilde Gans bedeutet den Mais, der Schwan den Kürbis, die Ente die Bohnen. Es ist die Alte, welche jene Feldfrüchte wachsen lässt, und deshalb schickt sie diese Vögel als ihre Wahrzeichen und Stellvertreter. Sehr selten soll man im Frühjahre die Zahl von 11 wilden Gänsen bei einander finden; geschieht dies aber, so ist es ein Zeichen, dass der Mais ganz ausgezeichnet gut gerathen werde. Diese Indianer halten auf die Zeit des Frühlings, wenn die Vögel ankommen, viel trockenes Fleisch bereit, um sogleich die Corn-Medecine der Weiber zu feiern. Man hängt das erwähnte Fleisch vor dem Dorfe an langen Gerüsten von Stangen, in zwei, drei bis vier Reihen hinter einander auf, und es wird dies, sowie mancherlei Gegenstände von Werth, als ein Opfer an die Alte betrachtet. Die ältlichen Weiber als Repräsentantinnen der Alten, die nicht stirbt, versammeln sich an einem bestimmten Tage bei den Gerüsten, indem sie einen Stock in der Hand tragen, an welchem oben eine Maiskolbe angespiesst ist. Sobald sie im Kreise sitzen, stellen sie ihre Stöcke vor sich auf die Erde, tanzen dann im Cirkel um die Gerüste herum, und nehmen nachher ihre Maysstöcke in den Arm. Alte Männer schlagen die Trommel dazu und rasseln mit dem

Schischiknё. Der Mays wird nicht benetzt oder besprengt, wie einige glauben, im Gegentheil, dies würde ihm schädlich sein. Während nun die älteren Weiber ihre Medecine mit Maysähren machen, kommen die jüngeren und stecken ihnen etwas trockenes, pulverisirtes Fleisch in den Mund, wofür ihnen jene wieder ein Korn von dem geweihten Mays zu essen geben. Man legt ihnen auch 3 bis 4 Körner in ihre Schüssel, welche nachher sorgfältig unter den Saatmais gemischt werden, und diesem Glück und Fruchtbarkeit mittheilen sollen. Das aufgehängte getrocknete Fleisch gehört nachher den alten Weibern, weil sie die Alte repräsentiren. Oefters kommen auch während dieser Ceremonie ein paar Männer von der Bande der Hunde, zerren ohne Umstände ein grosses Stück Fleisch von den Gerüsten herab und nehmen es mit Da sie Hunde und angesehene Männer sind, so kann man ihnen dieses nicht wehren.

Auch im Herbste wiederholt man dieselbe Corn-Medicine, allein in dieser Zeit geschieht es, um die Bisonheerden herbei zu ziehen und Fleisch zu erhalten. Alsdann hat eine jede Frau nicht einen Stock mit einer Kolbe, sondern eine ganze ausgerissene Maispflanze im Arme. Sie nennen den Mais und jene Vögel, welche das Symbol der Feldfrüchte sind, mit dem Namen der Alten, die nicht stirbt, und rufen ihnen im Herbste zu: Mutter, habe doch Mitleid mit uns! Schicke uns die strenge Kälte nicht zu früh, damit wir Fleisch behalten! Lasse doch nicht alles Wild fortziehen, damit wir für den Winter auch etwas haben!

Wenn die Vögel im Herbste nach Süden ziehen, oder wie die Indianer sagen, zu der Alten zurückkehren, so glauben sie, dass sie die Geschenke mitnähmen, welche man für die Geberin und Beschützerin der Saaten neben dem Dorfe aufgehängt hatte, wozu besonders das trockene Fleisch gehört. Sie glauben selbst, dass die Alte dasselbe esse. Einzelne arme Weiber unter diesen Indianern, die weder Fleisch noch Geschenke opfern können, nehmen ein Stück Pergament, wickeln einen Bisonfuss hinein, und hängen dieses als ihr Opfer an eines der Gerüste. Die Vögel kommen auf ihrer Rückreise bei der Alten an, ein jeder bringt von den Indianern etwas mit, zuletzt erscheint aber einer und sagt: Ich habe sehr wenig zu überbringen; denn ich erhielt nur ein sehr schlechtes Geschenk. Allein die Alte antwortet bei Ueberreichung des Bisonfusses armer Weiber oder Wittwen: Das ist es gerade, was ich liebe! Diese ärmliche Gabe ist mir werther, als alle andere noch so kostbare Geschenke", kocht alsdann ein Stück des Fusses mit ihrem Mayse und isst es mit Wohlgefallen. Die Alte, welche nie stirbt, hat sehr ausgedehnte Maispflanzungen, deren Wächter der grosse Hirsch und der männliche weissschwänzige Hirsch sind. Sie hat auch viele Vögel (Blackbirds), welche diese Felder bewachen helfen. Wenn sie diese Wächter abfüttern will, so ruft sie sie zusammen, und sie fallen dann über die Felder her, um sich zu sättigen. Da die Felder der Alten sehr ausgedehnt sind, so bedarf sie vieler Arbeiter für dieselben. Die Maus, der Maulwurf und die genannten Hirsche arbeiten darin. Die Vögel, welche im Frühjahre vom Meeresufer abfliegen, sind oder stellen die Alte vor, sie selbst aber reist nach Norden, und schläft dort bei dem Alten, der nicht stirbt, und welcher immer im Norden wohnt. Sie hält sich nicht lange dort auf, sondern kehrt, wenn sie bei ihm geschlafen hat, in 3 bis 4 Tagen wieder zurück. Vor Zeiten befand sich die Hütte der

Alten in der Nähe des Mahtack-Schukä (des oberen Little-Missouri). Die Indianer gingen öfters dahin und besuchten sie. Eines Tages kamen 12 Mönnitarris zu ihr, und sie setzte ihnen einen so kleinen Topf mit Mais vor, dass nicht einer von ihnen davon hätte gesättigt werden können; allein sie hiess sie essen, und sobald man den Topf leerte, war er sogleich wieder angefüllt, und alle 12 Männer wurden satt. Dies ereignete sich öfters während des Aufenthalts der Alten an jener Stelle (s. *Newwi d*). Die Kranken werden todtgeschlagen oder irgend in einem Busche weggeworfen. Wan sie aber plötzlich sterben, dann rufen sie ové, ové, die Seelen aus die Hütten zu jagen. Die Leichen legen sie unter dem blauen Himmel auf Micken oder hölzerne Gabeln und decken sie mit Baumrinde zu. Des abgestorbenen Kleider und Waffen sieht man darneben. Was von der Leichenmalzeit überschüsset, werfen sie in das Feuer: sonsten mus alles was auf die Tafel kommt verzehret werden, ob sie schon davon bärsten sollten. Etliche bewähren ihre Manhaftigkeit auf eine wunderseltsame Weise. Zween lassen ihre blossen ärme zusammen binden und giessen darauf brennenden Schwefel also, dass das Fleisch bis auf das Gebeine verbrennet. Welcher von beyden alsdan den Arm erst zurückziehet, den halten sie vor verzagt und kleinhertzig. Gotte geben sie den Namen Atahokan: und glauben, dass ein gewisser Messou die Welt, welche durch eine allgemeine Wassersfluth verdorben gewesen, wieder erneuert. Und dieses soll sich bei einem seltsamen zufalle begeben haben. Nämlich gemeldeter Messou hatte sich mit Wölfen, welche einiges Wild gerochen, auf die Jagd begeben: das Wild sei in einen Pfuhl gesprungen, die Wölfe waren gefolgt und ertrunken. Ein Vogel hatte dem Messou berichtet, dass die Wölfe durch ein hässliches Misgeschöpf unten auf dem grunde fest gehalten würden. Zur stunde hatte sich Menssou untergetacht: davon der Pfuhl übergelauffen und den gantzen Erdboden mit Wassersfluhten bedeckt. Hierauf hatte Messou einen Raben fliegen lassen, ihm einen klump Erde zu bringen: der aber darzu nirgend gelegenheit gefunden, weil alle Länder mit Wasser überschwämmet gewesen. Zuletzt hube eine Ratte einige Leim-erde aus dem grunde hervor und Messou aus dieser Leim-erde die Welt wieder in den vorigen stand gebracht. Auch hatte er Pfeile in die Bäume geschossen, daraus fruchttragende Zacken geworden.

In dieser Gegend befinden sich überaus viel Zauberer, die man Pillotoas nennet und in grossen ehren hält. Zuweilen werden sie gantz rasend: da sie dan sich selbsten so unbarmhertzig zerschlagen, dass das Bluht überall herausspringt. Sie berühmen sich, aus dem Himmel entsprossen zu seyn: welches auf folgende weise geschehen. Die durchleuchtige Frau Atanaentsik hube ihre Wohnung über den sternen gehabt: und ihr kranker Mann getreumet, dass er zu voriger Gesundheit gelangen würde, sobald er die Baumfrüchte, davon die Einwohner des Himmels zu essen pflegten, genösse: aber der Baum müsse nohtwendig abgehauen werden. Kaum zweimal hatte Atanaentsik an den Baum gehauen, als er zu ihrer grossen bestürtzung aus dem Himmel auf die Erde gefallen: und man alda nun nichts mehr zu essen gehabt: darüm dan Atanaentsik dem fallenden Baume gefolget: und weil sie hoch schwanger gewesen, eine Tochter gebohren und diese Tochter nachmahls als sie zu Jahren gekommen zween Söhne Toaviskaron und Juskeha; davon der älteste den jüngsten erschlagen. In diesen und dergleichen mehr Mährlein

kan man die gekränkte Wahrheit von der Sündfluht des Noahen vom Falle
der Eva und vom Brudermorde des Kains leichtlich erblicken (s. *Dapper*).

„Von der Schöpfang wird erzählt (in Neu-Frankreich): „daß die Wasser
unter den Achseln eines Frosches, welche Juskeha durch gehauen daraus die
Flüsse Lachen und die See ihren uhrsprung gewonnen verborgen gelegen.
Eben derselbe Juskeha hatte eine Höhle eröfnet daraus allerley Tiere hervorgekommen. Den Seelen schreiben sie eine leibliche gestalt zu als auch
eine unsterblichkeit; welche zusammen in einem grossen Dorfe nach dem
Abende zu wohnten; daraus sie zuweilen auf eine zeit verhauseten; klopften
des nachtes an die Tühren ihrer alten Freunde und besäeten verlassene
äcker. Nach diesem Seelendorfe zu geschiehet die reise gantz wunderlich.
Die breite strasse dahinwärts sol am Steinfelsen Ekaregniendi beginnen: da
sie ihre Angesichter bemahleten. Also bemahlet gelangten sie vor eine Hütte
darinnen ein alter Man Oskotarach wohnete. Dieser nehme das Gehirn aus
den Heuptern der Seelen. Hierauf wanderten sie Hirnloss an einen breiten
Strom; und vermittelst eines schmahlen Bretes über denselben: da sie ein
Hund dermassen anfiele dass sie in den Flus herunter stürzten und mit
der Fluht nach gemeldtem Dorfe zu gelangten. Sie erkennen einen Be-
herscher der See und Jahrszeiten welchen sie Oki nennen. Den Steinfels
Tsanhohi Arasta ehren sie auf göttliche weise: und glauben dass er vor
vielen hundert jahren ein Mensch gewesen doch nach der Zeit in einen
Steinfels verändert worden darinnen der Teufel wohnete welcher ihre Reise
glüklich oder unglüklich machen könte: darüm sie ihm zur versühnung
Tabak opfern" der Friedenspfeife (bei Algonkin).

Nach dem Buche Zja-li müssen die aus dem Ahnentempel ausgeschlossenen Tafeln der Vorfahren neben deren Grabstätten in die Erde gegraben
werden. Chen-zsjui-Sjan-schen sagt: Es existire ein besouderes Opfer Sja-tsi
für die ehrfurchtsvolle Versetzung solcher Tafeln in ein eigenes kleines Gemach.
und für den Fall, dass ein solches im Hause nicht vorhanden sei, giebt er
den Rath, an irgend einer undern Stelle einen besondern Schrein für sie zu
errichten und sie in demselben zu verschliessen. Tschsu-ketin Sjan-schen sagt:
Wenn man die aus dem Ahnentempel ausgeschlossenen Tafeln in die Erde vergräbt, so werden die Kinder und Enkel späterer Geschlechter die Namen und
Familien iher Vorfahren vollständig vergessen, und auf solche Weise der
schrecklichste Nachtheil für die Menschheit erwachsen. Darum darf der
Weisung, die Tafeln der Ahnen neben ihren Gräbern einzuscharren, durchaus
keine Folge geleistet werden; vielmehr ist es rathsam, in Uebereinstimmung
mit den Meinungen der Alten zur Aufbewahrung solcher Tafeln eine besondere Kapelle oder einen Schrein zu errichten (s. Zwehtkoff).

Neo, or the Great Spirit of Life, is placed there: Atahocan is the
tams foerhe aven. Tarenyawagon, who is thought to be the same as Micha-
bou Chiabo, Manabozho, and the Great Hare, is called the Keeper of the
Heavens Agreskoe is the god of war. Atahentsic is the woman of heaven.
The beginning of the creation, or of man is connected with her history.
One of the six of the original number of created men of heaven, was ena-
moured of her immediately after seeing her. She was received below on
the back of a Great turtle lying on the waters and was there delivered of
twins (bei den Irokesen).

The Osages believe that the first man of their nation came out of a shell, and that this man, when walking on earth, met with the Great Spirit, who asked him where he resided, and what he eat. The Osage answered, that he had no place of residence, and that he eat nothing. The Great Spirit gave him a bow and arrows, and told him to go a hunting. So soon as the Great Spirit left him, he killed a deer. The Great Spirit gave him fire, and told him to cook his meat, and to eat. He also told him to take the skin and cover himself with its, and also the skins of other animals that he would kill (s. Schoolcraft).

Zuerst hielt der Kitschimidé, mein alter Prophet mit dem silbernen Ringe in der Nase, der überhaupt während der ganzen Dauer des Festes als eine wahre Säule des Tempels eine höchst bedächtige und ernste Miene machte, eine Rede. Ich bemerkte, dass er sehr geläufig sprach und dass er mehrere Male mit Fingern und Blicken zum Himmel wies und dann wieder sich an die Versammelten richtete. Ueber die Köpfe der letzteren hin machte er manch Mal, als wäre es zum Segen, mit der Hand eine Bewegung, wie die Priester dies bei allen Völkern thun. Auch übersetzte man mir den Inhalt seiner Rede demgemäss. Er habe, sagte man mir, ein Gebet an den grossen Geist gerichtet. Dann habe er in Kürze auseinandergesetzt, warum sie hier versammelt seien, und wie ein Mitglied des Stammes seinen jüngst geborenen Sohn präsentire und der Weihe des Midé theilhaftig zu machen wünsche. Er habe dann die ganze Versammlung, alle hohen Midés und Brüder, alle Tanten und Onkels, alle Schwestern und Cousinen willkommen geheissen und ihnen seinen Segen gegeben.

Nach dieser Rede setzte sich alsdann eine Procession der sämmtlichen Ordensbrüder oder Midés in Bewegung, während der Vater des Kindes und die Gäste sich erhoben und aufrecht an den Wänden des Wigwams stehen blieben. Sie setzten einer nach dem andern aus, ihre Medecinsäcke in der rechten Hand.

Diese Medecinsäcke, in der Odjibbewä-Sprache pindjigossan genannt, waren aus den Fellen der verschiedenartigsten Thiere gefertigt; einer aus dem Pelze der wilden Katze, einer aus dem des Waschbären, ein anderer aus dem des Otters, ein vierter aus der Haut einer Schlange, und sie hatten auch mehr oder weniger die Figur und Gestalt dieser wilden Thiere beibehalten, da Kopf und Schwanz und zum Theil auch die Füsse daran gelassen waren. Sie waren sämmtlich, was wir aber natürlich nicht sehen konnten, mit allerlei solchen kostbaren und heiligen Sächelchen angefüllt, wie die Indianer sie sorgfältig zu sammeln und als Amulette oder Heilstoffe zu bewahren pflegen. Sie denken sich nun, dass von diesem ganzen bunten Inhalte im Bauche des Pelzsackes oder Thieres ein Geist oder ein Athem ausströme, der die Macht habe, einen Andern sowohl anzublasen und zu tödten, als auch ihn wieder aufzurichten und mit Lebenskraft zu erfüllen.

Auf diese Voraussetzung war der Hergang bei der nun folgenden Procession begründet. Die Midés, sage ich, setzen alle, einer nach dem andern aus, ihren Otter oder ihre wilden Katzen oder Waschbären mit der rechten Hand im Genicke gepackt. Sie hielten sie ungefähr so, wie Kosaken beim Angriffe ihre eingelegte Lanze, auch trabten sie wie zu einem Angriffe heran und bewegten sich desto schneller, je näher sie dem auserwählten Opfer kamen. Die Trommel wurde dabei beständig geschlagen, sowie natürlich auch das Gerassel der mit Erbsen angefüllten Calabassen (der sogenannten Schischi guas) nicht aufhörte. Auch begleiteten die Midés ihre Schritte mit einer Art von Kriegsgeschrei, das wie ihr Marsch selbst sich im Crescendo bewegte und ein um so lauteres und rascheres Tempo annahm, je näher sie dem Opfer kamen. Etwa so: Ho! — Ho! — Hohohoho! — O! O! O! O! O! O! In der Nähe eines der Gäste, des Vaters des Kindes, oder einer Frau oder eines Mädchens, auf die sie gezielt hatten, angekommen, machten sie dann mit ihrem Thierbalge eine Bewegung gegen sie, als wollten sie sie niederstechen, und auf der Stelle sank die so getroffene Person zusammen, in kauernder Stellung, wie von der fallenden Sucht gelähmt, am Boden liegen bleibend Die französischen Canadier, die in allen Dingen die Indianer am besten übersetzt haben, nennen diese Operation „tirer" oder „souffler" (niederschiessen oder niederblasen).

Sobald ein Midé seinen Patienten niedergeblasen hatte, minderte er die Heftigkeit seines Trabes und seines Hoho und passirte den Rest des Laubenganges in langsamerem Tempo hinab, schwenkte sich am Ende rechtsum und kehrte an seinen Platz zurück, setzte aber alsbald nach neuer Kräftigung seines Sackes von da wieder aus, um mit neuem Geschrei, Trommeln und Erbsenklappern einen andern Gast auf's Korn zu nehmen. Es war anzusehen, wie ein Lanzenstechen nach Türkenköpfen. Da die ganze Gesellschaft von 7 oder 8 Priestern auf diese Weise beständig hin und wieder rannte, so lagen bald alle Gäste am Boden, einer über den andern hingefallen, wie umgeblasene Kartenblätter.

Es war höchst komisch mit anzusehen. Und einige betrieben es auch auf sehr launige Weise. Ich kann das Bild eines sehr sonderbar ausgeputzten Alten gar nicht vergessen, der immer mit besonders heftigem Geschrei und mit fast lächerlichen Capriolen herankam, schon von Weitem sein Opfer anblickte, einen grossen Anlauf zu ihm nahm und dann, wenn er es mit seinem Thierbalge berührte, dazu die Backen aufblähte und aufblies, als wollte er seinem Medecinsacke beistehen. Auch die Mädchen, wenn sie zu Haufen übereinander gesunken auf dem Boden lagen, stiessen sich an und kicherten mitsammen, als seien sie sich des komischen Eindrucks, den diese Scene auf den unbetheiligten Zuschauer machen müsste, bewusst. Doch war all dies Lächeln und Kichern nur heimlich und im Verborgenen, und im Ganzen gingen diese Ceremonien in sehr gutem und geregeltem Style von Statten, und so lang sie waren, so schien jeder die Rolle, die er dabei zu übernehmen hatte, so genau zu wissen, dass kein Versehen vorkam und Alles nach dem Schnürchen, wie unsere militairischen Manöver, abgespielt wurde.

Manche nahmen die Sache auch sehr ernsthaft. So z. B. mein alter Grosspriester mit dem silbernen Ringe in der Nase. Er setzte zum „Niederblasen" aus wie ein Löwe, visirte die Person, der es galt, mit sehr steifen Blicken und überzeugte sich auch hinterdrein mit kritisch inspicirender Miene, ob sie in dem gehörigen Style zusammen gesunken sei. Eben so fand ich auch ein Mädchen, die ich in allen ihren Verrichtungen verfolgte, sehr eifrig bei der Sache. Wenn sie von dem Zauberthiere angeblasen wurde, fiel sie auf der Stelle zusammen und rührte sich nicht. Wenn sie von demselben Zaubersacke wieder zum Leben erweckt wurde, sprang sie wie ein

Kork in die Höhe und war ganz Lust und Leben. Wenn es was zu tanzen gab, ging sie durch die verschiedenen Figuren des Tanzes mit der Präcision einer Marionette, und gab es was zu sprechen oder zu singen, so war sie die erste, die a tempo mit dem Vorsänger einfiel. Kurz, sie wusste ihren Katechismus, ganz genau auswendig und behielt dabei auch stets eine sehr respectvolle und fromme Miene. Sie machte mir den Eindruck einer übergewissenhaften Pietistin.

Nachdem sich in der besagten Weise die zerstörende Macht der Medecin-Säcke bewährt hatte, sollte sich nun auch ihre heilende und wiederbelebende Kraft zeigen. Die Priester setzten daher gleich wieder in derselben Weise aus, bliesen die Niedergeworfenen in derselben Weise mit ihren Säcken an und brachten sie wieder zum Leben und Stehen. Keiner wagte es, sich zu rühren und von selbst von seinen Gliedern Gebrauch zu machen, bevor er nicht von einem der Zauberthiere angehaucht war. Selbst bei dem Haufen heiter gestimmter Mädchen bemerkte ich dies. Eine von ihnen war von den Priestern übersehen, und obwohl sie immer ins Fäustchen lachte, so wagte sie es doch nicht, von selbst aufzustehen. Ich sah, wie die andern Mädchen einen vorbeipassirenden Priester fast besorglich zurückriefen und ihn darauf aufmerksam machten, dass noch eine von ihnen unerweckt am Boden liege. Der Priester kehrte zurück, liess seinen Otterbalg ein wenig nach ihr schnappen, und sie hüpfte sofort auf ihre Füsse.

Diese Sackprobe wiederholte sich den ganzen Tag hindurch als ein regelmässig wiederkehrender Zwischenact nach der Beendigung jeder anderen grösseren Ceremonie. Nicht bloss die Priester haben solche tödtenden und belebenden Säcke, sondern auch jeder Eingeweihte, jedes andere männliche oder weibliche Mitglied des Midé, und sie hielten sie als das wesentliche Attribut beständig sich zur Seite, wie Soldaten den Säbel.

Nach einmaliger Vollführung der Ceremonie mit den Säcken trat der Vater mit seinem Kinde hervor. Er stellte sich mit dem Angesicht gegen die Priester-Facultät gewendet, hielt sein auf der Bretterwiege befestigtes Knäblein auf den Händen und präsentirte es in derselben Weise den Priestern, wie bei uns die Pathen und Taufväter das Kind bei der Taufe darzuhalten pflegen. Auch stellten sich hinter ihm 5 oder 6 Personen — es waren Weiber — in Reihe und Glied auf; gleichsam wie Taufzeugen. Und indem ich diese Anordnung mit ansah, glaubte ich einen Augenblick, das Ganze möchte eine Nachäffung unserer Tauf-Ceremonie mit heidnischem Zuschnitt sein. Aber die Indianer behaupten, dies sei bei ihnen Alles uralt.

Der Vater war mit der vollen Pracht seines Krieger-Staates angethan. Der Kopf war ihm mit einer Menge von Adler-, Habicht- und Rabenfedern, die wie unsere Ordenszeichen auf seine verschiedenen Heldenthaten und Verdienste hindeuteten, bedeckt. Einen rauhhaarigen Balg des unerschrockenen Thieres, das die Amerikaner Skunk nennen, hatte er turbanartig um sein Haupt gewickelt, und den langen bunten Schwanz des Thieres hatte er wie einen Zopf im Rücken baumeln. Eben solche Skunk-Bälge hatte er um seine Füsse gewunden, und ihre scheckigen Schwänze schleppten sich wie schlaffe ellenlange Sporen hinter seinen Hacken her. Ebenso hielt er als Medecin-sack einen mit Reliquien gefüllten und auch langschwänzigen Fuchsbalg in der Hand, und aus allen diesen Thierfellen und Schwänzen und Federn strahlte sein feuerrothes Antlitz wie die Sonne aus Wolken hervor.

Er war sehr aufmerksam in der Verrichtung aller Pflichten, die ihm die Gelegenheit auflegte. Er blickte seinen stillen Kleinen, den er dem Orden präsentirte, zuweilen ganz liebevoll an, und es schien mir, als läge es ihm sehr am Herzen, dass dem Söhnchen die Wohlthaten und guten Folgen der Einweihung in recht vollem Maasse zu Theil werden möchten.

Die Präsentation des Kindes war natürlich wieder mit einer kurzen Anrede des Vaters, mit langen Reden der Priester und dann auch mit Trommelschlag, Calabassen-Gerassel und Tanz verbunden. Den Tanz führten dies Mal die fünf Weiber hinter dem Vater und Kinde aus. Er bestand darin, dass sie eine gute Weile lang ein paar Mal rechts und dann wieder ein paar Mal links in raschem Tempo und mit Bewegung des ganzen Körpers hüpften. Sie führten dies alle fünf gleichzeitig so genau aus, als hingen sie wie Marionetten sämmtlich an demselben Schnürchen. Zu Zeiten tanzte auch der Vater, sein Kind im Arme, wobei denn alle seine Fuchs- und Skunk-schwänze wie neubelebt sich in der Luft schüttelten und schwenkten. Nach dieser Präsentation des Kindes und allem, was dazu gehörte, trat dann wieder eine allgemeine Procession, eine General-Sackprobe und ein gegenseitiges Niederschiessen und Wiederaufrichten ein. Da fast Jeder ein anderes vierfüssiges oder kriechendes oder amphibisches Thier — (ausser den schon genannten führe ich noch als von mir bemerkte an: grosse Eulen, kleine Wiesel, krallenreiche Bärentatzen, rothe Füchse, junge Wölfe, Schlangen verschiedener Art) — in den Händen schwenkte, so sah die Scene bunt genug aus. Auch gab es hinreichenden Lärm dabei, da die meisten dieser Thierbälge mit Schellen, Metallstückchen, Muscheln und dergleichen an Füssen und Schwänzen bedeckt waren. Ich glaubte die Hälfte des Inhalts der Arche Noä von Menschen spazieren geführt, vor mir sich bewegen zu sehen. Und hiermit waren denn die Ceremonien des Morgens vorläufig beendet.

Als wir am Nachmittage wieder auf dem Posten waren, fanden wir in der Mitte des Tempels ein Häuflein Zweige ausgebreitet und dieselben mit einem Tuche bedeckt. Tuch und Zweige lagen gerade vor jenem grossen Steine, von dem ich sagte, dass er auf den bösen Geist hindeuten sollte. Es begann nun eine sehr sonderbare Ceremonie, die aber ein Hauptstück bei allen Feierlichkeiten der Odjibbewäs bildet.

Zuerst hielt wieder der Ober-Ceremonien-Meister eine Rede, die mit folgenden Worten begann: Ihr Alle, Eingeweihte, die ihr zum grossen Medé gehört! Freunde! Brüder! Collegen! Heute ist ein Tag der Gnaden, und die dann ziemlich lange mir unverständlich fort ging.

Darauf folgte dann eine allgemeine Procession aller Priester, Gäste, Männer, Weiber, Mädchen, eines hinter dem andern. Beim ersten Umgange in der Laube beugte sich ein Jeder ein Mal über dem Tuche auf den Zweigen und blickte hinein. Es war nichts zu sehen, und man tanzte vorüber. Beim zweiten Umgange schien Jeder sich etwas tiefer über dem Tuche zu beugen und etwas schärfer hineinzublicken, als wenn er nun erwartete, bald daselbst etwas zu sehen. Beim dritten Male schienen sie in der Nähe des Tuches von unwillkürlichen, zuckenden Bewegungen ergriffen zu werden. Beim vierten

Male wurden diese Bewegungen convulsivisch, und es wurde nun offenbar, dass sie sich Mühe gaben, etwas von sich zu geben. Aber es kam noch nichts. Beim fünften Male wurden die Bewegungen noch heftiger, aber das Erwartete blieb noch aus. Dies dauerte sehr lange. Endlich, als ich nach einigen Umgängen wieder auf das Tuch blickte, sah ich ein Paar hübsche kleine gelbgefärbte Muscheln, wie frisch gelegte Eier im Neste liegen. Bald bemerkte ich, dass diese Muscheln sich mehrten, und am Ende liess Jeder ganz leicht und behende eine solche kleine hübsche Muschel aus seinem Munde auf das Tuch schlüpfen. Die alten Midés gaben sich unendliche Mühe dabei und besahen auch das Product ihrer Anstrengungen eine Weile aufmerksam. Aber von dem jungen Volke und den Mädchen bemerkte ich wieder, dass sie die Sache nicht so ernsthaft nahmen. Sie guckten das Tuch nur nachlässig an und gaben auch die Muschel so schnell von sich, wie ein Raucher ein Tabakswölkchen, bekümmerten sich auch nachher nicht weiter darum.

Als die Muscheln sämmtlich heraus waren, schienen Alle sehr zufrieden zu sein und sich gewissermaassen zu erholen. Nachher kam ein Jeder zurück, nahm eine Muschel von dem Tuche und steckte sie in seinen Medizin-Sack.

Man sagte mir, dass die Muscheln die Krankheit, das Böse, das Uebel bedeuten, das in dem Menschen stecke, und das er durch eifrige Anstrengung und durch gemeinsame gottesdienstliche Verrichtung von sich zu geben und aus sich zu entfernen vermöge. Die Indianer halten sehr viel auf diese Muscheln und bezahlen hohe Preise für sie. Auch in ihren Bilderschriften spielt die Muschel immer eine grosse Rolle. Auch ihre Vampums- oder. Friedens-Perlenschnüre sind aus See-Muscheln gedrechselt. Sie deuten auf die Ufer des Oceans hin, von denen ihnen aus Osten, wie sie sagen, ihre religiösen Satzungen und Lehren zugekommen sind.

Dass das Muschel-Produciren in der Nähe des für den bösen Geist daliegenden Steines vorging, erschien mir nun auch aus der Bedeutung der Ceremonie erklärlich. Sonst aber gewahrte ich, so genau ich auch hinhörte, während des ganzen Tanzes nicht, dass der Name des „Matschimanito" (des bösen Geistes) auch nur einmal in den Reden und Gesängen ausgesprochen wurde. Der Name des Kitschimanito (des grossen guten Geistes) wurde dagegen sehr oft genannt, und sehr häufig auf seine „Gnaden und Gaben" angespielt. Mehrere Male stiessen mich meine Dolmetscher an und sagten mir: „Jetzt spricht der Redner von der überschwänglichen Gnade und gütigen Grossmuth Gottes." Ich glaube daher, dass es ein Vorurtheil oder Irrthum war, wenn Viele der alten Europäer, die nach Amerika kamen, es geradezu aussprachen, dass die Indianer den Teufel anbeten und ihm opferten. Dass wir Europäer in der reichen Fülle unseres civilisirten Lebens einen allgütigen und gabenreichen Schöpfer verehren, darin sehe ich eben kein grosses Verdienst. Aber ich muss gestehen, ich fand etwas Rührendes darin, dass ich auch selbst den armen, stets geplagten, höchst kümmerlich sich durchschlagenden, halbnackten Indianer von der „grossmüthigen Gnade Gottes" reden hörte. Ist der Ausdruck und die Idee wirklich von ihrer Erfindung, wie ich nicht zweifle, so ist es in der That bewunderungswürdig. — Hätten wir selbst so viel Preis und Dankbarkeit, wenn wir so viel Elend hätten, wie sie? So fragte ich mich.

Was nun nach der Auswerfung der Muschel oder des Uebels weiter erfolgte, schien mir gewissermaassen eine Weihe, wenn man will, ein Gebet oder ein kurzer Privatgottesdienst jeder einzelnen Person zu sein. Es bestand nämlich in Folgendem: Jedes Individuum trat für sich allein hervor, stellte sich in die Mitte der Laube, ergriff den Trommelstock und begleitete eine Art Gesang mit eifrigem Trommelschlagen. Die ersten Worte dieses Gesanges, die sich bei jedem vortretenden Individuum wiederholten, übersetzte man mir so:

Gott hat uns diesen Midé-Orden gegeben, und ich freue mich, dass ich ein Mitglied bin! Hohohoho! O! O! O! O! O! O! O! Das übrige Publicum, das während dessen in der Laube vertheilt in Gruppen umhersass, brach dann wohl zuweilen a tempo in ein: Ho! Ho! aus. Es war vermuthlich eine Bestätigung, eine Art „Amen! So sei es".

Die Männer rauchten dabei gemüthlich ihre Pfeifen. Das Rauchen ist bei den Indianern nicht eine entweihende, vielmehr eine weihende Verrichtung. Es gehört so zu sagen mit zu jeder ernsten Verhandlung und kann ohne Weiteres auch in der Tempelhütte vorgenommen werden. Einige legten sogar bei der Procession das Rauchgeräth nicht weg und tanzten, die Pfeife im Munde.

Auch von draussen sah ich mehrere Leute, die nicht zu der Gesellschaft zu gehören schienen, hereinkommen, die Trommel rühren, einen kurzen Spruch absingen und dann wieder hinausgehen. Es war dies vermuthlich eine Art Compliment, was sie der Gesellschaft oder der wichtigen Tagesangelegenheit zollten.

Nachdem Alle der Reihe nach diese Privatverrichtungen durchgemacht hatten, gelangte man alsdann gegen Abend allmälig auf den kleinen Täufling und seinen Vater zurück, die eine Zeit lang ganz in den Hintergrund getreten zu sein schienen.

Gegen Sonnenuntergang wurde ein grosser eiserner Kessel voll dampfenden Maisbreis hereingeschleppt und in die Mitte der Laube niedergesetzt. Dann gingen die Hohenpriester und Ceremonienmeister zum Ostende des Tempels und empfingen daselbst die Geschenke, die der Festgeber, auf dessen Unkosten das Ganze vor sich ging, dargebracht hatte. Sie hingen sich die bunten Kattuntücher um die Schultern. Auch Tabak wurde unter ihnen vertheilt, und so geschmückt begannen sie nun wieder eine allgemeine Procession und einen Tanz um den dampfenden Kessel herum, wie immer von Trommelschlag, Calabassengerassel und Murmelgesang begleitet. Danach begab sich Jeder wieder an seinen Platz.

Darauf erhoben sich dann die Priester einer nach dem andern und brachten ihrerseits nun ihre werthvollen und kostbaren Gaben, ihre Amulette und Heilmittel dem Vater des Kindes und dem Täufling selber dar, und die Erlangung dieser Amulette und Heilmittel, das war nun eigentlich das, wofür die Priester vorzugsweise bezahlt oder beschenkt worden waren. Es war in den Augen des Vaters so zu sagen die Krone des ganzen Werkes.

Ich sass ganz dicht neben ihm und konnte ziemlich genau sehen, was die Priester brachten. Der eine kam mit einem Tütchen oder Papierpacketchen, das er vorsichtig auseinanderwickelte. Nachdem er eine Papierhülle nach der andern entfernt hatte, fand sich zuletzt eine kleine Priese

schneeweissen Pulvers darin, das der Priester dem Vater zeigte und ihm
übergab, indem er ihm dazu die Eigenschaften und die Bereitungsweise des
Pulvers haarklein schilderte. Auch eine kleine Muschel bemerkte ich in dem
Pulver versteckt. Der Vater hörte mit offenem Munde zu und verbarg das
Mittelchen sorgfältig in seinem Medizinsacke. Von den gegebenen Vorschriften konnten wir aber nichts verstehen, weil der Priester sehr leise und
geheimnissvoll sprach. Ein anderer Priester brachte ein kleines Bündelchen
von dünnen, trockenen Wurzeln, die mit einem rothen Bande zusammen-
gebunden waren. Er hing es an der hölzernen Wiege des Kindes auf und
sagte mit lauter Stimme etwas, was man mir übersetzte mit: „This shall guide
him through life" (dies soll ihn durch's Leben führen). Dann aber kam
natürlich noch eine lange murmelnde, geheimnissvolle Auseinandersetzung
hinterdrein, die mir wieder niemand übersetzen konnte. Es wurden dem
Kinde auch sonst noch allerlei Kleinigkeiten an die Wiege gehängt, ein
Fingerhut, einige Muscheln u. s. w. Die Zahl der dargereichten Sächelchen
war gross genug. Auch etwas Brauchbareres war dabei, nämlich ein kleines
Säckchen mit schönem Weizenmehl und ein anderes Säckchen mit Körnern
vom wilden Reis! — Von allen diesen Dingelchen umgeben, sass der Vater,
der alte pelzthier-umzottelte Held da, sah aus, wie beschämt, und immer
halb verlegen, halb erwartungsvoll lächelnd, wie ein Kind bei reicher Weih-
nachtsbescheerung.

Endlich und allerschliesslichst hielt nun noch der Oberpriester neben
dem dampfenden Kessel eine Abschiedsrede, wo wieder, wie man mich ver-
sicherte, auf Gottes überschwängliche Gnade dankend angespielt wurde, und
dann wurde Alles still. Der Maisbrei wurde als Abendmahlzeit vertheilt,
und Jeder beschäftigte sich friedlich mit seinem Näpfchen. Die Mütter und
Väter stopften vor allen Dingen den Kleinen den Mund voll. Auch was wir
bei dieser Gelegenheit an Aepfeln, Zuckerwerk und sonstigen kleinen Essbar-
keiten den Weibern mittheilten, wurde Alles den Kindern zugeschanzt.
Höchstens nahm der Vater oder die Mutter einen Biss vom Apfel oder
Brode. (Kohl.)

Durch Spruch der Geister (Jzituta) wird die Hexe (Umtakati) ausfindig
gemacht (bei den Bantu). „Die Hexen und Zauberer haben kein Männlein
im Auge und keinen Schatten, der Teufel hat ihnen beides zum Pfand genommen" (s. Haltrich) in Siebenbürgen (1871). Zur Gebärung des Altes
durch Nana, von dem (aus Agdistis Blut erwachsenen) Granatbaum, schwägert
Zeus den Agdus genannten Stein, auf welchem Rhea sitzt (s. Arnobius) gleich
römischem Phallus (für heilige Steine der Bätylen). Ist Jemand gestorben,
öffnet man die Fenster zum Hinausfliegen der Seele (s. Haltrich) in Siebenbürgen (1871). Wie durch Mercur, als Boten des Zeus, die Seelen fortgeführt
werden, so hat der Frauen durch Iris (Botin der Juno) herabgesandt, für
Dido (bei Virgil), und die der Kinder durch Eos oder Aurora (s. Dierbach).
Vom Kalit-Ehepaar (auf Palau) schafft der Mann die Männer, die Frau die
Frauen (s. Kubary), in Geschlechtstrennung (der Kurnai). Der Inquisitor
Conrad von Marburg predigte gegen die „bufonem tangentes" (oder Luciferianer). Ein Ring aus einer Elendsklaue oder auch aus einer Gemsenklaue
gemacht und am Degen getragen, wird gerühmt gegen Schwindel (als „köst-
liches Mittel"). Die Moralstatistik richtet den Blick nach aussen, auf den

wirklich messbaren Factor des Lebens (s. Lange), statt nach Innen (in der Philosophie). Der Geist zu Ogulin striegelte die Pferde und stand Schildwacht (in Croatien). The Servians believe, that the soul of a witch often leaves her body, while she is asleep and flies abroad in the shape of a butterfly (s. Ralston) als Leipya im Traum (des Birmesen). Neben Intelligenzen (den Engeln) und Körperwesen sind (wie Gott) die Menschenseelen als gemischter Natur geschaffen (s. Gazendi). „Als der Sackpfeifer mit seinem Dudelsack begraben war, sah ihn der Thürmer Nachts um 11 Uhr hervorkommen, und die Musik hatte noch nicht lange gewährt, als sich auch andere Gräber eröffneten, aus welchen Manns- und Weibspersonen, junge und alte, grosse und kleine hervorkamen und nach angestellten Reihen auf eine possierliche Art mit einander herumtanzten, bis endlich die Uhr 12 geschlagen" (in Neisse), im Todtentanz (auch auf peruanischen Gefässen). Wie die Sonnengöttin aus ihrer Höhle (in Japan) wird Demeter aus der zu Phigalia hervorgelockt (von den Göttern). Die Puckwudjinies (little vanishing people) oder Erdgeister kämpfen mit den Nibanabas (men who vanish) der Wassergeister (bei den Algonkin). Die vom grossen Geist geschaffenen Menschenstämme erhalten ihre Anweisungen „in the language of the Winnebagoes" (und den Tabak, zum Opfer an die Götterboten). Ubi diaboli occupant corda, suo afflatu turbant spiritus in corde et in cerebro (Melanchthon). Die Veddah vermeiden das Tödten der Klapperschlange, weil fünf bis sechs an der Stelle entstehen würden, und so die Kandier das der Feldschlangen, durch sieben neue ersetzt (gleich den Köpfen der Hydra). Die Leber (die Tonganer) „consider to be the seat of courage and they pretend to have remarked (on opening dead bodies), that the largest livers (not diseased) belong to the bravest men" (s. Mariner). Homini homine nihil pulchrius (s. Cicero). Unusquisque vestrum non cogitat, prius se debere deum nosse, quam colere (bei Min. Fel.). Beim Tode zerstreuen sich die Seelen-Atome, weil vom Leibe nicht mehr zusammengehalten (bei Epikur). Ἄτομοι ἄποιοι καὶ ἀπαθεῖς (Demokrit). Es giebt „Stufen der ewigen Seeligkeit" (s. Michaelis), wie auf buddhistischen Terrassen (der drei Welten). Orcus, als Bändigend und Einengend (von urgere oder arcere) entspricht „dem indischen Yamas, d. h. domans" (s. Preller), als Chaisi (am Eisenkerker). Yame ist „Nachtwache" (im Himmel). Bei Sonnenfinsterniss darf man nicht aus dem Haus gehen, weil dann Giftthau vom Himmel fällt (in der Oberpfalz). Mit Ausschluss der Lokantarikas zählen sich (in Ceylon) 136 Höllen (s. Upham). „Die Birmanen und Siamesen haben es „auf 462 Höllen gebracht" (8 grosse, 320 kleine, 128 Nebenhöllen und 6 Lokantarikas) und ausserdem nicht nur unterirdische" (s. Koeppen). Die Substanz der σώματα ἐπίγεια ist die irdisch materielle Substanz der σάρξ (s. Holsten) im Unterschied von σώματα ἐπουράνια (himmlischer Lichtsubstanz). Die neue Erde ist ohne Meer, ohne Berge und Klippen (s. Burnet). Ante resurrectionem ibi sunt sine corpore, post autem cum corpore (s. Thom. Aq.). Si loco mulieris prodeat vir, non idem resurget corpus (s. Hollaz) in der Geschlechtswandlung (auf den Rupa-Terrassen). Substantiam animae rationalis esse per se et essentialiter formam humanis corporis (bestimmte sich auf der Synode von Vienne). Nichts ist dem Entkleideten im Lande der Todten geblieben, als traurige, zagende Blösse (s. Sartorius), in γυμνότης der Seele (bei Paulus), als „Nuditas animarum" (s. Burnet). Im Himmel

werden keine Kleider getragen (s. Quenstedt). Die Gottlosen leiden in der
Hölle auch Hunger und Durst (s. Heidegger). Dem Seeligen bleibt Möglichkeit des Speisegenusses, ohne Wirklichkeit oder Nothwendigkeit (s. Oswald).
Die Menschen sind dem Throne Gottes und des Lammes näher gestellt, als
die Engel (s. Bengel), und so die Seelen der Egi (in Bolotu).

Indem alles Wissen aus der Erfahrung kommt (bei Bacon),
mit der Wurzel in dem Sinnlichen, breitet sich hier dem Menschen
(mit seinem Schwerpunkt auf psychischer Seite) als Einheit gefasst mit Einschluss noch der körperlichen Hälfte, für diese in
dem Tastbaren dasjenige Niveau, das mit den übrigen Natur-
dingen gleichstellt. Indem hierauf nun die Fortentwickelung ansetzt (im psychischen Wachsthumsprocess), hat die Tendenz nach
der Neigung grösserer Schwere mehr und mehr (im Recht des
Stärkeren) zu überwiegen, und damit beginnt das Denken allmälig
nur noch die congruenteren Eigenschaften zu extrahiren, das
materiell körperliche Substrat in der Ausscheidung zurücklassend,
und so zum Uebersinnlichen fortschreitend, schliesslich in nur
idealer Welt zu leben, wo „percipi est esse" (s. Berkeley), aber
mit der Fähigkeit, bei analysirendem Rückschreiten auf dem Wege
der Synthese, den einheitlichen Zusammenhang festzuhalten, für
den Einzelnen, dem aus dem vorgefundenen Wissensinhalt (bei
Kant), weil aus dem Unbewussten in's Bewusstsein, fertig
dasjenige fällt, was aus der psychisch geschaffenen Atmosphäre
der Gesellschaft in das Verständniss eintritt (für den Einzelnen,
als integrirender Theil im Zoon politikon), und im Räthsel der
Verschlingungen (unter den Vorgängen organisch innerlichen
Reifens) manifestirt sich der (bei Anaxagoras) ordnende Nous,
ϑύραϑεν hinzugesellt (bei Aristoteles), um als „Reagenz des Göttlichen" in der Natur (s. Calderwood) solches zu erkennen (aus
den Harmonien des Kosmos).

Der Name der Naturwissenschaft kommt nur der Körperlehre
zu, denn die Seelenlehre (wie Kant bemerkt) „kann niemals
etwas mehr als eine historische und, als solche, so viel mögliche
systematische Naturlehre des inneren Sinnes, d. h. eine Natur-
beschreibung der Seele, aber nicht Seelenwissenschaft, ja nicht
einmal psychologische Experimentallehre werden", einmal nämlich,
„weil Mathematik auf die Phänomene des inneren Seins und ihrer
Gesetze nicht anwendbar ist" (in jeder besonderen Naturlehre
aber nur so viel eigentliche Wissenschaft angetroffen werden
kann, „als darin Mathematik anzutreffen ist"), und dann, „weil
sich in ihr das Mannigfaltige der inneren Beobachtung nur durch

blosse Gedankentheilung von einander absondern, nicht aber abgesondert aufbehalten und beliebig wiederum verknüpfen, noch weniger aber ein anderes denkendes Subject sich unseren Versuchen, den Absichten angemessen, von uns unterwerfen lässt, und selbst die Beobachtung an sich schon den Zustand des beobachteten Gegenstandes alterirt und verstellt" (1786). Und hier, für Einführung der Psychologie in den Kreis der Naturwissenschaften, tritt (im jetzigen Säculum) mit der Gesellschaftswesenheit des Menschen die objective Betrachtung der Völkergedanken hinzu und ihre logische Berechnung, also arithmetisch (um der Mathematik ihre Rechte zu wahren), „denn die reine innere Anschauung, in welcher die Seelenerscheinungen construirt werden sollen, ist die Zeit", unendlicher Verlängerung fähig (bei späterer Befähigung zu einem Infinitesimalcalcul). Der Mathematiker „kann zwar von jedem beliebigen Datum seine Construction eines Begriffes anfangen, ohne sich darauf einzulassen, dieses Datum auch wiederum zu erklären, darum aber ist er doch nicht befugt, jenes für etwas aller mathematischen Construction ganz Unfähiges zu erklären, um dadurch das Zurückgehen zu den ersten Principien in der Naturwissenschaft zu hemmen" (für die Metaphysiker). Gewiss nicht! Wohl aber wird der echte Mathematiker, so lange noch mit den Vier-Species beschäftigt, an dem Abracadabra speculativ abstruser Zahlenmystik keine Freude empfinden und lieber warten, bis ihm, nach fortgesetzter Uebung, die Kräfte gewachsen sind für das Wagniss eines höheren Calculs (wie einer naturwissenschaftlich durchgebildeten Psychologie in ihrem fortgeschrittenen Stadium für künftighin vorbehalten).

Da in jeder Naturlehre nur so viel eigentliche Wissenschaft angetroffen wird, als sich darin Erkenntniss a priori befindet, so wird Naturlehre nur so viel eigentliche Wissenschaft enthalten, als Mathematik in ihr angewendet werden kann „eigentliche Wissenschaft nur diejenige genannt werden, deren Gewissheit apodiktisch ist", und Chemie, deren Gründe oder Principien „doch zuletzt bloss empirisch sind" (bloss Erfahrungsgesetze), „sollte daher eher systematische Kunst als Wissenschaft heissen", und weiter noch „muss empirische Seelenlehre jederzeit von dem Range einer eigentlich so zu nennenden Naturwissenschaft entfernt bleiben" (s. Kant), bis objectiv gefasst (im Völkergedanken).

Deutlicher kann der Gegensatz zwischen Induction und Deduction, in Umkehrung des Standpunktes der Betrachtung, kaum markirt werden, indem naturwissenschaftlich die Chemie gerade als Prototyp einer Wissenschaft zu gelten hätte, und wenn nicht sie oder Physik, sondern Meta-Physik, die Wissenschaft wahrscheinlich gestohlen werden könnte (für den gesunden Menschenverstand). Das mathematische Element in der wissenschaftlichen Construction geht nicht auf aprioristische Ursprungsfragen zurück, sondern nimmt den Ausgang geliefert von dem Gegebenen ($\delta\epsilon\delta\acute{o}\mu\epsilon\nu o\nu$), wie es jeder Naturwissenschaft vorgeschrieben ist, und auch der psychischen, um in der Bildung sodann ihr Gesetz zu erkennen, und ferner im logischen Rechnungsprocess des Denkens das Sein zu verstehen, im subjectiven Bewusstsein nach Anbahnung durch objective Umschau (comparativ-genetisch).

Sittlich ist dasjenige, was sich mit dem Zustand psychisch normaler Gesundheit übereinstimmig erweist, auf dem Standpunkt jedesmaliger Weltanschauung, als deren Vorschriften entsprechend, und indem diese zugleich mit dem Wohlsein des Ganzen, von dem der Einzelnen einen integrirenden Theil bildet, also der Gesellschaft ihren Einklang zu bewahren hat, wird das in der Erziehung geweckte Gefühl für richtigen Willen zur Richtigkeit des Handelns, durch staatliche Bestimmungen in Ordnung zu halten, als Aufgabe vorliegen (für allgemeines Beste sowohl, wie das eines Jeden im Besonderen).

In der Hyle, als Möglichkeit eines Seins, kommen die Dinge nach ihren verschiedenen Qualitäten zur Auswirkung in der Auffassung, wie dem Denken (menschlicher Persönlichkeit) im Bewusstsein zugänglich, wogegen mit diesem solche Hyle sich in einfach geschlossener Gesammtheit verwirklicht (im Leben des Seins, als Wissen). Was empfunden wird, bekundet damit eine materielle Substanz, die sich somit jedoch in der Empfindung selbst immateriell negirt (aus eigener Ursächlichkeit). Als positiv dagegen tönen diejenigen Gestaltungen entgegen, welche in der psychischen Atmosphäre der Gesellschaftswesenheit verwirklicht, sich als moralische Gebote aussprechen (für das Verständniss des Selbst).

Das aus der Curve weitergesteckter Entwickelungsreihe kurz abgeschnittene Segment menschlicher Existenzdauer im Irdischen vermag nicht zum Abschluss eigener Erfüllung zu gelangen, mit den für ein Jenseits eingebetteten Keimen, die indess unter normaler Pflege (in sittlicher Gesundheit), — derart zu erhalten sind, um ihre organische Ausentfaltung anzubahnen, im Fortverfolg der

während des Lebens geweckten Bestrebungen (in harmonischer
Uebereinstimmung mit gesetzlich naturgemässer Geistesstimmung).
Das im Welträthsel unlösliche Element fällt in die Unmöglichkeit
abschliessenden Umblick's für die menschliche Auffassung des
Zweckes in der Idee, und bei dem Ausfall, im Irdischen herstell-
barer, Integration sind nun in richtiger Erahnung die (nach ver-
schiedensten Richtungen hin) vorläufig gültigen Verhältniss-
werthe der naturgemäss gegebenen Ansätze herauszufühlen, zum
Weiterverfolg im logischen Rechnen, nach naturwissenschaftlicher
Durchbildung der Psychologie auf ethnischen Grundlagen der
Gesellschaftswesenheit, in der der Einzelne zur Erkenntniss des
Selbst zu gelangen hat, unter mehr oder weniger gleichgestimmtem
Einklang mit dem All, das ihm verständlich (als eben seiner Welt).

Angestrebt wird (wie für körperliches Behagen, bei geistigen
Bedürfnissen) ein, Befriedigung gewährender, Ruhezustand im
gegenseitig wahlverwandtschaftlichen Ausgleich der Bewegungen,
die aus den Empfindungen auf das im Irdischen (ausser periodischen
Unterbrechungen im Schlaf) lebendig geltende Bewusstsein weiter-
wirken (zum Selbst in demselben).

Eine innerlich gewonnene Harmonie fügt harmonisch sich
ein unter das, was harmonisch im Alle uns klingt (auf Erden, in
den Sphären erklingt), und je eng beschränkterer der Wirkungskreis, desto leichter für nächste Erfüllung gesund normales
Gleichgewicht, denn „mit dem Wissen mehrt sich das Leid" (im
Trieb zum Weiterforschen), und so die Frage eines starken
Geistes (gleich Lessing's), ob er nicht zurückzukommen habe,
weiter zu schaffen an den Problemen, die ihm erwacht sind, und
zwar nicht auf anderen Planeten (bei Renan), oder jenseitigen
Rupaterrassen bereits (im Abhidhamma), sondern in erster Aufgabe, dort auf Erden weiter, wo die Lösung noch aussteht, in
Hoffnung auf solche Insichvollendung des Geistigen, um abge-
löster zu bleiben von materiell beschwerenden Fesseln (zum
freieren Schwung), unter Hinrichtung auf ein höchstes Gut, „in
Beziehungen auf ein unendliches Wesen" (s. Gutberlet), nach
einer „lex aeterna" (s. Thom. Aq.) in Uebereinstimmung mit
„heiligem Willen" als Dhamma (in der Triratna).

Aus dem Spiel von Ursache und Wirkung folgt die Bewegung, und jedes zielbedingte Streben ist auf höchste Zwecke hingerichtet, deren Auserfüllung in das Jenseits fällt (für sittliche
Ordnung).

Dem Menschen eingepflanzt ist der Wachsthumstrieb von Strebungen, deren, als normaler, (wenn die Qualen pathologischer Störungen ausgeheilt wären), er im Zustande normaler Gesundheit sich erfreuen würde (unter gesetzlichem Einschluss der aus unbewusster Unterlage hervorentwickelten Bewusstseinsempfindungen), deren Reifezustand indess, so lange (und weil noch nicht) erreicht, ein irdisch unbekannter bleibt, weil darüber hinausfallend, dennoch aber in denjenigen Erfahrungen annäherbar (und berichtigungsfähig), in deren melodischen Klängen die Vollkraft eines psychisch gesund pulsirendem Lebens ertönt (dem geistigen Ohr des Gewissens).

Bei der Erde als Oberfläche beginnen, — unter Algonkin und Yoruba sowohl, wie im sumatranischen Gerinsel (im „Bereschith‟), — die Weltschöpfungen mit dem Wasser, $\pi\alpha\nu\tau\alpha$ $\grave{\epsilon}\xi$ $\H{v}\delta\alpha\tau o\varsigma$ $\gamma\acute{\epsilon}\gamma o\nu\epsilon$ (bei Thales), während in den theoretisch (vor Ansammlungen der Thatsachen in der Geologie) gefassten „Epoques de la nature‟, im Anschluss an das solare Weltsystem, die durch Cometen abgerissenen Planeten (liquides à l'intérieure) den feurigen Zustand (abzukühlen „jusqu'à ce que l'on pût toucher sa surface‟, für das Herabkommen der Deva und Abhassara), voraussetzen, und das Wasser erst mit den Kalkbildungen zutritt (bei Buffon) zu „thönerner‟ Schichtenlagerung (für Ptach's Handwerkszeug in ägyptischer Demiurgie). Wenn nicht in der Mitte des Gaszustandes, so „diffuse‟ (s. Laplace), dass sich nichts unterscheidet (tellement diffuse, que l'on pourrait à peine en soupçonner l'existence), blickt man auf- oder niederwärts (für den Anfang der Anfänge, im regressus ad infinitum), für die Evolution (bei Anaximander), mit thatsächlichen Unterlagen (bei Darwin), nach Art des Pule Heau (aus Kumulipo's Bythos). Wenn „im Valentinianischen System der Zug von Oben nach Unten, im Basilidianischen durchweg von Unten nach Oben geht‟ (s. Uhlhorn), setzt sich dort „die materielle Welt durch Abfall im $\pi\lambda\acute{\eta}\varrho\omega\mu\alpha$‟ (mit dem „Intelligibeln als Erstem und Alles Bedingendem‟), während hier die „intelligible Welt durch Trennung vom $\varkappa\acute{o}\sigma\mu o\varsigma$ entsteht‟, aus dem Körperlichen des Weltsamen (bei den Stoikern). In der Negation der Negation (bei den $\tau\grave{\alpha}$ $\H{o}\nu\tau\alpha$ im $o\acute{v}\varkappa$ $\H{\omega}\nu$ $\vartheta\epsilon\acute{o}\varsigma$), im Gegensatz des Nirwana (s. Religionsphil. Probl., S. 3), als eigentlich Reales eines Dinges an sich (bei Kant), zur Maya (im täuschenden Schein), wendet sich der Sinn vom vergänglich Irdischen ab, zur bewussten Gedankenbildung (eigener Psychologie), cogito ergo sum (bei Descartes). Den idealen Ursachen als *αἰτίαι πρῶται* (bei Plato) gegenüber, erscheinen die physischen, als *αἰτίαι δεντέραι* (*ξυναίτια*), und die „gesammte Wahrheit" (bei Hegel) ist die sich selbst denkende Idee (in der Einheit). Die logische Begriffsentwickelung, auf die gesellschaftliche Scala (psychischer Atmosphäre) transponirt, schimmert aus der Sprache (s. Steinthal) in den ethischen Vorstellungen wider, und hier hat nun die inductive Behandlung einzusetzen, für Durchforschung des Völkergedankens aus allen ethnischen Kreisen (nach comparativ-genetischer Methode). Damit ist ein fest bestimmter Ansatz für den künftigen Culturgang gewonnen, denn mit Einführung der Psychologie (mit den Hülfsmitteln ethnischer Aussagen im Zoon politikon) wird sich an der Menschheitsgeschichte auch die Natur studiren, mit der ganzen Sicherheit der Weiterfolgerungen, wie im logischen Rechnen garantirt (bei gebotener Möglichkeit einer Controlle auf seine Richtigkeit), und als nächstes Resultat folgt das sociale Wohlsein bei psychischer Gesundheit und naturgemässer Nahrung für den „Appetitus intellectivus" (s. Thom. Aq.) in den Religionsphilosophien, auf naturgeschichtlicher Basis erbaut (unter kosmischen Harmonien).

Dazu bedarf es inductiver Durchbildungen der Psychologie, um auch die idealen Probleme auf thatsächlich gesicherter Basis annähern zu können, und sie, wie bisher deductiv, jetzt von einem entgegengesetzten Gesichtspunkt zu betrachten, (und insofern häufig unter veränderter Beleuchtung).

Als, am Ende des ersten Jahrhunderts nach seiner Schöpfung, Kitche-Manitu auf die Erde zuerst wieder niederblickte, sah er „old men and women coming out of their lodges, grey-headed and stooping, and when they issued forth they fell into pieces from extreme age" (s. Emerson). So sandte er die Botschaft, „that they must fight" (wie auf den wenigen Inseln Polynesiens zur Verminderung der Bevölkerung), and „upon the death of those Indians, who were killed in battle, the Great Spirit placed their souls near himself" (in der Walhalla der Batta).

Der bewusste Zustand findet sich eingeschlossen von Maass und Zahl, innerhalb der Gesichtsweite des Raums und der durch gleichmässig siderische Umläufe geregelten Zeit, im Anschluss an den Verlauf des Nacheinander bei eigenen Lebensvorgängen (organischer Entwickelung in rückläufiger Kreislinie). Im Traume, wo sich solcher Anschluss verliert, fehlt (für die mehr oder

weniger darin verharrenden Naturstämme) der feste Ansatz der
Gedankenreihen, auf dessen Unterlagen sie bei geschichtlicher
Cultur-Entfaltung gesetzlich hinauszustreben vermögen, im Ewig-
Unendlichen (der Idealschöpfungen). Die vier Elemente (ὑπὸ ἄλλου γενόμενα) können nicht als
Gott betrachtet werden (bei Pseudo-Clem.). „Auch nicht die
blosse Mischung (μῖξις, κρᾶσις) oder Entstehung (γένεσις), noch
etwa den ganzen umfassenden sichtbaren Raum (τὸ πᾶν περιέχον
ὁρατὸν κύτος), nicht die im Hades zusammenfliessenden faex materiae (ὑποστάθμη), nicht das aufsprudelnde Wasser, noch die
siedende Substanz (Ζέουσα, Aether), nicht die von ihr herab-
reichende Luft" (s. Möller), auch der Naturtrieb nicht (ἔρως, ἐπιθυμία oder ἰσχύς) des Zufälligen oder (im αὐτόματον) Elementarischen (was für seine Belebung den Künstler voraussetzt),
ὄντως ἀνάγκη τινὰ εἶναι νοῦν ἀγέννητον τεχνίτην (da „unmöglich,
dass ohne einen überlegenden Verstand ein so weises Werk entstehe"). Bei der προβαλή dann (in der Welt als τροπή) liegt in
Emanationen die Summe des Strebens nach Höherem für die Pneu-
matikoi, (wie für die aus Wiedergeburten wieder emporstrebenden
Arya), betreffs der Fruchtentwickelung auf dem „via eminentiae"
der Megga, zur Phala führend, am Pfade des Nirvana, zum Verständniss des Dhamma (aus kosmischen Harmonien).

Wer als reicher Mann geboren, mit seinem Vermögen die
Wissenschaft fördert, erwirbt, weil Lüsten fröhnend, die nicht
ihm, als Einzelnem allein, (im materialistischen Schlamme), sondern
(in idealistischen Gütern) dem Gemeinwesen zu Gute kommen
würden, insofern sein Verdienst, als objectives (das auch subjectiv
anzurechnen ist), zur Abrechnung (in Bun und Bab).

Wenn das Pleroma sich abgrenzt, nach Unten aufhörend,
so würde es auch oben einen Anfang haben (s. Möller), in der
Controverse mit den Gnostikern (bei Irenäus), während sich die
Emanationen verschieden denken lassen, „entweder als Aus-
strahlungen, welche in ungeschiedener Einheit mit dem, der sie
entlässt, bleiben (quemadmodum a sole radii), und als sich ab-
trennende Erzeugnisse, so dass jede der Emanationen für sich,
ihrer eigenen Gestaltung folgend (quemadmodum ab homine homo,
a pecude pecus), oder nach Analogie des Wachsthums (quemadmodum ab arbore rami)", im Pua (hawaiisch). Im Uebrigen verlaufen hier die Speculationen über Erstes und Letztes, mit ihren
Negationen, in das Nichtwissen aus, der Avixa (im psychologischen

Entwicklungsprocess des Abhidhamma) bis zum Nirvana (um hier dann die Realisation aus dem Gegensatz zu gewinnen).

Indem durch Zutritt des, (aus seinem Rückzug in den Himmel) die „incubationem" (s. Ephraem) suchenden, Demiurg zu der Hyle (auf der Erde), der Mensch aus Geistigem (und Seelischem) mit Materiellem geschaffen wird, folgt aus dem von dem Ersteren gestellten Verlangen alleiniger Verehrung (bei Marcion), der dualistische Gegensatz (in Verschiebungen zwischen Orthodoxie und Heterodoxie) im Widerstreben des Widersachers ($\delta\iota\acute{\alpha}\beta\circ\lambda\circ\varsigma$), für auch diesseitige Ansprüche (älteren Matriarchats zum Patriarchat), im „geschichtlichen Verlauf" (s. Möller) bedingt (bei Esnig), bis zu der „subito" (s. Tertullian) enthüllten Offenbarung des fremden Gottes (im dritten Himmel), der, aus Mitleid mit den vom Judengott Geplagten, in Knechtsgestalt seinen Sohn sendet (als „Spiritus salutaris"), dem gegenüber auch der angelus gloriosus (inclytus) oder Kosmokrator in dem $\pi\circ\nu\eta\varrho\acute{\circ}\varsigma$, (unter Hinweis auf, bis dahin unbegreifbar, Höheres), sich verkehrt, bei der sich selbst offenbarenden Idee (s. Baur) des Deus per semet ipsum revelatus (im „guten Gott"), in Verborgenheit die weltbeherrschenden Mächte durchschreitend (weil nur „in phantasmate" doketisch), und sie wieder täuschend durch Ueberlistung (bei Apelles), mit gnostisch-ophitischer Schlangenlist eines „listigen" Nous (im bunten Maskengespiel), so dass nur die $\pi\acute{\iota}\sigma\tau\iota\varsigma$ (Marcion's) die Seele zu retten vermag (in gläubiger Hingabe), beim Aufgehen eines neuen Lebens (im $\pi\nu\epsilon\tilde{\upsilon}\mu\alpha$).

Die weil durch Gautama's (oder Maga's) List in täuschender Enthaltung (beim Sacäa-Fest) berauschten, und so durch Ausstossung aus dem Tavatemja-Himmel des Zeitta-lata-Baumes, (den der Parasatu-Baum nicht ersetzt), beraubten Asuren kämpfen unter Wepetyiette-asura-enderea (in Asura-Loka oder Asura-Bon) gegen Sacraia, dem (neben Dirtheraach Shetheire und Wiroedhe, sowie Wiroe-Pakshe der Naga-battajo) Wirae-wenne (aus den Vierhütern zur Seite steht), als Fürst der durch göttlichen Vertrag gebundenen Asura (nach Wiedergeburt unter den Menschen).

Indem nicht unter organischer Entwickelung (in $\pi\alpha\nu\sigma\pi\acute{\epsilon}\varrho\mu\epsilon\iota\alpha$) aus dunkel verschlossenen, und in Finsterniss (der Po) nicht (mit Gestaltungen der $\acute{\circ}\pi\mu\alpha\sigma\iota\alpha\iota$) erkennbaren Tiefen (gnostischem Bythos), im Emporblühen (aus Kumulipo aufwärts) während (lautlosen) Schweigens (einer Sige, als Mutuhei), sondern vom Voranfang ($\pi\varrho\circ\alpha\varrho\chi\acute{\eta}$) in (unerreichbaren) Höhen ($\acute{\upsilon}\psi\acute{\eta}\mu\alpha\sigma\iota\nu$) aus

fremder Ursächlichkeit (eines ϑεὸς ἄγνωστος) die Offenbarung unvermittelt plötzlich (subito) für die von „angelus inclytus“ geschaffene Welt hinzutritt (bei Marcion), folgt (statt Verklärung
eines „Auferstehungsleibes“) die Abwendung (von dem Wirken
des Demiurg) in asketischer Entsagung (bei Apelles), um (mit
Hülfe der „Pauja“, als Sophia) im psychologischen Durchbildungs-
process (des Abhidhamma) die Erkenntniss zu erlangen (beim
Erwachen zu Buddhi), und indem dabei das Grundübel in die
Concupiscenz fällt, würde die Ausrottung (fortleitender Zeugungen)
an sich bereits zu einer Selbstvernichtung führen, sofern nicht
(zur Beantwortung innerlicher Fragen) das Verständniss (eines
„Hestos“ im Fluss des Werdens) das Selbst sich zu sichern vermag
(aus kosmischen Harmonien).

Zur Vermittelung einer aus den Tiefen hervorstrebenden
Entwickelung (von dualistisch gebreitetem Gegensatz) eines un-
vermittelten Eingriffes in die geschaffene Welt durch fremde
Gottheit in den Höhen schiebt sich (im psychologischen Process)
die Vorschöpfung ein (im Gedanken), indem (in valentinianischer
Gnosis) die kosmogonische Bewegung zwar ebenfalls ein noth-
wendiges Durchgangsmoment für die Vollendung des Göttlichen
bildet (s. Möller), aber zunächst angeschaut wird als nur „idealer
Process in Gott“ („Auseinandertreten bis zum Gegensatz und Bruch,
dann Versöhnung“) zum Absetzen von einem Anfangspunkt („für
den realen Weltprocess“), um das Dedomenon zu gewinnen, nach
dem Ausgang hin (im logischen Rechnen). In innerlicher Selbstbeschauung (ἐνθύμησις) haben (nach wahlverwandtschaftlichen
Affinitäten) die Gedankenreihen sich zu ordnen (in comparativ-
genetischer Methode), ehe das Wort (λόγος) hervorzutreten vermag (in schöpferischem Honover).

Zur Vorbereitung des thatsächlich Gegebenen in der Ethnologie (zur Beschaffung des Materials) bedarf es zunächst einer
Gedankenstatistik, einmal im Ueberblick der fundamental vorliegenden Spannungsreihen (in Grundgedanken) und dann zum
Verfolg der (unter dem Zutritt vielerlei Agentien mehr oder
weniger bedingten) Entwickelungsstufen eines organischen Wachsthums (im psychischen Werden).

Die Energie oder der Modus des Seelenlebens im engeren Sinne ist das
Bewusstwerden (s. J. Müller). Gewohnheiten können nur in einer Seele sein,
welche keine Dynamis, sondern eine Energeia ist (s. Harms). Die Psychologie ist entweder Naturwissenschaft oder gar keine Wissenschaft, denn die
Annahme einer allgemeinen Gesetzmässigkeit ist ganz dasselbe mit der An-

nahme der Möglichkeit einer Wissenschaft überhaupt (Th. Waitz). Die Formen des Begehrens, des Fühlens, des Urtheilens, Schliessens, des Wollens etc. existiren ursprünglich gar nicht in unserer Seele, sind in derselben nicht präformirt, sondern nur prädeterminirt gegeben (s. Beneke). Δεῖ οὖν πρῶτον ψυχῆς φύσεως περὶ θείας τε καὶ ἀνθρωπίνης ἰδόντα πάθητε καὶ ἔργα τἀληθὲς νοῆσαι (s. Plato). Statt der „perceptio“, als die Wahrnehmung der Seele (bei Descartes), brachte Leibniz „die Unterscheidung der sinnlichen Perception von der Apperception, welche die bewusste Erfassung des Gegenstandes durch die Seele ist“ (s. A. Lange). Gemäss dem Charakter des Anderseins ist Etwas, was es ist, durch sein Nichtsein dessen, was Anders ist, und mithin nur in seiner Beziehung auf Anderes (bei Hegel). Die Vorstellung, welche durch Vereinigung von Verstandsbegriffen erzeugt wird, ist die „Idee“, und das Vermögen, Ideen zu erzeugen, heisst die Vernunft (s. Reinhold) in höherem Stadium der Entfaltung (aus psychischem Wachsthum). Als die Nadelkranke Hertz 19 Jahre lang in Kopenhagen Aufsehen erregte, fanden sich Mädchen, die das Hervorbrechen der Nadeln aus den äusseren Theilen darstellten“ (s. Hecker). In der Nachfolgerschaft Tanner's verlor sich die Heiligkeit der Vierzig Tage (beim Fasten). Am Hofe Alexander's M. war (in Nachahmung des Königs) Schiefhalsigkeit Mode, wie die Mastdarmfistel am Hofe Louis' XIV. und (XIX. Jahrhundert) in den Aristokraten-Kreisen New-York's (für chirurgische Behandlung mit der Karbolsäure, westlicher Naturdoctoren). In the extremest ecstasies, there is neither „theolepsy“ nor „diabolepsy“ nor any other „lepsy“ in the sense of possession of the individual by an external power. What there truly is, is a psychology (s. Maudsley). „Braid entdeckt, dass, wenn sensitive Individuen ihre Augen fest und stät auf einen kleinen, glänzenden, über und nahe an ihre Stirn gehaltenen Gegenstand gerichtet halten“ (1843), Hypnotismus hervorgerufen wird (1854), und das war im Buddhismus längst verwerthet für die Dhyana (durch glänzenden Fleck). Todesekstase (Todesschlaf) oder Traumtod ist ein positiver Zustand, eine Periode der Ruhe, deren Dauer zuweilen vorherbestimmt, wenn auch unbekannt ist (s. Mayo), wie in Siam, wenn der Mo helfen muss (s. Völker des östl. Asien, III, S. 281). Die Heidenwecken (Brätzel oder Brachele) wurden auf dem Concil zu Septinae verboten (de simulacro de conspersa farina), und in Mexico wurde der aus Maisteig gebackene Gott gegessen (zum Sacrament). Für die Hochzeit nach seiner Verlobung mit der heiligen Jungfrau Maria stellte Tanchelm eine Opferbüchse auf, für Männer und Frauen getrennt (in Friesland). Nach Erschlagung Hayagriva's erneut sich die Kenntniss der Veda in der Matsya-Avatara des Fischmenschen (als Culturheros Oannes). Wa mein sele ist da ist got, und wa got ist da ist och mein sele, und ist als war als got got ist (Meister Eckhart). Das Charakteristische der Mystik ist, dass sie ein unmittelbares Erleben und Schauen des Göttlichen anstrebt (s. Preger). Ipse intellectus talis intelligit se ipsum per suam essentiam, stans semper in lumine' suae actualis intelligentiae, quia in se ipsum semper reflexus est, si tamen potest dici reflexio vere videre directam suae essentiae intellectionem (s. Theodorich von Freiburg). Die Idee der ethischen Persönlichkeit stellt die Forderung, dass die ethische Einsicht selbst den Willen erzeuge, ihn als ausreichendes Motiv erwirke (s. Steinthal). If the ethical reasoning, that led us to interpret Ultimate Good as

Happines is sound, there seems no argument from Natural Theology to set against it (s. Sidgwick). Weil der Endzweck die Güte der Handlung bestimmt (s. Filliuccius), rechtfertigt sich die „Restrictio mentalis" (der Jesuiten). Ein amphibologischer Eid, obwohl kein Meineid, ist doch unerlaubt, wenn ohne gerechte Ursache abgelegt (bei Laymann). Indem die Erde von Gott allen Menschen gleichmässig gegeben, leitet sich durch stillschweigendes Zugeständniss oder ausdrücklichen Vertrag das Eigenthum des Einzelnen ab (bei Thomasius). Aus Noth der (in der Vereinzelung) Bedrängten (einen Schützer suchend) entstand die menschliche Gesellschaft (s. Mariana). Heinrich Suso (bei der Entrückung in Konstanz) „starrte hin in den reichen Wiederglast, darin er sein selbst und aller Dinge vergass" (im „Himmelreich"). L'âme, qui s'est anéantie dans l'amour de son créateur, peut accorder à la nature tout ce qu'elle désire, sans éprouver aucun remords (Marguerite Porrette). Schwester Margaretha (in Kloster Töss) sah ihre Mitschwester Juliana Ritter ganz durchleuchtet und wohl eine Elle hoch in der Luft schweben (s. Greith). Die Verpflichtung (in sittlicher Ordnung) ist zu definiren (s. Gutberlet) „als Nothwendigkeit, eine Handlung zu setzen, welche aus ihrer absolut untrennbaren Verbindung mit einem absoluten Willen und dem höchsten Guten hervorgeht" (die Verpflichtung des Naturgesetzes enthält zugleich die Sanction). „That the asking of any particular blessing looked to him like directing God; and if so, that it must be a very wicked thing", meinte (unter den Yamacran's) Tomochichi (s. Oglethorpe). Ἦν ὅτε ἦν οὐδέν (bei Basilides) im Anfang · (s. Hippolyt.). Les événemens actuels ont avec les précédens, une liaison, fondée sur le principe évident, qu'une chose ne peut pas commencer d'être sans une cause qui la produise (s. Laplace) nach dem „principe de la raison suffisante" (l'opinion contraire est une illusion de l'esprit). Der Aeon ἐν ἀοράτοις καὶ ἀκατονομάστοις ὑψώμασι (bei Valentin) hies Bythos (s. Irenäus), mit erblicher Gefährtin in Ennoia oder Χάρις (Σιγή), und so in der Kosmogenie Nukahiva's (mit Mutahei's Umschlingung). Prius a creatione creator, qui productum faciens est, silens fuit (in der Upnekhat). Die Zeugung (in der Welt) setzt sich dahin, wo Veränderung und Verrückung der Theile stattfand, und die Ursache, wo Sensibilität der Natur war (s. Ocellus). Ἡ μὲν ἀρίστα θεῷ ἑπομένη καὶ εἰκασμένη ὑπερῆρεν εἰς τὸν ἔξω τόπον τὴν τοῦ ἡνιόχου κεφαλήν, καὶ ξυμπεριηνέχθη τὴν περιφοράν, θορυβουμένη ὑπὸ τῶν ἵππων καὶ μόγις καθορῶν τὰ ὄντα (s. Plato), von Tane gesehen im Glanz, als den Kopf vorsteckend (bei den Maori). Σίζηγος wird (bei Bardesanes) als Gefährte geschaffen vom höchsten Wesen (πατὴρ ἄγνωστος oder πατὴρ ἀνωνόμαστος) oder (bei Valentin) Βυθός προπάτωρ oder προάρχη, der seine Ausbildungen (διαθέτεις) hervorgehen lässt (als δυνάμεις), und gnostisch wirken die Aeonen (in Sizygien), wie im Pule Heau (auf Hawaii). Μάγοι δὲ καὶ πᾶν τὸ Ἄρειον γένος, ὡς καὶ τοῦτο γράφει ὁ Εὔδημος, οἱ μὲν τόπον, οἱ δὲ χρόνον καλοῦσι τὸ νοητὸν ἅπαν καὶ τὸ ἡνωμένον (s. Damascius). Outre la vertu attirante du centre il est donné à toutes les créatures une pente forte de réunion à leur centre (s. Guyon). O che anima felice é quella, che ritrovasi cósi morta ed annichilata. Ella non vive più in sè perchè Iddio vive in lei, già può con ogni verità di lei dirsi, che sia „deificata" (s. Molinos) ein Nirvana (aus dem Pleroma des Dhamma). In der Vernichtigung baut Gott den Thron seiner Herrlichkeit auf (Elisabeth Baillou). Αἱ μὲν γὰρ ἀθάνατοι καλούμεναι *ἡνίκα ἄν πρὸς ἄκρῳ γένωνται, ἔξω πορευθεῖσαι ἔστησαν ἐπὶ τῷ τοῦ οὐρανοῦ νώτῳ, στάσας δὲ αὐτὰς περιάγει ἡ περιφορά, αἱ δὲ θεωροῦσι τὰ ἔξω τοῦ οὐρανοῦ· Τὸν δὲ ὑπερουράνιον τόπον οὔτε τις ὕμνησέ πω τῶν τῇδε ποιητής, οὔτε ποθ' ὑμνήσει κατ' ἀξίαν* (s. Plato), von Tane in Glorie gesehen (bei Maori) durch Gnosis (der Rupa-Terrassen). Die Königstochter Margaretha von Ungarn (im Schwester-convente Prediger-Ordens in der Stadt Vesprim) sah man „oft wohl eine Elle hoch über der Erde schweben, und sie hielt sich längere Zeit in der Luft" s. Greith), wie Jamblichus und Apollonius Th. (gleich indischen Fakir). Der Oboth (in Anrufung Ob's) nnd Yidonim war den Israeliten verboten (im levitischen Gesetze). Die Zauberer (Patagoniens) werden periodisch aus-gerottet (im Hexentreiben).

In der Schöpfung der Elohim (als sieben Engel) schützt, unter den Ausflüssen des höchsten Wesens, der Judengott die Menschen (mit dem Pneuma belebt) gegen das Böse (s. Saturnin). Indem mit Erniedrigung des Judengottes unter die abgefallenen Geister auch die Lehre seiner Propheten (bei Dositheos) für Helena-Ennoia nicht gültig sein konnte, entartete die zügellose Freiheit der Simoner in Immoralität (s. Irenäus). Die Cainiten (mit dem Evangelium des pneumatischen Apostel Judas) bezeichneten Jehovah-Jaldabaoth als Ὑστέρα „le Yoni du système Indien" (s. Matter). „Madame Guyon ward von ihren Anhängern als eine Heilige der ersten Grösse beinahe göttlich verehrt" (s. Moritz), im Hause Herrn von Fleischbeins' in Pyrmont (1785). Tum Pater omnipotens fecundis imbribus Aether conjugis in gremium laetis descendit (s. Virgil) bei Empfängniss (der Jungfrau), wie im Regen (Danaë's). Hun-Izamna oder Yaxcocohmut (creador del cielo et de la tierra) heisst (in Yucatan) Noh-Yum-Cab esto es: Gran Padre del universo (s. An-cona). Qui deum amat, conari non potest, ut Deus ipsum contra amet (s. Spinoza). Njankupong ist zu weit, als dass Gebete bis zu ihm dringen, ihn zu rufen (wie Baal, zu Elias Zeit). Der Glaube der Erwählten trifft die Wahrheit (*μαθήματα*) intuitiv (bei Basilides) im logischen Rechnen (praesta-bilirter Harmonie). Die ἔκλεκτοι (ὑπερκόσμιοι) waren ξένοι ἐν κόσμῳ (bei Basilides). Als vom höchsten Vater geboren, feierten die Simonier Ennoia als Minerva (Σοφία παμμήτορα). Der πνεῦμα τῆς πονηρίας war vom Demiurg geschaffen (bei Valentin). An der Spitze der acht Aeonen (bei den Gnosti-kern) stehen Βύθος und Σιγή (s. Gregor. Naz.), wie Hestos und Ennoia (als Helena). Mit Gnosis (als Aeon) vermählt sich (bei den Barbeloniten) Adam (Sohn des Autogenes und der Aletheia). Der vollendete Aeon (τέλειον Αἰῶνα) ἐν ἀοράτοις καὶ ἀκατονομάστοις ὑψώμασι (s. Irenäus), Βυθόν καλοῦσιν (die Valentinianer). Die Entfaltung der Unterschiede und der Verlauf der Richtungen, welche sich hieraus ergeben, ist der Weg des Geistes, um zu sich zu kommen, während er selbst das Ziel ist (s. Hegel), im psychischen Wachsthum (bei naturwissenschaftlicher Betrachtungsweise). Bei dem Auf-stand der aus Ennoia (Gottes erstem Gedanken) geschaffenen Geister des Geistes, wurden diese (als Helena) in menschliche Körper gefesselt (und dessen Leiden), bis das höchste Wesen selbst alle Zwischenstufen durchlief. um zur Befreiung geboren zu werden als Simon (zu Gitton Samarien's), in-dem die Frau in tiefster Erniedrigung (als Sklavenhure) die unterste Stufe bildet, auf welcher das Heilswort noch gehört werden kann (in der Sophia im heiligen Geist) durch Prounikos (bei S. Epiphanes), des tentatives voluptenses (s. Matter) als *πορνεία* in den Hurereien (des Abfalls). Les Simoniens (s. Matter) appelaient l'Etre suprème „la racine de l'univers" (*Ρίζωμα τῶν ὅλων*) und so in Mangaia (aus den Wurzeln des Universum). Die Ophiten, die ihre Lehre (nach Origenes) auf Euphrates (*περσικός*) zurückführten, waren älter als das Christenthum (s. Philastre), in den Lehren des Mahayana (Nagasena's). Simon (*ἡ δύναμις τοῦ θεοῦ ἡ μεγάλη*) „fut moins un savant chef de secte, qu'un avide goète, ou faiseur de miracles" (s. Matter), in schamanischen Operationen (der Samanäer) kraft Balas (zauberischer) Kräfte (in *δυνάμεις*). Die ins Pleroma gelangenden Geister geniessen die Ruhe (*ἀνάπαυσις*) gleich der Vereinigung des Aeon Jesus mit Sophia-Achamoth (bei Valentin). Mit dem Lichtpunkt im dämmernden Leben, mit dem Worte Ich geht der erste Morgen in der Seele des Kindes auf (s. Löbisch). Im Schloss auf den Inseln des Paradieses (Avalon) fand Holger das Pferd Papillon (s. Keary). In Birma fliegt die Seele als Schmetterling (Leip-ya). Die Philosophie bedarf eines Systems, das in seinem Umfang ein allmähliges Fortschreiten von den Aristotelischen Untersuchungen zu den Platonischen Ideen von Gott und den göttlichen Dingen enthält (s. G. E. Schulze). Die Philosophie, als Organismus oder „Gliedband" der nicht sinnlichen Erkenntniss (bei K. C. F. Krause) gestaltet sich im psychischen Wachsthum (naturwissenschaftlicher Psychologie). Das Reden schlägt einen Schlag in das Unreden, also sind die Personen Unterschoss des Wesens (s. Eckhart). Den Bewegungsmuskeln der Glieder entsprechen (im Gehirn) die Denkmuskeln bei physischem Ursprung der Seele (s. La Mettrie). Das Weltgesetz ist der Typus, vermittelst dessen die Gottheit in der physischen und geistigen Welt sich offenbart (nach J. J. Wagner). Die Weltregierung besteht in dem Walten allgemeiner Naturgesetze, unter denen auch die Entwickelung des gesammten Bewusstseins steht (nach Blasche). Das Verdienst besteht in einem Anspruch, den eine Handlung auf Belohnung hat, und das Missverdienst in einer sittlichen Forderung der Bestrafung (s. Gutberlet), in Bun und Bab (der Buddhisten). Bei Metamorphisirung (s. Gars) nicht der Larve, sondern der Brut (nicht des Individuums, sondern der Generation) ergiebt sich der Generationswechsel (s. Steenstrup) als ein durch Arbeitstheilung auf dem Gebiete der Entwickelungsgeschichte bedingter Polymorphismus (s. Leuckart), unter Zusammenfassung der Zooiden bei der Metagenese (s. Huxley). Uebereinstimmung der organischen Grundlage für bestimmte Functionen ergiebt sich aus vergleichender Anatomie (in Homologien und Analogien). In der ästhetischen Weltansicht der Religion sind alle Widersprüche der Speculation zu einer Harmonie des Lebens versöhnt (bei Fries). Während der das Thier durchrauschende Strom von Materie der Umwandlung potentieller in kinetische Energie dient, erklärt er zugleich die Abhängigkeit des Lebens von äusseren Bedingungen, den integrirenden Reizen der älteren Physiologie, und die Vergänglichkeit des Organismus gegenüber der Ewigkeit des bedürfnisslos in sich ruhenden Krystalles (s. Dubois-Reymond). Der Ausfall eines Zusammenhanges zwischen den Dingen-an-sich und dem menschlichen Erkennen (in der von Kant gestellten Frage) liegt (für den idealistischen Subjectivismus) daran, weil der menschliche Geist sich nicht aus der Sphäre des ursprünglichen Vorstellens hinausversetzen kann (bei Beck), indem sich bei Erklärung der Seelenzustände eine von einem Ich als „Realprincip" der Philosophie (s. Krug) abstrahiren

Bastian, Ethnische Darstellungen.　　　16

lässt (s. J. G. Fichte), bis zu objectiv gewonnener Uebersicht, statt einer „Wissenschaftslehre" eine Lehre der Wissenschaft von Menschen anzubahnen (als Gesellschaftswesen). Die Alten, welche den habitus principiorum moralium συντήρησις nannten, wollten damit die Erkenntniss nicht einer besonderen Fähigkeit, sondern der Vernunft, oder genauer dem Intellectus zuschreiben, der nach ihnen überhaupt habitus principiorum ist (s. Gutberlet), zu sittlicher Veredelung (aus naturwissenschaftlich begründeter Psychologie). Die Umarbeitung des aus der Erfahrung Gegebenen im Denken bedingt die „Methode der Beziehungen" (s. Herbart), als organischer Wachsthumsprocess (im Psychischen). The religious sentiment is constituted by the tender Emotion together with Fear, and the sentiment of the Sublime (s. Bain). Ueberhaupt und allemal erscheint ein Volk (zumal eine Nation) als ein generelles Individuum, insofern es ein einheitliches Bewusstsein bildet, innerhalb dessen das Bewusstsein des einzelnen Subjects nur als eine einzelne Vorstellungsgruppe gilt, welche aus kleineren Gruppen besteht, sich aber mit den Gruppen aller anderen Subjecte zum Volksbewusstsein zusammenschliesst (s. Steinthal). „Das menschliche Ich ist das leiblich-sinnlich-geistige Einzelwesen, welches sich seiner als solchen bewusst ist, und welches nur die Einheit seiner Leiblichkeit, seiner Sinnlichkeit und seiner Geistigkeit als die seines Wesens wirklich zu erkennen vermag" (E. Reinhold), das Psychische aus seinen physischen Wurzeln und das Geistige im Nous (bei Aristoteles) hinzutretend, aus der im Sprachaustausch geklärten Atmosphäre der Gesellschaftswesenheit (für das Zoon politikon mit dem Einzelnen als integrirender Theil des Ganzen, seine eigene Bestimmung umschlossen feststellend). Das Studium des Menschen muss sein ganzes Leben hindurch und in allen Verhältnissen seines eigenen Lebens seine Hauptbeschäftigung sein (s. Moriz). Der Zwang auf Erfüllung kann aus gegenseitiger Zusage nicht abgeleitet werden (nach Warnkönig), so dass demnach der Zwang auf Erfüllung eines blos stipulirten Vertrages sich nicht darlegen lässt (ohne Begründung in positiver Gesetzgebung), und bei den Naturstämmen liegt zunächst in religiöser Bindung der Zwang (bis rechtlich freiwillig anerkannt). Esangetuh Emissee oder Herr des Athems (und Lebens) weilt als Wahkeeyan (der Dacotah) in einem Zelt auf dem Gipfel westlichen Berges (donnernd) in Unbegreiflichkeit (des Wahkan). Von den Pythagoräern (s. Weisse) behaupteten Einige, „Seele seien die Sonnenstäubchen in der Luft, Andere, das, was diese bewege" (bei Aristoteles). Gard said; Listen! I have been in the land of spirits. I have beheld the Great Man Above. I have come back to the earth to bring a menage to the Hupa, then of return up to the Land of Souls. The Great Man has sent me to tell the Hupa, that they must dwell in concord with one another and the neighbouring tribes. Put away all thoughts of vengeance. Wash your hearts clean. Redden your arrows no more in your brothers' blood. Then the Great Man will make you to increase greatly in his land. Ye must not only hold back your arms from waring and your hands from blood - guiltiness, but ye must wash your hearts as with water (s. Powers).

Ist ein Kirgise erkrankt, so dass man für sein Leben fürchtet, und hat die Heilkunst der alten Weiber nicht geholfen, so lässt man einen Baksa rufen (d. h. solche Leute rufen den Baksa, die keine mohammedanische

Bildung erhalten haben, diese letzteren lassen den Mulla rufen und Gebete
lesen). Der Baksa befühlt zuerst den Puls des Kranken, wobei er allerlei
unverständliche Worte hervorstösst. Dann setzt er sich mit dem Kobus hin
und spielt dem Kranken mehrere Melodien vor, die er mit dem Rasseln des
Kobus begleitet und zu dem er mit halber Stimme seine Lieder singt. Darauf nimmt er die Kumalak (Schafmistkörner) und weissagt mit diesen die
Ursache der Krankheit und was für ein Opfer nöthig ist, um die Krankheit
zu heben. Das Opferthier wird von ihm genau bezeichnet, d. h. die Farbe
und eine Reihe von Merkmalen angegeben, an denen man das Schaf erkennen
kann. Als Beweis der Wahrheit der Weissagungen des Baksa wurde erzählt,
dass sich meist ein so genau bezeichnetes Schaf in der Heerde des Wirthes
oder doch wenigstens bei einem Nachbarn finde. Daraus ersieht sich weiter
nichts, als dass der Baksa gewiss vor dem Weissagen die Heerde des Kranken
besucht hat oder durch einen anderen Helfershelfer hat besichtigen lassen.
Eines der gewöhnlichsten Merkmale ist nämlich, dass das Schaf gross und fett
sei. Dasselbe wird nun gemäss mohammedanischer Vorschrift ohne weitere
Ceremonien des Baksa geschlachtet, das Fleisch zerschnitten und in den
Kessel gethan und die Nachbarn zum Mahle eingeladen. Sobald das Schaf
geschlachtet ist, reisst der Baksa selbst unter Murmeln von Beschwörungs-
formeln die Lunge aus dem Thiere, begiebt sich eilig zum Kranken und
schlägt ihn dreimal mit der noch warmen Lunge. Dann nimmt er die letztere,
in die die Krankheit übergegangen sein soll, und wirft sie den Hunden vor
(bis auf das letzte Stück verzehrt). Alsdann ergreift er seinen Assa und führt
mit ihm einen wilden Tanz aus, bei dem er in die höchste Extase geräth. Nachdem die Baksa-Beschwörung beendigt, setzt man sich zum Mahle, an dem Alle,
ausser dem Kranken theilnehmen. Als Lohn für seinen Dienst erhält der Baksa
die besten Stücke beim Mahle und ausserdem noch das Fell des Opferthieres.
Reiche Leute geben dem Baksa noch andere Geschenke, ein Schaf oder einen
Rock aus Durja. Nach dem Mahle macht der Baksa gewöhnlich Mittheilungen darüber, was er vom Geiste (dem Dshin) erfahren habe, jedoch sind diese
Aussagen nie klar und bestimmt, wie z. B.: wenn das Wetter sich in acht
Tagen ändert, wird der Kranke gesund, sonst muss er sterben; oder wenn
der Kranke in so und so viel Tagen nicht stirbt, so wird er gesund. Bis
zu der bestimmten Zeit bleibt der Baksa an der Seite des Kranken und hält
täglich Gesänge und Tänze mit Beschwörungen ab. Die Kunststücke mit
Messern und glühendem Eisen wiederholt der Baksa fast bei jeder Beschwörung, und sollen die körperlichen Qualen des Beschwörers jedesmal einen
kleinen Theil der Krankheit heben, indem er in seiner Verzückung den
Schmerz des Kranken auf sich nimmt. Die Knochen des geopferten Schafes
werden sauber gereinigt, auf den Schädel malt dann der Baksa allerlei
Figuren, darauf formt derselbe aus Teig allerlei Thiere: Kameele, Pferde,
Rinder, Schafe und Ziegen, und thut die Knochen und alle diese Nach-
bildungen in einen Sack, nachdem er sie mit bunten Fäden umwickelt hat.
Den Sack aber trägt er selbst an einen öden Ort und vergräbt ihn unter
allerlei Ceremonien. Niemand darf diesen Ort kennen, denn wenn die Knochen
wieder zu Tage kommen sollten, so wäre dies ein furchtbares Unglück für
den Opferer (Radloff).

16*

Der Frohar oder Fravashi (bei den Parsi) hat die Aufgabe, das, was der Mensch isst, ihm gedeihen zu lassen und die schwereren Theile auszuwerfen und wegzuschaffen. Der Fravashi ist demgemäss der vermittelnde Theil zwischen Seele und Körper, aber als eine selbständige und namentlich vom Körper unabhängige Persönlichkeit gedacht. Daneben kennt der Sadder Bundchesh auch noch andere Seelenkräfte: Lebenskraft (jân), das Gewissen (akho), die Seele (revân), das Bewusstsein (bôi). Von diesen ist die Lebenskraft mit dem Körper auf das Innigste geeinigt, so zwar, dass der Körper ohne dieselbe nicht bestehen kann und der Vernichtung anheimfällt, sobald die Lebenskraft ihm entschwunden ist. In einem der Vernichtung preisgegebenen Körper können aber auch die übrigen Seelenkräfte nicht länger weilen, sie gehen heraus und zwar das Gewissen geradezu in den Himmel, da es nichts Böses gethan hat, dagegen bleiben Seele, Bewusstsein und Fravashi zusammen; sie müssen die Rechenschaft für die Thaten des Menschen ablegen und empfangen Lohn oder Strafe (s. Spiegel).

Gewöhnlich nehmen den Tempel der Vorfahren nur vier Ahnherren und vier Stamm-Mütter ein: der Urältervater, der Urgrossvater, der Grossvater, der verstorbene Vater. Soll nun nach dem Tode des Vaters eine neue Tafel in den Ahnentempel gebracht werden, so muss der Erste der Vorfahren — im fünften Gliede — versetzt werden. Der Hausherr begiebt sich auf seinen Platz, und in seinem Gefolge nehmen auch alle übrigen Mitglieder der Familie ihre Plätze ein. Die Tafel des Verstorbenen wird aus dem Kasten hervorgeholt und dem Geiste vorgestellt. Hierbei macht der Tschouschen vier kleine und vier grosse Verneigungen, richtet sich wieder auf, wäscht die Hände und tritt zu dem ältesten Vorfahren im fünften Gliede und zur Urältermutter. Hier kniet er nieder, giesst Wein aus und bietet denselben in zwei Gläsern als Opfer dar, indem er das eine vor den Ahnherrn fünften Grades und das andere vor die Ahnfrau stellt. Sodann verneigt er sich bis zur Erde, erhebt sich und richtet sich gerade. Ferner nähert er sich nach der Reihe den Tafeln der Stammväter vierten, dritten und zweiten Grades, sowie seiner verstorbenen Eltern, giesst in der vorigen Weise vor einem Jeden derselben Wein aus und setzt ihnen auch solchen vor. Dann verfügt er sich an den besondern Platz, welcher für die Verlesung des Gebetes bestimmt ist, kniet sammt den übrigen der Ceremonie Anwohnenden nieder, trägt das Gebet vor, verneigt sich zur Erde, steht auf und richtet sich gerade (s. Zwehtkoff).

Bei der Unbegreiflichkeit des im Aussen gegebenen Grundes für das Wollen geht die Philosophie (Fichte's) wissentlich von einem Glauben aus (von der Stütze auf den Glauben des Ich an seine eigene Selbstständigkeit). Mit dem von Gott auf die Substanz geworfenen Blick zerflossen ihre Theile in Wasser, dessen aufsteigender Dunst den Himmel bildet (in der Thora). Valentin (in der Gnosis) beansprucht die wahre Lehre, traditionell überliefert durch Theodas (Paul's Schüler). Wie von Glaucias (Schüler Petrus') entlehnte Basilides seine Lehre aus den Prophezeihungen Cham's und Barchor's (im Gnosticismus). Als Xisuthros (Hasisadra) verschwunden war, hören seine Gefährten die Stimme aus der Luft von der Entrückung zum Lohne der Frömmigkeit (s. Berosus). A conflagrationis materia Pontifices excipiunt „coelos superiores vel stellatos" (s. Gerhard), von der πανωλεθρία (nicht die coelos

aereos. Die Götzen der Neger bilden die von den Göttern zum Aufenthalt ge-
wählten Lieblingsplätze (s. Bormann). Das (auf Tahiti) gefertigte Idol wird im
Tempel mit dem Atua durchdrungen (s. Ellis). Der „Himmel" ergiebt sich (im
Colloquium Lipsiacum) als „ein gewisser, ausser dieser Welt, in der Höhe be-
findlicher Ort" (1631). Von der unerschaffenen Gottheit Tonacatecutli oder
Tzinteotl in männlicher, und Tonacacrihuatl oder Xochiquetzal in weiblicher
Existenz (im dreizehnten Himmel) wurde unter vier Brüder Quetzalcoatl und
Tezcatlipoca geschaffen, die, als in ihrem Kampfe Alles zusammengestürzt
war, den Himmel wieder erhoben, gestützt auf den Spiegelbaum (Tezca-
quahcatl) und dem Blumenbaum (Quetzalveixochitl). Auf dem Gilbert wird
der Himmel mit Hülfe des Octopus erhoben (s. Tiki). Μή μᾶλλον τό δὲν
(ἔν) ἤ τό Μηδὲν εἶναι, lehrt Democrit (s. Plut). Πάντα καὶ ἀεὶ εἶναι καὶ μή
εἶναι (Heraklit). Πυθαγόρας φησὶ γεννητὸν κάτ' ἐπίνοιαν τὸν Κόσμον, οὐ κατὰ
χρόνον (s. Stobäus), nicht auszählbar (in Ewigkeit). Anaximenes autem et
Diogenes aërem priorem aqua et maxime simplicium corporum principium
statuunt, Hippasus autem Metapontinus et Heraclitus Ephesius ignem (bei
Aristoteles). Sive igitur dicamus omnia secundum legem naturae fieri, sive
et Dei decreto et directione ordinari, idem dicimus (s. Spinoza). Il gran
Lama é un dio vivente o sia un anima divina, che reside nel Gran Lama
(s. Marcus). Cohum poetae colum dixerunt, a chao (s. Festus), a cavatione
(bei Varro), quod est caelatum (bei Aelius). Wie die von Zambi (bei seinem
Aufenthalt auf der Erde) in den Dingen zurückgelassenen Kräfte der Kissi
in dem Fetischen (Loango's), werden die Manitto (Kitschi-Manitto's, der bei
seinem Aufenthalt auf der Erde, in die gebildete Form jenes Beleben hin-
einkroch), von den Medas gesammelt (für magische Zwecke). Ἐκ γαίης γὰρ
πάντα καὶ εἰς γῆν πάντα τελευτᾷ, lehrte Xenophanes (bei Sext. Emp.). Die
Magier (bei Dion Chrysost.) setzten „eine dereinstig vollständige Auflösung
aller Dinge im Feuer, eine Ekpyrosis" (s. Gladisch). Die Menschen entstehen
aus dem Erdschlamm (bei Parmenides). φησὶ τῶν ὄντων τὴν ἀρχὴν εἶναι τὸ
ἄπειρον (Anaximander) οὐδὲν ἄλλο ἤ ὕλη ἐστιν (s. Pseudo-Plut.). Unter den
plantae viviparae (mit unaufhörlich fortdauerndem Leben und Grünen) keimen
die Samen des Nelumbium schon, ehe sie das „Fruchtgehäuse verlassen
haben", verhärtet auf dem Wasser schwimmend (s. Dierenbach), die neue
Weltperiode einzuleiten (in buddhistischer Kosmologie). Die Erde hat sich
aus dem Meer gebildet unter zeitweisem Wiederversinken in dasselbe (nach
Xenophanes). Die Erde (als flache Tischplatte) wird von der Luft getragen
(bei Anaximenes). „Das geistige Leben besteht nur in der jedesmaligen
leisen oder lauten That" (s. Hoppe) im Werden (das Denken lebend). Zum
Gegenstande der Ethik oder Geisteswissenschaft werden die Erscheinungen
erst von da ab, wo in denselben der Geist das Dingliche überwiegt (s. Flügel),
in der Verwirklichungsreihe des Absoluten (bei Schleiermacher). Die Bewegungsvorgänge des Gehirns und Nervensystems sind Bewegungsformen der
Materie, die uns als Merkmale zum Bewusstsein gelangen (s. Siebeck). Bei
Auferstehung des Fleisches werden die Gestorbenen (im Genfer Katechismus)
„ihren Körper wieder annehmen, doch von anderer Eigenschaft, nicht mehr
der Sterblichkeit und Verderbniss unterworfen, obschon er derselbe Stoff
sein wird" (s. Gerlach). Was aus dem Unbewussten fertig ins Bewusstsein

fällt (bei Kant), tritt aus der psychischen Atmosphäre der Gesellschaft hervor (für das jedesmalige Verständniss des Einzelnen).

In der phönicischen Kosmologie ist die Schlange Symbol Taaut's (s. Movers), mit Thot-Hermes gleichgestellt bei Sanchuniathon (des Philo von Byblus), als feurigstes lebensvollstes Thier (πνευματικώτατον καὶ πυρῶδες), in Verjüngungskraft der Schlange (bei Plut.), wie in Guyana (durch Häutung), als ἀγαϑός δαίμων (der Phönizier) für Unsterblichkeit (s. Eusebius) auf dem Opfertisch gefüttert (wie in Dahomey). Als Achter bildet (bei den Gnostikern) Sophia (Prunikos) die Hebdomas (Jaldabaoth, Jao, Sabaoth, Adoneus, Eloeus, Horeus, Astapheus). Aus Jaldabaoth's Euthymesis wird das, von Prunikos aufgenommene, seiner Virtus entkleidete Weib gezeugt (als Eva). Prunikos (bei Celsus) wird als σοφία ἀχαμώϑ gefasst (in blutflüssigem Weib). Sophia masculo-femina (als Prunikos) dem Lichtthau (ἰκμάδα) oder humectationem luminis in die Tiefen des Abyssus entlassend, wohl ihn aufwallen (zur Schöpfung aus dem Saamen), im Emporschwingen den Himmel durch Expansion aus ihrem Leibe bildend (selbst darunter). Die geistigen (πνευματικά) Körper (Adam's und Eva's) werden dunkel und träge, „bis sich Prunikos ihrer erbarmt und ihnen einen Geruch der Lieblichkeit des Lichtthaus giebt" (s. Möller) zur Wieder-Erinnerung (wie mit dem aus Abhassara Stammenden). Wegen des Lichtthaus (humectatio luminis) von ihr, wird Noah gerettet durch Sophia (praememorans et rememorans). Himmel (der Geist) und Seele (die Erde) haben den Geboten des Herrn zu gehorchen (s. Justin), des Engels Baruchs (τοῦ Βαρούχ). Herakles (der Prophet aus der Vorhaut) bekämpft in seinen Arbeiten die Wirksamkeit der mütterlichen Engel (Löwe, Schlange, Eber u. s. w.), bis sich Babel (Aphrodite) an ihn hängt (als Omphale) und dann wird der Prophet gefunden im zwölfjährigen Knaben, als Schäfer zu Nazareth (bei Justin). Die Περατικοί, als Jenseitige (bei Clem. Alex.) werden (weil hindurchgedrungen) als Ἑβραῖοι gefasst (aus der φϑορά), gleich Tathagata (den Fluss überschreitend). Die Einweihung in die unteren Mysterien des Werdens ist nothwendige Voraussetzung der Einweihung in die hohen, grossen Mysterien: Naass (s. Möller). Als nach Oben bewegt (ἀνωφερής) der Vater (ἄγνωστος καὶ ἀόρατος) an den Grenzen des Himmels ein vergängliches Licht erblickt, verlangt er (zum Eingehen) Oeffnung der Pforten, ἐδόκουν γὰρ ἐγὼ κύριος εἶναι (bei Just.). Αὔτη δέ, φησίν, ἐστὶν ἡ Εὔα, μήτηρ πάντων τῶν ζώντων, κοινὴ φύσις (s. Hippolyt.), als Eva (in der Gnosis), wie Lailai (Hawaii's), feindlich zugleich (im Ehebruch mit Kii). Erst wer in Auflösung der Werke des Mutterleibes (der Hystera) durch alle hindurchgeht, wird errettet (bei Karpokrates). Vom Vater verlassen, befiehlt Edem ihrem Engel Babel (Aphrodite) für Leiden des Geistes, Ehebruch zu stiften unter den Menschen (bei Justin). Die Ophiten, welche sich auf die Schlangenwindungen der Eingeweide für die Bedeutung ihrer Schlange berufen, verehrten dieselbe (s. Epiphanius), weil der Gott Ursache der Erkenntniss geworden für die Menge (ὅτι ὁ ϑεός αἴτιος τῆς γνώσεως γεγέννηται τῷ πλήϑει) im popularisirenden Exoterismus (Buddha's). Das πνεῦμα ἐναρμόνιον (der Naassener) erscheint als „die ideelle Einheit der pneumatischen Naturen, wenn die geistige Anbetung geschieht" (s. Möller). Jaldabaoth zeugt seinen Sohn, in die ὑποστάϑμη der Hyle blickend, die schlangenförmige Macht (δύναμις ὀφιόμορφος). Die Ophiten brachten dem Schlangengott Opfer (s. Epiphanius) in Fütterung der um den Tisch gewickelten Schlange (mit Brot), propter positionem intestinorum nostrorum (bei Irenäus), τινὲς δὲ αὐτὸν τὸν ὄφιν τῇ σοφίᾳ συνεῖναί φασι (s. Theodoret), und auf den Rupa-Terrassen gehen die Eingeweide verloren für die Meditation (aus Gehirn-Windungen in Edem). Γέγονεν οὖν ἐκ πρώτης τῶν τριῶν ἀρχῶν συνδρομῆς μεγάλης μεγάλη τις ἰδέα σφραγῖδος, οὐρανὸς καὶ γῆ (bei den Sethianern). Ἀπὸ τότε ἐπεκράτησε τὰ κακὰ τοῖς ἀνθρώποις καὶ τὰ ἀγαθὰ ἐκ μιᾶς ἀρχῆς γενόμενα τῆς τοῦ πατρός (bei Justin). „So lange der Geist noch nicht zum Bewusstsein des Absoluten und dadurch wahrhaft zu sich selbst gekommen, ist er unbefangen eines mit dem weiblich Psychisch-Hylischen, und dieses ist im Stande der Naturunschuld; erst durch den Aufschwung des Geistes tritt das Niedere im Gegensatz" (s. Möller), und die Befreiung soll nicht gewaltsam geschehen, sondern durch allmälige Ueberwindung der Affecte (πάθη) aus den mütterlichen Engeln, und verboten ist nur die παρανομία (der Naas oder Schlange). Kain (wie Esau) gehört der grossen Schlange an, im Gegensatz zum Gott dieser Welt, der Abel's blutiges Opfer annimmt, das unblutige verwirft (bei den Peraten). Die Grenze des Firmaments wird von dem Aeon Horus (ὅρος) gezogen (bei Valentinus). So lange die Anwesenheit in dem Zimmer nur den Unsichtbaren bekannt war, so lange dauerten die Manifestationen vollkommen fort, in dem Moment, wo das Medium dieselben gewahrte, hörte Alles auf (s. Willis). In den Hallucinationen der Irrenhäuser beruht die Identität der Vorstellungen auf der Identität der Hallucination (s. Lewes). Von den den Eingang in's Paradies bewachenden Engeln (der Mahomedaner) „redet ein jeder 70000 unterschiedliche Sprachen, das Lob Gottes zu vernehmen" (s. Kleemann). Un verre d'eau peut être avalé par l'image fluidique d'une personne et passera l'instant dans le corps de cette personne (s. d'Assier). Nichtseiend schuf Gott eine nicht seiende Welt aus dem Nichtseienden (bei Basilides) in Grundlegung des Saamenkeims (τὴν τοῦ κόσμου πανσπερμίαν) aus Kore (der Maori), als dem Noch-Nicht (μὴ ὄν). Unvergänglich sind die zwei oberen Welten (τὸ ἀγέννητον und αὐτογενής) über der vergänglichen (ἴδιον), bei den Peraten, und die Frucht des Kosmos erfüllt sich aus dem Gehirn (des Menschen), in Unterscheidung der Fixsternsphäre, Planetensphäre und der Welt unter dem Monde (bei Hippolyt). Die Schlange (ὁ ὄφις) oder Logos (ὁ υἱός) bewegt sich zwischen Vater und Hyle (bei den Peraten). Von Sophia (unter Belehrung Seth's im Gegensatz zum Demiurg) sollte, bei Zerstörung des verderbten Geschlechts durch die Fluth, nur Noah gerettet worden sein, wenn nicht vom Widersacher auch Ham in die Arche eingeschmuggelt worden wäre (nach der sethitischen Gnosis). Πᾶν ὅ τι νοήσει ἐπινοεῖς ἢ καὶ παραλείπεις μὴ νοηθέν, τοῦτο ἑκάστη τῶν ἀρχῶν πέφυκε γενέσθαι (bei den Sethianern), in Regelung der Wiedergeburten (innerhalb der drei Welten des Buddhismus). Das Wasser, als zerstörende Macht, steht unter Kronos (bei den Peraten). Das Wasser ist der Tod der Seele (bei Heraklit). Der auf dem Wasser, als Blase, schwimmende Böse bringt dem darüber schwebenden Gott aus der Tiefe das Stückchen Erde, das sich zum Festland erweitert (bei den Jakuten), von Vishnu emporgeholt (in der Fisch-Avatara) oder Menabozho (durch die Ratte). Zur Strafe (von Edem) gesandt, tritt der Engel Naas (als Schlange) zu Eva (Ehebruch zu treiben), und ebenso zu Adam, ihn zu missbrauchen (ὡς παῖδα), während (in Elohim's Auftrag) der Engel Baruch zu gehorchen verbietet, und nicht zu essen vom Baum der Erkenntniss (bei Justin). The Cainites (mit den ophitischen Secten) carried out to its minutest details the monstrous assumption that, the God of the Old Testament, being an evil being, all that is condemned in that book is to be regarded as good, and all that is approved as evil (s. Mansel). Γέγονεν οὖν ἐκ τοῦ ὕδατος πρωτόγονος ἀρχή ἄνεμος σφόδρος καὶ λάβρος καὶ πάσης γενέσεως αἴτιος (bei den Sethianern), einen starken, heftigen, fruchtbaren Wind, alles weiteren Entstehens Ursache, der die Gewässer wallen macht (ῥρασμόν ἐμποιεῖ) und Wellen aus ihnen erregt" (s. Möller), und mit dem Wehen der vier Winde beginnt die buddhistische Schöpfung (s. Pallas). Die Finsterniss der Gewässer (bei den Sethianern) ist klug und weise (φρονιμόν παντελῶς), gleich den Naga (in Mahayana). Πατήρ πάντων τῶν γεννητῶν, ἀπρόγνωστος καὶ ἀγνώστος καὶ ἀόρατος (bei Justin) als zweites Princip, neben dem guten (und dem weiblichen, als halb Jungfrau, halb Schlange). Aus dem Mund des Knepb, προςτιθέησι δὲ αὐτή ἱέρακος κεφαλήν (s. Eusebius), geht das Weltmeer (s. Porphyrius) des geflügelten Drachen bei Orpheus (s. Damascius) in Phanes (des Phallus) der Gott Ophioneus (s. Pherekydes), als Gegner Saturn's (Ὀφίονος θεοῦ) und δράκων ὁ ζωοτικός (der Mysterien), von Herakles bekämpft (mit Kakodämon statt Agathodämon). In (ophitischer) Gnosis (bei Irenäus) der Sethianer (s. Theodoret) wohnt das grenzenlos erste Licht „in virtute Bythi" (ἐν ὕθμῳ τήν οἴκησιν ἔχον), die ἔννοια hervorsendend (als Menschensohn). „In der Befruchtung oder Begattung konnte die Mutter der Lebenden die Fülle des Lichtes nicht ertragen und fassen und ward überfüllt und dadurch übersprudelnd nach den linken Oertern" (secundum sinisteriores partes), wogegen der Sohn, „gleichsam der Rechte" (s. Möller), in die Höhe gehoben wurde, in unvergänglichen Aeon versetzt (arreptum). Aus dem Vater (Elohim) mit Edem (als Halbjungfrau mit Doppelleib der Schlange) gezeugt, bilden die väterlichen Engel (πατρικοί, neben den weiblichen oder mütterlichen) den Menschen (neben Thieren) „aus der besten Erde, das ist aus der menschenähnlichen, sanften Gegend des Eden (oberhalb der Schaam)", und gleichweis entsteht Eva (bei Justin). Im Zustande der Inspiration wird die Anwendung von Feuer nicht gefühlt (s. Jamblichus). Τὸ ἐπέκεινα ὄντος τὸ ἕν (bei Plot.) ist Gott so unaussprechbar (s. Philo), dass selbst seine Existenz nicht ausgesagt werden kann (bei Basilides, Schüler des Glaucias), als νόησις νοήσεως (bei Aristoteles). Im Fall trauert Sophia als Achamoth (bei Valentin). Et materia enim deus, secundum formam divinitatis, innata scilicet et infecta et aeterna (bei Marcion). Die Welt ist von den aus Ennoia stammenden Engeln geschaffen (bei Menander, Schüler Simon's). Der in versuchter Nachahmung leuchtender Erscheinung von den Engeln geschaffene Mensch krümmte sich als Wurm auf dem Boden, bis der Höchste der Lebensfunken herabsendet (bei Saturninus), im Scheinen des Meeres (für Californier). Als Hauptgott im Himmel Parreniermette findet sich Maha-Raja (against whose authority Wassawarty and his followers are described as rebellious) neben den „evil Asuras, living in the same kingdom, manifesting, that its sway or operative link reached through the five inferior heavens of the Dewa Loka, also the Jugandere Parkwette, unto the Asura Loka, below the Meru, or world stone (s. Upham). The Sata-patha-brahmana called a man Prati-Buddha, who had attained to perfect knowledge of the Atman (s. Monier-Williams). Ἐστὶν ἀπ' ἀρχῆς ἀνθρω-

ποιητάνος (der Archon oder Demiurg), bei den Pereaten (*περᾶσαι τὴν φθοράν*), in der *μοῖρα* (*ἀνάγκη τῆς γενέσεως*) bis zum Erwachen höheren Bewusstseins (bei den Pereaten gleich Tathagata). In the Mattora district the plague of flies is met by a ceremony called the Kenkeriwa (in Ceylon), by the Kattadiya or devil charmer (s. Le Mesurier) und durch den Bischof (in Lausanne). Mit Herabscheinen des Lichtes in die Finsterniss (zum *σύγχυσις ἀρχική*) beginnt das Werden (sethianischer Gnosis) nach dem Zusammenstoss (*συνδρομή*) der drei Principien in unendlicher Vielheit (*ἀπειράκις ἄπειροι*) der Kräfte (*δυνάμεις*) für die „Siegelabdrücke" (der *ἰδέαι*). Im *ὁμοῦ πάντα* liegt das primitive Chaos die Schöpfung unter (bei Anaxagoras). Die Pneumatiker werden befreit durch die *τῶν ὑπερκοσμίων γνῶσις* (bei Basilides). Bis zu dem durch den *πνεῦμα μεθόριον* gewölbten Firmament aufgestiegen, herrscht der Archon (Abraxas) über die Ogdoad (in 365 Himmeln), und unter ihm (vom Mond abwärts) der Herrscher der Hebdomad (bei Basilides). Jaldabaoth, Sohn der niedergesunkenen Sophia, bildet mit ihr, neben seinen sechs Engeln, die Ogdoade (bei Irenäus). Die Hyle ist *προςειλημένη ὑπὸ πάντων δημιουργοῦ* (Tat.). *Θεὸν εἶναι τὸν πρῶτον οἱονεὶ σπέρμα συκῆς* (bei den Doketen). Die Pistis-Sophia hebt die metaphysischen Unterschiede auf (s. Köstlin), wie der Buddhismus die brahmanischen (der Kasten). Neben dem *πνεῦμα* (als *μοῖρα θεοῦ*) ist die *ψυχή* der *δεσμὸς τῆς σαρκός* (bei Tatian). Der wahrhaft seiende Gott als Herz (*καρδία*) des Alls, ist (bei Pseudo-Clem.) die Ruhe aller Dinge (*ἀνάπαυσις*). Die Gymnosophisten Indiens (bei der Gesandtschaft zur Zeit Marc Aurels) unterschieden sich in Brachmanen (als Einsiedler) und Samanäer (als Klosterbewohner). There is no superior degree (s. Leyden) über Sekunat (quies) im Soufismus (Bajerid's) der Stufengrade (Scheriat, Terikat, Hakikat, Marifat). Naos ist die Schlange, von welcher alle Tempel (*ναοί*) unter dem Himmel den Namen haben (s. Pseudo-Origenes), wie Nagara (und in Tonkin). Die Finsterniss (*ὕδωρ φοβηρόν*) sucht den Lichtstrahl (*τὸν σπινθῆρα τοῦ φωτός*) mit dem Wohlgeruche des Geistes an sich zu ziehen (bei den Peraten). Wenn es Seelen giebt, so wissen sie von sich, demnach ist das Ich analytisch, als Product in der Seele enthalten (s. Focke). Wenn der Geist keine Gestalt Gottes in sich hat, ist er leer von ihm (s. Clem. Ab.). Gleichwie ungegründete Wissenschaften in dunkeln, unbekannten, räthselhaften, doch aber vor denen der Sache unerfahrenen die Ohren füllenden und eine Verwunderung erweckenden Dingen ihr Element haben, in welchem sie gleichsam leben, also ist es auch der prätendirten Theosopie ergangen, welche sich so dunkel, ungewiss und räthselhaft ausgedrückt, dass sie nicht nur von anderen nicht verstanden werden können, sondern sich auch selbst nicht verstanden hat (1745). *Οἱ ἑπτὰ σοφοί*, septem illi viri, qui sapientiores in Graecia habebantur (s. Steph.). Fuit Said conditor rationis Seuficae rite mysticae (s. Tholuck). Die Secte des Ssufismus wird zurückgeführt auf à l'an 202 de l'hégira par un cheic Abusahid, fils d'Alboulkheir (s. Langlès). Nach Heraklides P. und Sosikrates (bei Diog. Laert.) war Pythagoras der Erste (s. Haym), „welcher den Namen *φιλοσοφία* gebraucht und sich selbst statt *σοφός* vielmehr *φιλόσοφος*, und zwar in dem Sinne genannt, wonach weise der Gott allein, der Mensch dagegen in alle Wege nur strebend nach Weisheit sei (*σοφίαν ἀσπαζόμενος, θηρατὴς τῆς ἀληθείας*), wie nicht um Wahrheit zu beten, sondern um den Sinn dafür (bei Lessing). *Ἐν γὰρ τῇ ἐν ἡμῖν ἐκ* θεοῦ πιθείσῃ σπερματικῶς πᾶσα ἔνεστιν ἡ ἀλήθεια (s. Clem. Al.). Die ἐργηγοροι (in die Töchter der Menschen verliebt, und mit ihnen die Giganten zeugend), lehrt Astrologie, Magie, Putz u. s. w. (bei Henoch). Horos (μετοχεύς oder σταυρός) bildet (abgesondert von Pleroma das ὑστέρημα) die Verpallisadirung (χαράκωμα), um das ungeordnete Walten (der Sophia), aus ἀγνωσία (ἄγνοια) und ἁμορφία zur Besinnung zu bringen (ἔμφρων γενηθεῖσα) aus ἀπορία (Rathlosigkeit). Προέβαλον οὖν τοῦτο μόνον ὅπερ ἠδύνατο, οὐσίαν ἄμορφον καὶ ἀκατασκεύαστον (der Sophia) in der ἐνθύμησις σὺν τῷ ἐπιγενομένῳ πάθῳ (in valentinianischer Gnosis). Die Seelen der Giganten, mit den Töchtern der Menschen gezeugt (in einer Fluth untergehend) werden böse Geister (s. Grabe). Die der Welt nächstwohnenden Engel, um das Sündhafte zu beschauen, auf die Erde niedersteigend, wandelten sich in allerlei Formen (Edelsteine, Thiere und sonst die Begierde erregend) und dann wieder in Menschen, aber durch fleischliche Natur nun ihre Reize verlierend, und in Magie, Astrologie, sowie anderen Künsten unterrichtend (Pseudo-Clemens). Das göttliche Urprincip, als Nichtseiendes (Ἀνούσιος) tritt durch die gestaltenden Aeone in's Dasein, und im Hervorgehen von Lauten werden die Buchstaben vereinzelt (bei Marcus) wieder zusammengefasst zur ἀποκαστασις τῶν ὅλων. Der Logos heisst ὁ συμπαθὴς θεός bezüglich der Menschwerdung (bei Clem. Al). Die Dschabasija, dass das Thun in Wahrheit den Menschen angehört, leugnend (Dschabar), beziehen es auf den Herrn (s. Ash-Shahrastani) im Gott (des Occasionalismus). Ὁ θεὸς ἀνάγκῃ ἀγαθοποιεῖ (Clem. Al.). Die Bedeutung des Ausdruckes Religion (ad-Din) ist Gehorsam und Hingebung (bei Ash. Shahrastani). Gott ist das quo malus cogitari nequit (im via eminentiae), in der Megga erlangt (durch Arya). Τόπος ἐστὶ τὸ μὴ. ὄν, θεὸς δὲ τὸ ὄν (bei Pseudo-Clemens). Μή τι μυστικώτατα μιὰν τὴν ὄντως ἀρχήν (setzt Plato) im μὴ ὄν (s. Clem. Al.)

„An alte mythologische Anschauungen erinnert die ophitische Benennung Erster Mensch und Zweiter Mensch oder Menschensohn. Es ist dies die auch in den Clementinischen Homilien und der späteren Kabbala vorkommende Lehre von dem Adam-Kadmon, die sich bis zu den Phönikiern und Chaldäern zurückverfolgen lässt" (s. Lipsius) und bis zu den Indianern (im Ersten Menschen überall). Vasuki (mit der Königin Manusa) wird unter den Schlangengöttern verehrt, von den Nagas, deren Fürsten (Raja Naga) die Erdgöttin (Bhumme Nari) dient (im Naga-Panchami). Bei Mohamed's Auftreten erweichte sich der Fels El-Sahhara, über die Ehre erfreut, zum Eindruck der Fussstapfen (s. Ali Bey). Vom Höchsten (des Brahm) gebildet, wandelt sich die Göttin Bhavani (Natur) in drei weibliche Formen zu Vermählung mit ihren Söhnen (Brahma, Vishnu und Shiva). The road to the palace of Yama (in Yamapura) is both long and painful (s. Ward), zum Doppelgesichtigen (als Dharmarajah), of a divine countenance, mild and benevolent; the virtuous only see the latter, the wicked are judged by Yama, surrounded by all his terrors (s. Coleman), als Sradha-Deva der Leichenfeierlichkeiten (s. Colebrooke). Aus Prakriti (der Sankhya-Lehre) entwickelt sich Buddhi (Vernunft) und dann Ahankara (Selbstbewusstsein), worauf Manas (der innere Sinn für Sinneswahrnehmungen) hervorgeht mit Tanmatra den Urelementen (Aether, Luft, Licht, Wasser, Erde). Neben den (aus Zeugung mit dem heiligen Geist hervorgegangenen) Töchtern (Maio und Jabseho) präsidirten Nouro (Feuer) und Rucho (Luft) über die Elemente (s. Bardesanes) unter den

Aeonen (oder Ithie). Wer Gott gestaltlos (ἀσχημάτιστον) setzt, entnimmt ihn als Ziel der Sehnsucht (Pseudo-Clem.), wenn auch die körperlose Gestalt Gottes (die ἄσαρκος ἰδέα) nicht gesehen werden kann, „wegen der Uebermacht des Lichtes" (s. Möller), ausserhalb des Auffassenden im zweiten Raum (χώρα). Der Sohn, welcher die Ideen vom Vater empfängt und sie zur Ausprägung im materiellen Einzelnsein herabführt, ist die grosse Weltschlange (Καθολικὸς ὄφις), welche Alles bewegt, durch den gestirnten Himmel sich hinwindet, der Quell alles Lebens in der irdischen Welt (s. Jacobi), θάλασσα ist die Thalath (des Berosus) mannweiblich (bei den Peratikern). Aus der λύπη entstehen die bösen Geister (πνευματικὰ τῆς πονηρίας) aus der ἔκπληξις und ἀμηχανία die körperlichen Elemente (in valentinianischer Gnosis). Weil alle Dinge in sich enthaltend wird die schöpferische Natur (bei Kapila) Avjakta genannt (als das Unentwickelte). Aus Joga (in Hemmung aller Denkbewegungen) folgt das Anschauen (bei Patanjali). In dem Materiellen ist überall auch Immaterielles auf immaterielle Weise gegenwärtig (nach Abammon). Vom siebenten Himmel wurde Mohamed zum Sedrat (des Lotus-Baumes) emporgetragen, zu den Quellen der Paradiesflüsse (bei Abulfeda). Aus dem durch Sturm-Orkane aufgewühlten Meer (der Schöpfung) erhebt sich der Weltberg Meru (s. Rémusat). Each Bon as island has a sacred tree (in Ceylon). Der Geist (bei Kapila) ist mit einem Feuerkörper bekleidet (Suxmaçarira). Die Erde vergleicht sich mit den Zweigen eines Baumes, belebender Natur (bei Plotinos). Wer erkennt, dass Gott ganz und nichts in der Welt ist, der wird ihm gleich an Wesen und dringt durch die μοῖρα der γένεσις und φθορά als ein Peratikos hindurch (s. Jacobi), in gnostischer Secte der Peraten, gestiftet von Euphrates, Schüler des Apollonius Th. (bei Origenes) oder Kelbes (Akembes), zum Paramita (des Buddhismus). Nach dem Princip der Indifferenz der Functionen vollbringt kein Element specifische Leistungen, als in der Form seiner Function, von den Beziehungen abhängig (s. Wundt). - Νοῦς γὰρ εἶδος οὐχ ὁρῶν θεοῦ κενος ἐστιν αὐτοῦ (Pseudo-Clem.). Τότε δέλων ὅτε ἐννοεῖται, ὅλος ἔννοια ὢν, ὅλος δέλημα, ὅλος νοῦς, ὅλος φῶς, ὅλος ὀφθαλμός, ὅλος ἀκοή, ὅλος πήγη πάντων τῶν ἀγαθῶν (s. Iren.), der Gott (im Denken des Willens). Τοῦτο δὲ, τὸ μὴ ὄν, λέγω ὁ ὑπό τινων τόπος λέγεται οὐδὲν ὄν (Pseudo-Clem.). Aus dem ἒξ ἀπεράντων (der ἐκτάσεις) wird die Welt in Sechszahl vollendet (bei Pseudo-Clem.) mit dem siebenten Aeon als künftigem (der Hebdomas). Die ἀποκατάστασις vollzieht sich durch das Ansichwissen (im Gnosticismus). Aus Mokh ward alle Besamung der Schöpfung und der Anfang des Weltalls (in Phönizien), mit Zophasemin oder Himmelsspäher (s. Byblios). Αὗται γὰρ πρῶται κατὰ Οὐαλεντῖνον ῥίζαι τῶν αἰώνων γεγόνασι (s. Hippolyt.). Die Welt (bei Pseudo-Clem.) ist Inbegriff der τροπή Gottes, als πρωβαλεύς der Tessara Ousia (in προβαλή). Aus der μονὰς θέσιν ἔχουσα kommt die Abstraction zur reinen Monas, in das Unermessliche (ἀχανές) fortschreitend (bei Clem. Al.). Δύο ῥίζαι οἶδα, πονηρὰν καὶ ἀγαθήν (setzt Bar-Daisan oder Bardesanes). Die Tochter Rucho d'Kudscho (der heilige Geist), als Schwester und Gattin des Sohnes (welche diesem die Töchter Jabscho und Majo gebar), wird (bei Bardesanes) als Weltschöpferin bezeichnet (s. Petri). In den monatlichen Verbindungen zwischen Sonne und Mond erhalten sich die Kräfte der Welt (bei Bardesanes). Gott (ὁ ὢν αὐτὸς τὰ πάντα) ist αἴτιον τῶν ὄντων (bei Clem. Al.), ἄναρχος (ἀρχῆς ποιητικός). Die Erlösung wird angestrebt aus der σύγχυσις ἀρχική (gnostisch). Malerei (das Abbild von der Welt) ist (in valentinianischer Gnosis) die Sophia (s. Clemens), und die εἰκόνες (im Gegensatz zu der πληρώματα) haben erst die μόρφωσις κατ' οὐσίαν (noch nicht die κατὰ γνῶσιν). „Eine allgemeine Freude durchweht das Pleroma, alle Aeonen singen Loblieder" (s. Möller), bei Erscheinen des heiligen Geistes (in valentinianischer Gnosis), zum Stillen des ungeordneten Schaffens, wie bei dem der Lailai (in hawaiischer Kosmogonie). Der Schöpfer ist wollend an sich selbst, gleichwie er wissend an sich selbst ist (nach An-Naddschâr). Der böse Geist der „Sânkhya" ist insofern ein höheres Princip, als er das Vermögen der Erkenntniss besitzt, welches der Natur abgeht; die Unterscheidung in gut und böse ist bei den Ophiten eine Folge des in ihrem System herrschenden Dualismus (s. Lassen). Die „mystischen" Erscheinungen (des psychischen Lebens) sind einem ebenso gewissenhaften Studium zu unterwerfen, wie „die allgemein bekannten psychischen Phänomene" (s. Aksakow), — gewiss, aber vorsichtig nüchtern vor Allem, am wenigsten in popularisirter Form (bei Hineinspielen des Subjectiven in die Objectivität, und drohender Gefahr epidemischer Ansteckung). Γέγονεν οὖν ἐκ τοῦ ὕδατος πρωτόγονος ἀρχή ἄνεμος σφοδρὸς καὶ λάβρος καὶ πάσης γενέσεως αἴτιος (bei den Peraten), und so die buddhistische Schöpfung (aus dem Anfang des Windes). Mit der Aeonen-Entwickelung trat (in geschlechtlichem Gegensatz) das πάθος hervor (bis zum Durchbruch in Sophia), um zurückzuführen zum Vater (als ἄζυγος), und so der Grundzug des Schmerzes mit dem Bedürfniss nach Erlösung (im Buddhismus). Henoch (Idris) wurde weggenommen πρὸς τὸ θεῖον (s. Joseph.). Das Signandum manus (neben oris und sinus) verbot Verletzung des Thier- und Pflanzenlebens (bei den Manichäern), im Ahinsa (der Buddhisten). Die Sufi (s. de Sacy) unterscheiden „iter ad deum et iter in deo" oder (bei den Unitariern) „via ad deum" (consistit in eo, quod substantiam unam esse noscimus), als Megga mit Phala (zum Nirwana). Gott hat die Gestalt Adam's, krauses Haar und schwarzes Haupthaar (nach den Jodaaniten). Die Thora (Musa's) ist das erste Buch, das vom Himmel herabgesandt wurde, denn dasjenige, was dem Ibrahim und anderen Propheten herabgesandt war, führt nicht den Namen Buch, sondern Blätter (s. Ash-Shahrastani) in Palmschrift (der Brahminen). Die statt mit ihrem Namen (Sige or fairy) als Daoine meta (good people) bezeichneten Elfen dürfen nicht durch Ausschütten schmutzigen Wassers im Nachtdunkel beleidigt werden (in Irland), so wenig wie Efrit (in Aegypten). Die Fischer von Mayo und Connamara nehmen einen Hund mit zum Ertränken im Sturm (s. Moorey), wie die Ojibwas (bei A. Henry), auf Lake Huron (1766). Abdallah lehrte, dass der Geist Gottes von Einem zum Andern gewandert sei, bis er zu ihm gekommen (nach den Hashimiza). „Freilich ist Lowalangi entstanden (geworden), wie auch die Menschen, obwohl vor diesen, aus der Frucht des Fabelbaums Toraa, aber er ist aus sich selbst zu dem geworden, was er ist, wogegen er die Menschen erst zu Menschen machen musste" (s. Sundermann), im Gottesbegriff (der Niasser). Sang Yang Wisesa in Andacht den Glockenton hörend, sieht beim Aufblicken die dreitheilig gespaltene Kugel (in javanischer Kosmologie). Als der Erstentstandene, Kajumorth (der Mensch), und ein Thier (der Stier) getödtet, sprosste aus der Ribas-Pflanze (an Stelle Kajumarth's) der Mann Mischa und die Frau Mischanah hervor, während aus dem Stier die Hausthiere (und andere Thiere) hervorgingen (nach den Kajumarthija unter den Madjus). Terebinthus, dicens se jam non vocari Terebinthum, sed etiam Buddae nomine, sibique hoc nomen impositum (s. Archelaos), war Schüler des Scythianus (Sakya-Muni), in der Lehre des Manes (*Μάνης Βράχμαν τὸ γένος*), des von seinem Schüler (Buddha's) verfassten Evangelium Thomas' (Gautama's).

Für Umlaufsfolge der Tonatiuh auf westlicher Hemisphäre kommt die (in der Scholastik östlicher, aus der Classicität her fortherrschende) Vierzahl der Elemente zur Geltung, und nach dem jemaligen Vorwalten derselben reichen die Zerstörungen höher hinauf, im buddhistischen Weltgebäude, während die Zeitausrechnung der Kalpen (wie bei den mit elementarisch genauerem Detail arbeitenden Epochen geologischer Katastrophen) unter massigen Zifferanhäufungen verloren geht, und „les degrés d'ancienneté n'ont plus de valeur appréciable, parçeque la succession des phénomènes n'a plus d'échelle qui se rapporte à la division des temps" (s. Ramond). Gegenwärtig im Genuss eines „état de calme et de conservation" (l'absence d'accidents et le passage insensible d'un événement à l'autre) „les hommes inscrivent en passant quelques dates sur cette page immobile" in den Lehren flüchtig vorüberwandender Tathagata (aus vergangener Religionsphilosophie), oder — wie versucht bei der „histoire chronologique des animaux fossiles et vivants établis des faits incontestables" (s. Giraud-Soulavie) —, in den auf Sammlungen basirenden Principien ethnischer Psychologie (in heutzutage naturwissenschaftlicher Periode).

Aus den Rubriken (1875) ergiebt sich, dass „die meisten Erdbeben innerhalb der drei Tage vor oder nach der Hochfluth eintreten", und (in Sachen der „Retardation und Anticipation des Effectes") die „Erdbeben möglicherweise nicht am Syzigiumstage, wo die Fluth am grössten ist, sondern erst 1—3 Tage später, oft gar erst bei der nächsten Hochfluth, also 14 oder 29 Tage später" eintreten mögen (s. Falb), und da in Schmidt's Tabellen, wodurch ausgiebigerweise soweit nur die Mittelmeerländer berücksichtigt werden konnten, dennoch schon in einem Einzeln-Monat verschiedentlich über hundert Erdbeben (3—4 pro Tag im Durchschnitt) verzeichnet stehen, so wäre das Nichteintreffen (unberufener Prophezeiungen) verwunderlicher noch, als bei den Matrosenregeln, dass nämlich drei Tage vor oder drei Tage nach dem Mondwechsel (also 24 Tage aus 30 im Monat) das Wetter sich zu ändern pflege, wobei dann immer gernwillig noch ein paar Tage vorher oder nachher zugegeben werden, so dass es nicht einmal einer ultima ratio bedürfte, wie im Ertrinken für Lucian bereit lag (betreffs der Votivtafeln in den Tempeln der Schiffergötter).

Por observacion generalmente continuada por los Astrologos se presume, y aun se dà por assentado, que los eclipses del Sol y de la Luna son anuncios y señales de el futuro terremoto (s. Torres Villarroel). Que el intento de Dios con los terremotos sea destruir el imperio del peccado se deduce manifiesto de los muchos que ha experimentado el mundo (s. Mariano Nipho). Pillan (der Araucaner) „habitaba en la cordillera ó volcanes" (s. Pedro de Cordoba) und so Pele (im Vulcan Hawaii). Sofern die Ursache der Erdbeben unter gewissen Umständen die Anziehungskraft des Mondes und der Sonne wäre (b. Falb), müssten Erdbeben „viel regelmässiger auftreten" (s. Prudnik). Im Gegensatz zu dem „Bestreben, aus weniger mangelhaft bekannten Thatsachen sogleich zu allgemeinen Schlüssen, zu Theorien zu gelangen, denen die sichere Grundlage fehlt (s. Julius Schmidt), ist das „schwierige Problem des Erdbebens nur auf dem Wege vieljährig umfassender Beobachtungen zu lösen" (1875). Les Manifestations volcaniques depuis les plus violents paroxysmes jusqu'aux mofettes, s'expliquent et s'interprètent avec une grande facilité si on les rattache à l'existence du foyer interne, et aux grandes mouvements de l'écorce terrestre qui resultent de son refroidissement incessant (s. Velain). In Folge der Verdichtung durch Druck hat das Festwerden zuerst im Mittelpunkt der Erde begonnen (nach Hopkins). Le système orographique de chaque contrée parait exercer une grande influence, si non sur la fréquence des secousses, au moins sur leur propagation (s. Perrey). Les circonstances qui accompagnent les tremblements de terre étant en général les mêmes, on est tenté d'en rapporter toutes les secousses à une cause uniqe et dès lors l'identité des effets qui ne varient guère que par l'intensité parait évidente. M. Gassendi a chassé ce feu (central), qu'ils appelaient le soleil de la terre (s. Formey), oder: Sic perennat Ignis Subterraneus ex jugi Pinguis generatione instauratus (s. Nardius), und „the Magma consists of hot rocky matter, in combination with superheated water" (s. Osmond Fisher). „Immer noch wächst die Zahl der Hypothesen, die die Lehre vom feuerflüssigen Erdinnern ersetzen sollen" (s. Pilar), im „Labyrinth von sich widersprechenden Ansichten" (1881).

Auf dem Bauche des Altan Meleke (Froschkönigs) ruht die

Erde mit den vier Continenten an seinen Füssen, und jeder Bewegung muss Erdbeben folgen (in Sibirien). El anunciar un
terremoto solo puede ser por espiritu profetico, pero pronosti-
carle por signos exteriores, es materia que linda pared enmedio
de lo imposible. Celebra la antiguedad à Anaximandro Milesio,
porque predixaba alguna corta anticipacion an terremoto à los
Espartanos (s. Mariana Nipho). „Wo die Wissenschaft als Handwerk betrachtet wird, dort ist die Schablone am Platz, in der
Forschung niemals: deshalb ist die Phantasie ein unentbehrliches
Werkzeug derselben," doch leicht für Phantastereien verbraucht
(statt der im logischen Rechnen controllirten Resultate). Aus den
Wirkungen unterirdischer Gewässer entstanden (bei Thales) die
Erdbeben (s. Plut.). Drehkuls schlägt die Erde, dass sie zittert
(bei den Letten), wie Poseidon (als Ἐννοσίγαιος). Die acht Ur-
sachen der Erdbeben werden Ananda erklärt (im Mallalingaro
Wuttu), s. Völker des östl. Asien, II (S. 168).

Nachdem aus geologischen Folgen der Gletscherwirkungen
(seit Playfair) Argumente zu erheben wären, für Zwischen-
schiebung einer Eisperiode in die auf Nebularhypothesen (bei
Laplace) gebaute Kosmogonie, hätte eisige Vergletscherung kühlend
einzuwirken auf geregelt fortgehende Abkühlung (plutonischen
Vulcanismus'), um nicht auf Katastrophen zurückzugreifen und
den in deren Gewaltsamkeit vorgestreckten Finger schöpferischen
Autokratismus', — auch in Gedankengebilden (wenn sie im Denken
sich schafft, die menschliche „Welt als Vorstellung" wieder).

Aus den Tiefen (der Gewässer) wirkt das Leben treibend
hervor und empor, schöpferisch unter der durch den Animalismus
bethätigten Form des Organischen, in demjenigen Ausdruck also
des Organismus, wo das Spiel der Kräfte ein innerlich unab-
hängiges Gleichgewicht der Wechselbeziehungen gefunden hat.
Erst nach Breitung terrestrischer Unterlage findet sich der Anhalt,
für die im Mittelpunkt der Schwere wurzelnde Vegetation, unter
solarem Einfluss weiter entfaltet. „A peu d'exceptions près ce
sont les restes ou parties solides des animaux qui donnent lieu à des
dépôts de quelque importance sous les eaux de la mer, à la surface des continents et des iles ce sont seulement les végétaux
qui produisent des couches d'une certaine épaisseur" (s. d'Archiac).

So könnte aus dem Animalismus eine Anima mundi werden,
mit Detaillirung einer Plastidular-Seele, wenn hier nicht, zur
ersten Vorbedingung vernünftigen Denkens das logische Rechnen

sein Veto einlegte, gegen denjenigen schwersten (und in der Induction noch schwerer wiegenden) Gedankenfehler der Namen-
verwirrung, bei Uebertragung der in einer Bezeichnung bereits
festgestellten Specifität (als terminus technicus), wie hier betreffs
des Seelischen, das beim Herabdenken vom Menschen nur festzuhalten, so lange Vernünftigkeit beseelt (für naturwissenschaftliches
Verständniss).

Im Feuer (mythologischer Auffassung) waltet das gestaltende
Lebensprincip, aus dem Erdinnern hervor, und nach aussen
hinauf organisch entfaltet, auf terrestrischer Unterlage eine neue
Phase siderischer Schöpfung betretend (im Sonnensystem), in
Folgewirkung der Wärme (la chaleur), „provenant de deux sources
différentes, la force organique ou vitale prenant sa source au
dehors ou dans le soleil, et la force physique, ayant la sienne,
à l'intérieure de la terre elle-même" (s. d'Archiac). In der Folge
vulcanischer Ausbrüche wiederholt sich die Geschichte der Erde
nach dem „l'âge du fluor, l'âge du chlore, l'âge du soufre et l'âge
du carbone" (bei Deville).

Im Erdbeben grollt es (für indonesische Vorahnung) mit den
Vorboten eschatologischer Umgestaltungen (im Schwungrad der
Kalpen). „Un jour viendra où toute communication aura cessé
entre les deux surfaces de la route terrestre. Le moment quelque
éloigné qu'il soit encore, est fatal, il est la conséquence de l'origine et de la nature des choses, et la chaleur propre ne se
faisant plus sentir au dehors, la vie deviendra complètement
dépendante de l'action solaire, que nous avons vue de plus en
plus prépondérante, depuis le moment où la température de
l'atmosphère, participant encore à celle de la terre, avait, des
pôles à l'équateur, une uniformité qu'elle a graduellement perdue.
Aujourd'hui la différence des climats, les variations incessantes
des conditions atmosphériques dues à la position du soleil, arbitre
absolu de nos destinées futures, montrent que le principe de la
vie peut se développer et s'accroître indépendamment de la température propre de notre planète, et en considérant ses produits
de plus en plus parfaits, compliqués et variés, à mésure que
l'action solaire est plus exclusive, on serait tenté d'y voir une
relation directe, si d'autres causes physiques indépendantes, ne
pouvaient également concourir à ce résultat (1866). Mit erkaltendem Untergang des Erdballs würden dann die psychischen
Schöpfungen desselben in aetherische Höhen emporschweben, wie

die Janaka nach oben flüchten (bei Zerfall der unteren Himmels-
terrassen). Wie in jeder mit Verheissungen ergreifenden Botschaft neuer
Lehre, haben wir unsere Heisssporne auch in der Ethnologie,
welche zu proclamiren pflegen, dass die Ethnologie zu reformiren
und zu revolutioniren habe, dass tabula rasa zu machen sei für
das Auftreten einer neuen Wissenschaft, wie es die Ritter des
Materialismus gleichfalls wollen mit einem „neuen Glauben".
Nichts unrichtiger als das! Die idealen Güter eines Volkes, die
es im geschichtlichen Kampfe sich errungen, verbleiben sein
dauernder Besitz. Es handelt sich nur um ihre Ausdeutung und
Erklärung; die Ethnologie hat nichts daran zu ändern, sondern
nur zu controliren und ihre Begründung aus veränderter Methode
hinzunehmen. Allerdings scheint, dass für die Weltauffassung
dadurch eine durchgreifende Umänderung in Anbahnung ist; die
naturrechtlichen Theorien über Eigenthum, über Ehe, über Familie
werden scheinbar auf den Kopf gestellt; aber das berührt nicht
die Sache selbst, sondern folgt nur aus der veränderten Beleuchtung, welche jetzt von einem entgegengesetzten Ausgangspunkte aus auf dieselben geworfen wird, indem wir jetzt uns
inductiv nähern statt früher von dem deductiven Anfang. Die
Ethnologie würde sich zur Culturgeschichte verhalten, wie in ihrer
Weise die Embryologie zur Physiologie, indem auf die Vorstadien
zurückgreifend (auf die Unterschichtungen der Cultur, aus denen
sie zu erwachsen hat).

Wie aus trüb gemischter Mutterlauge der klare Krystall her-
vorspringt, so, im Migma chaotischer Schöpfungsmasse, bewegt
sich, auf der Schwelle des Bewusstseins, der Gedanke in um-
wogender Umgebung dunkel heraufziehender Wissensmöglichkeit
(eines potentiellen Wissens), um (unter dem „Streben vorzustellen") das lebendig (im Leben verwirklicht) Gewusste, wenn
(in der Unterscheidung durch Wichara) die „Aufmerksamkeit"
darauf gerichtet ist, in der „Enge des Bewusstseins", mit dem
Licht der Erkenntniss zu bestrahlen (zur „Anschauung"), aus
ordnendem Nous (in Einheit kosmischer Harmonie).

Für Eintheilungen nach künstlichem System gewährt die
äussere Erscheinung Anhaltspunkte, für Botanik und Zoologie
sowohl, wie in der Mineralogie. Wie es indessen, um in den
inneren Bau einzudringen, der Gewebelehre im Organischen bedarf
für vergleichende Physiologie, so in der Mineralogie der chemischen

Bastian, Ethnische Darstellungen.   17

Zusammensetzung, die sich nicht, wie in Pflanze und Thier, auf eine bestimmt wiederholte Zahl der Elemente beschränkt, sondern die ganze Weite derselben durchlaufen kann. Je nach den Verhältnissen bei der Krystallbildung (in der Krystallogenie), vornehmlich der Temperatur, erscheint (bei der Dimorphie) dieselbe Mischung unter verschiedenen Formen (der Schwefel im rhombischen oder klinorhombischen System), so dass, wie bei dem Einfluss klimatischer Umgebung auf den Organismus und seine Entwickelung, die Temperatur voransteht (als durchgreifendster Factor).

Was bei den unter gegenwärtiger Erdperiode gegebenen Bedingungen momentan im Krystall, je nach dem Gesammteffect, zum typischen Gepräge hervortritt, liegt in der Zelle, für ihre Ausgestaltung, präformirt (in der Entstehung einbegriffen noch).

Und der aus physikalischer Ursächlichkeit (solarischem Einfluss entsprungen für terrestrische Welten) entstammende Anstoss (molecularer Bewegung) wirkt über das Physische hinaus, im Psychischen weiter, wo dann aus der Gesellschaftsatmosphäre des Menschen die Mitwirkung psychisch selbstständig geschaffener Agentien hinzutritt (mit Zielstrebung auf geistige Gesetzlichkeit).

Im Organischen beruht das gemeinsame Band der Species in der Grundlage eines präformirten Keims, der bei seiner Ausentwickelung unter verschiedenen Variationen erscheinen mag, aber bei genügender Kenntniss der äusserlich mitwirkenden Bedingungen auf gleiche Ursächlichkeit zurückführbar bleiben würde.

In der Mineralogie fällt eine specifische Umgrenzung aus, indem die realisirte Form bis auf den Anfang primären Naturwaltens zurückgreift, über die ganze Reihe der Elemente hinbewegt, und die Wechselbeziehung zwischen Gestaltung und Zusammensetzung stets nur für den besonderen Fall von Bedeutung eintritt.

Nachdem Condillac's Statue durch Vergleiche der Eindrücke aus der Aufmerksamkeit zum Gedächtniss gelangt ist, tritt dieses als Einbildungskraft auf, wenn die vergangenen Dinge so lebhaft vorstellend, als wären sie zugegen, mit der ihr eigenthümlichen Fortwirkung, die Eindrücke der Sinne durch eine von der Einwirkung äusserer Gegenstände unabhängige Vorstellung zu ersetzen (in zunächst undeutlicher Scheidung zwischen Einbildung und Sinneswahrnehmung). Damit realisirt sich die psychische Atmosphäre, aber mittelst der Sprache vor Allem (bei Zutritt des hörbaren Lautbildes) zum Sehbild) im gesellschaftlich geschlossenen Kreis (auf dem Keimbett der Völkergedanken). Im Duften oder Ala liegt (hawaiisch) das Aufstehen (beim Erwachen) zum Riechen (Honi), to salute by touching noses (s. Andrews). „Es werden Kelch oder Perigon zuerst, die Fruchtblätter zuletzt angelegt, und wenn jede dieser Formationen in mehreren Vierteln oder Spiralwindungen auftritt, so kommen auch diese in acropetaler Folge zur Anlage" (s. Luerssen), wie sich die Vorstellungen (ethnischer Weltanschauung) aus einander entwickeln (im psychischen Wachsthumsprocess), innerhalb der Natur (als principium agendi).

Die minnende Seele hat ein Auge, das hat Gott erleuchtet, damit siehet sie an der ewigen Gottheit, wie die Gottheit gewirkt hat mit ihrer Natur in der Seele (Mechthild von Magdeburg). „Die Jesuiten pflegen sich in ihren Lehrbüchern der Moral mit der Frage zu beschäftigen: Wie oft und wann sind wir verpflichtet, Gott zu lieben? Darauf antwortet z. B. a Soto: man sei verpflichtet, Gott jeden Sonntag zu lieben, Hurtado: man sei alljährlich wenigstens einmal verpflichtet, Gott zu lieben, und Henriquez meint, es genüge, dass man, abgesehen von der Todesstunde und bei dem beginnenden Gebrauch der Vernunft, Gott nur in jedem fünften Jahre einmal liebe. Die quietistische Mystik von dem ununterbrochen fortzuführenden Act des Glaubens und der Liebe stand also im grellsten Gegensatz" (s. Heppe). Es muy cierto, que en vaciandonos de todo lo que es criatura, y desasiendonos della por amor de dios, el mesmo Señor la ha de henchir de si (Theresia a Jesu). Οὐχ ὢν ὁ θεὸς ἐποίησε κόσμον οὐχ ὢν (s. Basilides). Die philosophische Ethik liefert den höchsten und einzigen Maassstab, wonach der Mensch in seinem Verhalten nach That und Gesinnung gegen seinen Nebenmenschen gerichtet wird (s. Steinthal). Das Nichtmehrsein und das Nochnichtsein aus dem Gesichtspunkte des Verhältnisses zwischen der Vergangenheit, der Gegenwart und der Zukunft des Wandelbaren und Vergänglichen besitzt die positive Bedeutung des ehemaligen und des zukünftigen Daseins (s. Reinhold), aus Kore für die Zukunft (bei Maori) und in Keau aus Vergangenheit (auf Hawaii). Das Strafrecht, in „Aufhebung der schädlichen Folgen des Unrechts" (s. Wächter) ergiebt sich als „Macht des Rechts über den Thäter für den Gekränkten von der Gemeinschaft oder ideelle Herstellung der durchbrochenen Macht des Rechts" (s. Trendelenburg). Ist die Ogdoas ἄρρητος (s. Uhlhorn), so ist die Hebdomas (in der Offenbarung) ῥητόν (bei Basilides). Das Reden schlägt ein Schlag in das Unreden (s. Eckhart). In Tredegar erklärte eine Schwester, sie hätte zweimal geheirathet, aber das letzte Mal „Jesus married her" (von der Salvation army). Christine von St. Troud dreht sich, wie ein Kreisel, im Zustand der Verzückung († 1224). Luitgard von Tongern wurde zwei Ellen hoch in der Luft schwebend gesehen (nach Thomas von Chantimpré). Quello che importa, é preparare il tuo cuore a guisa di una carta bianca, dove la divina sapienza possa formare il carratteri a suo gusto (s. Molinos), in annichilazione (und „perfetto silentio mistico"), bei „contemplazione purgativa" (unter „tré gradi dell' infusa contemplazione").

17*

Aus den Knochen des Pelops gefertigt, wurde das Palladium vom Skythen Abaris den Trojanern verkauft (s. Firmicus Maternus). Doctors, called Mintapas (in Australien) pretend to be able to remove, by sucking, sickness out of the body. They put their lips to the pit of the stomach in case of general disease, and to the suffering part when confined to any fixed spot, and after having sucked for some time pull out of their mouths a small piece of wood or bone, pretending that this is the body of the disease (s. Wilhelmi). Ist unter einer Schafheerde der Schorf, so braucht der Schäfer nur Etwas von diesem Schorf zu einer Leiche in den Sarg zu legen und mit begraben zu lassen, so ist seine Heerde geheilt, sobald aber, als auch nur das kleinste Flöckchen Wolle mit in den Sarg kommt, so geht die ganze Heerde zu Grunde (in Lauenburg), kraft der Sympathie (s. Wuttke). Die erblichen Uebel beruhen auf einer angeborenen „Idea morbosa" des „Archeus influus" (s. Helmont). Im Tempel zu Canton, mit 500 Statuetten der Rahan, antwortet der Bonze auf die Frage, ob er die Zahl der übrigen ausserdem noch wisse: „Non, les autres sont inutiles, ils ne rapportent rien parcequ'ils n'ont le pouvoir de guérir aucune maladie. Nous n'avons ici que les productifs" (s. Jametel), dem Bösen entgegen zu wirken, den Endoxe (in Afrika) oder im Nachbarlande den Yidonim mit Oboth (Ob's). Eine jegliche Ultima Materia der wachsenden Dinge, so sie im Leib geschieden werden, heisst Tartarus (s. Paracelsus). Die Sauger entfernen (in wilder Arznei) die „Materia peccans" (auf dem Scheiterhaufen unverbrannt bleibend in Siam).

Der Isomerismus wäre zum Theil in Krystallismus und Amorphismus aufzulösen (nach Fuchs), während (bei Dumas) Platin und Iridium, Kobalt und Nickel isomerische Modificationen eines und desselben Grundstoffs sein könnten (in Vereinfachung der Elementenreihe). Die Krystallform beruht (bei der Isomorphie) nicht auf der Natur der Atome, sondern auf ihrer Anzahl und Verbindungsweise (s. Mitscherlich), als (bei Delafosse) plesiomorpher oder heteronomer und isonomischer (s. Dana). Die Dimensionsverhältnisse der Hauptkörper im sphäroidischen System ergeben (in der Krystallographie) Vergleichungen mit den harmonischen Verhältnissen der Töne (s. Weiss). Aus Beimengung fremdartiger Substanz entstehen Formverschiedenheiten (s. Beudant) im „Wirkungskreis der Krystalle" (s. Wackernagel). Im Unterschied von den Molecular-Wanderungen der Pseudomorphosen werden die Paramorphosen durch eine innerhalb der Grenze des ursprünglichen Krystalls statthabende Molecular-Umsetzung gebildet (s. Scherer). Nicht von Ozon (s. Schrötter), sondern von Antozon (als dritte Modification des Sauerstoffs) rührt der Geruch her (s Schönbein), „beim Reiben des Liparit am stinkenden Fluss" (zu Welsendorf) aus unterchloriger Säure (s. Schaffhäutl). Die Klangfiguren einer Quarzplatte (bei Savart) weisen auf ein Rhomboeder als Stammform (s. Kobell). Das dichromatische Verhalten des Amethyst hängt mit der Verwachsung rechts und links drehender Quarz-Individuen zusammen (bei Haidinger). Die Doppeltbrechung des Boracit erklärt sich aus der „Polarisation lamellaire" (s. Biot). Die optischen Bilder auf Krystallflächen (bei Brewster) „sind sehr mannigfaltig und höchst merkwürdig, denn sie gewähren einen Blick in die innere Krystallstructur, welcher uns deutlich erkennen lässt, dass diese weit feiner und complicirter ist, als selbst die mikroskopischen Untersuchungen geätzter und nicht geätzter Flächen (wie Daniel, Leydoldt,

Scharff u. A. m.) vermuthen liessen" (s. Kobell), „on the threshold" (der
Krystallographie).
Die Beziehungen des Steinsalzes zu den Göttern (in einigen Eigenschaften) kannte man seit frühestem Alterthum, aber im Jahre 1816 p. d.
war noch keine Analyse vorhanden (in Hoffmann's Lehrbuch). Das Trique-
trum innerhalb der Convolute (in Ying und Yang) findet sich (als Airysche
Spirale) im „Lichtbild" (s. Kobell) eines links und rechts drehenden Berg-
krystalls (bei Brewster). Axis vero linea est omnis figurae dominatrix circa
quam omnia aequabiliter sunt disposita (s. Weiss) in der Krystallographie
(1809). Betreffs der „primitiven Krystallgestalten" gilt es (1823), „dass keine
Lehre der Physik und also auch nicht die Theorie der primitiven Formen
feststeht, so lange sie nicht metaphysisch begründet ist" (s. Bernhardi). Man
verlangt eine Darstellung der Mannigfaltigkeit der Natur unter verschiedenen
Einheiten und will sich in den Stand gesetzt sehen, die in der Natur vor-
kommenden Individuen zu erkennen (s. Mohs) im Mineralsystem (als künst-
liches für Anbahnung eines natürlichen). Jeder Inbegriff sämmtlicher durch
relative Identität ihrer Eigenschaften verbundenen Individuen heisst eine
mineralogische Species (s. Naumann), wogegen „in der Mineralogie nichts
vorhanden ist, was dem Begriff der Species entspricht" (s. Berzelius). Indem
die Kugelfläche die Projectionen aller Flächen in sich begreift, kann man
die Normalen von ihr begrenzen lassen, statt sie von irgend einer Krystall-
fläche begrenzen zu lassen (s. F. E. Neumann). Die Dimensionenverhältnisse
der Hauptkörper des sphäroedrischen Systems werden nach den harmonischen
Verhältnissen der Töne verglichen (bei Weiss). Von den fünf regelmässigen
Körpern, als Würfel, Octaeder, Tetraeder, Dodecaeder und Icosaeder, bringt
die Natur (in der Krystallographie), nur die drei ersten hervor (s. Hauy).
Als Hauptsystem (einer Krystallographie) ergab sich das rhomboedrische,
pyramidale, prismatische und tessaralische (bei Mohr). Von den fünf regelmässigen Körpern gehört das Tetraeder dem Feuer an, das Octaeder der
Luft, das Ikoseder dem Wasser, der Würfel der Erde, das Dodekaeder dem
Weltganzen oder Aether (bei den Pythagoraern). Die pseudomorphen Bildungen
der „Epigénie" (bei Hauy) zerfallen in anogene und katogene (s. Haidinger).
Crescit crystallus, dum crystalli jam delineatae planis externis apponitur
nova materia crystallina (s. Steno). Dem Forscher im Reiche der Kryptogamen erschliesst sich in der Stille des Waldes oder unter dem Vergrösserungs-
glase so recht eigentlich das Heiligthum des göttlichen Wirkens in der
Natur (s. H. Wagner). „Es steht die kryptogamische Entwickelung unter
demselben Grundgedanken, wie die phanerogamische, so aber, dass derselbe
in entgegengesetzter Richtung, negativ und zerlegend, wirkt, indem die Urform in der Centralgruppe der Moose eben erst erreicht, also in den übrigen
Formen, wie in den Moosen die Blüthe, so auch alle anderen Theile in
analoge Bildungen zerlegt werden" (s. Michelis). Jede lebensthätige Zelle ist
eine vitale Einheit, das Gesammtleben einer Pflanze oder eines Thieres ist
das Zusammenwirken der Lebensthätigkeit seiner einzelnen Zellen (s. Schu-
macher). Die Zelle ist ein an sich abgeschlossener Organismus im Individuum, und „tritt als solches auch selbstständig, alle Functionen eines höheren
organischen Gebildes erfüllend, auf" (s. C. Frisch). Die verschiedenen Gattungen und Arten der Laubmoose sind Ausdrücke der verschiedenen Stufen,

auf welchem der vegetabilische Bildungstrieb in dem Streben, sich zu veredeln, und im Lichte höher zu polarisiren, gehemmt und fixirt ist (s. Hornschuch). Das mechanische System der höheren Gewächse besteht durchweg aus den nämlichen Zellformen (s. Schwendner). Die besonderen Formen, welche die in der Urform, resp. Grundform liegenden Begriffe von Axe, Blatt, Blüthe, oder insofern die Ur- und Grundform nicht erreicht ist, deren Analoga bei den einzelnen Familien, Gattungen, Arten annehmen, sind bedingt durch ihr Verhältniss zur Idee, d. h. zu dem der ganzen Entwickelung zu Grunde liegenden, selbst nicht in die Erscheinung tretenden Gedanken (s. F. Michaelis). Le rôle, que les Rhizopedes en particulier jouent dans les mers actuelles, l'examen des roches de tous les temps nous prouve qu'ils l'ont joué dans les mers anciennes (s. d'Archiac). „Bei den Pflanzen gelingt die Verschmelzung von Wildling und Edelreis im Allgemeinen um so leichter, je näher verwandt beide sind" (s. Thomé), und so entscheiden die Wahlverwandtschaften in der Ethnologie, zur Culturgeschichte fortführend (oder zur Degeneration). Beide, die physikalisch bekannten, wie die erblichen Erscheinungen, beruhen auf demselben Grunde, dem molecularen Aufbau der Zelle (s. Vöchting). Das Hervorkeimen der Haare an den Geschlechtstheilen bezeichnet das Blühen (zur Fruchtansetzung). Im Wedel (der Farne) ist „Blatt und Stengel noch verschmolzen, die Aufgabe des Blattes dämmert erst bei den Nadelhölzern" (s. P. Kummer), und so entfaltet sich der (elementar gleichartige) Völkergedanke (in den Differenzirungen der Cultur). Der Spross ist das (morphologische) Individuum der Pflanze, diejenige Gestalt oder derjenige Abschnitt der specifischen Darstellung derselben, der, wenn irgend einer, dem Individuum des Theils analog ist (s. A. Braun). Jede Zellart hat auch ihre eigene Art des Fadennetzes (s. Grassmann). Der Gang des Wachsthums eines gegebenen Pflanzenorganismus zeigt für ein und dieselbe Pflanzenart die nämliche Uebereinstimmung der einzelnen individuellen Fälle untereinander, wie die fertige Form (s. W. Hofmeister). Bei Auftreten chlorophyllführender Arten unter den „Spaltpilzen" (bei de Bary), empfiehlt sich (s. Cohn), die Bezeichnung „Bakterien" für die gesammte Klasse der Mikroorganismen und den Ausdruck „Bacillus" für das Genus zu gebrauchen (s. Becker). „Les espèces animales et végétales abandonnées à elles-mêmes présentent elles des différences physiques et permanentes comparables à celles qui séparent moralement le cerveau d'un Australien, de ceux de Platon, de Cicéron, de Pascal, de Newton?" (s. d'Archiac) im psychischen Wachsthumsprocess (ethnischer Entwickelung). Der Mangel an Klarheit darüber, welche Elemente zu einer systematischen Beschreibung der Klimate erforderlich und wie dieselben darzustellen seien, um eine directe Vergleichbarkeit zu erzielen, ist ein Haupthinderniss des Fortschrittes einer wissenschaftlich vergleichenden Klimalehre (s. Hann) und so bedarf es zunächst der Materialbeschaffung (für die Lehre von den „Geographischen Provinzen"). Der Ausdruck Klima bezeichnet in seinem allgemeinsten Sinne alle Veränderungen in der Atmosphäre, die unsere Organe merklich afficiren (s. Humboldt). Nach Lage und Bodenerhebung unterscheiden sich: alpine, subalpine oder Bergklimate, Tiefebenen oder indifferente Klimate, Seeklimate (s. E. Wagner), ein Klima, „als Gesammtheit der meteorologischen Bedingungen, insofern sie auf das thierische oder vegetabilische Leben Einfluss nehmen" (geographisch den

Arabern). Neben der Vertheilung von Wasser und Land ist die Erhebung des Bodens über das Meeresniveau der einflussreichste Factor, welcher die Verschiedenheiten des Klimas unter gleicher geographischer Breite hervorruft (s. Hann). Um die Erscheinungen im Pflanzenleben als Temperatur-Scala zu benutzen, dienen pflanzen-phänologische Beobachtungen (für klimatographische Zwecke). Die magnetischen Eigenschaften, deren (ausser Eisen) Nickel, Kobalt, Chrom, Mangan fähig sind, gehen in den chemischen Verbindungen verschiedentlich verloren. On peut dire, que l'acclimatement n'existe pas, si par acclimatement on entend, comme on le fait d'habitude, l'adaptation à un climat nouveau assurée par une variation physique permanente que l'individu et sa descendance ont acquise par la seule action du climat, en dehors du métissage (s. Orgeas), dans l'Inde (der Tropen) „un Européen acclimatié n'est qu'un homme anémié, c'est-à-dire un homme malade" (1886). According to Major-General Bagnold, the oldest English Regiment, the Bombay „Toughs", notwithstanding that marriages with British females are encouraged, have never been able, from the time of Charles II to this time, to raise boys enough to supply the drummers and fifers (1864). Das Licht oder jedes andere Aeussere kann sich zu dem organischen Grunde der Färbung nur wie die Veranlassung zur Anlage, wie die Causa occasionalis zur Causa prädisponens verhalten (s. Nasse), „eine besondere Beschaffenheit der Haut ist das Bedingende" (für die Menschenrassen und ihre Färbung). Nach den intelligibeln Gattungen (γένη νοητά) entstehen die εἴδη αἰσθητά (oder sinnlichen Arten) in Plato's Entlehnung von Moses (bei Philo), für Variationen des Schöpfergedankens (in den geographischen Provinzen).

Neben der numerischen Identität der Form (oder Seele), gilt rücksichtlich des Stoffes nur die specifische Identität, indem aus Stoffen gleicher Art die Seele nach der Form des früheren Leibes sich gestaltet (bei Lacordaire), von Nama-Rupa (während in geschlechtlicher Erblichkeit sich die pflanzlich verjüngende Fortpflanzung bewahrt). Intellectus in formis agit universalitatem (s. Avicenna). Popria operatio hominis (in quantum homo) est intelligere (s. J. Andreas). Die Seele (des Menschen) ist „ein Doppel- und Mittelwesen, Fleisches- und Geistesseele in Einem" (s. Haussmann). Οἶκος γάρ τὸ σῶμα ψυχῆς πνεύματος δὲ ψυχὴ οἶκος (s. Just. Martyr). Dicendum est, quod nulla alia forma substantialis est in homine nisi sola anima intellectiva, et quod ipsa sicut virtute continet animam sensitivam et nutritivam, ita virtute continet omnes inferiores formas et facit ipsi sola, quidquid imperfectiores formae in aliis faciunt (Thom. Aq.). Der Geist (als forma corporis) ist unmittelbar das Lebensprincip des Leibes durch die Leibseele (Physis), „mit welcher er in Lebenseinheit steht" (s. Zukrigl). Intellectus est separatus et mixtus (s. Alb. M.), als νοῦς (bei Aristoteles). Die Anima vegetativa und sensitiva einschliessend, hat die Anima rationalis neben sich die „forma corporeitatis" (bei Duns Scotus). Die Anima (als Menschenseele) zerfällt (scholastisch) in eine pars rationalis (spiritus) und pars irrationalis (anima sensitiva et vegetativa). Una est animae natura, quae diversificatur secundum officia (s. Suarez). Praeter animam nullae dantur aliae formae substantiales in eodem vivente, sive corporeitatis, sive partiales (s. Thom. Aq.), als „Geistesseele" (s. Zukrigl). Anima rationalis est forma hominis substantialis (s. Estius). Anima rationalis est vera corporis forma (s. Habert).

Πολυθρύλλητον παρὰ τοῖς αἱρεσιώταις ζήτημα τὸ πόθεν ἡ κακία (s. Euseb.), unde malum et quare? et unde homo et quomodo? (s. Tertull.) Necesse est, testam ovorum, quamvis pulchre et diligenter formata videatur, frangi et resolvi (Clem. Al.), und so zerbricht Taaroa seine Schaale (auf Tahiti). Thunder is the voice of the Spirits and to them is offered the incense of tobacco; Manabozho now resides upon an immense piece of ice in the Northern Ocean (s. Emerson). Die Taberau (bösen Geister) werden (in New-Britannien) durch die Warrabat genannten Figuren dargestellt (s. Parkinson). Für die Ossener (Essener) verfasste Elxai (*δύναμις κεκαλυμμένη*) das vom Engel eingegebene Buch, von den Serae (Parthien's) gebracht (nach Sobiai). Vom höchsten Gott (durch den Aeon Christus erst offenbart) ist der Judengott (*δημιουργός*) durch eine Aeonen-Reihe getrennt (bei Cerinth). Wie der Mensch in seinem irdischen Dasein alle seine Kräfte und Anlagen zur harmonischen Entfaltung bringen, wie sein ganzes Leben der Ausdruck sittlicher Vollkommenheit sein soll, so soll auch der Staat als der Organismus einer (geographisch-abgeschlossenen) Menschheit alle deren ideale, wie reale Zwecke zu verwirklichen trachten (s. Rossbach). Die Schamanen setzen drei Welten (bei den Jakuten), die Welt der Himmel (hallan jurda), die mittlere der Erde (onto-doidu) und die Unterwelt oder Hölle (jedän tügara), die erste das Reich des Lichts, die letztere das Reich der Finsterniss, die Erde aber ist zeitweis vom Schöpfer (Jüt-tas-olbohtah Jürün Ai-Tajon) dem Willen des Teufels oder Versuchers übergeben worden, und die Seelen der Menschen werden bei ihrem Tode nach Maassgabe ihres Verdienstes in das eine oder das andere Reich entsandt. Wenn jedoch die Erdenwelt zu Ende gegangen ist, werden die Seelen beider Reiche einen Krieg mit einander führen, und der Sieg muss auf Seite der guten Seelen bleiben (s. Priklonski). Die Höllen (Tammu oder Nä-alba) liegen unendlich tiefer, als Erlik-Chan's Burg und das Reich der Birid (s. Pallas). The Rabbins say that God has reserved to himself four keys (of rain, of the grave, of fruitfulness, of barrenness). Avya (the Tamul female philosopher) besass die „power of making gold, the best medicine and the famous Calpam, which preserves life to a great age" (s. John). Bei aufstrebender Entwickelung der Welt erhob sich der Archon bis zu der von dem Grenzgeist (*μεθόριον πνεῦμα*) gezogenen Feste des Firmamentes (bei Basilides). Die Grundlage, worauf sich der Niederschlag des weltschwangeren Schaums anlegte, ward eine ungeheure goldene Schildkröte (Altan-Maläkä), vom Geist des Manuschari belebt (s. Pallas). Iris, die siebengewandige oder (bei Plut.) *Ἀθηνᾶ*, ist ἡ μεταβλητὴ γένεσις (bei den Naassenern), statt „unveiled" (in nackter Wahrheit von Lug und Trug). Das Urprincip legt sich (bei Epiphanes, Sohn des Karpokrates, als Secundus) in Vierheit (s. Irenäus) auseinander (μονότης, ἑνότης, μονάς, ἕν). Während der ποιητής aus eigenem Vermögen das Geschöpf macht, entnimmt der δημιουργός aus der Hyle das Vermögen des Gebildes (als Schöpfer). Der erste Gott (bei den Doketen) wird mit einem Feigsamen verglichen, klein an Grösse, aber potentiell unendlich (s. Möller). *Γέγονεν οὖν κόσμος ὁ γεννητὸς ἀπὸ τοῦ ἀγεννήτου πυρός* (bei Simon), in den Wurzeln der Sizygien (*νοῦς καὶ ἐπίνοια, φωνὴ καὶ ὄνομα, λογισμὸς καὶ ἐνθύμησις*) zum Seienden des *ἑστώς* (als *ἀπέραντος δύναμις*). Als Gott sich offenbaren wollte (*ἐπιδεῖξαι αὑτόν*), wurde dies Mensch genannt (in

ophitischer Gnosis). Die männlichen und weiblichen Principien sind wechsel-
beziehend (ἀντιστοιχοῦντες), und die ῥίζαι (bei Simon) entsprechen (bei
Valentinus) den αἰῶνες (s. Hippolyt). Beim Erwecken des Psychischen
blüht das Pneumatische hervor, sich vom Sarkischen abzuwenden (bei den
Naassenern). Der ἀρχεγόνον σπέρμα (bei den Naassenern) ist Ursache alles
Werdens (πάντων τῶν γενομένων αἰτία). Zur Vermittelung des ἀγέννητον mit
der Hyle (als γέννητον) steht (bei den Peraten) das zweite Sein (αὐτογενὲς)
als Sohn (oder Logos) in Swayambhuva (von Adi-Buddha). Die (aus den
Planetensphären) siebengewandige Iris sucht das geraubte Schaamglied des
Osiris, und Attis wird von der Göttermutter entmannt, um nach Befreiung
von dem Geschlechtstrieb die Seele (in Wiedergeburt) zum „Erwachen" zu
befähigen (bei den Naassenern). „Der von Persephone geliebte Adonis ist
die von der γένεσις (Aphrodite) getrennte, dem Tode preisgegebene Seele"
(s. Möller). Die ἐπίνοια (μεγεθός τι ἀκατάληπτον) bildet die väterlich (in
Logos) „niedergelegte Wurzel als Punkt" (in Urverwirklichung). Edem,
(sagen die Ophiten), sei das menschliche Gehirn, welches gleichsam gebunden
und zusammengeschnürt ist von den ringsherum liegenden Gewändern, wie
der Himmel, das Paradies aber sei der Mensch bis an den Kopf (s. Gruber),
und so das (malabarische) Bild Parabaravastu's (s. Ziegenbalg). Aus dem
Logos, worin (als οἰκητήριον) alles potentiell Vorhandene niedergelegt
ist, beginnt es zu wachsen (κατὰ μέρος) bei der Schöpfung (der Naassener).
„Der nichts seiende aus Nichts bestehende Punkt, untheilbar seiend, wird
sich erzeugen im Gedanken (Idee, ἐπίνοιαν) einer unbegreiflichen Grösse"
(s. Möller). Die ὑπερκόσμια, als seelige Welten, unterscheiden sich von den
Ueberirdischen (ὑψηλότερα oder ἐπουράνια) über den ἐπίγεια und ὑπόχθονια
(im Bereich des Jaldabaoth). Nachdem sie die angelicas potestates (ignaras
patris) gezeugt (s. Tertullian), wird Ennoia von diesen festgehalten und hat
Jahrhunderte hin, durch weibliche Körper zu wandern (in simonianischer
Häresie). Von Nous und Alytheia (als Logos und Zoe) stammte (in der
Ogdoade) die Zehnzahl und von Anthropos und Ekklysia Zwölfzahl der
Aeonen (bei Valentinus). Mithra erschlägt mit seiner Keule die bösen
Diws, dass Ahriman erzittert. Elxa (Gründer der Elkesaiten) wird erklärt
δύναμις κεκαλυμμένη (bei Epiphanius). Die Namen der Daktylen waren auf
Amulette geschrieben (s. Diod.), und galten die linken (32) als Zauberer, die
rechten (20) als Löser des Zaubers (nach den Scholiasten). Als auf einem
Bergpfad die Madonna gesehen, von dem elfjährigen Mädchen des Dorfes
Corona (1885), kamen „16000" zusammen (sehend und hörend). „For miles
round this village the country has the appearance of the Tuscan Mountains
at the time of the unfortunate prophet of Arcidosso, David Lazzaretti" (mit
Opfergaben von Baumzweigen). The Phenomena of conscience, as a dictate,
avail to impress the imagination with the picture of a Supreme Governor a
Judge (s. Newman). Selfishness, like sensuality, secretly conscious of igno-
bility, and interpreting by its own experience the whole race of human kind,
stifles within us the Eternal Hope (s. Martineau). The individual brain is
virtually the consolidate embodiment of a long series of memories, wherefore
everybody in the main lines of his thoughts, feelings and conduct, really re-
calls the experiences of his fore-fathers (s. Mausdly), in Consolidarität der
Interessen durch Raum und Zeit (für das Zoon politikon).

In Jamandaga (Erlegten-Abulgaatschi oder der Hunger des Erlik-Chan) oder Jike-Golung-Uldüktschi (der grosse Bezwinger) wurde Mansuchari von Schigimoni verwandelt, um dem Unheil des Widersachers Tchötschitschalba zu wehren (s. Pallas). L'homme a trois âmes, l'âme terrestre, l'âme aérienne, l'âme mère; après la mort l'âme se change en oiseau (bei den Jakuten), quelques personnes l'ont entendue chanter (s. Roussy). The Union of the Soul or Life (Atman) with the body is Swabhava (s. Hodgson) in der „Swabhavika doctrine" (Nepal's).' L'esprit ou l'âme des personnes en l'honneur de qui les idoles avaient été faites passaient dans les idoles elles-mêmes (s. Roussy), als Kisse-Tangara (la déesse vierge) in der Puppe aus Pferdefussknochen (bei den Jakuten) oder in Kreidefiguren (auf Neu-Irland). Τὸ ὄντως ἄῤῥητον οὐκ ἄῤῥητον ὀνομάζεται, ἀλλά ἐστιν, φησίν, ὑπεράνω παντός ὀνόματος ὀνομαζομένου (bei Basilides). „Die Weltentfaltung aus der πανσπερμία wird von Basilides angesehen als eine fortgehende Scheidung der ursprünglich Zusammenseienden" (s. Möller), καί τινα τάραχον καὶ σύγχυσιν ἀρχικήν (bei Clem. Al.). Gott und den Engeln eignet die unsichtbare δύναμις ἄσαρκος (bei Clem.). Die vom nicht seienden Gott „nicht wollend gewollte Welt" (s. Möller) ist nur (σπέρμα κόσμου) „ein Same, welcher die Totalität potenziell in sich hat, wie das Senfkorn den ganzen Baum mit allen Aesten, und daher, obwohl οὐκ ὄν, οὐ γενόμενον, doch zugleich auch πολύμορφον ὁποῦ καὶ πολυούσιον" (bei Basilides). Εἶπε καὶ ἐγένετο (s. Basilides) bei der Weltschöpfung Gottes („das Sprechende aber war noch nicht, noch auch war das „Gewordene"). Das Ἐνορμῶν (als ursprünglich Bestimmendes in der Organisation) erhält sein Substrat in der eingepflanzten Wärme (bei Hippocrates). Während die erste Sohnschaft (s. Basilides) mit Setzung des Samens durch den Nichtseienden, sogleich von Unten nach Oben mit Gedankenschnelligkeit hinaufeilend, zum Nichtseienden gelangt, bleibt die gröbere Sohnschaft, obwohl nachahmend (μιμητική) dahinter zurück (s. Uhlhorn). Das Wesen des bösen Princips (τοῦ ἀντικειμένοι) ist das Vergängliche (φθορά) und die Finsterniss (bei Ptolemäus). L'ésprit suprême, als Schöpfer (der Jakuten) s'appelle Jaute Tasse oblokhtokh Jourioune Ai Toïone (le seigneur assis sur la pierre blanche) ou Aïbitte Aga (s. Roussy). Σπεύδει γάρ, φησί, πάντα κάτωθεν ἄνω (bei Basilides). Als ἀγήρατος (ἀεὶ νεάζων) bildet der τέλειος αἰών ἐν ἀοράτοις καὶ ἀκατομάστοις ὑψώμασι den Unergründlichen (als βύθος), vom Geist nicht erforschbar (bei Valentin). Die gewaltsamen Todes (oder unter dem Fluche der Geistlichkeit) Gestorbenen spukten (bei den Mongolen) als Bok oder (tangutisch) Dschoge in „Gespenstern oder Schreckbildern" (s. Pallas). From Swabhava (nature) all things proceeded (in Nepal). Ἦν ἐν αὐτῷ τῷ σπέρματι υἱότης τριμερής (bei Basilides). In der ersten Dyade war mit Σιγή (bei Valentinus) Ἀῤῥητος verbunden der Βύθος (bei Ptolemäos). Der Genius ὠμοφορος hat die Welt zu tragen und zu stützen, im Kampfe gegen das Böse (bei den Manichäern). Bardesanes materiam Creatoris in mundi opificio consortem fuisse scripsit (s. Ephr.). Auf dem Gebiet von Mano entsteht die zweite Klasse der Genien, mit Juschamin an der Spitze (bei den Zabiern). Vor dem Logos (durch den die φύσεις πνευματικαὶ in Sophia entfaltet werden) war ὁ αἰών καὶ τὰ ἐν τῷ αἰῶνι (bei Herakleon), Zum Gedanken (ἐννοία), Leben zu erzeugen, hatte der Wille (θέλημα) hinzuzutreten, damit diese Idee vollzogen

werde (bei Ptolomäus). Die höchste Petras (bei Marcus) kommt von den
ἀόρατοις καὶ ἀκατονομάστοις τόποις, in weiblicher Form, weil das Männliche
(verborgene und unbegreifliche Wesen) die Welt nicht fassen konnte (τὸ
ἄρρεν αὐτῆς ὁ κόσμος φέρειν οὐκ ἠδύνατο). Im Verhältniss zum καθόλικος βασιλεύς ist der Demiurg βασιλικός (kleiner König), weil nur über eine βασίλεια
gesetzt (s. Herakleon). Jesus offenbart sich als Repräsentant Melchisedek's
(ἱερεύς τοῦ ὄντος) zur himmlischen Erlösung (bei Theodotus). Um die Gewalt
der Sünde über die sinnliche Menschen-Natur zu besiegen, hatte Christus
(bei Alexander) ebenfalls eine sündliche Natur anzunehmen (s. Tertullian).
Die höchsten Himmel (als Agmishta-Bhavana) sind von Adi-Buddha (der
den aus Brahmaloka die Erde Besuchenden Hunger einflösste, zum Fall)
geschaffen, die übrigen darunter von Manjusri (als Weltbaumeister). Die Πνευματικοί (für das ewige Leben bestimmt), als die ἐκλεκτοι (der ἐκκλησία), stellen
die höchste Einheit dar (ἄφθαρτος), das Göttliche den übrigen Menschen
mittheilend (bei Herakleon) im Licht des Christenthums (s. Neander). „In
der Stoa taucht das Ausgebildete (ἐξεικονισμένον), der concrete Geist, immer
wieder unter und löst sich, wie der ganze Weltprocess immer wieder in die
ursprüngliche reine Identität auf, um von Neuem daraus hervorzugehen, dagegen reagirt das Christliche im Gnosticismus, die Idee der Erlösung"
(s. Möller), wie in Buddha's Lehre (durch Fortführung in die Meditationshimmel
bis zu Megga). On ne peut pas douter que les effets des Messes que le
diable demande et qu'il fait dire quelquefois pour se faire obéir, et se faire
adorer ne soient superstitieux et le fruit d'une véritable Idolatrie (s. Le Brun).
Krankheit ergiebt sich als „Abweichung vom regelmässigen, d. h. gesunden
Lebensprocess" (s. Cohnheim). Simon (δύναμις μεγάλη) wurde als erster
Gott verehrt (bei den Samaritanern), Helena als seine erste Eunoia (s. Justin),
als Selenen (bei Irenäus). Γέγονεν οὖν κόσμος ὁ γεννητὸς ἀπὸ τοῦ ἀγεννήτου
πυρός (bei Simon). Ἄνθρωπον εἶναι τὸ πᾶν (bei Monoimus). Σπεύσιππος δὲ
καὶ πλείους οὐσίας, ἀπὸ τοῦ ἑνὸς ἀρξάμενος καὶ ἀρχὰς ἑκάστης οὐσίας ἄλλην μὲν
ἀριθμῶν, ἄλλην δὲ μεγεθῶν, ἔπειτα ψυχῆς (im Unterschied von Plato's Dreiheit). Mit den ersten Urbildern fallen die einheitlichen und substantiellen
Zahlen zusammen, welche nach Syrian aus der geheimen Tiefe des Einen
zuerst hervorgehen und früher sind, als die demiurgischen Ideen (s. Zeller).
Εἶδος γὰρ πού τι εἰώθαμεν τίθεσθαι παρὰ ἕκαστα τὰ πολλὰ οἷς ταὐτὸν ὄνομα
ἐπιφέρομεν (s. Plato) ἓν ἐπὶ πολλῶν (bei Aristoteles). Αὕτη μήτηρ, αὕτη
πατήρ, τὰ δύο ἀθάνατα ὀνόματα (s. Monoimus). Est antiquus usus in
oppido quodam Archidiaconatus de Ussum, ut cum aliqua necessitas tempore
siccitatis fructibus terrae ingruerit magna cum devotione processionaliter
Clerus et coloni cum hymnis et cantuis ad Sanctum Petrum de Ussum se
conferant (Martin d'Arles). Comme l'Image ne répondait rien, on avait la
hardiesse de crier, qu'on plonge l'image du bienheureux Pierre (1560). Κλεῖς
Δαυιδ denotes the authority which Christ his king exercises over his realm
(s. Mc' Clintock). Ψυχή von der ψύξις (bei den Stoikern), in Abkältung des
Pur technikon (im Pneuma), bei Berührung mit der φύσις (und ἕεις im Anorganischen). Aus der unendlichen Dynamis (im Feuer, als verborgenes und
offenbares) ist die Welt hervorgegangen, zunächst in die drei Sizygien, als
Wurzeln (bei Simon). Aus dem in's Chaos übergesprudelten Licht wird die
Chakhmuth oder Achamoth gebildet (bei Bardesanes). Ὅ, τι δὲ μὴ ἕστηκεν,

οὐx ἂν εἴη ὄν (s. Numenius). Ὁ μὲν πρῶτος θεὸς ἔσται ἑστώς, ὁ δὲ δεύτερος ἐμπαλίν ἐστι κινούμενος (s. Numenius), auf chaotischem Meeresgewoge der Hyle das Schiff derselben steuernd (im Aufblick nach den ewigen Ideen). Εἰ δὲ τὸ σῶμα ῥεῖ καὶ φέρεται ὑπὸ τῆς εὐθὺς μεταβολῆς, ἀποδιδράσκει καὶ οὐκ ἔστιν (s. Numenius). Die bei den Prophetensendungen verfälschte Lehre (der γνῶσις) wird im πνεῦμα ἅγιον des Menschen Jesus mit der Taufe neu offenbart (bei Kerinth) aus der Prophetin Philumene (πάρθενος δαιμονῶσα) für Apelles' (s. Rhodos) Schüler Marcions (credat Judaeus). Μόνος γὰρ ἀγέννητος καὶ ἄφθαρτος ὁ θεὸς καὶ διὰ τοῦτο θεός ἐστι (s. Justin.). Die Schöpfung Gottes (Gwah) wird von dem bösen Nauk-plau geschädigt (bei den Karen). Oenicidi wird von den Macusi angerufen (im Nothschrei). Ulom, der geistige Gott, der aus sich selbst den Khusoros erzeugt, steht über Himmel und Erde (bei Damaskios), wie Bel (bei Berosos). Τοιούτου δέ ὄντος, ὡς δι' ὀλίγων εἰπεῖν, κατὰ τὸν Σίμωνα τοῦ πυρός, καὶ πάντων τῶν ὄντων ὁρατῶν καὶ ἀοράτων, ὧν αὐτὸς ἐνήχων καὶ ἤχων, ἀριθμητῶν καὶ ἀριθμῶν ἐν τῇ Ἀποφάσει τῇ μεγάλῃ καλεῖ (s. Hippolyt.). Aus der κοινή οὐσία in der Weltseele (als göttliches Leben der Natur in Einheit), leuchtet dem Menschen (s. Möller) der λόγος auf, als Vernunft (in der Stoa). Τὸ κάλλιστον καὶ ἄριστον μὴ ἐν ἀρχῇ εἶναι, διὰ τὸ καὶ τῶν φυτῶν καὶ τῶν ζώων τὰς ἀρχὰς αἴτια μὲν εἶναι, τὸ δὲ καλὸν καὶ τέλειον ἐν τοῖς ἐκ τούτων (lehrte Speusippos). Der Mensch setzt sich aus νοῦς, ψυχή, σῶμα zusammen (bei Plutarch). Ἔστι γὰρ ψυχὴ πάντων τῶν γενομένων αἰτία (bei den Naassenern). Ἡ ψυχὴ πνεῦμά ἐστι σύμφυτον, ἡμῖν συνεχὲς παντὶ τῷ σώματι διῆκον (s. Galen). Quodam significatu et animus humanus etiam nunc in corpore situs δαίμων nuncupatur (s. Apulejus). Die Seele besteht aus einer Vermischung des Lichtes, der Luft und anderer irdischer Körper (nach Thomasius). Die Seele begleitet den Leib als σῶμα πνευματικόν (bei Paulus). Nullum principiorum essentialium hominis per mortem omnino cedit in nihilum (s. Thom. Aq.). An Stelle der numerischen Einheit aller Menschen-Intellecte (bei Averroes) ist der Intellect (Aristoteles') als Substanzialform des menschlichen Leibes zu fassen (s. Niphus). Vermöge der διανοία sagt sich ἐγώ (bei Chrysipp). Die Seele, als εἶδος, giebt (bei den Stoikern) τὸ μόνιμον καὶ οὐσιώδες dem Körper (als ὕλη). Humanus animus est decerptus ex mente divina (s. Cicero). Ἔστι δὲ τῆς ψυχῆς ἴδιον αἰσθητήριον ὁ νοῦς (s. Plut.). Quem in hoc mundo locum deus obtinet hunc in homine animus (s. Seneca), mit der Doppelung im Genius (wie Ka zu Ba). Ὁ θεὸς ὄνομα οὐκ ἔχει ὡς ἄνθρωπος (bei Eusebius), unsagbar begriffslos (gleich Tahu-Wakan). In Unitas Intellectus (bei Averroes) meint sich der Gedanke (aus seiner ethischen Manifestation). In organischer Einheit bildet das πνεῦμα ὑλικόν das Princip (nach dem Willen des Schöpfers). Πᾶσαν ἔστιν ἰδεῖν τοῦ κόσμου τὴν κατασκευὴν σύμπασάν τε, τὴν ποίησιν γεγονυῖαν ἐξ ὕλης, καὶ τὴν ὕλην δὲ αὐτὴν ὑπὸ τοῦ θεοῦ προβεβλημένην (bei Tatian). Esse igitur ejus, quod erat compositi, manet ipso corpore dissoluto et reparato corpore in resurrectione in idem esse reducitur, quod remansit in anima (s. Thom. Aq.). Die stoffliche Identität des Auferstehungsleibes gehört wesentlich zum Inhalt, zum Was des Auferstehungs-Dogmas (s. Bautz). Nach Abtrennung vom Nous bleiben die Seelen im traumhaften Zustand auf dem Mond zurück (und das εἴδωλον wird dort in sein Element aufgelöst, wie die Leichen in der Erde). Die Auferstandenen behalten in der Organisation des Leibes zugleich die Säfte, auch wenn sie, wie andere Organe des Leibes, nicht unbedingt für das künftige Leben nöthig wären (bei Haidinger). S'agit-il de l'oeuvre importante de la procréation, l'âme humaine choisit les plus purs, les plus puissants, les plus harmonieux de ses globules cométaires centraux pour la semence, amoureuse et les tient en réserve dans ce but, privant ainsi, son domaine intérieur du superfin de sa récolte du profit de la propagation de la race humaine, auxiliaire de l'oeuvre de dieu (s. Sardou-Pradel). Une crédulité effrénée, une foi a toute épreuve dans les charismes spirites, achevaient de faire du montanisme un des types de fanatisme les plus outrés que mentionne l'histoire de humanité (s. Renan). L'abime m'attire, m'entraine toujours; l'infini me tente, le mystère me fascine, l'unification, l'hénose de Plotin m'énivre comme un philtre. C'est mon opium, mon haschisch (s. Amiel). Im Lachgas kam „with unutterable power the conviction, that Hegelism was true" (the identification of opposites).

Laura (Edmond's Tochter) redete in 8 Sprachen (die sie nicht gelernt hatte). In den Experimenten (1874) liess Varley einen schwachen elektrischen Strom durch den Körper der Miss Cook, des Mediums, während einer ganzen sogen. „Vollgestalt-Sitzung" über, passiren, so dass, wäre das Medium auf irgend eine Weise von den Drähten befreit worden, während es in der Entzückung lag, dies augenblicklich durch die ausserhalb befindlichen Instrumente kenntlich geworden wäre, (von Crookes bestätigt). Die von Miss Fox in der Sitzung mit Robert Chambers beeinflussten Tische zeigten sich „auf Verlangen leichter oder schwerer" (1860). Die bald in derselben Richtung, wie die Schwerkraft (und sich derselben summirend), bald entgegenwirkende Kraft ist, ihrer Quelle nach, dem wägbaren Stoffe des Körpers des Mediums entnommen (s. Butlerow), in Uebertragung lebendiger Kräfte von einem Körper auf einen anderen (1874). In den Sitzungen (mit Home) liessen sich keine Erklärungen davon geben und auch nicht ausfinden, wie diese Erscheinungen durch irgend eine Art von Mechanismus hätte hervorgebracht werden können (bei Brewster). Ueberzeugt von Mitwirkung der Geister, als einer für gewisse Kategorien der Erscheinungen unerlässliche Hypothese, finden sich (in Frankreich) Hoefer und Goldschmidt (nach Flammarion's Mittheilungen). Zu den Phänomenen (neben physikalischen Manifestationen) rechnet sich (bei Wallace) „Bewahrung vor den Wirkungen des Feuers" (in Home's Sitzungen). Unter Begleitung des Geistes in das Dunkelzimmer gehend, sah und fühlte Crookes (mit der Phosphor-Lampe) „Miss Cook, die in schwarzen Sammet gekleidet war, wie sie auf dem Fussboden in Verzückung dalag, während die Geistesgestalt in weissen Kleidern dicht neben ihr stand" (s. Wallace). Guppy's Aufnahme durch den Photographen Hudson war die „erste Geister-Photographie, welche in England aufgenommen wurde" (März 1872). In Erfüllung ihrer Mission (21. Mai 1874) gab der Geist Katie King oder Annie Morgan ihre letzte Sitzung (mit Miss Cook). Bei den Experimenten mit der Familie Holmes wurde Owen durch Unterschiebung einer wirklichen Person (Miss Withe, die aus unterirdischer Versenkung aufstieg) über den Geist getäuscht (bei Sichtbarkeit der Medien). The Fox family, the first, who acted as media, and who have been greatly concerned in spreading Spiritualism in America, resided at the Hotel of Mr. Barnum, New-York (s. Giles Pugh). Wegschmelzende Blumen, sowie Gaze-Kleider (in Livermore's Sitzungen) wurden gesehen (s. Wallace). Miss Nichols wurde mit ihrem Stuhl auf den Tisch gesetzt in der Sitzung (mit Wallace). Die Geisterphotographie von Wallace's Mutter zeigte einen Zug, wie der 22 Jahre früher aufgenommenen Photographie entsprechend (aber ein Ansehen von Kränklichkeit und Müdigkeit). Geheimste Gedanken, wenn einmal geäussert, wurden freimüthig besprochen, in spritischen Zirkeln (s. Edmonds). Thomson's Geisterphotographie wird von seinem Onkel als das Bild der bei der Geburt gestorbenen Mutter erkannt (1873). Simon führt Helena mit sich (als seine Ennoia), wie Apelles unter dem Einfluss der Prophetin Philomene stand (ähnlich dem des Montanismus). Τὴν δαίμονα τὰς ψυχὰς πέμπειν ποτὲ μὲν ἐκ τοῦ ἐμφανοῦς εἰς τὸ ἀιιδὲ, ποτὲ δὲ ἀνάπαλιν, lehrte Parmenides (bei Simplicius). „Phänomene, wie erschütternde Klopflaute, Veränderung des Gewichts der Körper, das Sicherheben schwerer Körper in die Luft, ohne Berührung mit Jemandem, Erhebung menschlicher Wesen, leuchtende Erscheinungen mannigfaltiger Art, das Erscheinen von Händen, welche kleine Gegenstände erheben, jedoch nicht die Hände eines Anwesenden sind, directes Schreiben durch eine leuchtende abgesonderte Hand oder durch den Bleistift allein, Phantomgestalten und Gesichter und verschiedene seelische Phänomene" sind von Crookes auf objective Realität geprüft (s. Wallace). Aus Dante's Gedicht ist anzunehmen, „dass die Schatten in der Hölle, Virgil mit eingeschlossen, aus etwas gröberem (oder materiellem) Stoff bestehen, im Purgatorio aber aetherischer Natur sind" (s. Blanc), und so fühlen sich die Seelen schwammig an in der Unterwelt (der Angekok). Buddha mit Schlangenleib (s. Moor) findet sich im Tempel Swa Samudra's (auf der Insel Cavery). The „spirits of the dead" (s. Chalmers) hiessen Kwei (in China). „The top of this character is supposed to represent a human skull (s. Dennys). Die Phänomene, welche ehedem der directen Einwirkung des Satans zugeschrieben wurden, werden jetzt von den Spritisten grösstentheils als das Werk unsichtbarer Intelligenzen betrachtet (s. Wallace). Als auf Anrufung des „grössten Namens" gekrönt, schwitzte (die Handlungen der Menschen vorhersehend), Gott (wie das salzige und finstere) das süsse und lichte Meer und bildet, seinen Schatten im Lichte sehend, aus dem besten Theil desselben Sonne und Mond (s. Mughira). Bis zu seiner Rückkehr weilt Muhammed Ibn-al-Hanafija am Berge Ridhwa zwischen einem Löwen und Panther mit Quelle aus Wasser und Honig, in der Verborgenheit (als Imam). Der moderne Spiritismus datirt vom März 1848, denn damals geschah es, dass zum ersten Male intelligente Mittheilungen erhalten wurden mit der unbekannten Ursache geheimnissvoller Klopflaute und anderer Töne, ähnlich denjenigen, welche die Mompesson- und Wesley-Familie im XVII. und XVIII. Jahrhundert gestört hatten (s. Wallace). Wherefore as men owe all their true ratiocination in the right understanding of speech, so also they owe their errors to the misunterstanding of the same (s. Hobbes). Bei der Vorführung durch Miss Nichol's Mediumschaft bestanden die Blumen aus „Anemonen, Tulpen, Chrysanthemus, chinesischen Primeln und verschiedenen Farrenkräutern" (s. Wallace). Als der einige Gott sich in vielen Geschöpfen offenbaren wollte (durch eine „Mutter aller Welten"), entstand aus seinem Wesen der Sakti (als Para-Sakti oder Adipara-Sakti) in Malabar (s. Ziegenbalg). Das Gedächtniss bildet (bei Bruno) ein Vorrathshaus der Ideen (horreum specierum), Adi-

.

Buddha (Suprème Intelligence) heisst auch Swayambhu (in Nepaul). Wie Barashan leitet Brahma in dem heiligen Gras (des Opfers) auf die Wurzel vry im Wachsen (s. Haug). Ajjappa (Shani oder Saturn) wird als Waldgott (und Jäger) verehrt (in Koorg). Die Arche Noah's war aus der Gegenerde gekommen (bei Antiochenus). In Home's „Feuerprobe" trug er eine glühende Kohle herum und legte sie auf Hall's Kopf (s. Wallace). Während bei allen Propheten die Inspiration im 30. Jahr ihre Vollendung erreicht, wird Masih Isa Ibn Maryam schon in der Wiege inspirirt zu sprechen (s. Ash-Scharistani). An der Statue des Herakles (zu Achaya) stand für Orakel zum Würfeln ein Tisch (s. Pausanias), als Πόμβος („table tournante"). Den Glauben an die „Existenz der Gottheit" verdankt Ostrogradsky dem „Tischrücken" (in St. Petersburg). Von allen wissenschaftlichen Verwirrungen ist die schlimmste die Willkür im Gebrauch von Worten (s. F. Nasse). Gott hat die Welt geschaffen διὰ τὴν μυ̑ιων τω̑ν γενομένων ζωήν (bei Athenagoras), um der vernünftigen Creaturen willen (s. Möller). Duplicis sexus numina esse dicuntur (in der Stoa). Sic patet quod essentia quandoque dici quo est, ut significatur nomen humanitatis, et quandoque quod est, ut significatur hoc nomine homo (Thom. Aq.). Πυ̑αγόρας ἀρχὴν ἔφησεν εἶναι τω̑ν ὄντων τὴν μονάδα (s. Sext. Emp.). Das Göttliche des ἡγεμονικόν im ζω̑ον (der Welt) bezeichnet sich als Himmel (οὐρανός) in der εἱμαρμένη, als Gesetz (bei den Stoikern). Statt vorübergehenden Ausstrahlens göttlicher Kräfte besitzen die Engel (bei Justin.) die geschöpfliche Freiheit (τὸ ἀν̓τεξοἰσιαν) und lassen sich dann für religiöse Fetische verwerthen (neben magischen). Seit 1826 erkrankt, wurde der französische Generalconsul Leon Favre Clavairoz in Corfu durch den von Dr. Cogerma's Mittlerin citirten Geist des Arztes Giafero († 1510) geheilt (1868). Empfindung und Gedanke sind nicht nur verschieden von dem, was wir unbeseelte Materie nennen, sondern sind der entgegengesetzte Pol des Lebens (s. Mill). Der Trieb der Selbsterhaltung (der allgemeine Grundtrieb aller Thiere), den der Stoiker πρώτην ὁρμὴν (πρω̑τον οἰκει̑ον), Cicero „primum conatum" nennt, ist „innig mit dem Leben selbst verwebt" (s. Schindler). Als verfeinerte zarte Substanz durchströmt die Seele den stofflichen Bau des Körpers, für die Stufe geistigen Daseins (bei Ulrici). Im bewussten Menschen scheinen wir das Leben selbst zu sehen, wie ein neuer und höchst wichtiger Gewinn erreicht (bei Hoppe). Die Anhänger der von Marcellina unter Anicetus in Rom verbreiteten Lehre „gnosticos se vocant" (s. Irenäus). The Druses of Mount Libanon, though claiming for their founder the Egyptian caliph Hakim, are in all probability the remains of the numerous Gnostic sects noticed by Procopius as flourishing there most extensively on his own times (s. C. W. King). Der Name Gnostiker (bei Irenäus) begreift „die an den Magier Simon indirect, an Menander direct sich anschliessende, wesentlich antijüdische, dualistische syrische Gnosis" (s. Harnack). Die Naassener (bei Hippolyt) werden γνωστικοί bei ihrem Eintritt in die Gemeinschaft, durch die τελεται oder Weihen (s. Hoffmann), als ophitische Secte (bei Epiphanius). L'homme spirituel, l'homme renouvelé du quatrième règne, connait son Dieu (s. Sardou-Pradel). Each Sphere is divided into six circles or societies and each has its teachers in science and morals, from those, above and the spirits study the phenomena of universal nature, Astronomy, Chemistry and Mathematics; they have no maps or charts, but

teach spelling (s. R. Hare). Aus Gott (als *νοῦς ἀΐδιος*) hervorgehend, vollzieht der Logos die Weltschöpfung (bei Athenagoras), in Durchdringung des Pneuma (bei Zeugung durch den heiligen Geist). Obwohl selbst nicht dabei gewesen, konnten die Propheten von der Schöpfung reden, welche der (sie belehrende) Logos *ὁ ἅγιος* (bei Theophilus) bewirkt hatte, aus Gottes Sophia (*ἀεὶ συμπαρῶν αὐτῷ*). Neben den *πνευματικοί* (als Eingeweihten) finden sich *ψυχικοί* und *χοϊκοί* (in der Gnosis). Alles Vollkommene hat Einerleiheit als sein Wesen an sich, und es würde sofort die Welt in ein Chaos versinken, wenn die Einerleiheit (Sichselbstgleichheit) des Vollkommenen aufhörte (s. Teichmüller). Die im Material von der göttlichen *ἐπιστήμη* (bei Numenius) getroffene Wesenheit leuchtet auf, „weil sie ihrem eigentlichen Wesen nach identisch mit ihr ist" (s. Möller). Als der Anfang (aus *σκότος καὶ βυθὸς καὶ ὕδωρ*) von dem in der Mitte befindlichen Geist geordnet wird, bäumt die Finsterniss sich auf, in Vermischung die *μήτρα* zeugend (bei den Ophiten). In Elohim's Auftrag bilden die *πατρικοὶ ἄγγελοι* die Menschen aus feinsten Erdenstoffen (im Buche Baruch). Im Niederblicken des Gottes auf Jeden leben die Leiber, bei Jenes Abwendung erlöschen sie, während der Nous sodann in Seeligkeit ruht (s. Numenius). An der Terebinthe (Butm) Mamre's (Häuptlings der Amoriter) wurde Abraham beschnitten, in Machpelah begraben (vom Hethiter Ephron gekauft). Unter den Cananitern (Tieflandbewohnern) unterschieden sich von den Phereaitern (Flachlandbewohnern) die Amoriter (der Baum- oder Berggipfel). Die Aegypter beschnitten *καθαριότητος ἕνεκα* (bei Herodot). Das Soma (bei brahmanischen Opferhandlungen) reizte zum Erbrechen (für Reinigung der Indianer). Die Hyksos waren von dem Häuptling oder Hyk (*ὑκ*) genannt (s. Manetho), und unter den Eroberungen der Amoriter herrschte Og (der Rephaim) von Basan (neben Sihon). *Καὶ οὐ κληθήσεται ἔτι τὸ ὄνομά σου Ἀβράμ, ἀλλ' ἔσται τὸ ὄνομά σου Ἀβραάμ* (und Sarah statt Sarai). Bei Skythianus ersetzt die Terebinthe den Pipul (wie sonst die Eiche).

Die Erbsünde ist die Concupiscenz, wie sie in den Nichtwiedergeborenen besteht (s. Schlünken). Die Vorbedingungen, aus denen bei uns unwiderruflich Sünde auf Sünde hervorgeht, diese nahm auch der Heiland auf sich, als er, der Logos, Fleisch wurde (s. Böhl). A la fois Dieu, Nature et Humanité (s. Saisset). *Ἡ δὲ γῆ ἦν ἀόρατος καὶ ἀκατασκεύαστος καὶ σκότος ἐπάνω τῆς ἀβύσσου καὶ πνεῦμα θεοῦ ἐπεφέρετο ἐπάνω τοῦ ὕδατος*. Die Gehirnarbeit ist anstrengend (s. Hoppe). Von der Kategorie der Quantität eximirt, und der Kategorie der Qualität unterstellt (s. Werner), entbehrt die Seele des Wachsthums (bei Hrabanus). Force is any cause which alters or tends to alter a body's state of rest or of uniform motion in a straight line (s. Tait). Rerum etiam mutabilium sunt immobiles habitudines (Thom. Aq.). Alle Materie ist ursprünglich elastisch (s. Kant). Im Besitz einer bestimmten concreten Substanz (als bestimmt concrete Materie und bestimmt concrete Form) begründet sich das Individuum (im Unterschied von andern) auch relativ (bei Umwandlung der Materie eines Organischen). At harvest time a sufficient quantity of rice being beaten, sweetmeats are prepared and cocoanuts, plantain fruits and flowers added to these for a general offering to the various spirits (der Kanikars), supposed to be peculiar to the hills, to reside in large trees and rule the wild beasts, restraining them from mischief

(s. Mateer). Maimonides folgt der aristotelischen Philosophie (im Abweichen von den Rabbinern). Bei Sterblichkeit der Seele wurde ihre Unsterblichkeit unter die Glaubensartikel verwiesen (bei Pomponatius). Die Religion innerem Abfinden überlassend, folgt Avicenna in der Wissenschaft der Lehre des Aristoteles, und Duns Scotus pronounced distinctly the separation between Catholic and philosophical truth, which became the watchword of Averroism. Statt des „Esse specificum corporis humani" (als forma informans) galt die Anima rationalis nur als forma assistens (s. Oliva) und separabilis (von der Materie). Filius Spiritus sanctus est (bei Hermas). Gott, als Urheber (der Welt) wird lateinisch abwechselnd als „creator" und „factor", „Schöpfer und Macher', griechisch aber beidesmal als ποιητής (Macher) bezeichnet (s. Oswald). Neben κτίζειν (im edolare) gilt κατασκευάζειν für Schaffen, als Schöpfer (skop, goth.). Durch den Ausschluss einer spontanen Manifestation in der körperlichen Sphäre ist nicht ausgeschlossen eine auf dem Wege der sogen. geistigen Sympathie, des geistigen Rapportes sich vollziehende innerliche Manifestation der Seele, welche sich je nach Empfänglichkeit des betreffenden lebenden Menschen bis zur Vision steigern kann (s. Daniel). Secundum Averroëm imaginativa in homine est sicuto figura navis in navi, quae constituit navim tanquam forma, materiam informans, anima vero rationalis est sicuti nauta (s. Zabarella). Der Intellectus agens abstrahirt den Begriff (bei der Sinneswahrnehmung). En vertu de la dépendance où sont entre-eux le monde moral et le monde physique, il est facile de concevoir, que la chute des Anges a pu être la cause du chaos dont parle Moïse (s. Moulinié) und so die Neuschöpfung aus Dhamma (beim Verklingen von Buddha's Wort). Περάσαι τὴν φθοράν (der Pereaten) zur ἀγεννησιά (in συντελεῖα τοῦ κόσμου) für Neibbau (als Asangkhara-Dhamma). Αἱ δὲ τὰ τῶν ἄρχων, φησίν, οὐσίαι φῶς καὶ σκότος τούτων δὲ ἐστὶν ἐν μέσω πνεῦμα ἀκέραιον (bei den Sethianern) im Wohlgeruch des Geistes (wie μύρου τις ὀσμή). Die Identitas numerica (neben der Identitas generica und Identitas specifica) kommt jedem Individuum zu (in Selbsteinheit des Einzelnwesens). Ὁ δὲ ἀγαθός ἐστι Πρίαπος, ὁ πρὶν τι εἶναι ποιήσας (bei Justin). Der Initiand (nach dem Eid) trinkt vom Lebenswasser (bei Justin) im Unterschied zwischen Wasser und Wasser; das Eine ist das der bösen Schöpfung unter dem Firmament, darin reinigen sich die irdischen und seelischen Menschen, das andere ist oberhalb des guten Firmamentes, darin baden sich die geistig lebendigen Menschen (s. Möller), und aus drittem Himmel wird das Vai-ora geholt (bei den Maori). Ταῦτ'·ἐστί, φησί, τὰ μικρὰ μυστήρια τὰ τῆς σαρκικῆς γενέσεως ἃ μυηθέντες οἱ ἄνθρωποι μικρὰ παύσασθαι ὀφείλουσι καὶ μυεῖσθαι τὰ μεγάλα τὰ ἐπουράνια (bei den Naassenern). Die materia corporalis ist der einzig mögliche Ausdruck der durch den Fall entstandenen Verschiedenheit (bei Origenes), aber die Materie (als das den Körpern zu Grunde Liegende) ist das absolute Veränderliche, welches aus jeder Beschaffenheit in jede andere übergehen kann· (s. Möller). Οὐσίαν δὲ θεοῦ Ζήνων μὲν φησί τὸν ὅλον κόσμον καὶ τὸν οὐρανόν (Diog. Laert.). Die Entstehung der materiellen Welt (im Uebergang aus der geistigen) ist (bei Origenes) eine καταβολὴ κύσμου (a superioribus ad inferiora deductio). Die olympischen Spiele waren von Herkules (unter den idäischen Daktylen) gestiftet (s. Diod.), Klymenus (Sohn des Kardis) war aus den Nachkommen des idäischen Herakles von Kydonia (auf Kreta) nach

Elis gekommen (s. Pausanias). Die Ἰδαῖοι Δάκτυλοι hatten die Kunst der Eisenbearbeitung von der Göttermutter gelernt (s. Diodor), als γόητες καὶ φαρμακεῖς (bei Strabo). Ἰδῖτον (bei Hesych.), als ὕλη (sylva), Iones ita vocare δρυμῶν ὄρος, montem dumetis spissum (s. Steph.). Ἰδηθεν, als Ζεῦ πάτερ (bei Homer). Unwahr ist diese Rede, denn nie bestiegst du die zierlichen Schiffe, noch kamst du je zur Feste von Troja (in der Palinodie des Stesichorus). Helena (Simon's) oder (bei Lukian) Seleneia heisst (s. Clem.) κυρία παμμήτωρ (oder σοφία). Aelius Dium Fidium dicebat Diovis filium ut Graeci Διόσκορος Custorem, et putabat hunc esse Sancum ab Sabina lingua et Herculem a Graecia (s. Varro). Ἰοῦτον δὲ τὸν Σάγκον ὑπό τινων Πίστιον καλεῖσθαι Δία (s. Dion. Hal.). Πῦρ εἶναι τῶν ὅλων τὴν ἀρχήν (lehrte Heraklit). Das πνεῦμα ἀκέραιον durchweht als Geruch die Schöpfung (bei den Naassenern). Die δύναμις ἀπέραντος oder σιγή (ἀόρατος oder ἀκατάληπτος) wird als Feuer bezeichnet (bei Simon), im Verborgenen und Offenbaren (s. Hippolyt), sich selbst verzehrend im Wachsthumsprocess (zur Befreiung des Geistes unter der Entwickelung), mit dem Materiellen als Erscheinung des Ewigen (s. Möller). Parabaravastu, (als göttlich höchstes Wesen) wird unter einem Bilde dargestellt (in Malabar), „das Mann und Weib zugleich ist und durch alle 14 Welten geht, damit anzeigend, dass er Alles in Allem erfülle, und dass Alles seine Geburt und Erhaltung von selbigem habe" (s. Ziegenbalg). Καὶ ἐφύτευσεν Ἀβραὰμ ἄρουραν ἐπὶ τῷ φρέατι τοῦ ὅρκου καὶ ἐπεκαλέσατο ἐκεῖ τὸ ὄνομα κυρίου θεὸς αἰώνιος (unaussprechbar). Prajapati (Herr der Wesen, und Erster Mensch) identificirt sich mit Brahm (in Brahma). Das πνεῦμα ἀκέραιον, als leicht bewegliche, mit dem Geruch einer Salbe vergleichbare Substanz (s. Möller), steht bei den Sethianern zwischen φῶς καὶ σκότος (αἱ δὲ τῶν ἀρχῶν οὐσίαι), und Taausllah bei der Schöpfung (als Geruch). Ἱερὸν ἔτεκε πότνια κούρῳ Βριμὼ Βριμόν (in eleusinischen Mysterien). Unverständlich für den psychischen Menschen erschliessen sich die bei Entzückung zum zweiten und dritten Himmel im Paradies geschauten Geheimnisse der Gnostiker (oder Naassener), aus Weisheit der Naga (in Mahayana). Der steht, der stand, der stehen wird (ὁ ἑστώς, στάς, στησόμενος) ist zweigeschlechtlich, als ἀρσενόθηλυς δύναμις (bei Simon). Im Urmenschen (der Naassener) vereinigen sich die drei Potenzen (des νοερόν, ψυχικόν und χοικόν). Ἀσχημοσύνη δὲ ἐστὶν ἡ πρώτη καὶ μακαρία κατ' αὐτοῖς ἀσχημάτιστος οὐσία, ἡ πάντων σχημάτων τοῖς σχηματιζομένοις αἰτία (bei den Ophiten). Die Hyle (weil ἀόριστος καὶ ἀνήνυτος) ist unerkennbar (bei Numenius). Die Tirthankara schreiten ans jenseitige Ufer (paramita). Das buddhaistische Schicksal ist nichts Anderes als der concrete, in dem steten nothwendigen Zusammenhang der Schuld und der Strafe sich realisirenden Begriff der Gerechtigkeit (s. Baur). Was den Pneumatiker von allen übrigen Geschöpfen aussondert, ist das σπέρμα πνευματικόν, das als Ausfluss der höheren Welt in seine Seele gelegt wurde (s. Heinrici), als Gnade (in religiöser Fassung) oder nach psychologischer Entwickelung (im Abhidhamma). Petrus gab die erhaltenen Schlüssel den übrigen Aposteln (nach Montelivanus). Die ἐξουσία τοῦ δεσμεύειν καὶ λύειν gehörte zu den Befugnissen des bischöflichen Amts (bei Pseudo-Clemens). Zu den Akten der „Clavis jurisdictionis" gehörte die Ertheilung von Ablässen (s. Steitz). Die Schlange (ὑγρὰ οὐσία) schliest Alles ein, ὥσπερ ἐν κέρατι ταῦρον μονοκέρωτος (bei den Naassenern), als Monokeros (s. Proclus). Ἀρχὴ τελειωσέως γνῶσις ἀνθρώπου, *θεοῦ δὲ γνῶσις ἀπηρτισμένη τελείωσις* (bei den Naassenern). Baruch las die niedergeschriebenen Prophezeiungen Jeremiah's in Babylon (die Schriftrolle in den Euphrat werfend). Die ophitischen Secte der Peratae wurde durch Euphrates (*ὁ Περατικός*) gestiftet (s. Hippolyt). Elohim zeugt mit Edem (bei Justin) die (väterlichen und mütterlichen) Engeln, „who are intended by the trees, Baruch being the tree of life, and Naas the tree of knowledge of good and evil" (s. G. Salmon). Der Logos *ἐνδιάθετος* und *προφορικός* wird unterschieden (s. Philo). On meurt de deux façons (anormalement ou normalement), la mort est ainsi accidentelle ou naturelle (s. Grubert). Corpus humanum vivit et non putrescit, quia quotidie renovatur (s. Santorinus). Das in seiner Entwickelung vollendete und in Thätigkeit getretene Leben bekundet sich in seiner höchsten Potenz als Leben des Geistes (s. Königsfeld). Des Thieres eigenthümliche Seele ist die Einbildungskraft und diese die Thierseele im Menschen (s. Leopoldt). Bardesanes lehrte (bei Ephraim) dass es hindernde Itje giebt, Sterne und Thierkreiszeichen, ein Leib von dem Bösen, ohne Auferstehueg, eine Seele von den „Sieben" (s. Hilgenfeld). In early Greek art the disembodied spirit is aptly typified under the form of a bird with human head (s. King) als Ba (ägyptisch). Animarum substantiam dei dicunt esse naturam (s. August.), die Gnostiker (zur Verschmelzung mit (der Gottheit) corpus enim dicunt esse carcerem (s. Irenäus). „Der Geist selbst redete direct" (s. Bouwetsch) durch Montanus (in Phrygien). Den Mund der Propheten als sein Organ bewegend, unter Beseitigung der Gedanken, bedient sich ihrer der Geist, wie der Flötenbläser der Flöte (s. Athenagoras). Le Christ apparait la nuit à Priscilla sous la forme d'une femme et lui apprend que le bourge de Pépuza, en Phrygie, sera le siège de la Jerusalem celeste (s. Stroehlin). Dositheus (Nachfolger Johannes' Bapt.) erkennt den Hestos in Simon, als der Schlag des Stabes durch seinen Körper hindurchgeht (wie Rauch). Not only animals, trees, plants have their separate and individual „Ka-las", but spears knives, arrows, stones etc. (bei den Karen). The human Ka-la exists before the man is born (s. Forbes), und so der Kla (in Guinea). Von längst vergangenen Dingen (*ἀπὸ Ναννάκου*) redete der Weinerliche, als (verhätschelte) Puppe (*Νάννα*) zu Iconium (unter König Annakus) oder Eikonion (wo die nach der Fluth durch Prometheus aufgestellten Bilder vom Wilde belebt wurden), in den Puppen Hawaii's oder die Kane-kii (s. Inselgruppen i. Ocean, S. 277).

Viele Phänomene der einfachsten Art müssen Menschen, welche nur beschränkte Kenntniss haben, als übernatürlich erscheinen (s. Wallace). Secundum Averroëm imaginativa in homine est secuta figura navis in navi quae constituit navim tanquam forma materia informans, anima vero rationalis est sicuti nauta (s. Zabarella). Die spirituellen Mittheilungen geschehen subjectiv durch eigene Muskelthätigkeit, unabhängig vom eigenen Willen und unbewusst ausgeübt (s. Carpenter). Die *ἀπλανὴς χώρα* in der Ogdoas (neben den sieben Planetensphären der Himmel) ist bereits der intelligibeln Welt nahe (bei Clem. Al.). „Die Tausende oder Millionen Spiritualisten repräsentiren bis zu einem sehr grossen Umfange Männer, welche die Beweise für dieselben immer wieder von Neuem selbst bezeugt, erforscht und geprüft haben, bis sie das, was sie zuerst für unmöglich wahr hielten, zuletzt als dennoch wahr anzuerkennen sich gezwungen sehen" (s. Wallace).

Each sphere is divided into six circles or societies (der Spiritisten),
die Kreise als „concentric Zones" (s. Hare). Das Mosi gezeigte Modell
der Stiftshütte (des Tempels) wurde als Abbild des himmlischen Heiligthums
aufgefasst (s. Riehm). Das Todtenreich, als unter der Erde (noch tiefer, als
der Meeresgrund), bildet den Gegensatz zur Himmelshöhe (bei Hiob). Nach
der Hubal (Einwohnung) weilt Gott an jedem Ort mit jeder Zunge sprechend,
und in menschlicher Persönlichkeit erscheinend (bei den Gula der Kamilija).
Ueber dem (von höchsten Bergen, als Säulen, getragenen) Gewölbe des Himmels,
das sein Thor und seine Gitterfenster hat, und durch welches Gott den
Wassergüssen und dem Blitze einen Durchgang spaltet, befinden sich die
grossen Wasservorräthe der oberen Wasser, von welchen der Regen zur
Erde herabfällt; ebenso sind Schnee und Hagel in diesen himmlischen Vor-
rathskammern, und auch der Mannaregen kam aus denselben hernieder (s.
Riehm). Die „psychische Kraft" (s. Cox) manifestirt sich (1871) in den
Psychisten (des Psychismus). Hare experimentirte über erschwerende Kraft
in der Waage (1855), und am Dynamometer (mit Home) Boutlerow (1870).
Die Theorie der psychischen Kraft (bei Cox) begründete einen Anti-Spiritismus
(s. Crookes). Beim „Uebergang zu einer andern Lebenssphäre" (s. Wallace)
wird Jedermann die natürlichen und unvermeidlichen Folgen eines gut oder
übel zugebrachten Lebens erdulden (lehrt der Spiritismus) nach den Grundsätzen der Karma (im Buddhismus). You are a selected instrument of our
own choosing, heisst es in der durch Lanning übermittelten Adresse der
Geister (America's) an Dr. Hare (1856). Die Funken des göttlichen Lebens
(Nizuzoth) fallen in die Leere hinab, zur Entwickelung und Läuterung der
Schöpfung (in der Kabbala). Apelles (Schüler Marcion's) lehrte μίαν ἀρχήν
(s. Rhodon) unter dem Einfluss der Prophetin Philumene (πάρθενος δαιμο-
νώσα). Die Erkenntniss ist durch unmittelbare Berührang in der Geisteswelt
mit Gesichtserscheinungen (ὀπτασιαι) zu suchen (bei Simon Magus). Von
Abraxas, als höchstem Gott, wird der Nous geschaffen (bei Basilides), dann
emaniren: das Wort, Vorsehung, Tugend und Weisheit, Kräfte, Macht und
Stärke, Aussendungen von Engeln, zum Verfertigen von 365 Himmeln (s. Tertullian). Abaddon bildet den untersten Raum der Hölle (bei den Juden)
Appolyon's (des Verderbers), in Awitchi (oder Meto). In der Helle (Hölle)
oder Scheol (als Todtenreich) finden sich die Abtheilung der Gehenna und
Abraham's Schooss, aus welch' letzterem die Frommen später (den Strafort
zurücklassend) in den Himmel aufgenommen werden, oder in ein noch der
Erde angehöriges Paradies (Henoch's). Δίχως καὶ ἐναντίως ὑηιαίλεν παντα τῶν
ἄκρων (Gott) in Syzygien (s. Clem. Al.). Die Göttinn Ninkigal oder Allata
(zum Gehorsam unter den oberweltlichen Gott Hea gezwungen) herrscht im
Staubhaus (mit sieben Riegelthoren), von Gott Irkalla bewohnt (in Assyrien).
Die beiden ersten Diathesen (διαθέσεις) bilden (als ἔννοια und θέλησις) (im
Bythos, als Ureinheit) die erste Syzygie, aus deren Vermischung νοῦς und
ἀλήθεια hervorgehen (bei Ptolemäus), „als Bild des θέλημα der Nous, als
Bild der Ennoia die Wahrheit" (s. Möller). Die Blätter, welche Ibrahim
erhielt, waren eine Art von geoffenbartem Buch (a. Ash-Sharistani). Indem
Jaldabaoth (durch Beseelung des Menschen seines göttlichen Lichtfunkens
beraubt) in die Hefe der Materie niederblickt, entsteht sein Abbild in den
Krümmungen des listigen Nous (ὀφιόμορφος). Die Menschen stehen auf hoher

Rangstufe im Himmel (der Maori), und so die Egi (in Bolotu). Durch irdische Lockspeise zieht der „angelus igneus" die Seelen aus ihren himmlischen Wohnsitzen herab (bei Apelles), zur süssen Erdenkruste (von den Abhassara-Wesen gekostet). Von Gott lehren die Batiniya, dass er weder existirend noch nicht existirend, weder wissend noch nicht wissend, weder allmächtig noch machtlos sei (s. Ash-Shahrastani). Der heilige Geist als das erste, zeugende, göttliches Leben weiter verbreitende Princip ($\dot{\eta}$ $\dot{\alpha}\varrho\chi\dot{\eta}$ $\gamma\epsilon\nu\epsilon\sigma\iota\sigma\nu\varrho\gamma\sigma\varsigma$) heisst (bei den Ophiten) das Erste Weibliche, die erste Frau (s. Neander). Ischarioth verrieth den Erlöser, weil durch die Gnosis belehrt, dass durch seinen Kreuzestod das Reich des Jaldabaoth werde gestürzt werden (nach den Kainiten). Et veniens Jaluham, $\pi\alpha\varrho\alpha\lambda\eta\mu\pi\tau\eta\varsigma$ Sabaothi Adamae, quidat calicem oblivionis $\psi\nu\chi\alpha\tilde{\iota}\varsigma$, afferct calicem plenum aqua oblivionis (bei den Ophiten). Le principe de tout est (le „Unvordenkliche") dieu (le „Blindexistirende"); il est le „Urgrund" et le „Abgrund", la cause première et l'abime (bei Schelling), emprunté aux gnostiques et à Jacques Boehme (s. M. Matter). Im Organischen herrscht das Geistige über das Materielle, im Anorganischen das Materielle über das Geistige (s. Wolfring). Wie die Idealwelt ($\varkappa\sigma\sigma\mu\sigma\varsigma$ $\nu\sigma\eta\tau\delta\varsigma$) sich auf die Monas bezieht, ist die Sechszahl die Constitutive bei dem Abbild der wirklich sichtbaren Welt, als $\varkappa\delta\sigma\mu\sigma\varsigma$ $\alpha\tilde{\iota}\sigma\vartheta\eta$-$\tau\delta\varsigma$ (bei Clem. Alex.). Helena ($\ddot{\alpha}\nu\vartheta\varrho\omega\pi\sigma\varsigma$ $\sigma\epsilon\lambda\eta\nu\epsilon\tilde{\iota}\alpha$) galt als $\pi\alpha\mu\mu\dot{\eta}\tau\sigma\varrho\alpha$ $\sigma\sigma\varphi\dot{\iota}\alpha$ (bei Simon Magus). Im Paradies (als drittem Himmel) wird der erste Mensch gebildet (bei den Valentinianern). Das männliche Abbild (im Nous) ist Abbild des hinzugeborenen Thelema, das Weibliche (der Aletheia) „aber Abbild der unerzeugten $\ddot{\epsilon}\nu\nu\sigma\iota\alpha$, weil das Thelema gleichsam die männliche Kraft wurde für die Ennoia" (bei Ptolemäus) und das Weibliche geht insofern voran, als das Thelema (bestimmtes Wollen) nur dieser Potenz $\dot{\epsilon}\pi\iota$-$\gamma\dot{\epsilon}\nu\nu\eta\tau\sigma\varsigma$ ist, als $\vartheta\dot{\epsilon}\lambda\eta\sigma\iota\varsigma$ (Willensvermögen) steht sie unmittelbar gleich ewig neben der $\ddot{\epsilon}\nu\nu\sigma\iota\alpha$ (s. Möller). Monas dei opus est (s. Clem. Al.). Die Aufrichtigggläubigen erhalten bei der Taufe $\tau\dot{\eta}\nu$ $\sigma\omega\tau\eta\varrho\iota\dot{\omega}\delta\eta\nu$ $\sigma\varphi\varrho\alpha\gamma\dot{\iota}\delta\alpha$ (s. Cyrill.), als Kreuzeszeichen (bei Nicodem.), zum Durchschreiten der Pforten (im Diagramm der Ophiten). Tane, den Kopf unter den Schulterarmen der Mutter vorstreckend, sieht den Glanz der Drei da droben, und desursum a summa potestate lucida imagine apparente (s. Irenäus), schaffen die Engel, nachahmend (s. Epiphanius) den Menschen, als Wurm zappelnd, bis zu dem herabgesandten Funken (bei Satornilus). Als für sich existirend sind die geschaffenen Geister puncta totius subjacentiae (bei Origenes). Nicht Körper und Seele, sondern nur das $\pi\nu\epsilon\tilde{\nu}\mu\alpha$ setzt Lucanus als unvergänglich (s. Tertullian). Da Jaldabaoth sich für den höchsten Gott ausgiebt, ruft ihm die Sophia von oben herab zu: Lüge nicht, über dich erhaben ist der Allvater, der Erste Mensch, und der Mensch, Sohn des ersten Menschen" (s. Neander). Die $\alpha\gamma\nu\sigma\iota\alpha$ und $\alpha\upsilon\vartheta\alpha$-$\delta\iota\alpha$ (im Demiurgos vermählt) erzeugen die $K\alpha\varkappa\iota\alpha$ (bei den Barbeloniten). Den Menschen zu den Thieren zu rechnen, ergiebt sich als Inconsequenz (s. R. Wagner). Genauer betrachtet ist der Ausdruck specifische Energie ein terminus technicus ignorantiae (s. Domrich). $\Theta\epsilon\sigma\dot{\iota}$ $\mu\epsilon\tau\dot{\epsilon}\chi\sigma\nu\tau\epsilon$ $\vartheta\epsilon\sigma\dot{\iota}$ sind die geistigen Wesenheiten (bei Origenes) im $\dot{\epsilon}\varrho\epsilon\nu\gamma\dot{\eta}$ (des Hervorgehens). Malorum factor, bellorum concupiscens, inconstans sententia et contrarius se ipse wurde (bei Cerdon) der vom Gesetz und den Propheten verkündete Gott gelehrt (s. Irenäus). Der vollkommene Aeon ($\tau\dot{\sigma}$ $\ddot{\alpha}\varrho\varrho\eta\tau\sigma\nu$ $\mu\dot{\epsilon}\gamma\iota\vartheta\sigma\varsigma$) ist der $\alpha\tilde{\iota}\tau\sigma$-

πάτωρ, der alles Seiende in sich enthält, in Unbekanntschaft (bei Valentin), „Nichtwissen" (s. Möller) aus Avixia (zu Buddhi). „Das reine leere Sein der Möglichkeit, noch Alles in sich habend, aber *ἐν ἀγνωσίᾳ* (in Identität im *κοινῇ οὐσίᾳ*). Die Gesetzmässigkeit im menschlichen Geist gleicht vollkommen der am Sternenhimmel (s. Herbart). Um die Ennoia, deren Leiden *οἱ τὴν ησιν οἰκονομοῦντες ἄγγελοι* stets neue Beschimpfungen zufügten, zu befreien, kam der Erlöser herab *πρὸς τὴν ἐπανόρθωσιν τῶν πραγμάτων* (bei Simon Magus). Zur Annahme eines Seelenwesens führt die Analyse lediglich der psychischen Erscheinungen, nicht der vitalen (O. Flügel), obwohl die „Identificirung der Seele und Lebensprincips" im Organismus ein all- und weitverbreiteter (für das Erkennende und das Belebende als Princip). Die Wissenschaft ist durch Ehrenpflicht gebunden, jedem Problem, das sich ihr offen bietet, gerade und furchtlos in's Gesicht zu sehen (s. W. Thomson). Das Beobachten seiner selbst ist eine methodische Zusammenstellung der an uns selbst gemachten Wahrnehmungen, welche den Stoff zum Tagebuch eines Beobachters seiner selbst abgiebt und leichtlich zu Schwärmerei und Wahnsinn hinführt (s. Kant). Der wahre Prophet weiss zu jeder Zeit Alles (s. Clem. M.) im Gegensatz zu dem nur in den Momenten des Weissagens (durch heidnische *μανία*) mit dem göttlichen Geist Ausgerüsteten (der Montanisten). Die Materie ist thatsächlich nicht diese an sich regungslos todte Masse, welche neben der Thätigkeit des Geistes wie eine fremde, starre, verschlossene Macht in träger Ruhe hingelagert wäre, sie ist selbst nichts als Thätigkeit, ein Inbegriff, eine Fülle rastlos bewegter Lebenspulse, die in den mannigfaltigsten Tönen und Accorden durch das Dasein hindurch in unseren Geist herüberklingen (s. Pohl). The Theists say that Nature herself (Prajna) is merely the Law (Dharma) of Adi-Buddha in eternal operations upon the forms of the visible world (in Nepaul). The Materialists practically deify the powers of Matter and worship them personified as Nature, whom they look on a supreme (Adi-Dharma or Adi-Prajna). Adi-Buddha himself sprang from and is therefore subordinate to the powers of Nature (s. Oldfield). Was zu irgend einer Zeit möglich ist, das muss nothwendigerweise im Laufe der unendlichen Zeit nicht einmal (denn das würde schon die unendlich kleine Wahrscheinlichkeit bedingen), sondern unendliche Male geschehen (s. Hansemann). Aus der Aphele der Kometen folgt, „dass in der Richtung des Sterns Capella ein System von Massen existirt, die sich im Raum mit einer genau oder fast genau gleichen Richtung und Geschwindigkeit wie die Sonne bewegen" (s. Schiaparelli). Im Hinstreben auf eine Grenzlage (im Gleichgewicht) „werden die Körper in Bezug auf Molecular-Anordnung einem gewissen Zustande sich nähern, wo in Anbetracht der herrschenden Temperatur die Gesammt-Disgregation eine möglichst grosse ist" (s. Clausius). Der menschliche und jeder thierische Körper ist ein Organismus, in welchem durch chemische Umsetzung seiner eigenen Bestandtheile Kräfte frei werden, d. h. Spannkräfte in lebendige Kraft übergehen (s. Hermann). „Giebt man die Existenz der Welt ohne Anfang zu, so ist nicht einzusehen, warum seit der unendlichen Zeit ihres Bestehens alle Veränderungen und Ausgleichungen nicht sollten stattgefunden haben, die überhaupt im Laufe der Zeiten eintreten können" (s. Mohr). *Ἆρ᾽ οὖν τὸν ἀεὶ χρόνον μεμαθηκυῖα ἔσται ἡ ψυχὴ αὐτοῦ, δῆλον γὰρ ὅτι τὸν πάντα χρόνον ἔστιν ἢ οὐκ ἔστιν ἄνθρωπος* (s. Plato).

Ἐλπίδι τοῦ μᾶλλον σινέσεσθαι τῷ θεῷ, bleibe man ehelos (nach Athenagoras), aber wenn ἐν ἁγνείᾳ verharrend, sei es ohne Prahlerei, denn der Ehestand ist heilig (s. Ignatius), als Grundlage gesellschaftlicher Entwickelung (im Staat).

Die Artotyriten (oder Montanisten) feierten das Abendmahl mit Brot und Käse (bei Ephiphanius), weil die ersten Menschen den Früchten und Schafen ihre Opfer entnahmen (s. Aug.). Das Wesentliche der Abendmahlfeier war (bei Marcion) „die Gemeinschaft mit dem Erlöser und das dadurch empfangene göttliche Lebensprincip" (πνεῦμα). Pflicht ist die bestimmte Handlung, zu welcher der Wille durch ein verpflichtendes Gesetz verbunden ist (s. Pfleiderer). Die Menschen verlieren (im Irdischen niedergedrückt) die Erinnerung an ihre Abkunft (durch mundalis oblivio) bis mit dem Lichtfunken (ἱκμας τοῦ φωτου, τὸ πνευματικον) erweckt (bei den Ophiten). Den Geschöpfen, wenn sie zur Nahrung gebrauchend, erwiesen die Ophiten eine Wohlthat, weil die gefangenen Lichtfunken befreiend (s. Epiphanius). In dem von dem zur ewigen Idee aufblickenden Demiurgos gesteuerten Schiff der Hyle, des ὄχημα oder ὀχεία (bei Athenagoras), lag der Sinn des Fahrzeugs, grosses oder kleines (Maha-Yana oder Hina-Yana). Streitet der Vernunft nicht das, was sie zum höchsten Gut auf Erden macht, nämlich das Vorrecht ab, der letzte Probirstein der Wahrheit zu sein (s. Kant). Bosco hielt für unmöglich, die von Home dargestellten Erscheinungen durch Kunst hervorzubringen (s. Trollope). Fechner „nennt den Spiritismus, obwohl er die spiritistischen Thatsachen anerkennt, eine Abnormität, ein wüstes Wesen, eine Art Verrücktheit, dessen Wachsthum viel mehr zu fürchten, als zu fördern ist (s. Vogel). Schweigen heisst es (bei Valentin), „weil bloss durch ἐνθύμησις, durch unmittelbar innere Erwägung ohne Wort (λόγος) die Grösse (als Urvater) Alles vollendet" (s. Möller). Suscipit illa statim et praegnans efficitur et parit, utique silentio, Sige (bei Tertull.), taciti spiritus (bei Lact.). Unter Verachtung des Demiurg sind seine Werke zu verleugnen, durch asketische Enthaltung (s. Apelles). Der Nous (τὸ πρῶτον γεννηθέν) bildet das πρόσωπον des Vaters (bei Valentin.). Je eingehender, vielseitiger, gründlicher, wir die Lebenserscheinungen zu erforschen streben, desto mehr kommen wir zur Einsicht, dass Vorgänge, die wir bereits geglaubt hatten, physikalisch und chemisch erklären zu können, weit verwickelterer Natur sind und vorläufig jeder mechanischen Erklärung spotten (s. Bunge), und psychologisch ist der objective Ausgang zu nehmen (das der subjective keiner inductiven Behandlung fähig ist). Im Herzen, als Centrum des Blutlaufs, sitzt das Hegemonikon oder der beherrschende Theil der Seele, die (ein Theil des göttlichen Feuers aus dem Aether) vom Blute ernährt wird (bei den Stoikern), während die letzte Ursache der Welt als Geist (νοῦς) durchdringt in der Vernunft (λόγος). Die im Leib als Leben vertheilte Seele (Amin) endet mit dem Tode, während die denkende (Sünnerün), die im Körper unstät umherfährt, fortdauert (bei den Buräten). Die Schamanen der Jakuten heissen Dyounen (s. Roussy). Der Hämatit (wegen rother Farbe) galt blutstillend (als Blutstein). Der Wein wurde durch das Blut der Charis roth gefärbt (bei Markus). Τὸν λίθον ἔφη ψυχὴν ἔχειν, ὅτι τὸν σίδηρον κινεῖ (Thales). Von den Bavili (in Loango) wurden die übrigen Neger als Bantu ba nsitu (Buschneger) bezeichnet (im Fiot). Hippocrates wurde als κοπροφαγον gescholten (wegen Beobachtung der Excremente). „Die Excremente sind nur in ihrer Concentration für ihren Erzeuger ekelhaft, bei genügender Verdünnung entsteht aus ihnen ein dem Erzeuger sehr angenehmer Appetitstoff, die Pflanze, welche man mit den Excrementen düngt, saugt den specifischen Duft auf, assimilirt aber nur einen Theil desselben, der Rest bleibt als eine homöopathische Verdünnung bei ihr und bildet nun einen lockenden Appetitstoff für den Kotherzeuger" (s. Jäger). *Βαρβάρους ψυχὰς ἐχόντων* (bei Heraklit) ohne Vernunft (Logos). In Wegwendung (szaba ar - Radschulu) von den Lehren der Rechtgläubigen (Al-Hunafa) in der Religion Abraham's (Al-Hanifija) auf der Offenbarung der Propheten basirend, seit Wegwendung vom Götzendienst zum Herrn des Himmels und der Erde (und zu „angeborener Anlage"), folgen in Berufung auf „eigenes Verdienst" (s. Haarbrücker) die Ruhani (Anhänger der geistigen Wesen) als „Szabia" den Lehren des Adsimum (Agathodämon) und Hermes. als Schith (Seth) und Idris (Henoch), über die Mittelspersonen zur Annäherung (s. Ash-Shahrastani), unter Reinigung und Ausbildung (in Selbstbezähmung). Die Elchesaer verehrten als El-Chasu den, den Augen der Menge verhüllten und verborgenen Gott (*θεὸς ἄγνωστος*). Agnosticismus ist das moderne Bekenntniss der Unerkennbarkeit des Uebersinnlichen (s. Rabus). Der Creator (ignorans esse alium super se deum) schafft (in der Gnosis) die endliche Welt (als Demiurg). In anthropomorpher Gestaltung der Spiritus (als Lebensgeister) wurde die ganze Welt durchweg mit zahllosen Dämonen bevölkert (bei Paraceisus), und in jedem Ding steckt ein Wong (als Innuae). Die Lacedämonier beteten am frühesten Morgen, um früher, als ihre Gegner, die Götter für sich gewonnen zu haben (s. Xenophon), und in Alt Kalabar sucht jeder Stamm die Geister (beim Reinigungsfest) als letzter auszutreiben (auf fremdes Gebiet), damit sie nicht zurückgejagt werden. An der Spitze des Lichtreichs steht (bei Saturninus) der *θεὸς ἄγνωστος* (*ἀκατάληπτος* oder *ἀκατονόμαστος*) mit den *δυνάμεις τοῦ ὄντος* (zu stufenweiser Entwickelung). Das Nicht-Tastbare liegt in dem Tastbaren eingebettet und hat in dem Tastbaren seinen Träger, mittelst dessen es zur Kenntniss des Menschen kommt, das Uebersinnliche ist mithin im Sinnlichen enthalten oder doch angedeutet (Hoppe). „Die Denkthätigkeit versteht das ihr durch die Nerven Zugeleitete, und dieses ist, soweit es den Umrissen des Tastbaren und seinen Bewegungen entstammt, Formalprägung des Vorhandenen" („in wissender Weise"). Ἔστι γὰρ, φησίν, ὁ υἱὸς τοῦ ἀνθρώπου ἰωτα ἕν, μία κεραία, ῥιείσα ἄνωθεν, πλήρης ἀποπληροῦσα πάντας, ἔχουσα ἐν ἑαυτῇ ὅσα καὶ ὁ ἄνθρωπος ἔχει ὁ πατὴρ τοῦ υἱοῦ τοῦ ἀνθρώπου (s. Monoïmus Ar.). Der vom Vater projicirte Aeon (als *σταυρός*) bildet die Wache und Schanze (*χαράκωμα*, Verpalisadirung) an der Grenze (Horos) des Pleroma (in valentinianischer Gnosis). Θεόφραστος δὲ τὴν αἴσθησιν ἀρχήν εἶναι πίστεως φησίν (s. Clem.). Μονόϊμον τὸν Ἄραβα λέγουσιν ἐκ τῆς ἀριθμητικῆς ἐπιστήμης λαβόντα τὰς ἀφορμὰς τὴν οἰκείαν αἵρεσιν διαπλάσαι (s. Theodoret.). Ἄνθρωπον εἶναι τὸ πᾶν, lehrte Monoïmus (s. Hippolyt). In sich selber ist Gott zu suchen (bei Monoïmus) in dem Häkchen (*κεραία*) des Einem in Vielem (eigener Erkenntniss), ἓν καὶ πολλά (αὕτη μήτηρ, αὕτη πατήρ, τὰ δύο ἀθάνατα ὀνόματα). Ueber dem Reich der *κοσμοκράτορες* (der sieben Planeten) ruht die *σφαῖρα ἁπλῶν* (s. Basilides). Die Weltseele (*ψυχή ἁπάντων*) wird von der Hyle verschlungen (bei Mani). Gott wird (bei den Stoikern) „als Ursubstanz der Welt gedacht, als erste Materie, *σῶμα καθαρώτατον* (s. Möller), und der Urstoff als erste

Materie (als ὕλη) beschrieben, welche an sich bestimmungslos, aber eben deshalb absolut bestimmungs- und wandlungsfähig (δι' ὅλων τρεπτή) ist (in Bethätigung der Substanz, als Kraft im Stoff, durch göttliche Vernunft). Quod ergo sunt, non est proprium, sed a deo datum (bei Origenes), bei der Schöpfung (der Kreaturen). „Mitunter ist das Metier des Regenmachers nicht ohne Gefahr" (auf Neu-Britannien), doch „an der Wirksamkeit seiner Procedur wird nicht gezweifelt" (s. Parkinson). Bei Hervordrängen der vollkommenen Frucht, die in seiner Tiefe sich bewegte, durchritzt (διήμυξε) der Vorseiende (προών) den Busen, den namenlos unaussprechlichen Sohn zu zeugen (bei den Naassenern), als Urmensch (mit den drei Potenzen des νοερόν, ψυχικόν und χοικόν noch vereinigt), οὐ πᾶσα φύσις ἄλλη δὲ ἄλλως ὀρέγεται (in Unbegreiflichkeit). Θεοειδής καὶ θεοείκελος ὁ ἀγαθὸς ἀνήρ (bei Clem. Al.). Das Princip der Differenz wird in den Logos (als σύστημα θεωρημάτων) verlegt (bei Origenes), indem sich überall göttliche Ideen ausprägen (von den Gedanken des Logos) aus urbildlichen Prototypen (bei Plato). Gott (als ἄναρχος ἀρχή) ist (bei Origenes) die intellectualis natura simplex (ὤν γὰρ ἐστί). On ne rendait aucun culte à Taaroa. Le dieu Aro était celui auquel étaient consacrés presque tous les maraë et parait avoir reçu, à Huachine, les honneurs d'un culte suprême et pour ainsi dire exclusif (s. Bovis). Das Feuchte (bei Hippo) bildet den Grundstoff (als Wasser oder als Luft). Nach Zermahlen der Nardu-Körner verfertigen die Australier ihr Brot (s. Howitt). Die Frauen der Chippeway sammeln die Körner der Zizania aquatica (Sumpfhirse). Die Indianer (Brasiliens) ernten Oryza subulata, als wilden Reis (s. Martius). Die Neger sammeln (s. Schweinfurth) Oryza punctata (am Gazellenfluss) und Pennisetum distichum (s. Barth). Ἡ δὲ ὕλη ἄγνωστος καθ' αὐτήν (bei Aristoteles). Das Ernten ist der Anfang und ist zugleich der Endzweck des Ackerbaues (s. Nowacki). Die Schlange ist die ὑγρὰ οὐσία (bei den Naassenern). Λογικὸν ἄρα ἐστὶν ὁ Κόσμος (bei Zeno). Die Welt ist durch das Hervortreten des Logos geschaffen, als zweiter Gott ἀριθμῷ (ἀλλὰ οὐ γνώμῃ). Scire debes, sennisse jam mundum (s. Cyprianus), und so tadelt Kepler's Lehrer die päpstliche Kalenderverbesserung, weil für die Dauer berechnet (ohne jüngsten Tag). Non longe a fine absumus, sed jam mundus properat (s. Chrysostom.). Ἀκοσμία γὰρ ἦν τὰ πρὸ τῆς τοῦ Κόσμου γενέσεως (s. Plut). Innerhalb des Gesammtablaufs bis zur ἐκπύρωσις folgen die Perioden der Erneuerung (bei Chrisipp.), als ἀποκατάστασις (ἀνάστασις). Der „göttliche Kosmos ist der Pan mit der Sichel, der die Dinge, nachdem er sie hervorgebracht, auch wieder abschneidet und vergehen lässt" (s. Möller). Τὸ σπέρμα σύμμιγμα καὶ κέρασμα τῶν τῆς ψυχῆς δυνάμεων ἀπεσπασμένον (s. Plut.). Nicht secundum esse, sondern nur secundum operationem verbindet sich der Intellect mit dem Menschen (s. Jandunus). Στρικταν δὲ φασιν εἶναι οἱ Φρύγες τὸ ἐκεῖθεν γεγεννημένον, ὅτι πνεῦμα ἐνάρμονιον ἐστὶ τὸ γεγεννημένον (s. Hippolyt.). Transmigratio animarum, quam Pythagoraei ponebant, non censetur resurrectio, sed nova generatio (s. Suarez). Wenn die Kräfte der elementaren Welt deificirt werden, so wird somehr die Vernunft, der Theil, das ἀπόσπασμα Gottes im Menschen (s. Möller). Gott waltet in den Dingen als immanente Lebenskraft (πνεῦμα) oder Lebenshauch (bei den Stoikern). „Wie die Chemie aus der Alchemie, aus der Apotherkunst sich hat heraufwinden müssen, so ist auch der Anthropologie Aehnliches beschieden gewesen; aus der Metaphysik, aus der Zergliederungskunde und aus der Zoologie hat sie die zerstreuten Glieder sammeln müssen und noch fortwährend hält man sie mit denselben in Grenzstreit" (s. Nasse). Every false or corrupt religion has had recourse more or less, to that most prevailing lure, in sexual affections, which is one of the strangest incentives of human nature (s. Giles Pugh). La maladie est dans la santé et la santé dans la maladie (s. Lemoine). Gunputty (Sri Ganesa) incarnirte sich (mit „a portion of his holy spirit") in dem Brahmanen Mooraba Gosain zu Puna (1640), für Erblichkeit auf sieben Generationen (s. E. Moor). Das Wasser (bei Thales) ähnelt (s. Ash-Shahrastani) dem Wasser, worauf der Thron Gottes ruht (in der Sura). Πάντα πλήρη θεῶν εἶναι (lehrt Thales). Die Lehre des Schimunafz-Szafa (der Fels oder Petrus), als Stellvertreter des Masih, wurde durch Paulus getrübt in Einmischung des Kalam der Philosophen und eigenen Denkens (nach Ash-Shahrastani). L'homme n'est jamais ni sain ni malade (s. Lemoine), und so bleibt der Einbildungskraft freies Spiel (auf zweifelhaftem Grenzgebiet). Der Bythos hat (in valentinianischer Gnosis) „die Sige oder Ennoia, diese nach Innen gekehrte Gedanken seiner selbst bei sich" (s. Möller), wie Tanaoa das Schweigen Mutuhei's (in der Kosmogenie Nukahiva's) und im Hervorgehen des Noas theilt sich die χάρις dann mit (im Unaussprechbaren stumm). Fecit omnia in numero et mensura (Gott) von Anfang (bei Origenes). Avant toutes les choses existait l'être primitif, le „Vieux des jours", l'ancien roi de la lumiere (in der Kabbala), il est non seulement la cause réelle de toutes les existences, il est infini (Ensoph), un oeil fermé (s. Matter). Ταῦτα δὴ πάντα διά τινος περὶ αὐτοῖς διανοεῖ, οὔτε γὰρ δι' ἀκοῆς οὔτε δι' ὄψεως οἷον τε τὸ κοινὸν λαμβάνειν περὶ αὐτῶν (s. Plato). Die Brillenschlange (Coluber Naja) lebt 1000 Jahre (im Silber- und dann Gold-Glanz). Endlich ist sie nur noch fingerslang. In diesem Zustand erhebt sie sich noch einmal hoch in die Luft, stirbt und fällt auf den Boden, wo sie dann völlig verscheidet (in Kurg). „Sollte ein menschliches Wesen unversehens die heilige Stelle betreten, so bricht ein unheilbarer Ausschlag an ihm aus" (weshalb die Nata-Stelle durch eine Einfriedigung von kleinen Steinen bezeichnet wird), und der Kanija (Seher) theilt das Geheimniss „gegen eine Erkenntlichkeit dem Eigenthümer des betreffenden Grundstückes mit" (s. Mögling). Der Genius loci lebt im Boden (als Schlange), und wie Steinringe erhalten die Elfen auch Gärten (elftradgardar in Schweden).

Damit unter der Vierzahl der Elemente („der Wurzel von Allem") die ἀπόρροιαι des Einen in die Poren des Andern eindringen, müssen bewegende Kräfte in Vereinigung (φιλότης oder στοργή) oder Trennung (νεῖχος oder κότος) hinzutreten (bei Empedokles). Τὰς τῶν θεων μηχανάς wollte Heraklit erklären (im „Stolz des Thoren"). Id quod semper sit simplex et unius modi et tale, quale sit (s. Cicero) ergiebt sich als Seiendes (im Absoluten), nicht forterstreckt in die Zeit, noch ausgestreckt im Raum (im Denken verwirklicht). Ἀλλοίωσις μὲν ἐστίν, ὅταν ὑπομένοντος τοῦ ὑποκειμένου αἰσθητοῦ ὄντος, μεταβαλλῇ ἐν τοῖς αὐτοῦ πάθεσιν, ἢ ἐναντίοις οὖσιν ἢ μεταξύ (s. Aristoteles). Die Elemente sind unendlich klein (bei Anaxagoras); je nach der Zusammensetzung der Homoiomerien (ὁμοιομέρη) entstehen Neubildungen (aus den Affinitäten). Die Seele (bei Anaximander) war Luft (s. Theodoret). Los Laches (in Tunja) adoraban su sombra, que era un dios compañero del hombre,

acordado par un gran beneficio del Sol (Xua) el padre celestial (s. Zerda).
Das Apeiron (bei Anaximander) ergab sich als „unendliche Substanz, feiner
denn Wasser und gröber denn Luft, grenzenlos' in Bezug auf Dauer und Ausdehnung, unbestimmt in Rücksicht auf seine Form und wegen seiner Einförmigkeit auch Eins genannt" (s. Tiedemann), im (metaphysischen) Dunst
(einer Nebularhypothese). In Orpheus' Gesange scheiden sich, aus Mischung
aller Dinge, Erde, Himmel und Meer im Anfange aus (bei Apollonius). Das
Zwischen Wasser und Feuer (im Urstoff) ergab sich (bei Aristoteles) „am
meisten zum ὑποκείμενον für geeignet" (s. Lütze). Aus den, den Elementen
als Kräfte zukommenden, Beschaffenheiten folgt sich die Ursache der Bewegung (bei Empedokles). In die theoretische Philosopie, worin das in der
Logik geschulte Denken (aus dem Naturzustande der Psychologie) auf die
Probleme der Metaphysik angewendet wird, tritt die praktische mit der Ethik
(zur Beschaulichkeit der Wille des Handelns). Mit der ψυχή φυτική ist die
θρεπτική und γεννητική identisch (bei Aristoteles). Τὸν λίθον ἔφη ψυχὴν
ἔχειν, ὅτι τὸν σίδηρον κινεῖ (Thales). Bei den Verworfenen findet sich eine
Härtung oder Verfestigung (Petrification) ihrer Leiber (s. Oswald) zum Ertragen (des πῦρ αἰώνιον). Nach der schottischen Confession ist „derselbe Leib,
der von der Jungfrau geboren, der gekreuzigt, gestorben und begraben war,
in den Himmel aufgefahren" (1560). Los Coyaimas y Natagaimas (sowie die
Pyaos) creian que el hombre que moría inocente se convirtió en un dios, que
protegía á aquel que le había hecho el beneficio de matarlo y tambien pro-
tegia à su familia, pero no á los demas hombres, porque era patrón muy
especial (s. Zerda). L'anima humana la qual é colla nobilta della potenzia
ultima, cioe ragione, participa della divina Natura a guisa di Sempi-
terna Intelligenza (s. Dante). The theory of automatism is antithetical to
the spiritual doctrine which postulates a central unconditioned Ego holding
undisputed sway over our actions (s. Prince). Alle Dinge werden ein jedes
begleitet (gleichsam als Schatten) von seinem Evestrum (von der Geburt her)
und für höhere seelische Entwickelung tritt das Trarames hinzu (bei Paracelsus), durch das Ohr auffassbar (wie jenes im Auge). Vorgestellt werden
heisst Object für ein Subject werden (bei Kant). Auch die praktische Philosophie geht vom Gegebenen aus, von dem thatsächlichen Urtheil über Gut
und Böse (s. Flügel). Claritas ab anima in quamlibet partem corporis redun-
dabit secundum suum modum (Thom. Aq.). In und neben dem Tastbaren
bestehen untastbare Stoffe, und diese wirken an den tastbaren und begründen
durch ihre Eigenschaften den Zusammenhang der Dinge (s. Hoppe). Wie
die Organe sind gewissermaassen auch ihre Functionen angeboren (s. Hering),
zur realisirenden Entwickelung im Wachsthumsprocess (auch psychisch). Beim
Ausgang von den höchsten Ideen eines Ens absolute infinitum hat sich durch
aprioristische Entwickelung des Inhaltes das ganze System philosophischer
Wahrheiten zu ergeben (s. Spinoza), während diese höchste Idee selbst erst
a posteriori festzustellen wäre (in naturwissenschaftlicher Induction). Bei
Unterscheidung der geistigen Zustände wurde weiter geschlossen, dass, was
wirklich ist, auch möglich sein muss, und „aus der blossen Möglichkeit machte
man sodann ein reales Vermögen" (für die Seelenkräfte). Unter Beseitigung
der Seelenvermögen sind die auf ein „Vermögen der Synthese" zurückgeführten Erscheinungen auch aus der Wechselwirkung der Vorstellungen

unter einander zu erklären (bei Herbart). Die Erkenntniss im Selbstbewusstsein allein gewährt eine unerschütterliche Sicherheit (s. Descartes), aber subjectiv schwankende, welche erst ihre objectiv gesicherte Unterlage zu erhalten hat (aus inductiver Behandlung des im Völkergedanken vorliegenden Materials). Für die naturwissenschaftliche Methode liegt der Kernpunkt ihrer Vorsichtsmaassregeln „darin, dass der Einfluss der Subjectivität des Forschers neutralisirt wird" (s. Schaller). Ohne immanentes Princip wird die Monade (s. Leibniz) durch ihr Verhältniss zum Weltganzen regiert (nach der Causalität innerhalb praestabilirter Harmonie). Die Vorstellungen verhalten sich ebenso zu einander, wie die vorgestellten Dinge ihrem Wesen nach sich zu einander verhalten (s. Spinoza), in Identität des Denkens und Seins (bei Parmenides). In dem tastbar Vorhandenen findet die Denkthätigkeit Denkbares und Gedachtes vor, und all' Dieses kommt mit und in allem Abgeprägten und mit und in allen erlittenen Zustandsveränderungen durch die Nerven aus dem Tastbaren, aus dem Sinnenfälligen heraus und gelangt zur Denkthätigkeit (s. Hoppe). Religion ist die im menschlichen Lebensgefühl erfolgende Offenbarung des Lebens des „Universums" (s. Schleiermacher) in steter Thätigkeit (der Manifestation). Die immaterielle Substanz empfängt von der zu leitenden Gehirnsubstanz und wirkt durch Vermittelung des Gehirns auf die zuleitenden und auf die nach den motorischen Organen hin ableitenden Nerven-Molecule zurück (s. J. J. Hoppe), als „Substanz der geistigen Thätigkeit" (einer „wissenden"), in der Atmosphäre der Gesellschaftsgedanken (die „Hyle" bereitend für realisirende Auswirkung des Geistigen). Um nach dem Fehlschlagen der auf theoretischen Grundlagen ruhenden Systeme (der Ethik), bei völliger Heterogeneität beider Theile die praktische Philosophie von der theoretischen abzutrennen, wirkte (bei Kant) auch der berechtigte Wunsch, die moralische Ueberzeugung den schwankenden Meinungen der Kosmologie, Anthropologie und Theologie enthoben zu sehen (s. Flügel), wogegen bei Erweiterung der Naturwissenschaft bis zur Psychologie gerade dort sodann die sicherste Stütze geboten sein wird (für die Moral-Ideen). „Dass Gott so seelig ist und lebt ohn' Verlangen, hat er sowohl von mir, als ich von ihm empfangen" (s. Angelus Silesius). Von Aussen abgekehrt, hat die Seele nach Vereinfachung zu streben (bei Marc Aurel) bis zum Nirvana (der Auslöschung). Von den beiden Seelen hört die im Körper als Leben vertheilte (Amin) beim Tode auf, während die denkende (Sünnerün), die im Körper unstät umherfährt, unsterblich gilt (bei den Buräten). Als der von Tangaroa gesandte Taubenvogel beim Trinken in der Felsengrotte aus den Wassertropfen das Bild eines Frauenschattens sah, wurde Atiu gezeugt (zur Bevölkerung der Inseln). Die (im Kobalt) feindlichen Berggeister (spectra) „non alia sunt, quam vapor arsenicalis, ab his mineris cobalti, plerumque arsenicalibus dependens" (s. Wallerius), während wieder die den Metalladern zugeschriebene „Veta" sich in Luft verdünnt (auf der Puna). Bei Todesfall im birmanischen Kloster ist mit Zertheilung des Gewandes unter die Mönche sieben Tage zu warten (als Lebensdauer der Laus, die dort ihre Behausung genommen hat). In „Rougo's sacred fountain" (s. Gill) wurde gebadet (auf Mangaia) und Tawhaki bringt das Lebenswasser vom Himmel (bei den Maori). Das Wasser (ύάλασσα) galt (bei Heraklit) als Saamen der Weltbildung (σπέρμα τῆς διακοσμήσεως) für Form des Urstoffs (s. Clem. Al.). Das Auseinanderlegen der Empfindungen in innere und in äussere und der letzteren in constante und wechselnde Merkmale ist und bleibt ein auf Grund der Eigenthümlichkeit des Bewusstseins von dem Empfindungsinhalt sich vollziehender Process (s. Siebeck). Joskeha, über den Dingen des Lebens waltend, wohnt mit seiner Grossmutter Ataensic, in deren Händen der Tod Aller liegt, als Gattin (oder „self renewing god"). The god Na-na-bon-jou is represented with a single arm and hand (s. Emerson), und bei Empfang des Opfers nimmt Nemissa's Bruder seine Hand zurück vom Kranken (auf der Erde), when Onawutaguto heard the Jossakeed or priest, asking the child's life in the Skeshegwam (song of entreaty). Die Weltkörper (wie Planeten etc.) haben sich durch Aggregation meteorischer Massen gebildet, von denen die Meteorsteine, als Ueberreste, verblieben sind (bei Bieberstein). Betreffs der Erdbeben (bei Perrey) „dürfte man von vornherein weniger einen verschiedenen Einfluss des Mondes zur Zeit der Syzygien und Quadraturen, als vielmehr zur Zeit des Perigäum's und Apogäum's erwarten" (s. Klein). Das Gegebene offenbart uns Alles, was wir als Erkenntnissinhalt in ihm finden, unter dem Vorbehalt, dass es sich so verhalte „sub forma conscientiae" (s. Kant). „Ein Unterschied zwischen dem pantheistischen Optimismus und dem atheistischen Pessimismus besteht nur im Worte; eben dieselben Zustände, welche letzterer bei ihrem rechten Namen nennt, nämlich Uebel, ist der Pantheismus genöthigt, Theophanien zu heissen, denn es sind nach ihm nur Manifestationen des Einen Absoluten, was er Gott nennt" (s. O. Flügel). Die Ordnung der Himmelsbewegung wird durch die Necessitas bedingt (bei Melanchthon). Wie die Sternbilder in der achten Sphäre, waren die Imagines coelestes in neunter Sphäre (der Primi mobiles) angemalt (bei Petrus Ap.). „Während die inductive und die analytische Methode nur innerhalb enger Grenzen angewendet werden darf" (s. Spitta), ist die Psychologie vielmehr „auf die synthetische Methode als Hauptverfahren angewiesen" (und der mathematische Calcül für sie ausgeschlossen, — bis zum naturwissenschaftlich logischen Rechnen etwa); „wir können fremdes Seelenleben, wo und in welchen Gestalten immer wir es antreffen, nur erfassen aus dem Schatze unserer eigenen Natur, wir erfassen nur so viel von ihm, als in uns wiederklingt" (1886), aber hier nun eben erfordert sich ein Hineinversetzen in den jedesmal ethnisch geprägten Gedankengang (bei Objectivirung der in den Geistesschöpfungen des Zoon politikon entgegentretenden Thatsachen). Für die „Arbeit der Zeit" ist keine Nation berufener, als die „deutsche, welche, wie sie ohne Abbruch und Sturm, als das Gewissen des Welttheils ihr staatliches Leben in hoher sittlicher Resignation vollführt, mit frommer Emsigkeit an dem ewigen Bau des Wissens schafft" (s. Buss). An Stelle der menschlichen Vernunft (neben der sinnlichen Seele im Körper) wirkte im Gottessohn der Logos (bei Apollinaris), daher die von Vitalis begründete Secte der Vitalianer (Dimöriten). Die Gesetzmässigkeit im menschlichen Geist gleicht vollkommen der am Sternenhimmel (s. Herbart), in Gleichartigkeit der „Elementargedanken" (bei psychischem Wachsthum). In addition to the type and standard of morals inculcated by the teachers, an historian must investigate the realized morals of the people (s. Lecky). Die unbewusste Herkunft (im „Wissensinhalt") ist nicht unbewusst, sondern nur unverstanden (s. Hoppe). „Ihr mir gegebenes Glaubensbekenntniss war sehr kurz. Im Himmel wohnt Gott Kudai (der bei

allen östlichen Tatarenstämmen allgemein verbreitete persische Name Gottes),
der die Erde gemacht hat, er heisst Mukoly (eine Verdrehung des Namens
Nikolai, der von den Russen der Wunderthäter, Tschudotworez, genannt
wird), aber unter der Erde ist der Böse, der heisst Aina (Radloff). „Wenn
der Mensch gestorben ist, verzehrt der Aina seine Seele" (wie der Atua die
polynesische), im Tod, als „sors incerta vagans" (bei Epicur). Je vorurtheils-
loser wir die Psychologie erforschen, desto leichter werden wir die Grundzüge für Sittlichkeit, Recht, Religion und Kunst finden (s. Kirchner). Los
Tzapoteca (s. Orozco y Berra) conservaron tenazmente su cuenta antigua (des
Mondes) in Iztozoliztli und Cochiliztli (s. Gama). Mit Dione, Tochter des
Okeanos und Tethys (s. Hesiod), zeugt Zeus die Dione, als Mutter der
Aphrodite (bei Apollod.). „Der Teetotalismus ist augenblicklich der ge-
meinsame moralische Grund aller Secten, worüber man alle theologischen
Differenzen vergisst" (s. Cobbe), und in dem Erfolg der „Heilsarmee" (in
Indien) fühlt Major Tucker „saved all over" (1884). Dione (mit Astarte und
Rhea) von Uranos abgesandt, um Kronos zu tödten, wird von diesem zur
Gemahlin gewählt (bei Sanchuniathon). Aphrodite, als $Jιωναία$, war Tochter
der $Jιωνη$, die im Tempel des Zeus zu Dodona verehrt wurde (s. Strabo).
Die Flüsse, als $Tηϑύος παῖδες$ (s. Aeschyl.). stammen von $Tηϑύς$, Amme der
Hera (bei Lucian), als Isis (s. Plut.). $Xρησμολόγοι ἀλαμαννιχοί$, oder (bei
Agathias) $μάντεις$, weissagen als auspices (s. Amm. Marc.). Was die alten
Griechen und Römer als Aesculap verehrten, das ist nichts Anderes, als
was die heutigen Aerzte die Heilkraft der Natur (Vis naturae medicatrix)
nennen (s. Dierbach). The Books of Pherylt and the Books of Pridvan und
Hu datiren aus vorfluthlicher Zeit (bei den Druiden). In Bezug auf Aristoteles' Ableitung der Seele aus den Ideen (Plato's) bei den Beziehungen
zur Materie (in Verwirklichung), ergebe sich das Gerede über eine stoffliche
Seele aus ähnlicher Wortverwirrung, wie wenn in Kunsturtheilen ein Laie
der von dem ästhetisch Schönen in einem Gemälde sprechen gehört, die Erklärung von dem Schönaussehen in den dafür verwandten Farben zu finden
meinte (und in einem „bestimmt chemischen Bestandtheil" derselben vielleicht
des genaueren noch nachzuweisen dächte). Der für Leiden der Niere ($νεφρός$)
wirksam betrachtete Nephrit (bei Aldrovandus) wird (von Wallerius unter
die Jaspis-Arten gestellt, als Zolde (lapis ischiaticus) oder pietra ischiade
(gegen Hüftweh), zum Tremolit verdichtet (bei Dana), unter Ampibolen (zwei-
deutig). Der mit Nephrit (bei Imperatus) verwechselte Serpentin oder (bei
Dioscorides) $ὄφίτης$, aus dem Gefässe gedreht wurden (s. Plinius), diente
zu Tincturen und Pillen (in Zöblitz) aus „edlem Serpentinstein" (1750).
In Cypro prima fuit aeris inventio (s. Plinius) und als cuprum oder (bei
Solinus) $χαλκός$ (und Chalkis auf Euböa). In dem Urzustand liegt das erste
Product oder Educt aus der Anlage, d. h. die erste blinde Urform, die erste
roheste Beschaffenheit der willkührlich preisgegebenen Anlage, — der erste
schwächste Grad der Entwickelung (s. F. A. Carus). Wo immer Wissenschaft getrieben wird, da wird auch im gewissen Sinne philosophirt (s. Spitta),
„für die Grundbegriffe der Einzelwissenschaften" (wobei zur Verwendung inductiver Methode statistische Uebersicht der Thatsachen erforderlich wird).
Statt angeborener Ideen oder Gedanken setzen sich angeborene Anschauungs-

und Denkformen (bei Kant). Die Auferstandenen behalten in der Organisation
des Leibes zugleich die Säfte, auch wenn sie, wie andere Organe des Leibes,
nicht unbedingt für das gegenseitige Leben nöthig wären (s. Heidinger).
Beim Auferstehen (nach der Dordrechter Synode) werden „die Seelen mit
dem eigenen Leib, worin sie gelebt, wieder vereinigt" (1618). Die „Six
Nations" (bei Curick) were invaded by the monsters called „Ko-nea-rau-neh-
neh" (flying deads), which devoured several people of the country (bei Abwesenheit Tarenyanagon's). To concentrate a sunbeam and destroy his victim
was believed to be in the power of a Jossakeed (s. Emerson), und so schickt
Nemissa's Bruder aus dem Himmel auf das Kind Krankheit herab (darting
something at him from his hand), in (Apollo's) Pfeil (der Siddhas).

Die wahren Principien des Glaubens sind die transcendentalen Ideen unserer
Vernunft von Seele, Freiheit und Gottheit, die wissenschaftlich und unter
der doppelt verneinenden Form des Absoluten ausgesprochen werden können,
und eben wegen dieses negativen Ursprungs kann sich die Glaubensansicht
unserer Vernunft unter ihren Principien nur in einer ästhetischen Weltansicht
entfalten (s. Apelt). Sicher ist der mystische Hang nur deshalb so unausrottbar festgewurzelt, weil er durch Vererbung von Jahrtausenden befestigt
und stets aufs Neue durch angebliche Offenbarungen, d. h. durch pathologische Seelen-Anpassungen gestärkt und geheiligt wurde (s. Haeckel), während
vielmehr das in der Elementaranlage des psychischen Organismus Begründete
sich insofern vererbt (gleich allen Constituenten desselben, unter der Breite
möglicher Modificationen). Was religiöses Gefühl heisst, macht nichts Anderes
als das moralische Gefühl, auf das Göttliche oder Ewige bezogen, aus (s. J.
A. Carus). Er (der Armenier) sieht im Seelenlande zwei Spalten am Himmel
und zwei in der Erde, zum Fortsenden und Zurückkommen der Seelen
(s. Plato). Mit einem durchsichtigen Scheinleib bekleidet, wohnen die Götter
in den Zwischenräumen der Welten (bei Epikur). Die im Creatinismus liegende
Schwierigkeit, warum Gott den im Ehebruch gezeugten Kindern eine Seele
gebe, wird dadurch gelöst, „dass der endliche Mensch den Plan Gottes bei
Hervorbringung und Erhaltung seiner Geschöpfe nicht zu durchschauen vermag" (s. J. Marcus). Der Evangelist Marcus ist mit Nasenplattenverzierungen
dargestellt, auf irischen Schriftwerken (im Kloster St. Gallen), und darin
zeichnet sich die Nationalität der Chibcha (neben benachbarter Cultur der
„Orejones"). Ari bedeutet (in Aegypten) aufsteigen (und niedergehen), as
(genauer) ehrwürdig (gleich etruskischen Göttern scandinavischer Fürsten unter
Ariern oder Heiligen in Indien). L'art a cela de particulier, qu'il est à la
fois supérieure et populaire, qu'il manifeste ce qu'il y a de plus élevé et qu'il
le manifeste à tous (s. Taine). In Religions-, wie in Liebes- und Kunst-
sachen muss man mit dem Gemüthe denken (s. W. Ranke). Beyond the
present outposts of microscopic enquiry lies an immense field for the exercise of speculative power (s. Tyndall), in scientific use of the imagination
(den „priviledged spirits"). Während die Geschichte Einzelnheiten lehrt,
gewährt die Dichtung allgemeine Anschauungen (s. Aristoteles), wie die
Geschichtsphilosophie (in „exacter Dichtung" naturwissenschaftlich). Das
aesthetische Princip der Einheitlichkeit ist es, in dessen Gebiet das ethische
Princip des Idealismus Eingang in die Kunst findet (s. Alt). Les gens qui

prétendent expliquer le rire ne sont pas gais (s. Voltaire). Ist der rechte
Glaube falsch, so heisst er Wahn (Witte). Stufenweise Freiheit und Aufklärung gehen Hand in Hand (s. von Eggers). L'humanité se développe sans
cesse, dans le cours de sa civilisation par ces plus éminentes facultés, au
point de vue physique, intellectuel et politique (s. Comte). Knüpft auch in
der Hauptsache der Materialismus an Baco an, so war es doch Descartes,
der dieser ganzen Betrachtungsweise der Dinge schliesslich jenen Stempel
des Mechanismus aufdrückte, der in de la Mettrie's l'homme machine am
offensten hervortritt (s. A. Lange). Die Philosophie der Geschichte bedeutet: „die denkende Betrachtung derselben" (bei Hegel). Lange hat man
Geschichte gehabt, Geschichtsforschung, Geschichtserzählung, und „doch noch
nicht die Geschichte" (s. Mehring). Rien ne prouve que les peuples
s'éstagent d'après les lignes géométriques d'un système, et que leurs destinées
soient déterminées d'avance et par le role que, leurs devancières ont joué
dans l'histoire (s. Benaloew). Dogmatismus ist die unkritische Anwendung
der dogmatischen Methode in der Philosophie (s. Kannengiesser). Im Nous
überlebselt der νοῦς θεωρητικός (bei Aristoteles), während die andere Hälfte
mit dem Körper vergeht (als „Intellectus patiens"). Die heutige Physiologie
basirt auf der Voraussetzung, „dass die Gesetze, die das Leben des Organismus bestimmen, mit den allgemeinen Naturgesetzen zusammenfallen" (s. Wendt).
Die Erscheinung hat daher ihren Namen, dass sich in ihr das Sein offenbart (s. Kleutgen). Zunächst sind hypnotische Beobachtungen (und Experimente) an Thieren zu empfehlen (s. Gegenbaur), „wo jeder Verdacht einer
absichtlichen Täuschung und Betrug von Vornherein absolut ausgeschlossen ist"
(1872). Contradictorische Gegensätze in einer Identität zusammenzufassen,
führt auf dasjenige Unmögliche, das im Wörterbuch der Vernunft nicht vorhanden sein darf. Eventus stultorum magister (Livius). Durch das Auge
spricht die Gottheit, durch das Ohr der Mensch zum Menschen (s. Oken).
L'uomo, che non ha veduto, che non ha sentiti, non conosce, l'uomo che non
conosce non ragiona (s. Fontana). L'initiative fait tout dans ce monde
(s. Charles). Fabrica autem partium Organum Spiritus est, quemadmodum
et ille, animae rationalis, quae incorporea est et divina (F. Bacon). Als
Grundlage derjenigen Thätigkeit, durch welche das Wissen und das Denken
vollzogen wird, erfordert sich ein nicht-materieller Stoff als Seelensubstanz
(s. Hoppe). Ὅτι μὲν οὖν ἐναντίας δεῖ τὰς ἀρχὰς εἶναι, φανερόν (s. Aristoteles).
Der Glaube an die Geister findet sich über die ganze Insel verbreitet
vor. Man hat verschiedene Ausdrücke für diese Schatten, wie z. B. matòa-
tóa, ambirvú (in verschiedenen Variationen) und lólo (auf Madagascar).
Mit dem Worte Kinóly bezeichnen die Bétsiléo, die Tanála und wohl
noch mehrere andere südliche Stämme ein grotesk furchtbares Wesen, eigentlich eine Art lebendigen Skelets; ein anderes merkwürdiges Wort für einen
Geist, das sich bei diesen Stämmen vorfindet, ist fáhasion ny máty, d. h.
wörtlich „der Neunte der Todten", häufig wird auch nur fáhasiviy, „der
Neunte", gesagt. Die Geister der Lebenden heissen bei den Tanála ámbirôa
(oder ámeróy). Diese fáhasivy sollen in Träumen erscheinen und werden durch
Opfer von Ochsen versöhnt. Der Ort, wohin nach dem Glauben der Malagassy die Geister der Todten gehen, heisst Ambóndrombé, und ist ein hoher,

mit dichtem Wald bedeckter Berg am Ostrande des Hochlandes zwischen dem Bétsiléo-Gebiete und dem tiefer gelegenen Tanála-District. Bei einer Reise, die ich im Jahre 1876 durch den südlichen Theil der Insel machte, wurde mir, als wir uns in der Nähe der Hova-Festung Imáhoczóny befanden, dieser Hades der Malagassy gezeigt. Derselbe erschien wie ein langer regelmässig gestalteter Berg, der sich als ein tiefer Bogen von Norden nach Süden und weit nach Osten hinzog. Sein Gipfel ist oft durch Wolken verhüllt, und dieser Umstand, sowie seine bedeutende Höhe und fast vollständige Unzugänglichkeit haben ihn seit Jahrhunderten schon als einen geheimnissvollen Ort des Schreckens erscheinen lassen. Das Volk der Umgegend wagte nicht, sich ihm zu nähern, und erzählte sich die wundersamsten Märchen von lautem Kanonendonner und Salutschüssen, die in Ambóudrombé erschallten, sobald ein Geist aus königlicher Familie dorthin käme. Vor ungefähr drei Jahren nun ist es G. A. Shaw durch persönliche Erforschung des gefürchteten Berges gelungen, das Räthsel der sonderbaren Töne und Geräusche zu lösen die man nach den Aussagen des Volkes so oft von Ambóudrombé erschallen hörte. Von den umwohnenden Bétsiléo wollte keiner sich entschliessen, den Reisenden bei dieser Expedition zu begleiten, oder ihm auch nur die Aexte zum Aushauen eines Pfades zu liefern; aber einige seiner Träger waren muthig genug, ihm zu folgen, und so erreichte er nach dreistündigem angestrengtem Vordringen durch dichtes Unterholz und Schlingpflanzen den Gipfel" (s. *Sibree*). Die Bean feasac (Knowing woman) oder Cailleac luibe (herb-hag) heisst (in Irland) Piseog, „when her art is of that doubtful kind which tends rather more to the injury than to the good of her neighbours" (s. Mooney), und so schwanken Pharmaka als Golay (in Pelau).

The Russian peasant draws a clear line between his own Domovoy and his neighbours, the former is a benignant spirit (s. Ralston). Shark (in Edinburg) „found that black was the most powerful absorbent of odours" (und so Dumeril). In den Korallen „scheinen alle drei Reiche der Natur gleichzeitig vertreten" (s. Romberg), so dass mit Erkennung einer Lebenskraft der Gott hervortreten kann (in asketischer Mystik). Durch wirbelartige Bewegungen werden die Gestirne in ihrer Bahn erhalten (s. Democrit). Die Anordnung der Atome folgt aus wirbelnder Bewegung der Elemente seit Beginn der Weltbildung (s. Democrit), durch Zusammengehen aus den vier Richtungen (im Buddhismus). La surface extérieur du globe, en se consolidant par le refroidissement et en se resserrant dans un moindre volume, comprimait la masse interne encore fluide, qui devait réagir de son côté (s. Breislak). Τὸ γὰρ αὐτὸ νοεῖν ἐστί τε καὶ εἶναι (s. Parmenides). Im Subject verwirklicht sich direct die sinnliche Auffassung des Auges durch Zutritt des Lautbildes, während im sprachlichen Verkehr sodann das Prädicat sich ausspricht (unter logischer Fortentwickelung). „Die Bewegungsvorgänge des Gehirns und des Nervensystems sind Bewegungsformen der Materie, die uns als Merkmale, oder Dinge mit Merkmalen, zum Bewusstsein gelangen" (s. Siebeck). Die Vorstellung (φαντασία) ist ein Abdruck (τύπωσις) der Dinge in der Seele (nach der Stoa). Selbst die Grundprincipien der Mathematik (Definitionen und Axiome) sind ursprünglich „Verallgemeinerungen aus der Erfahrung" (s. Mill). Δυνατόν δ'εἶναι κοσμιαίαν εἶναι ἄτομον, lehrte Democrit (bei Stob.). Das einzelne Atom ist selbst auch chemisch nicht mehr theilbar (s. Langhoff). Epikur setzte die Welten (ans den Elementen hervor- und dahin zurückgehend), *σφαιροειδεῖς, ὠοειδεῖς, ἀλλοιοσχήμονας ἑτέροις* (s. Diog. Laert). Als das Eine (bei Xenophanes) erscheint *τὸ ἓν τοῦτο καὶ πᾶν*, als die Gottheit (s. Theophr.). Aus Atomen und dem Leeren ist das Ganze gebildet (s. Democrit). Die aus dem Apeiron (bei Anaximander) in Sonder-Existenzen eingetretenen Dinge sind dem Untergang verfallen *κατὰ τὴν τῶν χρόνου τάξιν* (s. Simplicius) im Kreislauf (des Entstehens und Vergehens). Bei jedem Eindruck wird ein Zeichen percipirt, das die ihm entsprechende Vorstellung hervorruft (s. Haller). *Τῆς δὲ κινήσεως καὶ τῆς γενέσεως αἴτιον ἐπέστησε τὸν νοῦν ὁ Ἀναξαγόρας* (bei Theophr.), und daneben die *ὑλικὰς ἀρχὰς ἀπείρους* (s. Simplicius). Die Erde gelangt zu ihrer Lage im Mittelpunkt der Welt durch Wirbeldrehung (*διὰ τὴν δίνησιν*). *Γεννᾶσθαι πυκνότητι καὶ μανότητι* (s. Theophr.), lehrt Anaximenes (aus der Luft). Das *παρὰ τὰ στοιχεῖα* lag im Apeiron (als Voranlage der Elemente). Denken (nach dem Wortsinn) meint: „Ein seiner selbst bewusstes und freithätiges Bestimmen der Verhältnisse von Vorstellungen auf Grund einer zuvor angestellten Prüfung ihres Inhalts, um sie gemäss der gewonnenen Erkenntniss ihrer Zusammengehörigkeit oder Nichtzusammengehörigkeit zu verbinden oder zu trennen" (s. Löwe). Die allgemeine Logik lehrt das Denkverfahren ohne Beziehung auf ein bestimmtes Wissensgebiet als eine für sich bestehende Erscheinung kennen (s. Hoppe). „Befriedigt fühlt sich der Intellect nur, wenn er die Verhältnisse in den Grenzen und trotz der Grenzen, welche ihm die Phänomene bieten, dennoch so übersieht, dass er sie, wie in den höchsten Producten der Kunst, thatsächlich mit dem tiefsten Wesen seines Selbst, also mit allen seinen edlen Interessen in Uebereinstimmung findet" (Caspari). Morality is based on feeling not on reason (s. Huxley). Belief is the assent of the mind to a truth while the reality so acknowledged is not matter of observation (s. Calderwood). Neben dem *ποιοῦν* (als *νοῦς ποιητικός*) unterscheidet sich der *νοῦς παθητικός* (bei Aristoteles). Die auf irgend ein Object gerichtete Aufmerksamkeit ist Nichts weiter, als die Vorstellung dieses Objects im möglichst ungeschwächten Grade der Klarheit (s. Drobisch). Die innere Wahrnehmung der eigenen psychischen Phänomene ist die erste Quelle der Erfahrungen, welche für die psychologischen Untersuchungen unentbehrlich sind (s. Brentano). Die *φαντασική ἐπιβολή* (freie Thätigkeit der Einbildungskraft) äussert sich (bei Epikur) zunächst als Aufmerksamkeit (s. Steinhart). Wird ein bestimmtes (in der Synthesis des Intellects und der einheitlichen Apperception liegendes) Maass der Aehnlichkeit und Verwandtschaft zweier einander nahetretender Vorstellungen überschritten, so dass sie ungleich und unähnlich werden, so wird die synthesirende Kraft des Intellects suspendirt und Irrthümer sind, herbeigeführt durch Erinnerungslosigkeit (Vergesslichkeit) und Verwechselung, die Folge (Caspari). Die organische Wirkungssphäre ist ein wahres Uebergreifen der Lebensthätigkeit in die Aussenwelt, durch welches ein Organismus andere lebende Individuen in seine Sphäre zieht, sich gleichsam aneignet und so die Freiheit der Selbstständigkeit ihres Lebens beschränkt (s. Hufeland). *Γνώμη δὲ δύο εἰσὶν ἰδέαι, ἡ μὲν γνησίη, ἡ δὲ σκοτίη καὶ σκοτίης μὲν τάδε σύμπαντα, ὄψις, ἀκοή, ὀσμή, γεῦσις* (s. Democrit). Die Erregungen der sensibeln Nerven, welche sich in die Provinzen unseres bildenden Lebens verbreiten, erregen so dunkle Empfindungen, dass sie gewöhnlich nicht einzeln unterschieden, sondern als ziemlich vage Gesammtempfindungen pericipirt werden (s. Domrich). Durch feine Ausflüsse wirken Gesichts- und Gehörswahrnehmungen auf Auge und Ohr, während die übrigen Sinne unmittelbar durch die Gegenstände ihrer Empfindungen berührt werden (s. Democrit). The mental modifications are dependent on certain corporal conditions (s. Hamilton). In den Phänomenen des Gefühls stellt das Bewusstsein den psychischen Eindruck oder Zustand nicht vor sich hin, es betrachtet ihn nicht für sich besonders, sondern ist sozusagen in Eins mit ihm verschmolzen (s. Hamilton). Mit der Empfindung als Eigenschaft der Materie wird der Mensch (bei Lamettrie) zur Maschine (l'homme machine). Τὸ ἄλογον ἐν τῷ λοιπῷ παρεσπάρθαι σώματι, τὸ δὲ λογικὸν ἐν τῷ θώρακι, ὡς δῆλον ἐκ τῶν φόβων καὶ τῆς χαρᾶς (s. Epikur), als animus neben anima (bei Lucrez). Wie jeder Eindruck einen Irradiationskreis um sich hat, hinterlässt jeder Eindruck einen Nachklang (s. Fechner), in προλήσεις (bei Epikur). Οὐχ ὅλου ἀνθρώπου πατὴρ βροτός, ὡς ἐνέπουσιν ['Ἀλλ' ὅσσον σαρκός τε καὶ αἵματος ἀμφοτέρων μέν/'Ὀλλυμένων, ψυχῇ δὲ θεοῦ κρατέοντος ἅημα /'Ἐκτοθεν εἰσινίπτουσα (s. Greg. Naz.). Rerum principia singularum esse credidit infinita (Anaximander). Τὸ γὰρ δυνάμει ὂν καὶ μὴ ἐντελεχείᾳ, τὸ ἀόριστόν ἐστιν (bei Anaxagoras). Die Seele (in Tonga) „may be conceived to stand much in the same relation to the body, as the perfume and more essential qualities of a flower do to the more solid substance, which constitutes the vegetable fibre" (s. Mariner). Die Data der Erfahrung stimmen mit dem logischen Satze der Identität nicht überein (Spir.), zur Einigung (unter den Philosophen). Νόμῳ γλυκύ, νόμῳ πικρόν, νόμῳ θερμόν, νόμῳ ψυχρον, νόμῳ χροιή, ἐτεῇ δὲ ἄτομα καὶ κενόν (bei Democrit) als Nama (neben Rupa). Ὁ δ'Ἐπίκουρος ἀχώριστόν φησι τῆς ἡδονῆς τὴν ἀρετὴν μόνην (bei Diog. Laert.). Die Weltseele erhebt sich durch die organische Form des Thieres und Menschen zur Thier- und Menschenseele (s. Czolbe). The character absolutely essential to the conception of mind, is, that it consists of a series of states of consciousness (s. Spencer). Die Idee des Selbst ist nichts Anderes als das Bewusstsein einer gewissen Anzahl von Wahrnehmungen (bei Hume), die Idee der persönlichen Identität eine reine Fiction (s. Jodl). Die ersten selbstständigen Regungen des Denkens im werdenden psychischen Organismus sind Unterscheidungsacte (s. Struve). Nicht Unterscheidung (s. Ulrici), sondern Vergleichung bildet die Grundthätigkeit des Intellects (s. Schiessl). Je nach der Wahrnehmung, dass ein Gegenstand entweder Freude oder Traurigkeit bringt, wird er als guter oder böser betrachtet, so dass die Anerkennung des Guten oder Bösen in der aus dem Affect der Freude oder Traurigkeit folgenden Darstellung beruht, und die Erkenntniss des Guten und des Bösen sich als der Affect selbst ergiebt, soweit zum Bewusstsein gelangend (s. Spinoza) im religiösen Gefühl, mit einwohnender Schmerzempfindung aus irdisch gebrechlicher Vergänglichkeit (oder mit dem Streben nach geistig normaler Gesundheit). Die Pelauer (s. Kubary) bezeichnen den Kehlkopf als Arngul oder Seele (mit dem Sitz in der Brust oder Miso-ngul-aulul), wegen des zusammenschnürenden Gefühls in Folge psychischer Empfindungen (Angst, Freude, Zorn). Nature has placed mankind under the government of two sovereign masters, pleasure and pain (s. Bentham) als Lust und Unlust (bei Epikur). Lust ist an Förderung, Unlust an Störung des Lebens geknüpft (s. Lotze). Die Primalitäten des

Seins sind Möglichkeit, Erkenntniss, Liebe, die des Nichtseins Unmöglich-keit, Nichterkenntniss, Hass (bei Campanella). Was die Naturwissenschaft im engeren Sinne für die Erkenntniss der äusseren Welt und ihres Laufes, für die Erkenntniss der Dinge und ihrer Verhältnisse im Raum sind, das soll die Psychologie für die Naturerkenntniss der inneren Welt des Menschen werden (s. Spitta). Diese „innere Welt" jedoch ist in der Projection äusseren Reflexes anzuschauen, um aus subjectiver Befangenheit die Objectivität des Umblickes zu bewahren, für die Verwendung der inductiven Methode in der „Phänomenologie des Geistes" (bei Hegel), und zwar mit dem Ausgang vom Völkergedanken (bei der Gesellschaftswesenheit des Menschen). Die Lust ist der der menschlichen Natur angemessene, zusagende, die Unlust der ihr wider-strebende Lebenszustand (s. Epikur). In der Abstossung gleichnamiger, in der Anziehung ungleichnamiger Pole (bei G. Hartmann) wurde die Polarität festgestellt († 1564). Für den Sieg der mechanistischen Ansicht in der Physiologie (s. Wundt) kommen in Betracht besonders: die Entdeckung des Blutkreislaufs (durch Harvey), der Nachweis der stöchiometrischen Gesetze für die organischen Verbindungen (durch Berzelius) und der Nachweis des Princips von der Erhaltung der Kraft, als eines auch die lebende Natur umspannenden allgemeinen Naturgesetzes" (durch J. R. Mayer). In den Wirbelbewegungen der durch geringe Abweichung beim Fall auf einander treffenden Atome entstehen die durch leere Zwischenräume ($\mu\epsilon\tau\alpha\varkappa\acute{o}\sigma\mu\iota\alpha$) ge-trennten Welten (bei Epikur). „Wir haben zuletzt Alles zurückzuführen auf die Bewegung der kleinsten Theilchen" (s. Brücke), in Anziehung und Abstossung (Annäherung und Entfernung). Drei Entdeckungen sind es, welche in dem letzten Vierteljahrhundert vor Allem die Naturwissenschaft umgestaltet haben; das mechanische Aequivalent der Wärme, die Spectral-analyse und die Darwinsche Theorie (F. Cohn). Da bei der immerwährenden Vervollkommnung der Wissenschaft oft ganze Ordnungen aus einer Klasse in die andere wandern müssen (s. Schultes), sind Versetzungen von Gattungen oder Arten entschuldbar (1799). Bei Ausgang von den Maassverhältnissen (discreter Mannigfaltigkeit der Theile) „würde der Raum, wenn man Unab-hängigkeit der Körper vom Ort voraussetzt, ihm also ein constantes Krüm-mungsmaass zuschreibt, nothwendig endlich sein, sobald dieses Krümmungs-maass einen noch so kleinen positiven Werth hätte" (s. Riemann). Jede Naturerscheinung ist die Folge von bestimmten Ursachen (s. Nägeli). Wer eine Wissenschaft „exact" nennt und Hypothetisches in derselben als unbe-streitbar herstellt, „der schwatzt bloss" (s. Gloss). Das, was wir auf der Erde als Schwere fühlen, rührt von einem Drucke des Weltgases her, dessen Atome zu der Erde (von oben nach abwärts) in grösserer Menge strömen als von derselben (nach aufwärts). Es ändert sich damit nur die Vorstellungsweise (s. H. Schramm). Im Naturerkennen (des Materialismus) ist noch kein Er-kennen, sondern nur das Surrogat einer Erklärung gegeben (s. Dubois). Naturgesetz ist der einfache Ausdruck für allgemeine Bedingungen, unter welchen eine Naturerscheinung erfahrungsmässig erfolgen muss (s. Langhoff). Der Geruchsnerv wird durch Schwingungen erregt (s. von Walther). Bei Beflügelung der Phantasie durch Wohlgerüche ergiebt sich der Geruch als der Sinn der Einbildungskraft (s. Rousseau) oder der Geschlechtslust (in den „geilen" Gerüchen des Volksmundes). Die Gerüche werden von den Farben

verschieden absorbirt (bei Duméril). Tritt die Schwellung der „Schwellappa-
rate" vorübergehend ein, so können sie „eigenthümliche Wechsel im Geruchsvermögen zur Folge haben" (s. Hack). The scent of the dog seems mira-
culous (s. Bain). Auf den Philippinen ist das Geruchsvermögen so scharf
entwickelt, um aus den Taschentüchern die Personen, denen sie gehören,
herauszuriechen (s. Jagor). „Der Organismus bedarf einer Gestaltungskraft,
und diese ist die Seele und wir nehmen ihre Individualität in dem Gepräge
wahr, das sie dem Ausdünstungsstoffe giebt" (s. Carriére), aber hier in so
nebensächlich untergeordneter Wirkensschwankung, dass von keiner Specifität
geredet werden kann, die bei der Seele in völlig verschiedene Richtungen
fällt (schon bei Auffassung der Uncultur, zu späterer Veredelung). Die
Verdünnungen wurden fortgesteigert (in der Homöopathie), da sich in der
„Beseelung" der verdünnten Arznei eine bequeme Erklärung der angebliche
Wirkungen bot (s. Haeser). Böhme erkennt, dass die ganze Natur magisch
(oder mystisch) sei, weil das wahre Wesen des Dinges nicht das äusserlich
Erscheinende wäre (was geboren wird, wächst und stirbt), sondern das Verborgene, wogegen der Körper nur die Hülle ist (s. Ewald). Die Mystik
sucht in „allen Räumen Eins" (bei Rumi), als Gott (das „Sonnenstäubchen",
der „Sonnenball"). Auch in der Laus sei Gott, meinten die Bedgharden
(nach Johannes Vitoduranus). In jedem Dinge steckt ein Wong (an der
Goldküste). Neben den fünf Sinnen bildet das Bewusstsein den gemeinschaftlichen Grundsinn (s. Alb. M.) und so im Abhidamma (bei Maas). Die Wachs-
thumsstösse disponiren zu acuten Gelegenheitsentzündungen (s. Ducamp).
Der Duft nimmt bei den Blumen eine ähnliche Bedeutung an, wie bei den
Thieren die Stimme (s. Fechner). Die teratologischen und pathologischen
Rassen sind nachträglich aus der normalen Form der Species hervorgegangen
und lassen sich immer von Neuem aus derselben gewinnen (s. Frank) in der
Pflanzenkrankheit (1840). Das Gedächtniss, wie es in aller Erfahrungs-
wissenschaft die Ansammlung beobachteter Thatsachen zum Behuf der Fest-
stellung allgemeiner Wahrheiten möglich macht, ermöglicht in der Psycho-
logie zugleich die Beobachtung der Thatsachen selbst (s. Brentano), aber
eine Fülle der Thatsachen tritt im Völkergedanken objectiv hinzu (in der
Gesellschaftswesenheit). Kein Traum kann etwas wesentlich Neues dem
Geiste zuführen, er kann nur die vielleicht momentan in Vergessenheit gerathenen Felder des Bewusstseins wieder hervortreten lassen und sie in neuen
Formen, gleichsam in einem neuen Gewande der Seele vorführen (s. Spitta).
Durch Erkenntniss des göttlichen Wesens (Brahman) wird der verkörperte
(çariraka) Geist von den Fesseln der Wiedergeburt befreit (in der Vedanta). Nur von der „intuitiven" Erkenntniss wird ohne Gefahr eines Irrthums
aufgefasst (s. Spinoza), wie vom Nous (bei Aristoteles). Die auf dem Umzug der Götter (ausser Hestia) am Himmel (wenn nicht das Ewig-Seiende
im Jenseits schauend) entfiederten Seelen, gehen in menschliche Leiber und
kehren nach 10000 Jahren oder (bei philosophischen Steigerungen) nach
3000 Jahren in die Heimath zurück (oder in das Gericht der Zuchtorte),
um dann nach 1000 Jahren ein neues Leben zu beginnen, thierisches
oder menschliches (bei Plato). As Attribute flings us back on Substance,
so does the Accidental upon the Essential (s. Martineau). Νῦν ἔστιν ὅμου
πᾶν ἓν ξυνεχές (s. Parmenides), das Seiende als das „Volle" (aus Pleroma).

In den Intermundien (des Leeren) zwischen den (aus Atomen entstehenden und vorgehenden) Welten [weilend, spiegeln die Götter (Epikur) in ihrem Scheinleib täuschende Maya, die sich mit dem Pleroma des Nirvana im Realen zu erfüllen hat (aus dem Nicht-Realen). Omnis discriminatio negatio (bei Spinoza) für Antinomien (bei Kant), und so liegt dem Denken der Gegensatz zum Grunde, der sich aber dann in den Relativitäten abspielt, so dass der „Gegensinn" (bei Abel) nicht mehr in den bereits erfolgten Wortbildungen zu suchen ist (sondern in vorangehender Gedaukeuschöpfung). Indem neben den (als Erzeugnisse der Einbildungskraft) von dem Willen abhängenden Vorstellungen die unwillkürlichen Sinnes-Vorstellungen entstehen, haben diese von einem andern Willen oder Geist abzuhängen, der sie hervorruft (s. Berkeley), verwirklicht in den materiellen Hüllen (des Immateriellen). Die den Vorstellungen folgenden Bewegungen „sind gleich englischen oder sphärischen Diensten und nicht durch die Bedingungen der aus dem Willen stammenden Bewegung, dass sie in sich selbst erstrebt sind, sondern wenn die aus der Sehnsucht stammende Kraft nach Dingen, von welchen eine Einwirkung herabströmt, durch welche die Glieder bewegt werden, Sehnsucht hat, so wird sie das eine Mal auf die Weise bewegt, wodurch sie zu dem Ziele gelangt, das andere Mal aber auf eine andere ähnliche Weise" (s. Ibn Sina). Bei Einweihung in den pythagoräischen Bund lag das Schweigen auf ($\iota\chi\epsilon\mu\nu\vartheta\iota\alpha$). In dem von Pythagoras in Kroton geschlossenen Geheimbund, unterschieden sich $\sigma\epsilon\beta\alpha\sigma\tau\iota\kappa\sigma\iota$, $\pi\sigma\lambda\iota\tau\iota\kappa\sigma\iota$ und $\mu\alpha\vartheta\eta\mu\alpha\tau\iota\kappa\sigma\iota$ (s. Phot.). Serapis wird auf Yama zurückgeführt als Ser-adah (Gott der Leichenopfer) oder Sri-pa (Bluttrinker) in Dharma-Rajah (mit seinem Diener Kasmala oder Kashmala). Yame bezeichnet Nachtwache (im Himmel), Yama den Fürst der Unterwelt (als Dharma-Rajah). Yama (mit seiner Schwester Yami) geht, als Erster Mensch, im Tode voran (aus Jima's Paradies).

Zwischen dem Ersten und dem Nous bilden die absoluten Einheiten ($\alpha\dot{\upsilon}\tau\sigma\tau\epsilon\lambda\epsilon\hat{\iota}\varsigma$ $\epsilon\nu\dot{\alpha}\delta\epsilon\varsigma$) die höchsten Götter (bei Proklus). Aus dem Urstoff des Unbegrenzten (bei Anaximander) beginnt in Folge ewiger Bewegung das Ausscheiden ($\epsilon\kappa\kappa\rho\dot{\iota}\nu\epsilon\sigma\vartheta\alpha\iota$) bestimmter Stoffe (s. Zeller). Die Zahl ist die Richtung des Forschens (bei Philolaos), weil jenseits desselben Alles unbegrenzt (unbestimmt und dunkel). Die Zahlen (bei den Pythagoräern) waren die Principien und Elemente aller Dinge (s. Aristoteles). In Zahlverhältnissen bestimmte sich (bei den Pythagoräern) die diatonische Eintheilung des Heptachord's (später Oktachord's). Die Verbindung des Mannigfaltigen zur Grösse muss eine objective sein, Grösse kann nur Objecten beigelegt werden (s. F. A. Müller). While these it is impossible to form any idea of Force in itself, it is equally impossible to comprehend either its mode of exercise or its law of variation (s. Spencer). Die Potenz ist der ewige unveränderliche Begriff eines einzelnen lebenden Wesens, die bestimmte Synthesis eben derselben aber mit dem Realen der zeitliche und vergängliche Begriff eines solchen einzelnen Dinges (s. F. Schelling). Auch die einfachen Substanzen sind aus Form und Materie zusammengesetzt (s. Samuel ben Gebirol). Der Nous ist unvermischt „allein für sich" ($\mu\sigma\hat{\upsilon}\nu\sigma\varsigma$ $\epsilon\varphi'$ $\epsilon\omega\nu\tau\sigma\hat{\upsilon}$), während die Kosmogenie (bei Anaxagoras) mit dem Zustand der Alleinsetzung beginnt ($\dot{\sigma}\mu\sigma\hat{\upsilon}$ $\pi\dot{\alpha}\nu\tau\alpha$ $\chi\rho\dot{\eta}\mu\alpha\tau\alpha$ $\dot{\eta}\nu$). Unser Geist, sofern er intuitiv erkennt, ist ein ewiger Modus des unendlichen Denkens, welcher durch einen anderen ewigen Modus bestimmt wird (bei

Spinoza) ins Unendliche fort, so dass alle diese Modificationen zugleich die ewige und unendliche Intelligenz ausmachen (s. Reinhold). Durch das in der Luft enthaltene Geistige (*νοῦς* oder *ψυχή*) wird sie vom Menschen eingeathmet (bei Democrit). Nur die Seelen der Weisen dauern beim Tode bis zum Weltende fort, um dann mit den Uebrigen in die Gottheit zurückzukehren (s. Chrysipp.), wie die frommen Janaka sich aus der Weltzerstörung durch Aufsteigen retten (vor schliesslicher Absorption). The true idea of the human mind is to consider it as a system of different perceptions or different existences, which are linked together by the relation of cause and effect, and mutually produce, destroy, influence and modify each other (s. Hume). Die Associationen der Vorstellungen werden durch ein aetherisches Fluidum (in Schwingungen der Nerven und des Gehirns) bewirkt (s. Hartley), aus Grundkräften in den Eigenschaften der Materie (bei Priestley). Der durch Erscheinen eines Heiligen in Extase Gerathene (bei den Chewsuren) wird Dekanosse (s. Radde). Apollinis sacerdos sorte ductus est (s. Servius). Die Araber (zur Zeit der „Unwissenheit") wendeten sich an die Götzenbilder (das Gesetz Gottes nicht wissend), und, wenn Gott begrüssend (im Preisen), pflegten sie zu rufen: ich bin Deinem Dienst ergeben, o Gott, bin ergeben, bin ergeben (labbaika Allahumma labbaika, labbaika). Bei dem Leib als Grab der Seele ist Lossagung von der Sinnlichkeit als Ziel gestellt (bei Philo). Le Moi est pour l'être sensible ce qui lui procure toujours une même sensation, chaque fois que sa volonté est la même (s. Delboeuf). In Aehnlichkeit mit der Sinneswahrnehmung wird die Reflexion als „innerer Sinn" gefasst (bei Locke), der Fünfheit zutretend (wie Manas). Der morphologische und der Lebensprocess sind wesentlich als Seelenvorgänge zu betrachten (s. J. H. Fichte). Die Ideen (als *νοεραὶ δυνάμεις*) schliessen sich (bei Plotin) zur Einheit der intelligibeln Welt (*κόσμος νοητός*) zusammen (*αὐτοζῴον*). In dem psychischen Vorgang der „Empfindungsprojection und Localisation" (das nach Aussen Versetzen und das an eine bestimmte Stelle Versetzen) „heisst jede Empfindung eine Wahrnehmung" (s. Strümpell). *Συγγεγένηται ἡ ψυχή, ἀλλ' οὐ συνέσπαρται, συνεκτίσθη τῷ σώματι, ἀλλ' οἰκείαν ἔχουσα ὑπόστασιν ἡ γὰρ φύσις ἐστίν ὁ δεσμός* (s. Ephraim). Die Vorstellung „von einer Art complicirt geordneten Reflexes (im freien Willen) ist empirisch zulässig", lässt indess das Wesen der Vorstellung unerklärt, und „dieselbe wirkungslos und überflüssig erscheinen" (s. Hermann). *Συμπάσχει ἡ ψυχὴ τῷ σώματι νοσοῦντι καὶ τεμνομένῳ, καὶ τὸ σῶμα τῇ ψυχῇ* (s. Kleanthes). Jede Wirkung hängt ihrer Natur nach ganz nothwendig ab, sowohl von der Natur des Wirkenden, als von der desjenigen, auf welches gewirkt wird (s. Helmholtz). Zufolge der Wechselwirkung, welche zwischen der Seele und den verschiedenartigen Elementen des Gehirns besteht, muss sich dieselbe, selbst abgesehen von äusseren Einwirkungen auf die Sinne, in mannigfachen Reactionszuständen befinden. Hierzu gesellen sich noch die zahlreichen inneren Zustände, welche die Seele vermittelst der mit dem Gehirn verknüpften Nerven aus den verschiedenen Theilen des Leibes gewinnt. Aus all' diesen inneren Zuständen resultirt, indem sie in dem einfachen Wesen der Seele zusammenfallen, ein dunkler Gesammteindruck, als Gemeinempfindung oder Gemeingefühl (s. Cornelius). Wenn der Reiz übersetzbar ist in psychophysische Bewegung, so wird auch die Seele trotz eines Vorhandenseins und

Spiels psychophysischer Bewegung in einem empfindungsfreien und gleichförmigen Zustand verharren können, wenn nur gewisse Grenzen nicht überschritten werden (s. Fechner). Die mathematische Psychologie kann sich nun die Aufgabe stellen, die Gesetze der Veränderungen in den geistigen Zuständen aufzufinden, welche erfolgen müssen, wenn gewisse Bedingungen zusammentreffen (s. Drobisch). An dem „Uebergang und Zusammenhang des äusseren Reizes als Bewegung in den Thatsachen der Empfindung und Vorstellung" (s. Caspari), klafft die Kluft zwischen äusserer Psychophysik und innerer (bei Fechner), und wird die Brücke erst in Rückkehr aus dem Gesellschaftsgedanken geschlagen werden können (in naturwissenschaftlicher Psychologie). Τόποι, εἴδωλα, ἀποῤῥοίαι als Ablösungen für die Empfindungen (bei Epikur), τύποι ὁμωσχήμονες τοῖς στερεμνίοις, λεπτότησιν ἀπέχοντες μακρὰν τῶν φαινομένων (ἐν τοῖς στερεμνίοις). Ohne Abstraction keine Verbindung der Atome untereinander, ohne Repulsion keine raumerfüllende Materie, ohne Durchdringung keine Attraction und Repulsion, überhaupt keine Wechselwirkung der Atome und keine Bewegung derselben infolge der Wechselwirkung (s. Cornelius). Nobis propositum est naturas rerum manifestas indicare, non causas demonstrare dubias (s. Plinius). Non fingendum, non excogitandum, sed quid Natura faciat observandum (s. Bacon). Often has Mysticism shown itself thus blind to all truth not found in its own dizzy path (s. Holland), wie in der Gefangensetzung Roger Bacon's durch Bonaventura (an orthodox mystic). Eventa magis arbitror, quam causas quaeri oportere (s. Cicero). Nach Braid (1841) trat (1848) der Amerikaner M. Grimes mit seiner Electro-Biologie hervor, und so folgte „die intellectuelle Epidemie der Medium-Wirthschaft" (s. Gegenbaur). Le Philosophe Pythagore est le premier qui ait fait des raisonnements physiologiques (s. Portal). Alle Wissenschaften streben dahin, deductiv zu werden, doch bleibt jeder Schritt in der Deduction immer noch eine Induction (s. Mill). Bacon propounded the method of inductive mathematical reasoning, which created a spirit of inquiry for observation and experiment (s. Macdonald). Scientia est potentia, mit praktischer Wurzel (wie die Ethnologie und Colonialpolitik). Das Original zu unserem Denkbilde „Raum" liegt in dem Umfang eines Tastbaren oder in dem Umfang zwischen Tastbarem (s. Hoppe), im optisch umgrenzten Horizont (nach der Sehweite des Auges).

Die Bewegung wird nur von der Naturanlage bestimmt, wegen der Existenz eines Zustandes, der ein nicht-natürlicher ist (bei Ibn Sina), mit dem Hinstreben zur Ruhe (im harmonischen Abgleich). In die Ideen aller lebenden Wesen (ζώων ἰδέαι) entstehen die sinnlichen Arten (εἴδη αἰσθητά) nach den intelligibeln Gattungen (γένη νοητά), in Moses' (platonischer) Lehre (bei Philo). Bei dem Nothwendig-Existirenden, als (Denken) Denkendes und Gedachtes (bei Ibn Sina) findet sich abstracte Wesenheit des Wesens (zu Einem Ziel), und so „ist unser Denken für unser Wesen das eigentliche Selbst des Wesens, und wenn wir Etwas denken, so denken wir nicht so, dass wir durch ein anderes Denken denken" (s. Haarbrücker); „Es" denkt (in Tad). Die ρίζαι (Simon's Magus) entsprechen (bei Valentinian) den αἰῶνες (s. Hippolyt). Die Bewegung ergiebt sich (bei Aristoteles) als das Wirklichwerden des Möglichen (ἡ τοῦ δυνάμει ὄντος ἐντελέχεια, ᾗ τοιοῦτον). Nur die Seele, als das Sichselbstbewegende, kann der Grund der Bewegung und des Lebens

($\dot{\alpha}\varrho\chi\dot{\eta}$ $\varkappa\iota\nu\dot{\eta}\sigma\epsilon\omega\varsigma$) für die Körperwelt sein (bei Plato), an der Grenze ($\pi\acute{\epsilon}\varrho\alpha\varsigma$) als Weltseele (s. Zeller). Die Negation des Grenzwerthsetzens ist die Negation des Intellects, die Negation alles unterscheidenden Denkens (s. Caspari). Indem der Intellect selbst in Thätigkeit sich befindet, wird fortdauernd der Grenzwerth in Anwendung gezogen" („die Functionen des Intellects hinsichtlich ihrer scharf begrenzenden Thätigkeit bilden die Grundlage aller klaren Erkenntnisse"). Das durch Form Bestimmbare ($\tau\acute{\alpha}$ $\check{\alpha}\pi\epsilon\iota\varrho\sigma\nu\tau\alpha$) steht mit dem durch die Form Bestimmten ($\tau\acute{\alpha}$ $\pi\epsilon\varrho\alpha\acute{\iota}\nu\sigma\nu\tau\alpha$) im Ungraden und Graden (s. Pythagoras). Die Atome an und für sich sind eigenschaftslos $\check{\alpha}\pi\sigma\iota\alpha$ (bei Democrit), alle Eigenschaften entstehen nur durch das Zusammentreffen der Atome und durch ihr Hinzutreten zu dem Empfindenden (s. Chevalier). Die Kraft ist nichts Anderes, als eine versteckte Ausgeburt des unwiderstehlichen Hanges zur Personification, die uns eingeprägt ist (s. Dubois-Reymond). Die Unbegrenztheit des Raumes besitzt eine grössere empirische Gewissheit, als irgend eine äussere Erscheinung (s. Riemann). Die idealen Grössen treten aus den Idealzahlen ($\dot{\alpha}\varrho\iota\vartheta\mu o\acute{\iota}$ $\nu o\eta\tau o\acute{\iota}$) hervor (bei Plato), mit den Bestandtheilen ($\sigma\tau o\iota\chi\epsilon\tilde{\iota}\alpha$) in der Eins ($\mu\acute{\epsilon}\gamma\alpha$ $\varkappa\alpha\grave{\iota}$ $\mu\iota\varkappa\varrho\acute{\sigma}\nu$), für Infinitesimalrechnungen von endlich Grossem und unendlich Kleinem (kraft naturwissenschaftlicher Psychologie). Wenn ein sinnlicher Eindruck, der objectiv später als ein anderer gegeben wird, doch früher zum Bewusstsein kommt (bei Hadekamp), ist die Aufmerksamkeit, die als unwillkührliche zu betrachten, vorzugsweise dem späteren Eindruck zugewendet (s. Cornelius). Je abstracter die Weise des Denkens wird, um so grösser und unbegrenzter wird auch der Spielraum der Unmöglichkeiten und Möglichkeiten (s. Dühring). In der Geschichtsphilosophie (als Berührung von Geistesphilosophie und Naturgeschichte) „findet das Philosophiren die Objectivität, nach der es in all' seinen Arbeiten strebt" (s. Mehring). Die Moral ist weder ein blosser Lehrgegenstand noch eine blosse durch Erziehung erworbene Kunst, noch bloss ein angeborenes Vermögen, sondern alle drei zugleich (s. Landau). Toute société a besoin d'une organisation, c'est-à-dire, d'un certain nombre de fonctions, pour maintenir l'union de ses membres et pour diriger leur activité vers la fin sociale (s. Hugonin). Das Vernunftrecht ist ein Naturrecht (s. Stricker). Moral laws and physical laws differ in respect of the kinds of agents or the subjects, which they respectively govern (s Arthur). Remedia morbum tollunt, non vi contrarietatis, ut neque propter nudam similitudinem, sed propter merum bonitatis donum, restaurans naturam adjuvando, quae alioquin sui ipsius medicatrix (s. Helmont). Les études médicales devinrent l'apanage héréditaire des Vake et des Tanba (s. Ardouin) in Japan (IX. Jahrhundert). Die Phyle theilt sich $\epsilon\dot{\iota}\varsigma$ $\tau\varrho\acute{\iota}\alpha$ $\mu\acute{\epsilon}\varrho\eta$, $\tau\varrho\iota\tau\acute{\sigma}\nu$ $\varkappa\alpha\grave{\iota}$ $\check{\epsilon}\vartheta\nu\eta$ $\varkappa\alpha\grave{\iota}$ $\varphi\varrho\alpha\tau\varrho\acute{\iota}\alpha\varsigma$ (s. Harpokration). $T\varrho\acute{\iota}\alpha$ $\delta\grave{\epsilon}$ $\check{\eta}\nu$ $\tau\grave{\alpha}$ $\check{\epsilon}\vartheta\nu\eta$ $\pi\acute{\sigma}\lambda\alpha\iota$ $E\dot{\upsilon}\pi\alpha\tau\varrho\acute{\iota}\delta\alpha\iota$, $\Gamma\epsilon\omega\mu\acute{\sigma}\varrho\sigma\iota$, $\Delta\eta\mu\iota\sigma\upsilon\varrho\gamma\sigma\acute{\iota}$ (s. Pollux). Im Tabu reservirt sich die Seele (für die Arîki des Adels). Die Lehre der Tanasuchija (Seelenwanderung) knüpft sich (in Indien) an die Neubildung des sich selbst verbrennenden Vogels (unter den Brahmanays), im Phönix (Aegyptens). Die Bakrantinija oder Anhänger des Vagrabandha (als „die mit Eisen Gebundenen") haben „im Eisen eine Eigenthümlichkeit gesehen, die mit den Einbildungen correspondirt" (s. Ash-Shahrastani), im animalischen Magnetismus (Mesmer's). Durch oftmals bis zur Aufhebung ihres Zusammenhanges gesteigerte Erschütterung der Molecüle (s. J. Schneider) entsteht Posphorescenz (bei Pott). Wie sich der Schlaf periodisch und nur vorübergehend einschaltet in die Zustände des hellen Bewusstseins und des wachen Lebens, so schaltet sich alles unorganische Dasein als ein Entwickelungsmoment und Uebergang ein in das ewig bewusstvolle, lichtvolle Dasein alles Organischen im Kosmos (Caspari). Bei Beseitigung der „Ermüdungsstoffe" während des Schlafes folgt das Erwachen (s. Preyer). Da die hypnotischen Phänomene, welche von einer Störung der regelmässigen Functionen des Organismus abhängen, für ihre Entwickelung eine besondere Disposition verlangen, wird man bei hysterischen Personen die markirtesten Erscheinungen erzielen (s. Paul Richer), bei den Experimenten (Charcot's) in der Salpetriere (in Unterscheidung von Katalepsie, Lethargie und Somnambulismus). Bei der als Abbild einer früheren Wahrnehmung die Erinnerung (μνήμη) bezeichnenden Einbildung folgt (bei Aristoteles) aus dem bewussten Hervorrufen die Besinnung (ἀνάμνησις). Wie die Seele zu Gott, der Körper zu seinen unteren Elementen (Erde und Wasser), kehrt der Astralgeist (aus Luft und Feuer) zur Luft zurück (für allmälige Auflösung), und es ist dieser Geist (bei Paracelsus), „welcher nach dem Tode erscheint" (bei Pneumatophilus). Der aetherische Leib, mit welchem die Seelen im Jenseits verbunden sind, ist dem Sinne des Gefühls und Gehörs erkennbar (bei Dante). „Nach dem allgemeinen Weltgericht werden die Seelen wieder mit den Leibern verbunden, die sie im Erdenleben getragen haben" (s. Hettinger). Der erste Athemzug ist das erste Merkmal der Beseelung (bei Nasse). Bei dem Seelenfeuer vom Blute genährt, hat der herrschende Theil der Seele (τὸ ἡγεμονικόν) seinen Sitz im Herzen (bei den Stoikern). Um die Extreme einer immateriellen Seele und eines materiellen Körpers zu vereinigen, bildet der Astralgeist die mittlere Substanz (1729). Die Seele definirt sich (bei Aristoteles) als die Entelechie eines organischen Leibes (ἐντελέχεια ἡ πρώτη σώματος φυσικοῦ ὀργανικοῦ). Die anima sensitiva (mit der anima rationalis) gilt als feiner Stoff (bei Baco). Erroneum esse credere animam dare motum et calorem corpori (bei Descartes), zur Abtrennung der vegetativen Processe (von der Seele). Die Nervenerregung ist dem Reize proportional (s. Fechner) für Intensität der Empfindung (proportional dem Logarithmus des Reizes). A mental process is only another aspect of a physical process (s. Lewes). Under the reflex view „spontaneity" in the sense that any idea or state of mind can arise except as the resultant of some other idea by which it is conditioned is impossible; reflex is consequently equivalent to automatic (s. Prince). Die Seele begreift die Formen (λόγοι) aller Dinge (s. Porphyr). Das allgemeine „Raumschema" des Leibes ist nur in die Seele zu verlegen (s. J. H. Fichte). In der Mechanik des Geistes ist durch Rechnung zu bestimmen, mit welcher entweder gleichbleibenden oder veränderlichen Geschwindigkeit die Verdunkelung fortdauernd geschehen und in welcher Zeit sie geendet sein wird (s. Herbart). Die Seele bildet den Körper (bei Stahl). Der durch die Macht der Seele gestaltete Leib des Menschen ist ein gegliedertes Ganzes, ein aus vielen besonderen Organen zusammengesetzter Organismus (s. P. Jessen). Es giebt für das empirische Erkennen keine Seele und kein Seelenorgan, keine räumlichen Vorgänge, als Ursachen der unräumlichen, und keine räumlichen Organe als Vermittler zwischen beiden, ebenso aber auch keine Wirkungen in die räumliche Welt hinein, keine durch Ausdrucksbewegungen oder sonst erstrebte

Veränderungen des Räumlichen, — es giebt nur unräumliche Vorgänge in der Form der Vorstellung (s. A. Döring). Unter den Zuständen des Bewusstseins (im Vorstellen, Begehren und Fühlen) wird die Seele „Geist" genannt, insofern sie vorstellt, „Gemüth", insofern sie fühlt und begehrt (s. Herbart). Der Umfang des lebendigen Wissens ist im Vergleich zum gesammten potentiellen Wissen sehr klein (s. Stricker). Der Inhalt unseres Bewusstseins ist das Fundament unserer ganzen Psychologie (s. Jessen). The command of the Attention passes beyond the senses to the ideas or thoughts (s. Bain). In dem mit der Vorstellungsgruppe des Selbst verbundenen Wollen ist die Selbstbeherrschung, d. h. die absichtliche Lenkung der inneren Ereignisse, begründet (s. Cornelius). Was thatsächlich in deutlicher Entwickelungsgeschichte des Menschen vorliegt, dass der Geist erst aus der natürlichen Anlage zum Geist sich herausentwickeln muss, das gilt auch analog von der Entwickelung des Alls im Grossen (s. Planck). Der Mensch ist stets von allen möglichen Denkbildern umgeben, die auf seine Seele eindringen, von denen aber jedes einzelne so lange unmerklich bleibt, als die Aufmerksamkeit noch nicht auf dasselbe gerichtet ist (s. Epikur) nach der Enge des Bewusstseins (vom lebendigen Wissen im „potentiellen"). Da die Seele zu den immateriellen Dingen gehört, lässt sie sich auch nur in Begriffen erfassen (s. Lerch). Die Flüssigkeiten belebter thierischer Körper sind belebt (s. Reil). Statt in über-empirischen (mystischen) und rein metaphysischen Principien ist der Schwerpunkt psychologischer Evidenz „in den an sich selbst logischen Verhältnissen zu suchen, wie sie uns eben das Relative, d. h. das sich in Grenzen (Raum, Zeit, Kategorien) einschliessende Empirische, das Phänomenale und alles Aesthetisch-mathematische darbietet (s. Caspari). Begriff ist jede Vorstellung, worin Merkmale, die mehreren gegebenen Vorstellungen gemeinsam sind, gedacht werden (s. Orbal). In der „Einheit des Bewusstseins" (s. Lotze) liegt die „Seelen-Substanz" (einer „untheilbaren Seele"). Die von den Gegenständen abgelösten Bilder (εἴδωλα oder δείκελα) berühren sich, in Gestaltung der Luft, mit den Augen (bei Democrit). Das Wort Seele ist der Ausdruck für eine erhöhte Thätigkeit des Daseins, sowohl in Beziehung auf's Vorstellen, als auf's Wollen, sowohl in Beziehung auf das Aufnehmen der Eindrücke, als auch in Beziehung auf das Gegenwirken gegen Eindrücke (s. Fortlage). What we call a mind is nothing but a heap or collection of different perceptions, united together by certain relations (s. Hume), als Bündel (der „Khanda"). Cartesius erklärt die Principien der Erkenntniss aus der Kraft Gottes, der sie unserm Geist eingepflanzt hat, Leibniz aus der Anlage des menschlichen Geistes, die ohne unser Zuthun als eine ursprüngliche Thatsache feststeht, Kant und Fichte aus der Kraft des menschlichen Geistes, der sie durch die That des Selbstbewusstseins hervorbringt (s. K. Fischer). „Inter duos mundos, tamquam inter duos locos, propter metum ruinarum" (s. Cicero) wohnten (in dem Intermundium) die Götter (Epikur's), „homunculis similis deus, lineamentis dumtaxat extremis" (monogrammi). Unter den überall gleichartigen Grundeigenschaften des Protoplasma (der wichtigsten Substanz der Zelle) bildet die bedeutungsvollste die Beseelung (die Fähigkeit des Protoplasma, Reize verschiedener Art zu empfinden und auf diese Reize durch bestimmte Bewegungen zu reagiren), und aus der „Einheit des beseelten Protoplasma" folgt, dass „die letzten

Factoren des Seelenlebens die Plastidulen sind, die unsichtbaren, gleichartigen Elementartheilchen oder Moleküle des Protaplasma, welche in unendlicher Mannigfaltigkeit alle die zahllos verschiedenen Zellen zusammensetzen"
(s. Haeckel). Alle geistigen Zustände und Kräfte einer Person sind einem
untheilbar einfachen Wesen (Atom) zuzuschreiben (s. O. Flügel), als Träger
(im Seelen-Atom). Indem der Intellect normativ arbeitet, folgt er dem objectiven und intellectualen Regulativ, welches ihm klarstes Erkennen und
logisch-ästhetische Evidenz liefert (s. Caspari). Das Denken beruht in einem
Anschauen körperlicher Bilder, welche durch die Poren des Leibes bis zur
Seele gelangen (s. Epikur). Als einzige Bestimmungsgründe des Willens
ergeben sich (bei Condillac) Lust und Unlust (aus den Empfindungen erweckt)·
Λύη γὰρ ψυχή σοφωτάτη (bei Heraklit). Das in Drehung der Erdöffnungen
ausströmende Feuer bewegt die Gestirne (bei Anaximander). Ac proinde
haec cognitio: „ego cogito ergo sum" est omnium prima et certissima (Descartes). Für die Statik des Geistes bedarf es zweier Grössenbestimmungen,
theils die „Summe der Hemmungen", theils das „Hemmungsverhältniss"
festzusetzen (s. Herbart). Mit dem Unsterblichen (aus höherer Welt gekommen und dahin zurückkehrend) oder _λογιστικόν_ verbindet sich (beim Eintritt in den Leib) der sterbliche Theil (bei Plato), zerfallend in den Muth
(_θύμος_, _θυμοειδές_) und die Begierde (_τὸ ἐπιθυμητικόν_ oder _φιλοχρήματον_).
Neben dem unmittelbaren Begreifen der höchsten Wahrheiten (vom Nous)
unterscheidet sich das mittelbare Erkennen, als _διάνοια_ oder _ἐπιστήμη_, und
hiervon die Meinung (_δόξα_), während_das von der Vernunft geleitete Begehren
zum Willen (_βούλησις_) wird, für Ueberlegung in praktischer Vernunft (_λόγος_
πρακτικός). Non modo intelligere, velle, imaginari, sed etiam sentire idem
est hic, quod cogitare (s. Descartes). Die Erkenntniss (die Richtung des
Intellects) hat das zum Object, was abstract vorgestellt, in Begriffe gefasst,
gedacht werden kann, also immer ein Allgemeines (s. Liebmann). Zwischen
„Bewegungswahrnehmung" und „Bewegungsempfindung" (s. Exner) ist zu
unterscheiden (bei psychometrischen Experimenten). Under its subjective
aspect, Psychology is a totally unique science (s. Spencer). Die Seele ist
ein dünner feiner Körper aus glatten Atomen (bei Epikur). Die Seele, so
lange sie sich als einheitliches Subject ihre inneren Zustände nicht bloss
anderen darstellt, sondern sich selbst dessen bewusst ist, verdient im vollsten
Maasse den Titel einer Substanz oder eines Wesens (s. Lotze). Die Seele
ist die Kraft, die Welt vorzustellen, vis repraesentativa universi (bei Chr.
Wolff). The soul of man is a spirit (bei Hobbes). „Das denkende Individuum kann sich nicht in zwei zertheilen" (s. Comte) für die Selbstbeobachtung (in individueller Psychologie). Die von Barham stammenden Barahima
verwerfen die Prophetie (Ibrahim's), indem, was der Gesandte überbringt, nur
„von zweierlei Art sein kann, vernünftig oder unvernünftig" (und im ersteren
Falle die gesunde Vernunft also für Erfassung ausreicht). Introspection, though
for the sake of distinguishing called subjective observation is in reality objective (s. D. G. Thompson), aber erst secundär (bei dem Reflex aus der
Atmosphäre der Gesellschaftsgedanken auf das Individuum zurück). Individuelle Beobachtungen anstellen, heisst das Universum mit einem Talglicht
erleuchten (s. Maudsley), so dass es allgemeine Umschau gilt (objectiv). Der
Uebergang der Seele von der Meditation zur Contemplation und Einigung

mit Gott, bezeichnet sich (bei Juan de la Cruz) als „Nacht" (s. Heppe). Die „Bündel von Vorstellungen" (bei Hume) im (heraklitischen) Flusse (des Ich) entsprechen der Khandha (des Abhidarma). Besides the four data (in Birma) there is a fifth called the Ato-ka-tha cr Heaven Dat which keeps all the other Data in motion (s. Macdonald). Nach der Koma genannten Ceremonie werden Knaben und Mädchen für erwachsen erklärt (bei den Basuto). Bei den Arhatos leben die Geschlechter getrennt (in der Sierra nevada). Aghni (verschieden „a Shiva seu sole et elementari igne") ex vi muneris sui per fumum ad deos preferre debet ea omnia, quae per sacrificium homam iis offeruntur (s. Paullinus a S. B.). Vesta ignem significabat, hoc est vitalem illum calorem, qui per terrae viscera fusus, omnibus quae ex ea oriuntur, vitam tribuit (s. Charisius). Weibermystik, diese höchste weltliche Liebe Gottes und des Himmels, entsteht sehr oft aus einer misslungenen Liebesabsicht auf Erden (s. J. G. Zimmermann). Quae ex mulierum corporibus traduntur ad portentorum miracula accedunt, ut sileamus divisos membratim in scelera abortus, mensum piacula quaeque alia non obstetrices modo verum etiam ipsa emeretrices prodidere. Capilli si crementur, odore serpentis fugari, eodem nidore volvae morbo strangulatas respirare, cinere eo quidem, si in teeta sint cremati vel cum spuma argenti, scabritias oculorum ac prurigines emendari, item verrucas et infantium ulcera cum melle, capitis quoque volnera et omnium ulcerum anus addito melle ac ture, panos, podagras cum adipe suillo, sacrum, ignem sanguinemque virti inlito et informicationes corporum (s. Plinius). „Pillen aus Brotkrumen wirken zuweilen nicht weniger sicher, als pilulae laxativae" (s. Domrich). There is always a fund of wisdom in the common sense and practical instincts of the common peqple, the instruction of which philosophy misses when it neglects or disdains to take sufficient account of it (s. Maudsley). The man of genius is distinct in kind from the man of cleverness, by reason of the working written of strong innate tendencies, which cultivation may improve, but which it can no more create, than horticulture can make thistles bear figs (s. Huxley). Die ἀρχή (Anaximander's) (s. Krische) fällt (bei Aristoteles) unter die ὕλης εἴδει (der Ionier). Φησὶ δ'εἶναι μεμιγμένα πάντα πλὴν τοῦ νοῦ (Anaxagoras). In unseren Tagen ist, wie es scheint, Alles möglich, wie der wahnsinnigste Aberglaube seine Anhänger findet, so findet sie auch der aberwitzigste Unglaube (s. Frohschammer). Der Graf von Anjou verliebt sich in Maria von Cleve, als er sich mit ihrem Hemd abgetrocknet (1572). Die Braut des Königs von Aracan wurde nach dem Geruch der auf die Terrasse des Pallastes gesandten Jungfrauen bestimmt (in ihrem Kleidungsstoff). Κρᾶμα ἐκ τεττάρων ἐκ ποιοῦ, πυρώδους, ἀερώδους, πνευματώδους, ἐκ τετάρτου τινάς ἀκατονομάστου, τοῖτο δ'ἦν αὐτῷ τὸ αἰσθητικόν (s. Stobäus) bei Epikuräern (und Lucrez). War das Nasen-Septum nicht durchbohrt, für den Boonjoon genannten Schmuck, wurde die abgeschiedene Seele (Ngowk) bestraft (s. Bulmer) „to eat Toortag-wanang" (filth) im „Fäkalduft" (aus „Fäkal-" oder „Unlustmodification"), Aus heiligen Hainen der Geheimbünde (politischer Macht im Purrah) erweitern sich die Amphictyonen, fünffach (bei den Irokesen), wie unter den Stämmen am Murray (s. Der Papua, S. 139). Die heiligen Thiere werden als Stammes-Embleme gefeiert (bei den Betschuanen), wie von den Babina tao (Besieger des Löwen), Babina phiri (Besieger der Hyänen) etc. Die Bapedi sind Babinanoku (Besieger des Stachelschweins), weil das bei Ankunft im Lande Pedi getroffene Stachelschwein (Noku) feiernd (s. Merensky). „Ad villam quae vocatur Roboretum" kamen die Städte des lombardischen Bundes zusammen (für die Unterstützung Alessandria's), ad fanum Vultumnae (in etrurischer Zeit), während der „Nemus" (bei Aricia) das selbsterkämpfte Priesterthum der Haingöttin barg im Königsrang (als Rex Nemorensis). Der erste Buddha trug den Namen Sakjamuni (hoher Herr) unter den Sieben (in Indien), dem Al. Chidr (Elias) des Islam entsprechend (bei Ash-Shahrastani). Die Kraft, welche in Beziehung auf die thierische Seele Vorstellungsvermögen und in Beziehung auf die menschliche Seele Denkvermögen heisst, ist eine Kraft, welche in der mittleren Höhlung des Gehirns an dem Wurm liegt (s. Ibn Sina). Nach Marcellus' Interpretation des Scribonius Largus wird Kopfweh geheilt mit Moos vom Kopf einer Statue. „Des Wasserpfeffers Signatur, so ich saponam riparum oder persicarium heisse, ist zu den frischen Wunden, das beweist die Form des Blattes und der Blutstropfen mitten auf dem Blatt" (s. Paracelsus). Der Strumpfwirker Weissleder curirte durch die Mondstrahlen (in Berlin), als „Mond-Doctor" (XVIII. Jahrh.). Zur Heilung (auf den Andamanen) sucht der Oko-paiad (dreamer) den Geist des gekneteten Kranken (auf den Andamanen). Die Ἐφέσια γράμματα waren auf Lederstreifen geschrieben (als Zauberschriften). Fiölkunnigs (multiscius) bezeichnet allmälig einen Zauberer, fiölkunnatta, fiolkyngi, ja das einfache Kyngi (Kunnugi) Zauberei; diese Kyngi wurde ordentlich erlernt; Rögnvaldr nam fiölkyngi (s. Grimm). Vom Allermannsharnisch wird erzählt, dass die Zwiebel dieser Pflanze, die mit einem Harnisch umgeben sei, denjenigen, der sie auf der Brust trägt, kugel-, hieb- und stichfest mache, sie bewahrt auch vor allen bösen Geistern, vor Allem aber vor dem Teufel; die deutschen Landsknechte wussten davon zu erzählen, sie trugen den Hilfswurz (Sieg- oder Sigmarwurz) immerfort als einen Talisman bei sich (s. Chevalier). In indischer Medicin unterscheiden sich die Beschaffenheiten, als Debagraha, Asuragraha, Gandarbagraha, Jakshyagraha, Pitrigraha, Sarpagraha, Rakshyasagraha und Pishacha (s. Wise). Unter Kesom der Kasam oder Wahrsager (über das Kism oder Zuertheilte) wird „auch die freie, von Zeichen unabhängige, mit beschworenen Geistern operirende oder auf eigene Inspiration sich berufende Mantik" einbegriffen (s. Riehm) im Weissagen (oder Jiddeoni) und Todtenbeschwörung (der Oboth) unter dem Prophetenthum vom Nabi (als „Mann Gottes"). Die Aschipu oder (bei Daniel) Aschschaph zauberten (in Assyrien) im (babylonischen) Aschaph (Kaschaph) durch Chabarim (Latim oder Charaschim). Neben dem Jiddeoni (Python) oder (in Babylonien) Sacchur (Securu) unterschied sich die Wahrsagerin als Nachesh (von der Schlange) und Oneu (im Wettermachen) unter der Terebinthe (der Meonenim), neben den Ittim oder Flüsterer (und Baddim). „When produced by attack of devils, the person shews his aversion to everything divine, is very strong and has much knowledge, and when from the entrance of good spirits, the person has a pleasure in flowers and good smells, becomes pure and holy, and is inclined to speak Sanscrit" (s. Wise), je nach den Krankheitsursachen, als Bhutonmada (Devil-Madness) und Debonmada (madness produced by good spirits). Die Jossakeed (als Propheten) erhalten Mittheilung (der Manitto) „by Ackwan, the Grand-Mother of the Indians who was called the gossip or babbler (s. Emerson), als Sibylle (orakelnd). The mystic dream of the religious feast establishes what form the soul shall enter for animal or planet seen then, which is adopted as a Totem in natural life, is that into which the soul passes after death (s. Emerson). Beim Medawa-Fest wird der Medicin-Stein ausgebrochen (a small white sea-shell about the size of a bean). Für die Umwandlung (des zum Propheten Berufenen) „gebrauchen die Zulu das Wort Ukutwasa, welches auch für die Wandlungen des Mondes gebraucht wird" (s. Merensky). Unter den Bantu finden sich Häuptlingsgräber, bei denen von oben eine für gewöhnlich verdeckte Oeffnung bis gerade auf den Schädel des Todten führt, durch welche Oeffnung man Trankopfer, die aus Bier bestehen, ins Grab hinunterträuft (s. Merensky), wie am Bonny (und bei den Duphla). Der Araber der Seelenwanderung in dem Vogel Hama, (indem sich beim Tode Blut des Gehirns und einzelne Theile des Baumes dazu vereinigt erheben), und Vogel Szafar (s. Ash-Shahrastani) sein Gleichniss entnehmend, verhielt sich ungläubig gegen die Bath (Auferstehung) oder Sendung (des Propheten). Das Fortleben dauert (s. Loango) nur so lange, wie die Erinnerung an den Verstorbenen währt (s. Pechuel-Lösche), wie im Nunuai Melanesiens (s. Codrington). Bei den Quaycurus schweifen die Seelen am Grabe, während die der Häuptlinge zu den Sternen gelangen (s. Eschwege). Lessing bekennt „das älteste aller philosophischen Systeme, denn es ist eigentlich Nichts, als das System von der Seelen-Praeexistenz und Metempsychose, welches nicht allein schon Pythagoras und Plato, sondern auch vor ihnen Aegypter und Chaldäer und Perser, kurz alle Weisen des Orients, gedacht haben" (s. Spieker). Die verschiedenen Grade der Seligkeit sind (bei Dante) angedeutet durch den verschiedenen Aufenthaltsort der Seeligen auf den neun Himmelssphären (s. Hettinger). Die Psychostasie „in statera justa" (s. August.) findet sich auf dem Weltgericht von Wolfenbüttel (1194), wie in Japan (und im ägyptischen Amenthes). Auf dem Holzschnitt von Augsburg (1478) ist die Hölle als Festung gedacht (s. Wessely), gleich dem Eisenkerker Chaisi's (im Orkus). Aus dem Erdschlamm, der die in der Luft und dem Aether enthaltenen Keime befruchtete, gingen die lebenden Wesen hervor (bei Anaxagoras). Wie die Luft als unsere Seele uns zusammenhält, so umfasst auch die ganze Welt der wehende Hauch ($\pi\nu\epsilon\tilde{\upsilon}\mu\alpha$) und die Luft (bei Anaximenes), in Verdünnung ($\mu\acute{\alpha}\nu\omega\sigma\iota\varsigma$ oder $\dot{\alpha}\rho\alpha\acute{\iota}\omega\sigma\iota\varsigma$) oder Lockerung ($\chi\alpha\lambda\alpha\rho\acute{o}\nu$ oder $\check{\alpha}\nu\epsilon\sigma\iota\varsigma$) und Verdichtung ($\pi\acute{\upsilon}\kappa\nu\omega\sigma\iota\varsigma$) oder Zusammenziehung ($\dot{\epsilon}\pi\acute{\iota}\tau\alpha\sigma\iota\varsigma$, $\sigma\upsilon\sigma\tau\acute{\epsilon}\lambda\lambda\epsilon\sigma\vartheta\alpha\iota$), und bei der Weltentstehung bildete sich zuerst die Erde (s. Zeller). $\Phi\iota\lambda\acute{o}\lambda\alpha o\varsigma$ $\pi\tilde{\upsilon}\rho$ $\dot{\epsilon}\nu$ $\mu\acute{\epsilon}\sigma\psi$, $\pi\epsilon\rho\grave{\iota}$ $\tau\grave{o}$ $\kappa\acute{\epsilon}\nu\tau\rho o\nu$ $\ddot{o}\pi\epsilon\rho$ $E\sigma\tau\acute{\iota}\alpha\nu$ $\tau o\tilde{\upsilon}$ $\pi\alpha\nu\tau\grave{o}\varsigma$ $\kappa\alpha\lambda\epsilon\tilde{\iota}$ $\kappa\alpha\grave{\iota}$ $\varDelta\iota\grave{o}\varsigma$ $o\dot{\iota}\kappa o\nu$ $\kappa\alpha\grave{\iota}$ $M\eta\tau\acute{\epsilon}\rho\alpha$ $\vartheta\epsilon\tilde{\omega}\nu$ (s. Stobäus), als Gottesmutter (in Jungfräulichkeit). Als $\varphi\acute{\upsilon}\sigma\iota\nu$ $\dot{\alpha}\acute{o}\rho\iota\sigma\tau o\nu$ (einheitlich) setzte (bei Theophr.) Anaximander (mit Anaxagoras) $\tau\grave{\eta}\nu$ $\tau o\tilde{\upsilon}$ $\dot{\alpha}\pi\epsilon\acute{\iota}\rho o\upsilon$ $\varphi\acute{\upsilon}\sigma\iota\nu$ $\kappa\alpha\grave{\iota}$ $\tau\grave{o}\nu$ $\nu o\tilde{\upsilon}\nu$ (als $\dot{\alpha}\rho\chi\grave{\alpha}\varsigma$). Die Seele vermittelt (bei den Neuplatonikern) das Unkörperliche und Körperliche, als Mittelwesen zwischen Geist und Körper, durch ihre subtile Natur (s. Tennemann). Von den Verstorbenen sagt der Mosutho, wenn sie nicht gebunden ins Grab gesetzt würden, so kämen sie wieder und beunruhigten die Lebenden (s. Merensky). „Der magische Zweig der Persephone" (Janonae infernae dictus sacer) öffnet die Pforten der Unterwelt (für Aenas). Wie die Männer den Genius, hatten die Frauen ihre Junonen (in Verjüngung durch Fortgeburt). Wie Mercur die Seelen, werden die der Frauen geführt durch Iris, von Juno herabgesandt (für Dido). Springt oder kracht oder fällt Etwas im Hause ein Spiegel, ein Bild, ein Glas u. dgl. m., ohne sichtbare Veranlassung, so steht ein Todesfall daselbst bevor (s. Haltrick) in Siebenbürgen (1871). Pordage, dessen Hausmagd (Elisabeth Renwel) die Hausgeister zwar nicht sah, aber hörte (auch Musik), sagte vor den Commissarien aus, das A. 1649 im Augusto, um Mitternacht, ein Geist zu ihm in seine Schlaff-Kammer gekommen, welcher mit gewöhnlich menschlicher Kleidung, Krause, Manchetten, Hut u. dgl. versehen war (in London). In White-Russia the Domovoy is called Tamok, a snake (s. Ralston). Um den Geist des Gestorbenen zurückzurufen (in Korea), wird sein Gewand auf die Spitze des Hauses aufgesteckt (s. Ross). Dschuraiba Ibn al Ascham al-Asadi trug seinem Sohne Sad auf, das Reitthier mitzugeben (damit er nicht zu Fuss aufzuerstehen habe), und so dient das Balija genannte Kameel (bei Asur Ibn Zaid Ibn al-Mutamanni). „Das Weibsbild kömmt einem zum öftesten auf dem sog. Grimmischen Steinwege zu Gesichte" (in Leipzig), erzählt der von zwei Geistern Begleitete (1732). Anima separata a corpore non habet aliquod corpus (Thom. Aq.), aber im Aetherleib (bei Dante) als Perisprit oder (bei Basuto) Seriti (Schatten). Die den Körper als Seele erfüllenden Feuer-Atome ergänzen sich bei der Athmung (s. Democrit). The soul of man is called his „Auganga" or that which goes or comes (in Samoa), the daughter of Taufanua or vapour of lands (s. Turner). Der Geist eines Abgeschiedenen (Seriti oder Schatten) kommt zurück (bei den Basuto). Der Wi (bei den Karen) belebt den Sterbenden durch Zusendung einer sonstwo aufgegriffenen Seele (s. Dalton). Indem „eine grössere Volksgemeinschaft keine zufällig zusammengewürfelte Menge von Einzelindividuen, sondern einen durch Naturgesetze eines exact mathematischen Ausdruckes fähigen, beherrschbaren, in sich geschlossenen Gesellschafts-Organismus bildet (bei Quetelet), sind, wie die physischen auch „psychische Erscheinungen" (s. Ranke) berechenbar (nach der Wahrscheinlichkeitsrechnung). Die Göttergeschichte ist nichts als Allegorie (s. Winkelmann) und zu enträthseln (aus psychischen Elementarrechnungen). Aus dem Verhältniss der lebenden Conchylien-Arten zu den ausgestorbenen, suchte Deshayes das relative Alter der Schichten zu bestimmen (1831), und die stummen Zeugen der Prähistorie werden oft zum Reden gebracht kraft der lebenden in der Ethnologie (so lange in Originalität noch übrig). Aus den Petrefacten auf die Lagerungsverhältnisse rückwärts schliessend, hatte Brogniart manche Straten der Alpen, die für ihren Gesteincharakter als alte zu golten, wegen fossiler Reste als junge Formationen zu bestimmen (1822) und der inductive Weg in der Ethnologie stellt naturrechtliche Theorien auf den Kopf, weil ihm vom andern Ende genähert (bis in der Mitte zusammenzutreffen). Hamy, der „Crystalloclaste" (bei Romé de Lisle) porta la lumière dans une partie de science, que tous les travaux de ses prédécesseurs n'avaient pu éclaircir (s. Cuvier), aus Experimenten, statt Speculationen Bergmann's (bei Gahn's Entdeckung). „A la voix de l'anatomie comparée chaque os, chaque partie d'os reprit sa place" (s. Cuvier), unter den von Vuasin gebrachten Fossilien (aus den Gruben des Montmartre), und so ordnen sich die Skelette der Völkergedanken zusammen (in der Ethnologie). Prima quaedam notio est, quae ex nullo syllogismo concluditur, neque etiam cum quis dicit, ego cogito, ergo sum sive existo, existentiam ex cognitione per syllogismum deducit, sed tanquam rem per se notam, implici mentis intuita agnoscit

(s. Descartes). Es ist von der grössten Wichtigkeit, zum Vortheil der Wissenschaft ungleichartige Principien von einander zu scheiden, jede in ein besonderes System zu bringen, damit sie eine Wissenschaft ihrer eigenen Art ausmachen, um dadurch die Ungewissheit zu verhüten, die aus der Vermengung entspringt (s. Kant), wie im Monstrum der Descendenztheorie (bei frühreifer Verknüpfung von Anthropologie und Geologie). Die „rein-aprioristische Naturwissenschaft" (s. Schulz) beruht (naturphilosophisch) in „dictatorischer" Methode (bei Oken), statt forschender und lauschender (auf dem Wege der Induction). Ist unter den Basuto Jemand krank, ohne dass die gewöhnlichen Mittel Hülfe schaffen können, so wird ein Sedimo geschlachtet. Sedimo ist soviel als Sprache der Badimo. Ein Ziegenbock wird durch Eingeben von Medicin zu diesem Zwecke präparirt. Dann wird er erstickt, indem man seine Nase in einen Topf mit Wasser drückt. Derselbe wird geschlachtet, und aus seinen Eingeweiden weissagt der Zauberer, wo der Sitz der Krankheit bei dem Patienten ist (s. Merensky). Orcus trennt die Seele vom Körper (als Viduus). Bei dem in jedem Virga der Veddah gefeierten Jahresfest werden dem Niti (prince of demons) Opfer in den Baum gestellt (s. Stevens). Im Tempel des Dius Fidius hatte das Dach eine Oeffnung, damit der Himmel (divum) hineinscheine (s. Varro). Unter dem Virgu oder Clan (in Unapani und Lochcho zerfallend) war die vornehmste (Bandara) von Wijayoa hergeleitet (unter den Veddah). Gegen die Seuche der schwangeren Frauen feierte Tarquinius die (sabinischen) Ludi Taurii auf dem Marsfeld (ausserhalb der Stadt), und die tarentinischen Spiele wurden am Ort riesenhafter Erscheinung gefeiert (für Dis und Proserpina). Si parentem puer verberit, ast alle plorassit, puer diveis parentum sacer estod (s. Festus). Ehe eine Flotte auslief (in Rom), wurden Schlachtopfer ins Meer versenkt für Neptunus (Navitunus). Wer seinen Schwur beim Genius des Kaisers nicht gehalten, wurde bestraft (s. Ulpian), wie in Ashantie (wenn beim Kopf des Königs geschworen war). Die vom Himmel geschaffenen Kraniche verwandelten sich an den Rapids of the St. Mary (bei Fort Brady) in Menschen (als Vorfahren der Ojibways). Quidquid meretur mortem est causa mortis (s. Quenstedt), der Tod der Sünde Sold (in der Verschuldung) für decensus ad inferos (καταβαίνειν εἰς ἄδον), zur Verwesung (φθορά) oder Meto (der Maori). Die obere Welt (bei Ekimo) revolves around some high mountain-top in the north. After death, human souls either go to the upper or to the under-world, the latter is decidedly to be preferred, as being warm and rich in food, there are the dwellings of the happy dead, called Arsissut, viz. those who live in abundance. On the contrary, those, who go to the upper world will suffer from cold and famine, and these are called Arssartut or ball-players (s. Rink). Antequam primi parentes a virtute descivissent, pulchrum incolebant locum et deliciis affluentem. In antiquis codicibus locus ille vocatur Kieou et dicitur terra fuisse altior ac sublimior (in China). Sita est sub radicibus montis, quem Meron incolae appellabant (s. Curtius), Nysa (gegründet a Libero patre). Die Maori verzeichneten den Stammbaum auf dem „genealogical board" (he nakau wakupa-paranga). Die Hieroglyphen auf dem Grabe eines Australiers „with his name, rank, tribe and cut in hieroglyphics on the trees" are supposed to be connected with his tattoo marks (bei Taylor). By a delegation of the Pueblos of Tesuque in New-Mexico (1852) ein „diplomatic packet" wurde an den Präsidenten in Washington überbracht (s. Schoolcraft). Unter den Nibanabas (oder Wassergeistern) Unktahe (a powerful agent in the cure of diseases, and also an agent in transmigration) kämpft (bei den Algonkin) mit Ogebaugemon, the god of thunder (s. Emerson). Der allein verwundbare Theil des Riesen Kiwasind lag in seinem Kopf, und „there was but one species of weapon, which could be successfully employed in making any impressions upon it, it was the burr or seed vessel of the white pine (am Fluss Pauwating). Die Nebanabas (oder Wassergeister), Feinde der Puckwudjinies oder Landgeister kämpfen mit den Ahnemekeep oder Donnergeistern (bei den Algonkin). Kissos (in Epheu verwandelt) starb bei einem Fehltritt in den heiligen Tänzen für Dionysos (und in Oregon wird der beim priesterlichen Tanz Fallende getödtet). Im Eisenpanzer verschlingt er mit der Reihe der drei Gesichter zugleich die Sünder, andere hält er in den Fäusten (Lucifer) auf dem Weltgericht im Campo Santo von Pisa (s. Jessen). Ἐξ ὄντος γίγνεται πάντα δυνάμει, μέντοι ὄντος ἐκ μὴ ὄντος δὲ ἐνεργεία (s. Aristoteles). Die ἀρχαὶ (ἄπειροι καὶ σωματικαί) wurden als ὁμοιομερῆ ἀγένητα καὶ ἄφθαρτα gefasst (bei Anaxagoras). Ἀρχὴν ἔθετο τὴν μεταξὺ φύσιν (Anaximander). Κριτήρια τῆς ἀληθείας αἰσθήσεις καὶ προλήψεις καὶ πάθη (bei Epikur). Prometheus barg das Feuer in der Dolde der Ferula glauca (bei Tournefort) der Ammi Visnaga (s. Berggren). Die Dinge erscheinen betreffs ihrer Qualität so, wie die geistige und körperliche Organisation dies veranlasst (bei Locke). In der Beseelung aus dem Odem des Pneuma jenseits des Feuerkreises (bei Pythagoras) spricht, als der ψυχή der Luft (bei Anaximenes), der Logos (bei Heraklit) hervor, an Stelle des menschlichen Verstandes ein Gottessohn (bei Apollinaris) zur Begründung der für die Gesellschaftswesenheit congenialen Atmosphäre, in welcher die dem Auge adäquate Auffassung des Lichtäthers sich in ihr vergeistigt (in ahnungsvollen Klängen). Jedem Dinge entspricht sein Everestum, als Schatten gleichsam (für das Auge) den seelisch höheren Regungen (zum Ohre sprechend) des Trarames (bei Paracelsus), und durch die Sprache geklärt (in der Gesellschaftswesenheit). Nur die durch Tastsinn erkannten Unterschiede an den Dingen galten (bei Leukippus) für objective (die übrigen als subjective). Durch die Hemmungen des Willens beim Leben (im weltlichen Geschehen) leidet derjenige am meisten, in welchem der Genius lebt (s. Schopenhauer). Das gereinigte Vorstellen enthält die Verschiedenheit der Grade, in denen die Einigung vor sich ging (s. Volkmann). In der Welt, als dem von Gott durchdrungenen Gottesleib, gilt (unter dem Fatum) der Natur gemäss zu leben (bei Antisthenes) oder nach der darin ausgedrückten Vernunft, für die Menschen-Natur (s. Chrysipp), in allgemeiner Fassung (bei Kleanthes), indem vernünftig und gut, was wirklich (in stoischer Resignation). Die Unendlichkeit der Atome ergiebt sich als ihre Unzählbarkeit, bis auf die Befähigung zu einem Infinitesimal-Calcul (im logischen Rechnen). Der gute Wille ist nicht durch seine Wirkungen, auch nicht durch seine Tauglichkeit zum Erreichen eines Zweckes gut, sondern allein durch das Wollen, d. h. an sich gut (s. Kant). Aus der (in der Materie gespiegelten) Idee bildet Gott, auf die Ideen blickend, der Materie die wirklichen Dinge ein (bei Plato), in die einbildende Kraft die Einbildungskraft (beim psychischen Process in Anthropomorphie). Ist die Psychologie die Lehre von dem Naturgesetze des menschlichen Denkens, so ist die Logik die Lehre von der Kunst des Denkens (s. Spitta) zur Anwenduug des dadurch geschulten Denkens auf die Probleme der Philosophie (in der Metaphysik). Ea est boni et mali moralis natura, ut anima liberrima dei voluntate sancita sit ac definita, ab eadem facile possit emoveri et refigi, adeo ut mutata ea voluntate, quod sanctum et justum est, possit evadere injustum (s. Occam). In den neun Kreisen um das himmliche Centrum (bei Dante) folgen Seraphim, Cherubim, Throne, Gebiete, Tugenden oder (bei Greg. M.) Herrschaften, Mächte, Herrschaften oder (bei Greg. M.) Tugenden, Erzengel und Engel (s. Dionys. Areop.). Aus der „sittlichen Bestimmung des endlichen Vernunftwesens" folgt der Satz: „Erfülle jedesmal deine Bestimmung" in der Welt (dem versinnlichten Materiale der Pflicht) mit dem Glauben au Gott, als lebendige und wirkende moralische Ordnung (s. J. G. Fichte). Das Wohlwollen ist die Harmonie zwischen dem eigenen und vorgestellten fremden Willen (s. Herbart) im Mitgefühl (bei Schopenhauer) aus Sympathie (psychophysiologisch). Die neun Himmel (bei Dante) entsprechen den neun Graden der Seeligkeit, neun Ordnungen der Seeligen (s. Hettinger). Li raggidi ciascuno cielo sono la via per la quale discende la loro virtù in queste cose di quaggiu (s. Dante). Ueber dem Kreis der Luft folgt der des Feuers, dann (mit dem Mond und Begleitern) die „aere puro e chiaro e netto", weiter das Firmament (in Umdrehung der Gestirne), dann der Himmel und schliesslich (mit der Trinität) das Empyreum (s. Brunetto Latini). Πάντα πλήρη θεῶν εἶναι (Thales), wie von Nutmoses (bei den Papua). Percipi est esse (bei Berkeley). Für das bei der Nützlichkeitstheorie des Guten in dem Verhalten als Tugend vorgeschriebene Mittel „giebt es zwei Wege, entweder das Verlangen zu beschränken, oder die Mittel zu vermehren, die erste Betrachtung predigt Enthaltsamkeit, die zweite Muth und Ueberlegung" (s. Flügel), und diese kam im Hellenismus (mit geschichtlicher Bewegung) zum Durchbruch, im Gegensatz zu cynischer Ethik (mit Analogien zu contemplativen Systemen des Orients). Bei der moralischen Zurechnung ist die Freiheit „transcendental" (hei Kant), an Stelle eines sittlichen Determinismus (aus materialistischer Läuterung). Den Rechtspflichten (der Moralität) wird das Wohlwollen (bei Kant) nur als „moralische Zierde" hinzugegeben (in der Menschenliebe). Die weltökonomischen Ideen des göttlichen Weltplans haben das leitende Princip bei der Rechtsorduung zu bilden (s. Stahl). Sapientia est idem semper velle et semper nolle, potest autem non idem placere, nisi honestum (s. Seneca). In der ἐνθυμία als harmonischer Seelenstimmung ist nicht nur die böse That unrecht, sondern schon das Wollen derselben (s. Democrit). Das Böse geschieht nur aus Unkenntniss (oder Missverständniss) des Guten (s. Socrates), wie der Gesunde seinen Organismus nicht absichtlich krankhaft zerrütten würde (wenn den Organismus physiologisch kennend). Zu einem abschliessenden allgemeinen Wissen in seinem Erkennen der Natur gelangte gewiss der menschliche Geist (s. Hoppe) mit logischem Rechnen (in lebendiger Erkenntniss des psychischen Wachsthumsprocesses aus naturwissenschaftlichen Gesetzen). Die Laches verehrten „piedras, pues creian que los hombres despues de muertos se couvertian en piedras, y que un dia volverian a ser hombres" (s. Zerda), aus deucalionischen Steinen (in Guayana auch).

Statt dass sich (bei Boethius) die Weltseele um den tiefen Geist (mentem profundum) dreht, bewegt sich (bei Dante) die Intelligenz (mente pro-

fonds) in ewiger Einheit um die Gottheit umher (s. Philalethes). Das Vorstellen, dieses Athmen der Seele, geht als eine Naturschöpfung vollkommen
gesetzmässig vor sich (s. Spitta), im psychischen Wachsthum (der Elementargedanken). Die Sonne wirft die Strahlen des himmlischen Feuers, in ihren
Spiegel gesammelt, zurück (bei Empedokles). Aus dem Pneuma (als Luft)
jenseits des Feuerkreises zieht das Weltall seinen Odem (bei den Pythagoräern). Die Milchstrasse bildet die Strahlenbrechung der von der Sonne
nicht erleuchteten Sterne (nach Anaxagoras). Nicht wahrnehmbar, giebt sich
die Luft nur in ihren Verwandlungen kund, durch Wärme und Kälte (bei
Anaximenes). Die Erde schwebt auf der Luft (bei Anaximenes). Durch
Verdünnung der Luft (bei Diogenes Ap.) entstehen die Gestirne (das Feurige
und Lichte). Durch den Aether in heftiger Wirbelbewegung erhoben, leuchten
die Steine in den Sternen (bei Anaxagoras). Das Leben wurde als Hauch
(πνεῦμα) gefasst, bei Ein- und Ausathmen der Luft (s. Anaximenes). Aus
Anima vegetativa sensitiva, rationalis, wurde die Seele im Gehirn concentrirt (als ihr Organ). Τὸ παρὰ τὰ στοιχεῖα steht (bei Themistius) als
ἑτέρα τις φύσις und μεταξύ (zwischen Feuer und Luft) im Aether (in-
disch). Wenn nicht als Zahl (wie von Pythagoras) oder (bei Plato)
als Gross-Kleines (in imaginären Zahlen) wurde das Apeiron als Element
von Wasser (bei Thales) oder (bei Anaximenes) von Luft, sowie dem
μεταξύ (bei Anaximander) gefasst, während Anaxagoras und Democrit
endlos viele Elemente setzten, welche (bei Empedokles) auf Vierzahl sich
beschränkten (s. Aristoteles). Zwischen Materie und Geist (in Fortentwick-
lung griechischer Philosophie) fügt sich (im Christenthum) „das eigenthüm-
lich Seelische, welches das schlechthin Ethische ist" (s. R. Seydel). Οὐ γι-
νομένων ἀλλ' ὑπαρχόντων πρότερον (der Stoff im Apeiron, als gegeben). Ὅ
περιέχειν φησὶ πάντας τοὺς οὐρανοὺς ἄπειρον ὄν (s. Aristoteles). Wie ewig
und unvergänglich ist das Seiende auch räumlich unbegrenzt (nach Melissos).
Ἔτι ἄλλον τρόπον ἓν λέγεται, τῷ τὸ ὑποκείμενον τῷ εἴδει ἀδιάφορον, ἀδιάφορα
δ'ὧν ἀδιαίρετον τὸ εἶδος κατὰ τὴν αἴσθησιν (s. Aristoteles). Das ἓν wird als
μία φύσις ἀόριστον gefasst (bei Theophr.). Ἡ αὐτὴ δύναμις τῆς ψυχῆς θρεπ-
τικὴ καὶ γεννητική (s. Aristoteles). Θῖον ἡ ψυχὴ ἡ ἡμετέρα ἀὴρ οὖσα συγ-
κρατεῖ ἡμᾶς καὶ ὅλον τὸν κόσμον πνεῦμα καὶ ἀὴρ περιέχει (s. Anaximenes).
Zum Zwecke der Weltbildung wandelt sich Zeus (bei Pherekydes) in Eros
(ewiger Bewegung). Hätten Ochsen und Löwen Hände, würden Ochsen ihre
Götter als Ochsen bilden und Pferde, als Pferde, wie der Mensch die seinigen
menschlich (s. Xenophanes), in Gott (primum existens). Εἰ δέ τις τὴν μίαν
τῶν ἁπάντων ὑπολάβοι μίαν εἶναι φύσιν ἀόριστον καὶ κατ' εἶδος καὶ κατὰ μέ-
γεθος, συμβαίνει δύο τὰς ἀρχὰς αὐτὸν λέγειν, τὴν τοῦ ἀπείρου φύσιν καὶ τὸν
νοῦν (s. Simplicius). Im Feuchten liegt ein lebendiges Zeugungsprincip als
Seele (bei Hippon). In der Scheidung aus dem Apeiron folgt das Auseinandertreten. Πυθαγόρας φησι, γέννητον κατ' ἐπίνοιαν τὸν κόσμον, οὐ κατὰ χρόνον
(Stobäus). Zur „Busse und Strafe der Ungerechtigkeit" (bei Anaximander)
ergiebt sich das Entstehen und Vergehen (in ἄπειροι κόσμοι). Bei der als
nur möglich existirenden Materie wird für jedes Ding eine bestimmte Idee
der Form angenommen (s. Aristoteles), als Evestrum (bei Paracelsus). Den
durch die Luft lebenden Thieren und den Menschen ist die Luft Seele und
Verstand (bei Diog. Apoll.). Ἡ γνῶσις διὰ τῶν αἰσθήσεων σκοτίη (bei Demo-

crit), διὰ τῆς διανοίας γνησίη, als ächte (s. Sigwart). „Das Eine, wie das Andere ist nur ein halbes Sein" (s. Strümpell), wenn die Ideen (Plato's) wiederum (bei Aristoteles) relativ geworden (in „gleichem Rang mit der Materie"), so dass, (wenn nicht im Occasionalismus), praestabilirte Harmonie (bei Leibniz) aushelfen muss (bis im Verständniss naturwissenschaftlicher Psychologie geeint). Die Zahlen sind der Grund der (als Nachahmung der Zahlen seienden) Dinge (bei Pythagoras), in Gleichheit des Erkennens und Seins, bei Reflex der Denkvorgänge (logischen Rechnens). Als „wirkende Principien" bestimmen die Ideen die „an sich unbestimmte Materie," nicht als „Musterbegriffe", sondern „Ursache der Dinge" (s. O. Flügel). Die Seele (ψυχή) begriff (bei Aristoteles) die Nährseele (τὸ θρεπτικόν) mit der γεννητικὴ δύναμις, dann τὸ κινητικὸν κατὰ τόπον (zur Bewegung), τὸ αἰσθητικόν (zur Empfindung), τὸ ὀρεκτικόν (Begehrliches), sowie (neben φαντασία und νοῦς πασχὼν), die Gedankenseele (τὸ διανοητικόν oder νοῦς ποιητικός). Erzeugt vom Urwesen (τὸ πρῶτον), zeugt der Nous die Seele (als Weltseele), und diese lässt eine zweite aus sich hervorgehen, worauf beim Herabsteigen aus der übersinnlichen Welt (in Theilseelen) die Materie entsteht (bei Plotin). Der eigentliche Herd, der Anfangs- und Ausgangspunkt der gesammten peripherischen Nervenflüssigkeit muss an Körpers der Oberfläche des befindlich sein (s. G. Gruber). Die sensible Kraft oder die Nervenkraft häuft sich bei Abhaltung des gewöhnlichen Reizes (s. Schäfer). Die Lebenskraft liegt besonders im „fluido nerveo" (s. Soemmering). L'âme humaine est spirituelle (s. Waddington). Das Seelenwesen ist immateriell, wie jedes einfache Wesen (Atom) für sich genommen nicht unter den Begriff der wahrnehmbaren Materie fällt, welch letzterer erst aus der Wechselwirkung einer Mehrheit solcher einfachen Wesen resultirt (s. O. Flügel), und so verbleibt „an immense field for the exercise of speculative power" (s. Tyndall), im „scientific use of the imagination" (bei „privileged spirits"). Geist bezeichnet den gesammten Besitzstand der Seele (s. R. Focke). Alles Körperliche ist beseelt (in Form der Vorstellung), alles Seelische körperlich (in Form der Ausdehnung), je nach materiellen oder psychischen Zuständen (bei Spinoza). Die Seele ist Substanz, oder sie ist seiend, oder sie ist (s. Lindner). Mit der ganzen Vorstellung von Materie in subjective Empfindungen aufgelöst (bei Berkeley) regeln sich „die sog. materiellen (Aussen-) Dinge nur in dem absoluten Geiste Gottes, als Ideen Gottes" (nach den als Naturgesetze bezeichneten Gesetzen dem menschlichen Geist mitgetheilt). L'effort d'observation du psychologue, l'intérêt principal de la science, consistent à discerner exactement en quoi nous sommes passifs, en quoi nous sommes actifs (s. Gilardin) Die Mutakallim gehen im Kulam über die einfachen Aussprüche des Koran hinaus, als Mutazila in der Lehre vom Kadar (über den freien Willen). Τὴν δὲ ἔννοιαν αὐτοῦ υἱὸν ἄνθρωπον καλοῦσι καὶ δεύτερον ἄνθρωπον (die Ophiten), Plotin dit qu'en elle-même l'intelligence .voit, et qu'en se tournant vers l'intelligence suprême elle voit, quelle voit, Καθορᾷ ὅτι Καθορᾷ (s. Matinée). Den in Bahadun's Tempel (auf dem Berge Dschurau) Eintretenden wurden die Münder geschlossen, damit nicht ihr Hauch zu dem Götzenbilde gelange (s. Ash-Sharastani). Eine endlose Langeweile ist dem Menschen fast fürchterlicher, als wirkliche Qual (s. Teichmüller) im jenseitigen Leben (H. Heine's). Der Mensch steht im Sinnlichen, mit seinem Blick in das verschlossene Gebiet des Uebersinnlichen hinein (s. J. B. Meyer). Der Mensch erscheint als scharf ausgesprochene Zweigetheiltheit (s. Schmick). Die Lappen glaubten an eine Wiederauferstehung der Bären, ihre eigene bezweifelnd (s. Hogström.) Die Farbenerzeugung bei den Pflanzen hängt mit der Entwickelung eigener Seelenprocesse zusammen (s. Fechner). Das als Seele Bezeichnete ist die Idee des ihr zugehörigen Körpers (bei Spinoza). Ob ein functionaler Zusammenhang zwischen dem durch eine Maasszahl ausgedrückten Reizquantum und dem durch eine Maasszahl dargestellten Empfindungsquantum" (im „Axiom der Psychophysik") statt hat, wäre auf dem Wege der Erfahrung zu prüfen (s. F. A. Müller). Ein Maass für die Empfindung ableiten auf Grund der functionalen Abhängigkeit der Empfindung für Reiz (s. Elsas) ist die Aufgabe der Psychophysik (bei Fechner). Οὐ γὰρ φατὸν οὐ δὲ νοητόν. Ἔστιν ὅπως οὐκ ἔστι (s. Parmenides), indem bei Ausfall des Nichtseienden das Werden (aus der ἀρχή) nicht von diesem Uebergang in's Sein gefasst werden kann (sondern im Anderswerden bei Verknüpfung des Späteren mit dem Früheren). The omnipresent and changeless conscious certainly is one of the fixed and immutable tests of real knowledge (s. Mahan). Das Sinnesorgan liefert das Material, die Seele schafft sich daraus nach bestimmten, ihr aber unbewussten Gesetzen die Empfindungen und Vorstellungen (s. Ruete). Beide, Geruch- und Geschmacksinn, die sog. chemischen Sinne, sind in Beziehung auf Pflege und Ausbildung gegen die dynamischen Sinne zurückgeblieben, sie sind nur subjectiv bestimmt, sind überhaupt untergeordneter Natur (s. Spitta). Bei den Albinos ist das Geruchsvermögen gering entwickelt (bei Althaus), wogegen bei feinriechenden Thieren die Riechschleimhaut dunkel gefärbt ist, bei stärkerer Absorption von Gerüchen durch dunkle Farbstoffe (bei Stark). Nach dem Nikah-al-istibda genannten Brauch wurde (im Ehebruch) edler Nachwuchs erzeugt (bei den Arabern), wie durch Niyoga (in Indien) und am Congo wird die Hausfrau dem Gaste geliehen (zur Verbesserung der Rasse). Die Wittwe hatte mit der Wiederverheirathung zu warten, um nicht die „manes acerbos mariti" zu reizen (s. Apulejus). Der Pater familias war in der Djahiliya Herr der Frau, die er geraubt und gekauft hatte, und deshalb auch der Frucht (bei den Arabern), während in der Sadiqa genannten Ehe das Matriarchat fortdauert (s. R. Smith). Nach dem „Kabirischen Tod", (zwei Brüder erschlagen den dritten), war neues Feuer nach Lemnos zu bringen (aus Delos). in reinigender Feuer-Erneuerung, wie in Peru (mit dem Brudermord des Dritten im Geschichtsbeginn).

Statt der Qualitäten, als das Abgeleitete in den Dingen, wird als das zu Grunde Liegende die Quantität gesetzt, für objective Umschau (statt subjectiverer Auffassung), in der Vielheit der, als gegeben vorhandenen, Atome in ihrer Raumerfüllung, mit der Raum-Leere als Realen (im Nicht-Realen) daneben (bei Leukippos), für Erklärung aus nothwendigen Gesetzen (statt teleologischen). Von den Aussendingen gelangen (ihrer Feinheit wegen unmerkbare) Körperchen ins Auge zur Anregung der Bewegung bis ins Gehirn (s. Locke), gleich den Aporrhoiai (bei Epikur), und der Anstoss (als „Primus motor") im Allgemeinen wiederholt sich in jedesmaliger Thätigkeit des Organismus (für dessen Schöpfung). Durch das Leere getrennt, erfüllen die Atome (ἄτομα oder νάστα) das Volle (bei Democrit). Indem sich in dem unendlichen Denken nothwendigerweise eine Idee findet, welche das Wesen jedes bestimmten menschlichen Leibes unter der Form der Ewigkeit ausdrückt (bei dem Dasein in der Ewigkeit als ewige Wahrheit), hat (bei Zerstörung des Körpers) von dem menschlichen Geist etwas weiterhin der Zeit und Fortdauer Entzogenes (als wahrhaft Ewiges) zurückzubleiben (bei Spinoza). *Τέσσαρα τῶν πάντων ῥιζώματα* in der aus Gutem und Bösem (Vollkommenem und Mangelhaftem) im Migma zusammengesetzten Welt (bei Empedokles) in Liebe der *φιλότης* (*στοργή* oder *ἁρμονίη*) und Zwietracht (*νεῖκος* oder *ὅῆρις*) im *σφαῖρος* (des All). *Τὸ γὰρ ἕτερον τοῦ ὄντος οὐκ ἐστί, ὥστε κατὰ τὸν Παρμενίδου συμβαίνειν ἀνάγκη λόγον ἓν ἅπαντα εἶναι τὰ ὄντα, καὶ τοῦτο εἶναι τὸ ὄν* u. Aristoteles), und nur das Gründe erwägende Nachdenken (nicht das auf Sinnesempfindungen begründete Vorstellen) führt zur Erkenntniss (im dialectischen Process, der sich aber vorher für die Objectivität entäussert haben muss). Die Vegetationskraft (über der Zeugungskraft) sitzt im Nabel, dann folgt die Seele (im Herzen) und weiter die Vernunft (im Kopf) in vier Stufen (der Pythagoräer) bis Fünfeinigkeit (ophitisch). Wie jeder Modus in Gott (bei Spinoza) muss auch die Idee des Körpers wieder durch eine andere Idee beursacht und determinirt sein, welche die Idee dieser Idee ist, diese wiederum durch eine andere, und so fort ins Unendliche (s. Stöckl). Das Substratum der (materiellen) Seele bildet einen warmen durch den Körper verbreiteten Lufthauch (bei Lucrez). Sofern das Denken vom Sinnlichen ausgegangen ist, liegen ihm die mathematischen Verhältnisse und Gesetze am Nächsten (s. Sigwart). Gegenüber dem Unbegrenzten (*τὰ ἄπειρα*), als durch die Form Bestimmbaren (bei Philolaos), heisst das als Form Bestimmende *τὰ περαίνοντα* (das Begrenzende oder Grenze). Unter den beiden Attributen einer schlechthin unendlichen Substanz ergiebt sich die Ausdehnung, als die grundwesentliche Bestimmung des ausgedehnten Seins (oder der ausgedehnten Substanz) und damit parallel das Denken in der Geistigkeit (bei Spinoza). *Οὐ ποτ' ἦν οὐδ' ἔσται, ἐπεὶ νῦν ἐστιν ὁμοῦ πᾶν* (Parmenides) im reinen Sein (*ἀγένητον ἐὸν καὶ ἀνώλεθρόν ἐστιν*). Die Function ist die synthetische Einheit des Mannigfaltigen (s. Elsas). Unter Wechselwirkung der Aromana und Ayatana (im Abhidhamma) erhalten Epikur's Elemente (als *ἄποια*) ihre Gestaltung an den Berührungsflächen der Empfindung für Parmenides' Subjectivität (bei Berkeley). Für alle Verhältnisse giebt es ein sensationelles Aequivalent (s. Bain). Die Frage nach der Möglichkeit der Psychophysik ist transcendental (s. F. A. Müller). Im Monismus spricht sich die Bequemlichkeit des Denkens aus, die Welt für menschliche Fassungskraft unter den Fesseln der Zahlreihen auf die Eins zu reduciren und so dem Verständniss zugänglich zu machen, (während absolut genommen die Unendlichkeit erst die Grossartigkeit erfüllen würde, der das gläubige Sehnen zustrebt). Eine äussere Welt wird als nichtwirklich oder unmöglich bewiesen (bei Collier). Das räumliche Denken (in Facettenaugen der Insecten) wird zum zeitlichen mit dem optischen Apparate der Linse bei den Vertebraten, deren räumliches Bestehen sich im Knochengerüste stetigt, von tausendfüssiger Beweglichkeit (im Zeitlichen). Das Wirkliche besteht nicht aus Körpern und Geistern, sondern es existiren nur Geister mit ihren Vorstellungen (bei Berkeley). Als Substanz ergiebt sich (bei Spinoza) dasjenige, „was an sich ist und durch sich selbst begriffen wird" („dessen Begriff nicht des Begriffes eines anderen Gegenstandes bedarf, aus welchem er gebildet werden müsste").

Ἰόντας δ'ἰνὶ πᾶσι τέτυκται (s. Xenophanes) in Maya (trügerischer Welt). „Seelige Geister, denen der Nervengeist nicht anhängt, können sich nicht hörbar machen, spuken nicht, unselige Geister sind das am meisten zu thun fähig", im Gesicht der „Seherin von Prevorst" (bei Kerner). Was sich in psychischen Regungen für den körperlichen Organismus einleitet, liegt seinem Zielstreben nach über denselben hinaus, und lässt sich für die Nachwirkungen nur längs der Nervenbahnen verfolgen (von dem des Nervus vagus für die Herzthätigkeit), wobei in den specifischen vorangelegten Functionen des jedesmaligen Organes das Nachzittern der Affecte innerhalb temporärer Modificationen ausläuft. Nur bei denjenigen, in embryonaler Anlage bereits dem cerebralen Pol gegenüberstehenden Verrichtungen geschlechtlicher Bestimmung finden sich solche Organisationen, die, wie auf verschiedene Vorgänge im Leibe umgestaltend, auch einen dafür gleichzeitig vorhandenen Drüsen specifischen Dunststoff absondern, in der Brunst, und derartig von der entsprechenden Geschlechtshälfte auffassbar. Im Hunger wirkt das Allgemeingefühl und diejenigen Körper-Organe, was für die Ernährung des Ganzen wirksam, auch auf das Gehirn reagirt (wie dieses auf jenes). Die Definition des Hungers als „Symptom der Eiweisszersetzung" verurtheilt sich selbst, bei deren Rolle in der Verdauung eben, und hier, wo die Chemie noch kaum ihr erstes Wort gesprochen hat, die Physiologie also längst noch nicht ihr letztes, darf in naturwissenschaftlichem Sinne von populären Mitsprechen noch keinerlei Rede sein. Wie überall von Natur her ein Naturheilprocess eingepflanzt liegt, so zum Besten der Naturwissenschaft in dieser selbst, um die für ihre gesunde Entwickelung wesentlichste Vorbedingung, nüchterner Objectivität, zu bewahren. Sobald diese (wie mit Annäherung psychischer Fragen stets bedrohlich) verlassen wird, durch Abweichung in das Hineinspielen der Subjectivität, pflegen die Excentritäten rasch zu derartigen Absurditäten gesteigert zu werden, um sich dadurch selbst „ad absurdum" zu führen. So etwa in der vorwiegenden Berücksichtigung der Defäcationsvorgänge, um hier, wo aus materieller Ursächlichkeit schon Gerüche in schwerster Massenhaftigkeit vorwiegen, die leichte Wandlungen aus psychischen Modificationen, soweit überhaupt vorhanden, bereits aus Specifität des „Fäcalgeruches" und „Fäcalstoffes" (in den Beziehungen zum „Bouillonduft") herauszuspüren, (in ostentativen Vordrängen der Einzelheiten), da gerade wegen der im Uebrigen durchgreifendsten Bedeutung für die Physiologie erst nach vollem Abschluss aller entsprechenden Fragen auf dem Bereich, ein letztes und spätestes Maassanlegen psychischer Art, jemals vielleicht später erst, würde gewagt werden können (so lange das Denken seine Vernünftigkeit bewahren will). — „Als regelrechter Lichtschmuck des verklärten Leibes dürfte das weisse Licht festzuhalten sein, also jenes Licht, welches sich aus den früher genannten sieben einfachen Farben zusammensetzt. Sagt ja die h. Schrift, dass des verklärten Christus Antlitz geleuchtet habe, wie die Sonne, und verheisst sie uns ja wiederholt, dass die Seeligen erglänzen werden wie die Sonne im Reiche ihres Vaters. Nun fragt es sich aber, und schon die alten Theologen beschäftigten sich mit dieser Frage, wie sich die natürlichen Farben des menschlichen Körpers zu jenem Lichte verhalten werden. Es handelt sich also, wenn wir den Leib zunächst äusserlich betrachten, vorzugsweise um die rothe Farbe, die z. B. dem menschlichen Antlitze seinen Reiz und seine blühende Schönheit giebt. Werden die natürlichen Körperfarben unter dem Einflusse jenes Lichtes bestehen bleiben und bestehen bleiben können? Sie werden bestehen bleiben, antwortet der heilige Thomas, denn die Glorie zerstört die Natur nicht, sondern vervollkommnet sie. Und da dem Körper und den einzelnen Körpertheilen von Natur aus eine bestimmte Farbe gebührt, so wird dieselbe bleiben, wird aber durch die Glorie in höherm Glanz erstrahlen. Die Möglichkeit dieser Annahme aber erklärt sich ohne besondere Schwierigkeit. Wir bedürfen nur wieder einiger naturwissenschaftlicher Bemerkungen darüber, um dieses und einiges Andere, welches im weiteren Verlaufe der Darstellung noch zu begegnen hat, verstehen zu können" (s. Bautz). Die Seele der Chilener „doit aller au-delà des mors dans les lieux de plaisirs, ou ils regorgeront de viandes et de boissons (s. Frezier). Religion ist ein ursprüngliches Factum des menschlichen Geistes (s. J. Berger). Ora lacerabant ut sanguine inferis satisfacerent (s. Servius). Dem zum Noaiden-Stand Designirten (bei den Lappen erscheint Tonto bald in der Person eines Saiwo-Gadze, bald im Traum (s. Flügge). Il croyent qu' apres leur mort, leur âme va en l'autre monde, qu'ils établissent au centre de la terre, que la elle anime un nouveau corps au ventre d'une femme, et que ceux de ce monde la viennent en celui-ci en faire autant (in Iseing), alternativement (s. Loyer). Die Chiquitos suchen die Seele des Abgeschiedenen in dem die Hütten umgebenden Walde (ob sie sie finden). The Iroquois word for bone is „esken", for soul „atisken" (that which is with in the bone), yani (bone), i yune soul (athapaskisch) (s. Brinton). Pfeifen auf dem Röhrenknochen des linken Hinterbeins einer Ratte vertreibt die Ratten am Charfreitag vor Sonnenaufgang (im Riesengebirge). Knochen dürfen beim Essen, des Markes wegen, nicht zerschlagen werden (in Sibirien), damit die Thiere dem Jäger wieder aufleben oder als Hausthiere nicht etwa lahm (im Nachwuchs) bleiben (wie bei den Asen). Wenn ein Gespann Mist macht, war es, um Gedeihen zu bringen, auseinander zu halten („Juge auspicium"). Als Inari Sama (wegen Entdeckung der Reispflanze) verehrt, wird Uga von Füchsen bedient (in Japan). Der Umzug „Hagelfrei" wurde auf dem Concil zu Septinä verboten (de simulacro, quod per campos portant), und in Hawaii wurde Lono umgetragen (wie Balder gefahren in Schweden). When a Chippewa corpse is put into its coffin, the lid is tied not nailed on; the reason they give for this is, that the communication between the living and the dead is better kept up, the freed soul, which has preceded the body to the Indian elysium, may it is believed thus have free access to the newly-buried body (s. Schoolcraft). Von den vier Seelen „one goes to the land of spirits, one goes in the air, one remains about the corpse and one stays in the village" (bei den Dacotah). Von den Chatura-Bhut läuft einer (vom Scheiterhaufen) nach dem Haus, der andere zum Kloster, der dritte zum Wald, der vierte schweift unstät (in Siam). The Choctaw belief was that each man has an outside shadow (Shilombish) and an inside shadow (Shilup), both of which survive his decease (s. Brinton). Der Garten Eden's liegt „at the bottom of Lake Van in Armenia" (s. Gerald Massey), am Euphrat (bei Calvin). A small aperture is out through the bark at the head of the grave. On asking a Chippewa why this was done he replied: „to allow the soul to pass out and

in". „I thought," is I replied, „that you believed," that the soul went up
from the body at the time of death, to a land of happiness. How then can
it remain in the body? „There are two souls," replied the Indian philosopher. „How can this be", I responded. „It is easily explained", said he.
„You know that in dreams, we pass over wide countries, and see hills and
lakes and mountains and many scenes, which pass before our eyes and affect
us. Yet at the same time, our bodies do not stir, and there is a soul left
with the body, else it would be dead. So, you perceive, it must be another
soul that accompanies us (s. Schoolcraft). Die Traumseele (der Birmanen)
fliegt als Schmetterling (Leipya). Das Darbringen des Opfers und das
Reinigen des Hauses sind die eigentlichen priesterlichen Handlungen (im Altai)
des Schamanen. Bei ihnen hat er seine ganze Kunst zu entwickeln, und der
ist der rechte Schaman, der es versteht, die Furcht und das Vertrauen seiner
Zuhörer zu wecken, so dass sie glauben, dass die Voraussagungen des
Schamanen wahre Orakelsprüche seien, durch die sie die Götter zu trösten
und zu erheben suchen. Andere Thätigkeiten des Schamanen sind ohne Bedeutung. Segens- und Danksprüche kann auch jeder andere Sterbliche darbringen, ebenso die Libationen dem Jer-su reichen. Wettermachen, Wahrsagen u. s. w. thut ebenfalls der Schaman nicht allein. An den stattfindenden
Geburts-, Verheirathungs- und Todes-Feierlichkeiten hat der Schaman
keinerlei Antheil, nur wenn ungünstige Constellationen diese Begebenheiten
begleiten und man diese durch eine Beschwörung auszugleichen versuchen
möchte, wird er berufen und thut dann einen Theil dessen, was als Schamanisiren
geschildert (s. Radloff). Consualia ludi dicebantur, quos in honorem Consi
faciebant, quem deum consilii putabant (s. Festus), am eingegrabenen Altar
(zum Ablauschen des Orakels) in der Erdgrube des Königs von Ale (s. Dapper),
oder des Botakimaaon (unter den Bubies), s. Besuch in San Salvador (S. 318).
In der Grube Nanampong (Nanan oder Grossvater) wohnen die alten Fetisch-
männer, als unsterblich (bei den Ashantie). Der König Loango's wird
schlechten Herzens (ukillu-umbi) beschuldigt, wenn wegen allzu starker
Brandung nicht gefischt werden kann (und abgesetzt). Consualia dicta
u Conso, quod tum feriae publicae ei deo, et in circo ad aram ejus
ab sacerdotibus ludi illi quibus virgines Sabinae raptae (s. Varro). Beim
Bauopfer wird der Erdgeist oder Erdenherr (sahibija zemlje) gesühnt (bei
den Bosniern) im Baugrund (Krauss), wie in Siam (als Phaya Nakh).
Pluto, der Furchtbare (gefürchtet im Vulcanismus) waltete als Wohlthätiger
(fruchtbar in der Erdwärme). Als Nahrung gebend, hiess die Magna Mater
(oder Erde) Edusa (Patina dea), gleich Gott Kai (in Tonga). Bis der Nachfolger des Königs gekrönt ist, herrscht der Nganga Moumbi (Leichenbe-
wahrer). Wenn beim Ertönen des Moroamogale (in schrillem Pfeifen aus
dem Walde) Modimo, Gott in's Dorf gekommen (bei den Batlokoa) werden
alle Feuer ausgelöscht (s. Merensky). „Regen, lieber Zeus, auf die Felder
der Athener" (in der Gebetsformel), und Regen haben die Regenmacher (Afrika's)
zu machen (auf Lebensgefahr). Die Incibi (Meister) begreifen (bei den Kaffir) die
Handwerker (Waffenschmiede, Messingschneider, Gerber, Schuhmacher, Pfeifen-
verfertiger, Schneider, Korbmacher, Töpfer), die Amaquira (Izanuse oder
Riecher, Amaquira okumbulula oder Kräuterärzte, Amaquira ezihlanga oder
Fresser, Amaquira amayezu des Gespenstes Ihili, Amaquira enkomo oder Vieh-

doctoren) und Abanisi bemoula oder Regenmacher (s. Döhne). Der Waniyetu Wowapi (Winter-counts) der Dacotah wurde calenderartig geführt (s. Mallery) in Zeichnungen (bei Reed). Die Himmels-Gerste (hordeum vulgare) findet sich (nebst dem Weizen) unter den ägyptischen Himmelszeichen, wie Hirse und Reis unter den chinesischen (s. Dureau de la Malle) und der Taro wird (auf Hawaii) aus dem Himmel gebracht (wie die Kola in Afrika). The feast of the first fruits is strictly regarded (among the) Sioux (s. Prescott). En sa qualité de l'homme intellectuel et plus encore en sa qualité de l'homme de dieu, il avait pris en horreur le gouvernement des banquiers (Savonarola), der Medicis in Florenz (s. Rio), wie in „France Juive" (s. Drumont) die Plutokratie (der Orang Kaya).

„Nach der Bulle Sixtus IV. (1471) haben die Päpste das alleinige Recht, Gotteslämmer zu verfertigen und auszugeben, durch deren Erwerb man der Sünden ledig wird und die gegen Feuer- und Wassersnoth, Sturm, Ungewitter und Hagelschlag, gegen Krankheit und Zauberei schützen. So dienten die Schweisstüchlein, die Marienmedaillen, geweihte Bilder und Agnus bei dem Volke als Ersatz für die theuren Reliquien der geweihten Rosen, die die Päpste nur an Fürsten sandten. Doch auch die niedere Geistlichkeit, obwohl unbefugt, solche Amulete auszugeben, half sich mit Verkauf von Conceptionszetteln — (vor dem Gebrauch mit Heilige-Drei-Königswasser zu benetzen), an die Thür des Hauses zu heften, oder in Krankheiten und Niederkünften (wo sie dann das Kindlein in der Hand, zwischen den Lefzen oder an der Stirn mit auf die Welt bringt, wie es in einem 1721 von den Karmelitern ausgegebenen heisst) zu verschlucken, oder das Vieh gegen Seuchen zu schützen, das Brauen · zu fördern, das Mühlhaus vor Zauber zu bewahren. Alles trug im Mittelalter Amulete. Selbst der streitfertige Andreas Osiander legte seine goldene Kette gegen den Aussatz nicht ab und verwahrte sich gegen den Vorwurf des Hochmuths. Nach einer Hamburger Correspondenz aus der Krim standen die als freigeisterisch verschrieenen Franzosen mit den Beduinen, Türken und Russen auf ganz gleicher Stufe im Glauben an die Amulete. Canrobert wurde durch ein solches an der Alma das Leben gerettet, General Bosquet und General Forcy trugen Splitter vom heiligen Kreuz, Prinz Napoleon ein gegen Hieb und Stich bewahrendes Amulet; bei manchen Todten fanden die französischen Aerzte oft christliche, türkische, ja selbst jüdische Amulete vor. Die afrikanisch-französischen Truppen und die Tunesen tragen eine Nachbildung des Talisman (El Herep) auf der Brust, die Türken und Egypter Koransprüche in den Händen. Die Russen tragen ausser Taufkreuzen und Heiligenbildern, geweihte Medaillen, und vor den Amuleten des Fürsten Menzikoff und Oberst Galowin wichen die schwersten Bomben zur Seite" (s. Schindler). Europa beglückt mit Afrika's Sklavenhandel das Jugendalter Amerika's, und: „Seht, wir Wilden sind doch bessere Menschen" (summt es auf den Lippen des „Spaziergängers").

Seiner Gesellschaftswesenheit nach lebt der Mensch innerhalb der von ihm selbst geschaffenen Welt, als Abschluss seiner geistigen Bedingungen. „Das ideale Gedanken- und Willensleben, d. h. das Ideal eines Gemeinwesens nach allen seinen verschiedenen Seiten, das im gesellschaftlichen Bewusstsein lebt, ist der

Geist, die Seele der Gesellschaft ist die praktische Vernunft, die allen Gesellschaftsgliedern vorleuchtet und sie in ihren Bestrebungen leitet, ist aber auch das gesellschaftliche Gewissen, das über den Verhältnissen des Gemeinwesens und seiner Glieder schwebt, und woran diese Verhältnisse als an ihrem Maassstabe gemessen werden, so dass sich eine gültige Beurtheilung oder Verurtheilung aller Verhältnisse ergiebt" (s. Ziller). Stumm und finster an sich, d. h. eigenschaftslos, wie sie aus der subjectiven Zergliederung hervorgeht, ist die Welt auch für die durch ob jective Betrachtung gewonnene mechanische Anschauung, welche statt Schalles und Lichtes nur Schwingungen eines eigenschaftslosen, dort zur wägbaren, hier zur unwägbaren Materie gewordenen Urstoffs kennt (s. Dubois-Reymond), aber in objectiver Betrachtung der psychischen Atmosphäre, (am Horizont des Zoon politikon), beginnt sodann das Licht zu strahlen, der Schall zu tönen (aus der Welt des Jenseits her). In den drei Modalitäten der Sätze (bei Ibn Sina), als naturnothwendig, unmöglich (oder nichtexsistirend) und möglich (problematisch), hat das Denken in Durcharbeitung der Möglichkeit das Gesetzliche festzustellen, als mit eigener Anlage congruent (in den Harmonien des Kosmos). Das der Möglichkeit nach Seiende ergiebt sich also als das unter der Operationsweise des Denkens Herstellbare, und zwar (bei richtiger Verwendungsweise derselben im logischen Rechnen) bis zur Naturnothwendigkeit (Kraft der Wechselbeziehungen kosmischer Gesetze). „As in reasoning, so in perception the tendency to generalize is stronger than the tendency to discriminate" (s. Maudsley), weil die Verallgemeinerung aus dem organischen Entfaltungsprocess des Denkens unbewusst folgt, die scheidende Zersetzung dagegen den Eingriff des Willens verlangt (in den Denkoperationen).

Das Welträthsel dreht sich überall und immer um eine primäre Alternative des „Deus sive natura" (bei Spinoza), über Entstehen oder Schöpfung (beim Werden im Sein), entweder das ὄν (τὸ ὄν) zu setzen (als ὄντως ὄν des ὁ ὤν) mit der Immanenz wirkenden Princips (nach Abscheidung der Dyas aus der Monas) im Gesetzlichen (eines Dhamma), oder namenlos (bei Attalus), Gott als Göttliches (ἀγένητον oder ἀγέννητον) in den Anfang (θεὸς ἦν ἐν ἀρχῇ), mit bereits zugehöriger δύναμις λογική, und deren Hervorbringen beim Heraussetzen des, voraus, Vorhandenen (προβάλλεσθαι), und da im ersten Falle das Vollendete wieder in

das Ende fällt (bei Speusippos), meint der Anfang nur die vor
läufige Setzung eines Dedomenon zum Ausgang der (logischen)
Rechnungen (pythagoräisch). Das Ganze bewegt sich also in
dem Cirkelschluss einer „Welt der Vorstellungen", und erst
nachdem solcher Entstehungsgrund menschlichem Verständniss
zugänglich geworden, — (in naturwissenschaftlicher Durchbildung
der Psychologie auf allmälig fortschreitendem Arbeitswege der
Induction), — mag, mit reifender Entfaltung (aus dem $\mu\dot{\eta}$ $\ddot{o}\nu$, als
„Kore" eines Noch-Nicht) im eigenen Leben des Bewusstseins
(beim Bewusstwerden) der Wachsthumsprocess (aus $\lambda\acute{o}\gamma o\varsigma$ $\sigma\pi\epsilon\varrho\mu\alpha$-
$\tau\iota\varkappa\acute{o}\varsigma$ herauf) angenähert werden, kraft welches die (von göttlicher
$\dot{\epsilon}\pi\iota\sigma\tau\dot{\eta}\mu\eta$ getroffen, aufleuchtenden) Gedankenreihen aus irdischer
Beschränkung (der $\dot{\alpha}\sigma\vartheta\eta\tau\dot{\alpha}$) hinauszureichen beginnen (für das
$\nu o\eta\tau\acute{o}\nu$) auf Ewig-Unendliches (im Infinitesimal-Calcül, des Denkens,
als Rechnen).

So ergiebt sich für die „Lehre vom Menschen" eine doppelte
Aufgabe gestellt, in zweierlei Problemen, die darin eingewickelt
liegen, einmal nämlich in Bezug auf den Organismus des „Zoon
politikon": die Durchforschung der für ihn, als gesellschaftlichen,
charakteristisch typischen Denkgesetze — (mit Hülfe des ethnisch
beschafften Materials, im Anschluss an psycho-physische Leitungs-
wege der Anthropologie) — und!zweitens dann (nach comparativ-
genetischer Methode) die Verwerthung der hier aus der Analogie
psychischer Schöpfung erkannte Gesetzlichkeit, wie bei ihren, im
geschichtlichen Licht verlaufenden, Entstehungen für den kosmischen Anfang als solchen, der für die Speculation bisher unter
(einer in Avixa umdüsterten) Caligo (des „Skotos") in Finsterniss umhüllt lag, versenkt in den Urgrund des Bythos (gnostisch),
oder eines Kumulipo (im Pule Heau), schweigend im lautlosen
Geheimniss der $\Sigma\iota\gamma\dot{\eta}$ (oder Mutahei, polynesisch). Nachdem
Khusoros, der Eröffner des Weltei's, sich gestaltet hat, gehen
Himmel und Erde in zwei Hälften auseinander (bei Damaskios),
für Trennung von Rangi und Papa (durch die in der Umarmung
geborenen Kinder, in Kosmogonie der Maori). Zu dem $B\acute{v}\vartheta o\varsigma$
($\ddot{\alpha}\zeta\nu\gamma o\nu$ $\mu\dot{\eta}\tau\epsilon$ $\ddot{\alpha}\varrho\varrho\epsilon\nu\alpha$ $\mu\dot{\eta}\tau\epsilon$ $\vartheta\dot{\eta}\lambda\epsilon\iota\alpha\nu$, $\mu\dot{\eta}\tau\epsilon$ $\ddot{o}\lambda\omega\varsigma$ $\ddot{o}\nu\tau\alpha$ $\tau\iota$) kam die
$\sigma\acute{v}\zeta\nu\gamma o\varsigma$ der $\ddot{\epsilon}\nu\nu o\iota\alpha$ oder $\sigma\iota\gamma\dot{\eta}$ ($\sigma\nu\nu\epsilon\nu\nu\acute{\epsilon}\tau\iota\varsigma$ des $\pi\varrho o\pi\acute{\alpha}\tau\omega\varrho$). $T\dot{o}$ $\ddot{o}\nu$
$\dot{o}\nu$ $\gamma\acute{\iota}\nu\epsilon\tau\alpha\iota$ $\dot{\alpha}\lambda\lambda\dot{\alpha}$ $\tau\dot{o}$ $\mu\dot{\eta}$ $\ddot{o}\nu$ (s. Athenagoras), aus dem „Kore" (der
Maori). „Der Träger (das Subject), die Form und der Grundquell
aller geschaffenen Dinge ist das Wesen des Grundstoffes, und es
giebt kein Geschaffenes in der Vernunftwelt und in der Sinnen-

welt. für welches nicht eine Form und wovon nicht ein Abbild vom Wesen des Grundstoffs dawäre" (s. Haarbrücker), lehrt (mit dem Wasser als Schöpfer) Thales (bei Ash-Shahrastani) und das Wasser als „Grund aller Dinge" die Dshalahakija (in Indien). Ὠκεανός ὅσπερ γένεσις πάντεσσι τέτυκει (bei Homer). Aus Narayana (auf dem Wasser sich bewegend) sprosste der Lotus, und in der Blume trat Brahma hervor (zur Schöpfung). Die Naassener (mit der Schlange, als ὑγρὰ οὐσία) „sagen, wie der Milesier Thales, die Schlange sei die feuchte Substanz" (s. Möller), und so (s. Neander) Platoniker (bei Seraphicus), gleich den Propheten (s. Numenius). Ueber dem Wasser schwebend, bildet der Gottesgeist die Erde, wenn die Ratte das Körnchen gebracht. „pour le premier pas" (Menabozho's), oder (bei den Karen) der Vogel (s. Völk. d. östl. Asiens I., S. 139), während in Yoruba der Sand hindurchrillt (aus zerlöchertem Sack) s. Ggrph. und Ethnlg. B. (S. 187).

In der Welt als Vorstellung, wie die Menschen umgebend, ergiebt sich das nothwendig Existirende als „Denken, Denkendes, Gedachtes" (bei Ibn Sina), im psychologischen Entwickelungsprocess (des Abhidhamma). Im wahlverwandtschaftlichen Zusammentreffen einer „vis a tergo" und „vis a fronte" entsprechen (reflexiv) die Aromana den Ayatana (wenn die Sinne „auf die Weide gehen").

An der Erde, aus der Jarbas (in Libyen) hervorwächst, als „Erster Mensch" (indianisch), fühlt Antäus seine Mutterkraft, gleich den Chiquitos, die auf dem Geburtsplatz zu sterben haben, und während Rangi und Papa in Umarmung gesetzt sind, zum Trennen der Hälften, einer aus dem Kore entwickelten Welt (bei den Maori), ist Uranos (bei Hesiod) erst aus Gaia geboren, die (neben Tellumo) verehrte Tellus, in Orcus oder Dis, als Consus (Conditus) verborgen, am unterirdischen Altare (des Dis und der Proserpina), wo, gleich dem König von Ale (s. Dapper), der Botakimaon (bei den Bubies) seine Offenbarungen sucht (s. Hutchinson), an einem Orakel des Bunsi oder eines von Ganga Umvulu befragten Mokissie Umbumbo (Deutsch. Exped. a. d. Loango-Küste II, S. 172). „Olim Diovis et Diespiter dictus, id est dies pater; a quo dei dicti qui inde, et dius et divos (divom id est caelum). Idem hic Dis Pater dicitur infimus qua est conjunctus terrae, ubi omnia ut oriuntur ita aboriuntur, quare, quod finis ortus, Orcus dictus" (s. Varro). Der (in Polynesien) auf

Pfosten gestützte Himmel, den Maui emporgehoben (auf den Gilbert), wird von Atlas getragen, als „Tarenyawagon" (Himmels-halter) verehrt (bei den Mingos). Dies dictus, quod divini sit operis, sive ab Jove, ejus, ut putabant, rectore, qui Graece *Αία* appellatur (s. Festus). Den aus der Gartenlust im Paradies her-abgestiegenen Tropfen hat Gott sein schützendes Haus bewahrt in der Chindif hoch über den Zonen der Erde (bei Abd-al-Mu-tallib. Während im späteren Abglanz Mavu aus Nodsie die Seele herabsendet (bei den Eweern), im Gottesbegriff des Zambi-ampungu in Loango, schliessen sich dort die gekrönten Könige zunächst an die Erde an, mit Bunsi's Orakel der „Ganga-Inkissie", im Charakter des Priesterfürsten verantwortlich, und bei „schlechtem Herzen" (Ukillio-umbi) gestraft (wie Donald bei den Schweden), oder zu Busse verpflichtet (gleich Chinas Himmelssohne), während bei dem (im Trauerzustand des Landes von Feuerverlöschung, und Zerstörung der Pflanzungen, begleitetem) Tode die Leiche unter der Hut des Nganga-Mvumbi zu bewahren ist, bis der Nachfolger alle seine Prüfungen überstanden (um in die Rechte eines Mfumo-unie einzutreten). s. Deutsch. Exped. a. d. Loango-Küste I, (S. 219).

Die unter Störung der Ruhe bethätigte Bewegung kehrt in den Zustand der Ruhe zurück, bei Raumveränderung unter dem Zusammenhalt der Schwere, und in den Molecularbewegungen des Kräftespiels durch anorganische Realisation chemischer Ge-staltungen, sowie in secundären oder tertiären oder quaternären Folgen für vegetative Processe, die physisch auch im animalischen Leben gelten. Mit der Sinnesempfindung tritt aus physikalischen Agentien eine Bewegung hinzu, die innerhalb constant gesteckten Ziels noch nicht abläuft, indem der Eindruck (im denkenden Selbst) einen anderen Eindruck, (unter Mannigfachem der Möglich-keiten zur Erfüllung), anregt, und obwohl das so, in seinem Ueberschuss verbleibend, als seelisch fassbare, vergleichungsweise Analogien der magnetisch-elektrischen Spannung (von der Er-gänzung durch umschrieben gegebene Vorbedingungen) und dem Anorganischen, oder der Duftausströmung (in den Pflanzen) ent-nehmen könnte, fällt die specifische Eigenthümlichkeit doch in die subjective Wesenheit, mit dem Fortschritt psychischen Weiter-denkens, (vom Aistheton zum Noeton), an dem, die Einzelnsinne begreifenden, „Manas" (als Gemeinsinn).

Sofern nur Eine Sinnesempfindung thätig, ist das Geistige ganz Seele in diesem, während, wenn mehrfache sich durchkreuzen, je nach dem, (aus der in psychischer Atmosphäre mit dem Stärkerenrecht erzwungenen Gültigkeit), im Sonderfall Ueberwiegenden, dorthin vorwiegt, in Fesselung der Aufmerksamkeit (unter Bewusstseinsempfindung eigener Mitwirkung).

Im unterbrechungslosen Fluss des Werdens (bei Heraklit) setzt sich (bei den Pythagoräern) das Gesetzliche im Ewigen, nach dem Grenzbegriff (s. Kant), in der Begrenzung (πέρας), wogegen die Hyle (bei Numenius) als fliessender Strom (s. Möller) sich ergiesst, nach Tiefe, Länge und Breite unbestimmt endlos (ἀόριστος καὶ ἀνήνυτος). So tritt mit dem Ἐστώς (der Gnosis) die Stetigung hervor, innerhalb des von „Horos" gezogenen Umkreises, und, (wie in Yoruba), war Oros (auf Tahiti) Gegenstand ceremoniellen Cultus, dem Taaroa sich entzog (s. Bovis), als unerreichbar Höchstes, gleich Nyankupong (der Odschi), in Unbegreiflichkeit des Wakan (bei den Dakotah).

Die Völker der Erde, noch zugehörig geographischen Kreisen, sind eingesponnen innerhalb eines Netzes von Vorstellungen, in ihrer ethnischen Vorstellungswelt charakteristisch verschieden gefärbt (wie schon bei körperlicher Constitution hervortretend). Diesen unsichtbaren Gesellschaftsorganismus, der sie umgiebt, haben wir nach seiner Physiologie zu studiren, zu zergliedern, zu zersetzen, in seine Constituenten zu zerlegen. Es herrscht ein einheitliches Lebensgesetz unter der Vielfachheit weit getrennter Entfaltung, wie das gleiche Lebensgesetz in den Kryptogamen waltet, das auch den Organismus der Phanerogamen beherrscht, und indem wir es bei niederen, einfach durchsichtigen Organismen einer Betrachtung unterziehen, wird uns dann aufklärender Durchblick gewährt sein für höhere Zusammensetzungen. Praktisch fehlt ethnischen Studien unter den Naturstämmen ihre Bedeutung für directe Ausnutzung; dagegen liefern sie die leitenden Fäden gleich dem Zellenleben der Kryptogamen, um den Gang der Entwickelung bei höheren Idealschöpfungen zu verfolgen.

So lange ein Forschungszweig aus der Ferne teleskopisch angeschaut wird, genügen allgemeine Generalisationen, während mit mikroskopisch eindringendem Detail die Arbeit unabsehbar sich mehrt. Die einheitliche Vorstellung der Lebenskraft hat sich in eine Vielheit von chemischen und physikalischen Processen aufgelöst, zu den sieben Planeten, mit denen man sich Jahrtausende begnügt hatte, sind seit den Entdeckungen im Beginn des Jahrhunderts, (und ihrer fortgehenden Vermehrung seit der

Mitte), noch unübersehbare Reihen zugetreten, die vier Elemente
seit den Zusätzen im vorigen Jahrhundert, haben ihre, tantalisch,
(für den Monismus) quälende Vervielfältigung begonnen mit
dem Tautalum (1801), dem Columbium (1802) etc., und so ist sie
ebenfalls dahin die bequeme Abrundung der Menschenrassen
in 5 (bei Blumenbach), 3 (bei Cuvier) oder ein Dutzend etwa
(bei Pickering, Bory, Desmoulins u. A. m.), in unerschöpflich
neuen Einblicken, wobei aus den geographischen Provinzen nur
ein Leitfaden zu entnehmen sein wird (mit Umblicken auf die
geschichtliche Bewegung) s. Zur Lehre von den Geographischen
Provinzen (S. 3).

Als das traditionelle Verbot (unter den Tuschilange), den
Kasai zu passiren, in Folge der (beim Vordringen der Kioko mit
ihren Handelsproducten) angeregten Neugierde der jüngeren
Generation, die sich unter dem Kalembe schaarten, nicht mehr
aufrecht erhalten wurde, brach der Krieg aus gegen die Aelteren,
welche, als unterliegend, ertränkt wurden, soweit sie nicht nach
ihren entlegenen Dorfesgründungen flüchteten (wo von Wissmann
noch angetroffen). Und von dort, aus bisher unberührtem (und
deshalb ungestörtem) Terrain, auf dem unsere Entdeckungs-
reisende als erste Weisse erschienen, haben sich dann im
Fortdringen bis zur Grenze des ferner noch Unbekannten (über
die Bassongo-mino hinaus) jene kostbaren Sammlungen dem
Museum eingefügt, die als ächtgetreue Zeugen des central-
afrikanischen Völkergedankens, wie die ersten, so in ihrer
Art die einzigen bleiben werden (so lange die Erde sich noch
dreheu mag), um im XIX. Jahrhundert (der Zeitrechnung), um
heute erst, den ethnischen Typus Afrika's zur Anschauung zu
bringen (des ältesten Continentes für unsere Culturgeschichte).

Das Ding ist entweder ein objectiv Existirendes oder eine
davon hergenommene Form im Geist, und beide sind bei den
verschiedenen Ländern und Völkern nicht verschieden, im Ausdruck aber, welcher auf die Form im Geist hinweist, und in
Schrift, welche auf den Ausdruck hinweist (s. Haarbrücker), zeigen
sich Verschiedenheiten bei den Völkern (bei *Ibn Sina*), so dass
es zunächst der Erforschung des Völkergedankens gilt (in den
organischen Processen seines psychischen Lebens), wobei dann
die Linguistik wichtigste Hülfsapparate liefert (aus vergleichender
Geschichte der Sprache bis zur Schrift, mit symbolischen Vorstufen).

Als um die Mitte des vorigen Jahrhunderts, in oft bewunderten Meisterzügen, Buffon sein Gemälde entrollte von den „Epoques de la nature", da, in prophetischen Vorahnungen, öffnete sich seinem Blick die Vorschau auf ein neues Lehrgebäude, dessen Ausbau, weil mehr Zeit verlangend, als ihm geblieben (plus de temps qu'il ne me reste à vivre), er sich genöthigt sah „recommander à la postérité", und „la postérité a dignement répondu à cet appel" (cf. d'Archiac).

Dies neue Studium, das damals in den Windeln lag, (gleich dem kaum geborenen der Ethnologie heutzutage), ist in der Zwischenzeit emporgewachsen zu einer an Aufklärungen reichen Wissenschaft, der auf allen Universitäten ihr Lehrstuhl errichtet ist: zu der Paläontologie, und die Ausgestaltung derselben basirt auf den Sammlungen ihrer Museen, Sammlungen, welche, weil unzerstörbar dem Felsgestein eingefügt, diesem im Lauf der Entwickelung, je nach hervortretendem Bedürfniss, in beliebig erforderlichen Mengen entnommen werden konnten.

Anders bei den Sammlungen jener Wissenschaft, die neuerdings, allmälig in noch unbestimmten Umrissen, aus der Zukunft herüberzudämmern beginnt, bei den Sammlungen der Ethnologie. Ephemerer Schöpfung nur, sind sie, den Eintagsfliegen gleich, zu haschen und zu sichern im Gebote des Augenblicks, der sie bietet, denn rasch sinken sie dahin, fortgeschwemmt für immer im Strom der Zeit, in das Nichtwissen der Vergessenheit. Und momentan gerade, mehr als je, Grossfeuer überall! auf dem gesammten Arbeitsfeld der Ethnologie, mit lichten Flammen brennt's in allen ethnischen Kreisen ringsum, — und angefacht wird dieser Brand durch tagtägliche Steigerung des internationalen Verkehrs, in unserm Zeitalter des Dampfes und der Elektricität, wo ein Jahr mehr jetzt zerstört, als früher Jahrhunderte oder Jahrtausende. Bald werden auch die letzten der hier und da in psychischen Originalitäten noch blühenden Stätten todt, ausgebrannt, daliegen, und während diese Verwüstung wüthet, schauen wir unthätig, gleichgültig zu, während mit bescheidensten Geldmitteln hier und da noch manche Rettung gar wohl möglich wäre. Wie dies im Licht der Nachwelt erscheinen mag, bleibt der Beurtheilung zu überlassen; und bei dem Nutzlosen der seit mehr als zehn Jahren mit jedem derselben lauter erhobenen Klagen bleibt der Ermüdung nur die Resignation mit dem, was trotzdem erreicht sein mag (im gebieterischen Drange der Zeit).

Das Gesetz drückt eine Verallgemeinerung aus, wie in Ergebnissen bei Durchforschung der Einzelnheiten gewonnen, und bei einer auf Relationen nur beruhenden Kenntniss aus den Wechselbeziehungen hervortretend, mit gegenseitiger Controlle (im logischen Rechnen). Aus der Einmaleinstafel ergiebt 3 mit sich selbst die Neun, 6 mit sich selbst 36 u. s. w., wie angenommen werden kann als Ausdruck der Multiplication, weil durch Addiren so festgestellt, und in jedem gewünschten Fall nachprüfbar.

Dass in der Chemie eine bestimmte Basis mit wahlverwandtschaftlicher Säure das entsprechende Salz ergeben wird, spricht eine gesicherte Thatsache aus, weil an der Hand des Experimentators, jeden Augenblick thatsächlich beweisbar. Ob dagegen nun für weitere Erklärungen Theorien über Phlogiston oder Oxygen und Hydrogen, über negative und positive Polaritäten, über Atomgewicht, Molecular-Aequivalente u. s. w. gelten, wird sich als Hypothese aus dem jedesmaligen Stand der Kenntniss zu rechtfertigen, oder mit demselben zu modificiren haben.

Schwieriger schon liegt der Gegenstand der Untersuchung im Organischen, wo aus physikalischen Agentien des Aeusseren zu den inneren Processen Factoren hinzutreten, die sich deutlicher Uebersicht soweit zu entziehen haben, und noch verwickelter wird die Betrachtung des Psychischen, wo meistens mit lauter unbekannten Grössen zu rechnen ist. Auch für solche Unbekannte indess bleibt in vervollkommneter Rechnungsmethode die Möglichkeit, feste Ziffernwerthe zu substituiren, wenn in den richtigen Formeln der Gleichungen zu einander gesetzt. Dafür hätte jedoch deutliche Anschauung und Kenntniss unverkennbarer Thatsachen als unerlässlich erste Vorbedingung zu gelten, und für eine naturwissenschaftliche Psychologie zunächst also die scharf ausgeprägten Typen des Völkergedankens (auf Grundlage der anthropologischen Provinzen innerhalb des ethnischen Horizontes), — sonst ist jeder Versuch von vorn herein ein völlig hoffnungsloser, (so lange die Beschaffung des Materials, und dann ferner benöthigte Sichtung desselben, noch fehlen sollte). Wie überall ist freilich auch hier zuerst ein Anfang zu machen, und wenn die Ethnologie noch länger zögert, wäre es überhaupt zu spät (bei tagtäglicher Steigerung des internationalen Verkehrs, mit seinen zersetzenden Einflüssen).

Das (der Möglichkeit nach) möglicherweise (potentia) Vorhandene, geht kraft innerlicher Kraftwirkungen (δυνάμει), in

21*

seine Verwirklichungen über, hinausgezogen in organische Entwickelung bei gesetzlichem Verinnerlichen neu hinzutretender
Einflüsse in den Momenten kritischer Wendepunkte (bei jedesmaligem „statu nascenti").

Aus λόγοι σπερματικοί (der Stoa) entfalten sich (philosophisch)
die (nach gnostischer Theosophie) im Bythos verborgenen Keime,
beim Aufblühen der Welt kosmologisch (als pua-mai in Hawaii).
Und so im psychischen Wachsthumsprocesse (für naturwissenschaftliche Auffassung). „It is not by reasoning that we get
knowledge — we only make implicit explicit by that conscious
power, the knowledge is latent in structural organization, before
it is self-revealed in conscious function" (s. Maudsley). Was
hier unbewusst wächst im psychischen Organismus, ist das einheitliche abgeschlossene Walten der Völkergedanken (unter den
Mitbedingungen äusserlicher Agentien), während dann der Factor
des integrirenden Einzelngedankens zersetzend und sichtend
hinzutritt (im logischen Rechnen), um den Zusammenhang des
Ganzen (unter inductiver Controlle) dialektisch herauszurechen
(in der Harmonie des Kosmos).

Eingeschlossen als mitrechnender Theil in den Entwickelungsprocess des Werdens, kann das Theilganze des Menschengeistes
keinen apriorisch hypothetischen Ausgangspunkt im Absoluten
setzen, sondern nur da ihn nehmen, wo sich im Gleichgewicht
der Relationen die Gültigkeit einer Eins aus den Gleichungen
beweist — (im nächsten Anhalt an die geographischen Provinzen,
für den anthropologischen Kreis innerhalb seines ethnischen
Horizontes), — und hier allerdings bleibt die Aussicht, nach genügend in Elementaroperation erlangter Uebung, bis zu einem
höheren Calcul fortschreiten zu können, für Infinitesimal-
berechnung der idealen Ziele, bei naturwissenschaftlicher Durchbildung der Psychologie auf Grund der im Material der Völkerkunde beschafften Thatsachen zur Lehre vom Menschen (als
Gesellschaftswesen, — mit den Hoffnungskeimen auf einstiges
Verständniss des Selbst).

Indem wir uns von der Betrachtung anderer Naturvorgänge
derjenigen zuwenden, welche im Unterschiede von physischen
(in animalischer Constitution) als psychische, (je nach der soweitig
im Allgemeinen gültigen Erklärungsweise der „Connexio rerum"
in der Welt), bezeichnet werden (in psycho - physischen Berührungspunkten), so tritt für das Seelische zunächst der Unter-

schied eines doppelten Zustandes (im periodisch normalen
Wechsel) entgegen, der des Wachens und der des Schlafs, unter
welchen der erstere nur (beim Hineinspielen des Subjectiven in
das Objective) diejenigen scharfen Unterscheidungen ermöglicht,
welche für Betrachtung (auf sinnlichen Unterlagen für geistige
Fortführung) als Vorbedingung zu gelten haben.

Für den normal Gesunden ist die Trennungslinie eine absolute, er lebt sich selbst im Tageslicht des Wachens, er stirbt
den temporären Tod des Schlafes, um neu gestärkt verjüngt
daraus zu erwachen (zum Dasein eigener Erkenntniss und Verständnisses, wie weit es reicht).

Wie überall auf schwankendem Grenzgebiete laufen leichtlich auch hier allerlei Uebergänge durcheinander, undeutliche
Durchkreuzungen und Verwirrungen bis zu Abirrungen, welche
obwohl pathologisch (und gerade deshalb vielleicht) einer Erforschung zugänglich bleiben, und solcher also bedürftig sind
(unter den als zuverlässig festgestellten Methoden). Unter den
„various means, by which in different ages and places, the
supernatural has been diversely revealed to different people",
die Rohheiten der ersten beiden Klassen, (göttliche Erscheinung
oder göttliche Besitzergreifung), „suits not to the refinement of
modern thought", und so bleibt nur die „third method of divine
inspiration, that of ecstatic intuition" (s. Maudsley), je nach den
Erklärungsweisen (unter religions-philosophischer Deutung der zeit-
gemässen Weltauffassung).

Indem das Ziel des Wissensdranges auf Klärung des noch
dunkel unbekannt Verbleibenden gerichtet ist, wird das Streben
nach deutlichen Bestimmungen naturgemäss von unklaren Gefühls-
wallungen abgewandt sein, wogegen aus.̈ diesen allerdings (soweit
der Beobachtung ihre Objectivität gewahrt werden kann) mancherlei
tiefere Einblicke zu gewinnen bleiben, für die Einsenkung des
Psychischen in das Physische (um aus dortigen Wurzeln im Sinnlichen die geistigen Früchte zu entfalten).

Die Selbstbeobachtung kann hier über das auf den einzelnen
Sinnesgebieten durch exacte Controll-Methoden der Psycho-Physik
Festgestellte hinaus, kurze Schritte nur wagen, indem durch das
Eintreten in das Dunkel das gewünschte Licht nothwendigerweise
mehr oder weniger eben sich verdunkelt, betreffs „the ultimate
nature of that which constitutes the sensation" (s. Carpenter), und
in der Hauptsache bieten sich für objectives Studium nur die

pathologisch bereits leidenden Subjecte, sofern vorgeführt oder vorführbar.

Obwohl hier nun allerdings, wie bei allen Krankenheilungen, dem gewissenhaften Arzt zum Besten der Therapeutik, eine gewisse Spielweite im Experimentiren verbleibt, sind doch gerade hier, bei den mancherlei drohenden Gefahren aus psychischen Epidemien, die Grenzen des Erlaubten desto ängstlicher festzuhalten, so dass das Unwesen populärer Agitation, (für Popularisirung in den Fächern der Theilarbeit noch nicht vorbereiteter Themata), wie in spiritistischen Zirkeln oder hypnotischen Schaustellungen getrieben, strengstens verboten bleiben müsste, gleich kindischem Gespiel mit Feuer oder Kramverkauf von Explosionsstoffen (um Brandstiftungen vorzubeugen).

Das reichste Beobachtungsfeld für diese im Uebrigen hochwichtigst, interessanten Phänomene findet sich unter den Naturstämmen gebreitet, und erweist sich insofern als besonders geeignetes, weil etwaige Versuche, das an sich vorliegende Material durch Experimente zu vermehren, selbst wenn sie aus vorläufiger Unkenntniss hier und da noch fehlgriffen, unschädlich blieben, oder jedenfalls weniger Schaden bringen würden, als in complicirten Civilisationszuständen (wo die Luft mit Brennstoffen gefüllt ist).

Wie kunstvollendete Tonschöpfung das Ohr, wird ein in Formen und Farben harmonisch concipirtes Bild das Auge treffen, mit dem Gefühl der Befriedigung (bis zum Entzücken), obwohl bei vernünftelnder Analysirung im Detail der dadurch erkaltete Eindruck sich bald wieder unbefriedigt abwenden mag.

Wie als Vorbedingung hier normal-gesunde Naturanlagen für die physischen Schwingungen (in psycho-physischer Nachweislichkeit oftmals schon) anzusetzen bleiben, so betreffs der psychisch angeschlossenen der Einklang im Gesammteindruck für die ästhetische Empfindung, und so aus religiöser Prädisposition eine intuitive Gotteserkenntniss (bei Pascal), unter unterstützender Erziehung (in mechanischer Ausverfolgung cultureller Ceremonien) für innerlich fromme Aufopferung des Herzens, statt blutig aztekischer Opfer (s. Reville). Die ontologischen Beweise (bei Anselm) lassen philosophisch kalt und vermögen ihr ausfüllendes Verständniss erst in Uebereinstimmung mit einer erklärbarlichen Weltauffassung zu erhalten, naturwissenschaftlich also (mit dem logischen Ausrechnen in der Psychologie für die idealen Bedürfnisse).

Mit Edem im Hirn, umflossen von den vier Sinnesströmen, krümmen sich darunter in (naassenisch) listigen Schlangenwindungen die Eingeweide eines zusammengedrückten Kronos (weiblicher Form auf Mangaia), mit materiellen Bedürfnissen, wie durch Adi-Buddha angeregt, in Brahmaloka's gefallenen Bewohnern, statt des „Appetitus intellectivus", und so haben die Eingeweide wieder zu fehlen (bei Erhebung zu Meditationsterrassen der Rupa-Himmel). Was das Sterben? Abzuscheiden von Allem, was warm, was bunt, was jugendvoll, was lustbedürftig, sprühend und freundsbedürftig, im treuen Herzen glüht! Kalt, grau, schaurig, öde und einsam der Ausblick in dunkle Nacht, wenn nicht erhellt vom neu entzündeten Lichte aus Lustbedürfnissen, die über irdischen Wandel hinaus, dem geahnten Ziele zugerichtet bleiben (in kosmischer Harmonie).

Bei der zwiefachen Natur des Leiblichen und Geistigen im Menschen werden sich gleich den Bedürfnissen des Ersteren, die des Anderen auch fühlbar machen, in geringerem Grade bei rohen Zuständen (unter Ueberwiegen der körperlichen Hälfte), aber immerhin bereits ihren naturgemässen Ansätzen nach.

Unter den Naturstämmen werden deshalb, in ähnlicher Weise wie körperliche Künste und Fertigkeiten dem damit Begabten ein Uebergewicht verleihen, auch die psychisch erregbarer Angelegten, durch das, was sie zeigen, ihren Eindruck nicht ver-fehlen, der zunächst auf somatischen Berührungspunkten des Seelischen zur Auswirkung kommend, sich in solch äusserlichen Erscheinungen bemerkbar macht, wodurch überall die Klasse der Zauberärzte in den Vorführungen ihrer verschiedenen Verrichtungen (nach der einen oder anderen Seite hin) hervortritt. Mit zunehmender Ausbildung in der Tendenz des psychischen Pols läuft das Ekstatische entweder bis zu fanatischen Excentricitäten im Religiösen aus oder verliert es sich auf unabsehbare Weite metaphysischer Speculationen, bis hier mit ordnender Sichtung des Detail die inductive Methode Platz greift, für Ausbildung einer naturwissenschaftlichen Weltanschauung, die dann auch die Psychologie einzuschliessen haben wird, — zunächst jedoch der Materialbeschaffung bedarf (für Verwendung solch inductiver Methode).

In Afrika bricht sich die noch nicht zu optischer Abrundung gelangte Welt in Facettenaugen gleichsam, kastenartig, und so die formell förmlichen Etikettirungen bei den Wildstämmen (Madi, Obbo, Bari u. s. w.) am Bahr-el-Abiad, mit ausgeprägtem

Typus in den ungestört verbliebenen Monbuttu und der ferneren Durchbildung in der Staatenbildung Uganda's (aus mythischem Ursprung). Der Jäger Kimera (aus Unyoro) wurde auf einem Stein zum König von Uganda erhoben und „organized his people in so admirable a manner", dass „organization seems now to be implanted in the Waganda mind" (zu Grant's Zeit). His body was dried by being placed over an oven (the lower jaw removed and covered with beads), placed in tombs (s. Wood). Auf der mit den Verherrlichungen des Verstorbenen beschriebenen Ahnentafel wird das voranstehende Wort „König" durch einen angesehenen Eingeladenen oben mit einem Punkt versehen, Zeichen für Herr (,,zum Herren punktiren"), mit der Bedeutung, dass die Hölle keinen Theil an ihm habe, da der König des Todtenreiches ihn nun als Herrn anerkenne (in Tschongtschung), unter dem Opfer-Ceremoniell (s. Schultze), und so bei der ägyptischen Seele in ihrer Beziehung zu Osiris oder Af-Ammon (als König der Unterwelt). Die 10 Höllenkönige der Yam-wang (in der Unterwelt) sind alle „sagenhafte oder auch historische Gestalten" (in China), und wie Osiris haben die übrigen Götter (Schu, Seb u. s. w.) früher als Könige auf Erden geherrscht (in Aegypten). Vor Abtrennung des „dux ex virtute", (der Kronfeldherrschaft später), tritt in den Weisen und Greisen (als Gnekbade) dem Priesterkönigthum der Richterstand hinzu. *Πᾶν βασιλεὺς δίκαιος ἱερατικὴν ἔχει τάξιν* (s. Iren.). Der Kaiser von China versieht den Staatscult (in den Jahresfesten), wie die nicht-hieratischen Opfer den Königen auflagen, und in Olympia fungirten *οἱ βασιλεῖς καλούμενοι* (s. Paus.). *Τῶν θυσιῶν ὅσαι μὴ ἱερατικαὶ* (s. Aristoteles) wurde von den Königen verwaltet bei den Panegyreis (s Poll.). *Ἡ οἱ μάντιές εἰσι, θυοσκόοι, ἢ ἱερῆες* (bei Hom.). Wie neben dem Wulomo der Wongtschä (in Guinea) steht der Yakkoduro neben dem Kapua (in Ceylon), s. Der Fetisch (S. 57). Die Tscheremissen halten sich der Auferstehung nicht für würdig (s. Müller), wie die Gemeinen in Polynesien der Seele entbehren (die nur den Egi eignet). Unter Wa-murreta-kwonci (our maker) oder Wa-cinaci (our father) begreifen die Arowaken, wie mit Tamosi („the ancient one") die Cariben: „One who lived long ago and is now in sky land" („the maker of the Indians and their father"), in the idea of ancestral spirits (s. Im Thurn), als Erster Mensch oder (bei den Zulu) Unkulunkulu (Adam Kadmon oder *ἄνθρωπος ἀχαρακτήριστος*) in Ensoph (als „Alter

der Tage"). Die Lappen glaubten an eine Wiederauferstehung
des Bären, ihre eigene bezweifelnd (s. Hogström), und vor den
Menschen herrschen die Thiere (in Amerika), von Mukoli oder
Manatta zum Schaden geschaffen (bei den Karen). Die bei dem
Masch (der Transformation) von Gott in Affen und Schweine
Verwandelten wurden nachher Menschen (cf. Abbad Ibn Sulailman
afz-Szaimari). „Heaven is for thee too high, to know what passes
there", wird Adam vom Engel Raphael belehrt (bei Milton), und
die mit solcher Lehre (über Njankupong oder Zambi-ampungu)
vertrauten Nigritier wenden sich deshalb an Mittler (in den Wong
Mawu's). Aba Talib erlangt Regen durch Emporhebung seines
Sohnes (bei der Dürre in Mekka), und ein Edler erbittet Wasser
der Wolken (in der Familie Haschima), wie Aeakus (durch
frommes Gebet). „Es ist ja doch unter den Heidengöttern Keiner,
der Regen geben könnte" (betet Jeremias), und so streiten die
Regenmacher in Rivalität um die Orthodoxie ihrer Rechteskraft (in
Theurgie und Goetie), s. Der Mensch i. d. Geschichte, II (S. 98).
In Polynesien lag die Reinga vaerua, (leaping-place-of-the-
souls), nach Westen, im Amenthes (s. Plut.), wo Osiris herrscht,
als Neb-Neh (Herr der Ewigkeit), oder im (mystischen) Duat
(wie in Ame-Duat enthüllt), Af-Ammon oder Leib des Ammon,
als Sutn-Ntru (König der Götter), und dort öffnet sich (für
Thmu oder unterweltliche Sonne), von der Erde oder Ta (Seb
oder Keb), nach dem Ma-nun (Ort des Abgrundes) Ro-Set (Thür
des Westens), während hinter dem Berg des Lebens (Anch-tet)
die Sonne oder Ra (Phra, als siamesischer Herr) untergeht,
als der deificirte König Ra-macheru (Nachfolger des Hephästos).
Auf Mangaia (s. Gill) folgen die abgeschiedenen Seelen dem
Sonnengotte „Ra", der nach Avaiki niedersteigt, — im westlichen
Amenthes, durch Pekker geöffnet (bei Abydos), — und wie in Scandinavien vom Wolf, werden die indischen Himmelslichter verfolgt
von Ra-Hu, während (in Aegypten) Typhon (Tibba oder Tobha)
oder Seth (als phantastisches Eselsthier) seit dem Kampf mit
Horus den Mond (Aha) zu verschlingen droht, sowie die Sonne (in
den Eclipsen). Als Rhea mit dem Zeitgott, Saturn oder Chronos
(als Erdengott Keb), Ehebruch getrieben, verfluchte der Sonnengott (wegen des jetzt dem Zeitlichen verfallenen Irdischen) die
Geburt, weder im Monat, noch Jahr, zu erfolgen (s. Plut.), bis
(durch List der Einsicht) Hermes vom Mond die Schalttage ab-
gewann, und nun, frei von zeitlichen Banden, die Götter hervor-

traten; Osiris und Arueris (von der Sonne bereits empfangen, und so dem Ewigen zugewandt), Typhon und Nephthys, als Zeugungen des Chronos (im Kampf und Streit), während Isis im menschlichen Verständniss (als Tochter des Hermes) sich mit Osiris (göttlicher Natur) verband, und aus dessen Zeugung nach dem Tode Harpokrates (in menschlich-irdischer Gebrechlichkeit) hervorging, während Anubis (von Osiris mit Nephthys gezeugt) sich zu Diensten der Isis anschloss (als Seelenführer zum Todtenreich). Mit Horus (bei Osiris' Rückkehr aus der Unterwelt ausgerüstet und unterrichtet) begann dann die geschichtliche Zeit (des Menschengeschlechts). In den Mond (als Symbol der Isis) wurde Osiris versetzt (zu verjüngender Wiederkehr aus Amenthes, der „nimmt und giebt"), während Horus, (die Erneuerung des Arueris), die Regelung darstellt im Abbild der ewigen Sonne (Ra's).

Im lärmenden Getöse der Leichenfeier sucht man (auf Indonesien's Inseln) der Seele einen glücklichen Fortgang zu erleichtern, und die Aufmerksamkeit muss abgelenkt werden, wenn das vom Scheiterhaufen springende Herz zu entkommen sucht (an indianischer Küste). „Il s'agissait pour l'âme du défunt, d'échapper entièrement aux esprits archontiques et de passer ensuite, intacte, avec les anges de lumière par le domaine des sept esprits d'Jaldabaoth" (bei den Ophiten). L'âme du mourant est entourée d'un côté, de sept anges de lumière et d'un autre, de sept esprits archontiques, dont ils appelaient le chef le „dieu maudit" (s. Matter). So galt es die Vermummungen hier, auch die Verkleidungen in Trauergewänder (s. Frazer), unter dem bunten Maskenschanz, wie überall in Maya's Trugbildern spielend, so lange auf ihrer Wellen flüchtigem Spiel die schwanke Lebensbarke treibt (mit dem Steuer gerichtet zum „ruhenden Pol"). In Dante's heiligem Gedicht „den Ausdruck höchster dichterischer Weihe zu finden, die je einem Sterblichen zu Theil ward" (s. Witte), führte zur Einigung der „Dante-Gesellschaft" (1885). Auf Verlangen Virgil's erzählt della Vigne von der Seele, wenn sie gewaltsam vom Körper getrennt, und von Minos in den Schlund gesendet ist und in den Wald geschleudert worden, hier aufkeime wie ein Dinkelkorn und als eine wilde Pflanze erwachse, worin die Harpyien nisten, und für die Schmerzenstöne Oeffnungen machen (s. Bähr). Durch das Gehölz jagen zwei Seelen, von schwarzen gierigen Hunden gehetzt (bei Dante), wie die Eskimo des Jenseits, wenn sie im Diesseits ihre Hunde misshandelt

hatteu, von diesen Bisse leiden (im lex talionis). Die Holz-
fräulein fliehen vor der wilden Jagd (zum bekreuzten Stumpf).
In Zeiten der Noth, der Arowak „inveighs agaiust a being, called
Oenicidii" (s. Im Thurn), und der Algonkin schreit zum „grossen
Geist" (Tabak in's Feuer werfend). Im gewöhnlichen Tagesleben
wird (auf Tonga) Kai verehrt (als Essensgott) und beim Seelen-
fressen kommt doppeltes Gebiss hinzu (in den Hauern), s. Inselgr.
i. O. (S. 32). Der Szafar (der Araber) ist der Bauchwurm (im
rippennagenden Hunger), unter den Krankheiten durch Begu (bei
Batta) gezeugt (als Würmer).

Wie durch die Wong, als Emanation Mawus (bei den
Eweern), ist von Zambi aus (bei den Fiot) mit den Kräften der
Kissi die Welt durchdrungen, und wie sich diese nach naturgemässen Voranlagen göttlicher Manifestationen in Idolen per-
sonificiren lassen, so mögen sie temporär zusammengeschlossen
werden in Fetischen, als schützende Talismane oder verderbliche
Zaubermittel, dort gebunden jedesmal durch die vom Ganga (oder
dem Endoxe) auferlegten Xina, unter Gelübden der Mokisso, in
Enthaltungsvorschriften, (wie sie sich in stereotyp fixirten Reli-
gionssystemen zur periodischen Fastenzeit erweitern).

Von der Schöpfung zeugte Tonacatecuhtli mit seiner Frau
Tonacacihuatl im Himmel die Söhne Tlatlauhquiteziatlipoca (roth),
Yayauhqui (schwarz), Quetzalcoatl (weiss) und Huitzilopochtli
(als Skelett mit Haut bedeckt), und als aus der Ruhe heraus-
tretend, den Mann Oxomoco und die Frau Cipaltonatl, sowie (in'
der Unterwelt) Mictlanteuctli und Mictlancihuatl, sodann einen
ersten Himmel (mit männlichen und weiblichen Sternen), einen
zweiten, mit Tetzahaucihuatl („femmes squelettes") bevölkert, einen
dritten für die farbigen Menschen, einen vierten für Vögel, einen
fünften für Feuerschlangen (Cometen und Sternschnuppen), einen
sechsten für den Wind, einen siebenten für den Staub, und im
achten wohnten die Götter, bis hinauf zum dreizehnten (s. Biard).
Unter Schlagen der Trommel (Tüngür oder Tür) zum ersten
Himmel gelangt, setzt sich der Schamane (im Altai) auf die
Seele des Opferthieres Pura (mit der Seele des Baschtutkan) zum
Durchbrechen der zweiten Himmelsschicht, dann (auf der Gans)
zum dritten (mit Nachrichten über Wetter und Krankheiten),
weiter (unter Donner und Blitz) zum vierten, bis zur Wohnung
Japitschi's im fünften, zur Verehrung des Mondes (unter Ver-
folgung des Hasen) im sechsten, der Sonne im siebenten, und

höher hinauf (für Anrufung Ulgön's). „Je mehr Macht der Kam besitzt, desto höher kann er steigen, so giebt es Kame, die bis zum zehnten, elften, zwölften Himmel und noch höher sich zu heben vermögen, diese Kraft aber besitzen nur sehr Wenige" (s. Radloff). Die an Pferde, Hunde oder Schweine erinnernden Gesichter sind Nachklänge aus den Seelenwanderungen (bei G. Bruno), nach den Erzählungen aus den Jataka, in solcher Version der Lehre, wie „der Wahrheit am nächsten kommend im Buddhismus" (s. Schopenhauer). Neben Pauguk (dem Seelenjäger) herrscht in der Unterwelt Chibiabos, den Manabozho's (Na-na-bush's) Bruderliebe an den Manitto gerächt (das Mysterium der Medawa zu erlangen). Als „Erster Mensch" ist Yama vorangegangen im Tode, aber zeugend zugleich im Zwillingspaar (mit Yami), neben seinem Bruder Manu, (der Embryo Gautama Phra's, als Mahathammada), gleich dem Geschlechtslosen im Mulamuli (Völker d. östl. Asien, II, S. 459), und für diesseitiges Leben richtet Jima die Erde ein (als Paradieses-Garten). Als nach Besiegung Jan-ben-Jan's (unter den Salomonen), der Engel Hares (feuergebildet) die für Adam verlangte Huldigung verweigert, folgte seine Empörung an der Spitze der Divs, während die Peri den Geboten des Himmels Gehorsam leisteten (am Berge Kaf).

Was der „Propheten-Nische" entnommen, als Ansichten der „Al-Filusuf" (im Lande Rum und der Griechen), zunächst der Milesier (Thales nebst Anaxagoras und Anaximenes), in arabischer Version (bei Ash-Shahrastani) dargelegt sich findet, lässt esoterische Lehren durchblicken, wie in dem international durcheinandergewürfelten Verkehr römischen Kaiserreiches in gnostischen Systemen populärere Verbreitung erhielten. Betreffs des Voran-Seienden tritt aus Verborgenheit (eines $\vartheta\epsilon\grave{o}\varsigma$ $\mathring{a}\gamma\nu\omega\sigma\tau o\varsigma$ oder $\mathring{a}\nu o\nu\acute{o}\mu a\sigma\tau o\varsigma$) das Zur-Erscheinung-Kommende hervor, im Grundstoff gespiegelt, mit dem (im Zuge zur Rückkehr) die Entwicklung anhebt (kosmologisch im Einbegriff des Psychischen). Der ophitische Gott ritzt ($\delta\iota\dot\eta\mu\nu\xi\epsilon$) seine Brust ($\varkappa\acute{o}\lambda\pi o\nu\varsigma$) im Ge, schwür, aus dem (am Arm oder Bein des Mannes) die Frau entsteht, aus wassersüchtiger Geschwulst (s. Petrus Martyr) bei Jaya's Söhnen (unter Cariben) oder aus der Rippe (s. Turner) als Ivi (auf Fakaafo). Nachdem der Gross-Engel Bahadun von seinen Brüdern getödtet war, wurde aus seiner Haut die Erde, aus seinen Knochen die Berge und aus seinem Blut das Meer gefertigt (s. Ash-Shahrastani), nach den Bahadunija (in Indien),

Aus Puntan's Leib wird die Welt gebildet (auf den Mariannen), wie aus dem Ymir's (durch Bör's Söhne). Ein jährlicher Hauptauszug der Hexen war auf die Walpurgis-Nacht angesetzt (s. Grimm) und „die Hexen fahren an lauter Plätze, wo von Alters Gericht gehalten wurde oder heilige Opfer geschahen" (auf Hexenbergen), zur Versammlung der secta Strigarum (XIV. Jahrhundert p. d.).

Die Baloi (Hexen) oder (bei den Xosa) Abatakati bilden (bei den Basuto) einen Geheimbund, zu welchem sowohl Männer, wie Weiber gehören, die aber bei Tage gleich andern ehrlichen Leuten sich nähren und arbeiten. Des Nachts versammeln sie sich an abgelegenen Orten, um den Leuten Böses zu thun (s. Merensky). Von Joskeha besiegt (bei den Irokesen), Tawiscara was merely driven from the earth and forced to reside in the far west, where he became ruler of the spirits of the dead (s. Brinton). Das Todaustragen, in Kronstadt bis zum Jahre 1714 bestehend, findet sich noch in Feldorf, am Tage Mariae Verkündigung, in Braller, am Himmelfahrtstage (1871). Am Aschermittwoch wurde früher an vielen Orten ein Strohmann gemacht, geprügelt und zuletzt verbrannt; in Grossschenk war dieser Gekel aus Erbsenstroh (s. Haltrich). Bei den Palilien oder dem Fest zu Ehren der Hirtengöttin Pales (in Rom), reinigte und räucherte man mit Bohnenstroh (fabarum stipula), zündete dann ein Feuer an und sprang hinüber (s. Dierbach). Februum Sabini purgamentum (Varro). In sacris haec religiosi arcani observatio tenetur, ut cum sol in supero, id est, in diurno hemisphaerio est, Apollo vocitetur, cum in infero, id est nocturno, Dionysius, qui est Liber pater, habeatur (s. Macrobius). Feralia ab inferis et ferendo, quod ferunt tum epulas ad sepulcrum, quibus jus ibi parentare (s. Varro), zum Speisen der herbeikommenden Todten (wie in Annam), und dann werden die Charistia gefeiert (für die Oromatua Tahiti's). Februatur populus (im Februar) lupercis nudis lustratur antiquum oppidum Palatinum gregibus humanis cinctum (Varro). Februarius mensis dictus, quod tum, id est extremo mense anni, populus februaretur, id est lustraretur ac purgaretur (s. Festus). Wie der Lebende das Licht, die Wärme, das Geräusch auffasst, lehrte Parmenides (bei Theophrast): „l'homme mort a aussi des perceptions mais seulement des perceptions contraires, celles des ténèbres, du froid et du silence" (s. Riaux). Der Tempel des Orcus als Vidnus (die Seele vom Leibe trennend) lag ausserhalb der Stadt (s. Cyprian). Im Tempel der Lubia oder Libitina (als „Königin des Schattenreichs") wurden die Leichen von den Dienern besorgt (als Libitinarii). Den Unterirdischen geweiht waren die drei Tage, während welcher der lapis manalis von Mundus (auf dem Comitium) entfernt war (als ungünstige). Beim Fest der Feralia oder (zur Parentatio) Parentalia wurden den Manen Opferspenden hingesetzt (unter Schliessung der Tempel wegen des Umherschweifens) und die Magistrate erschienen in gemeiner Kleidung („um der Trauer willen") bis zu den Charistien, am Jahresabschluss der Terminalien (bei gemeinsamem Mahl). Die Luperci des Gottes Lupercus (am Feigenbaum des Lupercal) reinigt mit dem Ziegenfell, als Gewand (amiculum) der Juno (oder Februata). Auf dem am Ende des Circus maximus vergrabenen

Altar des Consus wurde beim Fest der Consualien geopfert (von Flamen des
Quirinus), und unter den Bubics wird das Erdorakel befragt (Maon's), s. Besuch in San Salvador (S. 318).

„Der Urmensch gebraucht die Glieder der Lichterde: den leisen
Lufthauch, den Wind, das Licht, das Wasser und das Feuer als seine Rüstung.
Zuerst hüllte er sich in den leisen Lufthauch und das brennende Licht, als
wie in einen Mantel, darüber zog er das mit Atomen erfüllte Wasser und
bedeckte sich mit dem blasenden Winde, das Feuer aber diente ihm als
Schild und Lanze. So ausgerüstet begab sich der Urmensch auf den Kampf-
platz, um mit dem Satan zu streiten. Aber auch dieser rüstete sich nach
seiner Art mit den Gliedern der Finsterniss: dem Rauche, dem Brande, der
Finsterniss, dem Glühwinde und dem Nebel, er gebrauchte diese Dinge als
einen Schild und trat so dem Urmenschen entgegen. Nachdem sie längere
Zeit gekämpft hatten, unterlag der Urmensch, der Satan verschlang von
seinem Lichte und umgab ihn sammt seinen Geschlechtern und Elementen.
Da sandte der König der Paradiese den Freund des Lichtes (spiritus vivens
nach den Akten) zu seiner Hülfe ab, dieser befreite den Urmenschen, derselbe
wurde wieder in die Höhe gehoben und zu einem Gotte. Was in dieser
Auffassung wieder mit der éranischen Theologie verwandt ist, tritt klar
genug hervor. Der Urmensch ist kein anderer als der Gayomard der Eranier.
der zugleich mit dem eingeborenen Stiere (von dem bei den Manichäern keine
Spur) durch Agró mainyas seinen Tod findet, wie hier auch der Urmensch
dem Satan unterliegt. Hier endigt aber die Möglichkeit einer weiteren Vergleichung besonders deshalb, weil auf der éranischen Seite der Stoff fehlt.
Dort ist und bleibt Gayomard ein räthselhaftes Wesen, für dessen Dasein ist
eigentlich ein Grund nicht recht ersichtlich, es müsste denn sein, dass man
annimmt, Ahura Mazda habe anfangs gesucht, die Menschenschöpfung auf
ein einziges Wesen zu beschränken und erst später, als er dies Geschöpf nicht
mehr am Leben erhalten konnte, sich zu einer Theilung in viele Leiber entschlossen. Möglich, dass Gayomard ehemals eine grössere Rolle spielte in
den Kämpfen, welche früher stattfanden, ehe Agró mainyas auf die Erde
drang, doch melden uns unsere Quellen hierüber Nichts. Der manichäische
Urmensch ist um Vieles klarer. Wie der Satan nicht zu verwechseln ist mit
der Finsterniss, aus der er sich erst später herausbildet, so setzt sich auch sein
Widersacher, der Urmensch, erst später zusammen aus verschiedenen Licht-
theilen. Ganz verschieden von der Ansicht der Zarathustrier ist aber die
manichäische Annahme, nach welcher der Urmensch der Angreifer ist. der
nicht bloss zum Kampfplatze hineilt, sondern selbst in die Finsterniss hinab-
gezogen wird. Mit der manichäischen Ansicht von dem Verlangen der Finsterniss nach dem Lichte hängt es auch zusammen, dass der Urmensch von den Manichäern als eine Lockspeise betrachtet wird, welche der Fürst des Lichtes
in seiner Weisheit den Mächten der Finsterniss darbietet, um sie von schlim-
meren Unternehmungen abzuhalten. Dies ist eine Art von Betrug, ähnlich
wie Ahura Mazda dem Agró mainyos einen 9000jährigen Vertrag anbietet,
weil er voraus weiss, dass derselbe nach dieser Zeit machtlos sein werde.
Während auf diese Weise die Stellung des manichäischen Urmenschen ziemlich klar ist, kann man nicht dasselbe von den anderen Geistern sagen,
welche demselben hülfreiche Hand leisten. Abendländische Berichte nennen

uns eine Mutter des Lebens als die erste Emanation des Lichtes. Ueberhaupt will es uns scheinen, als ob die Götterkämpfe, welche vor den Beginn
des Menschengeschlechts fallen, uns nur sehr unvollständig überliefert seien
und zwar ebensowol im éránischen, wie im manichäischen Religionssysteme.
Das letztere scheint hier viel mythologisches Material verarbeitet zu haben,
von welchem Einiges als solches zu erkennen ist, das sie mit den Eräniern
gemeinschaftlich hatten. Ein Unterschied ist freilich der, dass die Eränier
behaupten, die überirdische Welt sei ganz rein von Vermischung mit dem
Bösen geblieben, was die Manichäer nicht annehmen. So erzählen uns die
Alten des Archelaus sogar, der lebendige Geist sei, von drei andern Mächten
begleitet, mehrmals in die Finsterniss hinabgestiegen und habe die Archonten
heraufgeholt und am Firmament gekreuzigt" (s. Spiegel). „It is humanity, or
that portion of it from which he is sprung, and in which he lives and moves
and has his being, that is the inspiration and the guide and the providence
of the individual" (s. Maudsley), als integrirender Theil der Gesellschaftswesenheit im jedesmal ethnischen Kreis, unter dem Band moralischer Naturgesetze
(wie aus psychologischer Induction gesetzlich erkannt).

Als Alterstufen unterscheiden sich pueritia, adolescentia, constans aetas,
senectus (bei Cicero) oder Infantia, adulescentia, juventus, senectus (bei
Florus), sowie Infantia, pueritia, adolescentia, juventa, senecta (bei Varro).
Bei Solon setzen sich 10 Lebensalter von je 7 Jahren (s. Philo), als „zehen
Alter dyser welt" (bei Gengenbach) bis hundert Jahre (1517), im Liederbuch
der Hätzlerinn mit Thiernamen bezeichnet (1471). Isidor rechnet bis 7 Jahre
das παιδίον, bis 14 den παῖς, bis 21 das μειράκιον, bis 28 den νεανίσκος, bis
49 den ἀνήρ, bis 56 den πρεσβύτης und dann den γέρων (s. Wackernagel).
Bei Philo unterscheidet sich βρέφος, παῖς, ἔφηβος, μειράκιον, νεανίας, ἀνήρ,
γέρων (decrepita aetas). „Das ander heisst das gestanden Alter, darin der
mensch maupar wirt" (bei Bechstein). Puer, juvenis, vir senex unterscheidet
sich (bei Horaz). „Aus Missachtung der Alten rühren Worte her, die noch
heutzutage der gemeine Mann, auch in der Schweiz (1862) zu deren Benennung braucht, Worte wie Stinkaehni, Pfuchaehni, Pfuipfuchaehni" (s. Wackernagel). Bei siebzig Jahren wurden (unter den Dribikern) die Männer erschlagen,
die Frauen erhängt (s. Censorinus). Die Padacer tödteten die Alten und (zur
Zeit der cimbrischen Wanderung) die Gallier (bei Caesar). Die Heruler tödteten
die Alten (s. Procop). Auf Ceos starben die Sechszigjährigen durch Gift (s.
Strabo). Die Geronten mussten 60 Jahre erreicht haben in Sparta (s. Plut.),
die Sechszigjährigen waren vom Kriegsdienst befreit (in Athen), der Sexa-
genarius (in Rom) war Depontanus senex (bei Nonnius). Ueber sehzic jar
so sprichet man „er ist ein alt man" (Bruder Berthold). Isidor unterschied
Infantia (bis 7 Jahr), pueritia (bis 14), adolescentia (bis 28), juventus (bis
49), aetas senioris (bis 70), senectus (bis zu Ende), und „sex hominis aeta-
tes" als Infantia, Pueritia, Adolescentia, Juventus, Virilitas und Senectus
(in Canterbury). Ἔργα νέων, βουλαὶ δὲ μέσων, εὐχαὶ δὲ γερόντων (s. Hesiod).
Die Unterscheidung der Majores und Minores (in Rom) knüpfte sich an das
Jahr des „gestandenen Alters" (XV. Jahrb. p. d.). In Mexico war den
Sechzigjährigen der Rausch erlaubt (durch Pulque). Die Welt geht zu Ende,
wenn Tezcatlipoca wiederum die Sonne für sich vom Himmel raubt (s. Ra-
mirez de Fuen-leal). Der Zeitraum von 30 Jahren, als passendste Zeit zur

Vermählung (bei den Griechen) setzte sich als γενεά oder αἰών (aetas oder aevum) im „Menschenalter" oder „Weralt" (generatio). There was a custom among the savages of killing their aged, Ak - Kee - wai - zee (One who had been long on Earth) in California (s. Powers). Galen unterscheidet die Alter τῆς γενέσεως, τῆς ἀναβάσεως, τῆς ἀκμῆς καὶ τῆς παρακμῆς, wie γέροντες, κα-θιστηκότες, μαιρακια, παιδία (bei Hippocrates), ἑπτὰ ἐτῶν παῖς πατρὸς ἥμισυ (bei Hippokrates). Argumentum pessimi turba (s. Seneca). Das Weisshuud-Fest schliesst mit dem Spiel der Pfirsichkerne zwischen Männer und Frauen, und das Gewinnen der letzteren gilt als günstiges Zeichen (bei den Onondaga), in der Geschlechtsrivalität (Australien's). Ueber die männlichen Seelen der Unterwelt richtet Yama, über die weiblichen seine Schwester Yami (in Indien).

Genus omne est naturale, in primordio tale creatum (s. Linné), nach den Variationen (in Geographischen Provinzen). „Wellen sind nichts Anderes, als durch eine periodische Function vollständig beschreibbare Verdich-tungs-Erscheinungen" (s. F. Eckstein), mit der „Weltentwickelung als Be-wusstseinsverdichtung" (1885). Es besteht ein strenger Unterschied zwischen der Summe der concreten unter einen Allgemeinbegriff fallenden Objecte, die in ihrer Gesammtheit allerdings gewissermaassen eine „reale Einheit" bilden, und dem Allgemeinbegriff selbst, der in jedem Fall eine Abstraction ist und bleibt (s. C. R. Körner). Die eigenen Gesetze des Denkens sind nicht phy-sischer, sondern logischer Natur, und nur das Denken, welches ausschliesslich dem logischen Gesetze gemäss verführt, ist ein normales und richtiges (s. Spir). The uninformed opinion of the incompetent is held more confi-dently and expressed more vehemently, than the informed opinion of the competent (s. Maudsley). Wenn das Differential die Denk-Bedingung geltend macht, so bezeichnet das Integral das Reale, als Gegenstand (s. Cohen). Die Magie ist eine, der geheimen Weisheit, welche Gott in Erschaffung der Welt entfaltet hat, analoge Kraft und Erkenntniss (s. Hamberger), in Oetinger's Theologie (1852). It is only when the direct benefit of prayer is before the mind, that its indirect advantages are obtained (s. T. W. Chambers). Alexander M. ehrte seinen Lehrer mehr als seinen Vater, weil dieser das ver-gängliche, jene das fortdauernde Leben gegeben (s. Ash-Shahrastani), vom Himmel zur Erde und von der Erde zum Himmel (s. Az-Zarnudschi) in (pneumatischer) Erneuerung mit Wiedergeburt der Dvija (durch den Guru). Christus unter veränderter Gestalt und Namen ist verschiedentlich in der Welt erschienen (s. Clem. Rom). Die Stadt Gottes ist in drei Dimensionen kubisch beschrieben, sie reicht aber von der neuen Erde bis in den neuen Himmel durch die vierte Dimension (bei Oetinger). All the more compre-hensive groups, equally with Species, are based upon a positive, permanent, specific, principle, maintained generation after generation with all its essential characteristics (s. Agassiz), worin sich die Stammesseele fortpflanzt (als Bla). Die Barkashikija (in Indien) suchen unter den höchsten und dichtesten Bäumen den schönsten und vollsten zum Aufsetzen ihres Götzenbildes (s. Ash-Shahrastani). Die Panangia in vier Stufen des Lichtes (des luftigen aetherischen, überhimmlischen und unkörperlichen) führt von Panarchia (drei-einiger Einheit der Schöpfung) zur Panpsychia (in der Psychologie) und dann zur Lehre vom Weltgebäude in der Pankosmia (cf. Patricius) Unter den Bodhidruma oder Bodhivrikiha wird Bodhi verlangt (Pippola vrikiha). Die Seelen werden von den Yamadutas fortgeführt (als Diener Yama's). Wie die Krityas (who digs out corpses) die Manuchakrityas (neben den Yakchakrityas) sind in Menschenform (als Sklaven in Kashmir). Yama devaloka (a hoewer in which there is no change of light and darkness) bildete (vor der Hölle) den Aufenthalt Yama-radja's, „the double king" (s. Eitel). Yama König von Vaisali, wurde als Herrscher der Hölle wiedergeboren, über die Männer (wie seine Schwester über die Frauen). Aus der Lehre der Sephirot ist die Manifestatio sui oder Herrlichkeit Gottes genommen (bei Oetinger). Κατηνεγμένος εἰς τὸ πλάσμα τῆς λήθης (bei den Naassenern). Sortorius cervam albam pro Genio suo familiari venditavit (s. Stechau). Fhohenim (Gottesdiener) nannten sich die Priester der Hebräer (s. Kreuser). Den Pey oder Dämonen (bei den Tamulern) entsprechen die Peykovil oder Teufelstempel (s. Graul). Beim Jahresfest an heiliger Stätte (auf Java) fügen die Karang ein neu geflochtenes Blatt der Areng-Palme zu (s. Forbes), wie die Mayas einem Stein den Katun (oder die Römer den eingeschlagenen Nagel). Unter den Hierodulen (im iberischen Heiligthum der Selene) wurden Viele begeistert zum Weissagen (s. Strabo). The sincerest person to self, and at the some time the insincerest to nature all around is the lunatic (s. Maudsley), und der in fixe Ideen Verrannte (in Excentricität). Unzählbare Strahlen hat der, welcher wie eine Lampe im Herzen weilt, weisse und schwarze, bunte, blaue, braune, gelbe und rothe, und einer davon durchbricht die Sonnenscheibe, zu Brahma zu gelangen (s. Yajnavalkya), herübergeführt (als Tirthankara) auf die Megga (zu den Phala), kraft der Paramita (einer peratischen Gnosis). From a practical point of view, any one may be permitted to be as excentric as he pleases, to go as much as he likes off the customary track of thinking, feeling and doing, so long as his deviations or vagaries, do not compromise social order, but there is a point of nonconformity, at which the body social must interfere to protect itself. if it is to continue in well-being (s. Maudsley), und so ist naturwissenschaftlich zu denken (in naturwissenschaftlicher Zeit).

Das Verhältniss des Inkosi zum Volk (bei den Kaffern) ist „ganz das eines Vaters zu seinen Kindern" (s. Döhne). Erst mit der Phratrie (im Fortschritt zur Phyle) schliesst sich die Familie der Gens (fictitiver Verwandtschaft) vom Matriarchat zur patria potestas (s. Zeitschr. f. Ethnologie, 1886, IV. S. 331 u. folg.). In der Djahiliya war der Pater familias wie Herr der Frau auch ihrer Frucht (bei den Arabern). Bei Landau nennt der Dienstbote den Herrn noch Vetter und die Frau Base (s. Riehl), in fictitiver Familie (des Clan). Widarboran oder Widriboran gilt im Sinne von frei (in longobardischer Rechtssprache), als auferstanden (in der Pubertätsweihe) zu plena aetas (perfecta aetas) durch Swertleite (in Wehrhaftmachung). In Gallien durfte sich der Sohn vor der Reife nicht öffentlich mit dem Vater zeigen (bei Caesar), weil der Mutter noch angehörig (bis zur Pubertätsweihe). In der Sadiqua genannten Eheform zog der Mann zur Frau (s. R. Smith) in Fortdauer des Matriarchats (bei den Arabern), wie bei Ambil-anak (in Sumatra). Die Familie ist eine ursprüngliche Thatsache, sie ist gleichsam das Grundgewebe des gesellschaftlichen Organismus (s. Levy), als erste Zellbildung in chaotischer Masse (des wogenden Hordenzustandes). Recht ist die Angemessenheit der menschlichen Thätigkeit zu ihrem Naturgesetze

(s. Troxler). Die Ursache des Rechts liegt in der Denk- und Willenskraft des Menschen (bei Warnkönig). In south India ordinary natives invariably speak of their uncles as their fathers and of their aunts as of their mothers (s. J. H. Nelson). An den „Avunculus" knüpft das Neffenrecht (des Vasu auf Viti). Ὡς Jικαίαρχυς ἃ δὴ καλοῦμεν πάτραν, φατρίαν, φυλήν (Stph. Bz.).

„Good Baal, who suffering defeat, was degraded into Beelzebub" kämpfte (für die Philister) mit dem „special God Jehovah" (der Juden), und so verkehren sich die Devas (indischer Arier) zu Diws (Iran's). Im äusseren Recht liegt das Gesetz Gottes verkörpert (s. Göschel). Wie bei den Naturwesen die Gesetze der Nothwendigkeit, herrscht bei den Vernunftwesen die Freiheit (s. Ancillon). Ist der Staat das höhere Abbild des individuellen Lebens, dann muss auch im Staat das Gesetz bestehen, welches für das individuelle Leben gilt (s. Rossbach). Hugo Grotius verband mit den Materien, welche man bis dahin als naturrechtliche, als „instituta juris naturae et gentium" bezeichnet hatte, die internationalen Rechtsverhältnisse, die völkerrechtlichen Normen und Grundsätze). Wie das Hineingehen der Materie in den organischen Process Leibwerdenwollen, ist die Liebe das Seelenwerdenwollen der Vernunft (s. Schleiermacher), aus der psychischen Atmosphäre das Substrat entnehmend (ihre Hyle zur Realisation). Als die (aus dem Streben nach Selbsterhaltung folgende) Socialität (s. Pufendorf) ihren Vertrag abschloss, wurden die Vorbedingungen der Wohlfahrt für den Einzelnen gewahrt, in den Naturrechten (mit Disposition über Leib, Leben und Freiheit). Kraft ist nichts Anderes, als eine versteckte Ausgeburt des unwiderstehlichen Hanges zur Personification, die uns eingeprägt ist (s. Du Bois-Reymond). „Vermag der Staat die Unfälle des Einzelnen wohl zu überstehen, des Staates Unfälle aber nicht der Einzelne, wie sollte es, ihn zu vertheidigen, nicht Allen geziemen" (zu Athen) in Perikles' Worten (s. Thucydides), und so empfiehlt Xenophon die „Salus publica" für Volk (s. Hobbes) und Regierung (s. Machiavelli), mit derartigen Ausdrücken (in der Ethik), „dass die Maxime des Wollens jederzeit zugleich als Princip einer allgemeinen Gesetzgebung gelten kann" (s. Kant), im Mitgefühl (des Wohlwollens und seiner Wohlbehaglichkeit). Im Staat, als sittlichen Reich, sind sittliche Ideen möglichst zu realisiren (im Naturwachsthum). Deswegen hat Zeus die Dike und Themis zum Beisitz, weil was von unwiderstehlichen Herrschern Alles gethan, gut und erlaubt (bei Anaxarch). Non ideo malum est, quia vetatur lege, sed ideo vetatur lege quia malum est (Aug.). Um im Irdischen die „ewige Seeligkeit", wie im Eudämonismus vor Augen, kraft der Frömmigkeit, schon zu schmecken, hat diese ihre Wurzeln im Familienverband eingesenkt zu erhalten (als pietas). La liberté est le droit, de faire tout ce que les lois permettent (s. Montesquieu), facultas ejus, quod cuique facere libet, nisi quid vi aut jure prohibetur (bei Justian). Sola enim humana opinione negotia mala et bona (bei Karpokrates). Der das Orakel der (Gerechtigkeit durchwaltenden) Themis hütende Drache, Sohn der Gäa, wurde von Apollo (Pythius) erlegt (und nun folgten die doppeldeutigen Sprüche). Die Grundlage des Staates ist die Nächstenliebe (bei Bonald). Mit Ende des Priesterkönigthums (unter Erechtheus) wurde der Staat neu geordnet durch Ion (als σφαταρχης). Majorum haec erat consuetudo, ut rex esset etiam sacerdos et pontifex (s. Servius). Die Irokesen waren vereinigt im Lang-Haus (Kanonsionni), im (italiatischen) Amphictyonenbsd der Fünfstämme (am Murray). s. Allg. Grundprincipien der Ethnologie, (S. 50). In den Zeiten des Faustrechts erobert der Tapfere, in den Zeiten der Aufklärung bereichert sich der Verschlagene (s. Wagner). „In welchen Zeiten aber erobert und siegt der Gerechte?" (s. Rossbach). Ueberall und immer, wo rechtliche Zustände herrschen, im Bereiche der Cultur, da die Gesammtheit stets stärker ist, als der Einzelne, der sie zu stören sucht (als Verbrecher), und so überwiegt der brutalen Kraft, als Stärkere die ideale (in den Weisen und Greisen, beim Senatus der Gnekbade).

Wie der Geist, obwohl im Körper wurzelnd, sich diesem zur Unterscheidung gegenüberstellen mag (für objective Fassung), so in seiner Welt als Vorstellung der Mensch die übrige Natur, welche indess, sobald ihn selber einschliessend, mehr oder weniger zu anthropomorphischer Personification führen wird, weil höchste unter den bekannten Formen (und ursächliches Agens zugleich).

Indem nun aber solch' humanistische Verallgemeinerung jeden Einzelnen aus der Gesellschaftswesenheit zu begreifen hat (als Zoon politikon), treten die Naturgesetze einheitlich wieder zusammen, bei Vervollständigung der naturwissenschaftlichen Reiche durch die Psychologie, in ihren Völkergedanken und deren Begründung auf geographisch-ethnische Kreise, zur Verknüpfung mit dem Kosmos (kosmischer Harmonien).

Und so werden die ethischen Vorschriften (bei denen neben dem Verstande das Gefühl mitspricht) aus der gesellschaftlichen Umgebung als vorbedingt sich erweisen (weil in dieser ausgesprochen, und demgemäss ihre Anerkennung zu fordern berechtigt).

Es handelt sich demnach zunächst um innere Zergliederungen der ethnischen Organismen, wie nach naturgesetzlich geschlossenen Typen innerhalb physikalischer Wirkungssphären, in den Variationen des Menschengeschlechts hervortretend (über die Oberfläche des Globus hin), um eine erste Unterlage für die Statistik zu gewinnen (unter Verwendung der comparativ-genetischen Methode in der Induction).

Das Göttliche führt auf den „Ersten Menschen" (bei den Indianern), gleich Nkulunkulu (der Fingoes), aber „Qamata was never a man" (s. Theal), in Adam Kadmon (als Alten der Tage). „Da in dem Menschen Gott zum Bewusstsein kommt, wird das Urprincip aller Dinge selbst als Mensch dargestellt": ἄνθρωπον εἶναι τὸ πᾶν (b. Monoismus). Gott ist das „quo majus cogitari nequit" (s. Möller), ὁ αὐτὸν σέβειν θέλων τὴν ὁρατὴν αὐτοῦ τιμᾷ εἰκόνα, ὅπερ ἐστὶν ἄνθρωπος (bei Clem.). Aber wenn zum Erwachen (durch Bodhi) Hermes die Seelen der μνηστῆρες ge-

22*

rufen, die *ἀνεμνησμένοι* und *ἐξυπνιμεσμένοι* (bei den Naassenern), *ἐξ οἵης τιμῆς τε καὶ ὅσσον μήκεος ὄλβου* (bei Empedokles), kehren die Meditationen zu den Rupa-Terrassen zurück, aus denen die Abhassara entfiedert (bei Plato) niedergesunken (von süsser Kruste kostend). „Sunt absque sexu, intestinis et viis excretoriis, nihil comedunt et continua satiantur beatitudine" (s. Pallegoix) die Phrom (in der „Regio angelorum superiorum"), sich genügend am „appetitus intellectivus" (der Scholastik). Toi l'image de Dieu, sur ta chaise percée — (et ton coeur et ton esprit dépendent d'une selle) —, dis-moi, si dieu mange, et s'il a un boyau rectum (frägt Voltaire). „Dicendum, quod intestina resurgent in corpore, sicut et alia membra", meint der „Doctor angelicus". „Lehrt die Kirche die Auferstehung eines wahrhaft menschlichen Leibes, dann lehrt sie eben damit die Auferstehung und Wiederkehr Alles dessen, was natur·gemäss die Menschenleiber ausmacht, also aller Theile, Glieder und Organe" (s. Bautz), in „numerischer Identität" (1877). „Vermöge der·Magia zieht jede Seele auf unterschöpferische Weise je nach ihrer herrschenden Eigenschaft einen finsteren oder Lichtsleib an" (s. Stroh), in Hahn's Theosophie († 1819). Les docteurs chrétiens sont unanimes à déclarer, que leur dieu est caché et incompréhensible (s. G. Burnou) im Agnosticismus (oder Atheismus des Materialismus). In perpetually extending our knowledge of the Universe, concrete science enlarges the sphere for religious sentiment (s. Spenser). Whatever is spiritual is „eo nomine" supernatural (s. Coleridge), bis zum Einbegriff der Psychologie (als Naturwissenschaft).

Das Individuum verhält sich zum Menschen (als Gesellschafts-wesen) auf psychischem Bereich, wie die Einzelnzelle zum Organismus pflanzlicher oder thierischer Art (in physischer Hinsicht).

Wie die Floren und Faunen nach botanischer oder zoologischer Physiognomie charakteristisch markirt stehen, so die ethnischen Kreise der Continente, und wie im Besonderen der Eucalyptus typisch hervorsteht in Australien, die Sequoia in Oregon, die Cypresse in Mexico, die Ceder im Libanon, der Baobab in Senegal, die Eiche Europas, der Drachenbäume der Canarien, die Palmen des Aequator, oder die Tannen des Nordens, so der Eskimo, der Nigritier, der Mongole, der Kaukasier auf zugehörigen Arealen, während im Besonderen wieder diejenigen Variationen spielen, wodurch bei der Vertheilung der Ursinen, auf westlicher Hemisphäre Ursus ferox vicariend erscheint für Ursus arctus der östlichen, oder (in Beziehung zum Habitat) Ursus maritimus (im polaren Typus).

„Es geht das Aufsteigen bis zu einem Genus fort, worüber kein Genus da ist, und wenn über dem Genus eine allgemeinere Sache als es selbst angenommen wird, so wird die Allgemeinheit zweifelhaft, ebenso das Herabsteigen bis zu einer Art, unter welcher keine Art da ist, und wenn unter der Art eine mehr besondere Klasse angenommen wird, so findet die Besonderheit durch die Accidenzen statt" (s. Ibn Sina), so dass im scholastischen Streit über die Universalien der Platonismus ausfällt für die Descendenz, wenn über die in Darwin's Fundamentalwerk niedergelegten Normen hinaus, in speculative Phantasien verlaufend, wie sie der Naturwissenschaft vorläufig fern zu bleiben haben, wogegen diese, zum Verständniss des Organischen, den Accidenzen, aus den Differenzen (der geographischen Provinzen), sich zuzuwenden haben würde, für Begründung der Lehre vom Menschen (bis zur naturwissenschaftlichen Durchbildung der Psychologie).

Im unbewusst menschlichen Instinct ergiebt sich als erste Nothwendigkeit dem Denken seine Zielrichtung zur Erfüllung, nicht im Auslauf der Bewegung in vernichtigenden Ruhezustand, sondern auf Abgleich in schöpferischen Wechselwirkungen. Indem nun auf dem Gebiet des Geistigen die Gottheit sich annähert, als ὅλος νοῦς in ἄναρχος ἀρχή (bei Origenes), verschwindet in sofern das Schaffen der Hyle im Schaffen aus derselben, da bereits im Fortgang naturwissenschaftlicher Betrachtung die Weiterfolge aus der Physiologie zum Psychischen eingeleitet vorliegt.

Wenn wir aus der dem Menschen zur Zweckbestimmung entfalteten Fruchtfülle der Vorstellungswelt in die Enge eines Κόσμος αἰσθητός der Sinnlichkeit (bei Plato) zurückfallen, unter Nichtbeachtung der hier für Fortentwickelung zum κόσμος νοητός eingeleiteten λόγοι σπερματικοί (der Stoa), so stösst gar bald die Evolution auf die Widersprüche einer aus zeiträumlichen Schranken nur Ewiges anstrebenden Gefühlsstimmung, ehe nicht im logischen Denken eine Unendlichkeitsberechnung gefunden sein möchte, aus kosmischen Harmonien das Gesetz zu errechnen (soweit dem Verständniss zugänglich). Die Seelen der μνηστῆρες durch Hermes zum Erwachen gerufen, in nachdämmernder Erinnerung seeligen Freudenglückes der Praeexistenz im Paradies (der Abhassara), suchen dem „Gebilde aus Koth" (in Jaldabaoth's Gewalt) zu entrinnen, aufgeschwungen im Flügelschlage des Gedankens, nach dorthin, wo der Geist in reinen Formen lebt (die metaphysischen Subtilitäten der Arupa vermeidend). „Notre âme immortelle a besoin de la garde-robe pour bien penser" (s. Voltaire). Da „Todte verächtlicher als Koth", wurden auch die Könige (in Petra) neben Düngerhaufen begraben (cf. Athenodoros), und das Grab des Tui-tonga wurde mit Menschenkoth gedüngt (s. Mariner). Die in das Irdische rückkehrende Seele wird bei körperlicher Berührung betäubt, um allmählig erst ihre Anamnese wieder zu gewinnen, weshalb die Kla (in Guinea) unmittelbar bei der Geburt um das Horoskop befragt wird, (da schon in nächster Stunde der Säugling dumm sein wird, wie ein Kind).

Betreffs der Lehre von den Geographischen Provinzen sind im Wortlaut nahegelegte Missdeutungen vorzubeugen. Es ist damit nicht die polygenetische Hypothese der Schöpfungscentren (wie bei Nott und Gliddon, im Anschluss an Agassiz) ausgesprochen, sondern nur die im Gleichgewicht des Organismus mit seinen Umgebungen gebotene Eins eines Dedomenon, zum Ansatz logischer Rechnungen in der Induction.

Ebensowenig soll der Einfluss klimatischer Bedingungen als für die Geschichtsentwickelung auch, durchwirkend gesetzt werden (wie bei Buckle's Ausführungen), sondern während die botanische oder zoologische Provinz in ihrem Product sich allerdings als stabile (unter an sich gebotener Spielweite oder Variationen) zu erweisen hat, steht die anthropologische Provinz mit dem ethnischen Horizont historischer Bewegung umgeben (je nach den topographisch wieder vorgezeichneten Wegen).

Indem zugleich aus den planetarischen Beziehungen zum Kosmos die Wurzeln der geographischen Provinz (durch meteorologische Processe) in das Jenseits hinausreichen, ergiebt sich bis dorthin das harmonische Wechselspiel zum eigenen Verständniss, in den Idealschöpfungen der Gedanken (aus naturwissenschaftlich durchgebildeter Psychologie).

Bei der Pflanze lassen sich die in ihrem Wachsthumsverlauf, vom Anfang (im Samen) an, in Erscheinung tretenden Vorgänge mehr oder weniger erklären (bis zur Duftaushauchung bei der Blüthenbildung hinauf). Die Entwickelung verläuft unter fassbaren Verwirklichungen, wenn auch der Ursprung in einer Negation hinausliegen mag, für den Spross als das (morphologische) „Individuum der Pflanze" (s. A. Braun) in seinen Zellen oder

„Ur-Individuen aller Pflanzen" (s. Turpin). „Der in allen seinen Theilen ausgewachsene Baum stellt in dem Keime noch ein μὴ ὄν dar" (s. Lütze), zur Ausentwickelung, vom Kore ab (bei den Maori). Es handelt sich zum Theil um complicirt verwickelte Processe, chemisch-physikalischer Art, für deren Auseinanderlegung im Detail der Kenntniss noch mancherlei Lücken verbleiben, aber immer kommt es zurück auf sonst bereits bis in ihre Elemente bekannte Stoffe, sowie auf Kräfte, die ihren Wirkungsweisen nach auf anderen Beobachtungsfeldern haben verfolgt (und gemessen) werden können.

Beim Auftreten der Vorstellungen im Geist des Menschen reisst, mit Anlangung am Bewusstsein, dieser soweit continuirliche Zusammenhang jählings ab, und klafft ein Spalt, der seiner Ausfüllung harrt.

Das Warum und Wie liegt in dem Untersuchungsgange als selbst gegeben vor, indem eben hier, betreffs der Stoffe und Kräfte, mit Bedingungen zu rechnen sein wird, welche bisher nicht zur Erörterung gekommen waren, und hier neu hineinreden, um ihre Beantwortung zu verlangen.

Für diese fällt nun der Ausgangspunkt in die psychische Atmosphäre, welche das Einzeln-Individuum umgiebt, unter dem Horizonte der Gesellschaftswesenheit, aus welchem die im sprachlichen Wechselverkehr geschaffenen Lautverkörperungen der Gedanken vor dem (geistigen) Auge stehen, das davon getroffen, darauf zu reagiren gezwungen ist, nach allgemeinen Reflexgesetzen (und innerhalb der Weite der potenziell einwohnenden Vervollkommnungsmöglichkeit).

Allerdings spielen bei der Pflanze bereits (und mehr noch für die Bewegungsfreiheit des Thieres) Anzeichen eines Conflictes herein, im Widerspruch gegen anorganische geschlossene Gesetzlichkeit (in der Gravitation). „Das Gewicht jedes Moleculs muss durch Kräfte überwunden werden, welche der Vegetationsprocess selbst erst aus dem Umsatz anderer Kräfte gewinnt. Demnach übt die Schwerkraft einen beständigen und jeden materiellen Punkt der Pflanze treffenden Einfluss auf die Lebensvorgänge derselben aus" (s. Sachs). Aus Knight's Versuchen ist der Beweis geliefert (s. Frank), „dass den Stengeln und Wurzeln ein Sinn für die Anziehungskraft der Erde gegeben ist, in Folge dessen ihnen die jedesmalige Auffindung ihrer natürlichen Stellung ermöglicht wird" (Geotropismus), bei der Ausgestaltung unter meteorologischen Processen (kosmischer Ursächlichkeit).

Es greifen hier in die terrestrischen Verhältnisse solare Einflüsse hinein, welche wir uns bis auf die Wärme (und deren Umsetzung in Bewegung), einigermaassen zu verdeutlichen vermögen, welche für ihre Quelle jedoch unberechenbar bleiben.

Fremdartiger noch, innerhalb automatischer Maschinerie auf der Naturbühne anorganischer Welten tritt das Psychische dazwischen, im ordnenden Nous (bei Anaxagoras), mit seiner „Welt der Vorstellung" (bei Schopenhauer), jenseitigen Ursprungs, ἔξω-θεν (bei Aristoteles). Auch hier lagert es auf physischem Unter--grunde keimend, im animalischen Organismus, aber die von diesem frei gezeugten Kräfte schaffen weiter im freien Wechselspiel unter dem Eindruck der Willensfreiheit, und indem sie dann emporwachsen aus irdisch gebetteten Keimanlagen, entfalten sich die, δυνάμει einwohnenden, Fähigkeiten unter der Sonne geistiger Sphäre, (und deren Abglanz in planetarischen Dunstkreis hinab).

Was sich uns kündet, im inneren Gerede, summt körperlich umfangenem Ohr im dunkeln Stimmengewirre nur, doch mit ahnungsvollem Lichtblitzen schon auf einstige Erhellung der im sehnsuchtsvollen Forschungsdrang gestellten Fragen über die dem „appetitus intellectivus" (s. Thom. Aq.) adäquate Forternährung (in den Harmonien des Kosmos).

Die „Grenzen des Naturerkennens" sind ideal genommen identisch mit den „Grenzen des Erkennens" überhaupt (s. A. Lange), aber um die Brücke zu schlagen von den „Naturwissenschaften" zu den „Geisteswissenschaften", darf in der Induction (s. Mill) der Standpunkt subjectiver Betrachtung dann erst eingenommen werden, wenn, nach einer (statistischen Anforderungen genügenden) Durchwanderung, controllirbare Erfahrungen zurückgebracht sind (aus der Umschau über die Völkergedanken).

Die buddhistische Dreiwelt (Trailokyia) begreift neben Kamadhatu, als den Formgestaltungen auf materieller Unterlage (bis zu göttlicher Veredelung in Devaloka), die der Formen für sich in Selbstgestaltung Rupavachara's (idealen Seins), sowie die in metaphysischen Zersetzungen der Negationen verschwindenden Arupa, während der Erlösungsweg (der Megga) von dem Stufengrade vierter Dhyana's (im Rupavachara) ansetzt (in Sahalokadhatu), um in Aufhebung irdischer Beschränkung (durch Asangkhara-Ayatana) zum gesetzlichen Verständniss zu führen (kraft Bodhi im Dhamma) mit dem Pleroma des Nirvana, als dem eigentlich Realen, täuschender Maja gegenüber, wie durch Prajna erkannt, unter den vier Paramita (als in's Jenseits hinüberführend) aus den Aryani satyani (in „Vierwahrheit" vom Schmerz und seiner Linderung).

Mit letzter Erfüllung kehrt Alles zurück in die Vierte Natur (die weder schaffende, noch geschaffene), während vom (ursprungslosen) Gott, (die schaffende, oder nicht geschaffene Natur), die Weisheit des Logos, (schaffend und geschaffen), ausgeht, auf das Sinnfällige (des Geschaffenen und nicht Schaffenden) treffend (bei Erigena), um nun, wie das am Körper gebrochene Licht, einen Schatten hinzuwerfen (in Spiegelung täuschender Maja), ohne dass die so mit der Materie verbundenen Formen von ihren idealen Eigenthümlichkeiten einbüssen — (und also aus der Rupa-Welt in's Nirvana sich zu retten vermögen, wenn das Heilswort verstehend) —, indem bei Verbindung mit der Materie die abstracten Formen ihre ursprüngliche Wesenheit bewahren (bei Thom. Aq.), und deshalb im Princip der Individuation die Selbsterkenntniss ermöglichen würden (bei Durchschau des Dhamma in Bodhi).

Bei der Unmöglichkeit eines Ueberblickes rings durch das gesammte Bereich der Wissensmöglichkeit, — eine in positiver Objectivität durch die Unabsehbarkeit bereits bedingte Unmöglichkeit —, wird die jedesmalige Hypothese abschliessender Weltanschauung, stets von der subjectiven Anlage für enthusiastische Auffassung des unter zahllosen Fällen zufällig treffenden Sonderfalles mehr oder weniger abhängig bleiben, ob das lösende Wort aus Fortführung überlieferten Glaubens entnehmend, ob in neuer Bildung aus momentan herrschenden Theorien (im möglichsten Anschluss an geschichtliche Entwickelung). Nicht in derartigen Allgemeinerungen deshalb kann das Heil erhofft werden, sondern zunächst nur in Durchforschung des Denkens selbst, auf Grund der aus Erfahrung erprobt gefundenen Methoden, also der naturwissenschaftlichen heute, und so deshalb für Verwendung in der Psychologie gleichfalls empfohlen (wie nach Beschaffung des in den Völkergedanken vorliegenden Materials voraussichtlich ausführbar). Nicht ein „neuer Glauben" religiöser Bindung (mit wissenschaftlichen Durchwebungen vielleicht) bleibt zu erstreben, sondern die Durchforschung des eigenen Selbst, um für Thun und Lassen

des thatsächlichen Lebens diejenigen Anhalte zu gewinnen, welche
mit gleicher Sicherheit dort auch vorzugehen gestatten, wie in
den übrigen Zweigen der Naturforschung durch deren Resultate
der Gegenwart bereits gesichert sind (bis an die Grenze der
Psychologie soweit, — und von jetzt ab mit Zuziehung dieser).
Wie gleich dem Warnungsruf der Glocke (in javanischer
Kosmogonie), Jaldabaoth, in Schöpfer-Verblendung, durch die
Stimme seiner Mutter, (Sophia, als Panja), gestraft wird, so selber
sich allein nur sehend (beim Niederblick), überhebt sich (beim
Schöpfungsbeginn neuer Kalpa) Maha-Brahma als einzig Erster
auf unterster Rupa-Terrasse, wohin von nächst oberer (wie bei
vorangegangener Weltzerstörung für den Rückzug übriggeblieben)
herabgesunken (bei Erschöpfung früherer Verdienste aus Karma).
Um solchen (auch aufwärts hin fortwuchernden) Irrthum in
letzten Reinigungen auszurotten, muss auf's Neue das eiserne
Rad der Existenz-Wandlungen durchwandert werden, und so in
den, aus Seeligkeitsfreuden auf die in paradiesischer Schönheit neu
gebildete Erde herabflatternden, Abhassara erweckt Adhi-Buddha
(als „listiger Nous" ophitischer Gnosis, wie im Mahayana von den
Naga erlernt), nun die sinnlichen Gelüste, von 'süsser Kruste zu
kosten, so dass sie entfiedert fortan (gleich Plato's Seelen) ein-
geschlossen bleiben im Gefängniss des Körpers ($\sigma\tilde{\omega}\mu\alpha$, als $\sigma\tilde{\eta}\mu\alpha$),
bis in dem aus Tushita Geborenen das Heilswort (des Logos)
herabtönt, um im Durchbruch der von Mara gehüteten Schranken
aus den Meditations-Terrassen den Pfad der Megga zu führen
(wie unter der Pippala-Vrikcha aufgeleuchtet, dem Erwachten).
Die Einheit des $\varkappa\acuteο\sigma\mu\rhoς$ $\nuο\eta\tauός$, (Monas opus dei), zerbricht
sich (für das Abbild wirklich sichtbarer Welt) bei dem $\varkappa\acuteο\sigma\mu\rhoς$
$\alphaι\sigma\vartheta\eta\tauός$ in der Sechszahl (bei Clem. Alex.) bis zum Siebenfachen
himmlischer Planetensphären (mit Abschluss durch die $\mathring{\alpha}\pi\lambda\alpha\nu\acute{\eta}\varsigma$
$\chi\acute{\omega}\rho\alpha$ in der Ogdoas), und aus den intelligibeln Gattungen ($\gammaέ\nu\eta$
$\nuο\eta\tauά$) entstehen (bei Plato) die $ε\breveι\delta\eta$ $\alphaι\sigma\vartheta\eta\tauά$ (sinnlicher Arten),
wenn der Schöpfungsgedanke unter seinen Variationen erscheint,
in den geographischen Provinzen (bis auf siderische Ursächlichkeiten zurück).
Nicht $\varkappa\alpha\tauά$ $\chi\rhoό\nuο\nu$, sondern $\varkappa\alpha\tauὰ$ $\gamma\nu\acute{\omega}\mu\eta\nu$ schafft sich die
Welt (bei Pythagoras), und erst, wenn fortgehende Emanationen
(aus gnostischen Aeonen) dem Hypokeimenon einer Hyle (bei
Aristoteles) ihren $\lambdaό\gammaο\varsigma$ $\sigma\pi\varepsilon\rho\mu\alpha\tau\iotaχός$ (der Stoa) eingesenkt haben,

tritt das Nacheinander hervor im organischen Wachsthumsprocess (auf psychischem für die Denkschöpfungen).

Demnach liesse sich auf objectivem Standpunkt (der Induction), bei (logischer) Berechnung der Relativitäten, von keinem Ersten reden (in absoluter Fassung), da es zunächst des aprioristischen Weges bedarf (unter Verwendung genetisch-comparativer Methode), um später vielleicht zu einem Apriori zu gelangen (dem Ersten des Ersten, und Letzten, im All-Eins).

Die anorganischen Dinge sind da, als vorhanden gegebene, der Granit in verschiedenen Erdtheilen, der Schiefer, das Salz ebenso, in jedem Einzelnfalle jedenfalls das Product nothwendig kosmologischer Processe, die vorausgegangen, welchen die Erkenntniss derselben bis zu ihrem Ende nachzugehen noch nicht vermag.

So die organischen Formen (in Ausgestaltung der Materie für sinnliche Reiz-Empfindung). Wir haben sie vor uns, als gegeben, aus einer Wurzel her, die betreffs ihres Ursprunges über den sichtbaren Horizont hinausreicht, deren Erzeugnisse indess, bei dem Eintritt in diesen, unter gesetzlichen Variationen wechseln, nach den physikalischen Bedingungen der geographischen Provinzen. Und indem innerhalb dieser nun, betreffs des anthropologischen Kreises (ethnischer Sphäre), psychische Neubildung zutritt, mag sich hier die Möglichkeit erweisen, auf die Spiegelung primären Anfangs zu gelangen (in der Physiologie, und Embryologie, des Völkergedankens).

Der von der Deduction frühreif gesuchten Einheit, unter verführerisch tönenden Melodien (in Umnebelung einer kabbalistischen Zahlensymbolik), hat die Induction vorläufig zu entsagen, um bei ihrem Ringen mit rauher Wirklichkeit sie zu nehmen, wie sie sich bietet. Weder die Vier, noch die Fünf, noch die Sieben genügt, kein mystisches Zifferngeklingel, bei den Elementen, deren der Chemiker jetzt über sechzig schon zählt, in Bereitwilligkeit für Weiterzählung, wie angezeigt ferner. So stehen die organischen Typen da, die in einheitlichem Ursprung zu vereinfachen, zwar bequemer, aber (auf gegenwärtigem Stadium) noch nicht gestattet ist, sie stehen da innerhalb der geographischen Provinzen (botanischer und zoologischer oder anthropologischer Peripherie), und diese nicht als ihre Schöpfungscentren, für prima materia (der Scholastik), sondern

als die Vorbedingungen der Existenz und der Umgebungswelt
(im „Milieu" der „Surroundings").

Wenn im Detail der Differenzen das Rechnen hier den Ansatz nimmt, mag es nach Bemeisterung der Elementaroperationen,
(nachdem es schwimmen gelernt), im Strom der Fluxionen zum
Jenseitigen heranzutreten wagen, unter Negation der Negation
(bis ein Infinitesimal-Calcul etwa feststellbar sich erweist, bei
naturwissenschaftlicher Durchbildung der Psychologie).

In dem aus der Naturanlage des Menschen gesetzten Wissen
aus Vorstellung (durch Definition) und Behauptung (durch Schluss),
kann eine Unterscheidung des Falschen nur mit Hülfe Gottes
gewährt werden, in der Logik (für richtige Definition und betreffenden Schluss) zum sicheren Wissen (s. *Ibn Sina*).

Für den Menschen (d. h. für seine Vorstellungswelt) gelangt
die Materie erst dann zur Entstehung, wenn mit der Form verbunden, wenn also mit den in körperlicher Anlage eingebetteten
Sinnesorganen in verständlicher Wechselwirkung zur Auffassung
tretend. Im Verlauf der Entwickelung tritt zeitlich dem Späteren
aus dem Früheren die Ursächlichkeit als Erklärungsgrund hinzu,
in zwei einander deckenden Reihen, dem Vorgange draussen (in
materieller Umgebung) und dem psychischen (des Innern), wogegen für beide gleichmässig die eigene Ursächlichkeit darüber
hinausliegt, weil mit dem Vorhandensein selbst der Anfang erst
eingesetzt. Der Rückgang, darüber hinweg, liegt deshalb verschlossen, und ebenso der Fortgang, darüber hinaus, für das
draussen, wo der Entwickelungsgang in rückläufiger Kreislinie
einbiegt. In innerlich psychischer Entfaltung dagegen strebt sich
in dem Zeitlichen Jenseitiges an, dessen noch nicht absehbare
Schlussergebnisse sich nur aus dem Index der Processionen (im
Leben des Denkens) herausrechnen lassen möchten.

Indem nun im Materiellen des Draussen bereits, wenn die
Aenderungen nicht als momentane der Zeit ausfallen, wie bei
chemisch-physikalischen Kraftwirkungen (im Anorganischen),
sondern in organischen Ausgestaltungen sich verketten, eine um-
schränkte Erklärungsweise der Theile aus dem Ganzen angenähert
ist (bei Wiederholung des Keims aus Fruchtbildung im Reifezustand), so bliebe für das Endziel des auf körperlicher Unter-
schichtung in psychischer Schöpfung neu Hervorgetretenen der
Weg geöffnet, für Anbahnung eines Verständnisses, das aus der

Selbsterklärung eine ursächlich erste Vorbedingung, für das Innen und Aussen Gemeinsame, wenn nicht zur Auffassung schon, doch zur Erahnung einer solchen etwaigerweise, zu bringen vermöchte. Durch keinerlei Speculation demnach wird für die erst-ursächlich zwischen Materie und Form verknüpfende Einheit (im Uranfang) eine entsprechende Deckung gefunden werden können, denn auch die in äusserst letzten Abstractionen zwischen Sein und Nicht-Sein bewegten Vorstellungen fallen stets, als Vorstellungen eben, in die Folgereihen der Vorstellungswelt, deren Dasein bereits als Vorbedingung zu setzen bliebe.

Nur insofern bei einer der (neben einander verlaufenden) Folgereihen das Entwickelungsgesetz selbst (aus eigener Entstehung) im Denken sich lebt, wäre ein (philosophischer Deduction bisher unzugänglicher) Versuchsweg noch übrig, kraft inductiver Durchbildung der Psychologie zur Naturwissenschaft (für subjective Klärung der dem Objectiven entnommenen Erkenntniss im Bewusstsein des Selbst).

Der Grundplan der Gesellschaft (als moralische oder sociale Einheit) ist ein natürlicher, die besondere Form der Verwirklichung eine künstliche (weil durch die Verhältnisse bedingt), aufsteigend von der Familie (mit physischem Zusammenhalt) bis zur Kirche (bei fortdauernd religiösem Band) oder sonst ideal (ins Jenseits reichenden Abschluss (für jeden Einzelnen im Ganzen), neben praktischen Verwirklichungen (vom Stamm zum Volk, im nationalen Bande).

Die thatsächlich gegebene Autorität ist für Jeden, als darin geboren, eine angeborene, und somit verpflichtende, bis auf letzte Ziele hinaus zum Allgemeinbesten (eines unendlichen Gutes). Indem indess auf den höheren Entwickelungsstufen innerhalb der Gesammtheit die besondere Persönlichkeit ihre Selbstständigkeit mehr und mehr erlangt, wächst die Schwierigkeit in formeller Abrundung gemeinsamer Weltanschauung, so dass auf der realen Basis, deren Kräftigung ein vernünftiges Gefühl des Patriotismus instinctgemäss zu lehren hat, die Einrichtungen derartig nur anlegt sein müssen, dass jede Einzeln-Entwickelung unbeschadet des Ganzen für sich fortgehen kann, damit Jeder „nach eigener Façon" seelig werde, und, unter Durchbildung einer naturwissenschaftlichen Psychologie, nach Jedem auch verständlichen Gesetzen (im logischen Rechnen).

Im Kriege Aller gegen Alle wird absolute Gewalt auf Einen (als König) übertragen (bei Hobbes), während für Verträge die Volkssouveränetät fortdauert (bei Rousseau), unter Ableitung der bürgerlichen Gesellschaft aus der Familie dagegen, die Autorität in der Erweiterung der väterlichen Gewalt ihre Fixirung erhalten würde (im Patriarch als „König im Kleinen"). Dass in Zeiten der Kriegsgefahr ein Einzelner (zum „dux ex virtute") an die Spitze gestellt wird, zeigt sich, als sachnothwendig, überall, aber eben so freilich auch, dass im schwankenden Hordenzustand — (bei embryonalen Vorstadien der Familie, ehe dieselbe überhaupt sich abgeschlossen hatte) — die Macht unter den Altersklassen nach dem Recht des Stärkeren sich regelt (für Friedensgenossenschaften im Frieden).

Weil von Natur, in dem „Recht des Stärkeren", physischer oder (bei ideeller Verfeinerung der Cultur) auch psychischer, Uebermacht, hat (in abstracto) sich das Recht zugleich „von Gottes Gnaden" zu ergeben, (bei „deus sive natura"), und dann, aus den gegebenen Verhältnissen (in concreto) folgen die besonderen Formen der Staatsgewalt, wie wenn, bei (aristokratisch regierender) Soldatenbande, auf Grund dauernden Besitzes der Reichere sich hervorhebt, im Orang Kaya (für Schenkfeste oder „Potleach"), oder das in Altersgenossenschaft (bei den Bantu) geschlungene Band eines „Comitatus" Anhalt giebt für Dictatur in Permanenz (eines Imperators), während bei dem aus unsichtbarer Welt gefühlten Einfluss, und somit Bedürfniss des Schutzes, im Königthum das priesterliche Element nachwirkend verbleibt (beim Rex sacrorum), bis zur Zertheilung in weltliches und geistliches Schwert gemäss geschichtlich verlaufender Phasen, (in Tonga, Japan, Cochin, Meroe, Guinea, Tunja u. s. w.). Unter primitiven Verhältnissen fungirt der Berufene nur für die gebotene Gelegenheit, ähnlich dem (von hinter einem Vorhang her redenden) Korong (auf den Pelau), wenn sich die Begeisterung des „Odo" auf ihn niedergesenkt hat, obwohl überall dann mit erleichterter Anlage zur Vererbung (psychischer Störungen), und so (in Borneo) von Mutter auf Tochter (s. Grabowski), in Begründung von Priestergeschlechtern zur Fortführung des Cult (in Attika). Beim Tode des Sibaso (in Sumatra) wird unter den Klängen aufspielender Musik der Begu herbeigerufen, seinen Nachfolger zu designiren (s. Schreiber), während sonst zum Gottesorakel (in chinesischen Capellen) das Loos geworfen wird, für die Priesterwahl (wie zum Dienst Apollo's).

Für den Betrachtungskreis eines an sich abgeschlossenen Volkslebens liegt das Gute, weil das normal Gesunde, naturgemäss durch sich selber ausgedrückt. Als indessen unter einleitendem Beginn internationaler Beziehungen aus geschichtlicher Bewegung im Hellenismus, dort fremdartige Anschauungen hineingezogen werden mussten, hatte das bisher an sich Gegebene ins Schwanken zu gerathen bei den Urtheilen über das Sittliche oder Gute (und den Gegensatz des Bösen), so dass an Stelle eines Allgemein-Gültigen relativistische Erörterungen Platz griffen (in sophistischer Ethik). Seitdem nun kosmopolitischere Anschauung eines βίος πολιτικός κοινωνικός φιλάλληλος (im stoischen Sinne alten „Orbis terarum") die Gesammtheit des Globus zu umfassen beginnt, werden sich hier bei naturwissenschaftlicher Durcharbeit der Völkergedanken diejenigen Grund-Principien ergeben, welche für die Menschheit als solche zu gelten haben, betreffs ihrer Stellung im Weltall (soweit irdischem Verständniss zugänglich).

Mit der Sitttlichkeit als letztem Resultat der Untersuchung, gestaltete sich, bei Ausgang von der „höchsten Idee", Spinoza's System zur Ethik, auf deutlichster Empfindung, in den Affecten (der Freude und Traurigkeit), aufgebaut, (pantheistisch) bei allgemeinem Abschluss jener im Wiederleben (s. Lessing) abgewogenen Ausgleichungen entfiederter Seele (im ἄνθρωπος, ζῶον ἄπτερον), unter dem allgemein nothwendigen Gesetz der Karma (in Bun und Bab), bis zur Erlösung, — durch Selbstthat im Einschlagen des Pfades zu den Phala (auf den Megga).

Das Gute wird nur da unter der Form des Sollens, eines Gesetzes, der Pflicht auftreten, wo die Wirklichkeit nicht in allen Punkten Ausdruck der Ideen ist (s. Kant). Das Gute ist anzustreben (im Absoluten), als τέλεον oder ἱκανόν) bei Plato). Wenn die Weltherrscher völlig ausgeschöpft, alle geraubten Lichtfunken zum Lichtreiche wieder hinaufgebracht sind, so erfolgt bei der συντέλεια τοῦ αἰῶνος die „solutio universi", die Vernichtung des unteren κέρασμος, des κόσμος pernicici, sammt den bösen Weltbeherrschern durch Feuer (s. Lipsius), denen durch die Seelenschöpfung die missbrauchte Lichtkraft wieder entzogen werden soll (im Buch „Pistis Sophia"). Die Welt wird siebenmal durch Feuer zerstört, auf je sieben Verbrennungen folgt eine Zerstörung durch Wasser, auf achtmal sieben Zerstörungen durch Feuer und sieben durch Wasser endlich eine Zerstörung durch Wind (s. Köppen), welch' letztere bis zum dritten Dhyana hinaufreicht (so dass nur das vierte, mit den höheren Sphären, übrigbleibt). Im Chuti-Chitr wahrt sich die Persönlickeit (Bddh. i. s. Ps., S. 356). Die „Autonomie des Wollens" (bei Kant) für die sittliche Beurtheilung einer „inneren Freiheit" (s. Herbart) würde ihre naturwissenschaftlichen Stützen vorauszusetzen haben (in inductiv begründeter Psychologie). Die empirische Geschichte hat ihre Würde nur durch die Geschichte der Menschheit (s. F. A. Carus). Eine neue Zweigwissenschaft entsteht mit der Erforschung der Entstehung der Geistesproducte (s. Hoppe), aber nicht aus Selbstbeobachtung subjectiv zu ermöglichen, sondern zunächst durch objective Umschau (auf den Völkergedanken des Zoon politikon).

Im Streit über das „Recht des Stärkeren" würde diesem sein Sieg, (bei Unrichtigkeit des Gegensatzes), an sich bereits gesichert sein, und es handelt sich nur um die Richtigkeit des Verständnisses, in sittlicher Abschätzung, die wieder auf naturgemässe Begründung zurückführt, wenn in der Gesellschaft das Ganze sich stärker erweist, als der Theil, um durch gesetzliches Recht den Verbrecher zur Anerkennung desselben zu zwingen (unter Rückführung pathologischer Abweichungen auf normalen Zustand der Gesundheit), oder wenn das brutale Recht des körperlich Stärkeren, der (in Raiatea) um das Königthum ringt, sich vor idealisch mächtigerem Recht zu beugen hat, das in historischer Culturbewegung den Weisen und Greisen verbleibt, den „Weissbärten" (bei Kirgisen) oder Gnekbade (bei den Kru), als Geronten (eines Senatus).

Der menschliche Geist ist immer nur, wie Thiere aus einerlei Heerde, dem Mitbürger zugethan (s. Maxim. Tyr.), wenn der hostis ein hospes (unter dem Schutz des Dius fidius), statt des Fremden als Feind (bei Naturstämmen). Mit dem Gastrecht (Hospitium) blitzt ein erster Lichtstrahl der Cultur für connubium, (aus Raptus in der Exogamie), und commercium (für internationale Erweiterung), s. Allg. Grundzg. d. Ethnlg. (S. 48 a. a. O.).

In der Klasse der Künstler und der Gelehrten verbindet ihr Stand sich dem priesterlichen bei den Tahunga (der Maori) oder den Inciba (bei den Kaffern). Als Diener des auf Tonga höchsten Gottes fungirten die Zimmerleute, die die (Dryaden-) Fee der Kielschlange (Siam's) zu sühnen hatten und zum Schutzgeist zu weihen, beim Bau des Canoe, um dieses zu feien gegen den

Wogenschwall auf jenem Meeresgebiete, wo Tangaroa herrscht, vom Himmel herab (gleich Varuna). Mit dem kühnen Muthe der Pontifices (oder Gephyräer) wagte es der Inca dem brausenden Strom des Apurimac, (dem Fluss der Rede), sein Brückenjoch aufzulegen (die Brücke zu schlagen für das künftige Weltenreich der Sonnensöhne). Daneben treten (im irokesischen „Amphyktionenbunde") die Festordner hervor, mit (chaldäischer) Kalenderweisheit und weiterer Verwerthung für die Mysterien des Ackerbaues (unter Regulirung meteorologischer Processe), s. Allgem. Grundzg. d. Ethnlg. (S. 58 u. ff.). Die Trubuk-Fischerei wird durch die Wahrsagungen des Djindjang-radja geleitet, wie einst die Unternehmungen hellenischer Gemeinwesen durch das delpische Orakel (des Loxios). „Enceinte du dieu" (redet die Pythia), comme l'était le dieu lui-même (s. Bouché-Leclercq). Wie Medien irdischer Geister Hasandaran, heissen die himmlischen Sibaso (bei den Batta), in Sumatra (s. Ködding) gleich „haroan-ni-Bugu, hy en wien de Begu of Geest komt" (s. Wilken). Die Pudschari der Kaimada (Tempel des Todtendienstes) „schlagen bei Kola die Trommel und singen zu Ehren der Karana" (Häupter eines Hauses, seien sie am Leben oder todt). Während sie von einem der Verstorbenen, dem Vater, dem Grossvater oder einem andern Ahn der Familie singen, kommt dessen Geist über sie, und sie sprechen nun als sein Dolmetscher (in Kurg), für Opfer zum Fest, „unter Trommelschlag und Tanz der Besessenen" (s. Mögling), indem der herabgestiegene Geistesherr seinen geistigen Hofstaat verlangt (im Fortreissen psychischer Epidemie).

Wie im Völkergedanken (dem Besonderen nach), manifestirt sich, (im Allgemeinen genommen), das Band organisch geregelten Wachsthums in der Culturbewegung überhaupt, aus der Gewohnheit in der Geschichte (bei Hume), durch stete Reproduction ähnlicher Gestaltungen (unter den Ringen weiteren oder engeren Kreislaufs).

Schon hatte in der ptolomäischen Culturblüthe zu Alexandrien das medicinische Studium seit Erasistratus seine anatomische Unterlage gewonnen, durch Gestattung und Unterstützung von Sectionen (oder Heliodor's Vivisectionen), als bei Uebertragung der Weltherrschaft auf die Stadt des vaticanischen Hügels, — wo eine bis heute (unfehlbar) dauernde Geistesknechtschaft ihren Sitz aufschlagen sollte, — dort sodann in dem Cult

der „Mephitis" und „Cloacina", und sonstiger „Dämonen der
Miasmen" (als „älteste" unter einheimisch medicinischen Gottheiten), der Ehrenname des „Vulnerarius" sich für Archagathus'
chirurgische Taberna in das Schimpfwort eines „Carnifex" ver-
kehrte (wegen seiner blutigen Operationen); und so in congenial
dunstiger Atmosphäre mochte aus dem durch Asclepiades auf Atome
(und deren Synkrisen) gebauten System, das der Methodiker (Themi-
son's) hervorwuchern, dem ein „ärztliches System von ähnlicher
Plumpheit und Einseitigkeit" (s. Haeser) kaum an die Seite gesetzt werden kann, (wenn nicht etwa das der „Seelenstoffe", auf
der Jagd nach der Seele), indem selbst die „Seelenthätigkeit"
(nebst Luftgeist u. s. w.) auf atomistische Bewegungen (bis zur
bequemen Theorie der Κοινότητες) zurückgeführt wurde, mit der
„Harnbereitung als Wiedervereinigung der im Magen dampfförmig
aufgelösten Getränke" zum „Harnstoff", und dementsprechenden
Harnausscheidungen dann weiter, für congeniale Gedanken, im
Verhältniss des „Urins zu den Nieren" (bei Cabanis, in Vogt's
Version). In der Zeitrichtung lag damals bereits das Finger-
streichen, praktisch verwerthbar in der Massage (wenn nicht in
magnetische Verirrungen abgezogen), sowie therapeutisches Fasten
(mit dem Aeffchen der Hungerleiderei in „brodlosen" Künsten)
und Kaltwasserkuren (in den Vorschriften des Psychroloutes, die
für Musa adlige Ehren beschafften). Wie nach den „drei Momenten jedes Logisch-Reellen" (bei Hegel) sich trichotomisch
Alles vereinfacht in der Philosophie, so in der Medicin der „Dia-
tritarii", und kraft ihrer Bequemlichkeit hatte Thessalus (als
ἰατρονίκης) bald eine „geduldige Wollheerde" um sich versammelt
(„vita longa, ars brevis").

„Alles aus dem Wasser" (πάντα ἐξ ὕδατος γέγονε), lehrt
Thales, oder aus der ὑγρὰ οὐσία die ophitische Gnosis, — den Indianern (der Seen-Regionen) aus Menabozhos Schöpfungsgeschichte
(oder den Buräten für ihren Wasservogel Anguta), — wogegen
Heraklit, — auf dem vulkanischen Boden der Maori, — die
Himmelsterassen erbauen mag bis zur höchsten, wo Rehua weilt
(in Naharangi), im äusserst umschliessenden Feuerring (bei Parme-
nides), als alldurchdringende Lebenskraft des Universums, um im
„Ballungsact", „centripetalen Zusammensturzes" (bei Redten-
bacher), aus Laplace's (unter beschleunigter Rotation) erkaltendem
Sonnenball, — während einer (wie für Anaximenes) allmählichen
Entwickelungsfolge (s. Playfair), — den Plutonisten Hutton's, im

Kampf mit (Werner's) Neptunisten ihre Argumente zu liefern, auf den Berührungspunkten der Astronomie und Geologie (zum Einschluss terrestrischen Werdens im Kosmischen).

Wenn ordnend nun der Nous (bei Anaxagoras) hinzugetreten, ἔξωθεν (bei Aristotels), aus Praeexistenz nigritischer Kla —, der im Sinne Platos gefassten Prototypen (bei Quechua), — wird auch in das Jenseits (τὰ ἐνταῦθα) gnostischer Patristik sich die naturwissenschaftliche Methode hinauszudehnen haben, für kleinste Differenzen (im logischen Rechnen), sofern es auch hier gelingen sollte, der Infinitesimalrechnung ihren „höheren Calcul" zu erfinden, um „höherem Blödsinn" vorzubeugen (im Irrationalen).

Mit Anlehnung an das Centralgebirge (Himalaya's) beginnt Indien's Schöpfungsgeschichte mit dem festen Gestein, aus unzerstörbar übriggebliebenem Goldkeim (Hiranyagarbha's), und Sagara's Söhne graben erst die Klüfte (zwischen den Ringen des Meru), welche sich beim Herabberufen Ganga's vom Himmel mit dem Meere füllen (aus den oberen Wassern). Jenes Vai-Ora also, das mittelst gewagter Himmelsreisen von höheren Terrassen, aus dort quellendem Jugendbronn, durch Tawhaki für die Auserwählten niedergeholt, strömt in der Ganga (mittelst brahmanischer Gebete niedergerufen) für Alle herab, in dem Wasser rein und klar, (ungetrübt noch durch irdische Befleckung), und so durch Pilgerfahrten besucht (für den Trank ewigen Lebens)..

Mit Ausgang vom Wasser blieb ein im Fortgang chemischer Auffassung bereits zersetztes (und demnach selbstnegirtes) Element vorangestellt, während bei dem Feuer, als Erstes, bereits die Kraft mithineinspricht, chemischen Processes, zur Hervorbildung der Schöpfung aus ursprünglich soweit setzbaren Elementen, unter Rückgreifen auf „reines Sein ohne Form" (s. Preger), in der (XIII. Jahrh.) häretischen Mystik David's de Dinanto (bei Alb. M.). Deus, νοῦς et materia prima sunt et nullam differentiam habent, ergo eadem sunt (Intellectus intelligit Deum et ὕλην sive materiam, sed nihil intellegit intellectus, nisi per assimilationem ad ipsum, oportet igitur, quod assimilatio sit intellectus ad deum et ὕλην). Bei Erkaltung des Erdinnern hätte dann der wässrige Niederschlag (aus oberem Wasser) an den atmosphärischen Berührungspunkten terrestrischer und kosmischer Grenzgebiete zu erfolgen, wenn mit den Finsternissen „sobre la haz del abismo" (s. Mendoza) es sich umwölkt aus solarem Einfluss (Cipactonal's) mit Ilhuicatl

Yayauhca, „el cielo negro, nebuloso" (in Kosmogenie der Nahuatl). Als eine Vereinigung der (neben den Elephanten) welt-tragenden Schlangen (Ananta, Vasuki, Daksha, Takshaka, Kar-kodaka, Sanga, Kulika, Mahapadma) schirmt Sesha (als Adi-Sesha) den Meru, dessen Gipfel Vayu niederblasen will, (nur in-dessen, den Berg von Tripeti abwehrend), und (bei den Maori) wird der Waldgott von seinem Windbruder (Typhon) zerzaust (der sich zum Vater Rangi zurückgezogen), s. Heilige Sage der Polynesier (S. 33). Der Erde der Navajos geht die unterirdische vorher, Quaoar (in Los Angeles) kommt vom Himmel, das Chaos zu ordnen, und in der Californischen Fluth blieben nur die Gipfel des Mount Diablo und Reed Peak hervorragend, mit dem Coyote darauf (dem sich der Adler zugesellt), während Nanabush auf den Wassern fluthend, die Thiere hinabsendet, für das erste Körnlein (des Anfangs). Als im Anfang Meer war (bei den Ruthenen), taucht das Täubchen des Ahorn auf den Grund (s. Gatovacki), und als nur Gott, Sonne und Meer (bei den Slovenen), taucht (wegen des Sonnen-brandes) Gott in's Meer, um in den Fingernägeln ein Sandkorn heraufzubringen (s. Hubad). Im Anfang (der Kleinrussen) schwimmt Gott auf den Wassern, in den Blasen auf den Teufel treffend (s. Erben) und aus dem Wasser (der Serben) entstehen die Himmel (in Siebenzahl).

Nach Schöpfung der Welt und Gutbefinden derselben zu seiner Zufriedenheit, hat sich Katonda (Uganda's) in den Ruhe-genuss epicuräischer Götter (bis zum πατήρ ἄγνωστος vielleicht) zurückgezogen, „far too mighty" (s. Felkin) und, gleich Nyan-kupong, zu hoch oben, um durch Gebete belästigt (oder erreicht) werden zu können (wie Baal bei genügend gesteigertem Festes-lärm). So findet sich der Mensch auf die von Mawu in der Stufenleiter der Wong vertheilten Mächte (oder Kräfte, als Kissi, in Zauberbindung) hingewiesen, neben dem in der Erinnerung (bei den Papua) gegebenen Rapport durch Träume zu den abge-schiedenen Verwandten, (wie im Atollo der Nyam Nyam). Unter derartig ähnlicherweis überall wiederholten Auffassungen vollzog sich die geschichtlich bedeutungsvolle Wiedergeburt, wodurch der an die Menschen herantretende Mittler mit dem höchsten Gotte (in seiner Epiphanie), als völlig identisch erscheint (bei Zwei- und dann Drei-Einigkeit), wenn der Zug des Gemüthes sich fortgerissen findet, um (statt auf dem umständlich langen Weg des

Wissensforschens) sich der letzten Ursache rascher anzunähern, — für fromm religiöse Stimmung zum „Unterwurf" (subjectio), — durch die Intuition des Augenblickes oder doch den Flug des Glaubens (sofern nicht den wächsernen Flügeln ein Absturz drohte, in mystische Versenkung). „Wer es ergründen will, wie die drei Personen der Gottheit wohnen in der Einigkeit, und die Einigkeit ist in der Dreiheit, begeht eine Vermessenheit, dass man es aber glaubt, ist eine Mildigkeit und, dass man es erkennt, ist ewiges Leben" (1417 p. d.). Hier unterstützt die sacramentale Weihe (aus magischer Wirkungsweise): „Zum Ersten kommt der Mensch von sehnendem Jammer in so grosse Begierde zu Gott, dass der Leib all' seine Kraft verliert und der Geist mit Gottes Geist vereinet wird, so dass er in dem Leibe nicht mehr bleiben mag, und würd' ihm zu der Stund' des Herrn Frohn-leichnam nicht gegeben, so müsst er vor Sehnsucht sterben; wird er ihm aber gegeben, so wird Alles mit einander vereinet, der Leib wird vereinet mit dem Leib unseres Herrn, die Seele wird vereinet mit seiner Seele und der ganze Mensch erquicket, dass ihm das Leben wieder wird. Zum Andern wird der Menschen Leben verlängert von dem Frohnleichnam unseres Herrn, wenn sie allen Dingen todt sind und in Gott allein leben" (s. Elsbeth Heimburg) in St. Katharinathal (XIII. Jahrh. p. d.). „Er hat den Teufel und ist unsinnig", aber „die Andern sprachen: „Das sind nicht die Worte eines Besessenen" (in neuer Botschaft). „In der überwesentlichen Dreifaltigkeit der ewigen Gottheit, in dem überglänzenden allerhöchsten Gipfel, da hört man mit still-sprechendem Schweigen Wunder, man empfindet da abgeschiedene, unwandelbare Wunder in dem überlichten Dunkel, das im über-reichen Lichtschein ist, in dem da wiederleuchtet das All und mit dem die Vernunft überfüllet wird mit überglänzendem Licht" (*Heinrich Suso*). Von Mawu wird Luwo als Schatten der (nigri-tischen) Seele in den Körper geworfen, aus idealer Existenz, während aus den „impressions" (körperliche Sinneseindrücke) sich (bei Hume) die Ideen abschattiren („ideas" oder „thoughts"), und als idealistisch eine Idealwelt bekunden (im Jenseits). Als durch Vater und Sohn befruchtet, gebar das göttliche Weib (des heiligen Geistes) neben dem unverweslichen Abbild des Vaters links eine Aftergeburt (ἰχμἰς τοῖ φωτός) von Zwillingen (bei den Ophiten), in magischer Bindung und Wechselwirkung, wie mit dem Edro aus genialischer Geburt (in Guinea).

Bei dem (im Folgefluss fliessender Aenderungen), wie für den Anfang, auch für das Ende mangelnden Abschluss (im Ausblick), kann der Welt ihr Seiendes nicht festgestellt werden, (ebensowenig wie der Beginn geklärt aus nebularer Verwischung deutlicher Anschauung), und so liesse es sich aufflammen im Plutonismus (Hutton's), wo fernerhin allmälig fortgesetzte Abkühlung einen Anhalt zu gewähren vermöchte (für planetarisches Theilganzes im Allgemeinen), zumal wenn die organische Schwierigkeit gehoben wäre, durch Niederfall der Keime aus dem Weltenraum (wenigstens für Australasien's inerte Masse).

Im organischen Kreislauf gehen die Individuen zu Grunde, für Neuschöpfungen aus einwohnenden Keimen, und so, bei der Kristallogenie, verbleibt im Amorphismus (bei Fuchs) kristallinisches Gefüge (s. Frankenheim), mit Möglichkeit künstlichen Eingriffs (s. Wakkernagel) zum Episomorphismus (cf. von Hauer), wie neben der „natural selection" (Darwin's) in Züchtung (und Cultivation).

„It is only when the direct benefit of prayer is before the mind, that its indirect advantages are obtained" (s. T. W. Chambers), und so bei den Karakia (der Maori). Die Magie ist eine, der geheimen Wissenschaft, welche Gott in Erschaffung der Welt entfaltet hat, analoge Kraft und Erkenntniss (s. Hamberger), in Oetinger's Theologie (1852) und der Lehre der Ganga (über die Kissie).

Mit Verhallen von Buddhas altem Wort folgt (für verjüngende Wiedergeburt der Schöpfungen) die Vernichtung, aus moralischen Ursächlichkeiten (s. Terrassenhimmel der Buddhisten, Verhandlungen d. Gesellsch. f. Anthropol., Ethnol. u. Urgesch., Oct. 1881), und aus physikalischen bei Auslöschen des Sonnenballes (in modernen Theorien), aber des Menschen Doppelstellung schwankt zwischen Körperlichem und Geistigem, bis im noch unabsehbaren Schwung des letzteren sich für irdischen Anschluss das Gleichgewicht herzustellen vermöchte im Bewusstsein (bei naturwissenschaftlich verständlicher Psychologie). Consciousness is passive, not active, it is conditioned existence, no inconditioned, it is a link in a series of events (s. Prince), aus Wechselwirkung (harmonischer Kräfte im Kosmos). If the material world rests upon a similar ideal world, this ideal world must rest upon some other, and so on without end (Hume), bei Ursprungsfragen (bis zur naturwissenschaftlichen Psychologie, im

Berechnen der Verhältnisswerthe harmonischen Einklangs). „Wäre nicht das Auge sonnenhaft, wie könnt's der Sonne Licht erschauen" (im Dichterwort). 'Ἐν τοῖς εἴδεσι τοῖς αἰσθητοῖς τὰ νοητά ἐστιν (s. Aristoteles). Potentia cognoscitiva proportionatur cognoscibili (s. Thom. Aq.), in Wechselwirkung von Ayatana und Aromana (zum harmonischen Ausgleich), für Weiterberechnung, in ἀριθμοὶ νοηταὶ (als Idealzahlen). „We may succeed in determining the exact nature of the molecular changes which occur in the brain-cells when a sensation is experienced, but this will not bring us one whit nearer the ultimate nature of that which constitutes the sensation; the one is objective, the other" subjective and neither can be expressed in terms of the other (s. Carpenter). Das Wahrnehmungsbild ist in Nachbildung des realen Objectes als intelligibel bestimmt, wie sie der Natur des Subjectes möglich ist und entspricht (s. Heman). Aus dem Einen kann nichts werden (s. O. Flügel), und so kann nicht das Sein (als Einheit) zum Anfang der Rechnung dienen, sondern das Gegebene, wenn trotz des Täuschenden in der Erfahrung (bei Zeno El.), als hypothetischer Ansetzpunkt der Rechnungen vorläufig gesetzt, zur Controlle im Fortgang derselben durch die Induction (einer naturwissenschaftlich durchgebildeten Psychologie).

Der Schmerz — (für seine Heilung auf Heilslehren hingewiesen, gleich denen der Aryani Satyani) —, liegt für Jeden in dem Leid des Lebens, mit Hinwendung auf die Apotropaioi, zum Ankampf gezwungen gegen das feindlich Böse, um physisches und moralisches Wohlsein zu sichern. „La conséquence fatal du mal, que dieu laisse faire et qu'il peut empêcher, c'est que les coupables, s'il y en a, ne sont pas responsables de leurs méfaits, ils ne sont par le fait que les mandataires du démon, qui a toute autorisation de son supérieur" (s. L. Perret), als „le marquis de Buonaparte, qui conquérait l'Europe par autorisation spéciale de sa Majesté légitime" (bei Axenfeld). Wenn trotz der geleisteten Knechtesdienste der Gott sich seinen „Hierodulen" machtlos erweist (oder taub und blind), mag der Wulomo in den prophetischen Extasen des Wongtschä ergänzende Aushülfe suchen. Aber sofern alle Mittel der Theurgie fehlschlagen sollten, bleibt schliesslich nur der Teufelsbund (und seine Gefahr), um die Teufeleien durch Beelzebub auszutreiben, den „Obersten der Teufel", wie die Schriftgelehrten meinten (im Schachspiel weisser und schwarzer Magie), s. Der Mensch i. d. Geschichte, II (S. 94 u. flg.).

Aus geheimnissvollen Wassertiefen bringt die Seefrau die errettende Medicin für die Mysterien am Orinoco, wie in Geheimceremonien des Meda geübt (bei Algonkin), während Tawhaki den Maori das Lebenswasser von der Himmelsterrasse herniederholt (Ichtor dagegen aus der Unterwelt herauf). The charms (in Uganda) „are manufactured with due mysterious secrecy in some remote forest glade at dead of night on the appearance of the new moon" (in Uganda). Gegen die schwarzen Künste des Endoxe hat der Ganga zu schützen (in Loango) s. Deutsch. Expdt. a. d. Loangoküste, II. (S. 161).

Wenn eine in der Familie wirksam erprobte Xina dort als allgemeingültige adoptirt wird (in Loango), vererbt sie sich vom Vater auf die Kinder, so dass das primär in der Familie geschlossene Mutterrecht dann zu jener idealeren Bindung fortschreitet, wie sie auch den Stamm zusammenhalten mag, und in dem für das ganze Land geltenden Palladium, als Volksgott (auf der Akropolis), die nationale Einheit repräsentirt, die ohne solchen Hort auseinanderfallen würde, weshalb der Besitz durch Ketten in Karthago gesichert werden mag, um Diebesgelüsten vorzubeugen, welche, wenn die Arche auf Wagen (gleich dem Jaggernauts) fortgerollt werden kann, um so näher liegen (für Anschläge feindlicher Philister).

Bei Beurtheilung der religiösen Verhältnisse in ethnischen Kreisen muss zunächst (soweit den Daten nach ausführbar), eine kritische Sichtung der Hingehörigkeit des Materiales vorausgehen, ob die Gedankenschöpfungen begabter Geister, (oft im Geheimniss esoterischer Lehren abgeschlossen), zur Beobachtung vorliegen, ob der populäre Aberglaube des Tageslebens, oder etwa der orthodox festgestellte Glaube der mittleren Gesellschaftsschicht. Meist erscheint höher und erhabener, als das in der Gegenwart des Volkslebens angetroffene, was aus früheren Zeiten überliefert ist, schon deshalb, weil nur das Bessere daraus von Fortdauer (weil allein ihrer würdig) bewahrt. „While in the earliest accessible documents of religions thought we look in vain for any very clear traces of fetichism, they become more and more frequent everywhere in the latter stages of religious development, and are certainly more visible in the later corruptions of the Indian religion, beginning with the Atharvana, than in the earliest hymns of the Rig-Veda" (s. M. Müller). Aber, abgesehen davon, dass die indischen Schriftdenkmäler an sich bereits einen verschiedenen Charakter, je nach den Perioden ihrer Entstehung, werden tragen müssen, gleich den hellenischen etwa (ob athenischer Blüthezeit oder byzantinischer angehörig), hätten die (bei Lubbock) siebenfach classificirten Stufengrade des Religionsgedankens (von Atheism zum Fetichism, Totemism, Shamanism, Idolatry u. s. w.) stets, wie theologische, metaphysische, atheistische oder positivistische Richtungen (bei Comte), gleichzeitig nebeneinanderherzulaufen (in der die Gegenwart repräséntirenden Phase) unter mehr-weniger Ueberwiegen der einen oder anderen Schattirung (je nach culturhistorischem Barometerstand).

„The farther we mount into antiquity, the more do we see mankind plunged into Polytheism" (s. Hume), war ein bequemer Satz für frühere Generalisationen der Ethnologie, welcher jetzt auf allen Seiten die Arbeiten zu wachsen beginnen, wenn früher nur in teleskopischer Ferne schwankend gesehene Schatten plötzlich von den verschiedenen Erdtheilen her, (in Fleisch und Blut ethnisch ausgestalteter Typen), näher und näher herandrängen, ihre methodische Behandlung des Details zu verlangen.

In den Facettenaugen des Wilden liegt allerdings die Welt vielfältigst gebrochen, im wirren Getümmel afrikanischer Fetische oder in grotesker Buntheit auf indischem Wunderboden, aber auch hier aus altersgrauem Hintergrunde, unter den Decken des Allerheiligsten, klingt mystischer Gesang hervor, von einem Hieros Logos (wie im polynesischen „Pule Heau").

Zum statistischen Ueberblick für Verwendung der Inductions-Methode stellt sich die Vorbedingung zunächst, die ethnischen Thatsachen in möglichster Vollständigkeit ihres Umfanges zur objectiven Kenntniss gebracht zu haben.

Wenn der psychische Wachsthumsprocess des ethnischen Organismus auf untersten Stufen der Einfachheit (bei den Naturstämmen) der Betrachtung unterzogen wird, lernen sich diejenigen ersten und somit in der Menschenseele tiefst gewurzelten Motive kennen, die, wenn auch durch spätere Verfeinerung der Argumentation dadurch annullirt, und oftmals ganz in das Unbewusste versunken sind, immer doch für ihre Nachwirkungen erkennbar bleiben müssen, und daraus also im logischen Rechnen auf ihre primären Werthe zu reduciren wären (um die Ursachwirkungen richtig zu verstehen).

So bereits im Gottesbegriff, dem weitesten und letzten in frühester und engster Umgreifung. „Der Mensch verlegt sein Wesen zuerst ausser sich, ehe er es in sich findet. Das eigene Wesen ist ihm zuerst als ein anderes Wesen Gegenstand. Die Religion ist das kindliche Wesen der Menschheit, aber das Kind sieht sein Wesen, die Menschen ausser sich, — das Kind ist der Mensch sich als ein anderer Mensch Gegenstand" (s. Feuerbach). „Der Mensch hat sein eigenes Wesen angebetet" („das göttliche Wesen ist nichts Anderes, als das menschliche Wesen"). •

Als akatacharistisches verschwimmt der Erste in erster Ur-sächlichkeit, während seinen Abglanz $\delta\epsilon\acute{v}\tau\epsilon\varrho o\nu$ $\ddot{a}\nu\vartheta\varrho\omega\pi o\nu$ $\varkappa\alpha\lambda o\tilde{v}\sigma\iota$ (die Ophiten). Als $\dot{a}\gamma\acute\eta\varrho\alpha\tau o\varsigma$ ($\dot{a}\epsilon\iota$ $\nu\epsilon\alpha\zeta\omega\nu$) bildet der $\tau\acute\epsilon\lambda\epsilon\iota o\varsigma$ $\alpha\acute\iota\omega\nu$ $\dot{\epsilon}\nu$ $\dot{a}o\varrho\acute\alpha\tau o\iota\varsigma$ $\varkappa\alpha\grave\iota$ $\dot{a}\varkappa\alpha\tau o\mu\acute\alpha\sigma\tau o\iota\varsigma$ $\ddot{v}\psi\omega\mu\alpha\sigma\iota$, den Unergründlichen (als $B\nu\vartheta\acute o\varsigma$), vom Geist nicht erforschbar (bei Valentin), und mit Pitamaha oder Grossvater, (für slavisches Deminutiv), wird Brahma geschmeichelt, als Vanormuthuven (Aeltester der Himmlischen). Wenn in Noth, ruft (oder schreit) der Kaffir zu Qamata (s. Theal), aber verläugnet ihn in Nkulunkulu, in Fassung als „Erster Mensch" oder (s. Matthews) Itsikamahidis (bei den Hidatsa).

Das Schweigen, das (in $\Sigma\iota\gamma\acute\eta$) den Bythos umhüllt (in valenti-nianischer Gnosis), ist in Enthymesis (der Selbstbeschauung) sein Gedanke ($\ddot{\epsilon}\nu\nu o\iota\alpha$), in sich verschlungen (gleich Brahm), und wenn (dem Bythos die Ureinheit zu wahren) bei Unterscheidung von zwei Diathesen (s. Ptolemäos) der aus $\nu o\tilde v\varsigma$ und $\dot{a}\lambda\acute\eta\vartheta\epsilon\alpha\iota$ gebil-deten Syzygie eine erste (und frühere) vorangesetzt wird (aus $\ddot\epsilon\nu\nu o\iota\alpha$ und $\vartheta\acute\epsilon\lambda\eta\sigma\iota\varsigma$), scheidet sich im Gedanken wieder die Willensrichtung, welche (als $\vartheta\acute\epsilon\lambda\eta\mu\alpha$) im Nous zur Verwirklichung gelangt (mit dem $\lambda\acute o\gamma o\varsigma$) unter sprachlichem Verkehr des Zoon politikon (bei der für den Menschen typischen Gesellschaftswesen-heit), wenn weitere Emanationen folgen (nach Logos und Zoe). „Im Anthropos, dem Urmenschen, ist gleichsam der Nous durch das Aussprechen des Logos concret geworden" (s. Möller) und „die $\dot{\epsilon}\varkappa\varkappa\lambda\eta\sigma\acute\iota\alpha$ ist seine $\pi\lambda\acute\eta\varrho\omega\mu\alpha$" in der Gemeinschaft der Ge-meinde, mit dem Völkergedanken als primären (zum Integriren des Theilganzen im Selbstverständniss). „The mind is not a single function or faculty uncompounded and working always in the same simplicity and unity, but a confederation of functions or faculties which, though they have their divers subordinate ope-rations and interests, are bound together into the organic unity of a whole" (s. Maudsley). „Dem Subject des Erkennens, welches durch seine Identität mit dem Leibe als Individuum auftritt, ist dieser Leib auf zwei ganz verschiedene Weisen gegeben, einmal als Vorstellung in verständiger Anschauung, als Object unter Objecten und dem Gesetze dieser unterworfen, sodann aber auch zugleich auf eine ganz andere Weise, nämlich als jenes Jedem unmittelbar Bekannte, welches das Wort Wille bezeichnet. Jeder wahre Act seines Willens ist sofort und unausbleiblich auch eine Bewegung seines Leibes, er kann den Act nicht wirklich wollen, ohne zugleich wahrzunehmen, dass er als Bewegung des Leibes erscheint; der Willensact und die Action des Leibes sind nicht zwei objectiv erkannte verschiedene Zustände, die das Band der Causalität verknüpft, stehen nicht in dem Verhältniss von Ursache und Wirkung, sondern sie sind Eins und Dasselbe" (s. Schopenhauer), im Leben des Denkens (wollend und wissend).

In der indianischen Auffassung des „Ersten Menschen", (Tai-Wang in China), urmenschlich als Adam Kadmon, (der Engel Metatron), oder „der himmlische Adam im Geheimniss des Wagens" (Jalkut Rub.), tritt in anthropomorphischer Personification aus dem „Alten der Tage" der Gott entgegen zum Ausdruck des in seiner Gesellschaftswesenheit umschlossenen Menschen, und innerhalb der psychischen Atmosphäre, die hier den Horizont umlagert, haben sich für den Einzelnen, als integrirenden Theil des Ganzen, diejenigen Fragen zu lösen, die ihn als religiöse bewegen, den Ruhezustand inneren Gleichgewichts (im Selbstbewusstsein) herzustellen innerhalb seiner „Welt als Vorstellung" (durch den Völkergedanken geschaffen). „Bei unseren Betrachtungen über das Verhältniss des Menschen zu Gott haben wir den Ausgang nicht zu nehmen von allgemeinen Speculationen über das unendliche Wesen, nach deren Ausfall sich dann unsere Vorstellungen vom menschlichen Wesen zu richten hätten; vielmehr können wir nur ausgehen von dem, was wir über die uns bekannte Seite dieses Verhältnisses wissen. Unsere speculirende Vernunft hat keinen andern Zugang zu dem Göttlichen als den, den ihr der Blick in das eigene Innere und die bekannte Welt darbietet" (s. Jürgen Bona Meyer). Und hier handelt es sich als Lebensfragen um die ethischen, um den Anhalt fest gesicherter Grundlehren, zu gewinnen (im logischen Rechnen), während die physikalisch-kosmischen, die in Schöpfungstheorien weiterführen, den Wechseln jedesmaligen Wissensstandes folgen, auf einem Forschungsgebiet, das sich (beim Ausblick in Unendlichkeit) niemals auszulernen vermag, ausser soweit etwa

die naturwissenschaftliche Psychologie die ihr entsprechenden
Beantwortungen sucht (und zu suchen hat). Dann leitet der Weg
in umgekehrter Richtung zurück. Ὁ πρῶτος ἄνθρωπος Ἀδάμ (der
erste Mensch) „ist von der Erde und irdisch, der andere Mensch
ist der Herr vom Himmel" unter Negation der Negationen, im
„Licht des Messias" (Pesiktha Rabbathi). Adam ist nach dem
Ebenbild Gottes geschaffen (Tikune Sohar), als Ausstrahlung des
göttlichen Wesens („non factus, non creatus, nec genitus sed pro-
cedens"), „Man is a god in ruins" (s. R. W. Emerson). „Derselbe Adam, welchen der Urgrund aller Wesen nach seinem
Ebenbilde in Verborgenheit geschaffen hat" (nach R. Simon),
wie in der Zukunft des Messias bekannt sein wird (s. Nork), als
Menachem oder Tröster (nach R. Ibo): „Jehovah ist sein Name"
(nach R. Abba), ein Gottmensch (oder Menschengott). If in this
world there is one misery having no relief, it is the pressure
on the heart of the „Incommunicable" (s. de Quincey), im Drange
psychischen Wachsthums (zum Selbstverständniss).

Erst nach Gesammtbeherrschung des ethnischen Materiales
würden „first great stages of religious thought" (s. Lubbock) zu
classificiren sein, und (für organisch innerlichen Zusammenhang)
auch dann innerhalb des jedesmaligen Entwickelungskreises zunächst auf diesen beschränkt, oder für verschiedene stets nur soweit, wie geschichtliche Berührungen stattgehabt (oder fernerhin,
zu demjenig internationalen Verbande der Menschheit, der dem
nationalen Bewusstsein in jedem Einzelnfalle die Fortbewahrung
vollberechtigter Selbstständigkeit bewahren sollte).

„Gott schuf die Welt und die Bäume und die kriechenden
Wesen zuerst und darnach machte er sich daran, einen Mann
und eine Frau zu schaffen, indem er ihre Körper aus Lehm
bildete; aber in jeder Nacht, sobald er sein Werk vollbracht hatte,
kam eine grosse Schlange und verschlang die beiden Bildgeschöpfe
(images), während Gott schlief. Das trug sich zwei- oder dreimal
so zu, und Gott wusste nicht, was zu thun sei, denn er musste
den ganzen Tag arbeiten und konnte das Paar nicht in weniger
als 24 Stunden fertig machen; ausserdem war auch bereits die
Bedingung des Schlafes gegeben, da ohne solchen die Sache
nicht gut zu Stande zu bringen war. Wenn nicht der Zwang
des Schlafes vorläge, so würde es keinen Tod geben, noch würde
das Menschengeschlecht mit Krankheit betroffen werden. Während des Schlafes geschieht es, dass die Schlange davon führt,

und verführt, bis auf diesen Tag. So also wusste der gute Gott nicht mehr, was anzufangen. Doch stand er denn eines Morgens früh auf, zuerst einen Hund zu schaffen, dem er Leben gab, und als er am Abend die Geschöpfe vollendet hatte, bestimmte er den Hund, diese zu bewachen, und als nun die Schlange kam, bellte derselbe und verjagte die Erschreckte. Dies ist der Grund davon, dass noch heutigen Tages, wenn ein Mensch im Sterben liegt, die Hunde anfangen zu heulen; aber wahrscheinlich, meinte der Gewährsmann, schläft Gott tief zur Zeit, oder auch mag die Schlange kühner geworden sein, denn die Menschen sterben alle zusammen" (s. *Lewin*), nach der Schöpfungssage der Kumis (in Chittagong). "Um alle Gahs Oschen (Mitternacht) gegen Ahriman stellt sich der Hund (im Vendidad), wie Ormuzd antwortet: Pesoschorun, Veschorun, Vohonezag und der ehrenvolle Derekhto; sobald einer dieser Hunde in der Welt ist, zieht er hin und her und sucht sich auszuzeichnen durch Schlagen Dessen, der Böses liebt und Böses sucht; so ist der Hund" (s. Kleuker). Wie in Sibirien, wird der Hund von U-Blei mit dem Schutze menschlicher Lehmform, (zur Abwehr gegen Erlüng oder Albihn), beauftragt (bei den Khasya), s. Völkerstämme am Brahmaputra (S. 8). Als die aus Koth geschaffenen Menschen starben (bei den Bulgaren), schliesst Gott ein Bündniss mit dem Teufel (s. Hubad). "Like the Australians the Timorese cannot understand why any one should ever die unless he be killed" (s. Forbes), und so in Amerika (bei den Abiponen, nach Dobrizhoffer's Worten) oder in Afrika überall, wo unter dem Namen des Eudoxe (statt des indonesischen Swangi's) der böse Feind verfolgt und ausgerottet wird, gleich den Zauberern (die zu Moses' Zeit nicht leben bleiben durften) in Patagonien (während der Hexenprocesse).

Nach den irdischen Bedürfnissen gingen bei Brahma's Schöpfung, aus der Form der Hässlichkeit die Yakscha (um zu essen) (in Vishnupurana), und die Rakshasa (um erhalten zu werden) hervor, von Indra mit dem Donnerkeil verfolgt (im Rigveda). So viele Devendra unter der Fortdauer eines Brahma herrschen, denen allen bleibt (als Mutter des von der Kuh geborenen Chitraputra) Indrani (als Königin) ihr Weib (s. Ziegenbalg), wie Papa (den ersten Herrschern der Dynastie), bis als runzlichte Alte erkannt (in Hawaii). Von der Sophia hatte Eva den Kain (der *Καινιστω*) empfangen, von der Hystera den Abel (s. Epiph.), wie Lalai auf Erden zeugt (mit Kii) und im Himmel, (für höhere und niedere Rasse). Zur Unfruchtbarkeit bestimmt, fühlte Indrani die Geburtsschmerzen in ihrem Leibe, als die von ihr aufgezogene Kuh (beim Eintrinken der Blume) Chitraputra (Iwara's Sohn) gebar (aus des Urstier Seite), wie Ichtl (im Strohhalm) aus

Urkraft der Erde (als Kuh). Lava (Kusa's Bruder) ist aus einem Gras-
stengel geschaffen (vom Rishi). Der Nebenbuhler Indra's, für sich Indrani
zur Gattin abzuholen, fiel als Schlange zu Boden (weil an den Kopf des ihn
tragenden Heiligen Agastya stossend), während der Abwesenheit (bei Vri-
haspati's Versteck). Der Name des jetzigen Indra ist Purandara, seine Vorgänger waren Santi, Sivi, Vibhu, Manojava, ihm werden folgen (s. Ward):
Bali, Sruta, Sambhu, Vaidhrita, Gandhadama, Divaspati, Suchi oder (in der
Vishnupurana): Bali, Adbhuta, Santi, Vrischa, Ritudhama, Divaspati, Suchi
(s. Germann). Bei Verlust der Keuschheit vermochte Ellammen nicht länger
das Wasser als Blase zu tragen (bei den Tamulen), und die Vestalin beweist
ihre Keuschheit durch Wasser im Sieb getragen (wie von Phra Ruang).
Tausendäugig (Ayirankannen) ist Indra am Leibe mit der Yoni (geschändeter
Rishi-Frau) bedeckt (als Argus in den Sternen). In der Atmabodha-Upa-
nishad (neben der Atma-Upanishad) „Crishna is noticed by the title of Ma-
dhusudana son of Devaci" (s. Colebrooke). Chitraputra oder Chitragupta
schreibt (wie die Zeiten der Geburt und Thaten) die Abrechnung auf für
gute und böse Handlungen (aus dem Sinn oder Chitr). Prajapati, als Sonne
(oder Herr der Schöpfung) nothzüchtigt (bei Kumarila) seine Tochter Ushas
oder Dämmerung (Urvasi, als Geliebte Pururava's). Als beim Quirlen des
Milchsee's des Meergottes Tochter Varuni emporstieg, (die Göttin des Rausch-
tranks), wurde sie von den Daityas zurückgestossen (als Asura's), von den
Göttern (und Suras) dagegen angenommen (und in der Trunkenheit seiner
Feinde erlangt der Magier Gantama den Himmelssitz). Der Brahmane Sukra
(Sohn Brigu's) gilt (im Planet Venus) als Guru der Daitya (oder Riese),
wie Brihaspati (Sohn Angiras) als Guru der Götter (im Planet Jupiter), und
wie Budh (im Planet Mercur) über die Kaufleute, wacht Mungala über die
Krieger (im Planeten Mars). Die sieben Rishi bilden die Gatten der sechs
Plejaden (mit dem Sächlichen überher). Die Frau Nerriti's (Nacht-Unglück)
erhielt Opfer am Kreuzwege (als die Erde). Die Apsarasas zerfallen in Lau-
kika-Apsarasas (oder weltliche) und Daivika (göttliche). Die Vidyadharas
disputiren über Gelehrsamkeit, bei Vereinigung der Götter und Propheten (um
Devendra versammelt). Die Gananathas dienen (bei Siva und Vishnu) als Dutas
(Gesandte). Als geflügelt werden die Gandharber den Garuda (in Habichts-
vögel) verbunden (als Garuda-Gaudharbas). Die Kinpurushas durchfliegen
die vierzehn Welten, im Dienst der Götter (zunächst Isvara's). Mit der von
einem Incubo geraubten Kappe lassen sich Schätze finden (s. Petronius), in
der Nebelkappe des Nibelungenhorts). L'âme est une image de la Sainte-
Trinité (bei Pratry). Upon comparing several kinds of pleasure and pains
both as to intention (intensity) and duration, we see that the whole sum
of interest lies upon the side of virtue, public spirit and honour (s. Hutcheson).
Thought is as much a function of matter, as motion (s. Huxley), auf psychischer Sphäre (in naturwissenschaftlicher Psychologie). Une multitude de
facultés ne divise pas plus l'âme que trois facultés (s. Garnier). Die Soma-
tologie begreift (neben dem Gesetz der Identität und Uniformität) das „law
of presentativity" (s. G. Thomson). Anzustreben ist Samadhi (der Ausgleich
im Selbst) durch Samapatti (mit den Hülfsmitteln der Dhyana). Surge, qui
dormis et exsurge, als ἔτι, κτέ der Mysterien (s. Hippolyt), zum Erwachen
(in Bodhi). Auf die Rhematische Periode, als älteste der Sprache (in welcher

die Ausdrücke für die nothwendigsten Ideen sich prägten und die ersten Anfänge einer Grammatik sich bildeten, als Wurzeln) folgt die dialectische
Periode (in Scheidung der Sprachfamilien). In all Chinese thought of permanent mark the world given in the senses is the product of mind, but not
as subsequent in time; this precedence of mind means an essential primacy;
the universe is the unity of essence with manifestation (s. Johnson). *Διὰ τὸν
μόνον ὀρθὸν εἶναι τῶν ζώων μόνον πρόσωθεν ὅπωπε καὶ τὴν φωνήν εἰς τὸ
πρόσω διαπέμπει* (der Anthropos). *Ὁ νοῦς βασιλεύς τῶν παντων* (s. Plato). Alles
lebt durch das Tai-ki (bei Chu-hi). Der Proarchon (als Jaldabaoth) verbindet
sich mit der *αὐθάδεια* (bei den Barbelioten). Die gestaltete Welt ist durch
den Ausdruck Wan woe, „alle (Myriaden der) Wesen oder Dinge" bezeichnet;
der „nicht Namen Habende", der Namenlose, weil Unnennbare, ist der Urgrund
oder Anfang von Himmel und Erde (Thian-ti) im Tao-te-king (s. Strauss).
Vor dem Sat (als Eins ohne Zweiheit) war Asat (Nicht-sein), bei Schöpfung
durch die Sonne (als Aditya) oder Brahma (nach der Chhandogya-Aryanaka).
Ἄνθρωπος ζῶον ἄπτιρον (s. Plato), entfiedert beim Beschweren des Körpers
durch die materielle Speise (der Abhassara). Ego sum deus zelator, et
praeter me nemo est (bei Phibioniten oder *Στρατιωτικοί*) in Jaldabaoth's
Ueberhebung (als Maha-Brahma). Tien and Te personify the course of
nature; Te is the sin or mind of Tien, man's sin (heart) is his sing or
nature, as thence evolved, Tih (virtue) is the ultimate principle regarded as
the inherent virtue of that, which it produces; Ching is the spontaneous embodiment of this in the holy man (s. Johnson). Die Seelen der Frommen
(als Siva-bhaktas) werden durch die Dutas (als Siva-dutas) auf selbstbewegten
Wagen (Pushpakavimana) übergebracht (zu Siva), oder nach Vaikuntha (durch
Vishnu-dutas), während die Yama-dutas zu Yama schleppen (in Patala oder
Yamaloka). Pasus (living souls) are individual sentient beings (bei den
Pasupatas). Den Kinnara (als Sang-Tänzerin im Dienste Parvati's) entsprechend, spielen die Devadasio (Dienerinnen der Göttinnen) in den Pagoden,
unter Verheirathung mit dem Gottsohn Subhramanya (nach der Bharata-
Shastra). „Of places where relics of the Holy Cross have accumulated Mount
Athos stands preeminent with a total volume of 878 360 cubicm., then Rome
with 537 187, Brussels 516 000, Venice 444 582, Ghent 436 450, and Paris
with 277 731" (1887). Rohoult de Fleury calculates that the total volume
of the Wood of the Cross was somewhere about 178 000 000 cubic millimetres
(s. Riley). Durch Ravana aus Lanka mit den Yakschas vertrieben, richtet
Kuvera seine Residenz in Kailasa ein (mit Pracht des Reichthums). Als
Siva die Welt dem Riesen Sura übergeben, behielt er sich die Gewährung
Kailasa's vor (zum eigenen Sitz). Als Brahma, zur Schöpfung, seinen Geist
sammelte, durchdrang ihn Finsterniss zunächst, um die Asura zu gebären (die,
von ihm verlassen, in Nacht versanken), und dann, beim Wohlbehagen, aus
seinem Mund die Götter (in Vischnupurana), und als deren König bekämpft
Indra die Städte der Asura (im Rigveda). Gleich den Houynghuons in ihrer
Weisheit (bei Swift) mit Pferdeköpfen versehen, wohnten am Manasa-See die
Gandharvas, deren durch trefflich elegantes Sanscrit-Reden ausgezeichneter
König allnächtig in einen Esel verwandelt wurde (in der Clausur, beim Schein
des „tallow-candle"). Der in Brahma schaffende, in Vishnu erhaltende Gott
manifestirt sich im Menschen (neben Rudra und Iwara) als Siva, und hier

wieder mit dessen Sakti, als Adi-Para-Sakti (gespalten in Nava-Sakti, als Matris). Alle Dinge begreifen sich in Ruhe und Bewegung, sowie das Naturprincip (Khi) zur Vereinigung (bei Laotse). Das Sin (neben Sing) subordinates the Pe to the Hoen, the Khi to the Li (s. Johnson). Ὁ ἔσω ἄνθρωπος (bei Hippolyt.) fiel hinab (vom Adamas) in das irdische Lehmgebilde, hinter den ἕρκος ὀδόντων (bei Homer), bis die Gesellschaftswesenheit sich befreit (in der Sprache). Wir kennen es, ohne zu sehen, bemerken, ohne zu hören, berühren ohne Umfangung (im Tao-te-king), ἵνα βλέποντες μὴ βλέπωσιν, καὶ ἀκούοντες μὴ συνιῶσιν (Caulacau! Saulasau! Zeesar!). Les idées claires servent à parler, mais c'est presque toujours par quelques idées confuses, que nous agissons, ce sont elles qui mènent la vie (s. Joubert). Sein Tsching ist das Tao des Himmels und der Erde (in Chung-yung). Das Geistige (Hoen) geht aufwärts, das Körperliche (Pe) nieder (beim Tode). Die Bhuta führen auf den Dienst der Elemente (s. Dubois). Das Chih (äusserlich) ist unmöglich ohne Khi, und dieses ruht in Li (Urkraft). Das männliche Princip ist „Kian", das weibliche „Kun" (bei Vereinigung von Yang und Yin im Tai-ki). The most devout work of Chinese religious sentiment, the Tao-te-king, is at the same time a rational philosophy, set forth in aphorismes, not in prayers or praises (s. Johnson). Die Ching (Wesenheit) bildet das Tao im Himmel und im Menschen (im Chung-yung), bei Einheit physischen und moralischen Gesetzes (im Dhamma), und indem die „ganze Welt vom Menschen abhängt", hat dieser sich selbst in Gesetzlichkeit zu leiten (für den Einklang) in tugendhafter Stütze (allgemeinen Wohlseins). Kwai - Hemm (Tochter des Mantis-Insect) verschlingt Alles (bei den Bushman), bis getödtet, zum Wiederherausgeben (s. Bleek), wie Igongquongquo (bei den Kaffir) und die Drachenschlange des Rauchhauses (bei Pinto). Aus unerforschbarem Beginn trennt die schwingende Bewegung, in dem primär nebelhaften Chaos, das Obere und Untere (bei Chu-hi). Bei dem Beruhen der Geistesseele (Shin) im Körperlichen (Kwei), fällt Kweishin zusammen mit Ching (bei Confucius). Im Menschen trifft Hoen (Himmlisches) und Pe (Irdisches) zur Vereinigung zusammen (wie beim Tode nach Oben und nach Unten getrennt), und aus der Bindung des Li (Individualität) durch Khi (der Urprincipien) folgt das Sin (im Herzen) für (menschliche) Wesenheit (Sing). Jedes Ding hat sein eigenes Wesen und die Gesammtheit bildet das Tai-ki (im Tai-ki-tu). In der Ruhe des Khi wirkend, ruft Li die Bewegung hervor (mit Yang und Yin). Im Chung-yung, als Gleichgewicht (der Mittelstrasse) liegt die Wurzel des Pfades, für den gesetzlich geordneten Bestand der Welt (bei Tsze-tsze). Für seine Moral ist der Mensch bedingt durch die Tugend des Himmels und der Erde (in Liki), im Yang und Yin für sein Geistiges (aus der Beziehung zum Göttlichen) und für sein Sonderwesen aus Quintessenz der fünf Elemente (s. Callery). Ching (Aufrichtigkeit) bezeichnet das vollkommen Wirkliche als an sich richtig (bei Tscheou-tze). Aus den Fluthen des Hoang-ho stieg vor Fohi's Augen das Drachenpferd empor, mit weissen und schwarzen Punkten für die magischen Diagramme der Khoua (in Y-king), und die Seefrau bringt aus den Tiefen der Wasser das Mysterium (in Guyana). Durch die von Sukra wiederbelebten Daityas angegriffen, flohen die Götter aus Swarga unter Thierverkleidungen (Indra als Pfau, Agni als Taube, Nairat als Papagei, Varuna als Rebhuhn, Vayu u. s. w.), wie in Aegypten (vor Typhon), und bei den Maori verstecken sie sich in Pflanzen (gegen Tawhirimatea's Angriff).

In der Doppelnatur des Menschen liegt eingewebt bereits
ein religiöser Zug, indem, wie die körperliche Constitution ihrer
materiellen Umgebung bedarf, um darin, (wenn eine ihr adäquat-
congeniale), fröhlich zu gedeihen, so das Psychische, in seinen idealen
Bedürfnissen, einen höheren Strebensdrang empfindet, für befriedigende Ergänzung, und je unbekannter vorläufig, auf noch dunkler
Gefühlssphäre, dieses Motiv verbleibt, desto mehr erfüllt es das
gesammte Leben, so dass auf primitiven Stadien des Wildzustandes
jede Handlung sich mit religiöser Färbung durchtränkt findet
(aus religiös tendirenden Elementaranlagen). „This superior
power has been variously conceived and named by different people
in different ages and places, according to the measures of their
intellectual and moral development, however it be named now,
— whether it be, as Comte maintains, the environment, physical
and social, in which each one lives and moves and has his being,
or whether it be thought of in the abstract form of the unity
of an infinite spirit —, it has supplied the pressure from above
or without under which the development of social and moral
feeling among men has taken place" (s. Maudsley), auf Grundlage der geographischen Provinzen im anthropologischen Kreis
innerhalb seines jedesmal ethnischen Horizontes (für die Cultur-
Entwickelung in der Geschichte). „Moral and religious development is not a matter of speculative science, — it is an end
to be gained only by practice, and the soundest morality is
always that which in the least self-conscious" (1886), in der
unbewusst nothwendigen Empfindung des Zusammenhanges mit
dem gesellschaftlichen Ganzen, wie den Einzelnen (in seinem
psychischen Wachsthum) durchdringend, und wie kraft objectiver
Umschau über die in den Völkergedanken waltenden Gesetze
inductiv zu klären sein wird (bei naturwissenschaftlicher Durchbildung der Psychologie).

Da der Mensch, wie im Gegebenen des Gesellschaftszustandes
vorliegend, stets bereits mit einer Kunstsphäre, (in primitiver Form
der Voranlagen wenigstens), umgeben sein muss, schaffen sich in der
Evolutionstheorie des Pule Ileau früher als der Mensch dessen Kunstfertigkeiten (in der durch Po-kanokano und Po-laluli eingeleiteten
Periode des Werdens), gleich προορευμοί also, in den Principien
als Vorbilder oder Vorbestimmungen des Seins in Gott, und so
vorausbestehend gedacht (bei Dionys. Areop.). Jeder Mensch
betrachtet sich als Mittelpunkt der ihn umgebenden Welt (s.

Eduard Meyer), und so jedes Volk (in seiner Weltgeschichte).
„Die Zwiefachheit der menschlichen Natur ist der wesentlichste
Charakterzug unseres Geschlechts, sie bildet eine so grosse Kluft
zwischen uns und den Thieren, dass in Folge davon der Mensch
nicht etwa bloss an der Spitze der Thierwelt, sondern vielmehr
ausserhalb derselben steht" (s. Kriegk), im „Règne humaine"
(s. Quatrefages). Das Colorit der Oertlichkeit spiegelt sich ab
in dem Leben und der geistigen Bildung eines Volkes, und
die Spuren desselben werden erst allmählich bei fortschreitender
Herrschaft über die Natur uns kenntlich (s. A. v. Humboldt). Da
bei der Betrachtung des Menschen, seinem ganzen Wesen nach,
die körperliche Seite überhaupt in den Hintergrund, die geistige
Sphäre in den Vordergrund tritt (s. Ebel), ist er „der ganzen
übrigen Schöpfung gegenüberzustellen" (1850). Die Geschichte
senkt sich im Acte menschlicher Zeugung der Natur ein, als
ein höheres Jenseitiges für dieselbe (s. J. H. Fichte). „Erst
der civilisirte Mensch ringt sich allmählich los aus den Fesseln
der Natur und seiner tellurischen Heimath" (s. Apelt), mit Erweiterung des anthropologischen Kreises zu der Peripherieweite
seines ethnologischen Horizonts, innerhalb der geographischen
Provinz (beim Erwachen geschichtlicher Cultur).

Soweit und sofern „das Wesen jedes Theils nicht das Wesen
des Andern ist" (s. Ibn Sina), geht (im Nothwendig-Existirenden)
der Theil dem Ganzen voran, bei dem nach sinnlicher Auffassung
im (räumlichen) Nebeneinander oder (zeitlichen) Nacheinander
Zusammenzählbaren. Soweit dagegen der Theil seinem Wesen
nach durch das Ganze erst bedingt ist, weil in Abhängigkeit von
demselben, (wie längs der Durchkreuzungen eines organischen
Maschengewebes in fortzeugender Entwickelung), steht solchem
Theil ein Ganzes voran, und bei dem Rückzählen wieder auf
kleinste Theilchen, verlieren sich diese in die Unendlichkeit für
das Aistheton, ehe im Noeton ein verständlicher Begriff dafür
gewonnen sein würde (kraft logischen Rechnens).

In Sohnschaft Vivanghat's (aus der Sonne) steht neben Yama
sein Bruder Vivasvat (als Manu gegenwärtiger Periode) im Ersten
Menschen, (der aus dem Leben auf dem Todeswege fortgewandelt),
wie Menabozho zusammen mit Chibiabos, (im Dioskuren-Paar
Rongo's neben Tangaroa oder Kanaloa's und Kane's). Bei der von
Twaschtar, als (gnostisch schaffender) „Factor", (Make-Make Rapa-
nui's), angerichteten Hochzeit wird Yama mit der Zwillingsschwester

(Yami) vermählt (sterbliche Menschen zu gebären), während Vivasvat's Gattin hingeschwunden, und obwohl von den Göttern in ihrem Ebenbilde (als Unsterbliche) wieder hervorgerufen, in Verborgenheit gehalten wird, so dass aus Savarna's Täuschung nur, auf Rosses-Eile (durch Saranyu) erjagt, die Asvinen (in Doppelgeburt) erzeugt werden, aus dem (für das sehnende Hoffen) vergänglich erweckten Farbenschimmer einer Morgendämmerung (jeden Morgen neu und jeden Abend wieder ersterbend).

Yima selber stellt (bei den Parsi) die Einrichtungen her für gesellschaftliche Ordnung, (wie aus Manu's Codex in Indien geschehen), aber er lehnt Ormuzd's Auftrag ab, das höhere Gesetz (Zarathustra's) zu künden, das (um aus dem Bann irdischen Kreislaufs zu retten) in Buddha's Heilswort (den Ariya) herniederschallt (über die Meditationsterrassen und von dort weiterführende Megga).

Für solchen Zweck war der „Tropfen" (s. Ash-Shahrastani) rein, (wie Sati in Sakti), zu erhalten, aufzuwachsen im Baum für die Milch der von den Blättern genährten Kuh (um die iranische Propheten-Mutter zu befruchten) oder, wenn sächlichen Geschlechts, um aus dem Princip der Glorie (Sri), deren strahlende Schönheit durch keine Zunge ausgeredet werden kann (im Vishnu Purana), für den Eremiten unter dem Hopea-Baum sich zu verwirklichen, (im Mula-muli) als Tikkhagga (bei den Talein), s. Völker d. östl. Asien II (S. 459). Das Pire-em-hrou (im Todtenbuch) leitet zum Ausgang des Tages (in Aegypten), und Qat bringt die Nacht (Quong) von Torres-Island (nach Vanua Lava), als es beständig noch Tag war, während die Schöpfung (der Quiches) mit der Dämmerung beginnt, damals als wenig Licht noch war (im Popul-Vuh). Als Gott aus dem Schlaf erwacht, verwandelt sich jeder Blick in einen Stern (bei den Kroaten) und aus dem abrinnenden Schweisstropfen entsteht der Mensch (s. Trdina), und auch das Meer als Schweiss (der Schöpfung).

„Der Erde nächst gelegen ist die Sphäre der Pitri's, alle frommen Brahmanen und ehrenwerthen Hausväter werden zu ihnen versammelt, tapfere Kschatryas kommen in die zweite Sphäre in Indra's Svarga, fleissige Vassyas in die dritte Sphäre, die Diva-Loka der Maruts, die vierte Maharloka ist die Region der Gandharbas und Sudras, in der fünften Janaloka leben die Siddhas sammt allen Brahmanen, die ein specifisch religiöses Leben geführt, die sechste Tapaloka ist der Sitz der sieben Rishi's, aller Einsiedler und Büsser, die siebente Brahmaloka ist für die

Bettelmönche, die Yogis aber stehen noch hoch über Allen und finden nur in Vaikuntha oder Kailasa Raum" (s. Germann). In solcher volksthümlichen Umkehr des Weltsystems wird der wünschenswerth beste Aufenthalt noch der Erde möglichst nahe gerückt (oder in ihren warmen Schooss verlegt, bei den Eskimo), während dann die Verflüchtigungen (in den kalten Raum hinein) beginnen, bei denen es gedankenkühnen Speculationen erst bange zu werden beginnt (für buddhistische Orthodoxie), wenn zu der schwindligen Höhe der Arupa verstiegen, sofern man der See-tüchtigkeit des Fahrzeuges nicht trauen darf, weil zu klein, im Hinayana (ohne Yajnavalkya's Yoya), s. Religphilsph. Probl. (S. 50).

Neben der für populäre Bedürfnisse erforderlichen Religions-stimmung, (auf Kai, den Essensgott, gerichtet in Tonga), vertieft sich das Denken im Eremiten-Leben polynesischer Atua, und schliesst sich dann in Mysterien ab, auch politischer Färbung, wie in afrikanischen Geheimbünden (gleich Semo und Purrah), um früher schon die Herrschaft des stärkeren Geschlechts zu kräftigen, weshalb den Frauen (in Brasilien) der Ton der Juru-pari-Pfeife verboten ist, oder des Turudun (in Australien), dessen Schwirren bei den Zuñi auch die Versammlungen beruft (s. Cushing), ehe unter die Kinderspielzeuge des Dionysos gefallen (in κῶνοι und ῥόμβοι). Profane bleiben von den Mysterien ausgeschlossen (bei den Ahts), „only old Indians can appreciate them" (s. Sproat). „Only the initiated men of that dance, know these things", ant-wortete Qing (aus Langalibalele's Stamm), als befragt über die „secrets that are not spoken of" (cf. Orpen), und so in Oregon (s. Heilige Sage der Polynesier, S. 9). Freilich, wie es Robert de Wace erging (am Grabe Merlin's im Walde von Brecheliart):

> Fol m'en revins, fol y allai
> Fol y allai, fol m'en revins
> Folie quis por fol me tins,
> die Wunder suchend, ohne sie zu finden
> (Merveilles quis, mai ne trovai).

Man muss sie erst hervorzuzaubern wissen (wie Huon de Mery), durch Eintreten in den Gedankengang der Naturstämme (sonst bieten sie nichts als läppisches Flickwerk der Fetischerei).

Indem die Ethnologie, für naturwissenschaftliche Durchbil-dung der Psychologie, in den rechtlichen und religiösen Vor-stellungen ethnischer Gesellschaftskreise, die organischen Bildungs-gesetze zu suchen strebt, empfindet es sich als vitaler Punkt ihrer gesunden Entwickelung, die richtigen Berührungspunkte mit den klassisch bereits begründeten Wissenschaften zu finden. Die Ethnologie wälzt aus allen Erdtheilen ungeordnete Massen unbekannt neuer Auffassungen heran, von denen jeder einzelne, (oft nur durch flüchtig Reisenden beobachteter), Brauch, zum Verständniss seines raison d'être dieselbe genaue Detail-kenntniss verlangen würde, wie sie der Philologie aus griechischer und römischer Archäologie zu Gebote steht. So lange hier nicht ein übersichtlicher Zusammenhang hergestellt ist, kann die Ethno-logie noch nichts Thatsächliches lehren, sondern hat vielmehr ihrerseits nur aus schon erprobter Methode zu lernen, bis sie sich später könnte in den Stand gesetzt sehen, ihrerseits das Empfangene zurückzuzahlen (mit den Resultaten eigener Forschung).

„A partir de 1822, en Italie, en Suisse, en Allemagne et dans les pays limitrophes, comme en France et dans les iles Bri-tanniques, l'importance des corps organisés dans la géologie pratique est généralement admise. Alors commencent des études paléontologiques plus sérieuses" (s. d'Archiac), avec une rapidité qui s'accroit chaque jour (im Zusammenarbeiten der Geologen, Zoo-logen, Botaniker, auch Amerika's, Afrika's, Asien's, Neu-Seeland's „dans l'édifice commun"). Aehnlicherweise kennzeichnet sich für die Ethnologie ein Wendepunkt mit dem Jahre 1870, unter plötz-lich unvermittelt einbrechender Fluth, wobei es sich wegen zu-nehmender Zerstörung des vergänglichen Materials einzig zu-nächst um eine Rettung desselben erst handeln kann, so gut es eben geht.

Wer hier nicht bereit, nicht geneigt, nicht veranlasst oder nicht befähigt ist, den Blick hinabzuversenken in den Gang natur-geschichtlicher Entwickelung, um die Bearbeitung in jedem der Ein-zeln-Werke, wie in scheinbar ungewöhnlicher (mehrweniger rhapsodischer) Form nach einander in Veröffentlichung tretend, in dem Zusammenhang des Ganzen festzuhalten, sondern nur nach der Stimmung augenblicklichen Eindrucks sein Urtheil abzugeben vorzieht, wird betreffs einer Kurzsichtigkeit desselben mit sich selbst darüber Abfindung zu treffen haben, wenn Zeitbedürfnisse weiterer Tragweite zum Verständniss gekommen sein sollten. Da bei der Mehrzahl der in Ueberfülle für die Ethnologie, aus früher unzugänglichen Horizonten während kürzestem Zeitraum, zusammen-geströmten Anschauungen bis zur diplomatischen Genauigkeit noch ein weiter Weg, bedarf es vor Allem Vorsicht in Handhabung des kritischen Messers, um nicht durch vorschnelles Einschneiden abzuschneiden, was sich bei später genauerer Kenntniss des Organismus als für diese vielleicht wesentlich ergeben möchte.

In der Frage nach der Psychologie als Naturwissenschaft stellt sich die zeitgemässe in dem „naturwissenschaftlichen Zeitalter" (cf. Werner Siemens) in dem der Gegenwart, und die höchste zugleich, die dem Menschen gestellt werden könnte für sein „Gnothi Seauton", (tse-tschi-tsche-ming) in der „vraie science" (bei Pope), als „the proper study of man" (Charron), der Mensch, auf seiner besseren Hälfte, (der psychischen eben) in der Gesellschaftswesenheit (als Zoon politikon). Il n'est pas un seul des problèmes philosophiques, de ceux à la solution desquels nous pouvons sans folle témérité prétendre, qui ne trouve dans la psychologie sa clef (s. Gilardin), nachdem inductiv behandelt (im Völkergedanken). Wenn bei dem Eindringen in das Detail (zur, hier vor Allem benöthigten, Materialbeschaffung) die Arbeit zu wachsen beginnt, wächst auch das Gebäude, das sie aufzurichten hat. „Magnus enim labor est magnae custodiae famae" in Petrarca's Ruhmessehnsucht, die auf Dichterflügeln verfliegen und entfliegen mag, wogegen den Fundamenten eingemauert bleibt, was thatsächlich fassbar (auch aus psychischem Bereich).

Mit Möglichkeit einer naturwissenschaftlichen Behandlung der aus dem Reiche des Geistigen entgegentretenden Probleme (nach den Methoden der Induction) würde jene Wissenschaft Wurzel eingeschlagen haben, nach der der Blick schon längst sich sehnsuchtsvoll gewendet, um neu den Boden zu festigen, dessen bisherig ideale Stützen (aus Religion und Philosophie) in bedenkliches Wanken gerathen sind, um dem „Appetitus intellectivus" (s. Thom. Aq.) die ihm congruente Nahrung zu bieten, und für den socialistischen Nihilismus durch die dialectisch schon vertraute „Negation der Negation" das Nichts des Nirvana in die Fülle eines „Pleroma" zu verwandeln.

Sollte es der mitlebenden Generation also gelingen, hier die ersten Fundamente zu legen, so werden in dem für künftige Jahrhunderte dort emporsteigenden Bau alle jene Räthselfragen, die uns bedrängen und ängstigen, ihre Lösung spielend erhalten, denn sobald und so oft die naturwissenschaftliche Methode in einem Wissenszweige zur Geltung gebracht ist, wird derselbe vom Menschen beherrscht, weil in seine Macht gegeben (kraft der comparativ-genetisch gewährten Controle).

Solche Aussichten waren es werth, die Mithülfe zu wagen und mögen die Betheiligten trösten über die Bejammerungen unbequemer Bücher, die sich nicht bequem genug lesen lassen, — lange so bequem nicht, als die mundgerechten Romane, in welchen, der Modestimmung gemäss heutzutage historische Streitfragen aufgetischt werden, aus pharaonischer Vorzeit oder der des Germanenthums (im Liebesleben an alten Flussgestaden oder Burgverliessen). „Weniger erhoben und mehr gelesen" hat Lessing gedichtet für den, der Schiller's „hohe und heilige Göttin" vorzieht im Bilde der „milchenden Kuh". Und so: „chacun à son gout".

Auf wohlbehäbige Musse einer Unterhaltungslectüre darf freilich, seit die Curiositäten-Literatur in ein naturwissenschaftliches Fach umzuschulen ist, nicht länger (oder noch nicht) gerechnet werden, in der Ethnologie, die seit ihrer Geburt der Decennien weniger zählt, als die (in klassischer Gelehrsamkeit) sorgsam ausgebildeten Disciplinen der Jahrhunderte und Jahrtausende. Kaum ein Decennium überhaupt lässt für diese Wissenschaft vom Menschen sich zählen, da die erste Fundamentirung ihres Bodens selbst, um darauf zu fussen, seiner letzten Vollendung heute noch harrt, indem die Ergänzungen immer noch fehlen, und Lücken genug, die hier und da klaffen. Und so darf mit der Materialbeschaffung nicht gezögert werden, unter unablässig raschester Förderung, selbst auf die Gefahr hin, mancherlei noch in vorläufiger Ungeordnetheit zu lassen, was späterhin seine Sichtung und Klärung ohne Mühe erhalten wird (wenn jüngere Kräfte die alten und aufgebrauchten allmälig ablösen werden). Um den Völkergedanken inductiv zu behandeln, muss er zunächst in ganzer Weite der Umschau vor uns liegen, wird er vorher also beschafft, zusammengetragen werden müssen, und mit solcher Handlanger-Arbeit hatte eine Mehrzahl von Schriften beschäftigt zu bleiben, um die Materialien heranzuschleppen (in unbehauenem Rohstoff wenigstens) für die „Gedankenstatistik". Weshalb so manch hochpeinliches Anstandstribunal mit diesen Schiebkarren sich abzumühen nicht verschmäht, in kritischer Musterung, ob glätter oder gröber behobelt, scheint bei einem Werke, wo Wichtigeres zu thun vorliegt, unnöthige Zeitvergeudung. Solch' Ueberfluss an freier Zeit, der fast neidisch macht, wäre besser verwerthet, die Controversen selber anzugreifen, der Streitpunkte so viele, die in der Lehre von den „geographischen Provinzen"

und dem „Völkergedanken" aufeinandertreffen, und die Augen
Derer treffen müssen, die aus fremden Fenstern in das Arbeits-
zimmer der Ethnologie hineinblicken, und jedenfalls bleibt ihnen
das Zusehen, wie die junge Wissenschaft rasch und rascher emporwächst, wie sie, in der Culturgeschichte wurzelnd, aus dieser sich
zu neuen Blüthen entfaltet (zumal gegenwärtig, unter politisch
hinzugetretener Förderung aus dem nationalen Leben).

Je überraschend wunderbarer und reicher die Blüthen
der Gedankenschöpfungen, aus allen Erdtheilen ringsum, sich in
unseren Gesichtskreis eindrängen, desto vorsichtig enthaltsamer
muss, frei vom Taumel berauschender Düfte, die Nüchternheit
der Betrachtung gewahrt bleiben (für die Blüthen-Diagramme).
schon um überhaupt nicht die Lust zu verlieren zu solch' trockener
Arbeit, während in verführerischen Klängen auf allen Seiten die
Sirenensänge schillernder Hypothesen zu locken beginnen. Eine
Warnungstafel der hier drohenden Bethörung zeigen die be-
dauerlichen Entstellungen, die Darwin's grossartige Reform durch
excentrische Uebereilung zu erleiden hatte, bis einigermaassen
wieder zur Besinnung gebracht, und dürfte für den anthropologischen Anschluss ohne Schwierigkeiten ein Modus vivendi
herstellbar sein, nachdem die Ethnologie in den geographischen Provinzen ihre gesetzliche Begründung wird erhalten
haben für Weiter-Entfaltung in naturwissenschaftlicher Psychologie, zur Wissenschaft vom Menschen, und seiner Gesellschaftswesenheit zunächst (als Zoon politikon).

Mit dem Versuche, die Methode inductiver Forschung, wie
als comparativ-genetische in der Naturwissenschaft zur Geltung
gekommen, auch in die historisch-philologischen Forschungszweige
hineinzutragen, musste, leichtverständlich, eine Verschiebung der
Perspectiven mit- und einbedingt sein, bis zu völliger Umkehrung
derselben. Indem wir uns altbekannten und altbestandenen
Problemen von einem, dem bisherigen diametral entgegengesetzten Ausgangspunkte nähern, muss demgemäss Alles auch
diametral entgegengesetzt erscheinen, verkehrt also, auf dem Kopf
stehend gleichsam, wie momentan z. B. in den Theorien des
Naturrechts oder der Religionsphilosophie.

Was indess in den bisherigen Arbeiten des Menschengeistes
mittelst der Deduction sich als wohlbegründet festgestellt hat,
wird dann beim Zusammentreffen auf halbem Wege mit der jetzigen
inductiven Nachprüfung, sich durch doppelte Controle um so

gesicherter beweisen, und die beiden Kehrbilder in Wiedervereinigung jetzt die gemeinsam richtige Stellung annehmen (für
die Weltanschauung).

Auch die bisherigen Wegerichtungen im Geschichtsgange
werden durch Zutritt naturwissenschaftlicher Wegweiser mancherlei
Ablenkungen (zur Berichtigung) erhalten mögen.

Der früher nächstliegenden Frage nach historischem Zusammenhang, bei angetroffener Aehnlichkeit, hat sich bereits mehr und
mehr diejenige über die Gleichartigkeit menschlichen Schaffens
hinzugesellt, und ob dieses nicht in manchen Fällen eintreten
(und zugelassen werden) dürfte, als Zufall oder ohne solchen.

Auch hier indess führt die Consequenz weiter. Nicht von
Möglichkeit eines gleichartigen Denkens ist zu reden, sondern
von der Nothwendigkeit desselben, und die Differenzen beruhen
nur in denjenigen der geographisch verschiedenen Umgebung
(des anthropologischen Kreises innerhalb ethnischen Horizonts),
unter der Spiegelung desjenigen, was, in der Gesammtwirkung
ihrer Kreuzungsweisen, als Volkstypus aufzufassen wäre.

Die erste Frage ist also nach den Grundgesetzen gleichartiger Elementargedanken zu stellen, und die weitere nach
historischem Zusammenhang nur soweit weiterhin zu verfolgen,
wie aus traditionell oder documentarisch gesicherten Anhalten
ein fester Boden unter den Füssen gesichert bleibt (nach den geographisch dem Globus eingezeichneten Bahnen der Geschichte).

In (Kanada's) Vaiseshika Sutra's (deren System in differen-
ciirende Unterscheidungen eintritt, bis auf Atome auch in imma-
terieller Welt), lassen sich die mit Seeligkeit des Paradieses
belohnenden Verdienste durch Aeusserlichkeiten (im Wirken ceremoniellen Cults) erwerben, die Befreiung dagegen nur bei Mehrung des Wissens (für richtige Erkenntniss). Die hier einzu-
schlagenden Forschungswege laufen (wie überall in philosophischer
Deduction) auf Selbstbetrachtung aus, mit metaphysischen Speculationen als höchstes Ziel, wogegen sie bei naturwissenschaftlicher
Zeitstimmung mit den Arbeiten der Induction objectiv zu beginnen
haben würden, um kraft der dadurch erlangten Resultate sodann
zur Subjectivität zurückzukehren (in der Psychologie). Erst nach
der Zerstörung der Einfalt setzt (bei Laotse) die Rückkehr ins
Ursprüngliche (ju pho) sich (zur Vollkommenheit).

Wenn im Einbruch eines nihilistischen Chaos alle Stützen
zu wanken beginnen, im Guten, Wahren und Schönen, wenn des

Lebens Ideale in nichtige Täuschungen zu verschwinden drohen, die Religion in Spott, die philosophische Speculation bankerott geworden, — dann verbleibt im „naturwissenschaftlichen Zeitalter" das einzige Heil in naturwissenschaftlicher Weltanschauung, und diese Hoffnung kann nicht getäuscht werden, nachdem der materialistische Torso mit seinem denkenden Haupte sich gekrönt haben wird, — in naturwissenschaftlicher Psychologie, auf der Unterlage des in den Völkergedanken zusammengetragenen Materials. Dafür hat die Ethnologie ihre Handlangerdienste zu leisten, um vorzubereiten jene „Lehre vom Menschen", die lang gesuchte, wenn unsere Epigonen weiter gearbeitet haben, um in künftigen Generationen das zu vollenden, was jetzt erst in schwachen Lichtblicken aufzudämmern beginnt; aber allerdings überwältigend bereits durch die Grossartigkeit der Aussichten, welche urplötzlich nach allen Richtungen hin sich zu eröffnen beginnen.

Wer Ohren hat zu hören, der höre, so einst: Wer Augen hat zu sehen, der sehe (es jetzt), und den Blinden wäre freilich nicht zu helfen, — am wenigsten dem absichtlich Selbstverblendeten (zu seinem eigenen Schaden, wenn er so will).

Deutlicher nie, im Gange der Culturgeschichte standen ihre Zeichen am Himmel geschrieben, als gegenwärtig, wo sie reden: von der „Wissenschaft des Menschen", (nach der Methode der Induction in Angriff zu nehmen).

Im normalen Durchschnittszustand physisch-psychischer Gesundheit wird jeder Einzelnsinn auf dem ihm zugewiesenen Empfindungsgebiet zu voller Auswirkung gelangen, und hier innerhalb vorgeschriebener Banden umschrieben stehen, wobei, soweit die in Folge eingeleiteten Sprachaustausches zutretenden Erweiterungen solche Fesseln mehr oder weniger werden zu lockern vermögen, dies stets nur innerhalb der für das gegenseitige Gleichgewicht erforderlichen Grenzlinie statthaben kann. Ein Unterschied des Mehr oder Weniger, des Niederen oder Höheren wird von vorneherein sich bemerkbar machen, und in religiöser Zeitstimmung der höhere Geist mit dem Anhauch vielleicht höherer Begabung (als göttlicher), wogegen abnorme Wucherung auf der einen oder anderen Einzelnsphäre zu pathologischen Abirrungen ausartet, sei es bereits in psychiatrisch erkannter Krankheitsform, sei es in den neurotisch gestörten Anlagen zu einer solchen, auf dem schwankenden Unterscheidungsgebiet, „to distinguish alienation of reason, where the reason was disordered, from alienation from reason, where the reason was suspended, and the individual spoke and acted in obedience to irresistible power" (bei Clifford), im gleichen Wortausdruck oft für „the ravings of insanity and the often equally unintelligible ravings of the diviner or revealer of divine things" (s. Maudsley). „Certaines intelligences peuvent être regardées comme une sorte de mélange, un composé réel (et non fictif, métaphorique), de folie et de raison, d'idées fausses, délirantes, et de pensées vraies, marquées même de l'empreinte du génie" (s. Moreau). Was fremd erscheint (im Staunen) sei als Fremdling doch bewillkommt, im englischen Idiom (Shakepeare's) oder im deutschen (Schiller's), wenn Niemand weiss, woher gekommen (aus der Fremde). In einem „naturwissenschaftlichen Zeitalter" wird mit naturwissenschaftlicher Durchbildung der Psychologie hier die Möglichkeit gegeben sein, für die „Psychologie morbide dans ses rapports avec la philosophie de l'histoire ou de l'influences des neuropathes sur le dynamisme intellectuel" (1859), eine strengere Controlle zur Geltung zu bringen (unter prüfendem Nachrechnen der in logischem Denken bis zu Schlussfolgerungen ausverfolgten Operationsweisen).

Aus der Erfahrung die Erkenntniss; und die Erfahrung führt in individuell angelegtem Organismus auf das ausserhalb desselben Befindliche, als ein nicht Angehöriges, zurück, in der Gemeinsamkeit des Körperlichen. Was hier zur Ein- und Mitwirkung gelangt, verläuft in der Sphäre der leiblich vegetativen Vorgänge, ohne dass die als unmittelbar gegebene Thatsache des Ich-Bewusstseins die in den Relationen ablaufenden Vorgänge derartig in sich aufzunehmen vermag, um sie in ihren Verhältnisswerthen zu verstehen (logisch zu berechnen). Erkenntniss, wie in solchem Sinne bezeichnet, fehlt also noch, (mangelt soweit).

Dennoch aber, in ihrem allmäligen Emporwachsen, fallen aus dem Unbewussten Denk- und Anschauungsformen ins Bewusstsein, die deshalb als bereits vorhanden zu fassen, innerhalb eines Wissensinhalts. Dieser ist somit entstanden, unverstanden vorerst, aber in das Verständniss überführbar, wenn nach vorläufiger Durchforschung dessen, was als Ganzes sich in der Entstehung daraus verwirklicht hat, zurückschreitend auf die componirenden Theilchen, aus deren Molekularkräften hier die Bildung sich realistisch verwirklicht haben müsste.

Der Ausgangspunkt solch psychischer Weltsphäre, die das unbewusst Körperliche in den Empfindungen mit dem deutlichen Wissen verbindet, (dahin überleitend), — mit demjenigen, was das intuitiv bejahte Bewusstsein, als sein Eigenthum (im zugehörigen Besitz) betrachtet, — diese vermittelnde Brücke wird gebreitet durch die schöpferische Thätigkeit der Gesellschaftswesenheit (das Denken in seinen socialen Factoren).

Der Anschluss ist seinen Anfängen nach wieder in primärer Berührung des Innen mit dem Aussen (des Subjectiven und Obiectiven) zu suchen.

Dort, wo die Nervenreflexe unbewusst noch spielen, in dem, was (im noch Unverstandenen) Auge, Ohr und die übrigen Sinne, passiv receptirend, in sich aufnehmen, — dort liegt in der körperlichen Organisation bereits der Apparat vorgebildet zu Umsetzung von Lautbildern des Gehörten sowohl, wie des in dessen Vorstellungsform übergebildeten Gesehenen: zur Projection also einer sprachlich gestalteten Welt, aus der Wechselwirkung im Verkehr gesellschaftlichen Austausches, in eigenartig selbstzugehöriger Schöpfung deshalb, des Gesellschaftsmenschen nämlich (des Menschen in dem, seine Wesenheit bedingenden, Charakter eines Zoon politikon).

Und hier nun demgemäss, in embryologisch noch unbewussten Vorbildungen, (in den Regungen einer, soweit noch, nur der Möglichkeit nach vorhandenen Gestaltungskraft), kommen zur Aus- und Durchbildung diejenigen Gestaltungen, welche, wenn später dann in ihrer abgeschlossenen Vollendung vor dem geistigen Auge stehend, diesem den Zugang innerlicher Erkenntniss ermöglichen, um dasjenige, was aus dem Unbewussten ins Bewusstsein gefallen schien, bei rückschreitend analysirendem Wege aus dem Entwickelungsprocess (im Werden) zu verstehen. Der Mensch hat der Richtschnur (fa) zu folgen (sjin tang fa), ihrgemäss sich zu leiten (bei Ho-schang-Kun) auf der Erde, wie diese der des Himmels, und solcher des Tao (in sich Selbst, tse sjan), „von selbst also" (s. Strauss), und so vor Fragen nach dem Himmel, sind die der Erde zu beantworten (bei Kung-tse), für den Sching-jin (vollkommenen Menschen) mit Hinrichtung auf das Tao (als Ziel).

In der Vorstellungswelt gehen die Individualexistenzen zu Grunde, und die Entstehung, weil ideal beginnend, knüpft an eine ἀρχή an, die sich indess nur als „Arche" einer aus periodischem

Untergang geretteten Erneuerung der Schöpfung erweist, — (von der Gegenerde her, bei Kosmas), — bei objectiver Projection der elementaren Ursprünglichkeiten, unter selbstgegebener Substanz (im Nichtsein negirenden Sein's) für das Verständniss eigener Betheiligung (in Mitwirkung des Denkens).

Durch den Gang der Naturwissenschaft erst ist derjenige Standpunkt festgestellt, der den Menschen, welcher zunächst im Selbstbewusstsein nur den Anschluss unmittelbarer Gewissheit fühlt (bei Descartes), innerhalb der übrigen Gegenstände die Beobachtungen an zugehöriger Stelle einzuordnen hat, im Weltganzen, das freilich nur das von der Vorstellung geschaffene System darstellt, aber auf Grund vorbedingter Beziehungen zwischen Denken und Sein (bei Parmenides).

Am entschiedensten ist der bindende Zusammenhang ausgesprochen in Darwins Hypothese von der Descendenz, welche indess, auf dem (jenseits der äusserst mikroskopischen Grenzen) ansetzenden Felde einer „scientific imagination" (s. Tyndall), die Evolution ihrer dichterischen Stammbäume (s. du Bois Reymond) entwarf, und so bei Vernachlässigung der für die Einzelheiten überall, in jedesmaligem Falle, noch erforderlichen Rectificationen, zur Bequemlichkeit des Monismus verführte, ein subjectives Ruhekissen unterschiebend (während objective Arbeit unabsehbar noch vorlag). La métaphysique est le champ des doutes et le roman de l'âme (s. Voltaire). Solcher Romane ist man allmälig müde geworden, (und die naturalistischen werden noch weniger Glück haben, als die historischen). „The opinions about creation of men like Herschel or Faraday, are not the opinions of men in the positive stage of thought, but of men in the positive stage of astronomy and chemistry, and in the metaphysical or theological stage in sociology and in morals" (s. Harrison), weshalb es auch hier einer naturwissenschaftlichen Behandlung bedarf (in der Psychologie und ihren Fragen).

Eine in und mit sich selbst begrifflich begriffene Substanz wird in dem „Ens absolute infinitum" (bei Spinoza) ihre mit dem Attribut der Ausdehnung zusammentretende Wurzel im Denken angenähert erhalten, seit dem „Gesetz von der Erhaltung der Kraft" (bei Meyer), in Auflösung auch der Lebenskraft bis zu dem intuitiv richtig schauenden Nous (bei Aristoteles), und dem Transcendentalen (des ἐντελθϑα).

Hierzu wird die methodische Einleitung durch die Induction geboten sein, bei naturwissenschaftlicher Durchbildung der Psychologie auf Grund angesammelten Materials (aus dem Völkergedanken).

Was hier angebahnt werden soll, ist eine Erkenntniss der in Ausgestaltung psychischer Organismen wirksamen Wachsthumsprocesse, um dann aus der Gesellschaftsatmosphäre den leitenden Faden zurückzufinden zu denjenigen Constituenten integrirenden Theil's, dessen Zusammenhang im Ganzen zu eigenem Verständniss führt (des Selbst in seiner Welt).

„Eine Fundamentalwissenschaft ist die Länder- und Völkerkunde, und sie ist namentlich in unseren Tagen, in denen der Weltverkehr eine so ungeheure Ausdehnung gewonnen hat und alle Erdtheile berührt, von doppeltem und dreifachem Belange, insbesondere auch für den praktischen Geschäftsmann, der sich einen Einblick in die Verhältnisse der verschiedenen Länder und Staaten verschaffen und den Gang und Verlauf der geschichtlichen, politischen, gewerblichen und commerciellen Bewegung verstehen lernen will. Und es ist gerade die Völkerkunde, welche ihm in dieser Hinsicht wichtige Fingerzeige giebt" (s. Karl Andree). „Die Cultur-Anthropologie wird mit Nothwendigkeit zur Hauptgrundlage einer allgemeinen Cultur-Wissenschaft werden, welche einer künftigen Zeit nicht fehlen wird. Denn diese Cultur-Anthropologie ist recht eigentlich eine Wissenschaft des Fortschritts, sie wirkt im Interesse der wahren Humanität, der echten Philanthropie, weil sie gegen alle Menschengruppen, denen sie nur zumuthet, was dieselben von Natur aus leisten können, austheilende Gerechtigkeit übt. Uns kommt es darauf an, die psychischen Erscheinungen im Völkerleben nachzuweisen, wir haben es mit der vergleichenden Menschenkunde zu thun, uns interessirt die Culturentwickelung aller Zeiten, welche richtig erst begriffen wird, wenn man die anthropologischen Anlagen und Begabungen der verschiedenen Völker streng in's Auge fasst. Dieses wichtige Moment ist bisher in der Geschichtschreibung zumeist übersehen worden, es kommt aber in unsern Tagen mehr und mehr zur Würdigung. Die Völkerkunde, die Ethnologie, hat die Menschenkunde, die Anthropologie, zur Unterlage, die Ethnologie begreift die verschiedenen Civilisationen und Culturkreise jede in ihrem eigentlichen Wesen und in ihrer besonderen Berechtigung und versteht von Innen heraus den Gang ihrer Entwickelung, die

allemal durch eine tiefe anthropologische und ethnische Anlage
bedingt ist. So begreift sie und weist nach die Eigenartigkeiten
nnd Eigenthümlichkeiten der verschiedenen Stammgruppen und
Völker" (1870). Without Language no Society having intellectual
and moral life, without Society no need of Language, without
Language no tradition, without Tradition no elaboration of the
common arts and skill which cherish and extend the simplest
products of the community, and without Tradition, no Religion,
no Sciene, no Art (s. Lewes). „Cosmology terminates in Biology
and Biology in turn terminates in Sociology" (1879). Moral
principles become recognized as standards, even if not realized in
practice, in direct proportion to the capacity of the mind to
originate abstract ideas (s. Prince), in gegenseitig bedingter
Wechselwirkung (bei ideal erwachter Zielrichtung),

Zum Internationalen drängt der Zug der Zeit, und international vor Allem ist die Wissenschaft des Menschen, die Ethnologie und Anthropologie, so dass die Gründung eines internationalen Organes hier am nächsten liegt.

Wenigstens für uns, die Ethnologie der alten Welt, denn
in der neuen hat die neue Wissenschaft, weil aus einheimischen
Schichten vorbereitet, rasch und üppig Wurzel geschlagen, emporgewachsen zu der stolzen Gestaltung des „Ethnological Bureau"
mit den reichen Sammelschätzen des „Smithsonian Institution" für
wissenschaftliche Verwerthung.

Dass um aus subjectiver Befangenheit zur Objectivität in that-
sächlicher Beobachtung zu gelangen, statt der „Beleuchtung des
Universums mit einem Talglicht" (s. Maudsley), eine allgemeinere
Umschau erforderlich, eine Hinwendung nach aussen, war in der
Philosophie bereits anerkannt worden, durch die „Psychologie als
Naturwissenschaft" (bei Bencke). „Innere Wahrnehmung, Umgang
mit Menschen auf verschiedenen Bildungsstufen, die Beobachtungen
des Erziehers und Staatsmannes, die Darstellungen des Reisenden,
Geschichtschreibers, Dichters und Moralisten, endlich die Erfahrungen an Irren, Kranken und Thieren geben den Stoff der
Psychologie" (s. Herbart), aber zunächst der Völkergedanke (des
Zoon politikon). „Einstweilen ist die Völkerpsychologie von
ihrem Ziele noch sehr weit entfernt und hat noch nicht die psychischen Merkmale der einzelnen Völker wissenschaftlich sicher
und prägnant bezeichnen können" (s. Mohr), und darum eben gilt
es: Materialbeschaffung ohne Zeitverlust (in der Ethnologie).

„Gegenwärtig ist es noch Handlangergewerk, welches die Zeit der Astrouomen verzehrt" (s. Nickol), und so in der Ethnologie (während der Materialbeschaffung). Die „evidente Wissenschaft" (Fichte's) wird mit den Hülfsmitteln der Psycho-Physik einerseits, der Ethnologie andererseits ihre Evidenz erhalten in der Wissenschaft vom Menschen („als Wissenschaft der Wissenschaften").

Vom Besonderen zum Allgemeinen baut die Induction sich auf, vergleichend in den Reihen nebeneinander, und emporsteigend, genetisch, (vom Einfachen zum Zusammengesetzten). „Die Ausbildung der auf dem Gebiet der Phanerogamen begründeten Zellenlehre fiel dem Studium der niedern Pflanzen zu, und diesen gehören die ersten Versuche an, das Wachsthum einer Pflanze aus einer nothwendigen und gesetzmässigen Folge der Zellbildung nachzuweisen, gleichsam den architectonischen Plan zu zeichnen, nach welchem die Natur bei der Gestaltung der Pflanzenformen verfährt und den ganzen Aufbau einer Pflanze schrittweis, wie den eines Gebäudes, dessen Pläne und Risse vorliegen, von Baustein zu Baustein zu verfolgen, zu beschreiben und somit auch zu begreifen" (s. Pringsheim). Und so ist den Naturstämmen ihre Rolle zuzuweisen, in der Geschichte der Culturvölker (für die „Psychologie als Naturwissenschaft"). „The method of composition remains the same throughout the entire fabric of Mind, from the formation of its simplest feelings up to the formation of those immense and complex aggregates of feelings, which characterise its highest developments" (s. H. Spencer), zum Studium des psychischen Wachsthums nach seinen Elementar-Gedanken (auf den verschiedenen Stufengraden der Entwickelung).

Der „Appetitus intellectivus" (bei Thom. Aq.) verlangt seine Befriedigung, eine einfachere oder verfeinerte, je nach dem Culturgrad, denn πάντες ἄνθρωποι τοῦ εἰδέναι ὀρέγονται (bei Aristoteles), und so baut sich der psychische Organismus auf, im Kreise des Ethnos, als Abdruck des Volkdenkens (zum Studium der Völkergedanken).

Während die aus den „Élemens de Minéralogie docimastique" (Le Sage's) gezogenen Folgerungen für Einzelnfälle durch die von der Pariser Academie angeordneten Experimente zu widerlegen waren (1772), begannen, in der Erkenntniss, „dass die sämmtlichen vorhandenen Mineralanalysen einer neuen Prüfung und Durchsicht bedürften", die bahnbrechenden Untersuchungen

Klaproth's, der seine Arbeiten nur als Materialien betrachtete, „welche, in späterer Zeit durch ähnliche andere vermehrt, dazu dienen konnten, ein System zu schaffen" (s. Kobell), und so bei der, im Gegensatz zur früheren, neuen Richtung der Ethnologie, bedarf es allgemeiner Revision (und Materialbeschaffung zunächst). Auch hier mangelte der Fortschritt „quamdiu superficiales viguerunt Methodi" (s. Wallerius), und gilt es eine „Methodus mixta quae notis characteristicis tam extrinsecis quam intrinsecis simul combinatis est superstructa, proxime ad naturam accedens, maximam indicans symmetriam", in jenen Einzeln-Problemen sowohl, als auch in der Erscheinung des Menschengeschlechts im Ganzen, wie den Augen schon in den Verschiedenheiten der Rassenfarben entgegentretend, so gleichfalls in seinen psychischen Gestaltungen unter verschiedenen Färbungen schillernd. Zwar wäre, wie dort, an das Sprichwort zu erinnern: „nimium ne credo colori", aber jene Eigenschaft hilft mit, wenn in ihren richtigen Bezeichnungen verwandt, und für solche genaue Umgränzung erfordert sich also zunächst der Einblick in das Detail, und hierfür wieder die Materialbeschaffung (als Vorbedingung, die allen übrigen und folgenden voransteht). Indem die Ethnologie in einem Zeitpunkt ins Leben getreten ist, wo die Naturwissenschaft sich der ihr eigenthümlichen Methoden und Aufgaben bewusst zu werden beginnt, empfiehlt es sich als rathsam, die Erfahrungen aus der Geschichte der Schwesterwissenschaften zu benutzen, welche im unbewussten Schaffen jenen Zustand der Reife herbeigeführt hat (dessen Vorzüge sich jetzt als verwerthbar bieten). „Nisi hae formae, quae non inepte primitivae vocantur, rite investigentur, in posterum sicut hucusque tota de crystallis doctrina massam constituet chaoticam, operamque et oleum, ut dicitur, illi perdent, qui earum descriptiones vel systematicam meditantur digestionem" (T. O. Bergmann), und so gilt es statt Speculation thatsächliche Detailbehandlung (auch in der Ethnologie). Um für allgemeine Grundsätze, „Körper nach chymischen Grundsätzen zu rangiren" (s. J. G. Lehmann), „werden Jahrhunderte erforderlich werden, ehe man nur einigermaassen auf diese Art mit dem Mineralreich zu Stande kommen wird" (1758), und für die Ethnologie ebenfalls (in Feststellung der Elementargedanken und ihrer Wachsthumsprocesse).

Der Mensch ist mit Sprache geschaffen, d. h. der Mensch ist als Gesellschaftswesen geschaffen, dessen einheitliches Band die Sprache voraussetzt, der Mensch ist also seiner schöpferischen Anlage nach ein mit Sprache als conditio sine qua non begabtes Naturproduct. In mythologischen Vorstellungen hat ein Gott die Sprache gelehrt, und dieser hat den Pfeil geschenkt zum Lebensunterhalt (bei den Khasya) oder den Taro vom Himmel niederbringen lassen zum Ackerbau (auf Hawaii), sowie das Feuer aus den Wolken herabgeworfen (in Australien), indem der Mensch für seine Existenzfähigkeit stets eine primitive Sphäre der Kunstfertigkeit voraussetzt, die weiter vervollkommnungsfähig sich beweist (im Gange der Cultur).

Die Sprache, in der Gesellschaftswesenheit als gesellschaftlich articulirte Natursprache, und die Primitivsphäre der Kunstfertigkeit sind als potentielle Voranlagen zu präsumiren, wie um die Pflanze zu denken, der Wachsthumsprocess (in Verschiedenheit der Phasen) mitgedacht werden muss, und wie vom Thier und im Menschen bis zum Denken hinauf (im Denken solchen Denkens). Alles dies hat für die Vorstellungswelt, (die Spiegelung der Welt im Menschengeist), in der Möglichkeit der Existenz selber (der Essentia in der Existentia) bereits involvirt zu liegen, und wie weit bei objectiver Betrachtung, hier Uebergänge einleitbar sich erweisen mögen, von chemischen Aeusserungen zu organischen oder von diesen zu psychischen (bis zu sprachlich-artistischen weiter) bleibt bei jedem einzelnen Sonderfall von Prüfungscontrolle der Induction abhängig (im logischen Rechnen). Bei gegenwärtigem Natursystem hat das Organische von dem Anorganischen seine noch abgetrennte Stellung zu beanspruchen, und wo der Mensch seine specifische Auffassung als Zoon politikon, wie in dem Thierreiche überhaupt, (trotz aller Gedankenconstruction kraft der Hypothese einer Descendenztheorie) die thatsächlichen Beweisführungen über die Erweiterung der Species (mit seinen Variationen) zum Genus (und rückläufiger Ableitung) in der Hauptsache noch nicht hinausgeführt haben (wenn von terminologischen Controversen abgesehen wird). Auch wird ein ferneres Vordringen, auf dem naturwissenschaftlich eingeschlagenen, und bis zur Physiologie, soweit siegreich verfolgten Wege, dann erst statthaben können, wenn zum Einblick in den Denkprocess selbst, (in den Motor psychischen Wachsthums, und also für die Schöpfung der Vorstellungswelt), die Psychologie der Naturwissenschaft zugefügt ist, und da dies eine Verwendung comparativ-genetischer Methode verlangt, handelt es sich um den

Völkergedanken zunächst (in factisch gesichtetem Material, zur Beweiskräftigkeit). „The material world is resolved into certain unknown activities and certain groups of sensations, which latter constitute a perception of the former" (s. Prince), und wenn ihrerseits nach inductiver Methode in Behandlung genommen, von Bekanntem zu noch Unbekanntem fortführen mögen, in den Gleichungen logischen Rechnens (nach naturwissenschaftlicher Durcharbeitung der Psychologie, für ihre materialistische Basis in der Physiologie). Die Rede bricht heraus (bei Jacob Böhme) wie ein Platzregen, (wohin der trifft, das trifft er), im Offenbarungsdrang (der Propheten) und bei zusammentreffendem Einklingen mit Tao (bei Laotse) in der Harmonie kosmischer Gesetze (für Bodhi's Durchschau des Dhamma).

Mental phenomena do not admit of being deduced from the physiological laws of our nervous organization (s. Mill). „Cerebral motion• and consciousness are one and the same thing; only the former is a symbol of the latter (s. Prince). „Mind and nervous action are the subjective and objective faces of the same thing" (s. Spencer). „La méthode psychologique consiste à s'isoler de tout autre monde que celui de la conscience, pour s'établir et s'orienter dans celui-là, où toute est réalité, mais où la réalité est si diverse et si délicate" (s. V. Cousin), aber erst nach objectiver Arbeit kann die Ruhe der Selbstbeschauung gestattet sein (subjectiv). The task of transcending or abolishing the radical antithesis between the phenomena of mind and the phenomena of motions of matter, must always remain an impracticable task (s. Fiske). Instead of seeking in the organism the conditions of organic activities, psychologists preferred the fictions of imagination, and referred psychical phenomena to an abstraction personified as the Psychical Principle (s. Lewes). The only tenable supposition is that mental and physical proceed together as undivided terms (s. Bain). If conciousness depend on matter being disturbed, it must be passive (s. Prince), aber mit dem treibenden Keim organischer Entwickelung (im psychischen Wachsthum). Savants who rely on the physical analysis without adding the analysis demanded by Psychology fall into the opposite error of that fallen into by Goethe, when relying exclusively on the psychological, he combated Newton's physical hypotheses, both analyses are required (s. Lewes). „Biology is intermediate between Cosmology and Sociology" (1879). Der kritische Empirismus führt zu den Thatsachen hinüber, zu einer ethisch-ästhetischen Gesammtbetrachtung der Weltform, deren Bildungen und Auflösungen abhängig erscheinen durch das werthige oder unwerthige Verhalten derselben untereinander (s. Caspari). „We do not feel unless immediately afterwards we remember we have felt" (s. Bain). Aestho-Physiology has a position that is entirely unique; it belongs neither to the objective world, nor to the subjective world, but, taking a term from each, occupies itself with the correlation of the task (s. Spencer). The union of Physiology with Psychology is henceforward assured, like the union of Algebra with Geometry, by which both sciences have been enormously improved (s. Lewes). A mental state and those physical changes which are known on the objective world as neural undulations are one and the same thing, but the former is the actuality, the latter a mode by which it is presented to the consciousness of a second person (s. Prince); das Denken lebt sich selbst (im Schaffen des Denkens). Die wahre Naturbeobachtung ist die teleologische (s. Erdmann) in Entelechie (als Zielstrebigkeit). By the operations of the mind we understand every mode of thinking of which we are conscious (s. Reid). „A mental process is only another aspect of a physical process" (bei Lewes), „but the mental process being the actuality of the physical process — the physical process in itself, there is nothing for it to be an effect or aspect of" (s. Prince), indem wir das Denken eben leben (im Bewusstwerden selbst). To the majority of minds inability to predict seems a mark of the absence of objective uniformity (s. Sully). In ultimate analysis nature is conscious experience and forms the sign or symbol of a divine, universal intelligence and will (bei Berkeley). In what way the physical change excited in the sensorium is translated, so to speak, into that psychical change, which we call seeing the image, whose image a was found upon our retina, we know nothing whatever (s. Carpenter). Il est jusqu'à présent établi, que tout jugement conscient est la conclusion d'une série de jugements enfoncis dans l'inconscience (s. Delboeuf). Jeu woe (es giebt ein Wesen) im Wesenlosen (wu-woe) ununterscheidbar, (huan im primär Chaotischen), mit der Vollkommenheit (Tschhing) als Ziel (des Tao), „vor Himmels und der Erde Entstehen" (sian thiam ti seng) in Stille (Tsi) und fassalos (Liao), im Tschi (Bestehen) vor den Wandlungen (des Entstehens) in Aenderungen (Kai) „durch Alles hin" (thseu). In der Rede „über grosse und grösste Anschauungen" (s. Strauss) kann Tao nur periodisch vorübergehend hervorbrechen, wie im Wirbelwind oder Platzregen (auch bei Jacob Böhme). Thought is as much a function of matter as motion is (s. Huxley). Ideas are verbal symbols (s. Lewes). „There may be every ground for concluding that a logical process has its correlative physical process, and that the two processes are merely two aspects of one event". Ogni qualsiasi operazione dello spirito nostro e incognita à se stessa, ed ha bisogno d'un altra operazione (riflessione) che ci la riveli (s. Rosmini). Existing things consist of ideas or objects perceived or willed, while perception and volition are inconceivable and impossible save as the operations of mind and spirit (bei Berkeley). We can trace the development of a nervous system and correlate with it the parallel phenomena of sensation and thought; we see with undoubting certainty that they go hand in hand; but we try to soar in a vacuum the moment we seek to comprehend the connection between them s. Tyndall). Much of what passes for physiological explanation of psychological process is simply the translation of those processes in terms of hypothetical physiology (s. Lewes). By contexture of words tender and delicate wits are ensnared and stopped, but strong wits break easily through them (s. Hobbes). That which is generally called matter is only an impression produced by divine power on the mind, by means of invariable rules, styled the laws of nature (bei Berkeley). As the organs of the five senses serve to furnish ideas of matter, the framework of the body contributes, in certain conditions, to develop various states of the mind (Ch. Bell). The only thing to be dreaded in all inquiries is that self-deception to which the human mind is prone (s. Prince). „Consciousness is nothing more than the reality of the physical changes" (in „Gbesi" redend). To the type and standard of morals inculcated by the teachers, an historian must investigate the realized morals of the people (s. Lecky). Thought can move an atom, for it can move the unknown ultimate, which is the basis of that group of phenomena we call a atom (s. Prince), in schöpferischer Gestaltung (eines sich selbst lebenden Denkens). Language by its generalisations enables us to construct objects (in the philosophical sense of the term) by separately naming, and thus giving separate ideal existence to those feelings of a group, which are invariable and predominant, as distinguished from the feelings which are variable and accidental (s. Lewes). The object does not exist as such outside of us, but is only a bundle of our sensations (s. Prince), in den Vorstellungen (bei Hume), als „Khandha" („Bündel"). Als weder Sein noch Nichtsein war (im Rigveda), athmete Tad (Es), ohne zu hauchen, allein mit Svadha (Selbstsetzung). In peruanischer Kosmogenie endet die Vorzeit der Purun-Pacha (Raumesleere) mit der Einwirkung zur Besiedelung (s. Pachacuti). Bei den von den Litthauern gemarterten Ordensbrüdern (1279) sah man die Seele sichtbar (zu Ross und als Vogel) aufwärts steigen (s. Leo), wie im Haus des Kriwe gesehen (von preussischen Sehern). Als Beseeler der Welt (cama oder beleben) wird Pachacamac im Herzen verehrt (s. Garcilasso), und in den Sternen malten sich in Constellationen die Prototypen der auf Erden verwirklichten Geschöpfe (s. Acosta). Pour scavoir parfaitement entendre cette escriture celeste, il faut exactement remarquer les estoilles verticales, car celles qui sont sur un royaume, monstrent ordinairement ce qui luy doit arriver (s. Gaffarellus). Emittit Autogenes hominum perfectum et verum, quem et Adamantem vocant (s. Irenäus) die Ophiten (vocari „primum hominem"). Der Erste Mensch schreitet voran auf dem Todespfad der Indianer, gleich Yama, der mit Yami gezeugt hatte (und zu Seiten Tai-wan's war Pao-sse zugegeben). Als Mensch (oder Mann) tritt Mannus, Sohn Tuyskon's auf, (aus der Erde geboren). Vocatus atque non vocatus audit (s. Horaz) der Tod, als Jäger (bei Konrad von Würzburg) oder (in Wodan) viator indefessus (s. Saxo Gr.) bis zur „Consummatio mundi" (für die ἀποκατάστασις τῶν πάντων). Nach Schöpfung der Welt (in Himmel und Erde) durch Illa-Tecce (Luz Eterna) wurde die Gottheit (Viracocha) in dem Ersten Erdenbewohner oder Pirua (Peru's) verehrt, unter dem Schutze des Planeten (Jupiter, Pirua) über die Magazine wachend (als Pirua), weil es zum Unterhalte (zur Existenzfähigkeit überhaupt), der Vorsorge bedarf bei dem, als gesellschaftlich geschaffen, zugleich seine primäre Kunstsphäre vorbedingenden Menschen, weshalb in hawaiischer Kosmogenie die Geschicklichkeits-Fertigkeiten bereits in der von Po-Kano-Kano und Po-Laliuli gehüteten Periode geschaffen werden, als fünfte (der Mensch selbst dagegen erst in der achten), seit Evolution (der Aeonen in Syzygien) aus Kumu-Lipo (Wurzel des Abgrunds). Der Bythos (πρώτη τῶν ὅλων ἀρχή) ist „summus et primarius Aeon" (s. Tertull.). In Nukahiva schlingt sich um Tanaoa's Anfang Mutuhei (das Schweigen), und so bei Ophiten, die nicht ἄζυγον λέγουσι (den Bythos). Σιγήν δὲ πάλιν ἄλλοι συνευνέτιν αὐτῷ προςάπτουσιν, ἵνα γένηται πρώτη σύζυγία (s. Irenäus). Auf Anstiften Sophia's bewarben sich die Planetenfürsten um die Gunst Eva's, im Ehebruch die Engel zeugend, (edler als die Menschen), wie Lalai mit Kane; und mit Kii dann die Gemeinen (Kerle) Karl's (neben Königlichen und Edlen), im Gegensatz der κακοί zu ἀγαθοί (bei Theognis), als optimates (oder boni homines). Bei den Kanaka scheidet sich (durch das Tabu) himmlische und irdische Rasse, und das Himmlische (Huan der Tao-sze) kehrt zur Seelenheimath (in Guinea) zurück, während das Gespenst (Sisa) fortspukt, am Grabe schwebend, als Elementarseele („Hauch der Knochen") oder Habal hagarmin (im Talmud). Den von Himmels-Terrassen herabgekommenen Byamha gegenüber, sind die Autochthonen (Birma's) Kräutern und Gräsern entsprossen (wie die Menschenpaare auf den Bäumen wachsen, in der Edda und im Bundehesch). Aus hohler Esche holen sich die Kinder (zu Brunneck), wie (bei Nierstein) aus einer Linde, worunter ein Brunnen rauscht (eines Jenseits, auf Viti).

Der erste Schritt (für Neugestaltung der Philosophie) hätte darin zu bestehen, „dass man einen Ueberblick nimmt über den menschlichen Verstand, dessen Kräfte untersucht, und eine klare Einsicht gewinnt über die Dinge, welche diese zu erreichen im Stande sind" (s. Locke), und so bedarf es (für die Induction) eines Ueberblickes zunächst im Aufbau der Ethnologie (durch die Gedankenstatistik). Das Denkenwollen setzt überall den Thatbestand des unwillkürlichen Denkens voraus (s. Windelband). Das Instrument, auf das sich der Philosoph bei seinen Arbeiten stützt, ist das denkende Bewusstsein: der Intellect. Will man mit Hülfe dieses Instrumentes aufklärend arbeiten und Irrthümer ausmerzen, so ist es nothwendig, die Natur desselben genau zu kennen (Caspari), in seinen objectiv anschaubaren Realisationen (des Völkergedankens). Knowledge is the perception of the agreement or disagreement of two ideas (s. Locke), in Unterscheidung und Vergleichung (durch inductives Rechnen). „What we call the operations of the mind are functions of the brain and the materials of consciousness are products of cerebral activity" (s. Huxley), aber die für das Endziel bedingenden Gesetze für wechselweise Ergänzung liegen in psychischer Atmosphäre (der Gesellschaftsgedanken zunächst), indem zu dem „mental philosoph" (s. Bain), der „Geschichtsphilosoph" hinzuzutreten hätte (auf ethnisch gebreiteter Basis der Induction). Geist und Seele sind nur höhere und combinirte Potenzen derselben Functionen, die wir mit dem allgemeinen Ausdruck, als Kraft, bezeichnen, und die Kraft ist eine allgemeine Function aller Materie (s. Häckel), die aber, wenn idealistisch vervollkommnet ihre adäquaten Aequivalente (zum Gleichgewicht in Wechselwirkung) verlangt aus einer Welt der Ideale (in das Jenseits hinaus und von dort her). Der Mensch musste Thier sein, ehe er wusste, dass er Mensch sei (s. Schiller). Der Unterschied zwischen Thieren und Menschen setzt sich darin, dass die Thiere nur vermöge ihres bewussten Triebes und nach den blossen Gesetzen der äusseren Natur leben, der Mensch dagegen selbst zu seinem äusseren Bestehen unter allen Umständen der Vernunft bedarf (bei Aristoteles). Der gutvollendete Mensch (schen-jin) hilft (Kieu) den Geschöpfen (in Sympathie) durch Ming (Ausstrahlen). Nach dem Urgrund (Schi) als Anfang im (zertheilenden) Schöpfen (schi tschi) ist Tao (der Unnennbare) in seinem „Sein in der Welt" (tsai thian hia) erkennbar und fasslich (s. Strauss). As the same material substance may successively compose the bodies of all animals, the same spiritual substance may compose their minds (s. Hume), as a kind of paste or clay (von der Natur verwendet). Und so aus dem in psychischer Atmosphäre der Gesellschaft gelieferten Substrat bilden sich die Völkergedanken (im Reflex einwohnender Ideen). The mind is destined to be a double study to conjoin the mental philosopher with the physical philosopher (s. Bain), in der Psychologie als Naturwissenschaft (unter Vermittelung zur Philosophie), für die „Scienza nuova" (Vico's). Der Uebergang von der physischen Unterlage des Gehirns zu den entsprechenden Thatsachen des Bewusstseins ist undenkbar (s. Tyndall). „Die nervösen Centralorgane sind als Ausgangs- und als Endpunkte von Auslösungspunkten zu betrachten" (aus Sinnesorganen in „nervöse Central-organe mündend, als centripetale und von nervösen Centralorganen" zu den Arbeitsorganen, als centrifugale). Neben den Reflex-Vorgängen (wo eine centripetale Kette im Centralorgan unmittelbar eine centrifugale auslöst) verbleibt, „dass in einem Theil der Centralorgane gewisse materielle Vor-gänge (unter andern auch solche, welche als auslösende Momente für centri-fugale Ketten wirken und solche, welche als Resultate centripetal anlangender auftreten) mit einer völlig undefinirbaren Erscheinung, die man als Vorstellen bezeichnet, auf unerklärliche Weise verbunden sind (s. *Hermann*), und wird sie sich erst mit dem Rückschlag aus der psychischen Atmosphäre verstehen lassen (im Völkergedanken). „Es ist in keiner Weise einzusehen, wie aus dem Zusammenwirken der Atome Bewusstsein entstehen könne" (s. Dubois-Rey-mond), da sich dieses aus der psychischen Atmosphäre des Gesellschafts-organismus (und seiner Völkergedanken) dem Individuum erst zu reflectiren hätte. Die Auflösung des Begriffs der Anschauung in den elementaren Vor-gängen des Denkens ist der wesentlichste Fortschritt der neuesten Zeit (Helm-holtz), zur Verbindung der Psycho-Physik mit der Meta-Physik (einer natur-wissenschaftlichen Psychologie). Der Physiologe und der praktische Arzt werden, wenn die Medicin als Anthropologie einst festgestellt sein wird, zu den Weisen gezählt werden, auf denen sich das öffentliche Gebäude errichtet (s. Virchow). Der Arzt kennt keinen Nationalgeist, sondern Liebe zur ganzen Menschheit, die ihm Erfüllung und Ende jedes Gebotes ist (s. Marx). Nach dem „Zukunftsprogramm der Medicin" (in der Hygieine) sind „in der jetzigen Entwickelungsbewegung die Momente zur Erreichung einer anthropologischen und socialen Zukunftsmedicin enthalten" (s. J. Petersen). „Zu denken, dass im Gehirn eine wissende immaterielle Substanz sitzt, die der geistige, also der sogenannte Mensch, selbst ist" (s. Hoppe), würde zu denken meinen, dass der Mensch von psychisch geschaffener Atmosphäre umgeben lebt (innerhalb der Völkergedanken des Zoon politikon), und die Denkthätigkeit bethätigt sich im Auswachsen (denkend im Wachsthumsprocess).

Nach Baconthorp ist das primäre Object der himmlischen Intelligenzen die Intelligentia prima als Intellectum primum und Per se intellectum, durch dessen Erfassung ihre Erkenntnisskraft sich actuirt und perficirt (s. K. Werner). „Mit Baconthorp ist Durand gegen Aureolus in der Ablehnung einer Unter-scheidung zwischen Intellectus agens und possibilis im Engelwesen einig, womit sich ihm die Möglichkeit ergiebt, zu erweisen, dass der Engel Vieles zugleich zu erkennen vermöge", (Occam, zwischen intuitiver und abstractiver Erkenntniss unterscheidend, lässt „letztere durch einen Habitus im englischen Intellect festgehalten werden"). Alle Wesen tragen das Ruhende und umschliessen das Thätige, die vermittelnde Naturseele bewirkt die Vereinigung (bei Laotse) in Erhebung von Yin und Yang zu einer Einheit mittelst des ausgleichenden und begrenzenden Princips, im Khi (s. Strauss). „Imam Ghazzali describes „fana" as a prayer of rapture" (s. Whinfield). The Kappoerales of the Dewalas derive a considerable emolument from the sale of charms (s. Haroard). The daily offerings consist merely of boiled victuals upon which the common servants and superindentents, called Bitmorales, Kappoerales and Basnaikerales subsist, the office of priest does not exist (im Kappooism). In bayerischen Klöstern war für die schwarzen Functionen ein besonders schwarzer Pater niedergesetzt, für Kenntniss verdächtiger Zauberbücher (was sich bei den Pfarrern durch Rückwärtslesen vereinfachen lässt). The common medicine man (Ooshtukyu) has no power over a soul descended to Chay-her, but the sorcerer (Kaukoutsmah-hah) has the power of sending his own soul in pursuit of the descended soul of the sick man (bei den Aht), brought back to the sorcerer, who throws it into the sick man's head (s. Sproat). Aus dem von der Lebensseele gebildeten Ei tritt Purusha hervor (im Bhagavata-purana). Aus Tao ist Shang-ti hervorgegangen (bei Laotse). Aus den Hälften von Brahma's Ei ist Himmel und Erde gebildet (bei Manu). Die Anima intellectiva, weil aus dem Stoff nicht educirbar, muss durch Creation entstanden sein (bei Baconthorp), im Leibe vereinigt mit der vegetativa und sensitiva, „aus dem Zeugungsstoff educirt und in ihren Thätigkeiten durch das Zusammensein mit dem durch sie formirten Stoffe bedingt" (s. K. Werner). Alle Philosophie muss von einem Gegebenen ausgehen, wie weit sie auch in ihrem Fortgang darüber sich erheben mag (s. Ziller). La vie est un mode de la matière (s. M. Gérard). O espirito é o ponto mathematico da metaphysica (s. de Marica). Thiän-ti (Himmel und Erde) sind (bei Laotse) die „Grundpotenzen" der gestalteten Welt, als Wän-woe (die Alle), an der Pforte des Geistigen (Miao) aus „überschwänglicher Vollkommenheit und reiner Geistesthätigkeit" (Khi miao). In Thao tschang (s. Strauss), verbleibt das „Ueberseiende" in Einfältigkeit (ἁπλότης) bis zur Dreieinigkeit, im durchdringenden Himmelsgeist, die Erde aus Schöpfungsursachen (männlich in Aegypten), und dem Mikrokosmos des Menschen (in vollendetster Repräsentation). Brevis ipsa vita est, sed malis fit longior (s. Publius Syrus). Bei den Opfern (der Tamulen) werden täglich Arme gespeist, oder von Armen einmal im Jahr die Brahmanen, „denn, wenn einer gegen den Nächsten gar keine Wohlthat ausübt, so haben seine täglichen Opfer keinen Nutzen" (s. Ziegenbalg). Die intellective Seele ist das einzige und ausschliessliche Actuations- und Formprincip des Menschenwesens (s. Capreolus). Neben Huan, als höheres in den Seelen (animalische, als Pe) bezeichnet Jing das Denken (bei Laotse). Der Gott Tvashtri-Savitri, der alle Formen annimmt, hat die Geschöpfe ernährt und in Menge erzeugt (im Rigveda). Wenn während des Falles in die Tiefe ein lebendiges Wesen stirbt, so ergeben sich zwei „Motus discontinui" (bei Capreolus), obwohl „durch keinen Zeit-Intervall einer Ruhepause getrennnt" (s. K. Werner). Being has two significations, according as it is taken nominally or participially, in the former sense, it stands for essence, in the latter for „existing" Essence (in der Scholastik). „The former includes the latter" (s. Th. Harper). Im Unterschiede von Hian oder Weiser, (neben Kuin-tse

Fürstensohn gegenüber dem Gemeinmenschen oder Siao sjin), bezeichnet Sching sjin (der heilige Mensch) den an Erkenntniss, Sittlichkeit und Lebensklugheit vollendeten Ideal-Menschen (s. Strauss), als tschhing (in der Mitte). Alle Weltwesen sind entstanden aus dem Sein, das Sein ist entstanden aus dem Nichtsein (bei Laotse). Non potest esse causa libere creans, qua non potest esse libera nisi per velle, sed voluntas potest velle infinita, ergo si esset libera, posset producere infinita, quod falsum est (s. Occam). Tsing ist das Auserlesene, Reife, Reinste und Feinste in den Dingen (bei Laotse), auch als „Ling, νοῦς im Sinne des Aristoteles" (s. Strauss). Alle Erkenntniss ist auf das „Esse actualis existentiae" gebaut, ohne dessen Apprehension insgemein kein Wissen möglich ist (bei Duns Scotus), durch Vermittelung der sinnlichen Apperception ergriffen (s. K. Werner). Wissenschaftlichkeit ist ein Streben nach logisch nothwendigem Zusammenhang (s. Th. Vogt), und so natürlichem (bei naturwissenschaftlicher Psychologie). Taò tschi wei woë (Tao der ist Wesen) und Khi schüng jeú woë (in ihm ist das Wesen), indem Laotse unterscheidet (im Wesen): „Mit dem Ersten bezeichnet er Tao selbst als Substanz gegenüber dem überwesenden Urgrund, das zweite aber ist diejenige Substanz (τὸ ὑποκείμενον). die Unterlage und reale Voraussetzung. worin und woran die Bilder aus dem blossen in und an Tao Sein in ein Sein an sich und für sich gebracht werden können" (s. Strauss). Intellectus est separatus et immixtus (s. Albert. M.). Mit dem Schöpfungswerk fertig (dem Ersten Menschen aus rothem Thon im Paradies), schickt Inmar (bei den Wotjäken) „seinen jüngeren Bruder Keremet auf die Erde" (s. Buch). „Wenn so ein Cobold oder Alf geflogen ist, ist hinter ihm immer ein Wisch Feuer nachgezogen" (s. Töppen), und man hat (zu Hobenstein) „oft den Cobold in den Schornstein fliegen sehen", wie die Seele des Angekok durch den Schornstein ausfährt (zum Mond hinauf). The great Tau is the parent of space, and space is the parent of heaven and earth (s. Medhurst), wie Aoe teretere noa anu (bei den Maori). Im stetig fortlaufenden Seidenfaden (mian mian) spinnt sich das All (des Tao), gleich dem Spinngewebe (nigritisch) der Schöpfung (auch in Californien). Aus (einwohnender) Möglichkeit (Neng) erlangt sich Vollendung (tschhing) für das Eigene (Khi-sse) im Selbst (bei Laotse), als Tad (brahman.). Yuen-shi-(tian-tsun, der Geehrte des Himmels) bildet die erste Person in Santsing (taoistischer Trinität). Vergebens (im Wettstreit mit Brahma) niederscharrend zu Iswaru's Füssen, bringt Vishnu die Erde aus ihrer Blattrollung wieder aufwärts (in der Vara-avatara). Unerschütterliche Ruhe (s. Strauss) bewahrt sich (bei Laotse) auf der Entäusserung Gipfel oder der Leerheit Hoheit (Hiü ki). Centeotl (als Tzinteotl oder Ursprungsgöttin) hiess (s. Clavigero) Tonacajohua (sie, die uns erhält). Oben wohnt der Gottesvogel Tootooch (bei den Aht), „the flap of his wings makes the thunder (tootah) and his tongue is the forked lighthning" (s. Sproat). Mans soul (shin) loves purity, but his heart (sin) disturbs it (bei Laukiun): the male is pure the female impure (motion is the foundation of rest). The soul (bei den Aht) dwells in the heart (lebuxti), and also in the head (weht or brain). Feuer (bei den Aht) was finally discovered and stolen from the house of Telhoop by the deer (Moouch), who carried it away (s. Sproat). Kikang-wang (die vier Körper der Deva) schützen gegen Unbill (bei den Taotse). Before the birth of heaven and earth, there existed only an immense

silence in illimitable space, an immeasurable void in endless silence; reason
alone circulated (s. William), als Tao (Laotse's), ordnend gleich dem Nous
(Anaxagoras'). Trimalchio (zur Zeit Nero's) stellte einen silbernen Knochen-
mann vor die Gäste des Festmahls (s. Petronius), und in Aegypten circulirte
ein elfenbeinernes Skelett (während die Peruaner ihre Mumien, nicht in effigie,
sondern persönlich an die Tafel setzten). Sickness (von Tootooch kommend)
may be seen by the sharp-sighted floating in the air (bei den Aht), als My-
yalhi (in Personification), wie in Prevorst von der Seherin (als Rauchgeist
schwebend über den Kranken). In Ruhe der Sammlung wird die Entfaltung
des psychischen Wachsthumsprocesses gefördert durch innerliche Umwandlung (in μετάνοια) dem vorausgesteckten Ziel entgehen (zu Erfüllung) dahin-
wandelnd (hing). In Beziehung auf die Erschaffung der Dinge heisst der
unbenannte Tao „Urgrund oder Anfang" (Schi), der benannte „die Mutter"
(Mu), als „Wurzel" oder „Ursprung des Weltalls" im „Thalgeist" (s. Strauss).
He who possesses a treasure conceals it with care, lest it be taken from
him (s. Williams), wendet (für zurückgezogenes Leben) Laotse ein (gegen
Confucius' staatliche Thätigkeit), und so die Atua (esoterisch), s. Heilige Sage
der Polynesier (S. 158).

Das Denken bewegt sich mit einem Nothwendigkeitszwang
seines psychischen Wachsthums zwischen Induction und Deduction,
indem es nur, bei jedesmal rechtzeitiger Verwendung beider Methoden, seine Aufgaben zu vollziehen vermag. „Unterordnung des
Besonderen unter das Allgemeine ist in allen Fällen das Wesen
des Beweises. Auch die Principien der Induction sind im Syllogismus zu suchen, und andererseits verlangt jeder Syllogismus
einen Untersatz zu seinem Obersatz. Der Gegensatz deductiven und
inductiven Beweisverfahrens (in dem Forschen und Finden) muss
innerhalb des ihnen gemeinsamen Grundcharakters gesucht werden"
(s. Windelband), mit Subsumirung unter allgemeinem Satz im Besonderen zum Weiterverfolg für diesen (in der Deduction) und
Subsumirung einer Gruppe von Thatsachen unter einem allgemeinen Satz für allgemeine Folgerungen (in der Induction).

As we ascend in the scale of animal life, by more complex
grouping of the elemental forces, the first germs of consciousness
arise, which reaches its highest development in the brain of
man (s. Prince), und eine naturwissenschaftliche Psychologie für
inductive Behandlung (auf Grund der Völkergedanken) erwartend,
um für die „antimaterialists" (s. Fiske), was in idealistischer
Controverse gedacht sein soll, aus denkendem Haupt hinzuzufügen
(dem materialistischen Torso).

Die Wechselbeziehung zwischen Induction und Deduction
(zu gegenseitiger Ergänzung) gilt durchgängig allgemein für

jedes Denkproblem, für jede Abtheilung auf dem Wissensbereich, wo das Denken als logisches Rechnen in Frage kommt. In einem anderen Sinne fasst sich die Induction, als der charakteristische Ausdruck naturwissenschaftlicher Forschungsmethode, wie seit der Umschiffung des Globus, für Vervielfachung der bisher einheitlichen Weltanschauung, erst ermöglicht, in allen Zweigen der Beobachtung, und jetzt auf dem Uebergang, um auch die Psychologie anzureihen, kraft des in den Völkergedanken beschafften Materials, denn während die Cultur jedes Geschichtsvolkes, in ihrem Geburtsstadium eben, den Ansatz von der Deduction, (aus bereits fertig vorhandenen Ideen voraussetzt), ist es seitdem durch objective Umschau ermöglicht worden, in die, dort unabänderlich bereits vergessenen, Vorstadien ersten Werdens einzudringen, um dann mit subjectiver Rückkehr das richtige Verständniss anzubahnen. „Chacun de nous en contemplant sa propre histoire, ne se souvient-il pas qu'il a été successivement, quant à ses notions les plus importants, théologien dans son enfance, métaphysicien dans sa jeunesse et physicien dans sa virilité" (s. Comte). Und so haben wir uns aus der Civilisation zurückzuversetzen in die Kindheitsstadien der Menschheit, um den Gedankengang der Naturstämme nachzudenken (wie im Studium kindlicher Seele, die zum Bewusstsein gelangt sich klärt).

Indem das Denken sich lebt, fällt seitens einer Substanz, als Seelenstoff, die Mitrede aus, wofern es in schöpferischem Kraftwirken, bei subjectiver Auffassung, um objectives Verständniss derselben sich handeln würde, wie menschlicher Gesellschaftswesenheit gemäss, durch Anwendung comparativ-genetischer Methode auf den, thatsächlich in Vorstellungen realisirten, Völkergedanken, zu geschehen hat, um aus logischen Differenzberechnungen der Theilganzen den Ziffernwerth des Einzelnen, in den Gleichungen, zu normiren; unter allmälig fortgehender Elimination des Unbekannten (für die Aufgaben naturwissenschaftlicher Psychologie). Und hier wäre der Ansatz am erst gegebenen Ausgangspunkt, dort, und so, nun eben zu nehmen, wie in geographischer Provinz geboten (für den anthropologischen Kreis innerhalb seines ethnischen Horizontes).

Hierdurch würde zunächst einem dringenden Zeitbedürfniss abgeholfen sein, für die ethische Geltung socialer Probleme nämlich diejenige Sicherheit der Operationsweisen zu gewinnen, wo-

durch die Induction gekennzeichnet ist, — immer und überall, wo
sie zur Verwendung zu gelangen vermag, und so, wie in jedem
der sonst naturwissenschaftlichen Forschungszweige, also in dem
psychologischen auch, wenn dort gleichfalls ermöglicht (mit den
Hülfsmitteln des durch die Ethnologie beschafften Materials).

Und hier bliebe nun die fernere Hoffnung, auf bisher noch
unversuchten Wegen, näher einzudringen in das Mysterium eigentlichen Welträthsels, dessen Lösung durch altes Orakelwort bereits gefordert (im Gnothi-seauton), im gegenwärtig „naturwissenschaftlichen Zeitalter" naturwissenschaftlich sich zu klären haben
wird, für das „Zoon politikon", aus dem in ethno-anthropologischen
Umrissen entworfenen Studienplan (betreffs der „Lehre vom
Menschen"), im Anschluss an die Psycho-Physik (auf physiologischer Unterlage), weitergeführt zur ethnischen Metaphysik (in
geschichtlicher Cultur-Bewegung), von den kryptogamischen Naturstämmen aufwärts zu den glänzenderen Entfaltungen (wie bei den
Errungenschaften der Civilisation vor Augen stehend). At present
(1885) „man, like the brute, can only be tamed and morally
educated by the alternate use of sweetmeats and the lash"
(s. Morton Prince), bis die Weltauffassung des „naturwissenschaftlichen Zeitalters" zur Wahrheit geworden (auch für die Psychologie und ihre idealen Güter).

Wenn nach dem Dunkel des Schlafes, wo (ausser unintelli-
gibeln Traumgebilden) „Nihil in Intellectu", weil Nichts in den
Sinnen (bei Locke), mit dem Erwachen das Licht wieder einfällt,
das Ohr sich öffnet (nebst Empfänglichkeit der übrigen Sinne),
dann wirkt (aus dem Primus motor) das Bewegen (eines Anstosses),
„by divine power" (für Berkeley), mit dem Eindruck der Materie,
aber nicht auf inerte Materie, sondern (aus physiologischen
Unterlagen) in organischer Umsetzung bereits begriffen (bei
psychischem Wachsthum). In der den (mit ihren Wurzeln nach
der Aussenwelt hin ausgestreckt liegenden) Sinnen zutretenden
Ernährung (aus wahlverwandtschaftlichen Complementen) vermehren und verändern sich die Impulse (und demgemäss deren
Folgen), aber in erster Endursache schon, im $\pi\varrho\omega\tau\eta$ $\dot{\alpha}\varrho\chi\dot{\eta}$ $\tau\tilde{\omega}\nu$
$\ddot{o}\lambda\omega\nu$ (bei den Naassenern), liegt die Endursache hier auch zurück
(für einleitendes Verständniss des Selbst). Die in Thätigkeit gesetzten Wechselwirkungen rufen in animalischer Irritabilität (auf
vorgeschriebenen Nervenbahnen) ihre Effecte hervor, ebenso aber
in dem vom Nous beherrschten Bereich, wo das in dem Gesell-

schaftsgedanken individuell eingewebte Agens mitarbeitet in dem
Reflex der Vorstellungen (aus deren in harmonischer Zeugung
abgeschlossenem Ganzen der Ziffernwerth des jedesmaligen Theilganzen wieder herauszurechnen sein mag).

Das in der Erinnerung, mit Anknüpfung an Sinnesempfindungen zunächst, — der Hund erinnert durch den Geruch besonders, dann durch das Gehör (beim Ruf bekannter Stimme)
oder Gesicht —, Wiedererweckbare, geht beim Menschen, unter
Hineinweben der im sprachlichen Austausch geschaffenen Vorstellungen, in die Ideen-Association über, wie überhaupt in den
Denkvorgängen unterliegend, nur bei Sonderfällen bestimmt um-
schriebener Veranlassungen, als (aus dem Gedächtniss-Schatze
selbst) abgeschlossene Herausschöpfung hervortretend (und am
lebhaftesten naturgemäss stets bei Anlehnung an sinnlich durch-
geprägten Eindruck).

Wie der vegetative Process, beruht, dem Willkührlichen angenähert schon, die Reflexbewegung auf unmittelbarer Erinnerungen, in Wiederholungen des aus Gewohnheit Dauernden, nach
den im Keim dafür vorbedingten Anlagen (zur Unterhaltung des
Lebens, als solchen).

Was als Einzeln-Erinnerung, in der Form nun eben, zum
Bewusstsein kommt, unterbricht dadurch den gleichmässigen Strom
der Stoffänderungen, um sie momentan (länger oder kürzer) mit
unabhängig beanspruchtem Centrum eigener Schöpfung vor der
Auffassung festzuhalten (in rückschauender Aufmerksamkeit) bis
zu pathologischen Unordnungen bei unverhältnissmässigem Ueberwiegen (und Störung des Gleichgewichts).

Insofern mögen die Traumgebilde mancherlei Einblick gewähren in das Geäder embryologischer Vorgestaltungen, in vor-
bereitend auseinandergelegten Vorstellungsrichtungen, wie sie im
wachen Denken den daraus gewonnenen Ziffenwerthen nach zur
Geltung erst zu gelangen pflegen (ausser wenn auch hier vorübergehend in Meditationen temporär aufgelöst, zum prüfend con-
trollirenden Nachrechnen).

Bei den körperlichen Functionen liegt der Folgeverlauf in
der Hauptsache vorbedingt für den Gesammtabschluss, und obwohl periodische Ablenkungen eintreten: für Muskelbewegungen,
bei diesen; während der Verdauung, in daraufbezüglich thätigen
Organen; bei äusserlichen Reizzuständen im Athmen, hier (u.
dergl. m.), wird früher oder später stets das normale Gleich-

gewicht hergestellt werden, so lange ein Zustand der Gesundheit besteht.

.. Bei den von Aussen-Eindrücken abhängigen Sinnesempfindungen vermehrt sich in rascher Zahl die Wechselmöglichkeit nach jedesmalig vorliegendem Centrum der Schwere, und bei deren Rückwirkung auf den Denkprocess wird dieser beständig in Aufrechterhaltung des Balancements beansprucht sein, auf unbewusst gewohnten Bahnen, oder bei aussergewöhnlich mächtigerem Einfluss dadurch aufgestört zum Nachsinnen, in selbstbewusster Erinnerung (und Ueberlegung).

Der hier psychisch thätige Process, auf physisch (-physiologischen) Grundunterlagen ruhend, verspürt die Nachwirkungen derselben, nur soweit in der Gefühlssphäre ruhend, wogegen darüber, mehr und mehr zur Freiheit abgelöst, der Wachsthumstrieb des Denkens schwebt, in seinem Vorstellungsschaffen.

.. Organisch wirkt es fort auch hier, im Hervorkeimen von Blättern, von Blüthen, von Knospen, — zum Entfalten der Blumen, und Ansetzen von Früchten schliesslich, um das zu geniessen, was erstrebt war in der Arbeit des Sinnens und Suchens, des zweifelnden Fragens zur Beantwortung, — wie sie „das arme Herz hienieden" (1788 p. d.) sich erstrebt, im Jargon des Gemüths, (wie Jedem der Schnabel gewachsen ist, und je nach dem Sparren, der im Hirne steckt).

Beim Zusammentreffen wahlverwandtschaftlicher Elemente und Aequivalente kommt chemische Thätigkeit zur Auswirkung; bei gleichzeitig ablenkendem Einfluss äusserlich physikalischer Agentien verwirklicht sich der organische Wachsthumsprocess, und dieser, bei animalischer Grundlage, bis zu psychischen Aeusserungen hinauf, so dass in dieser Hinsicht ein durchaus gleichartiger Vorgang abläuft.

Während nun für die Bethätigung der Kraftwirkung im Physischen eine physische Hyle unterliegt (als Substrat), lässt sich diese psychisch für das Psychische ansetzen, betreffs einer Atmosphäre der Völkergedanken (in Folge menschlicher Gesellschaftswesenheit).

Der Einzelngedanke steckt dabei als integrirender Theil in dem gesellschaftlichen, in Folge jener Consolidarität der Interessen durch Raum und Zeit, und wenn man, wie für Erklärung des Lichtes die Hypothese eines Aethers, so hier die eines „astralischen" zur Aushülfe herbeiziehen wollte, würde dann dies doch zunächst nur für die Projection der geschichtlich entwickelten Seele gelten, noch nicht die individuelle berechtigen, als Gespenst zu spuken (dass den wilden Naturkindern dabei gruselig werden müsste).

Bei der Wiederkunft im Auferstehungsleib bereitet die Anthropophagie ihre Schwierigkeiten, „plura vero de hoc argumento scribit Athenagoras in libro de resurrectione" (s. Suarez), und auch sonst hat patristischer Scharfsinn sich vielfach daran versucht, um die „numerische Identität" festzuhalten. In ähnlicher Weise steckt in der Individualseele des Culturmenschen das Seelenstück eines Plato und Aristoteles vielleicht, oder von Kapila, Laotse, Buddha, (und wilden Atua oder Ganga), neben der, in Erinnerung bewahrten, Seelenäusserung manches Schusterjungen oder Hausknechts, — des Lehrers, des Vaters und sonstiger Verwandtschaft, soweit sich diese leiblich oder geistig ziehen will, so dass hier eine Menge Reclamationen verschiedener Eigenthumsrechte das Zugehörige beanspruchen würden, ehe die Materialisation in spiritistischen Cirkeln erlaubt sein dürfte, unter Erschwerung vielleicht mit Porto-Defraudation durch theosophische Briefabgabe, im Eisenbahnwagen (zwischen Elberfeld und Dresden) bei Correspondenz mit Mahatma (wie am 1. August 1884 z. B.), — während im Völkergedanken die Realität unabänderlich, (und aufrichtig, wie Tcheou-tze's Ching, im Chung-yung), sich proclamirt (durch das in der Cultur-Entwickelung thatsächlich Geschaffene).

Indem nun das Denken sich selbst lebt, im Schaffen des Denkens, bleiben die im Verständniss angeeigneten Vorstellungselemente sein eigen, im persönlichen Besitz für die Welt des Jenseits, der das Streben zugewandt ist, und die Schatten, die von dort in die Dunst-Atmosphäre des Irdischen mögen zurückgeworfen werden, sind nicht mehr mit leiblichen Augen dort zu erkennen, sondern nur aus denjenigen Realisationen, die in der Entwickelungsgeschichte der Menschheit sich manifestiren, Jedem kund, dem das Verständniss erschlossen ist, und Jeden zum Zusammenwirken berufend, — immer und stets, in jedem Augenblick des Daseins, nicht etwa im Besondern nur am 27. Juni 1887 für die „Nationale Seelen-Vereinigung", zu Salem, oder am Dienstag, August 30, für die Welt-Seelen-Vereinigung, auf 9—9½ Uhr fallend (zu Gunsten der Geisterseher und Seelenriecher in Berlin, in internationaler Zeitrechnung).

So statt einem verstärkten Geschrei (zu Ahab's Zeit), soll durch internationale Gründung das Gebet gekräftigt werden im Gebettel (oder im Gefecht der „salvation army"). Umsonst (im Wettstreit mit dem nach den Füssen grabenden Vishnu) sucht Brahma, (Ahnherr der Abrahamiten), das Haupt (Isvara's), dem Sching-Sching (am endlosen Seil) „entgegengehend siehet man nicht sein Haupt, ihm nachfolgend siehet man nicht seine Rückseite" (s. Strauss), während Jehovah oder (bei Laotse) Ji-Hi-Wei (s. Abel-Remusat) seinen Propheten mit letzterer begünstigte, (τὰ ὀπίσω μου), obwohl „incorporel" (wêi), aphone (hi), incolore (Ji) 163 p. d. (s. Stanislaus Julien), im Anfangsprincip (ji) einheitlich (bei Lietse) aus drei (bei Juantse), „incomprehensibly indistinct", gleich „Wakan" (Tahu-Wakan) im Gedonner (s. Matthews) aus des Vogels Schwingen (bei Hidatsa), und als Vogel kommt der Atua herab (zum Opfer auf den Marai). Die Seele im (ägyptischen) Ba hüpft als Vogel (bei Czechen) „muss im Gras umbhupfen" (bei Hans Sachs) unter „Wiesenhüpfer" (cf. Grimm), als ein „wunderschöner Vogel" (s. Schwebel), neben ihren „Typen" („Schlange, Wiesel, Maus, Katze") in der „bizarren Thiersymbolik unserer Vorfahren" (1887), auch als Kröte (s. Friedreich) in den „Hötschen" oder „Höppinen" (am Inn), und „im Nobiskruge kommen wir alle einmal nach dem Tode zusammen, und dann wird Karten gespielt" (in Neu-Ferchau). Erst nach dem Leichenmahl (s. Neiss) darf der „Nui Ma" (montagne des Esprit) betreten werden (bei den Moi). Nach dem Dishaloof (bei „saining and blessing of a corpse"), the company join hands and dance round the dishes (zur „Lykewake"), in den „Scottish Lowlands" (s. Wilkie). Sowohl männliche, als weibliche Personen erscheinen als Zmora (Mär), in „Gestalt von Katzen oder Hunden" (s. Töppen), und „am Abend des Begräbnisstages stellt man dem Todten einen Stuhl in das Sterbezimmer und hängt ein Handtuch an die Thür" (bei den Masuren), zum Mundabwischen (baltisch) oder zum „Trocknen seiner Thränen an dem aufgehängten Handtuch". „Der zuletzt Gestorbene muss so lange auf dem Kirchhof oder in der Kirchenthüre Wache stehen, bis eine neue Leiche ankommt" (s. Wuttke), oder „muss den Uebrigen so lange Wasser tragen, bis ein anderer ihn ablöst" (in Mähren), in der Danaiden-Arbeit des Sisyphus, um ihn zu wälzen, den Stein des Anstosses (oder „Anlaufens").

„Though his body perish, he is in no danger" (s. Chalmers), für sein Ngu (als Ich) im Langleben (zur „Scheu", taoistisch), beim Schlürfen des Amrita (oder ambrosischen Nectars) im Unsterblichkeits- oder Lebensverlängerungstrank, wie in (nordischen) Goldhörnern gereicht, aus den „Jungbrunnen" oder (Florida's) Jugendquellen eines „Vai-Ora" (Lebenswassers), von Tawhaki herabgebracht (den Maori), zu vorbereitender Weihe der Mysterien (Daramulan's und seiner Zunftgenossen), während dem „fragenden Todten" Bescheid zu geben, der „fahrenden Seele" (auf der Seelenfahrt), „Wodan selber, der Todtenwirth" begegnet, denn der „Wilde Mann besitzt das Wasser des Lebens" (s. Schwebel), und „man findet ihn oft auf braunschweigisch-lüneburgischen Münzen" (oder sonst als „Wappenhalter" im Totem). „Gnade und Ungnade ist, wie ein Fürchten (Khing), Gnade erniedrigt", und Hia wird (bei Hoschang-kung) als wei-hia-tsian erklärt („reddere humilem, vilem"), so dass die Tahuna, statt um Gnade zu betteln (im Gebet), vorziehen zu befehlen, kraft ihrer Karakia (als Mantras). „Stolz will ich den Spanier" („wenn auch der Becher überschäumt"). „Von den Uranfängen der Weltentwickelung (Geschichte) bis in die Gegenwart erstrecken sich im Gewebe der Zeiten göttliche Längenfäden, welche dieselben sind von Anfang bis zu Ende, auf denen Halt und Bestand des Gewebes beruht, die aber, verdeckt durch den Einschlag des Gewebes (der das Werk menschlicher Freiheit und auch Willkür ist) nur in den Anfängen, wo sie gleichsam noch unverwebt heraushängen, rein zu erkennen sind" (s. Victor von Strauss), in ‚Tao's Gewebeaufzug" (aus K'i). „Das hat sie nicht zusammengebettelt, | Sie hat's in Ewigkeit angezettelt" („der ewigen Weberin Meisterstück").

Nachdem (mit Ausnahme von Sonne und Mond, als älter) die Welt von Quawteaht geschaffen war (bei den Aht), entflohen, als ein Canoe mit fremdem Indianer-Paar der Küste sich näherte, die Thiere in ihre Aufenthaltsorte, die Seelengeister der Menschen, die bisher in ihnen gesteckt hatten, zurücklassend (zur Ansiedelung), und beim Rückzug in die Berge, die „Medicine" zu suchen (choosing a guardian spirit, on attaining manhood) „after a time, body and soul have changed into the likeness of these beasts; if the soul has migrated and entered any other form or body, and the soul of this other form or body does not in turn migrate to the one which has been bereft, this latter first becomes weak, and then sickens, and finally dies if the soul is not brought

back" (s. Sproat), mit dem von der Geburt (auf Amboina) ange-
wiesenen Thier zusammenlebend, als Edro (in Guinea) bis zu
völliger Unification, (im Ukpön der Efik), wie mit Siva's Linga,
(unter den Ueberlebseln in den Wehrwölfen), und wenn nach dem
Fortgang des Demiurg (Quawteaht's) die Menschenseelen vom
Thierischen sich emancipiren, geschieht dies auf höhere Botschaft
(in der Gnosis), beim Tbung-ju-tao oder Einswerden (bei Laotse)
zum Jeu tao tsché, „im innigen Verhältniss des Menschen zu
Gott" (s. Strauss), Mystik (der Ssufis), zu ruhiger Gelassenheit (Jan)
der Samadhi (bei Dhyana) durch „Panja" oder Nyansa (im Tschi).

Im psychischen Wachsthum realisirt sich eine potentielle
Keimanlage (für die Bestimmung menschlichen Daseins). „Physical changes occurring in a foreign body, as a piece of iron,
though giving us our experience of it, must be absolutely unknown to us; physical changes occurring in our brains are
clearly known to us they are our thoughts, our sensations, and
our emotions" (s. Prince), und aus dem Gesellschaftsgedanken,
wie am ethnischen Horizonte überall projicirt, zum Bewusstsein
zu bringen (unter Verwendung comparativ-genetischer Methode)
für die Theilganzen der Einzelngedanken — im Selbst eines Jeden,
als „Einzigen" sich selbst, obwohl in Sympathien nur athmend
(unter Einklang der Gesetze, im harmonischen Kosmos). The
individual consciousness is but the process of realisation of the
universal consciousness through itself (s. Dewey). In der ideellen
Stellung zur Geschichte culminirt das geistige Leben der Neuzeit (s. R. Mayr). C'est la conscience du divin dans chaque
homme, qui est immortelle (s. Janet). Der Mensch ist die Blume
der fünf Elemente (bei Chu-hi). La pensée, semble-t-il, est la
fleur du monde, mais une fleur consciente et capable, en se
connaissant, de s'embellir elle-même, de dépasser son présent
par l'idée de l'avenir, et de se faire ainsi le germe d'un épanouisse-
ment supérieur (s. Fouillée). The type is a permanent standard,
a pre-existent and imperissable idea, towards which, as to a
model conception all single births imperfectly strive (s. Martineau).
Weil schlecht, strebt der Mensch gut zu sein, im Wunsche dessen,
was er nicht besitzt (cfr. Seun), und so wurzelt im Materiellen
der Trieb zu idealer Vervollkommnung (im organischen Wachsthumsprocess emporstrebend).

Im Unterschied von der anorganisch der Schwere verfallenen
Materie, — soweit nicht unter Aenderung des Aggregatzustandes

(bis auf solaren Einfluss im Terrestrischen zurück) emporhebbar (gasartig) —, zeigt sich bei der Pflanze, von ihrem im Boden wurzelnden Stützpunkt aus, eine Reaction im vegetativen Aufwachsen, während die animalische Bewegung, (sofern nicht in flüssig nachgiebigen Medien), zunächst als kriechende hervortritt (unter steter Neugewinnung eines Stützpunkts zum Fortschieben). Wenn im Fortgang zoologischer Reihen die Klasse der Vierfüsser erreicht ist, leitet sich der Uebertritt ein zum μόνον ὀρϑὸν τῶν ζῴων ἄνϑρωπος (s. Aristoteles) — zum Aufrichten im (himmelschauenden) Anthropos, der durch stetig unwillkürliches Balancement, im Gehen als Fallen (bei Göthe), seiner Stellung ihr Gleichgewicht zu bewahren hat, aber dadurch zugleich die Freiheit erhält, mit dem bisher nur zum Stützen mitverwandten Gliedmaasspaare der Vorderfüsse, (unter ihrer Verfeinerung zu Greif- und Tastorganen in der Hand), aus innerlichen Willensmotiven prüfend in die Aussenwelt einzugreifen, (zum Verwerthen der so gewonnenen Resultate im Denkprocess); φρονιμώτατον εἶναι τῶν ζῴων ἄνϑρωπον διὰ τὸ ἔχειν χεῖρας (lehrte Anaxagoras). Mit dem aufgerichteten Gange wurde der Mensch ein Kunstgeschöpf, er bekam freie, künstliche Hände (s. Herder). „Se la facolta psichica nei moi elementi essenziali si attribuisve all' uomo exclusivamente, il regno animale si annienta, e l'uomo stesso rimane un enigma insolubile" (s. Vignoli). Descartes a donné une définition métaphysique de l'âme et une définition physique de la vie. L'âme est le principe supérieur qui se manifeste par la pensée, la vie n'est qu'un effet supérieur des lois de la mécanique (s. C. Bernard). Und wenn in der thierischen Maschine die Bewegung, statt auf einen Macher, auf das Selbstmachen zurückführt, hätte sich dieses eben im Selbst zu verstehen (beim Menschen). „Nos homens naõ ha sufficiente ignorancia, para serem verdadeiramente athéos" (s. Rodrigues de Bartos), durchdrungen von ἀποκαραδοκία (im „Harren der Creatur"). Im Aussprechen wandelt sich Taó (als πατήρ ἄγνωστος) aus dem Ewigen (Tschhang) in Täo (dem λόγος entsprechend). Es seufzet, was zur besseren Welt gehört, in dunkler Sklaverei (bei Schleiermacher) in σῶμα (als σῆμα). Als Abgrund (fuán) verhält sich Tao (bei Laotse) „zu dem Universum gleichsam wie ein Ahnherr" (tsung), als Ursprung (s. Strauss) oder Bythos (Kumulipo).

Der unter Reduction auf unscheinbar verlaufende Processe (physiologisch ernährender Unterhaltung) in Erregbarkeit angelegte Organismus steht in der (unter dem als Gefühlsempfindung gefassten Sinn) nach Aussen gewandten Oberfläche, in ununterbrochener Verknüpfung mit der Umgebung, um aus den Wechseln der Temperatur (in Hitze und Kälte) und deren Rückwirkung auf die vegetativen Processe innerlicher Organe, nur ihre aussergewöhnlichen Extreme noch zum Bewusstsein zu bringen, oder solch' anregende Anstösse, wie sie, gleich den auf andere Sinne (den physikalischen und chemischen) einfallenden, Reflexactionen (auf muscularen Nervenleitungen) einleiten mögen, und zwar, nach stattgehabter Umsetzung im Ausdruck sprachlautlicher Gestaltung, unter deren mitwirkenden Zutritt auf gesellschaftlicher Atmosphäre, bis zu gemeinsam einheitlicher Production (im Völkergedanken).

Ausserdem jedoch auf demjenigen Bereich der direct vegetativ (zumeist unbewusst) verlaufenden Sinnesempfindungen, die als Körpergefühl zu bezeichnen wären, liegt die Möglichkeit vor, eine Gruppe der Auffassungen in psychische Vorstellungssphäre überzuführen, vermittelst eines dafür, (wie die Einrichtungen des Kehlkopfes für Stimmäusserungen), vorbedingten Apparates in Greif- und Tastorganen (mit Verfeinerung bis zur Hand im Menschen).

Hierbei spielen nun auch solche Actionen hinein, welche durchschnittlich in unwillkürlichen Reflexactionen, längs animalischer Irritabilität (der Muskelzuckungen) sich zu erschöpfen pflegen, um unter bestimmend eingreifendem Willenseinfluss nach bestimmten Zielrichtungen hin sich ausprägbar zu erweisen.

Und zwar in bedeutsamster Weise, weil was aus greiflicher Tastbarkeit bis zu psychischer Essenz fortdestillirt werden kann, was daraus psychisch zu extrahiren, auf der psychischen Sphäre mit überwiegender Schwere (aus unmittelbarer Verknüpfung mit körperlicher Realität), durchschlägt (für das Persönlichkeitsbewusstsein), den chemischen Sinnen in Deutlichkeit involvirten Wissenselements überlegen, und (soweit reichend) den physikalischen (in Gesicht und Gehör) durch grössere Befähigung zu willkürlich regulirten Variationen (in Controlle und Nachprüfung).

Bei genügender Uebung mag hier ausreichende Fertigkeit erlangt werden, um bei Ausfall des Gesichtssinnes (in Blindgeborenen) dessen Stelle im Sprachausdruck zu vertreten, soweit sich sonst dieser dafür mit dem Gehör combinirt (in den Schöpfungen des Gesellschaftsgedankens).

Language is to the Social Organism very much what the Nervous System is to the Body, — a connecting medium which entrances all its functions (s. Lewes), im Gesellschaftskörper (des Zoon politikon). Von den zwei Classen der Creaturen besitzen (neben den „Chara" oder Beweglichen) die „Achara" (Unbeweglichen) Seelen mit nur Einem Sinn (als Gefühlssinn). Aus Nama-Rupa folgen (im Vedana-Khanda) die Chadayatana (Auge, Ohr, Nase, Zunge, Körpergefühl, Denken), und dann Sparsa (in der Berührung). Die Hataya-Rup ruht in der Umfassung des Kromlonrûthay (Herzensgrund). s. Religionsphilosoph. Probleme (S. 144). „Ein Herz, das die Tugend der Natur und Neigung vollkommen macht, vollendet dadurch die Mittelstrasse und Harmonie, stellt das grosse Fundament fest, und schafft so die allgemeine Norm" (s. Gabelentz), im Thai-kih-tuh (Tscheu-si's), beim Erwachen zur Bodhi (im Verständniss des Dhamma).

Indem es gesagt wird, dass der Baum sich denkt, so wäre damit gemeint, dass ein aus Reihen verschiedener Reizempfindungen (auf den Bahnen der Retina) combinirtes Gesammtbild, mit seiner, weil lautlich ausdrückbar, sprachlich aufgefassten Ergänzung, dem Wissensbestande als Vorstellung zugefügt sei (mit Möglichkeit der Verallgemeinerung aus den Sonderfällen des bestimmten Baumes).

Wie bei andern Sinnesempfindungen würden die Reizbewegungen auf mehr-weniger weiter Wirkungssphäre ablaufend wieder verklungen sein, wenn nicht aus Wechselbeziehung congenialer Affinitäten hervorgerufene Complemente, kristallinisch gewissermaassen, zum fasslich abgeschlossenen Ganzen (aus Seh- und Hörbild, in Analogie etwa von Basis und Säure) in die Vereinigung eingetreten wären, um als gesicherter Besitz aufbewahrt zu werden (im Gedächtniss).

Im Zwiegespräch redet die Seele mit ihrem Genius, (oder den Junones, wenn fraulichen Geschlechts), mitgeboren (aus den γενέθλιοι) am Dsogbe (in Guinea), als spiritus familiaris, und berathend (im Daimonion), s. Zur Ethnischen Psychologie (Zeitschrift f. Ethnlg. 1885, S. 214). Die Fylgja (des Schutzgeistes), — vorangehend (Forynaja) oder nachfolgend (Hamingja); — erscheint, wie als Kinderpelglin (s. Fischart) in der Glückshaube (oder „Koschulitzo". im Hemdchen), oder, wie in sonstigem Totem (der Indianer), auch als Bär oder Rabe (s. Grimm). „Der wesentliche Begriff eines Schutzengels ist das Angeborensein. dadurch unter-

scheidet er sich von dem Hausgeist (spiritus familiaris)". Der
Schatten ist ein Abbild der Seele des Menschen, der Schattengeist
ist daher sein Lebensgeist (s. Rocholz). Da, allein, vereinsamt, Niemand wohl fühlt, theilt der Erste (der die Ichheit ausgesprochen
hat) sein Wesen in Zwei (nach der Brihad Aranyaka). Der beste
Wecker des Selbstdenkens in der Philosophie ist der Skepticismus
(s. J. Berger), in Ormuzd's Zweifel (aus Zeruane-akarene). Siva
(oder Isvara) wird als Nishka langeser verehrt (in Zeitlosigkeit), und
nicht in der Zeit, sondern κατὰ γνώμην ist die Welt geschaffen
(bei Pythagoras). For „creation out of nothing" the Chinese
have no term, nor for a beginning of the world in time, for they
do not conceive of separation from the Primal Source, which is
simply the essential inmost Fact (s. Johnson). Vom Unentfalteten
(Avyakta) kommt (in der Upanishad) das Entfaltete (Vyakata),
vom Unbewussten (Avijnata) das Gewusste (Vijnata), im organischen Wachsthum (des Denkens). Das Urprincip ist das ursprünglich Wunderbare, Bewegung und Ruhe sind die Mittel,
deren es sich bedient (s. Gabelentz), im Thai-kih-tuh (Tscheu-si's),
beim Staunen (über Atua und Manitu, bis zum Wakan in Unbegreiflichkeit).

Die Fassung des Auges ist eine dynamische, unter dem Form-
Umriss der drei Dimensionen aufgenommen, aber, zur Unterscheidung zwischen optischer Täuschung und materiell gesetzter
Realität, nachgreifbar, — in Greifbarkeit des undurchdringlich
raumerfüllenden Stoffes, wie im eigenen Körper gefühlt, aus
physiologischer Grundlage für psychische Entwickelung (zur
Selbstgestaltung). „Im farbigen Abglanz haben wir das Leben"
(singt es im Dichterlied), unter Spiegelung der Maya (im San-
sara), bis auf den Pfaden zum Nirvana das Pleroma sich klärt
(mit Asangkhara-Ayatana).

Auf wievielerlei Verrichtungen auszuführen eine Maschine angelegt ist, hängt von der mehr oder weniger künstlichen An-
fertigung ab, und gleicherweise die Dauer des Thätigseins von
der des verwandten Materials, sowie der Ungestörtheit der Trieb-
kraft. Die Action der Uhr erschöpft sich mit der Elasticität
federnder Spannung, die der Locomotive mit dem zugeführten
Brennmaterial zunächst, wogegen der Automatismus in dem vegetativen Leben der Pflanze, durch bereits eingepflanzten Keim zu
eigener Erneuerung des Stoffes, (aus vorläufig unerschöpflicher
Umgebung), ihren je nach Umständen längeren oder kürzeren

Kreislauf durchläuft, mit der Fähigkeit zugleich, das Ganze im Momente periodisch höchsten Abschlusses in sich vollendeter Theilwirkungen, für diese, als Ganzes wieder, aus erster Anlage verjüngt hervorgehen zu lassen (um nochmals, und wiederholt vielleicht, gleiche Bahn im Ablauf zu durchmessen). In beiden Fällen, des Mechanismus und organischer Lebensentwickelung, liegt Selbstbewegung vor, im letzteren Falle in directer Verbindung mit primären Endursachen (und deren Wurzeln im Naturwirken).

Bei pflanzlichem Automatismus liegt das Bedingende innerlicher Selbstbewegung in der Fortbildung chemischer Wirkungsthätigkeit bis zu eigener Erneuerung, die sich in dem Begriff organischer Ausentwickelung zusammenfasst (und ein analoges Vorbild liesse sich in solchen Maschinen sehen, wo Flüssigkeiten in Gaszustand übergeführt, aus diesem wieder condensirt werden, um nochmals zu circuliren). Soweit räumliche Bewegung bei Maschinen in Frage kommt, liegt in der allgemein geltenden Gravitation stets bereits im Voraus eine (nothwendig) weitere oder engere Grenze gezogen. Das würde nun auch bei derjenigen Modification des organischen Lebens zu gelten haben, welche sich, in höher fortschreitender Ausbildung animalischer (in den Thieren), der vegetativen anschliesst und hierzu kämen, (auf physiologischen Unterlagen, wie vegetativ-animalisch gebreitet), unter der psychischen Form, deren Verlauf im Menschen (mit jenseits des Irdischen gesteckten Zielen).

Auch hier vollzieht sich Alles innerhalb derselben Umrisse: automatisch (wenn man so will), „consciousness, either in its general or special form, is a causative factor in our actions" (s. Prince), für das Selbst zur „self determination" (im Leben des Denkens).

Die mechanische Vorrichtung einer gegenseitigen Compensation, mit organischem Fortbildungskeim eigener Erneuerung (aus innerlich geschlossener Correlation der Kräfte), reicht hier für seine Zielrichtung in ein Jenseits hinaus, von woher deshalb gleichfalls Impulse zulässig bleiben, ohne deshalb das Uebrige in Unordnung zu bringen, soweit sich das (soweit) Uebernatürliche dem Natürlichen einzufügen hat, in Erweiterung naturwissenschaftlicher Auffassungsweise (bis über die Psychologie).

Indem sich so die Sphäre der Veränderungsmöglichkeiten über den terrestrisch überschaubaren Horizont hinaus fortdehnt, schieben sich die Controversen über Willensfreiheit (und deren, in Freiheit, verantwortlichen Handlungen) dazwischen, entweder um (zu Gunsten des „agent distinct from the thinking brain") in der Ablösung (des Occasionalismus) den Onus auf fremde Schultern zu wälzen, und sich mit bequemem Zuschauen zu begnügen, „inter stupenda dei miracula" (s. Geulinx), in Prakriti's Gespiel (zur Aufheiterung des pessimistisch Verstimmten), oder selber die Last zu tragen, in der offen ehrlichen Sprache gesunden Menschenverstandes (bei Johnson): „We know the will is free. Sir, and there is an and of the matter", ausser für philosophisch weiter zu führende Speculation (in der Kritik einer „praktischen Vernunft"). „Der Mensch ist frei geschaffen, ist frei" (in der Dichtung Versen). Der Geist (bei Chu-hi) ist das in sich selbst Bewegte oder aus eigenem Willen Nichtbewegte (s. Neumann), in Selbstbestimmung, da „sui cuique mores fingunt fortunam" (cf. Corn. Nep.), im Schmieden des Glückes (Appius ait), unter Walten der Karma (bis die Paramita zur Befreiung hinüberführen). „Les Scotistes appellent la physique philosophie réelle naturelle et la métaphysique philosophie réelle rationnelle" (s. Hauréau), während auch die Vernünftigkeit in die Natur (kosmischer Gesetze) sich einzuschliessen hat (bei inductiver Durchbildung der Psychologie, als Naturwissenschaft).

Nachdem die „Seelen-Vermögen" beseitigt sind, erweist es sich als desto schneidenderer Anachronismus, von „Seelen-Stoffen" zu reden, die Seele als Substanz zu denken, und, (mit der Denkmöglichkeit noch hinzu), sie als Substanz aufzufassen: sichtbar, hörbar, fühlbar. So würde die Wärme, nachdem von der Physik auf die Bewegung zurückgeführt (in der „Erhaltung der Kraft"), wieder als Wärmestoff erscheinen können, etwa unter dem Bilde, wie Agni in den Veda besungen, oder die Wärme, als Archeus, sei es im „Nauta" für mittelalterliche, oder dem „Locomotivführer" moderner Seele. Die Elektricität kann gesehen und gefühlt werden, dort, wo sie in ihren Attributen auf andere Substanzen, die bekannt vorliegen, einwirkt, ist aber noch nicht in jenem Fluss sichtbarlich hervorgeströmt, der in elektrischen Strömungen der Hypothese angeboten gelten dürfte. Wir mögen die Karte des westlichen Nachbarn der Länge und Breite nach auf ein Papier projiciren und dieses in die Tasche stecken, wenn so beliebt, aber bis zu einer friedlichen Ordnung bleibt dann doch wahrscheinlich noch manch' Langes und Breites.

Wenn der Physiologe in den animalischen Organismus „Ermüdungsstoffe" hineinverlegt, die sich beim Schlaf aufzulösen haben,
könnte es sich der Physiker für Erklärung der Bewegung bequem
machen mit Trägheitsstoffen und Beschleunigungsstoffen oder (für
den Aggregatzustand) mit Festigkeits-, Flüssigkeits- und anderen
Flüchtigkeitsstoffen („and such stuff as" — wie Shakespeare meint).
„The power manifested throughout the universe distinguished as
material, is the same power, which in ourselves wells up under
the form of consciousness" (s. Spencer). When we study mental
states as physical conditions, we use the physiological method,
but when we inquire into the ultimate nature of things and
desire to know more of mind, than is furnished by consciousness
we fail to bear in mind, what knowing a thing consists in
(s. Prince). „Feeling may be the cause of physical action and
the whole be still automatic", (feeling and physical changes are
practically the same thing), im eigenen Leben der Ursächlichkeit
(für das Selbst). The leading characteristic of Algebra is that
of operations on relations; this also is the leading characteristic
of Thought (s. Lewes), im logischen Rechnen (des Denkens).

Sofern freilich überhaupt eine Annäherung an solche Endursachen, in „prima materia" der „Essentia", (wie der Existentia
unterliegend), versucht werden sollte, müsste zunächst die naturwissenschaftliche Behandlungsweise über die Psychologie ausgedehnt sein, um, seitdem auch hier objectiv vorliegendes Material
(in dem Völkergedanken), sich geboten, beim Rückgange nun auf
den Primus motor (wie überall im Organischen waltend) hier das
zu empfinden, was wir wissend denken (im Selbst).

Mit Nagasena's Gleichniss (in der Malinda Prasna) zerlegt
sich der Wagen in seine Einzelbestandtheile, so dass nichts
davon übrig bleibt, als das Zusammenhalten im Begriff, der sich
darüber gebildet, und indem diese subjective Ursächlickeit objectiv
hinausverlegt wird, gelangt Laotse zu dem Wesen der Dinge
(ihrer „essentia" nach) in das Nichtsein, bei den Radspeichen oder
dem Gefäss aus dem Thon, als vermittelt durch das (sinnfällige)
Sein, und darum: „Das Sein bewirkt den Gewinn, das Nichtsein
bewirkt den Gebrauch" (s. Victor von Strauss), so dass der
Beginn in die Negation fällt (als Grund des Wirklichen).

Indem wir die Accidenzen auffassen, führen dieselben zurück
auf das Scheinbare einer Substanz, welche unterliegt, aber nachdem auch diese, bei schärferem Eindringen, sich zu zersetzen

beginnt, verbleibt schliesslich nur das Nichts, das im Denken eben sich zu seinem Etwas gestaltet.

Bei solch allmälig fortschreitender Auflösung jedesmaligen Hypokeimenon in der Substanz (für ihre Materie), wird die Hyle aus Moleculen in Atome auseinanderfallen, bis in kleinste Theilchen verschwindend (bei einer Unendlichkeitsrechnung).

Sofern nun aber, beim Durchschreiten der verschiedenen Stufengrade, für jedes derselben ein jedesmal gültig Bedingendes anzusetzen ist, ergiebt sich das Zusammenhaltende als Kraft, mit der Schöpfung in der Auffassung des Verständnisses (kraft der Denkenskraft).

Wir haben im Eisen zunächst die Molecular-Atome, wie sie jedem materiell erfassbaren Gegenstand zu Grunde liegen, um in chemischen Wechselwirkungen, nach durchgängig allein vorliegenden Affinitäten thätig zu werden, wie im Momente der Kristallisation, beim Anorganischen, (während organischen Wachsthums dagegen in vorausgeschlossener Reihe verlaufend). Dann manifestiren sich im Eisen, (oder anderen Metallen und sonstig Vorhandenem), die Temperaturunterschiede in der Wärme, bis zu möglichen Aenderungen des Aggregatzustandes, und drittens mag beim Eisen noch eine magnetische Action hervortreten (unter specifisch isolirten Umstands-Verhältnissen). So zeigt es sich in den Analogien aus der Vorstellungswelt des Menschen, und da dieser in solcher Vorstellungswelt selber mitdrinnensteckt, möchte er, für ihr Verständniss bis zum eigenen Denken, durch das Denken eben in die Subjectivität des Eisens sich hineinzuversetzen versuchen, um hier innerlich diejenigen Wandlungen zu verfolgen, welche in der Aussen-Natur objectiv angeschaut werden (zu Reconstruction des Selbst, aus Sichselber).

A moving molecule of inorganic matter does not possess mind or consciousness, but is possesses a small piece of „mind-stuff" (s. Clifford). „The universe consists entirely of mind-stuff. Some of this is woven into the complex form of human minds containing imperfect representations of the mind-stuff outside of them, and of themselves, as a mirror reflects its own image in another mirror ad infinitum. Such an imperfect representation is called a material universe. It is a picture in a man's mind of the real universe of mind-stuff" (mit dem „Ding-an-sich" in der „Welt als Vorstellung"). Und hier beim Fortgang naturwissenschaftlicher Forschungsmethode bis zur Psychologie, wird aus

dem Objectiven sich das Subjective zurückgewinnen (in gegenseitiger Controlle).

There is more of a subjective element about sight, than
smell, for a visual perception of an object is a compound sensation, made up of color, absence or presence of light, size and
shape (extension), and the combining of these into an idea of
the object is a process of judgment, — an entirely subjective
state (s. M. Prince). Tout le genre humain sait et ne peut pas
ne pas savoir que nous sommes tantôt passifs et tantôt actifs,
que l'âme est tour à tour passive et active (s. Laromiguière).
„Mind is the deepest reality, it is prius both in thought and in
existence" (bei Berkeley). The observation by the mind of its
own genesis is the crowning absurdity of speculation (s. Green),
bis objectiv geschult (für subjective Einkehr). Unser Verstand
mag die Gedanken entwerfen, aber er kann es nicht, ohne von
den Erfahrungsdaten dazu veranlasst zu sein (s. Laas) „As
society develops, it shapes itself into fixed Institutions of Religion, Law, Morality, Science and Art, — the organs of Humanity
with their social functions (s. Lewes). Le progrès indéfini et
continu est une chimère démentie partout par l'histoire comme
par la nature (s. Lamartine). Wherever there is an organism,
like a living body, the mind of man, or even a society, —
wherever there is action and reaction, the single linear series of
causes and effects is not found (s. Flint). The Yang and Yin
round their „Koua" into circular series (Johnson), aufsteigend in
der Linie (wie bei der Entwickelung aus „Kore") bis zu der
Welt im Raum (zerbrechend, in Rangi und Papa). Beim Unterbrechen der Drehung des Himmels würde die dadurch gehaltene
Erde fallen (cf. Cbu-hi). „Wenn auch nur ein einziges Gehirn-
atom durch die „Gedanken", auch nur um den millionsten Theil
eines Millimeters aus der Bahn gerückt werden könnte, welche
es nach den Gesetzen der Mechanik verfolgen muss, so würde
die ganze „Weltformel" nicht mehr passen, und nicht einmal
mehr Sinn haben" (cfr. A. Lange), sofern nicht in der Dynamik
wiedergefunden (bei naturwissenschaftlicher Durchbildung der
Psychologie).

In jedem Stoff (als innerlich vorveranlagter Materie) ruht
die Kraft bereits latent, mit der Bewegung in Thätigkeit zu
treten (aus kleinsten Theilchen her), und vergleichnissweises
Reden von beseelter oder belebter Materie, sowie vom Geistigen

leidet an (mythologisch-symbolischer) „Krankheit der Sprache"
(unter Trübung, scharfer Unterscheidungen, deutlich klaren Verständnisses), weil anderweis bereits specifisch fixirte Ausdrücke,
(beim Leben e. g. für Differenz zwischen Organischem und An-
organischem), als „Chara" und „Achara" in der Seele für ani-
malisches Gefühl, sowie im Geistigen für die Anschlüsse an einen
„Intellectus separatus et immixtus" zur Verwendung bringend
(wenn naturwissenschaftlich die „Entwickelung" auf erste Ursächlichkeit eines Göttlichen zurückverlegt worden), bei Verwirklichung (a potentia ad actum).

Im Khi (bei Laotse) liegt Kraftbewegung (ihrer Möglichkeit
nach, δυνάμει) bereits ausgedrückt, ehe durch Li in Wechselwirkung gesetzt, zur Bethätigung aus prima materia, was bei
den Dingen in die Erscheinung tritt (aus dem Unsichtbaren im
ἀειδής als „Hades"), hervorfliessend aus dem (unsterblich) „aus-
fliessenden Geist" (Ku-schin), aus Parasakti (Isvara's) oder Achamoth (gnostisch) als „Thalgeist" im „tief Weiblichen", oder ein
„Ewig Weibliches" hinanziehend (oder heraufdrängend), bei cau-
saler Durchdringung (in kosmisch harmonischen Gesetzen).

Als terminus technicus, entbehrt das Geistige charakteris-
tischer Special-Bedeutung vor Eintritt des Menschlichen und hätte
sie deshalb psychologisch erst zu erhalten, (aus naturwissenschaftlicher Psychologie), um unter der Substitution festen Ziffern-
werthes in den Gleichungen (bei logischen Rechnungen) weiter
zum gültigen Austrag zu gelangen (unter Verwerthung in in-
directen Analogien, parabolisch, — oder auch direct vielleicht).

Als nächster Reflex der Sinnesempfindungen ergeben sich
die Vorstellungen, welche auf höheren Stufen eine idealistische
Erweiterung erhalten, und nun ihr Schöpfungscentrum in der
Geistesthätigkeit mit andersgestalteter Welt umschliessen, mit
einer, weil höheren, auch himmlisch gedachten im Gegensatz zu
dem niedrig irdischen Ursprung von unten her, und so treten
in Polynesien's Anfängen zwei Rassen hervor, die eine den Erd-
tiefen, die andere den Himmelshöhen angehörig, mit der Welt unter
sich vertheilt, für die demgemäss verschobenen Eigenthums-
verhältnisse.

Naturgemäss in der Natur ist Alles getrennt nach durchgreifendster Spaltung zwischen den Geschlechtern, dem männlichen und weiblichen, ziemlich gleichartig anfänglich, in der
Waagschaale, mit geringen Schwankungen hin und her, bis zum

dauernden Ueberwiegen nach der stärkeren Seite, und deren
Recht gilt gleichfalls (und sogleich) für höhere Rassen, wenn
mit niederen streitend, so dass alle guten und besten Dinge auf
Erden jener eigen werden, durch Tabu geschützt.

Zunächst ist in derartiger Theilung noch nicht das Eigenthumsrecht gewährt, sondern nur die Anwartschaft auf ein solches.

Rechtstheorien nehmen ihren Ausgangspunkt von der „Res
Nullius" und fernerer Besitzergreifung (durch Occupation), in
philosophischen Decreten geschieht die Erwerbung durch „Hinein-
legen des Willens in die Sache". Beide Proceduren, so einfach
sie scheinen, sehen sich ganz anders an, im Facettenauge des
Wilden, da ihm das unbekannt umgebende All von fremden
Mächten durchwaltet wird, und es also erst der Sühnungen bedarf, um aus deren Besitz ein Etwas in den eigenen herüberzu-
nehmen. Jedes als solches aufgefasste Sachding besteht als ein
persönliches, im Widerspiel eigener Persönlichkeit, und so wohnt
„animistisch" (als Innuae oder Vui) ein Besitzer ein, der, wenn
durch Angriffe oder Eingriffe beleidigt, sich rasch zu rächen
wissen würde (und in Krankheitsstichen fühlbar machen, dem
Gewissen).

Bei dem Charakter des Menschen, als Zoon politikon, geht
das Gesellschaftliche dem individuellen Theilganzen vorher, —
für das Eigenthum gleichfalls, im Besitz —, und anerstammten
Besitz für den Stamm bildet das Land, welches er bewohnt, ein
communales Eigenthum nämlich, aber eben deshalb „eigen" eigentlich noch nicht, für den Einzelnen.

Als selbstgehöriges gilt selbstverständlich jedoch das Eigenthum, soweit ein selbst-erworbenes oder selbst-gezeugtes, im
angefertigten Geräth: das Werk der „Organprojection" in der
Kunstsphäre, und ausserdem mögen allmählich dauernde oder vor-
übergehende Eigenthumsrechte am Stammesbesitz hinzuerworben
werden, durch nutzenweise Vornahmen, wie Fruchtbaumpflanzung,
Brunnengraben, Fangenstellen u. dgl. m.

Das durch traditionell geheiligtes Ceremoniell dem allgemein Göttlichen entnommene Eigenthum wird nun bei fernerer
Vertheilung, unter Zuweisung in die höheren Rassen, dann wieder
der ihr göttlich verwandten (aus den Ahnen am Stammsitz des
Geschlechts) zugeeignet, und dadurch dem Tempelschatz der als
orthodox anerkannten Gottheiten, diesen überwiesen (im Temenos
und seinem Thesauros).

Hierbei spüren sich die Regungen dessen, was als Religion bezeichnet wird, das aus dem Staunen aufdämmernde Gefühl einer Abhängigkeit von unbekannt Höherem und Mächtigerem. Individuell in jedem Einzelnen drängt es zur Bindung an den Schutzgeist (geschlechterweis zum Totem erweitert im Stamm), und in gemeinsam zusammenwirkender Gestaltungskraft aus gesellschaftlicher Atmosphäre umwölbt sich so die Götterwelt der Weltanschauung in systematischer Fassung, wie (aus dem Künden eines Prophetengeistes) in den Offenbarungsreligionen zum Ausdruck gelangend, und in ein Buch dann niedergelegt (beim Vorhandensein der Schrift). Der (unsterblich) ausfliessende Geist (Ku-schin), „während alle Wesen aus der Unsichtbarkeit in die Sichtbarkeit herausgebracht werden" (s. Strauss), bildet (bei Laotse) das tief Weibliche (als „Thalgeist"), wie die Dinge aus (unsichtbarem) Hades (ἀειδής) herauftreten (bei Aristoteles), im Emporblühen (Pua) aus dem Untergrund (polynesisch), bis der idealische Zug von Oben zur Empfindung kommt (im gnostischen Agnosticismus). Nach der scholastischen Lehre ist bei der Entwickelung der geistigen Erkenntniss aus der sinnlichen der immaterielle Intellectus, der als Vermögen schon vor dem Beginn des Entwickelungsprocesses vorhanden ist, die principale Wirkursache der Entwickelung (s. F. X. Pfeifer), unter Wechselbeziehung (harmonischer Gesetze).

Als im Gange unserer Cultur-Entwickelung (der westlichen oder europäisch-levantinischen) für terminologische Definition der Religion — als populär allegorische Metaphysik (bei Liebmann) —, die Aufgabestellung gekommen war, lag aus dem gegebenen Anschauungsmaterial diejenige Form geboten vor, welche als „Buch-Religion" zu verzeichnen wäre, aus der „Propheten-Nische" (bei As-Shahrastani), diejenige nämlich, welche als gereifte Frucht der gültigen Weltanschauung (unter ihrer Fixirung in Schrift) damaliger Gegenwart sich geniessbar geboten hatte, in der christlichen, (wie in der parsischen oder islamitischen der jedesmal ihrigen).

Auch in Uebersicht der classischen Civilisationen ergeben sich national bestimmte Ausdrucksweisen, die sich, (hellenisch im engeren, römisch im weiteren Kreise), an politisch durchgebildete Gemeinwesen angeschlossen hatten, als ein religiöser Codex (im Kirchenrecht) neben dem politischen, und aus denen nun wieder allgemein gültige Principien abzuleiten waren.

religionsphilosophische (in der Natur - Religion, wie sich das
Natur- oder Vernunftrecht für die Jurisprudenz ergab), und ähnlich liess sich bei zutretender Kenntniss der indischen (sowie
später der ostasiatischen) Systeme verfahren (zu genügender Auseinanderlegung bei überwiegender Vervielfachheit sectirerischer
Zersplitterungen). Anders dagegen wenn wir bei Wildstämmen
auf das Religiöse gelangen, in den embryologischen Vorstadien
des Werdens, indem es hier zunächst, (wie für die staatlich angetroffenen Institutionen ebenfalls), ein Hineindenken gilt in
herrschenden Gedankengang (geographisch bedingter Entfaltung
eines ethnischen Charakters), zum Nach-Denken des fremden (im
eigenen), unter schwankend fluthenden Bildern (bei Schrift-
losigkeit).

Mit festen Definitionsweisen vermag das Denken nur bei
deutlich umschriebenen Formgestaltungen zu arbeiten. Am fertig
gestellten Krystall lässt sich messen und wägen, wogegen, so
lange derselbe noch in der Mutterlauge erst sich präformirt, der
chemischen Betrachtung zu folgen ist. Für den Völkergedanken
also gleichfalls (in naturwissenschaftlicher Psychologie), haben
sich für die comparativ-genetische Methode (der Induction) andere
Verwendungsweisen zu ergeben, hinsichtlich durchgebildeter Ideen
der Culturländer, andere bei solchen Voranlagen, wie auf natur-
stammlichem Boden kaum zu keimen beginnen, in (kryptogamischen)
Prothallien etwa, der Wilden (und Verwilderten). Mit Händen
begabt, würden ihr eigenes Gleichniss sich schnitzen Löwen und
Rinder, und wie diese, Pferde ihre selbstentsprechenden Götter
malen, meint Xenophanes (s. Clem. Al.), und so verlangt die Weltauffassung einer naturwissenschaftlich charakterisirten Gegenwart
ihre nach comparativ-genetischer Methode der Induction recon-
struirten Ideale (in naturwissenschaftlicher Psychologie). „Indépendamment des faits psychologiques généraux et communs à chaque
période historique, à chaque grande phase du progrès des races et
des nations, il y a, en effet, pour chacun de ces périodes, des hommes
en plus ou moins grand nombre, qui en sont comme l'expression
vivante et qui reflète, en l'exagérant sans doute, mais aussi en
la rendant plus sensible, l'idée de l'époque, à laquelle ils appar-
tiennent" (s. Lélut), unter den Propheten (jedesmaligen Zeitalters).
„A conception which is novel, or largely novel, is unintelligible,
even to the acutest intellect" (s. Lewes). „When men have once
acquiesced on untrue opinions and registered them as authenticated

records in their minds, it is no less impossible to speak intelligibly to such persons than to write legibly on a piece of paper already scribbled over" (s. Hobbes). Und so kann dann Herstellung einer „tabula rasa" temporär benöthigt sein (wie jetzt für manch' naturwissenschaftliche Schriftweise, nach den Lesarten der Gegenwart). „Was kein Verstand der Verständigen sieht | Das übet in Einfalt ein kindlich Gemüth" (des Dichterwortes), und soweit der „Verstand der Klugen verblendet" (bei Jesaias), verwerfen „den Verstand der Verständigen" ($\tau \grave{\eta} \nu$ $\sigma o \varphi i a \nu$ $\tau \tilde{\omega} \nu$ $\sigma o \varphi \tilde{\omega} \nu$) Verständige (wenn keine Theosophen). „Ein grosser Mann ist derjenige, der sein Kinderherz nicht verloren hat" (lehrte Mencius), und solches Kinderherz ist „the original good heart, with which, as the Chinese sages tought, every man is born" (s. Loomis), für normal organische Entwickelung, in moralischer Gesundheit (und diese gehütet unter naturwissenschaftlicher Kenntniss der psychischen Gesetze). „Bei der Geburt des Menschen ist seine Natur ihrem Wesen nach empfänglich für das Gute" (bei Wang ho heou), Sang pen-schen (die Natur ist gut) 1277 p. d. (s. Neumann), und pathologische Störungen (sündhaft Bösen's) haben ihre rationelle Heilung zu erhalten (im Heilswort). „Im weiteren Sinne ist Gnosis eine tiefere Erkenntniss im Unterschied von populär-religiösem Bewusstsein" (s. Lipsius), und so bietet sich jedem seine Antwort (nach Maassgabe des Verständnisses).

Bei der Gesellschaftswesenheit des Menschen (als Zoon politikon) wird der Gesellschaftsgedanke (als „Res completa") den Ausgangspunkt zu bilden haben (um daraus weiterhin die individuelle Psychologie zu klären).

„Psychology investigates the Human Mind, not an individual's thought, and feelings, and has to consider it as the product of the Human Organism, not only in relation to the Cosmos, but also in relation to Society. For man is distinctively a Social Being, his animal impulses are profoundly modified by social influences and his higher faculties are evolved through social needs. By this recognition of the social factor as the complement to the biological factor, this recognition of the Mind as an expression of organic and social conditions, the first step is taken towards the constitution of our science. The credit of this conception is due to Auguste Comte" (s. Lewes).

Mit dem inzwischen indess geförderten Fortschritt naturwissenschaftlicher Betrachtungsweise, als die für die Gegenwart gültige, wird die Methode derselben zunächst auf die Psychologie gleichfalls ihre streng controllirte Anwendung zu erhalten haben, wofür als unerlässliche Vorbedingung die Beschaffung thatsächlichen Materials zu gelten hat, aus den „Völkergedanken" nämlich (im ethnischen Umblick über die geographischen Provinzen).

Indem wir den unsichtbaren Gesellschaftskörper zerlegen, enthüllt sich uns seine Physiologie in den rechtlichen Institutionen, — als Skeletgerüst zum Aufrechthalten, — in den religiösen Satzungen, — als Sehnen und Nerven das Ganze durchzitternd, — und wie wir bei dem sichtbar materiellen Körper in comparativer Anatomie die Functionskreise der Organe in Vergleichung stellen, so ist hier bei dem Gesellschaftsorganismus die Möglichkeit geboten, zu vergleichen nach den Differenzen geographisch differenzirter Umgebung, bei dem allgemein einheitlichen Plan des Gesellschaftslebens (auf psychischer Schichtung). Und mit der comparativen Methode verbindet sich die genetische (in folgeschwangerer Tragweite für die Culturgeschichte, aus primären Vorstadien aufwärts).

Und so den Zeiterfordernissen gemäss, sind ihrem Schoosse sie entsprossen: die Schwesterwissenschaften der Anthropologie und Ethnologie, um in vorbereitender Arbeit das Fundament zu legen für denjenigen Aufbau, dem es einstens bestimmt sein mag, eine „Wissenschaft vom Menschen" zu umschliessen.

Eine Wissenschaft im Sinne der Zeit, eine Wissenschaft der Natur: eine Naturwissenschaft also, und doch in Bezug zum Menschen, — auf seine Natur, auch deren Geschichte erzählend, als Geschichtswissenschaft zugleich (in Einheit der Weltanschauung).

Im Zeitstrom gezeitigt, schwellen die Früchte der Cultur-Entwickelung empor, — langsam, allmählig, unscheinbar anfangs, dann ungestüm rascher der Reife genähert, und bald, in Fülle der Pracht, stehen plötzlich sie entfaltet vor Augen, als Merksteine zu leiten auf dem Geschichtsgange der Natur.

Zur Beantwortung der Tagesfragen deshalb sind neu sie geboren in der Fülle der Zeit, die der Lehre vom Menschen gewidmeten Wissenschaften, Anthropologie und Ethnologie.

In den Beziehungen der Anthropologie und Ethnologie liegt ein Zeitbedürfniss ausgesprochen, das im raschen Schusse erneuert und verjüngt in frischem Sprossen nach den verschiedensten Richtungen hin, seine Naturgemässheit genugsam beweist.

in zutreffender Beantwortung der durch die Gegenwart gestellten Fragen.

Jung und neu sind diese Forschungszweige erschlossen, entfaltet in der Fülle der Zeit, mit Rückblicken hinab in die Voralter der Vergangenheit, — von Vorgeschichtlichem zu Urgeschichtlichem, — mit Ausblicken ringsum in die Ferne ethnischer Umschau, den Menschen vor sich, als Gegenstand des Studiums, den Menschen und die Erde, in deren Geschichte die seinige sich einschliesst.

So handelt es sich hier um die Wissenschaft vom Menschen, wie in altem Orakelworte bereits verlangt, (aus klassischem Nachhall), wie angestrebt in philosophischen Denkflügen, erhofft im religiösen Glauben, — wie inductiv jetzt zu begründen in naturwissenschaftlicher Psychologie durch die in anthropologischen und ethnologischen Studien beschafften Stützen.

Und so sind sie heutzutage in Jedes Munde: die Ethnologie und Anthropologie, aber fast gestern noch war es anders, wie der Mitlebenden genug sich zu erinnern wissen, aus der kurzen Spanne der Zeit, soweit in persönlichen Erfahrungen überblickt.

Um Mitte unseres Jahrhunderts noch trafen diese Worte das Ohr mit fremdartigem Klang, mit unverständlichem oder missverständlichem, die Anthropologie als schwankend umgrenztes Kapitel in pädagogischem System, die Ethnologie als nebensächlicher Anhang geographischer oder historischer Handbücher.

Erst jetzt mit dem siegreichen Fortschritt naturwissenschaftlicher Methode bis zur Physiologie, bis zur Grenzscheide der Psychologie (und dortige Vorstösse in die Psycho - Physik), erst jetzt ist sie fertig, geboren und geworden, steht sie vor Augen: die Lehre vom Menschen, in ihrer Kindheit zwar noch, in der Wiege gewindelt, aber schon als Herakles Ophites erkennbar, in den Voranlagen künftig mächtigster Entfaltung.

Nun würde es allerdings als Paradoxon sonderbarer Anomalie erscheinen, wenn man zu sagen meinen wollte, dass diese dem Menschen nächste, diese von den Vorvätern her bereits empfohlene, Wissenschaft bis in das 19. Jahrhundert zu warten gehabt hätte, bis das für sie angewiesene Lehrfach gefunden wäre, in der Anthropologie, (der Lehre vom Anthropos, vom Menschen, als Einzelwesen), und in der Ethnologie, (der Lehre vom Ethnos, dem Menschen als Gesellschaftswesen), und dieses Paradoxon hätte um so widersinniger zu gelten, da vielmehr der Mensch überall und immer Gegenstand seines eigenen Studiums ist, und aus solchem Selbststudium überhaupt gar nicht heraus kann.

Bei Einwendungen der Philosophie gegen eine Psychologie als Naturwissenschaft ist, neben den Auffassungen der dahin neigenden Schulen der Philosophen selbst, zunächst der eigene Standpunkt der Naturwissenschaft andererseits zu umschreiben. Wenn die Psychologie als die Wissenschaft von demjenigen, was im Innern vorgeht (oder zur Beobachtung kommt) sich bezeichnet, würde es sich, je nach dem Anschluss sensualistischer Richtung in der Psycho-Physik (und physiologischen Erklärungsweisen), vornehmlich um die Vorgänge im Denken handeln, welche unter den Umrissen festzustellender Kunstformen (in der Logik) dialectisch (und aesthetisch) zum Ausdruck kommen würden.

Indem dagegen das Problem betreffs der Existenz (oder das Wesen) der Seele der Metaphysik überwiesen bleibt, würde sich nun bei einer Psychologie der Naturwissenschaft die Frage stellen, ob und inwiefern, für die hier verlangte Lösung die inductive (als die für naturwissenschaftliche Forschung charakteristische) Methode zur Verwendung gebracht werden könnte, und sobezüglich wird die (an sich eingeschlossene) Vorbedingung thatsächlich gegebenen Materiales (der Bausteine), nur beim Ausgang vom Völkergedanken (des Zoon politikon) Aussicht auf Verwirklichung erhalten (um dann aus objectiver Umschau zu subjectiver Betrachtung heimzukehren).

In seinem eigenen Organismus vermag der Mensch den körperlichen Theil zerlegend zu durchforschen, in anatomischen Sectionen, für die in Wechselbeziehungen geordnete Unterlage derjenigen Vorgänge, die ihn physiologisch während des Lebens durchströmen, und denen er nun in diesen auch prüfend und controllirend folgen mag, in Selbstbeobachtung.

Daneben wendet sich diese dann auch denjenigen Regungen des Nervensystems zu, welche als seelisch-geistige sich aussprechen, und weil des Daseins höchste Interessen berührend, jene sorgsame Pflege erheischen, wie von der Philosophie stets ihnen zugewandt. „Ist die Psychologie die Lehre von den Naturgesetzen des menschlichen Denkens, so ist die Logik die Lehre von der Kunst des Denkens" (s. Spitta), und mit dem Logischen im Denken bedingt sich die Grenzlinie zwischen Vernunft und Un-

vernunft, zwischen Sein und Nichtsein (für die Berechtigung einer
psychischen Existenz).

In diesen das Denken beherrschenden Naturgesetzen aber
ist zunächst der Gesammtorganismus kennen zu lernen, in welchem
sie zur Auswirkung kommen, und zwar in dem nach aussen geworfenen Reflex, um unbeirrt von subjectiver Befangenheit, die
Objectivität der Umschau zu bewahren, in der „Gesetzeswissen-
schaft" (s. Paul) oder Psychologie (als naturwissenschaftlicher).

Nach der Gesellschaftswesenheit des Menschen geht der
Völkergedanke als der primäre voran, und seine Gestaltungen
erscheinen also dem psychischen Organismus der ethnischen
Kreise, welche zunächst nun einer anatomischen Durchforschung
zu unterwerfen sein würden, um die Gliederung des Skelettes (in
rechtlichen Institutionen), die Ausspannung der Gewebe (in religiösen Ansichten), vor Allem festgestellt zu haben, in systematischer Anatomie, der die Psychologie dann ihre Physiologie zuzufügen haben würde (auf den von der Logik vorgezeichneten
Bahnen).

In diesem Ueberblick liegt nicht, wie in den übrigen Naturwissenschaften, das Material als bereits gegebenes vor, sondern
die Ethnologie wird diese Bilder der ethnischen Organismen aus
den verschiedenen Erdtheilen erst zusammenzutragen haben, für
comparative Behandlung, um dann ihre genetische anzuschliessen,
vom Einfachen aufsteigend zum Zusammengesetzten (von Naturstämmen zu Culturvölkern).

So wenig wir durch äussere Betrachtung allein die innerliche
Structur des zugehörigen Körpers kennen lernen können, oder
aus den vom Intestinaltract heraufdunkelnden Empfindungen
die Zertheilung desselben nach seinen Organen durch Hineindenken in denselben, so wenig genügt Selbstbeobachtung für die
psychischen Vorgänge, indem wir auch diese vorher, durch Seci-
rung der ethnischen Organismen, in ihrem anatomischen Zusammenhang aufgefasst haben müssen, (als Vorbedingung einer
naturwissenschaftlichen Psychologie).

Was hier im wechselseitigen Zusammenwirken schafft, um
den Gesammteffect des ethnischen Organismus hervorzurufen,
führt seiner Ursächlichkeit nach auf die Einzeln-Factoren der
Individuen (als integrirende Theile des Ganzen) zurück, von
denen ein jeder nun der einzelnen Betrachtung psychisch unterzogen werden kann, (von Jedem im eigenen Selbst).

An dem Berührungspunkte des im Denken innerlich realisirten Seins mit einem Aeusseren findet die Welt der Vorstellungen den Ansatz ihrer Entstehung. Was hier zur Bethätigung gelangt, ist darauf bezüglich nicht ein Entgegengesetztes,
sondern Verwandtes, für Eigenschaften aus congruent mit-
sprechenden Sinnesempfindungen, und Qualitätsloses würde, in
Nicht-Existenz fallend, dort verbleiben. Es gelangen Kräfte zur
Auswirkung, welche ihrer „Morphe" nach in den Formgestaltungen
auf die substantielle Unterlage einer „Hyle" (im Stoff) zurückführen,
aber sobezüglich nur auf eine Möglichkeit des Seins, auf ein
Ekmageion, aus welchem, einfallendem Anstoss zufolge, die Bildungen hervortreten. Solches „Ekmageion", solche Hyle, wie die
Sinnesempfindungen, (in welchen der Organismus seinem Aeusseren
nach ·hervorgestreckt liegt), materiell entgegentretend, äussert
sich für ihre ideal vorgeschrittenen Stadien des Wachsthums (bei
den hier als adäquat erwiesenen Ergänzungen), in dem Substrat,
wie in psychischer Atmosphäre gebreitet, und diese wieder erweist sich geschaffen in der Gesellschaftswesenheit (zum Verständniss des Einzelnen, als integrirender Theil, für sich selbst
und sein Selbst), mit den Wurzeln zurück bis auf physisch-physi-
kalischen Grundlagen in den geographisch umschlossenen Provinzen (aus planetarischer Beziehung zum Kosmos).

„Mit dem Beginn unseres Jahrhunderts gewann die Wissenschaft ein verändertes Ansehen, wo man früher mit einer quali-
tativen Prüfung zufrieden war, wo ein Gleich und Ungleich zur
Charakteristik genügt hatte, da wurde nun auch das quantitative
Verhältniss ins Auge gefasst und ein Maassstab angelegt, um
wo möglich die Werthe der Differenzen nach Zahlen zu bestimmen" (in der Mineralogie), und „es ergiebt sich, dass das
Sammeln von Beobachtungen und Thatsachen für jetzt noch von
grösserer Wichtigkeit ist, als das Philosophiren darüber" (s. Kobell),
und so in der Ethnologie, wo die Materialbeschaffung zunächst
voransteht (für naturwissenschaftliche Durchbildung der Psychologie).

Die Denkthätigkeit liegt, ihren Wurzeln nach, hinerstreckt
in den Sinnesempfindungen, auf die Aussenwelt hinausragend,
zum Wechselspiel. Mit dem durch derartigen Anstoss in Bewegung gesetzten Verfolg des Wachsthumsprocesses, treten aus
der gesellschaftlichen Atmosphäre, worin die Entwickelung statt
hat, psychische Factoren, die dort zeiträumlich bereits angesammelt

liegen (im Wissenscapital), zur Mitwirkung, für das Verständniss des Einzelnen (im Selbst).

Bei den (unter Durchwanderungen nach Oben und Unten), wie in synthetischen Verbindungen (aus wahlverwandtschaftlich einwohnenden Affinitäten), zersetzend auch eintretenden Analysen müssen in den Formen der Vorstellungen Zeit und Raum gleichfalls zur Geltung kommen, neben den übrigen Vorbedingungen, welche für ihre Grundzüge in der „Connexio Rerum" (kosmischer Harmonien) an sich eingewebt liegen (innerhalb der Geisteswelt des Zoon politikon).

Den Ausgang der Forschung, als Ansatzpunkt für Verwendung inductiver Methode (comparativ-genetisch) bilden demnach die Völkergedanken, in den aus Agentien jedesmal geographischer Provinz verwirklichten Erscheinungen ethnischen Charakters (auf dem Globus), und während der topographische Kreis auf seinem terrestrischen Boden siderische Einflüsse (innerlicher Causalitäten) in sich aufgenommen hat, kommt der anthropologische in der Weite seines historischen Horizontes zur Entfaltung mit den Blüthen der Cultur, — von idealen Durchhauchungen umweht, (aus dem Jenseits dessen, was hinter den Erscheinungen im Bewusstsein stehend, durch deren Vermittelung anzunähern als Aufgabe gestellt ist, in der Spanne individuellen Daseins).

Unter den zwei Hälften, worin die Gegenstände der menschlichen Erkenntniss (bei Hume) zerfallen, erhalten die „Verhältnisse zwischen den Vorstellungen" durch das Denkvermögen ihre unmittelbare Gewissheit, wogegen bei den Thatsachen stets das Gegentheil möglich bleibt, und die Erfahrung nur aus Gewohnheit brauchbar sich erweist (in der Causalität), bei einer Probabilitäts-Rechnung also höherer Analysis, während sich die im Endlichen umschränkten Denkoperationen des praktischen Lebens innerhalb fest bestimmter Gleichungsformeln vollziehen (im logischen Rechnen des Denkens), um in dem Gewebe von Relationen, (gesetzlicher Verknüpfung), in labyrinthisch durcheinandergeschlagenen Maschen einen Leitungsfaden zu erlangen, für organische Lösung des Gordischen Knotens (statt gewaltsamer Zerhauung).

Eingesponnen in seine „Welt als Vorstellung" sieht der Mensch die sinnlichen Erscheinungen ringsum, in Zwischenraumswelten Jntermundien) gleichsam, den Projections-Bilden seiner Denkthätigkeit eingeschoben, welche er als unter den in organisch erfolgenden Wechseln gleichartige mit sich herumträgt, um sie mit dem in räumlicher Bewegung veränderten Horizont des sinnlich Gegebenen, in den Ergebnissen subjectiver Weltschöpfung, überall zwischenzufügen, so dass beständig die Denkgestalten auf ihn eindringen (nach Epikur's Auffassung), und dann dort immer fixirt werden, wo die Aufmerksamkeit (Wichara) sich darauf richtet (im Bewusstsein).

Der Eindruck des optischen Bildes trifft mit der ganzen Macht des Wirklichen, und so, beim Aehnlichkeitsstreben, im „Hang nach Personification" (s. Dubois) wird dem Vorstellungs-abschluss die Fasslichkeit analoger Formgestaltung aufgeprägt, während andererseits wieder das innerlich Verwirklichte den äusseren Nebenbildern seine eigenen Eigenthümlichkeiten einzu-prägen (diese dort wieder zu finden) strebt, um aus selbstigem Vorgang im Denken das Gewordene im gegeben bereits Ange-getroffenen zu verstehen.

Das Auge leitet voran, begleitet jedoch ohne Unterlass von lautlichen Doppelbildern im sprachlichen Austausch der Klärung, so dass die im Menschen eigengestaltete Welt sich als die aus der Gesellschaftswesenheit geschaffene ergiebt, und es ist auch der Gesammt-Eindruck dieser eben, welcher sich unter der Maske des Göttlichen verbirgt (beim kategorischen Imperativ des Mora-lischen), aus, psychischem Organismus einwohnendem, Gesetze (in des Kosmos' Harmonien).

Um also dem Zoon politikon seinen normalen Gesundheits-zustand ungetrübt zu erhalten, stellt sich die Richtigkeit des logischen Rechnens als unerlässlich erste Vorbedingung hin, und bei der, in der Inductionsmethode nur, gewährten Möglichkeit zu-verlässiger Controlle, bedarf es naturwissenschaftlicher Behand-lungsweise der Psychologie, sowie um sie zur Verwendung bringen zu können, einer Materialbeschaffung zunächst, aus der in ethni-schen Kreisen realisirten (und materialisirten) Phänomenologie des Menschengeistes (für eine Gedankenstatistik).

Als „innate" (s. Hume) sind die angeborenen Ideen (bei Locke) oder „idées naturelles" der Anlage nach, potentialiter, gegeben (s. Descartes) zur Ausentwickelung im psychischen Wachsthum (des Organismus), welches seine Nahrung empirischer Erkenntniss (bei Kant) aus den (im Abhidhamma) „abgeweideten" Erfahrungen der Sinnesempfindungen zieht, im Hervortreten der

Seelenvermögen (unter realer Entwickelung der vorangelegten Keime).

Bei Fortdauer der bei den Sinnesempfindungen im Ansichgegebensein liegenden Verähnlichungsbestreben der Vorstellungsbilder auch für die fernere Wirkungsweise im Denken wird das als schöpferische Thätigkeit innerlich dort empfundene den äusseren Dingen als Kraft hineingelegt, und so unter einem zu organischen Gestaltungen neigendem Hang, (wie in den mythologischen Symbolen hindurchspielt). Was im Gedankenschaffen emporwächst, findet bei dem in gegenwärtiger Erdperiode, unter den Bedingungen derselben, periodisch im Organischen Geschaffenen seine nächstliegenden Seitenstücke, wogegen für das Organische diese nur im vorübergehenden Blitze (aus der Kristallogenie) nach erkennbarem Process als ein im Vergangenen abgelaufener zu setzen ist, wenn es sich um das Verständniss der im abgeschlossenen Product vorliegenden Ergebnisse handelt (gemäss der Naturgesetze).

Als Individuum führt (innerhalb des Denkprocesses) jedes Ding (in Identitas numerica) zurück auf eine concret bestimmte Substanz aus concret bestimmter Materie (einer Hyle, im Hypokeimenon), und concret bestimmter Form. Die letztere kommt dem aus vorläufig unvermittelter Setzung im Bewusstsein stehenden Ich mit den sinnlichen Congruenzen zu soweitigem Verständniss, während das ausserdem Verbleibende damit dem Aussen angehörig zu denken ist, unter den τὰ οὐκ ὄντα vor schöpferischer Construction im Denken (hervorgezaubert aus einem „Ekmageion"). Bei solcher Auffassung wird das mit specifischen Sinnes-Empfindungen Zugängliche psycho-physisch ausverfolgt, von dem in der Physis innerlich auch, auf gleichartigem Niveau mit Körperlichkeiten des Aussen, im Tastsinn Annäherbarem (unterhalb noch der leiblich assimilirenden Sinne) bis zu den Grenzen der Psychologie, in dem, mit siderischen Lichteindrücken, ausöffendem Reich des Geistigen. Um hier solches Eingangsthor zu eröffnen, gewährt sich ein Schlüssel in der lautlich hervorgerufenen Welt gesellschaftlichen Sprachaustausches für dasjenige Ganze des „Zoon politikon", dem der Einzelne als integrirender Theil inhärirend, das Verständniss seines Selbst zu entlehnen haben wird, bei logischem Rechnen der Verhältnisswerthe (bis zur Erfindung eines Infinitesimal-Calcul die Befähigung sich fühlen mag).

Bei dem, was derartig zur Betrachtung kommt (in den Vorstellungen), wäre ebenfalls wieder für die Substanz ihre Unterscheidung in Form und Materie festzuhalten, und zwar die erstere hier, in einer Identitas specifica (oder auch generica) gleichsam, aus den verschiedenen Sinnen, (sämmtliche oder einige, nach jedesmaligem Falle), gemeinsam entnommen (durch einen sensus communis gleich „Manas"), wogegen für solchen Gesammtabschluss nur ein psychisches Substrat gebreitet zu liegen hätte (im Hypokeimenon der Hyle für schöpferische Thätigkeit), ein (in der Möglichkeit des Vorhandenseins) unbewusst (durch einen ποιητής oder „factor", als „creator") Gemachtes bereits, aus dessen Nichtsein (im μὴ ὄν) im Unbewusten, das soweit noch Unverstandene in das Verständniss eintreten würde.

Sofern in solchem Bezug ein Durchblick gewonnen wird über das (kraft psychischen Wachsthumsprocesses) Fertiggestellte (in den Völkergedanken aus deren geographischen Kreisen auf dem Globus), würde bei Durchforschung hier waltender Schöpferthätigkeit Manches in dem, was bisher als unbekanntes X ein Ding-an-sich hinter dem Seienden verborgen liegt, unter festen Ziffernwerthen (in Gleichungsreihen aus psycho-physischen Ergebnissen) in die logischen Rechnungen einzuführen sein, und zugleich gelegentlich hier und da, die Erlaubniss sich bieten aus den Differenzen Schlüsse zu ziehen auf die physikalischen Agentien, welche bei ihrer Mitwirkung aus umgebendem Milieu, ein Zusammenrechnen des Makrokosmos, für Relationen des Mikrokosmos zu demselben, anbahnen dürften (unter kosmischen Harmonien).

Der Naturmensch dämmert sein Leben im Halbwachen hin, im Geträum verwoben mit den Geistern der Abgeschiedenen, die sich in der Nunnai (Melanesien's) im Wachzustande auch der Erinnerung aufdrängen. Der Chiquito sucht die Seele des Verstorbenen in dem seine Hütte umgebenden Buschwald, und wenn es aus dortiger Nähe unheimlich wird, vertreibt man das Gespenst (der Sisa, in Guinea) nach den Inseln der Volta (oder sonst über einen Vergessensstrom hinaus).

Ist der Pfad, den der Erste Mensch (oder Chibiabos. als Menabozho's Bruder) gewandert, der Seelenpfad in's Jenseits, ein allzu kurzer, wird allzu unmittelbar deshalb der übermächtige Rückeinfluss von dort gefühlt (in Schreck und Leid), so mag man auf Verlängerung bedacht sein, (wie in Liederkunst der Balian auf Borneo), oder gänzlich abschliessen, wenn es auch ein Opfer kostet, gleich dem von Vcetini's Schwester dargebrachten, als sie in Avaiki sich hinabrollte (auf Mangaia), um den Zugang zu sperren zu Tiki's Grube (Te rua ia Tiki), auf einem von anderer zu „unserer Hemisphäre" (s. Giraldus) führenden Pfade, (auf dem Elidurus, des gestohlenen Balles wegen, verfolgt wurde).

Ein jedes den Weg geschichtlicher Entwickelung betretende Volk muss, als im Fortschrit dem Lichte zugewandt, von den nächtlich hinter sich zurückgelassenen Todeswegen die Entfernung mehr und mehr vergrössern, um früher oder später die feste Scheidungslinie zu ziehen, wie in den dem Flamen dialis aufliegenden Ceremonial-Vorschriften markirt, und auch beim nationalen Verbande der Irokesen ausgesprochen (im „Book of Rites"), s. „Der Papua" (S. 254).

Auch hier, im eisernen Band eines psychischen Wachsthumsprocesses, wiederholen sich die Parallelen bis in scheinbar zufälligste Einzelnheiten hin, und vermag die Ethnologie unerwartete Aufklärungen zu liefern, aus primär noch angetroffenen Vorstadien, für archaistisch unverstandene Ueberlebsel, wie z. B. durch „Te rua ia Tiki" für den „lacus Curtius", in seinen den Römern selbst bereits unverständlichen Traditionen, über das „ostentum fatale" (s. Plinius), trotz dreifacher Deutungsweise (bei Varro), „triplex historia", ob: „locum esse fulguritum", ob: „in eo loco dehisse terram" (zu Curtius' Selbstweihe an die Dii Manes) oder ob Romulus seinen Gegner „Metium Curtium Sabinum" (der den Hostus Hostilius erschlagen) hineingedrängt habe, in den Sumpf (qui tum fuit in foro, antequam cloacae sunt factae), zu (vermittelnder) Einleitung von Connubium und Commercium durch das Gastrecht (des in Hospes gewandelten Hostis). Der geschichtliche Beruf künftiger Weltstadt war damit gesichert, indem es unmöglich gewesen, „dass die echt-römische Seite bis an's Ende die unterliegende geblieben sei" (s. Hartung), während die Cymry „stets unglücklich gewesen sind" (s. Keightley), seit der Zugangsweg zum Garten der Tylwyth Teg an deren „See, dem die Sage einige Eigenthümlichkeiten des alten Avernus zuschreibt" (s. O. L. B. Wolff), verschlossen (bei Brecknock).

Alles liegt so deutlich und klar auf der Hand, dass es weiterer Erklärung kaum noch bedarf. Bei dem überall um eine Helena, „in relation to the females" (s. Eyre), primär entzündeten Krieg, leitet sich zunächst (exogamisch) die Ehe durch „Raptus" ein, und wie durch das Matriarchat die Kinder überhaupt dem fremden (oft auch später noch feindlichen) Stamme angehören, wandern nach solchem Heimathslande (gleich Nodsie) auch die Seelen zurück, die sich die Calabaresen überhaupt bereits gegenseitig über die Grenze einander zujagen, s. Der Fetisch, (S. 24). So bekämpft man in dem Gegner auch zugleich das Geistervolk, und das räumliche Nebeneinander zu dem Nachbar verschiebt sich leicht bei einem Oberen auch für ein Unteres, in die Unterwelt demnach, weshalb der Sabiner in den Sumpf hinabgestossen wird, in die Unterwelts-strasse, aus der die feindlichen Geister bedrängend beständig herauf-kommen, so dass, um sie zu verschliessen, kein Opfer zu hoch ist, indem später sodann im ruhig geordneten Staatsleben der Verkehr auf drei Tage beschränkt werden kann, während die übrige Zeit hindurch die, im Deckel, dem Mundus aufgestülpte Decke (eines lapis manalis oder „Dillesteins") das willkürlich beliebige Hervor-kommen thunlichst zu hindern sucht, „worauf auch die Seuche, so bisher in Rom grassiret, aufhörte" (s. Zedler). Auf Einmal im Jahr war zu Elis (s. Pausan.) die Eröffnung des dem Hades heiligen Bezirkes eingeschränkt, und der ἄναξ ἐνέρων (als Ζεύς καταχθόνιος) überhaupt so tief nach Unten niedergedrückt, dass er, (ausser den, die Erinnyen aufjagenden, Flüchen), von der Ober-welt Nichts hörte und erst durch Anklopfen auf den Erdboden benachrichtigt werden musste, wenn Audienz gewünscht war, denn ganz ging das Interesse, (wie für Todten-Orakel), für den (schätze-reichen) Pluto nie verloren (wenn auch mancher Schatzgräber in die eigene Grube gefallen). „Nunc ad coelum, nunc in patentes terrae hiatus, ad deos Manes" (s. Livius), hatte M. Curtius (aus der „Curtia gens") seine Hände gestreckt, ehe er, (zum Abstürzen kurz entschlossen), in den Schlund sich hinabstürzte, dort wo neben Weinreben und Oelbaum der Feigenbaum wuchs, unter dem Ro-mulus und Remus gesäugt waren, das erste Brüderpaar (der eine dem Tode verfallen, der andere für das Geschichtsleben der Zu-kunft berufen, gleich dem indianischen Brüderpaar). Ueberall der naturgemäss gegensätzliche Streit zwischen Nacht und Tag, zwischen Tod und Leben. Auf Timor drängen beständig, zurück-zukehren in die Oberwelt Licht (und Wärme), die Abgeschiedenen von unten her empor, so dass bei Erdbeben auf den Boden zu klopfen ist, von noch fortlebenden Menschen Bericht zu erstatten (wie im Kyffhäuser). Dem Eskimo ist der warme Mutterschooss erwünscht, während den Nichtsnutzigen die kalte Atmosphäre verbleibt, dort zu spielen (im Nordlicht vielleicht, um nichtigen Ruhmesglanz). Die Seele, die (unter den Chatura-Bhut) im Wettlauf keine Behausung mehr erlangt und einsam öde jetzt schweift, auch frostig kalt und hungrig (gleich Preta), sucht sich den warmen Körper, um einzufahren, in Besessenheit (und deren Folgen folgern sich dann von selbst; in, überall ethnisch, nothwendig geschlossenem Zusammenhang vorausberechenbarer Gesetze).

Man fürchtete die, proleptisch, rachsüchtig disponirten, oder doch zu neckischen Hänseleien (gleich den Kobolden) geneigten Spukwesen, aber ebensowenig spart man weder Hohn noch Spott zur Vergeltung (wenn Kühnheit kommt, sie zu wagen). Dann geht es den armen Seelen erbärmlich schlimm, und selbst das heilige Grab des Tui-tonga (s. Mariner) hat als Cloake zu dienen. („ad Mephitis aedem, locum quem qui intravere moriuntur"). Die Qualen der Verdammten zu sehen, erhöht die Seeligkeitsfreude (bei den Patristikern) für die Glücklichen (im Egoismus), auch in Mangaia's Himmel. „In every possible way they enjoy themselves but look down with ineffable disgust upon those wretches in Avaiki who are compelled to endure the indignity of being covered with dung falling from their more lucky friends above. A well-known and ludicrous poverb refers to the vain flapping of the wings of the unhappy spirits in Avaiki, who besmeared with filth, are endeavouring, though to no purpose, to escape out of Akaanga's net" (s. Gill). Und solche Scenen beschreiben sich in der „Göttlichen Komedie", wo die Burleske auch in der Hölle des Unrathes spielt, — in glatten Versen, gestriegelt und gebügelt, zum „Wohlgeziemenden" den Göttern (als Ji li bei Taotse).

Dorthin gelangt sah ich in einem Moor
Von Mist in tiefem Graben Leute stehen.
Mir aber kam's wie Menschenunflath vor;
Und als hinab nun meine Augen spähen,
Sah Einen ich, das Haupt von Koth so schmierig,
Ob Pfaff, ob Lai' er, war drum nicht zu sehen.
Der schrie mir zu: „Was bist Du so begierig.
Vor allen Schmutzigen mich zu gewahren?"
Und ich: „Weil die Erinn'rung mir nicht schwierig.
Dass ich Dich einst schon sah mit trocknen Haaren.
Interminei bist Du, und deswegen,
Betracht' ich Dich zumeist in diesen Schaaren."
Er sprach, die Kolbe knuffend sich mit Schlägen:
„Mich tauchten unter hier die Schmeicheleien,
Um welche meine Zunge nie verlegen",

(in Kannegiesser's Uebersetzung), als Speichellecker, und dann „die Dirne, sieh' die Locken fliegend, die Nägel voll Unflath kratzt sie sich. Bald aufrecht stehend, bald gekauert liegend, Die Hure Thais ist es" (bei Dante); und die Hure Vernunft vielleicht, der es bei solcher Poesie übel und weh ums Herz werden könnte, — selbst im Hafen des Ruhmes (wie von Brunetto Latini versprochen). „Istius operis non est simplex sensus, immo dici potest polysensuum, hoc est plurium Sensuum" (heisst es im Briefe an Cangrande). Vielsinnig und vieldeutig, (multa non multum), „Original, fahr' hin in Deiner Pracht!" (Gleich zu Gleich).

„Mythologie ist nur ein Dialect, in alter Sprachweise" (s. M. Müller), um (gleich den rechtlichen Institutionen und sonstigen Bräuchen) bei schriftlosen Völkern an Stelle der Texte zu dienen (und, unter Entzifferung der Völkergedanken, diese zu lesen). „Nicht ein äusserlich natürlicher Gegenstand, noch eine äusserlich geschichtliche Begebenheit bildet oder erfüllt den Inhalt eines Mythus, dieser ist vielmehr das Erzeugniss aus der Bewegung oder Erregtheit des inneren Seelenlebens" (s. Stuhr), für Schöpfung des Völkergedankens (im psychischen Wachsthumsprocess).

Als naturgemässe Unterlage, wie zum gesicherten Fussauftritt erfordert, bietet sich für die Entstehung (des Vyakata aus dem Avyakta) der Erdboden von der Wurzel (Te-aka-ia-Roe) aufwärts (in Mangaia). Mit deutlicherem Bewusstwerden einer geistigen Welt (neben der irdischen) reflectirt auch diese sich in den Schöpfungen der Devas aus Brahma's Munde, als von dem nothwendig gebotenen Gegensatz der Asura (aus den Lenden) abgewandt (zu deren Versenken in Nacht; soweit nicht in den Schädlichkeiten des Lebensleides nachwirkend, durch Mudevi's dem Amrita-Trank eingemischtes Gift). Dem Elementaren wohnen noch die Buta ein, gleich Innuae (polarisch) oder Vui (melanesisch), aber im Uebrigen, indem die Schöpfung jetzt von Oben her ansetzt (in den Upanishad), von der Seele (Brahma's) abwärts durch Aether, Luft, Feuer, Wasser zur Erde (mit den Kräutern ihrer aus Saamen erwachsenen Nahrung, und dem Menschen als dem Verzehrer), wird nun die Erde selbst unthätig passiv, erst in Indra's (indu) niederträufelndem Regen befruchtet, und deshalb bedarf fürderhin der zu Jarba's Zeit aus der Erde, (oder aus dem Felsgestein der Sachsen), erwachsene Mensch,

vorher pflanzlichen Baumgebildes, um sich dort in Paaren anzusetzen (wie Meshia und Meschiane, oder Ask und Embla).
So verbleibt Indrani, die (gleich Papa in Hawaii) fortdauernde Gemahlin der Indra-Könige, unfruchtbar, und erst aus
dem in der Kuh (wie im parsischen Urstier) gewählten Symbol
kann ihr Sohn (Chitragupta oder Chitraputra) geboren werden
(den Chitr zu überwachen).

Als dann das Denken zu höheren Regionen aufgestiegen,
findet es auch dort seine Götter in Parabaravastu's Trimurti
(als Brahma, Vishnu und Shiva), und damit vervielfacht sich nun
die bunte Gliederung (mythologischer Gestaltungen).

Die durch Vishnu (als Rama) besiegten Rakchasas, aus der
„Form der Hässlichkeit" (gleich Yakschas) geschaffen (von Brahma),
knüpfen sich an Ravana (mit seinen Brüdern Kumbhakarna und
dem, von ihm abtrünnigen, Vibhischana) au (mit dem Sohn In-
drajit, als Widerspiel Indra's oder Devendra's), wogegen in Folge
des (auf Isvara's Absetzung spielenden) Opfers Dakscha's die
Asura (als Gegensatz der Sura) gezeugt wurde durch Maha-Maya
(im Bezug auf Gautama, als Maga, blendender und verblendender
Magik), unter Sura-padma (bis durch Subhramanya besiegt).
Gegen solche, und die Bhutas (als elementar einwohnenden), sowie die Peygöl (als spukende Gespenster, neben den Vetala),
dienen zum Schutz (bei Hütung des Gesellschaftslebens durch die
von Ayenar, mit weiblichen Begleitern, beherrschten Gramdevata's)
die hervorgerufenen Schreckensformen, gleich Vira-Bhadra (oder
Aghora selbst, in Isvara's eigener Wandlung), sowie Periyamb-
hiran (in teuflisch beruhigter Natur) bestellt, und in militärisch-
staatlicher Ordnung die Ashtadikpalakas (wie in den Dienst genommen). „Wie die Philosophen aus der Schule des Chrysippos
an böse Geister glauben, welche umherwandeln und als Henker
und Rächer von den Göttern gegen die gottlosen und ungerechten
Menschen gebraucht werden", (bemerkt Plutarch), so erhalten
(in den Prästites) die Laren (unter den Furien und Rachegeistern)
in Hundsfelle gehüllt, einen Hund zur Seite, zum Aufspüren und
Bestrafen des Bösen (und Bewachung durch den Höllenhund),
während „Chaisi" seines Amtes am Eisenkerker waltet (im Orcus).
Die Rishi (von welchen der „Welt grosse Geheimnisse, heilige
Lehren, die Bussarten, die Gebetsformeln, die Gesetzbücher und
alle übrigen Religionssachen offenbart") wurden gleichzeitig mit
den Devas, (in meteorologischen Processen, neben elementar-

irdischen Welten der Bhutas), geschaffen, als Fixsterne (jenseits beweglicher Gestirnswelt am drehenden Himmel).

Während früher in den Plejaden, (in unzerstörbarem Gold-kern eines Hiranyagarbha gleichsam), der Ansatz einer Schöpfung bei Umschwung der Kalpen (wie im hawaiischen „Keau") geborgen sein konnte, nur die Rishi (durch die Pitris, als die Patriarchen brahmanischer Gotra, bei Siebenzahl) in gesicherter Höhe ruhenden Polar-Stern's (zum, glänzenden, Riksha oder Bären hineinbefasst) dem chaotischen Zusammensturz, dem schon die Janaka durch weiteres Emporsteigen sich entzogen hatte, von Oben herab ruhig zuschauen mochten, hatten sie, mitsammt allgesammten Gestirn-himmels, (von den am Meru auf ihre Pfade gebannten Licht-trägern und Sonne und Mond gar nicht zu reden), in tief unteren Etagen zu verbleiben, als das Speculationsgebiet der Meditations-terrassen sich emporzuthürmen begann (bis zu den Arupa hin). Den Devas blieb dabei die Luft-Atmosphäre überlassen, wo sie sich in meteorologischen Feuerwerken belustigen oder mit den Lhamayin herumschlagen mochten; und auch die mit vierter Ge-neration aus der Pflege im (chinesischen) Ahnentempel verwiesenen Tritopatores unter sich aufnehmen konnten (wie auf polynesischen Inseln zu geschehen pflegte).

Solche Vereinigung kann allerdings nur auf den Vorstadien eines bescheidenen Ausbaues (im Weltsystem) eintreten, denn der Ahnencult verbleibt nothwendig enger beschränkt, nachdem die Deva als die spiritistischen Complemente der elementaren Bhuta (bhu) abgetrennt sind (in der Stellung der Kalith, auf den Pelau, und Ihresgleichen, bis hinab zu den, mit dem Bart ihren Steinen verwachsenen, Zwergen). Andererseits folgen Berührungspunkte auf mehrfältig verschobener Scala, wenn der Genius loci wieder aus den γενέθλιοι (eines Dsogbe) bei Doppelung der Seele aus-hilft, zum innerlichen Zwiegespräch mit sich (und ihrem Genius), statt dem (in pathologischen Störungen) zutretenden Dämon, während der Vetala selbst der Leiche eine Wiederauferstehung vermitteln kann, unter allerlei Spur der „Revenant", mit der in Leipya fliegenden Traumseele, oder den Doppelgängern einer „Uhane ola" (neben „Uhane make" auf Hawaii).

Nachdem in zunehmender Gliederung der Schichtungs-Re-gionen, — etwa in vierzehn (bis vierzig) Welten —, die Deva nach über-irdischen Himmeln (oder, zu ruhiger Behaglichkeit, nach den Intermundien epikuräischer Götter, in Unthätigkeit), bis zu un-

erreichbarer Entfernung (Nyankupong's), transponirt sind, mögen
für die Luft-Atmosphäre wieder die (in früherer Ursprünglichkeit
den Heiligen vergesellschafteten) Siddha (als Seith, irisch) verbleiben, um (gleich den Elfen) den Donuerkeil herabzuschiessen
(der als Vajra in Indra's Hand geschwungen wurde), während
andererseits die „keuschen Wesen" der Siddha's erschienen waren,
(im Vishnu-purana), zwischen Nagavithi und dem „Sieben" der
Rishi's (in Tapaloka), oder in Sakyamuni selbst, als Savarta-
Siddha oder Siddharta (Intschye ü tching).

Bei der Discussion über $\psi\varepsilon\dot{v}\sigma\mu\alpha\tau\alpha$ $E\dot{v}\eta\mu\dot{\varepsilon}\varrho ov$ (aus $\dot{\iota}\varepsilon\varrho\dot{\alpha}$ $\dot{\alpha}\nu\alpha$-
$\gamma\varrho\alpha\gamma\dot{\eta}$) oder moralische und physikalische Deutungen, (betreffs
der Nachtgeborenen Götter oder He-Akua-mai-ka-po-mai), bedarf
es bei Zutritt comparativer Methode, (nicht nur linguistischer,
auf indo-germanischem Bereich für diesen), eingehend genauer
(in scharfen Einzelnheiten) detaillirter Local-Kenntniss (wie weit
diese reicht), jedes speciellen Weltsystems (ethnischer Schöpfungen, in jedesmaligen Weltanschauungen und Weltauffassungen),
um nicht (für das „tertium comparationis") Disparates durcheinander zu werfen, sondern correcte Gleichungen zu finden, die
sich gesetzlich decken (bei logischer Ausrechnung des organischen
Wachsthums, nach psychischer Entwickelung im Völkergedanken).

Die Zulässigkeit einer Vergleichung (als Gleichung) hängt
von der Richtigkeit des Tertium comparationis ab, und mit dem
Eindringen in genauere Detailkenntniss der Einzeluheiten ergeben
sich aus neuen Combinationen fernere Schlussziehungen in nach-
weisbarer Begründung (beim logischen Rechnen des Denkens).

Alle Anfänge sind unmerklich und gering (wie für das Gute,
auch für das Schlimme), und so noch durch Handhabung in Ruhe
zu halten (tschi), wie „im Samenkorn, dem man die Möglichkeit
des Keimens dann entzieht" (s. V. von Strauss). Bei Andeutungen
(wei tschao) lässt sich noch zuvorkommen, zum Hemmen der
Entwickelung (meu). „Wird es aber erregt und deutet sich bereits
an, ja kommt hervor, so ist es doch zuerst immer zerbrechlich,
zart (thsui) und dünn, fein (wei) und auch so ist es leicht zu
brechen (pho), zu zerstreuen, oder zu zertheilen" (san), noch zu
beherrschen (bei Laotse). Wei tschi ju wei jeu („Thu' es im
Noch-Nicht-Sein").

In der Schöpfung des Vorgestellten seine Selbstthat bekundend,
hat das aus der Gefühlsregion der Sinnesempfindungen in das
Licht des Erkennens hinausgetretene Denken seinen Ansatz in

der Deduction zu finden, um aus dem (nach innerlicher Gesetzlichkeit organisch abgeschlossenen) Ganzen die componirenden
Einzelnheiten zertheilend zu klären, und mit der, für jede einzelne solcher Einzelnheiten in der Induction gelieferten Controlle,
wird im Nachprüfen die Richtigkeit des logischen Rechnens
zu beweisen sein (beim Zusammenstimmen der aus Deduction und
Induction, von verschiedenen Ausgangspunkten her, erlangten
Resultate).

So ist dem an sich gegebenen Verlauf, im Niederfluss der
Deduction (vom Allgemeinen zum Besonderen), die in eigener Kraft
erworbene Kunstfertigkeit inductiven Aufbaues (von Besonderem
zum Allgemeinen) zuzufügen, wie in den übrigen Zweigen des Forschens bereits, so auch in der psychologischen nach comparativ-
genetischer Methode (in dem als naturwissenschaftlich bezeichen-
baren Sinne).

Hier nun, bei der im „Zoon politikon" ausgesprochenen
Wesenheit des Menschen, bildet der Gesellschaftsgedanke den
primären Reflex, innerhalb welches die Individualitäten integriren,
und als Bruchtheile feste Ziffernwerthe substituirt erhalten mögen,
wenn die Bedeutung jedesmaligen Total-Ganzen eine bekannte
geworden.

Und um solche Totalgrenze für ihr Verständniss in Angriff
zu nehmen, würde die Voraussetzung eines Differential-Calculs
erübrigen, dessen Möglichkeit allmälig sich vorzubereiten beginnt.

Denn schon im psychischen Wachsthum gesellschaftlicher
Denkschöpfungen beginnt es zu spielen, zu spiegeln, — zu schillern
in all den Variationen des Völkergedankens über den Globus
dahin: wenn sie im Banne physikalischer Factoren, unter der
Mannigfaltigkeit geographischer Provinzen keimend hervortreiben,
zu freier Gestaltung entfaltet; in den durch Geschichtsbewegung
gezeitigten Culturen, auf der Weite des ethnischen Horizontes
(wie die anthropologisch zugehörigen Kreise jedesmal umgreifend).

So lange für das Kopfrechnen (bei Apianus) das Hülfsmittel
der Fingerhand noch nicht erlangt ist, um zur Fünf (als „Pancha")
und dann den Zehnern (des Decimal-Systems) oder, unter Zuziehung der Zehen, des Vigintimalsystems, zu gelangen, wird
„keine Drei" gezählt (Urupu-Ukusara auf Mabiac) und bei solcher
arithmetischen Unbehülflichkeit (im logischen Rechnen) muss die
geometrische Construction (beim Messen) aushelfen. They have
a very poor notion of time (die Damara). In practice, whatever

they may possess in their language, they certainly use no numeral greater, than three. When they wish to express four they take to their fingers, which are to them as formidable instruments of calculation, as a sliding-rule is to an English schoolboy. They puzzle very much after five, because no spare hand remains to grasp and secure the fingers, that are required for „units". Yet they seldom lose oxen, the way in which they discover the loss of one, is not by the number of the herd being diminished, but by the abscence of a face they know. When bartering is going on, each sheep must be paid for separately (s. Galton).

In der Odschi-Sprache herrscht die der unmittelbar sinnlichen Wahrnehmung entsprechende collective Auffassung vor, sie giebt daher dem Gebrauch von injiara, das ein Verhältniss der Gesammtheit bezeichnet, eine viel weitere Ausdehnung als „All" im Deutschen. In letzterer Sprache hingegen überwiegt die der abstracteu Vorstellung genügendere Anschauung auch des vieltheiligen Sinnes als einheitlichen Individuums, sie gebraucht daher das das Verhältniss der Ganzheit bezeichnende Wort „ganz", wo im Odschi der Gebrauch des Wortes „mu" durchaus unzulässig wäre (s. Riis). „Nos idées ne sont pas toutes de nature à pouvoir être communiquées par le moyen d'une langue écrite ou parlée. Celles qui tiennent aux formes et aux positions des corps sont particulièrement dans ce cas; aussi a-t-on souvent besoin, pour les transmettre, d'aider le discours de représentation qui s'adressent à la vue" (s. Monge). Geometric ornament is the offspring of technique (s. Holmes).

„Como a musica depende dos effectos physicos produzidos sobre ó apparelho auditiva, é ornato esthetico deve depender da structura do olho" (unter gleichartiger Wiederkehr ähnlicher Ornamentirungsweisen in den ethnologischen Sammlungen) und „como o ornato é feito para o orgão da visão para entendêl-o devremos estudar a structura deste orgão é sua applicação" (s. Hartt), und so, (bei Begründung einer vergleichenden Rassenkunde auf noch zu beschaffendem Material), könnten vielleicht craniologisch bereits Anhaltspunkte gewonnen werden, für mitwirkende Ursächlichkeiten in charakteristischen Differenzirungen der „Grammar of ornaments" (je nach der Anlage für runde oder eckige Verzierungen, neben deren Abhängigkeit von dem Arbeitsmaterial). What Anatomy is to the Physiologist, Physiology is to the Psychologist (s. Lewes) und Psychologie zum ethnischen Organismus (des Völkergedankens).

Wenn im Agnosticismus der Gottesbegriff namenlos verbleibt, verhält es sich mathematisch .(für logisches Rechnen) gleich der irrationalen Zahl, die trotz der Unmöglichkeit ihrer Darstellung (oder Bezeichnungsweise) deshalb keine unmögliche (als imaginär). „Wer diese und dergleichen Namen nicht weiss, kann ihre Bücher nicht verstehen; ein jedweder Name hat seine besondere Bedeutung und hält in sich eine besondere Historie" (s. Ziegenbalg). „Diese und dergleichen Namen müssen sonderlich diejenigen wissen, welche die alten Poeten verstehen wollen, denn wer nicht die vielfältigen Namen ihrer Götter versteht, kann aus ihrem Gesetz und ihren Historienbüchern nicht klug werden" (bei den Tamulen), und das gilt allüberall über den Globus für jeden Sonderfall eines ethnischen Kreises im Einzelnen (um in den Symbolen mythologischer Dichtung das innerliche Schaffen des Völkergedankens richtig zu lesen), so dass die Materialbeschaffung thatsächlicher Unterlage (für zutretende Ordnung und Sichtung) voransteht, als conditio sine qua non (wenn inductive Durchbildung einer naturwissenschaftlichen Psychologie versucht werden soll).

Mit Körperlich-Leiblichem in Pe oder (s. Callery) Pei (vile, infimum) verbindet sich das Hun (in animalischer Geistesseele), neben der Vernunft (des Tao) und dem verantwortlich verpflichtenden Herzen oder Sin, im Ja oder Nein des Gewissens (Sifei-sin). Im Kan-ing-pien (Laotse's) werden die Folgen des Karma abgewogen, wie im Leben vertheilt nach Verwirklichung, im Zusammenhang der Verantwortlichkeit aus früheren Existenzen, im Bande des „Chuti-Chitr" (im Abhidhamma). Während das Hwan-ki nach Oben, das Pe nach Unten geht, bleibt das Kwei-chin (im Tode), und so kehrt Kla zur Seelenheimath zurück, während Sisa, als Gespenst am Grabe spukt (in Guinea). In der „Assumtio Mosis" theilt sich Mose bei seinem Hinscheiden in zwei Theile (s. Kneucker), der eine beerdigt, der andere zum Himmel geleitet (cfr. Hilgenfeld). Um Dagobert's Seele, mit den diese im Nachen fortführenden Teufeln, streitet das Engelheer des heiligen Dionysius (und Karl Martell büsst Kirchenvergehen im Vulcanfeuer).

Die Schamanen setzen drei Welten (bei den Jakuten), die Welt der Himmel (hallan jurda), die mittlere der Erde (ortodoidu), und die Unterwelt oder Hölle (jedän tügara), die erste das Reich des Lichtes, die letztere das Reich der Finsterniss,

28*

die Erde aber ist zeitweis vom Schöpfer (Jüt - tas - olbohtah Jürün - Ai - Tajon) dem Willen des Teufels oder Versuchers übergeben worden, und die Seelen der Menschen werden bei ihrem
Tode nach Maassstab ihres Verdienstes in das eine oder andere
Reich entsandt. Wenn jedoch die Erdenwelt zu Ende gegangen
ist, werden die Seelen beider Reiche einen Krieg mit einander
führen, und der Sieg muss auf Seiten der guten Seelen bleiben
(s. *Priklonski*). Ἡ γὰρ κακία οὐδὲν ἕτερόν ἐστιν, εἰ μὴ ἀναχώ-
ρησις τοῦ ἀγαθοῦ (s. Joh. Dam.). Die Kosmologie (bei Origenes)
wird Theodicee (s. Möller). Während „Homer den Sitz der Hölle
so fern unter die tiefste Kluft der Erde setzte, als der Himmel über
der Erde ist", setzte ihn Virgil zweimal so fern („bis"), „Milton
dreimal so fern" und übertrifft auch in der Beschreibung der
Hölle (s. Newton). „Nine days they fell, confounded Chaos roa-
red" (s. Milton). „Das Weltall der Puggala ist weitgemessen" (in
Länge und Breite), s. Religionsphilosophische Probleme (S. 135).
   „Ayant donné à son poème le titre de comédie par opposition
à la haute tragédie qui est l'Énéide de Virgile, il a voulu y
semer du comique et du burlesque" (s. Littré), wie in Chant XXI
(„que dire de la grossiéte") „Sie aber wandten sich links ab von
hinnen | Nachdem zum Führer Jeder aus dem Kreis | Die
Zung als Zeichen zahnwärts zog nach Innen | Und der nahm
als Trompete seinen Steiss" (e degli avea del cul fatto trombetta).
„In Quibbles Angel, Archangel join and God the father turns a
School divine" (s. Pope), im Himmel (Milton's) mit spiritistischem
Ameublement (bei Frese) für die „Theophagen" (s. Schiller), die
Messer und Gabel an die Himmelstafel mitnehmen (zum Schwelgen
in Hikuleo's Hoffesten).
   „Milton wird als der Höchste in seiner Kunst erfunden, denn
soweit die göttliche Offenbarung die Vernunft übertrifft, so weit
übertrifft ein Dichter, der die himmlische Weisheit und Frömmigkeit besingt, jeden anderen, welcher nur von menschlicher Weisheit und Tugend erzählt. Milton's Ruhm wird, so lange Menschen
leben, nur immer grösser und überschwenglicher werden. Einen
solchen Schauplatz hat noch Keiner mit seinem Liede zu betreten
gewagt. Gott, Himmel, Hölle, Chaos, die unendliche Welten-
reihe, die Bevölkerung aller Gestirne, die Heerschaar der Engel,
das Glück und Unglück, und die endliche Seeligkeit des
Menschen, kurz Alles, was gross und erhaben ist, wurde von
dem göttlichen Sänger gesungen. Und dennoch, geheiligter

Schatten Milton's, zürne nicht über Vermessenheit" (Klopstock's),
bei dem Gedanken, sich „an einen noch gewaltigeren und herr-
licheren Stoff zu wagen" (1745). Und mit der „höheren Lyrik"
(der Oden) wandeln sich die Anakreontiker (s. Hettner) in „Nacht-
gedankenmacher" („an allen Ecken und Enden"). Qat bringt
die Nacht (Quong) von Torres-Island (nach Vanua-Levu).

> „Wie schön war diese Welt gestaltet,
> Als noch die Knospe sie verbarg;
> Wie wenig, ach, hat sich entfaltet,
> Dies Wenige, wie klein und karg;"

klagte in Deutschlands schweren Tagen unser „Poeta laureatus".
Jetzt dagegen beginnt es zu spriessen im frisch fröhlichen
Frühling, um künstlerische Symbolik, in naturwissenschaftlicher
Verwerthung, zum Verständniss auszugestalten (und zu entfalten),
durch die Weite unermessenen Geistesreichs, das den Blicken
eröffnet, vor ihnen liegt, — zwar als „terra incognita" erst noch,
doch schon das lockende Ziel für die Entdecker neuer Pfade auf
dem Forschungswege.

In der Stimme (einer „Bath-Kol") redet aus schöpferischem
Munde die „Vacch", als Brahma's göttliche Tochter, im Symbol
wunschgewährender Kuh (bei Sayana), bei Erstgeburt gleich der
Abudad's (im Stiermensch mit Kaiomerts) oder Apis, als Seele
des Osiris, für männliche Wandlungen des „Logos", durch die
Aeonenreihen der Emanationen dahin. Auf Wunsch des Selbst-
bestehenden entstanden die Wasser, als im Saamen zu einem
Gold-Ei Brahma geboren wurde (in der Manava-Dharma-Shastra)
zur Ausentwickelung (des in sich Eingeschlungenen).

Als seelenlos noch die Osagen zur Erde herniederkamen,
erhielten sie ihre Leiber (auf Botschaft des Bären) aus dem Fleische
der Gross-Abnin, und für Gestaltung ihrer Kinder (auf Mangaia)
reisst die Urfrau Stücke ihres Körpers heraus (cf. Gill). Nachdem im flüssigen Wasser Prajapati aus dem Lotus, aus seinem
Fleisch die Rishi, aus den Nägeln die Vaikhanasas, aus den
Haaren die Balakhilya's hervorgekommen, zerfloss die Feuchtigkeit des Körpers zu der im Wasser bewegten Schildkröte, die
sich als früher, (purvam), erklärte, und so die Mannheit des
Purusha begründet (in der Taitt. Ar.). O Jabuti (testudo tabu-
lata) „representa na mythologia do Amazonas o mesmo papel
que a raposa na do Velho Mundo" (s. Hartt).

Aus der Tiefe der Wasser steigt vor Fouhi's Blicken die Schildkröte herauf, die Zeichen der Koua auf dem Rücken tragend, um durch Manjusri's Pfeil gefestigt (cf. Pallas), der niedersinkenden Himmelstochter Ataensic (bei den Irokesen) einen Fusspunkt zu bieten, an dem sich die Sandkörnchen anzuhäufen beginnen, in oberflächlicher Decke allmälig über das Geheimniss fortgebreitet. Dort aber, im dunkeln Untergrunde, der *ὑγρὰ οὐσία* (bei Ophiten) als „Materia primo prima" (bei Duns Scotus), schlingt sich in Schlangenwindungen der. (gleich gekrümmtem Chronos) „listige" Nous, die Menschen zu berücken aus Prakiti's Tanz (bei Kapila) oder ihrer Sohnschaft (im Vishnu Purana) bei Maheswara's Spiel, in den Täuschungen der Maya, bis dem — von Thavath (bei Berosus). als „dragon of the Chaos", (Tiamat), oder von Nagas' gehütetem — Hort eines Wissensschatzes abgelauscht, und dann, — in Mimer's „Mimeren" (für Weissagungen eines Python oder Fafnir), aus „anmulam-mulam" (der Sankhya) oder „rootless root" (s. Bose), — durch Nagardjuna's Madhyamika im Mahayana gefunden (für Sammasampotthiyan), mit den „Rationes ideales als denknothwendiges Prius zu den Rationes in Esse essentiae" (s. Werner), neben „Esse exististentiae" (bei Henr. Ghand.), aus den Beziehungen der Aromana zu den Ayatana (hingerichtet auf Asangkhaya-Ayatana).

Dunkel umhüllt (bei den Maori) im Kreise der Po (s. Taylor), schweigt es im Anfang (des Popul-Vuh), eingeschlungen in Stille gnostischer „Sige" und ihres Bythos (hawaiischer Abgrundswurzel), wie in stummer Umarmung (auf Nukahiva) „Mutuhei" (s. Lawson) Tanaoa umfängt, — Polynesien's Schöpfergott Tangaroa, der von Samoa's Himmelshöhen seinen Stein herniederwirft, zur Zersetzung für Weiterentwickelung, da der Tropfen höhlt (trotz Adamas' Diamanthärte in der Gnosis). „Die Bevorzugung harter Felsarten" (für „Fortexistenz des Schemens"), im „ewigen Stein" ägyptischen Granites (s. O. Schneider) zeigt sich ähnlich in den Kreidefiguren der Papua für den Todtencult (neben sonst aus leichtem Flechtmaterial gefertigten Masken religiöser Ceremonien).

Das Wollende (im Willen) setzt bereits ein vorstellend Vorgestelltes voraus, indem nur durch Rückwirkung von diesem her das mit eigener Willensmacht begabte Wesensgeschöpf zu solch accommodationsfähigen Veränderungen seiner Verhältnissbeziehungen zum Aussen veranlasst wird, um eine eingetretene Störung des Zusammenklanges wieder abzugleichen.

Insofern lässt sich in letzter Ursächlichkeit für eine, aus dem Vorbild der Menschlichkeit aufgefasste, Gottheit kein Willen setzen, da hier die Allmacht desselben mit jenem harmonischen Ganzen der „Connexio rerum" in Weltgesetzen identisch zusammenfallen würde, wie auf dem Localstandpunkt irdischer Existenz stets nur stückweis zugänglich (bei dem an sich gegebenem Mangel allgemeiner Durchschau).

Die Weltschöpfung beginnt im Zusammenwehen der aus früherer Zerstörung überdauernden Elemente von den vier Richtungen her, zum Aufwerfen des Schaumes (s. Georgi), als „Terra auri" oder Sher chy Sasgi (Hiranyagarbha's), s. Der Buddhismus in seiner Psychologie (S. 68). 'Εγὼ ϑεὸς καὶ πατὴρ καὶ ὑπερ ἔμε οὐδείς (s. Theodoret), ruft Jaldabaoth (bis durch weisere „Sophia" Lügen gestraft), in Erinnerung an die von Wisesa gehörten Glockentöne (durch Kanekaputra). „Nebulös sind alle Kosmogonien, die mythischen, wie die materialistischen, theils in metaphysischem Sinne, theils in eigentlichem, denn es gilt dabei dasjenige zu denken, oder zu imaginiren, was der Erste Boden, auf dem wir stehen, und der Erste Verstand, mit dem wir denken, erst procreirt hat, es gilt aus dem Gestaltlosen das Gestaltete zu krystallisiren, aus dem Unfassbaren die solide greifbare Formenwelt sich condensiren zu lassen" (s. O. Liebmann). Aus Swedenborg's Nebularhypothese (1734) als „original theory" (bei Wright) über das „Universum", wird dieses von Kant construirt, als „im Anfang aller Dinge" die Materien des Sonnensystems in ihren elementarischen Grundstoff aufgelöst, den ganzen Raum des Weltgebäudes erfüllt haben" (s. Gretschel). Die Gestirne, als feurige Materie, täglich erlöschend, werden durch die Ausdünstungen der Erde und des Meeres erneuert (bei Heraklit), und zum Hervorgehen der Dinge hat der Urstoff die Form des Feuchten (im Wasser) anzunehmen (s. Clem. Al.), als Saamen der Weltbildung (σπέρμα τῆς διακοσμήσεως). Nichts in der Welt ist weicher und schwächer denn das Wasser, und nichts was Hartes und Starkes angreift, vermag es zu übertreffen (Khi wu i ji tschi, als ohne Gleichen) im Tao-te-king (s. Strauss), und so das gestaltende Princip im Urstoff der Schöpfung (seit Thales).

„Des Menschen Seele
Gleicht dem Wasser" (bei Göthe).

„Wenn die menschliche Seele nicht aus Erde entstanden ist, nicht aus Luft, nicht aus Wasser, nicht aus Feuer, nicht aus

irgend welch' anderer Substanz oder irgend welch' geschöpflichem
sichtbaren oder begreiflichen Wesen, sondern aus der ungetrübten
und unzeitlichen und unfassbaren und unaussprechlichen und unsichtbaren und unbegrenzten und unsterblichen und unvergänglichen und untastbaren und unversiegbaren und unkörperlichen
Natur Gottes selber, so hat unsere Seele die gottesbildliche und
gottgegebene, gottverwandte und gottgeschaffene, Wesen- und
Wesenserscheinung und Lebensursprung kraft jenes göttlichen
Einhauchs. Daraus ist sie wie aus einem Lebensborn als Leben
und Belebende hervorgegangen, ein Lichtlein aus dem Schatze
des Lichts, ein Hauch wie aus einem Abgrund unendlichen Wohl-
dufts" (s. Anastasios Sinaita), ein Geruch der Heiligen aus
Reliquien-Grüften, (wenn Narcissus' Seele von Engeln in den
Himmel getragen).

Bei glühend rotirender Dunstmasse, unter fortdauernder
Wärme-Ausstrahlung unterscheiden sich fünf Perioden oder Ent-
wickelungsphasen eines Weltkörpers (bei Zöllner). „Ein Nebelall,
Rotation desselben um seine Axe, Zusammenziehung durch Ausstrahlung, das sind die Requisite zur Bildung eines Sonnensystems!
Der Nebelball ist gegeben, indem er sich im Laufe der Zeiten
durch Attraction aus einer formlosen Nebelmasse bildete. Die
Rotation trat nun ein durch gegen das Centrum herabstürzende
Nebelströme, wie bei den Spiralnebeln und durch ungleichmässige
Ausstrahlung in den verschiedenen Richtungen. Zusammenziehung
bei der Abkühlung ist eine allgemein physikalische Eigenschaft
der Materie" (s. Klein). „Man erstaunt" (1877). „Gebt mir
eine Materie und ich mach' euch eine Welt" (sagt der „Make-
Make"). In seeking for an equivalent for ברא, the first missio-
naries chose the word an ga (made) in Mangaia (s. Gill). Als
„Macher" (oder Schöpfer) heisst der Töpfer Prajapati (in Indien)
oder Bjed (tib.). In Hawaii bezeichnet sich die Schöpfung als
ein Emporblühen („Pua-mai"), und in Samoa beginnt es auf dem
ins Meer geworfenen Himmelsstein zu keimen (aus dem Dünger
des herabkommenden Vogels) für Zeugung von Würmern, und Evolution des Menschen, s. Inselgruppen in Oceanien (S. 57). Im
Unterschied von Schi (Princip, Anlage, Ursprung), als der Un-
offenbarte, Namenlose, wird nu der „offenbare Tao" genannt
(s. Strauss). Aus dem Ursprung im Bewegen (tung) des Tao
folgt die Rückkehr (fan), beim Geborenwerden (ju peu) im Sein
aus dem Nichtsein (ju wu). „Octo pondera de quibus factus est

Adam" werden gewägt und erwogen (X. Jahrhdrt.), wie „achta
wendem" (des Emsigerrechte's), in der „Zeit und dem Orte nach
einander fern liegenden Denkmalen" (s. Grimm). Adam fut
formé du champ damascien, et fut fait si comme nous trou-
vons de huit parties de choses, du limon de la terre, de la
mer, du soleil, des nues, du vent, des pierres, du saint esprit
et de la clarté du monde (s. Paulin Paris). „Man muss be-
dauern" (bei Newton's Theorie), „dass er die Beweise mehrerer
seiner Theoreme gänzlich unterdrückte, weil er, wie es scheint,
das Vergnügen, sich mühsam errathen zu lassen, dem Zwecke,
seine Leser aufzuklären, vorgezogen hat" (s. Littrow), vielmehr
der Controlle objectiven Nach-Denkens wegen (beim ersten Betreten
eines noch ungeordneten Untersuchungsfeldes). Die Attraction als
qualitas occulta aus der Physik fortweisend, meinte Euler die
Gravitation, weil „Neigung und Begierde", also Wille zur Voraussetzung verlangend, aus dem Stosse eines Aethers, auf die
Körper abzuleiten (s. Schopenhauer). „Ein unlösbares Räthsel,
bei dem nur an die unerforschliche Macht eines Schöpfers appel-
lirt werden kann, ist, ebenso wie der erste Ursprung der Erd-
masse, auch die Entstehung organischer Wesen" (s. Cotta). Il
y a ce que nous pourrons appeler l'astronomie spéculative (neben
der mathematischen und physischen) und „il importe avant tout
de se laisser guider par l'induction jusque dans le domaine des
conjectures" (s. Flammarion). Seitdem Laplace (in dem „Riesen-
denkmal menschlichen Schaffens", der „Mécanique céleste"), das
Beispiel gegeben, haben sich die modernen Hieroglyphen immer
bunter und krauser gestaltet" (s. Bette), mit nur Wenigen, „die
den Schlüssel zu der Geheimschrift besitzen" (1870).

„The opinions about creation of men like Herschel and Faraday are not the opinions of men in the positive stage of thought,
but of men in the positive stage of astronomy and chemistry,
and in the methaphysical or theological stage in sociology and
in morals" (s. Harrison), so dass zur Ergänzung und Herstellung
einer einheitlichen Weltanschauung, der Anschluss der Psychologie im Reiche der Naturwissenschaft erforderlich bleibt, inductiver Behandlungsweise gemäss mittelst der comparativ-genetischen Methode (auf Grund der Völkergedanken also, bei der in
der Geselligkeit sprachlichen Bandes erst, eigenbeständig erfüllten
Wesenheit des Menschen).

Ur-Einwohner mit Recht hiessen die Aethiopen (schreibt Diodor), und die „ersten Menschen" entstanden in Aegypten („das Land, woher die Götter stammen, in der Mythologie") bis Meroé (als „Seba" in „Cush"). Afrikanisch tritt es, auch für „Proto-Semiten" (s. Maspero), überall aus Nigritien entgegen, so in dem thatsächlichen Beweisstücke der Monbuttu, (seit Schweinfurth sie entdeckt), und das Volk der Nuehr dürfte sich (bei näherer Forschung) „merkwürdig genug herausstellen" (1841) und „durch lockige, nicht wollige Haare, durch die antike Form seiner Bogen und Köcher, durch seine Kriegshauben, ähnlich denen der Aegypter, sowie durch seinen Thierdienst einen sehr instructiven Leitfaden in der äthiopischen Entwickelungsgeschichte abgeben" (s. F. Werne). So an der Westküste gleichfalls (s. Besuch in San Salvador, S. 300), und seitdem hat es sich ausschlaggebend entschieden, in den Resultaten jüngster Entdeckungsreisen (unter Tushilango und Basongo-mino).

Die im Himmel praeexistirende Seele '(Kara) wird zum Wiederkommen (ba, kommen) der nochmaligen (ebio) Kindschaft (Oba), unter Bewilllkommnung (aba-o), herabgesandt als Bla in verwandte Geschlechtsseele (zur Abrechnung), um sich aus Obra (Geburt) oder Abrabo (Weltleben, je nach dem Betragen) dem Körper einzufügen, als Susum (esum, dunkel) im Schatten oder (im Geist) als Honhom (ahonhom, Windhauch), zum Schutzgeist (wenn nicht sorglos als „Okrabiri" oder Schwarzseele), und, nach der Bestimmung (fwen), begleitend, in Beziehung zum Fetischgott (aus den „Bosom") für die Waschensreinigung (Asumguare) oder das Seelenwaschen, und beim Tode, wenn nicht zurückgerufen (twe kra), das Esesa (Sisa) oder Gespenst (sesa, ändernde Umwandlung) zurücklassend, neben dem Skelett (Osaman), in Asaman (der Geisterwelt), bei den Asanta (s. *Christaller*). Akuma bezeichnet „das Herz in leiblicher und geistiger Bedeutung" (s. Riis), und im Herzen empfinden sich die Gefühle (Akuma pa, frohen oder guten Herzens), während susu (denken) „messen" (im Odschi) bezeichnet, Nachsinnen (dyonne) bis zum Haarergrauen („dyon"), über geometrische oder arithmetische Operationen (in der Analysis logischer Rechenkunst), oder über Bacon's „Idole" (amaga in Guinea).

Die Päpste würden dem Beispiel Gregor's M. folgend, den Bilderdienst für Abgötterei erklärt haben (s. Gfröer), wenn nicht in Opposition zu Leo dem Isaurier, dessen Bilderstürmerei Johannes Damascenus bekämpft, der „Politik des Chalifen" dienend (s. Abt).

und Allah Taala bleibt ohne Mitgenossen unter den Al Glahat (als Diener und Knechte). Im Schutzgeist redet Kla (im Ga) als Gbesi, „the inward voice, whether bad or good" (s. Zimmermann), aus der Fragestellung (durch Heniile). Indem sich (bei den Eweern) die Seele (Kla), wenn als Luwo (Schatten) in den Körper fallend, aus dem beim Tode nur das Gespenst oder Noli zurückbleibt, mit Aklama, (Abgeschieden), abscheidet, ergänzt sie sich (nach vorbestehender Sympathie) aus den Naturgegenständen durch den jedesmal (im Legba oder Götzenbild) zugehörigen Edro (schlichtend und richtend), um Alles recht zu machen (im Gleichgewicht).

Beim Herabkommen der Kra kann ihre Bestimmung, (aus der noch nicht in Betäubung verdunkelten Anamnesis), momentan noch nacherfragt werden, als fwen, (schlagen, auftreffen), für das Zusammenstimmen mit dem zum Genius, als Schutzgeist, in Naturgegenständen congenialen Complement des Göttlichen (beim Fetisch), zur Bindung, (religiös), für das Leben (und beim Totem vorwiegend unter den, durch animalische Bewegung dem Menschen nächststehenden, Thieren gefunden). Eset (die Leber) ist (bei den Efik) „the seat of affections" (s. Goldie), und im Köm (Denken) begrüssen sich die entgegentretenden Gedanken (Köm, to salute) zum Benennen (in Kere). Das Wollen wird (im Odschi) durch pe (lieben) ausgedrückt (im Hingezogenwerden), oder im Futur (der Verbalform), sonst durch tya (es ist nöthig). Das Selbst liegt in der Verstärkung des Personalpronom durch ara (gerade), wie Miara (mi, ich). Im Geistigen oder Dsi (Herz) spiegelt sich (bei den Eweern) das Obere (Dsi oder Himmel).

Als Leben (Ukwem) in (Pflanzen und) Thieren, erscheint (bei den Efik) die Seele (Ukpön) der Person (Owo) einerseits in dem (thierisch) beweglichen Schatten oder Ukpön, (im Unterschied von dem stationären der Mfut, wie eines eingewurzelten Baums), und andererseits in dem mit der Existenz (aus vorherbedingten Sympathien) verknüpften Thier (Fetisch oder Ukpön). „Many individuals it is believed, have the power of metamorphosing themselves into their ukpön" (s. Goldie, und so überlebselt (aus dem Totem) der Wehrwolf (mit Consorten, unter Hyänen der Buda oder Tiger Kambodia's), s. Völker des östlichen Asien IV, (S. 5). „The priests and rulers assumed frequently the names of animals, and some pretended to be able to transform themselves into them at will. Thus it is said of Gucumatz Cotuha (king of the Kiches), that he transformed himself into an eagle, into a tiger, into a serpent and into coagulated blood" (s. Brinton). Unter den Masken (Coto der Quiches) oder Koh (bei den Maya) wurde das zugehörige Thier dargestellt (wonach das Kind bei der Geburt benannt war), und so die Maskirungen der Papua (und Haidah). Verhüllt in (Adonai's) heilig unaussprechlichem Namen, (der Namenlosigkeit eines Wakan), offenbart sich, wie Mawu in den Emanationen der Wong bei Verwirklichung der Schöpfung, (a potentia ad actum). Onyame (oder Nyankupong) durch die Bosom, deren Kräfte sich theurgisch verwerthen lassen, wie die Kissie vom Ganga (soweit ihm nicht der „Endoxe" ins Handwerk pfuscht). Vach (mit dreimal sieben Namen) wird als Kuh (s. Sayana) dargestellt (in Aitareya Brahmana). Tao (bei Hoschang-kun) durchdringt die Geister und alles Lebendige (s. Strauss). Aus Jin (dunkel) und Jang (hellstrahlend) entsteht Alles durch Khi (Hauch) zum Tschung (Verbinden). Materia non est ex se positive creata, sed privative tantum, quia non ex se habet formam, sed ab alio ut generante vel creante (s. Duns Scotus). Tinima (von Vagoniona geboren) habia recibido de su padre el don de tramundar la naturaleza de los cosas creadas (s. Guell y Rente), der Berggipfel durch die Wasser getheilt „por la mano de Machokael" (auf Haity). Die Schang-sse (neben Tschung - sse und Hia - sse) vom Tao ergriffen, folgen seinem Wandel (Hing tschi), in den Megga (der Ariya).

Wie in der Gottheit gnostischer Agnosticismus in der Welt zur Verwirklichung hervortritt, durch die Emanation, (im Logos redend), so in der Lehre der Sivaiten (Malabar's). „Als der ewige Gott sich in vielen Geschöpfen offenbaren wollte, sah er es für gut an, dass Eine sein möchte, die da die Mutter aller Welten wäre; alsdann entstand aus seinem Wesen die Sakti" (s. Ziegenbalg). Und so in Laotse's Tao-te-king: „Der Namenlose ist des Himmels und der Erde Urgrund, der Namen-Habende ist aller Wesen Mutter" (s. Victor von Strauss), und ein erster Anfang greift auf Wu-wei (Nichtsthun) rückwärts (in Negationen). Im Yking geht schaffende Schöpfung auf das (noëtisch ordnende) Wirken des Li zurück im Khi, bereits in nachgiebigen Aggregatzustand gefasst (als Athem), während mit Chih, (in der Muschel unter Kostbarkeiten), das Substratum einer Hyle geboten wäre (gleich der „prima materia" in scholastischer „essentia" neben „existentia").

Das ist der Himmel, (wie vom Vater gewiesen), „aber was ist darüber?" fragt Chuhi, und um nicht in die äffende Reihe

eines regressus ad infinitum zu gerathen, klammert sich das Denken
dem Urprincip an. Im Quodquidest der schaffbaren Dinge ist
von „Hinc et Nunc" zu abstrahiren (bei Thom. Aq.), und ohne
Beweiskraft so für Ursprungsfragen, weil darin nicht hinüber
ragend, hätte eine Evolutionstheorie, als innerhalb von Zeit und
Raum verlaufend, den Wirkungsweisen aus den Agentien klimatisch-
geographischer Umgebung nächste Rechnung zu tragen (wie in
den Variationen erkennbar).

Unter dem treibenden Zeugen der polaren Kräfte (nach dem
Gegensatze des Männlichen und Weiblichen in Khian und Kun,
seit Yang und Yin), stetigt sich der ruhende Pole im Gleichgewicht (Chung-yung) desjenigen Gesetzes, wohin (auf den Linien
der Khoua) der Pfad zu führen hätte, als Tao der Vernunft (oder
religiöser Askese auf dem der Megga). Khi (Giebelbalken) bedeutet „weiter: Zielpunkt, Wendepunkt, und in letzterem liegt von
selbst der Begriff des Neutralen, nicht mehr hüben, noch nicht
drüben" (s. von der Gabelentz), und so sind Stützpunkte zu gewähren (für Neuschöpfungen). „Die Identität des unnennbaren
Urwesens, des überseyenden Absoluten, mit dem aussprechlichen,
also sich offenbarenden Gott ist das Aeusserste, wozu die Erkenntniss aufsteigen kann, diese Identität (Thung) selbst lässt aber
keine weitere Forschung zu, hier verliert sich für das Erkennen
alle Unterscheidung, man schaut in absolute Tiefe, die nur sich
selber zum Untergrunde hat, des Tiefen abermals Tiefen" (s.
Victor von Strauss), im Tao-te-king (Laotse's), gleich gnostischem
Bythos (eines Kumulipo auf Hawaii). „Still und rein, als ob der
Ewige da wäre, dehnt sich die Tiefe, deren Leere das All nicht
füllen würde, vor dem Dasein der Dinge, vor Shang-te, als
Wurzel von Himmel und Erde" (in Tao-te-king), gleich Te-aka-
ia-roe (auf Mangaia), in „Mutuhei's" Schweigenstille (für Nukahiva's Theologoi). In den Prophetenschulen (zu Elias' Zeit) fanden
sich „Philosophi et theologi et theologiae candidati" (s. Vitringa).
Beim Erntefest (der Adyche) wurde das Gebet Tschaschchogu-
chash (zum Grossen Gott Zuflucht nehmen) gelesen (s. Bergé).
Die Vergesslichkeit der Menschenseele ist Zeichen niederer Entwickelung (bei Reynaud), oder eine Folge momentaner Betäubung,
wenn die Kla auf das Körperliche stösst, obwohl mit Möglichkeit
späterer Anamnese (bei Plato). Unter den Edro (der Schlichtenden
und Richtenden, als ordnende Götterpriester) im Checheme (Weltraum der Luft) wird im Traum oder „Drowe" (des Götterraumes)

der Gott erreicht im Träumen oder „Ku dro" (im „Ku" oder Staunen).

„Ohne Princip das Ur-Princip" (s. von der Gabelentz) im Thai-ki-tuh (Tscheu-si's). „Alle Dinge entstehen durch Veränderung" (in Bewegung des Yang und Ruhe des Yin). „The Yang is everywhere the motive initial force, the Yin the receptive and completing" (s. Johnson). Einheit (J thsing) bleibt anzustreben, dem Himmel in der Helle, der Erde in der Ruhe (bei den Tao-tse). „Khian, als Kua, das Männliche, Active, Herrschende, Khun, als Kua, das Weibliche, Anschmiegende, Untergeordnete" (s. Gabelentz). Und so im Pule Heiau (der Kanaka). O kane ia Waiololi, o ka Wahiue ia Waiolala, s. Heilige Sage der Polynesier (S. 116).

In seine psychologischen Processe hingebannt, steigt das Denken auf zum Geistigen, als Höchstes, um dieses dann wieder in den Anfang der Welt (der Vorstellungen) zu projiciren, in den Ideen, als Prototypen (Plato's). In China's Religions-Philosophie dagegen, wird zwar für das Pe (Irdisches) die Vereinigung des Ho-en oder Himmlischen, im Zutreten, gleich dem des Nous (bei Aristoteles), anerkannt, aber in allgemeiner Objectivität (für die Verwirklichungen des Aeusseren im Chih), wie durch Khi bedingt, liegt vornan das Li, — bis zum Tai-ki, als End-Letzter oder Anfangs-Erster, für das Li darauf zu wirken (cfr. Chu-hi), auf die Bewegung hin, (in Yang und Yin dualistischer Spaltung des Gegensatzes), unter Bewahrung des Gleichgewichts (Chung-yung) auf der Mittelstrasse (einheitlichen Abschlusses, in Kreisrundung aus den Linien der Koua) zum rechten, oder richtigen Pfad des Tao in Aufrichtigkeit (Ching). Und daraus für die Wesenheit oder Sing (des Menschen) schreibt sich die Tugend (Tih) dann vor für das Gewissen (Sin oder Herz), unter der durch Te (Anordnung) gezügelten Einrichtung des Le (im Körperlichen), um in Einheit physischen und moralischen Gesetzes, (wie im Dhamma), die Harmonie des Alles zu wahren. Im menschlichen Organismus ergiebt sich für sein Ching (aus Kwei und Shin) das Kwei-shin (bei Confucius), aber auf dem Pfade (Tao) der Ordnung (Le) entspricht in Wechselwirkung von Tien-Ming und Jin-sing das Te (im Himmel) dem Sin (menschlichen Herzens) zum Anstreben der Tugend (Tih) in Ching oder Wesenheit (des aufrichtig Wahren). Fürchtet das Volk nicht das Furchtbare, dann kommt das Furchtbarste (ta-

Wei), im Tao-te-king (s. Strauss). „Timor domini scientiae reli-
giositas", gilt in der Jehovah's („terribilis super omnes deos").
Innumerabiles haereticos peregrini nostri cum ingenti gaudio combusserunt (s. Vaux-Cernay), im Kreuzzug gegen die Albigenser
(1211). In der „Potentia ordinata" fällt das göttliche Wirken
mit dem naturgesetzlichen zusammen (nach der Lex recta), wogegen die „Potentia absoluta" die Schwierigkeiten der Prädestination stellt (für Unterlassungen ihres Wollens). „Potentia volun-
tatis divinae absoluta est ad opposita, igitur et justitia in deo
est ad opposita" (s. Duns Scotus), und um nicht in einmaliger
Existenzdauer (bei einer, nach menschlichem Urtheil, ungerechten
Vertheilung von Lohn und Strafe) auf Widersprüche zu stossen,
dehnt die Karma ihren Rechtsplan über verschiedene Existenz-
reihen aus, die aber nicht nur in die „vielen Wohnungen" des
Jenseits verlaufen, wo bei mangelndem Einblick die Zurverant-
wortlichkeitsziehung mangelt, sondern längs ihrer Wanderungs-
bahn auch auf die menschliche Existenz periodisch zurückführen
(in welcher vor Allem, oder allein, das Heilswort vernommen
werden kann), bis zur Feststellung eines ethischen Codex (psychologisch). „Sind die Herrscher gut, schadet kein Hagel der Ernte"
(im Shuking), und so ruft den Regen herab des Aeakus' frommes
Gebet, wenn eben ein frommes, und nicht etwa (aus erbsündlich
bösen Neigungen) ein böswilliges, wie manchmal das der Regenmacher am weissen Nil, denen dann der Bauch aufgeschnitten
wird, um die Zauberer auszurotten (bei den Patagoniern), oder
auch die Propheten (bis in Obadiah's Versteck) zu verfolgen, von
Jezabel (im Schachspiel weisser und schwarzer Magie, bei den
Controversen über Orthodoxie und Heterodoxie). Hier fallen
zugleich die Verantwortlichkeiten eines „Himmelssohnes" (Thian-
tse) drückend zur Last, im Priesterkönigthum, weshalb die Trennung einzutreten hat in weltliche und geistliche Macht (längs
des Ganges geschichtlicher Entwickelung), mit mancherlei „Ueberlebseln" manchmal, wie im „king's evil" und englischer Heilung
(bis XVII Jahrhundert), aus Beziehungen zum Monde (in
Thüringen), unter den „Wihselinga" (und sonstigen „Tolpatschen"
oder „Büttlingen"), während der Ziegenpeter durch Uebertragung an Ziegen curirt wird (im Voigtland). In der Procla-
mation (datirt aus Whitehall, 14. Mai) heisst es: „Seine geheiligte Majestät (König Karl II.) hat ihren königlichen Willen
kund gegeben, auch ferner im Monat Mai sein Volk von der

Krankheit des Kropfes zu heilen und damit um Michaelis auf-
zuhören" (1664). Bei der Hochzeit der Nestorianer (in Syrien) „the
dust of some reputed saint is mixed with the wine in the mar-
riage sup" (s. Cumming), wie in Guayana, das Knochenmehl ver-
storbener Verwandten (zum Trunke). Bischof Heribert († 1022
p. d.) ruft Regenwolken durch sein Gebet herbei, und St. Deodat
verscheucht (wenn „Kaiserwetter" erwünscht) Gewitteranballungen,
wobei der schwarze Zauberer zu pfeifen pflegt, oder zu spucken
(nach Sitte der Moxicongo), s. Besuch in San Salvador (S. 117).
„At first, there were Heaven and Earth. but without speech,
they needed a vicegerent, therefore they created man, this Man
is the Emperor, who by Heaven and Earth is ordained to reign
over all people under Heaven, hence (in China) divine honors
are paid to Heaven, Earth and the Emperor" (s. Loomis), und
so werden die Schöpfungen erneuert, bis zur Danksagung durch
die Menschen (in Popul-Vuh). Bei mangelndem Regen lassen
die Könige ein Varunapuja (durch Gesetzesgelehrte) verrichten,
damit „die Sünden, die in ihrem Königreich begangen werden,
vergeben werden" (s. Ziegenbalg), unter Speisen von Brahmanen, (sowie Andis und Pandarams). Das (später auf den
Rauschtrank übertragene) Soma-Opfer (oder Homa-Opfer) symbolisirt, (durch magische Zauberhandlung) im Pressen des Saftes,
das Tröpfeln des Regens (indu von Indra her), um diesen zu erzeugen (su), durch Macht des Wolkengottes (und seiner Gnade).
„Es vereinigt der heilige Mensch mit Himmel und Erde seine
Tugend, mit Sonne und Mond seine Klarheit, mit den vier
Jahreszeiten seine Ordnung, mit Dämonen und Geistern sein
Glück und Missgeschick" (s. Gabelentz), im Thai-kih-thu (Tscheu-
si's). Und deshalb Glück und Wohlsein auf Erde, so lange
Buddhas Heilswort noch in Kraft (für Pflege der Talapoinen),
s. „Terrassenhimmel der Buddhisten" (Zeitschrift für Ethnologie,
Oct. 1881).
Gleich den im Balken (der Asen) symbolisirten Göttern
(etrurisch), stellt sich (chinesisch) das Höchste dar „im Giebel-
balken" (des Thai-ki) zur Vereinigung in der Mitte (Chung) des
Gleichgewichts (Chung-yung), aus dualistischen Polaritäten, für
Abrundung der Linien (in den Koua) zum Kreislauf (Chakra),
eines *κύκλος ἀνάγκης* (im Werden des Entstehens und Vergehens,
bei „Veränderung der Dinge").

— 449 —

In Khi (lebenden Odem's) wirkt drinnen das Li, und die Materie tritt auf mit Chih, als (innerlich ausgestaltete) Umhüllung (der Muschel), wie Tanaroa seine Schale abzuwerfen hat, um sich in den Gestaltungen der Welt (auf Tahiti) zu offenbaren (bei der Schöpfung). Das Element (στοιχεῖον, ὑπόστασις) oder (bei den Gothen) Stabs „wird dem Menschen sichtbar in seiner Pracht, während die Gottheit unsichtbar bleibt" (s. Grimm), nur annäherbar, — auf dem Wege der Induction, um die Brücke zu schlagen, ins Hinüber der Paramita (eines Paramatta).

Gnostischer ἀναρχή entspricht ursachlos Erste Ursache (im Thai-kih-tuh), indem die Endursache im Anfang gesetzt ist, um nicht längs unendlicher Gliederkette der Causalität (aus Ursache und Wirkung), zur Tantalusstrafe der Wissenschaft am „Danaidenfasse" (s. Gabelentz), verurtheilt sich zu finden (unter stets rückfallendem „Stein des Anstosses"). „Als Namenloses ist die Erkenntniss oder das Tao das Princip oder die Quelle des Himmels und der Erde; herausgetreten in das Dasein und demnach nennbar, ist sie die Mutter aller Wesen" (s. C. F. Neumann). „Dasjenige, welches sieht das Unsichtbare, wird Abstraction genannt" (bei Lao), und wenn in Veredelung der Geistesstimmung der „Appetitus intellectivus" erwacht, im Sinn für die Rupa-Terrassen (der Meditation) sind die Megga erreicht, (um bei etwaig noch bevorstehenden Wiedergeburten vor tieferem Fall jedoch bewahrt zu sein). In der Erneuerung (τῷ πνεύματι τοῦ νοός bedürfend) „ist das punctum saliens, von wo aus sich die μετάνοια vollzieht, die Wandlung, durch welche der νοῦς, d. h. Denken und Wollen oder Gesinnung des Menschen, eine andere Richtung und einen anderen Inhalt bekommt" (s. Delitzsch).

Mit Athmen (des Khi) lebt es schon: das „Tad" (im Li), zur Regung der Bewegung, um die Verschlingungen aus Yang und Yin in fünf Elemente zu spalten, und im Denkprocess dann wieder zu vereinigen, (dem Bedürfniss des Monismus zu genügen), nachdem aus religiösem Staunen über das Wunder im Wu-kih („non plus ultra") die philosophischen Fragen, (das „Geheimniss" zu erschöpfen, in der Schöpfung), ihre naturwissenschaftlich-psychologische Lösung erhalten haben sollten (im logischen Rechnen). „Who could have been the cause of those sounds, which were heard by Wisesa before the heavens and earth were? without doubt they were occasioned by a power older and greater,

Bastian, Ethnische Darstellungen.   29

than him" (cf. Raffles), wie der Guru belehrt wird von Sang-yang-
Kanekaputra (im Manek-maya).

Zu eigener Stätigung wird einheitlicher Abschluss verlangt
(im Selbst) aus der Gesammtheit irdisch vorangegangener
Schöpfungsweisen, für Vollendung der Vorstellung eines organischen Ganzen (auf physischen Unterlagen), innerhalb des Flusses
des Werdens im Irdischen. Aber da die Wurzeln dieses in ein
Jenseits hinausliegen, verliert sich der Blick, (bei Ueberwindung
optischer Täuschung des Horizonts) in dem Ausblick auf eine
Infinitesimalrechnung metaphysischer Induction (bei Weiterstreben
psychischen Wachsthums). Aus den Belehrungen Dharma Gha-
nabhyudgata Raja's (als König des Aether's) wurde, in Sakya-
muni's Vorgeburten, erster Keim gelegt für die Idee absoluter
Intelligenz (aufkeimend dann erweitert, in Ananda). „Das Leben
hat seine Grenzen, aber keine das Wissen" (s. Tchang-tse), mit
unendlicher Zielrichtung, die nach ihrem Abschluss nicht zu
umgreifen wäre (sondern vorzufühlen nur, im Index der Progressionen). „In deo est duplex justitia" (s. Duns Scotus) bei der „potentia absoluta" neben der „potentia ordinata", nach naturgesetz-
lichem Wirken, worin kein Atom verrückt werden dürfte, nachdem
die „tempestiarii" nicht länger die meteorologischen Processe
beliebig (nach menschlich bösem Willen) zu ändern vermögen,
oder durch „voults" (der envoultments) das Leben bedroht werden
mag (wie das französischer Könige, und, in Johann's XXII. Angst,
selbst des Papstes). Ihre Eingriffe sind längst beseitigt seit die
Naturwissenschaft auf materialistischem Bereich die Thatsachen
festgestellt hat, woran keine Wünsche oder Bitten zu rütteln
vermögen, und so wird bei naturwissenschaftlicher Durchbildung
der Psychologie, durch die idealen Gebiete hin gleichfalls, Beruhigung gewährt sein, mit Einblicken vielleicht, ob und in wie-
weit Wünsche und Bitten mitsprechen könnten (im moralischen
Sinne).

Das Welträthsel, das zu denken, liegt eingewebt im Denken
selbst, um seine Auflösung zu erhalten aus dem Gedachten, den
in den Völkergedanken realisirten Denkregungen eines „Zoon
politikon", — und, weiterhin: zur Integrirung des Selbst aus
selbstgeschaffener psychischer Umgebung gesellschaftlicher Atmosphäre, im Ineinanderwirken, zusammen mit kosmischen Harmonien (einer „Connexio rerum"). Als die Gottheit sich offenbaren wollte (ἐπιδεῖξαι αὐτόν), „wurde dies Mensch genannt" (in

der Gnosis), und während eines naturwissenschaftlich charakte-
ristisirten Zeitalters wird unter den Betrachtungsweisen naturwissenschaftlicher Methode der Mensch den Menschen zu erfassen
haben (in ethnisch-anthropologischer Lehre vom Menschen).
In chaotisch bedrohender Fluth bricht es ein, mit Heranzug
des Nihilismus, in traurig und schaurig ödem Graus, schreckens-
volle Zerstörung bergend. Umsonst schaut es aus nach einem
„neuen Glauben“; was im religiösen Sehnen gläubig erhofft, was
in der Philosophie klügelnd gelehrt war, in nichtige Phantasie-
Gebilde aufgelöst, schwindet es dahin, und dröhnend kündet sich
schon, wie sie wanken die alten Stützpfeiler der Cultur. „Er-
loschen sind die goldenen Sonnen, | Die meiner Jugend Pfad er-
hellt, | Die Ideale sind zerronnen, | Die einst das trunkne Herz
geschwellt“, so singt es im heutigen Dichterlied, und dementsprechend in Indien's Wunderland („brahmanischer Urweisheit“):
„Die Schastras sind verbrannt, die vier Veden als falsch erwiesen,
die Mysterien aufgedeckt, wann wird die Zeit zur Erwerbung
geistlicher Wohlfahrt kommen?“ (frägt Batthirigiyar's Klage).
„Diese verwickelte sich bewegende Maschine, die ihre Eltern
nicht kennt, (den eigenen Körper), wann wird sie sich selbst
verstehen und gänzlich unterworfen sein“ (cf. Germann), — nicht
eher, als bis das naturwissenschaftliche Zeitalter seine Weltauffassung verwirklicht haben wird, durch Zutritt der Psychologie
in die Reihe der von der Zeit geforderten Forschungsweisen
(der naturwissenschaftlichen nämlich). „Er ist dahin der süsse
Glaube | An Wesen, die mein Geist gebar, | Der rauhen Wirklich-
keit zum Raube | Was einst so schön, so glänzend war“ (klang
es weiter bei uns). Aber glänzender und schöner werden die
Ideale wiedererstehen, wenn unter der rauhen Schaale des Materialismus die naturwissenschaftliche Forschung zu dem Kerne fort-
gedrungen sein wird (in naturwissenschaftlicher Eroberung der
Psychologie, und Verwerthung der, kraft inductiver Methode zu-
gefallenen Errungenschaften, für die Bedürfnisse des gesellschaftlichen Organismus sowohl, wie jedes Einzelnen innerhalb desselben,
im eigenen Selbst).

Und deshalb nochmals: Rette man sie! die Völkergedanken
typisch geprägter Originalität, ehe für immer zu spät, ehe unter
den von der Natur (im Dharma der Tri-Ratna) für Belehrung
des Menschen gebotenen Documenten, die kostbarsten für eigenes
Verständniss, vor sehenden Augen (in unthätiger Zuschau), unter-

gegangen und weggeschwemmt sind (auf Nimmerwiederkehr).
Einförmig fort um seine Achse dreht Planet Tellus sich (zu
schwindliger Bethörung), im *κύκλος ἀναγκῆς*, im Ortschilang (des
Pratitya-Samappada-Chakra), und zur Befreiung aus dem eisernen
Rad, ist für Ueberfahrt (der Yana) diejenige Barke zu zimmern,
die das Erlösungswort zu tragen vermag, das naturwissenschaftlich zu lauten haben wird (für heutige Zeitstimmung —, im
sympathischen Widerhall).

So zum Erwachen, (zur Durchschau in der Bodhi), bedarf es
für metaphysische Speculationen (im Abhidhamma) eines materialistischen Unterbaues, der sich mit seiner Kuppel krönen wird,
bei gesetzlicher, (sorgsam-bedächtig mit ängstlicher Vorsicht ge-
zügelter), Fortführung naturwissenschaftlicher Forschungsweise,
bis zur Psychologie und der ethnisch (wie ethisch) gestellten
Probleme, aus altem Orakelwort des „Nosce-te" im Kosmos,
als „Entwurf einer physischen Weltbeschreibung", der die
psychische hinzuzutreten hätte, nachdem die Zeit dafür gereift,
und das Arbeitsmaterial rechtzeitig in Sicherheit gebracht sein
sollte, — aufgespeichert für die Epigonen, die darüber Rechenschaft verlangen werden, (soweit die, vom angehäuften Wissens-
schatz der Vorväter zehrende, Generation die Pflicht empfinden
müsste, ihrerseits für die Nachkommen vorzusorgen).

„Bedingung und Gesetz und aller Wille
Ist nur ein Wollen, weil er eben sollte,
Und vor dem Willen schweigt die Willkür still"
in Göthe's Worten —, die Verwendung naturwissenschaftlicher Forschungsweise verlangend, auch für das psychische Wachsthum,
wie aus organischer Entfaltung der Völkergedanken entgegentretend (in der Menschheitsgeschichte durch Raum und Zeit).

In eiserner Nothwendigkeit umschlossen liegt der menschliche
Gedankengang da, bei seinem organischen Wachsthum geregelt
durch fest bestimmte Gesetze, wenn die Elementar-Gedanken
sich entfalten zu höheren Idealen (je nach den Begünstigungen
durch die Cultur).

Bei Entzifferung des in heiliger Hieroglyphe, (unsagbar aus-
sprachlosen Namens), Namenlosen, (*ἀνώνυμος* für den Gnostiker,
und *ἄῤῥητος* im „sacrarum intimum" oder „sanctum sanctorum"),
zu der Offenbarung, — für Fortgestaltung in Schöpfung, (Isvara's
aus Parabaravastu), — tritt (bei Laotse) das begrifflich Seiende (*ἡ
κατὰ λόγον οὐσία*) in die Pforten des Geistigen (Miao) durch die

„Dvara" der Sinne (im Abhidhamma). Die Identität (thung) des „Namenlosen" und des „Namen-Habenden" (s. *V. v. Strauss*) verliert sich (bei Laotse) in der (dunkel abgründigen) Tiefe (Huian), als Bythos (oder Kumulipo). Das Wesen (Khi schung jeu woe) fällt für Tao in Unbegreiflichkeit (Huang - Hu), gleich Wakan (der Dacotah). Ins Wesenlose (Wu wae) oder Nicht-Wesen zurückgezogen (s. *Strauss*), gab es ein Wesen vor Himmel und Erde, in Tsi (unhörbar, schweigend), oder in Stille (bei Laotse), als Mutuhei (der Atua) oder σιγή (der Gnosis). Im Herzen, welchem Nous und Gewissen (Syneidesis) angehören, fasst sich, wie physisch so geistig der Lebensstrom in seinem Aus- und Einfluss zusammen" (s. Beck), für die „Kinder des Lichtes" (aus dem Geist geboren). Im Herzen (Lebh) ist das Gesetz geschrieben (γραπτόν). Tao (bei Laotse) ist die wohlthätig erhaltende Macht (Te), gleich der Gottheit, die Speise in den Mund steckt (aus Tamoanchan), als Ypalnemohualoni, (por quien vivimos y somos), nachdem Quetzacoatl seinen Gott verkündet (s. d'Alva) in Teotloque-Nahuaque-Hachigualc-Ipalnemoani-Ilhuicahua - Haltiipaque, (Gott der Welt, Schöpfer aller Dinge, von sämmtlichen Geschöpfen im Gehorsam verehrter Herr des Himmels und der Erde), während der peruanische, als „Tunuupa" (bei Bertonio), von „Tonapa" ó „Tarapaca Viracochanpachaya-chicachan" ó „Pacchacan y Bicchhay camayoc Cunacuymayoc" gepredigt war (s. Pachacuti). „Como à dios se le dan muchos epitetos de grande, de sabio y otras cosas le dan el nombre de Tepeu, este significa las bubas, y en su gentilidad era grandeza de los Señores el tenirlas, por que era señal de mas poder para cohabitar con muchas mugeres, de adonde se suelen contraer, cosa que la gente ordinaria no podia" (s. Ximenes). Im Sein und Nichtsein liegt (bei Laotse) das Hervorbringen (Seng) wie die Entwickelung (bei den Maori) aus Kore (τò μὴ ὄν). Aus dem „Esse post Non esse" ist nur eine sachliche, nicht jedoch eine zeitliche Priorität des „Non esse" vor dem Esse zu folgern (bei Duns Scotus). Nur Gott, als „Efficiens primum" kann schaffen („de nihilo"). „Aus dem Princip des Nichts ist das Urprincip geworden" (im Mandschu); „ohne Princip dabei Urprincip" (s. von der Gabelentz) im Thai-kih - thu (Tscheusi's). Auf die „Grundpotenzen" der gestalteten Welt (s. Victor von Strauss) führen sich (bei Laotse) Himmel und Erde (Thian ti) zurück, wie Rangi, (im Heros Wakea), und Papa, oder Uranos und Gaea (Dhyaus und Prithiri), in der „Wurzel aller

Existenz" oder Te‐aka‐ia‐roe (auf Mangaia), als Kore, Noch-Nicht (bei Maori). Gemeine Seelen wurden, vom Atua gefressen, nichtig assimi-lirt, während diejenigen in denen (von „Adamas" der Gnosis her) ein edlerer Keim schon stecken mochte, als „Götterkoth" wieder-kamen in den Neugeborenen (Samoa's). Tonga's Egi schwelgten am Festmahl Hikuleo's in ihrer Walhalla (zu Bolotu), als ἀγαϑοὶ und ἐσϑλοὶ, im Gegensatz zu κακοὶ und δειλοὶ (s. Theoguis), den opti-mates oder „boni homines" (der Westgothen) —, und die Häupt-linge (der Aht) leben als Gäste im Hause Quawteaht's, neben einem, von den Geistern erschlagener Krieger bewohnten, Hause (s. Sproat), während die Seelen der Gemeinen in die Unterwelt gehen (zu Chayher), dort im Orkus bewacht (wie in Chaysi's Eisenkerker, bei Chamorro).

Im (naturwüchsig wilden) Gedankengang (der Nigritier) fühlt der „Bimanus" sich in seinen sinnlichen Stimmungen und geistigen Thätigkeiten unter einem, weil in unbeschränkter Gewalt nicht lenkbaren, unbegreifbaren Walten, und so wird der Ursprung der „Kla" oder (im Asante) „Kra" (Okara) in jenseitig himmlische Vorexistenz, (nach „Nodsie", bei Mawu, der Eweer), zurück-geworfen, woraus sie nur als Schatten (sunsum) in das Irdische dunkelnd hineinscheint, als Hauch (Honhom) durchdringend.

Unter dem aus unbewussten Wurzeln jedoch, (bei Hervor-steigen im Bewusstwerden), auftreffenden Bewusstsein einer Mit-betheiligung am Handeln, spaltet sich die Seele zu der Doppel-heit ihres Reflexes im Schutzgeist, (als begleitendem und berathendem), und dadurch stellt sich (in reinigenden Waschungen) die Verpflichtung des „Asumguare", um den Genius wohlgeneigt, (und so sich selbst in glücklichem Wohlsein), zu halten, um nicht unter der sorglos gleichgültigen Stumpfheit einer „Okra-biri", (schwarzen oder schmutzigen Seele), vernachlässigt zu bleiben.

Wird dann der nach aussen fallende Blick in Hinrichtung der Aufmerksamkeit, (oder „Wichara", auf Witeka folgend. im Abhi-dhamma), getroffen, von demjenigen Naturgegenstand nämlich, wie aus Prädestination, durch das „Fwen" (im Aufschlagen) oder Schicksal, zur religiösen Bindung (aus vorzeitlich geknüpfter Sym-pathie) bestimmt, soweit der Seele, als Kra noch erinnerlich, — beim ersten Moment des Herabkommens, ehe im plötzlichen Contact mit dem Körperlichen die Betäubung, (woraus später erst die

Anamnese sich wieder zu erholen vermag), bereits erfolgt sein sollte) —, so tritt hier fortan die göttliche Repräsentation, (in Amaga oder Houi darstellbar), entgegen, wie unter den „Bosom“, oder Emanationen höchster Ursächlichkeit, (aus Nyankupong oder Mawu), für das individuelle Selbst, (meist aus dem Wappenthier, auch für das Stammgeschlecht), gewählt (oder vorherbestimmt), und solcher Begriff des Selbst drückt sich nur in der Verstärkung, (durch ara), des Personalpronomens aus, — wie in Miara, ich selbst, (oder ich gerade) —, während das „Wollen“ einfach in futurischer Wendung der Verbalform liegt, oder, wenn nicht in tya (nothwendig sein), in „Pe“ oder lieben (durch Hingezogenwerden).

Zugleich indessen schlägt im Herzen (Akuma) ein steter Warner (des Gewissens), ob alles auch recht und pflichtgemäss geschehen, und dann, um alte Schuld zu büssen, ergiebt sich, (bei Gesammtverantwortung des einheitlich zusammengehörigen Stammes in seinen Mitgliedern), die Neugeburt als Wiedergeburt, in „Bla“ oder „Bra“ (zur Abrechnung in „Karma“ nach „Bun und Bab“, um das Herz zu wägen, auf Thoth's Schale).

Das Denken dabei erweist sich als ein „Messen“ (susu), und je nach der Richtigkeit oder Unrichtigkeit im logischen Rechnen haben Fehler sich selbst zu bestrafen (für den Maassstab wissenden Verständnisses).

Das Wissen (oder „Nim“) bezeichnet, im Drinnensein mit eingeschlossener Negation des „Ni“ (mu, in), einen schwankenden Uebergang des Noch-nicht-sein oder (bei den Maori) „Kore“, vom Nichtsein zum Sein (in der Relativität des τὸ μὴ ὄν). Das Verständniss dagegen, als „Nyansa“, schliesst im Erwachen (Nyan) sich (als „Gnana“ für Panja) an das (in Bodhi) Erweckte (gleich Sophia der Gnosis) für höchste Wesenheit aufwärts, in Nyankupong (Nyame oder Onyame). „Das Bewusstsein des Unendlichen ist nichts Anderes als das Bewusstsein von der Unendlichkeit des Bewusstseins“ (s. Feuerbach), und hier, zur Klärung der Functionen eines psychischen Wachsthums, würde es dann, um Phantasiegebilden vorzubeugen, die „leichtlich zu Kopfverwirrung“ (cf. Kant) (oder bis „höheren Blödsinn“) führen, des Rüstzeugs eines „höheren Calculs“, zur Infinitesimalrechnung bedürfen (bei naturwissenschaftlicher Durchbildung der Psychologie).

Tao zeugt Eins, die Eins die Zwei und: sang seng wan woe („die Drei zeugen die Myriaden Wesen“). Die Dyas (thse liang) des „Namenlosen“ und „Namenhabenden“ liegen im Wesen des

Tao (bei Laotse), als „alles Geistigen Pforten" (s. *Strauss*). Laotse inclines to dwell more than Chuhi on the purely abstract side absorbed in its mystery (s. S. Johnson); „the Tao is source of the One itself (Tai - ki), which produces the Two (force and matter)". Ins Nichtwesen oder Nichtsein (fu kuei ju wu woe) zurückgezogen, erzeugt Tao den Zweiten (als Tao Scienden). Das Nichtsein „geht ein in (sji ju) oder durchdringt das Zwischenraumlose" (Wu-Kiau).

Bei Rückkehr zu dem (vor syzygischer Scheidung in den Aeonen) einheitlichen Ursprung im Androgynen, oder (im Mulamuli) Sächlichen (generis neutralis), bedarf es des geschlechtlichen Complements, einer Dsogbe (der Eweer), und so hätte die Eule (hauptgeborener Athene) den Zutritt ihres Eulers zu erwarten, um für Differentialrechnung, (die Grenzverhältnisse von Functionen, wenn diese gegeben sind, zu bestimmen), und Integralrechnung, (zur Bestimmung der Functionen aus gegebenen Grenzwerthen), die psychologische Terminologie festzustellen, (wenn, innerhalb des, aus den Differenzen geographischer Provinzen fixirten, Völkergedankens, vom Selbst, seinen Zifferwerth substituirt zu erhalten, wird verlangt werden).

Zunächst freilich, im gegenwärtigen Vorstadium logischer Rechenkunst, werden wir uns, zur Aushülfe, noch mit dem σωρείτης συλλογισμός zu genügen haben, in (analytischen) Annäherungsmethoden (des Diophantes), aber hier bereits in zwingend fest geschlossenen Kettenschlüssen, auf solchem Gebiete der Ethnologie, wo in der erst kurz zugemessenen Arbeitszeit die Materialbeschaffung sich im Fortschreiten bereits reichlicher hat ausstatten können (mit soweit gewonnenen Ergebnissen). Für das Natur- und Vernunftrecht z. B. erledigen sich ihre seit Jahrhunderten zusammengeschriebenen Folianten, mit einem kurzen Axiom gewissermaassen, das schon das Sprichwort formulirt hat mit „Gleich und Gleich gesellt sich gern". Diesen „Grundsatz" zugelassen, folgt Alles Uebrige dann von selbst gewissermaassen (aus der Natur der Dinge), im „annulus catenatus", indem überall das Gleichartige zusammenfliesst, oder sich zusammenschaart (in jedesmaligem Ruhestand, — bis im Auftreffen polarisch diametraler Gegensätze die Bewegung beginnt, für höhere Entwickelung). So nun also im Zustande primitiv schwankender Horde: (s. „Das Matriarchat und Patriarchat", Zeitschr. f. Ethnologie, Vrhdlg. Mai 1886.)

Die Geschlechter für sich, die Altersklassen für sich;
Das Recht des Stärkeren im stärkeren Geschlecht, und in den voll-
gewachsenen Männern;
Die Brunst stärker in der (physisch schwächeren) Klasse der Jüng-
linge;
Ehe durch Raptus;
Exogamie;
Vertrag (nach Krieg) zum Connubium;
Hospitium (für Unterhändler);
Commercium (im Austausch der Verschiedenheiten);
Plutokratie (dann Aristokratie) der Orang-Kaya, mit dem Priester-
königthum (für unsichtbare Welt zugleich) und dem „Dux ex vir-
tute" (in den Zeiten der Gefahr), vor und nach Theilung der Ge-
walten (für geschichtlichen Verlauf);
Amphiktyonische Bündnisse (in den Fünfstämmen eines „Langhauses")
in Hainverbrüderungen (mit Geheimbünden);
Herrschergelüste aus Dictatur, durch den Comitatus gestützt;
Eroberungen mit folgendem Standesunterschiede (durch Endogamie
verstärkt);
Kleben an der Scholle (bei Beengung der Freizügigkeit in der Com-
munalverfassung);   ·
Bevorzugung der (für Bearbeitung des Bodens nützlichen) Kinder
an Stelle des Neffenrechts (im avunculus);
Dann Patriarchat, bei Untergang des (nur in gynaicocratischer Aus-
nahme verbliebenen) Matriarchats (aus früherer Knechtung der
Frau), und so die „patria potestas" (mit Uebernahme in die Gens).

Von jetzt ab folgt Alles weiter, wie in den classischen Fachstudien für die Culturvölker bereits entwickelt —, und doppelt bestätigt, seit jene (bisher in archaistischen Ueberlebseln nur halb
oder unverständlichen) Vorstadien (embryologischen Werdens)
sich ethnologisch geklärt haben (aus den Naturstämmen).

Mit Mawu, als Unübertrefflichstem oder Unübertroffenen (wu,
übertreffen, negativ), versteigt sich (der Eweer) im (gnostischen)
Wissensgefühl (vom πατήρ ἄγνωστος) zu dem „Höchsten" des ontologischen Gottesbeweises (bei Anselmus), und aus der Seelenheimath seines Sitzes fällt Kla (in Abscheidung durch „Aklama")
in den Körper, als Schatten (Luwo), hinab, bei geschlechtlicher
Scheidung den Sehnsuchtszug (sexueller Hälfte), zur Rückkehr
nach himmlischem Ursprung (in „Gotteskindschaft" des Tao) bewahrend, oder in der Spiegelung aus den Naturgegenständen, (den
Geschöpfen der „Magna mater" in der Natur), betreffs religiöser
Bindung (nach sympathisch veranlagter Praedestination) die Antwort findend im „Edro", zur Herstellung gestörten Gleichgewichts,
im „Rechten und Schlichten" (und „Richten" bei ethischen Fällen).

Im Gbesi (der Odschi) spricht die innere Stimme („inward-voice") als Gewissen (s. Zimmermann), und wenn sich quälende Fragen stellen (in „Heniile"), mag Beruhigung gesucht werden im Hinwenden zum Edro, — in der „Drowe" (Traumwelt) des Chechema (luftigen Weltraums, von den Emanationen der Wong durchwaltet), — durch (divinatorisches) Geträum oder „Ku-dro" (im Ku oder „Staunen"), mit der Hoffnung auf einstige Wiedererlangung der Einheit beim Tode, während als Nachwirkung des somatisch-materiellen Contactes, (so lange die Feuchtigkeit übrig im „Astralgeist"), das Gespenst des „Noli" (in Guinea) temporär fortspukt (am Grabe).

Im Gegensatz von Kuei („wozu der Mensch zurückkehrt"), als „das was beim Untergange des Körpers von ihm übrig bleibt", (die abgeschiedene Seele, die Manen), sind Shin „Genien oder Dämonen, Wesen, die von jeher und ihrer Art nach Geister sind und mancherlei Macht und Einfluss auf die irdischen Dinge ausüben" (s. Victor von Strauss), allgemein in den Elementargeistern, gleich (indischen) Bhuta, in den Innuáe (der Eskimo) wieder personificirt zu Genien, im Anschluss an die Seele, welche ihre congenialen Complemente auch in den „Siddhas" oder, weiter oben, den „Devas" (des Himmlischen) finden mag, bis zum Hindurchdringen auf die Meditationsterrassen (jenseits der vom, indischen, Demiurgos aufgerichteten Schranken), bei geschärftem „Appetitus intellectivus" (für geistige Nahrung).

Nur durch Vermittelung der Obosom, wohin sein Schatten (sum) geworfen ist, kann (als $\dot{\alpha}\gamma\alpha\vartheta\sigma\varsigma$ im guten Freund) Nyankupong (Onjäma) oder Odamankama (der Schöpfer) angenähert werden, als Regengeber (Amosu) und Sonnengeber (Amovua), denn: „Nyankupon te sorro", Gott wohnt in der Höhe (sorro oder Himmel), und ihn anzubeten (sorrefo) kann nur der Priester würdig gelten, als Sofo in Erhebung (sorre). Daneben dann für raschere Hülfe oder Auskunft dient die im Tanz (Kom) herbeigeführte Besessenheit (Akom) des „Komfo" in Begeisterung oder Inspiration (akom afa no), „aus afa" (Blasebalg). Zum Schutz zugleich gegen „Sasanbonsam" der Wälder, (aus dem Erdboden als Asase), verfertigt (neben Götzenbildern, gleich Amaga oder Honi) der Osumanni aus dem Verborgenen (suma) in Dunkelheit (Esum) seine Talismane (Fetische) oder „Suman", zur zauberischen Abwehr gegen die Hexerei (Aboyigorro) der Baifo (oder Obayifo), die für finstere Mächte ein Bündniss geschlossen mit Abonsam (in Abon-

samkru). Wenn aus den Abgefallenen (der bösen Welt) Reuige
sich in göttlichen Dienst gestellt haben, mag dem des „Grimoire"
Kundigen oder „wettergerechten Priester" (in Oberbaiern) eine
Theurgie (in weisser Magie) noch gestattet sein, denn auch le
(bon) diable (s. Baissac), „hath some good in him" (s. G. Her-
bert), und so fungirt der Kappuwarale in den Devalas' auf Ceylon,
während bei erwiesener Hülfslosigkeit die Verzweifelung zum
Teufelsbündniss führt, „cum morte foedus ineunt et pactum faciunt cum inferno", denn „Flectere si nequeo superos, Acheronta mo-
veto" (s. Virgil), zum „Orcum invocare" (bei Vintler), im Treiben
der „Wickersche" und sonstigen Truhten (oder Druden). Im
„Directorium Inquisitorum" (Eymeric's), gilt das Zaubern für
Ketzerei, wenn an den Teufel eine Bitte gerichtet wird (nicht
jedoch bei befehlendem Ton), aber halsstarrig zeigt es sich meist,
und „Inquisitores debent esse proni ad torturam" (empfiehlt
Antonino Diana)

Mit verschleiertem Gesicht erscheint der Imam, da bei Sichtbarkeit des Elementes („Stabs") „die Gottheit unsichtbar bleibt"
(s. Grimm), aus den Gefahren, wie in Semele's Beispiel bezeugt,
(als ihr der beim Styx geleistete Schwur zu erfüllen war), ehe
„des Herren Klarheit sich spiegelt" („mit aufgedecktem Angesicht"). „Facies ad faciem, sicut solet loqui homo ad amicum
suum", hatte Gott mit seinem Propheten geredet, aber als die
„gloria" vorübergehen soll, darf dieser das „faciem" nicht sehen,
sondern nur die „Posteriora" (bei Hieronymus).

Obwohl dagegen der Diabolos alle Formen, — ausser Lamm
oder Taube (aus Rücksicht auf den heiligen Geist), — annehmen
mag, selbst die eines Geistlichen (in der Person des heiligen Sylvan
e. g.), oder als Kurios sogar dem heiligen Martin erscheinend (s. Sulp.
Sev.), würde er doch am Fehlen der Hinter- oder Rückseite zu erkennen sein, wie seine Gesellen selber gestehen: „Licet corpora
humana nobis assumamus, dorsa tamen non habemus" (cf. Caes.
Heisterbach), gleich (hölzernen) Holzweiblein, neben Elben oder
sonst flatterndes Volk, als „lichte Luc" (in Ostfriesland), nur
Schemenartige Augentäuschung (in Hallucinationen), „volitantes
cava sub imagine formae" (im Schattenreich), aber vielleicht gerade
deswegen wieder denjenigen, denen die materielle Fortdauer eines
„Auferstehungsleibes" widerstrebt, ihrem „appetitus intellectivus"
um so wohlschmeckender mundend (in geistiger Speise), so dass
sie sich in metaphysische Speculationen verlieren mögen, bis zu

. Arupa hinauf, „quator ordines Phrohm incorporeorum" (bei Pallegoix), welche die Abzweigung der Megga-Pfade gemisst haben,
und deshalb von neuen Einkörperungen sich bedroht finden, ehe
die Nirodha weggeräumt sind, zum Eingang in die Selbstvernichtung (wie von blasirten Pessimisten probat erachtet).

So, ob das Buch „süss ist auf der Zunge" (in der Apoca-
lypse), oder der Tao (Laotse's) fade, „ungesalzen, ohne Schmack",
(s. Victor von Strauss), bliebe von dem Geschmacke abhängig
(chacun à son gout). „Als wie der Mensch, so ist sein Gott,
der Glaube" (s. Rückert), und „Jeder seines Glückes Schmied"
„faber suae fortunae unusquisque est ipse", wenn ohne
Scheu vor harter Arbeit zu ernstlich ehrlichem Handanlegen
bereit, um zu ringen mit des Lebens Räthsel (wie von Echidna's
Ausgeburt gestellt, im hyläischen Lande).

Wie das höchste Wesen (in der Bhagavata) seine Macht erlangt durch Maya (Mageia), so, wenn der zu Sicyon zwischen
Göttern und Menschen geschlossene Vertrag beiderseitig pflichtgemäss eingehalten werden sollte, würde der Wulomo bei genauer Erfüllung der cultischen Ceremonien auf den Erfolg zu
rechnen berechtigt sein, findet sich aber leider stets auf die aus-
helfende Unterstützung des „Wongtschä" hingewiesen, (des Mantis
neben dem Hiereus). Dann jedoch, mit dem erwachenden Bewusstsein sittlicher Kraft, werden in der Busse, gleich der (Indra
bedrohenden) Visvamitra's (im Mahabharata), die in der Unbe-
kümmertheit epikuräischer Götter hinschwelgenden Devas be-
zwungen, und aus Höherem, als den von „Mara" (oder Jaldabaoth)
beherrschten Himmelsreichen, ertönt das Heilswort Buddha's, um
auf die Meditationsterrassen zu führen, und längs der Megga dann
weiter zur Bekleidung mit dem Dharmakaya —, wenn im Gegensatz zu täuschender Maya das Pleroma sich realisirt (im Nirvana).

Im Fluss der Fluxionen entschwinden unendliche Reihen dem
Blick, aus den Schranken von Raum und Zeit in ihr Ewiges des
Jenseits, (δ $\dot{\eta}$ $\tau\dot{o}$ $\pi\acute{\epsilon}\varrho\alpha\nu$ im Apeiron), hinausstrebend, und mit dem
„Regressus ad infinitum" äffend, in „quaestiones infinitae" über
Anfang und Ende, bis ein Index der Progressionen erfasst sein
sollte, um „in infinitatem omnem peregrinari" (s. Cicero), und
dabei, im Anhalt an solchen Leitungsfaden, den Pfad zu finden
(durch verworrene und verwirrende Labyrinthe unerschöpflich
quellender Gedankenwelten hindurch).

Und auf des Skoteinos dunkelndem Flusse, — (vom Gestorbensein im Leben und dem Leben im Sterben) —, dunkelumnachtet umhergetrieben, wird dem psychischen Organismus, (beim Durchblick seiner Physiologie), für die, unter flüchtig ephemer obschwimmender Decke (kaleidoskopischer Aenderungen), bedingend treibende Spirale (psychischen Wachsthums) ihr Progressions-Index dem Bewusstsein angenähert sein, wenn das Denken selber sich lebt im eigenen Selbst, als Centrum objectiv durchschauter Peripherie, soweit das Auge des Einzelnen im Einklang den Gleichklang findet, wohin seine Blicke treffen (in congenial psychischer Atmosphäre).

Und somit, im „naturwissenschaftlichen Zeitalter" haben die dem Menschenleben gestellten Fragen ihre Lösung im naturwissenschaftlichen Sinne zu heischen, weshalb auch im Bereiche „eorum quae natura fiunt, exemplar aeternum" (s. Seneca), die Verwendung comparativ-genetischer Methode wird erprobt werden müssen, unter inductiver Durchbildung der Psychologie (als Naturwissenschaft), auf Grundlage des in den Völkergedanken beschafften Materiales (wenn den statistisch verlangten Garantien genügend).

„Und es ist das ewig Eine,
Das sich vielfach offenbart.
Klein das Grosse, gross das Kleine,
Alles nach der eigenen Art."

Und so mit Auffassung der Psychologie, vom ethnischen Standpunkt aus, als einer Naturwissenschaft, (und ihrer Sammlungen im Sinne der naturwissenschaftlichen), erweist sich, einheitlich enthüllt, die Gleichartigkeit der Grundgesetze (identisch durchziehender Elementargedanken) im psychischen Wachsthum der Völkergedanken, unter der bunten Mannigfaltigkeit, mit welcher sie entfaltet stehen, nach den bedingenden Eigenthümlichkeiten der geographischen Umgebungskreise (innerhalb jedesmaliger Weite des historischen Horizontes).

In ihrem Leben strömt des Lebens Urquell schöpferisch empor, denn (wie in Göthe's Versen gesagt):

„Das Ewige regt sich fort in Allem;
Denn Alles muss in Nichts zerfallen,
Wenn es im Seyn beharren soll."

Leben und lebensfrohes Schaffen fühlt sich im Anschwellen der Knospen zur Entfaltung im Reifestadium, und Erwartung des Verständnisses aus des Denkens eigenem Leben, statt unsteten

Schwankens nach hierhin und dorthin, wenn in der „Univocation des göttlichen und creatürlichen Seins" (bei Werner) die „Ratio formalis" (bei Duns Scotus) gefunden.

> „Einstweilen, bis den Bau der Welt
> Philosophie zusammenhält,
> Erhält sie das Getriebe
> Durch Hunger und durch Liebe"

(spricht es aus Schiller's Munde).

Und um diese Gegensätze von φιλότης und δῆρις (bei Empedokles) auszugleichen, muss die Philosophie der Zeitstimmung gemäss eine naturwissenschaftliche sein, die Gesammtnatur durchdringend, um die materiellen Schäden sowohl zu heben in den socialen Zuständen, wie auch den höheren Bedürfnissen idealer Nahrung zu genügen (für den „appetitus intellectivus").

> „Wer Wissenschaft und Kunst besitzt,
> Der hat auch Religion.
> Wer jene beiden nicht besitzt,
> Der habe Religion"

lehrt es aus Deutschland's Liederkunst (in den Worten ihres Meisters).

Wenn jedoch das naturwissenschaftliche Zeitalter mit dem Kuppeldom einer naturwissenschaftlichen Psychologie gekrönt steht, wenn in der „Philosophia naturalis" die „Metaphysica" hinzugezogen ist (mit den „Entia rationis"), dann hat die Naturwissenschaft selber die „Religion" zu vertreten, in Vermählung der „Magna Mater" mit dem „Πατήρ ἄγνωστος" und einem Jeden bleibt die Religion dadurch zugänglich, in Kunst und Wissenschaft nicht nur (für Reservatfälle), sondern in jedweder Technik des tagtäglich alltäglichen Lebens (für jegliches Moment des Daseins, wenn die Ideale zur Wahrheit werden). „The greater the amount of the middle class in proportion to the other classes, the greater is the extent of a nation shappiness" (s. Mackinnon), auf goldener Mittelstrasse, der Praxis.

„Keine doppelte Buchführung", darin hat der Materialismus Recht, aber soweit nicht „aus dem Wissen und Verstande, sondern aus dem Glauben und dem Gemüthe" (bei Czolbe) stammend (s. A. Lange), hat er Unrecht, idealistische Folgerungen gezogen zu haben, ehe die ideale Welt ebenfalls bereits nach inductiver Methode ihre Durchforschung erhalten haben kann, in der noch ausstehenden Begründung einer naturwissenschaftlichen Psycho-

logie (auf Grundlage der Völkergedanken). „Einheit der Weltanschauung" stellt sich als erste Vorbedingung, also die einer „naturwissenschaftlichen" unter „naturwissenschaftlicher Zeitrichtung",
die auch das, soweit, als übernatürlich Abgetrennte in ihre Auffassung der Natur hineinzubegreifen hätte, — in das Natürliche, mit
dem Wiederschein aus dem Göttlichen darin, „Deus sive Natura" (b.
Spinoza). Darin liegt das Geheimniss des grossartigen Eindruckes,
den die älteste und weitverbreiteteste Religion (des Ostens) bei
ihrem allmälig besseren Bekanntwerden, im Westen, dort auszuüben
beginnt, ein nach verschiedenen Richtungen hin so mächtiger, um
unklare Köpfe bis zur Mystik moderner Theosophie zu verwirren,
aber ein berechtigter und erklärlicher, weil allerdings im Buddhismus
eine einheitliche Weltanschauung festgehalten ist, weil dieselbe
keine Spaltung zwischen Religion und Philosophie vorführt, sondern
ein organisch in sich abgeschlossenes Religionsystem, — tiefe Weisheit und Wahrheit redend in den Vier-Wahrheiten (der Aryani-
satyani). Dies indess im deductiven Sinne, wie es auch in der
Culturbewegung diesseitiger Geschichtsbewegung zweimal verursacht worden ist, in der Gnosis und in der Scholastik, aber beide
Male für uns längst hinweggeschwemmt durch die überwältigend
hereingebrochene Fluth der naturwissenschaftlich geklärten Ergebnisse. Nachdem diese inductiv bewältigt worden sind, bis in die
Idealwelt hinauf (mit naturwissenschaftlicher Durchbildung der
Psychologie), dann wird auch für uns eine einheitliche Weltanschauung tagen, und dann eine festere und dauernder gezimmerte,
als die in metaphysischen Speculationen umhertreibende der, in
der „Trividya" (von Dukha, Aneiza, Anatta), für die Extase, in
Dhyana Geschulter (und mystischer Consorten).

Allerdings aber werden in diesem künftigen Aufbau mittelst
des den Völkergedanken entnommenen Materials der Bausteine,
die aus dem Buddhismus, — aus seinen Lehren vom Karma und dem
Nirvana, (als Asangkhara-Ayatana im Dharmakaya), — gelieferten
Beiträge, werthvollste Vergleichungspunkte bieten, für die Controlle wechselweiser Zusammenstimmung, wenn die Schlussfolgerungen zu ziehen bleiben und der bisher allein verwendbaren „Regel
Coeci" ein höherer Calcul, im logischen Rechnen, hinzugetreten
sein wird.

Nicht im Geträum, — ob im poetischen Schwung, ob in
mystischer Versenkung —, sondern um Arbeit handelt es sich,
um die Arbeit, die „nie ermattet" und wenn sie „zu dem Bau

der Ewigkeiten, zwar Sandkorn nur auf Sandkorn reicht", doch mitgeholfen haben wird, an der Kathedrale für die „Lehre vom Menschen", sofern ihre Bausteine, als thatsächlich begründete, dem Grundfundament dauernd eingefügt sich erweisen.

„Warum ist Alles so räthselhaft?
Hier ist das Wollen, hier ist die Kraft!
Das Wollen will, die Kraft ist bereit
Und daneben die schöne lange Zeit",

die indess etwas kurz doch wird, für die Spanne der Menschenexistenz im Zeitalter des Dampfes und der Elektricität, unter beflügeltem Flug der Momente, während im selben Augenblicke wieder, die Massenhaftigkeit neu bevorstehender Probleme unabsehbar sich aufzuthürmen beginnt, und mit dem Eindringen in das Detail die Arbeit wächst, — ein jedes, der Hydra des Lebensräthsels abgeschlagene, Haupt zwei neue droht hervorschiessen zu lassen.

So handelt es sich in ethnischer Psychologie nicht länger um „Hypothesen, wo Verstand und Einbildungskraft sich an die Stelle der Ideen" setzen, sondern um scharf genaues, ängstlich vorsichtiges Rechnen, (zur Integration im Unendlichen), um die Ideen und Ideale da zu fassen, wo sie hervorzuspriessen beginnen (im „status nascenti" psychischen Wachsthums). Dafür gilt es vor Allem ein klares und frisches Auge zur Umschau im sonnigen Tagesleben. *Kontrompi se: me suman ni m'eni* (im Akwapim). „Der Tschimpanse sagt: Mein Amulet sind meine Augen" (s. Riis), bei Nacht dagegen sind alle Katzen grau (und gräulich in mystificirender Mystik).

„Willst Du in's Unendliche schreiten,
Geh' nur im Endlichen nach allen Seiten.
Willst Du Dich am Ganzen erquicken,
So musst Du das Ganze im Kleinsten erblicken"

(heisst es in Göthe's Versen), und sonach zu statistischer Umschau stellt sich die Aufgabe comparativ-genetischer Methode mit Vertiefung ins Detail (für die Differentiale eines logischen Rechnens).

Durch Raum und durch Zeit die Schöpfungen des Menschengeistes durchwandernd, wird unter Erschöpfung der Denkmöglichkeiten (in sämmtlichen Ausgestaltungen), Dasjenige dem Verständniss anschaulich gegenüberstehen, was für die in dieses Wirken treibende Thätigkeit gleichfalls auf gemeinsame Ursächlichkeit zurückführt.

Und die hier dem eingesenkten Blicke innerlich verschlungene Wurzel wird im Tageslicht des Draussen sich durchleuchten, wenn in bunten Variationen spielend, deren typische Differenzen fest geschlossen liegen unter dem Banne geographisch-kosmischer Agentien, — unter jenem Gesetze der Harmonien, dem als gebieterischen zu huldigen ist, dem (zugleich jedoch) in huldvollster Erwiderung, die Freiheit der Mitherrschaft zu danken sein wird, wenn solche Freiheit sich selbst zu beherrschen, ihr eigenes Verständniss erhoffen darf, („Erfahrung bringt Hoffnung, Hoffnung aber lässt nicht zu Schanden werden“, tröstet das apostolische Wort.) Wenn Hoffnungen dann der Glaube sich einigt, — die als Lohn der Forschung erworbene Ueberzeugung von harmonischen Sympathien im Dasein und Sein —, wenn im gesellschaftlich geeinigten Kreis, als Verbindungsband die Liebe sich bethätigt, „die Liebe in der Liebe Preis“, dann dem naturwissenschaftlich materalisirten Auge auch, mag es zu strahlen beginnen, im Glanze „Dreier Kostbarkeiten“ einer Dreieinigkeit, als ahnungsvoll aufdämmernder Lichtesblick (neutagender Morgenröthe vielleicht) herniederblickend in dumpf umdüsterndes Nachtsgedunkel einer pessimistisch verzweifelnden Welt.

In Polemik gegen die „theosophische Posse des philosophischen Cagliostro im XIX. Jahrhundert“ (und der „Philosophie des bösen Gewissens“), setzt Feuerbach als „Geheimniss der Theologie die Anthropologie“ („die in sich selbst befriedigte, die sich als absolutes Wesen denkende Intelligenz, ist Gott als metaphysisches Wesen“), indem „der Mensch kein anderes Wesen, als absolutes Wesen denken, ahnen, vorstellen, fühlen, glauben, wollen, leiden und wahren kann, als das Wesen der menschlichen Natur“ (1843). „Der höchste Gipfel des Subjectivitätsprincips ist die Schöpfung aus Nichts“ (und „der tiefere Ursprung der Schöpfung aus Nichts liegt im Gemüth“). Qui autem dicit, quare voluit facere coelum et terram? majus aliquid quaerit, quam est voluntas dei, nihil enim majus inveniri potest (bei St. August).

„Der heilige Geist ist die entschiedene Verneinung des Willens zum Leben, der Mensch, in welchem solche sich in concreto darstellt, ist der Sohn. Er ist identisch mit dem das Leben bejahenden und dadurch das Phänomen dieser anschaulichen Welt hervorbringenden Willen, d. h. dem Worte, sofern

nämlich die Bejahung und Verneinung entgegengesetzte Acte
desselben Willens sind, dessen Fähigkeit zu Beidem die alleinige,
wahre Freiheit ist. Inzwischen ist das als ein blosser lusus in-
genii anzusehen" (s. Schopenhauer), in der Ueberzeugung, „dass der
Zweck unseres Daseins nicht der ist, glücklich zu sein" (1859).
Und da bei dem, der Menschen-Natur unausrottbar nun einmal
eingewurzelten, Hang zu glücklicher Existenz, unglücklich angelegte Denkgebäude keine behagliche Wohnung zu bieten pflegen,
haben die Welt-Architecten nach mehrfach anderen Richtungen hin
ihre Kunst versucht (in Gedankenspielerei). „The soul's aim is not
annihilation" (in der Sankhya), „because the whole world agrees,
that the aim of the soul consists in the joys" (s. Ballantyne), in
denen des Bauches und der Sinnesfreuden nächstvorwiegend, bis
anderswo zu suchen, wenn die Eingeweide fortfallen, bei den „sex-
decim Phrom corporei" (s. Pallegoix) auf den Meditationsterrassen
(der Rupahimmel). Treffend und wahr in der Erlösungslehre der
Tathagata redet es sich von dem „Schmerz", als eingewurzelt in
irdischer Existenz, und diese pathologische Störung (der Dukha)
soll durch die Therapie des flüchtig Vergänglichen (in Aneiza und
Anatta) curirt werden. Solchem Heilswort indess mangelt der Einblick in die Physiologie des psychischen Organismus, nach seinen
Verwebungen mit der Harmonie kosmischer Gesetze, und diese dem
Verständniss auseinander zu legen, müssen die Forschungswege
der Induction nach allen Richtungen hin durchwandert werden, bis
zu der Psychologie hinauf, bis auch diese als Naturwissenschaft
erklärt sein wird, zur Klärung dessen, was fragend den Denk-
geist bewegt, über Erstes und Letztes, — und dazwischen das
Jetzt (im eigenen Selbst).

Der Demiurg, als himmlisch-göttlicher Baumeister, gleich
Visvakarma (oder Twashtri), bildet mit gewollter Absicht, — (oder
nur verfeinernd, wie die Tiki wirken, an der polynesisch hervor-
geblühten Schöpfung), — nach vorgelegtem oder selbst entworfenem
Plan, wobei die Hyle bereits geliefert vorausgesetzt wird, mit Ausnahme der Reservationen (hier etwa schon empfehlenswerther,
oder zulässiger, Praeexistentien): wie wenn der in Keramik
der Retu geübte Töpfer aus dem, wegen häufigen Vorkommens,
als allgemein vorhanden vermuthbaren Thon seine Töpfe (dem
„homo" von „humus") verfertigt, wogegen, um solche etwa aus
Porzellan-Erde herzustellen, ein über die ihm zuständige Kunst
hinausliegendes Material zu benutzen wäre, — in den Prädicamenten
eines gnostischen Demiurgen, dem die Seelen entschlüpfen, weil

höherstehend, (wie Autoia über Nga-Atua), — und dembezüglich würde auch, in Hinsicht des Planes, der Unterschied hervortreten zwischen dem, das eigenhaft Begriffene ausführenden, Handwerker und dem durch das Vorbild eines höheren Ideals begeisterten Künstler (für ästhetische Auffassung).

Es handelt sich hier zunächst um „Navastunovastusiddhi" (und Adrishta's Effecte), um die Frage über die „Materia informis" (bei Duns Scotus), denn „die Creatur war von Ewigkeit her „sub potentia ad esse", weil sie „sub non esse" war, daher sie nicht zugleich auch „sub potentia ad non esse" sein konnte" (s. K. Werner). So tritt das Offenbarwerden der Welt hinzu, aus Verhüllung der Gottheit, (im Dunkel eines Bythos), sei es in allmäliger Entwickelung durch Emanation (nach Art des aus der Wurzel aufwachsenden Baumes), sei es in der Aussprache des Logos, und auch dembezüglich noch vermag der anthropomorphisirende Personifications-Hang die Analogie festzuhalten, weil mittelst der Sprache die innerlich reifenden Ideen zur Anschauung hinauswerfend (und mit Hülfe des Händewerkes dann wiederum materialisirt, zu fixiren).

Hier jedoch gelangt das Denken an seine Schranken, für das in demiurgischer Begrenzung als endlich Umfasste (innerhalb von Raum und Zeit) nicht nur, sondern für Unendlich-Ewiges auch (beim unaussprechbaren Namen), so lange der Mensch den übrigen Naturerzeugnissen auf gleicher Linie eingereiht steht, — so lange auch bei ihm, potentialiter, vorveranlagte Keime neu sich actualisiren (zur Realisation, nach der Parabole organischen Wachsthumsprocesses, „ut similitudine utar").

Indem nun aber längs solch' irdischer Wesensreihe der Mensch in ein überirdisches Jenseits hineinragt, leitet sich der Unterscheidungsgrund zurück auf die Sprache, die nicht als individuelles Product gefasst werden darf, sondern in der Geselligkeit erst ihre Verwirklichung erfüllt, im Neuschaffen also, (ex nihilo), soweit im Sinnlichkeitskreis die aus höherem Abglanz zwischenfallenden Abschattirungen, als flüchtig unwesentlich, (weil unreell im Materialistischen), ihrem Dahinschwinden wieder überlassen werden (ohne, für dauernde Verwerthung bleibenden, Eindruck).

Sofern dagegen hier, im Bereiche der Denkmöglichkeit, auf dort vertrauten Wegen, sinnbildliche Verdeutlichung ferner angestrebt wird, beginnt es zu reden in vorschöpferischer Unterredung

30*

zwischen Elohim primären Farbengeschillers (im Popul Vuh), und ihre Ideen mögen demgemäss von der unbenannten „Pro-Arche" (als „Pater agnostos"), beim Ablauschen, concipirt sein, um sie im „Vacch" oder „Logos" direct auszusprechen, oder durch sie den Demiurg zu seinen Werken weiter zu beeinflussen. Immer verbleibt in Gottes-Ursache der Mensch gespiegelt, obwohl unter Erweiterung hier der Individualperson zum Gesellschaftswesen (aus engst geschlossener Zahlenreihe, beim primitiven Zählen bis zur „Drei", in Drei-Einigkeit). Ueber diese Peripherielinien eines der Subjectivität, (ob individueller oder gesellschaftlicher), rückläufig gezogenen Grenzstriches, hat das Denken, trotz allen Wendens und Drehens in philosophischen Subtilitäten oder religiös gesuchter Terminologie, nirgends und nie heraus nicht gekonnt.

Bei jedesmaligem Uebertritt aus dem Endlichen ins Unendliche folgt der „regressus ad infinitum" und lässt sich durch keine (anfänglich blendend verblüffende) Erhabenheit des Gottesbegriffes annulliren, weil, wenn diese selbst wieder als Zähler genommen, auf höherer Scala (genau wie auf niederer), der Singsang der Tretmühle sich wiederholt, vom Demiurg zum verhüllten oder unbekannten Vater, von der ἀρχή zu προαρχή, (und was darüber liegt, weiter). Wie weit die „potentia absoluta" Gottes, (sofern Willen), den Creaturen überhaupt nicht zugekehrt ist, fällt der Gottesbegriff in das religiöse Gefühl vom (Tahu-Wakan), in Unbegreiflichkeit (bei den Dacotah), wogegen, wenn in Gott, als „Primum efficiens" durch die Namensbezeichnung schon die Nothwendigkeit hervorbringenden Schaffens ausgedrückt liegt, die Ausentwickelung folgt, vom Kore oder Noch-Nicht (der Maori).

Handgreiflicher noch erweist sich die metaphysische Täuschung, vom *Esse existentiae*, *Res secundum esse essentiae*, in *Rationes ideales* und *Rationes in esse essentiae* (als *exemplantes* und *exemplatae*) und sonstig gleiche Gesichter unter verschiedenen Masken (oder Namenswandlungen), unter den auf Negationen gestellten Hoffnungen, (trügerischere noch als der Trug der Maya, der dadurch vernichtet werden soll).

Die Nichtigkeit ergiebt sich eo ipso, sobald für analytische Deduction die Controlle durch die Induction in der Synthese gefordert und als berechtigt anerkannt ist, denn falls, wie hier der Fall, als Dedomenon zum Ausgang logischen Rechnens. sogleich der höchst denkbare Begriff, (im Sein und Dasein), gesetzt wird, bewegt sich Alles, weiterhin, in imaginären Zahlen, die, so bequem für Rechnungsoperationen auch verwendbar, im Uebrigen doch rein imaginär eben verbleiben (ohne das Wirkliche irgendwie zu tangiren).

Demnach also würden einer naturwissenschaftlich durchzubildenden Psychologie die ihr leitenden Gesichtspunkte vor Augen gestellt sein, wie durch comparativ-genetische Methode umschrieben: einmal wird der Fortgang vom Besonderen zum Allgemeinen zurückzuleiten haben zu dem Aussetzpunkt am relativ Einfachsten, und wenn sodann in symbolisch realisirten Idealschöpfungen der Gesellschaftsgedanke seinen ethnischen Character ausspricht, müssen darin Ursächlichkeiten nachtönen, die aus den Agentien geographischer Provinzen auf siderische weitergreifen, neben den sinnlichen Ideen jene andere setzend, „ex rationibus Astronomicis desumptam" (s. Cartesius), in den Gesetzen psychischen Wachsthums (zum organischen Abgleich). Obwohl die „astronomische Kenntniss des Gehirns" (s. Du Bois-Reymond) nichts enthüllen möchte, als „bewegte Materie", (ohne „Brücke in's Reich des Bewusstseins"), so würde dennoch, aus der Quelle solcher Bewegung, unter der Decke psychischer Hyle (in gesellschaftlicher Atmosphäre), dasjenige rauschen und raunen, was im Denken jedes Einzelnen selber sich lebt (nach den Verhältnisswerthen eines Bruchtheils zum Ganzen, im Rechen-Exempel der Induction).

Mit der Fülle der dadurch den Denkfragen gestellten Probleme eröffnen sich die Perspectiven auf eine Vielheit bisher unbetretener, (und soweit unbetretbarer), Forschungswege in eine „terra incognita" hinaus, deren Ausentdeckung nach systematischen Methoden (vorsichtig ,bedächtig) allmälig mag eingeleitet werden, zunächst jedoch, als „conditio sine qua non", (zum Aufbau aus vergleichender Zusammenfügung), die Material-Beschaffung verlangt (eine ethnologische, und ebenso eine meteorologisch-physikalische).

Und deshalb möge die Völkerkunde, soweit ihrerseits betheiligt, dasjenige wenigstens beitragen, was in heutiger Gegenwart zwingend aufliegende Pflicht verlangt: die Sicherung nämlich der psychischen Originalitäten, welche sich bei Ausdehnung des internationalen Verkehrs in unaufhaltsamem Verschwinden begriffen finden, und wenn einmal dahin, als Total-Verluste auf immer zu verzeichnen wären, für die Culturgeschichte der Menschheit (und ihr, im Verständniss des eigenen Selbst's, gestecktes Ziel).

Auf einem im Materialismus abgeschlossenen Standpunkt fällt die Kernfrage naturwissenschaftlicher Weltanschauung, um auch den idealen Bedürfnissen ihre Beantwortung zu schaffen, in das Zustandekommen geistiger Vorgänge, ob und wie seelisches Leben aus materiellen Bedingungen wird verständlich gemacht werden können.

In ihrer Unterscheidung von den physischen Akten gehören als innerlich bewusste, die psychischen der inneren Erfahrung an, fremder Beobachtung entzogen und nur dem Subjecte selbst angehörig. Diese trennende Kluft wird der Naturforscher „niemals übersteigen, weil er dazu das Ding selbst sein müsste, um das er bisher von Aussen herumging" (s. von Hertling), ohne Möglichkeit hineinzudringen in die „Begreiflichkeit der Empfindungsphänomene in dem Organismus" (s. O. Schmidt). Das erkennende Bewusstsein, dessen zusammenfassende Einheit in Thätigkeit ist, hat die erregten Einzelnvorstellungen zu der Anschauung einer räumlichen Ordnung zu verbinden, „welche nicht selbst wieder eine räumliche Ordnung, sondern eben nur deren Vorstellung ist" (s. Lotze).

An thatsächliche Anschauung solcher Vorstellungen deshalb, in welchen eine geistige Thätigkeit realisirt vorliegt, würde, für objective Untersuchungen (im Sinne naturwissenschaftlicher Methode) die Beobachtung heranzutreten haben, um da, wo Nichts sich wägen, freilich, aber es sich messen lässt (im logischen Rechnen), aus anatomischer Zergliederung der Organe auf ihre physiologischen Functionen zurückzuschliessen.

Indem nun, für die Welt als Vorstellung, innerhalb der mit unterscheidbarer Deutlichkeit an den Horizont der Sehweite projicirten Anschauungen, stets bereits ein sprachliches Element zu stecken hat, ein unter der Bewegung geschichtlicher Entwickelung gewandeltes, — so werden die hier unbekannten Grössen aus gegenseitigen Gleichungen auf relativ gültige Ziffernwerthe zu reduciren sein, für Annäherung eines Absoluten (soweit im planetarischen Wiederschein etwa schon aufflimmernd).

Der Gesellschaftsgedanke, worin das Selbst jedes Einzelnen als mitwirkender Factor innewohnt, führt demnach auf eine Differenz-Rechnung nach den Völkergedanken, wie sie unter Fülle ihrer Variationen schillern über den Globus hin, in bunter Mannigfaltigkeit der geographischen Provinzen, (und doch in einheitlicher Harmonie).

Das hier folgende Register liefert für einige der im vorliegenden Werke berührten Erörterungen alphabetisch geordnete Hinweise (und weitere Ergänzungen dazu würden den zwischengeschobenen Anmerkungen zu entnehmen sein).

Im Gange unserer Culturgeschichte liegt es ausgedrückt, dass die als „naturwissenschaftliche" gekennzeichnete Forschungsweise, welche zur Ergänzung der seither herrschenden Deduction, eine comparativ-genetische Methode der Induction zu vorwiegender Verwendung bringt, ihre Fortführung bis auf die in den idealen Problemen der Weltanschauung gestellten Fragen wird erhalten müssen, um dieser einheitliche Abrundung zu gewähren, oder eine solche, den gegenwärtigen Anforderungen der Zeitrichtung gemäss, wiederum anzubahnen.

Der zur Lösung solcher Aufgaben einzuschlagende Weg liegt deutlich angezeichnet vor, seitdem mit einem Gesammt-Ueberblick des Globus auch derjenige ermöglicht ist, welcher das Menschengeschlecht in allen seinen Erscheinungsweisen, des räumlichen Nebeneinander sowohl, wie zeitlichen Nacheinander zu umgreifen haben wird.

Mit Ausgang von dem Menschen als Gesellschaftswesen, sind hier die Völkergedanken dem Studium dargeboten, um inductiver Verarbeitung die dafür erforderlichen Bausteine zu liefern.

Indem, gleich anderen Erzeugnissen des organischen Lebens (in Botanik und Zoologie), auch die des Ethnischen ihre Abhängigkeit von den geographischen Provinzen aufweisen, (der anthropologischen Umgebung unter jedesmaligen Grenzlinien eines ethnologischen Horizontes), wird die Beobachtung auf psychischen

Wachsthumsprocess und dessen Vorgänge hingewiesen sein, unter Controlle eines logischen Rechnens, (im naturgemässen Anschluss der Psychologie, an ihre in der Physiologie eingesenkten Wurzeln).

Diejenigen Elementargesetze, welche unter nachprüfender Controlle sich als gesicherte erweisen sollten, werden in ihrer soweit gültigen Dauer zur Verwendung entgegenzunehmen sein, und als culturgeschichtlich begründetes Fundament vorgearbeitet fertig liegen, für die folgenden Generationen, um ihrerseits darauf fortzubauen.

Da nun betreffs der Lebensfähigkeit eines Gesellschaftsorganismus die vorbedingten (und vorbedingenden) Kernfragen rechtlich religiöser Färbung, unter allen Variationen auf der Erde in der einen oder anderen Weise ihre Beantwortung erhalten, und in dem Bilde thatsächlicher Verwirklichung zum Ausdruck haben bringen müssen, so würde mit Erschöpfung der Denkmöglichkeiten eine Gedankenstatistik hergestellt sein, und aus dieser, vom Niederen zum Höheren aufsteigend, der Index der soweit den Gesichtskreis überschreitenden Progressionen sich einstens als vielleicht berechenbar erweisen.

Weitere Ausführungen sind in den vermerkten Rubriken nachzusehen.

I. Allgemeiner Index.

II. Index der Autoren.

III. Index geographischer Namen.

Gedruckt in der Königlichen Hofbuchdruckerei von E. S. Mittler und Sohn,
Berlin SW., Kochstr. 68—70.